Grands arrêts du droit de la concurrence

2004 - 2022

Pratiques anticoncurrentielles

Volume II – Mise en œuvre

ISBN 979-10-94201-67-1

Ouvrages Concurrences

La version électronique de ces ouvrages est disponible sur le site concurrences.com.

Mélanges

Laurence Idot Liber Amicorum, Vol. I & II, *Christophe Lemaire, Francesco Martucci (dir.), 2022*

Eleanor M. Fox – Antitrust Ambassador to the World, *2022*

Frédéric Jenny – Standing Up for Convergence and Relevance in Antitrust, Vol. I & II, *2021*

Herbert Hovenkamp – The Dean of American Antitrust Law, *2021*

Albert A. Foer – A Consumer Voice in the Antitrust Arena, *2020*

Richard Whish – Taking Competition Law Outside the Box, *2020*

Wang Xiaoye – The Pioneer of Competition Law in China, *Adrian Emch, Wendy Ng (eds.), 2019*

Douglas H. Ginsburg – An Antitrust Professor on the Bench, Vol. I & II, *2018 & 2021*

Ian S. Forrester – A Scot Without Borders, Vol. I & II, *Assimakis Komninos et al. (eds.), 2015*

William E. Kovacic: An Antitrust Tribute, Vol. I & II, *Nicolas Charbit et al. (eds.), 2013 & 2014*

Thèses

Bargaining Power, Competition and Innovation, *Morgane Guignard, 2023*

Abuse of Platform Power: Leveraging Conduct in Digital Markets under EU Competition law and Beyond, *Friso Bostoen, 2023*

Reform of Chinese State-owned enterprises: What China Can Learn From the Practice of Competitive Neutrality Policy in Australia, *Xue Bai, 2023*

La soumission des banques au droit de la concurrence, *Antonin Pitras, 2022*

L'entreprise contrevenante en droit des pratiques anticoncurrentielles, *Etienne Thomas, 2021*

Droit de la commande publique et droit de l'Union européenne : Étude sur une dynamique commune, *Vincent Bridoux, 2021*

Competition and Regulation in Network Industries: Essays in Industrial Organization, *Jean-Marc Zogheib, 2021*

La faute lucrative en droit de la concurrence, *Godefroy de Moncuit de Boiscuillé, 2020*

The Role of Media Pluralism in the Enforcement of EU Competition Law, *Konstantina Bania, 2019*

Les accords de report d'entrée (Pay-for-delay), *Walid Chaiehloudj, 2019*

Buyer Power in EU Competition Law, *Ignacio Herrera Anchustegui, 2017*

Google, la presse et les journalistes, *Guillaume Sire, 2015*

L'Union européenne et le droit international des subventions, *Loïc Wagner, 2015*

Pratiques

Dictionnaire de droit de la concurrence, *Muriel Chagny, Emmanuel Combe (dir.), 2023*

Global Dictionary of Competition Law, *Deborah Healey, William E. Kovacic, Pablo Trevisán, Richard Whish (eds.), 2023*

Judicial Review of Competition Cases, *Tim Eicke, Douglas H. Ginsburg, Nicholas Forwood (eds.), 2023*

Antitrust in Life Sciences, *Michael Cowie, George G. Gordon, Mélanie Thill-Tayara (eds.), 2023*

State Aid & National Enforcement, *Jacques Derenne, Denis Jouve, Christophe Lemaire, Francesco Martucci (eds.), 2023*

Grands arrêts du droit de la concurrence – Pratiques anticoncurrentielles – Volume II : Mise en œuvre, Nouvelle édition, *Laurence Idot (dir.), 2022*

Grands arrêts du droit de la concurrence – Concentrations, Nouvelle édition, *Laurence Idot (dir.), 2022*

Grands arrêts du droit de la concurrence – Aides d'État, Nouvelle édition, *Laurence Idot (dir.), 2022*

Grands arrêts du droit de la concurrence – Régulations, *Francesco Martucci (dir.), 2019*

Grands arrêts du droit de la concurrence – Distribution & Pratiques commerciales déloyales, *Nicolas Ferrier & Frédéric Buy (dir.), 2019*

Competition Law Treatment of Joint Ventures, *Benedict Bleicher, Neil Campbell, Andrea Hamilton, Niko Hukkinen, Arshad (Paku) Khan, Alastair Mordaunt (eds.), 2022 (in collaboration with the IBA)*

Information Exchange and Related Risks – A Practical Guide, *Zoltán Marosi & Marcio Soares (eds.), 2022 (in collaboration with the IBA)*

Rulemaking Authority of the US Federal Trade Commission, *Daniel A. Crane (ed.), 2022*

The International Competition Network at Twenty, *Dave Anderson & Paul Lugard (eds.), 2022*

Competition Case Law Digest – 5th Edition, *Frédéric Jenny, Nicolas Charbit (eds.), 2022*

Competition Inspections in 21 Jurisdictions – A Practitioner's Guide, *Nathalie Jalabert-Doury (ed.), 2022*

Perspectives on Antitrust Compliance, *Anne Riley, Andreas Stephan, Anny Tubbs (eds.), 2022 (in collaboration with the ICC)*

Turkish Competition Law, *Gönenç Gürkaynak, 2021*

Les pratiques commerciales déloyales, *Erwann Kerguelen, Jean-Louis Fourgoux, Leyla Djavadi (dir.), 2021*

Les inspections de concurrence des autorités françaises, *Nathalie Jalabert-Doury, 2e édition, 2021*

Competition Law, Climate Change & Environmental Sustainability, *Simon Holmes, Dirk Middelschulte, Martijn Snoep (eds.), 2021*

La réparation des préjudices causés par les pratiques anticoncurrentielles, *Rafael Amaro, Jean-François Laborde, 2e édition, 2020*

Competition Inspections under EU Law – A Practitioner's Guide, *Nathalie Jalabert-Doury, 2020*

Merger Control in Latin America – A Jurisdictional Guide, *Paulo Burnier da Silveira, Pamela Sittenfeld (eds.), 2020*

Gun Jumping in Merger Control, A Jurisdictional Guide, *Catriona Hatton, Yves Comtois, Andrea Hamilton (eds.), 2019*

Choice – A New Standard for Competition Analysis ?, *Paul Nihoul et al., 2016*

Ouvrages généraux

Chroniques (décalées) d'un économiste, *Emmanuel Combe, 2022*

Women & Antitrust – Voices from the Field, Vol. I & II, *Evelina Kurgonaite & Kristina Nordlander (eds.), 2020*

Petit manuel (irrévérencieux) d'économie, *Emmanuel Combe, 2018*

A quoi sert la concurrence ?, *Martine Behar-Touchais et al. (ed.), 2014*

Colloques

Antitrust in Emerging and Developing Countries, Vol I & II, *Eleanor Fox, Harry First (eds.), 2015 & 2016*

Global Antitrust Law – Current Issues in Antitrust Law and Economics, *Douglas Ginsburg, Joshua Wright (eds.), 2015*

Competition Law on the Global Stage: David Gerber's Global Competition Law in Perspective, *David Gerber, 2014*

Sommaire

Préface

Six ans se sont écoulés depuis la publication de la première édition des *Grands Arrêts du droit de la concurrence,* dont le lancement en 2014 était justifié par le dixième anniversaire de l'entrée en vigueur des divers textes porteurs de la modernisation du droit de la concurrence. Les caractéristiques de l'ouvrage n'ayant pas été modifiées, l'on renverra à la préface de la première édition (ci-après) et ces brefs propos seront centrés sur les évolutions postérieures.

Le changement le plus visible est d'abord d'ordre matériel. L'écoulement du temps a entraîné une multiplication des arrêts, qui a défaut d'être tous des « grands arrêts » au sens habituel du terme, sont à tout le moins notables et présentent un intérêt, en particulier pour les praticiens. L'accroissement des commentaires retenus qui en résulte a justifié une multiplication du nombre des volumes, un ouvrage spécifique étant désormais consacré à chacune des composantes du droit de la concurrence, parfois deux, comme en droit des pratiques anticoncurrentielles, le premier portant sur le droit substantiel, le second sur la mise en œuvre des règles.

S'agissant précisément des règles de mise en œuvre qui font l'objet de ce deuxième volume consacré au droit des pratiques anticoncurrentielles, la tendance la plus évidente est le développement sensible du *private enforcement.* Sur cet aspect important et nouveau, qui fait l'objet du chapitre 2, il a été décidé de se limiter à la jurisprudence de la Cour de Justice pour différentes raisons. Indépendamment du fait qu'il est possible de renvoyer à l'ouvrage plus complet de Rafael Amaro et Jean-François Laborde qui intègre la jurisprudence nationale (*La réparation des préjudices causés par les pratiques anticoncurrentielles, Concurrences, 2e éd., 2020*), les arrêts de la Cour en ce domaine sont presque tous de « grands arrêts ». L'on se bornera à mentionner l'arrêt *Sumal* (CJUE, gde ch., 6 oct. 2021, C-882/19) qui, au-delà de la question spécifique de savoir si la filiale non mentionnée dans une décision d'interdiction visant la société mère peut être attraite en réparation, éclaire la notion d'entreprise, ce qui lui donne une portée plus large touchant également le *public enforcement.*

En ce domaine plus classique, les éléments nouveaux sont plus limités, car les grands principes qu'il s'agisse du respect des droits de la défense et du déroulement de la procédure, ou des principes de proportionnalité et d'individualisation de la sanction, ont été fixés de longue date. Deux nouvelles tendances apparaissent néanmoins dans les procédures européennes. L'exercice par la Commission de ses pouvoirs d'enquête est de nouveau débattu devant le juge, ce dernier ayant parallèlement apporté des précisions intéressantes, en particulier sur ce que nous avons appelé, faute de mieux, les « procédures particulières », d'apparition plus récente, comme les engagements et surtout la procédure de transaction. Quant à la mise en œuvre au sein du *Réseau européen de concurrence,* les tensions habituelles persistent, qu'il s'agisse du principe d'autonomie procédurale, ou plus encore de l'application du principe *ne bis in idem.* En pratique, les autorités nationales de concurrence demeurent en première ligne, comme le confirment les statistiques. Le fait que l'Autorité française occupe toujours la première place pour le nombre d'affaires relevant du droit de l'Union, qui s'ajoute aux particularités des règles de procédure françaises, justifiait que l'on accorde davantage de place à la jurisprudence nationale. Le choix s'est avéré beaucoup plus délicat que pour les arrêts du Tribunal et de la Cour. Cela est dû tout d'abord aux fréquentes réformes, comme par exemple, celles qui, sous l'influence de la Cour européenne des droits de l'Homme, ont affecté le régime des visites domiciliaires qui continuent à générer un contentieux important. L'on ne peut que renvoyer à l'ouvrage de Nathalie Jalabert-Doury (*Les inspections de concurrence des autorités françaises, Concurrences, 2e éd., 2021*). La difficulté du choix s'explique ensuite par le fait que, si les questions de procédure sont souvent débattues, en particulier devant les cours de contrôle (cour d'appel de Paris et chambre commerciale de la Cour de cassation), elles ne sont souvent qu'un élément parmi de multiples autres sujets. Quant aux solutions, les grands principes étant heureusement les mêmes qu'en droit de l'Union, beaucoup sont identiques à celles de la jurisprudence européenne, mais il existe des spécificités irréductibles, dont les conséquences du dualisme des ordres juridictionnels qui se retrouvent également en droit de la concurrence.

Octobre 2022

Laurence Idot
Professeur émérite de l'Université Paris-Panthéon-Assas (Paris II)
Présidente du Comité scientifique de Concurrences

Préface de la 1re édition

Il n'est pas besoin d'insister sur le rôle créateur de la jurisprudence en droit européen de la concurrence. Tout étudiant a entendu parler des arrêts *LTM/MBU*, *Grundig*, *Haecht I*, *Matières colorantes*, *Continental Can*, *Zoja*, ou encore *United Brands* et *Hoffman-Laroche...*, qui, dans les deux premières décennies d'application des articles 85 et 86 du Traité de Rome, ont façonné les contours de ce droit antitrust européen naissant. Les données ont par la suite évolué à partir des années 90 en raison de deux phénomènes concomitants : la création du Tribunal de Première Instance des Communautés Européennes (TPICE), qui a joué un rôle décisif dans certaines évolutions, et l'entrée en vigueur du contrôle des concentrations. Parallèlement, la jurisprudence en matière d'aides d'État, apparue plus discrètement dans les années 70, s'est significativement développée. Coïncidant presque avec l'entrée dans le nouveau millénaire, la « modernisation », sous son double aspect substantiel et procédural, a indéniablement marqué l'entrée du droit européen de la concurrence dans une nouvelle phase de son histoire.

C'est dans ce contexte qu'est née en 2004 la revue *Concurrences*. Dès l'origine, la revue a eu pour objectif de rendre compte de cette jurisprudence de plus en plus touffue, en y associant la dimension nationale, du moins pour la France. Indépendamment de la contrainte linguistique, le choix s'est avéré d'autant plus justifié que les autorités et juridictions françaises ont vite acquis une place de tout premier rang dans l'application du droit européen de la concurrence. La première décennie a désormais pris fin et il est apparu utile de dresser un tableau rétrospectif de ces dix premières années de jurisprudence consécutive à la « modernisation ». Tel est l'objectif de cet ouvrage, dont l'idée revient à Nicolas Charbit, directeur de la rédaction de *Concurrences*, qu'il nous appartient de présenter, avant d'essayer de tirer quelques conclusions sur l'évolution de la matière.

Plus que le titre « Grands arrêts », le sous-titre doit retenir l'attention. Ces grands arrêts sont différents de leurs illustres aînés au moins sur différents points qui ont une origine commune : les commentaires ici rassemblés sont ceux qui ont été publiés dans *Concurrences*, au plus tard dans le trimestre qui a suivi l'adoption de l'arrêt. Comme dans la revue, les arrêts commentés ne sont pas reproduits, ne serait ce que par extraits. Leur longueur, mais également le fait qu'ils sont tous en libre accès sur les sites Internet des différentes institutions, justifie ce choix. Plus important, l'unité d'auteurs – souvent un duo, ou un trio –, et donc de pensée et de style, qui caractérise habituellement les grands arrêts ne se retrouve pas davantage. La pluralité des équipes des chroniques de la revue, au surplus évolutives et sujettes à renouvellement, donne lieu à une multitude d'auteurs. Cette diversité, tant dans les points de vue exprimés que dans la manière de commenter un arrêt, est source d'une autre richesse. La dimension temporelle est enfin différente à un double titre. Outre que ces commentaires ne couvrent que la période la plus récente, une dizaine d'années ce qui est en définitive très court, comparé à certaines matières où l'on peut s'appuyer sur un siècle de jurisprudence, le lecteur ne doit pas oublier que l'analyse a été faite peu de temps après l'adoption de la décision, sans le recul que l'on a pour apprécier la portée d'un arrêt intervenu quelques décennies plus tôt.

S'il trouve sa base dans les chroniques de la revue *Concurrences*, cet ouvrage ne rend que partiellement compte de leur richesse et de leur diversité. Pour des raisons de volume, mais également de cohérence, il a été décidé de le limiter au droit européen de la concurrence, ce qui a conduit à exclure les composantes propres au droit français (pratiques restrictives et concurrence déloyale), ainsi que le droit de la régulation, mais également les aspects de droit comparé et de politique internationale. Ce choix justifie également la construction retenue qui s'écarte de la division des chroniques, puisque les trois parties, au demeurant d'importance inégale, correspondent aux trois composantes de la matière que sont le droit antitrust ou droit des pratiques anticoncurrentielles, le contrôle des concentrations et le contrôle des aides d'État. Toutefois, en raison du rôle fondamental dans l'application de ces règles joué par les autorités et juridictions nationales, en particulier depuis la « modernisation », les grandes affaires qui se sont déroulées en France ont été intégrées. Ce choix s'imposait naturellement pour le droit des pratiques anticoncurrentielles. Certes, en contrôle des concentrations, seul le droit français est applicable, mais ce dernier est si proche du droit de l'Union sur les questions de droit matériel qu'il a été décidé de rendre compte également de quelques grandes décisions.

Les sources européennes et nationales n'ont pu recevoir exactement le même traitement. Pour les premières, une approche thématique a été retenue et pratiquement toutes les chroniques de la revue ont été sollicitées en fonction des sujets traités. Les commentaires sont naturellement centrés sur les arrêts du Tribunal et de la Cour de Justice, car la longue période qui s'écoule entre l'adoption et la publication des décisions de la Commission empêche un compte rendu en temps utile. Pour les recours directs, en cas de pourvoi, un choix a dû être opéré entre l'arrêt du Tribunal et celui de la Cour, en fonction de l'intérêt des questions traitées, l'arrêt non commenté étant seulement mentionné. Les données sont différentes pour les sources françaises. Les décisions de l'Autorité sont accessibles le jour même, ce qui permet leur étude immédiate, mais, dans les affaires intéressantes, les arrêts des cours de contrôle se succèdent souvent, les questions de procédure prenant parfois le pas sur les aspects de droit substantiel. L'on est alors en présence de véritables « sagas judiciaires », ce qui rend difficile la présentation thématique. Dans ces cas, il a été décidé de suivre leur déroulement chronologique en mentionnant les rebondissements processuels.

L'ouvrage, qui vient d'être présenté, peut faire l'objet de plusieurs lectures : arrêt sur images, lecture en continue. Dans cette deuxième approche, l'ouvrage permet de dresser un bilan de ce qu'il est convenu d'appeler la « modernisation » du droit européen de la concurrence, chacune des trois composantes donnant lieu à des conclusions spécifiques. Il est vrai que la neutralité de ce bilan peut être contestée, puisque la base sur laquelle il repose dépend de la sélection que nous avons unilatéralement opérée, et que les résultats sont également tributaires de la présentation adoptée.

En droit antitrust, un premier constat en creux peut être opéré. Les vives discussions de la décennie précédente sur la notion d'entreprise en tant que critère d'applicabilité des règles de concurrence et sur la possibilité d'appréhender les comportements de l'État sont en voie d'apaisement. Le contentieux a très sensiblement diminué et les solutions semblent désormais acquises. Sur le fond, la « modernisation » dite substantielle était supposée se traduire par un l'abandon d'une approche dite formaliste de l'atteinte à la concurrence au profit d'une approche dite plus économique. Pour l'application de l'article 101 TFUE, l'essentiel du contentieux devant les juridictions européennes ayant porté sur les cartels, cela transparaît peu. Restent les affaires « article 101/hors cartels », qui trouvent souvent leur origine devant les autorités et juridictions nationales, et, bien sûr, le contentieux sur l'article 102 TFUE, qui, quantitativement plus limité surtout devant le Commission, retient particulièrement l'attention. Dans les deux cas, les débats sur les premiers éléments constitutifs – notion d'accord et/ou de pratiques concertées, notion de position dominante – semblent aujourd'hui tranchés. En revanche, l'on assiste à une vive controverse sur la distinction restriction de concurrence par objet/restriction de concurrence par effet, avec toutes les conséquences qui en découlent, notamment en termes de preuve. Loin d'être limité à l'article 101, § 1 TFUE, le débat s'est étendu à l'article 102 TFUE. Les problématiques deviennent communes. Alors qu'il y a dix ans était en cause la généralisation de l'approche des effets, les dernières affaires conduisent à s'interroger sur l'existence « d'abus par objet ». De même, l'on n'hésite plus à parler de justifications et d'efficiences, y compris en matière de pratiques abusives. En définitive, la modernisation « substantielle » est sans doute moins la conséquence de choix politiques assumés que de l'évolution de l'économie, à laquelle les autorités de concurrence doivent nécessairement s'adapter. À l'instar des grands articles du code civil, la force des articles 101 et 102 TFUE réside dans la généralité des règles qui leur permet de suivre les évolutions sociétales. Internet est désormais sous-jacent dans grand nombre d'affaires : des communications électroniques, qui en sont le support, au commerce en ligne, en passant par les cas impliquant les fabricants de produits connectés, de logiciels, et maintenant les opérateurs de plates-formes.

La modernisation dite procédurale est plus facile à appréhender. La première conséquence est là encore en creux. La « décentralisation » a permis à la Commission de recentrer son action contre les cartels et cela transparaît très nettement dans le contentieux de cette première décennie, où les questions de procédure et plus généralement de respect des droits fondamentaux, de responsabilités et de sanctions tiennent un rôle prédominant devant le juge européen. Cette décennie est celle de « l'amendologie », science complexe qui dépasse le seul calcul de l'amende, puisque, pour en faire réduire le montant, les entreprises poursuivies attaquent les décisions sur tous les fronts en commençant par la preuve de l'existence et de l'étendue leur participation à une infraction souvent déclarée d'« unique et continue ». Il n'est pas sûr que cela soit le cas de la suivante, puisque ce contentieux commence à se raréfier du fait du développement de la procédure de transaction. En dehors des cartels, les affaires, qui se trouvent dans les « zones grises », sont plus souvent traitées par les autorités nationales que par la Commission. La Cour de Justice en est heureusement saisie par le biais des questions préjudicielles qui émanent fréquemment maintenant des cours de contrôle. Là encore, l'on assiste à une diminution du contentieux du fait du développement des procédures d'engagement. Si cela présente d'indéniables avantages à court terme tant pour les autorités que pour les entreprises visées, il ne faudrait pas que cela remette en cause à long terme le développement du droit de la concurrence, faute de débat contradictoire sur les questions sensibles.

Il est possible de se rassurer en constatant que la modernisation a fait surgir de nouvelles problématiques devant le juge. Plus que le fonctionnement du Réseau européen de concurrence, dont le bilan, s'il est appréhendé sous le prisme d'un contentieux quasi inexistant, est indéniablement positif, l'étendue du principe d'autonomie procédurale est désormais l'une des questions clefs. Le constat vaut tant pour la mise en œuvre par les autorités spécialisées, soit le *public enforcement*, que pour l'articulation entre le *public* et le *private enforcement*. Au demeurant, la période de référence prend fin avec l'adoption de directive 2014/104 UE du 24 novembre 2014 sur les actions en réparation qui est à l'origine, avant même qu'elle soit transposée, d'un nouveau contentieux indemnitaire. Les grands arrêts de la prochaine décennie traiteront sans nul doute de questions tout à fait nouvelles.

En comparaison, le contentieux sur le contrôle des concentrations paraît bien limité. Si les données matérielles tenant à l'intérêt pratique limité d'un combat judiciaire en cette matière sont certainement déterminantes, le fait que la modernisation paraisse acquise est peut-être un facteur explicatif accessoire. Les débats de fond ont été tranchés dans la première décennie et le nouveau test d'appréciation issu du règlement n° 139/2004, tel que réinterprété par la Commission dans les lignes directrices, semble faire l'objet d'un consensus, du moins dans son principe. De même, le mécanisme des renvois qui permet une répartition des cas entre la Commission et les autorités nationales de concurrence n'a pas été remis en cause. Tant en droit européen que français, les difficultés se déplacent, soit en amont avec les choix possibles quant à la délimitation du domaine du contrôle, soit en aval avec la question cruciale sur le plan pratique de l'exécution des engagements et des sanctions de leur inexécution. De manière générale, les problèmes concernent moins le droit européen des concentrations *stricto sensu* que le droit des concentrations dans l'Union européenne.

Une fois de plus, le contrôle des aides d'État affiche une spécificité certaine, ne serait ce que parce qu'il a vécu deux modernisations, la première implicite à la suite du plan d'action de 2005, la seconde revendiquée qui s'est achevée en 2014. Le contentieux est particulièrement élevé, comme le montrent les statistiques du Tribunal et de la Cour. Le phénomène est aisé à expliquer. Au nombre sensiblement plus important de décisions de la Commission, il faut ajouter une multiplicité de requérants potentiels, au premier rang desquelles les entreprises, soit bénéficiaires, soit concurrentes des précédentes, ce qui génère, indépendamment des débats sur les questions de fond et de procédure propre aux aides, un contentieux préalable sur la seule recevabilité des actions. Dans la mesure où ces recours sont souvent dirigés contre des décisions d'incompatibilité, tous les éléments constitutifs de la notion d'aide d'État sont régulièrement passés en revue par le juge européen. Statistiquement, l'existence de l'avantage est le plus souvent débattue, soit par le biais de débats sur le critère de l'opérateur privé en économie de marché, soit, pour les entreprises chargées d'un SIEG, à l'occasion d'une vérification des critères de la jurisprudence *Altmark*. Le juge national joue en pratique un rôle de plus en plus important, les opérateurs n'hésitant plus à intégrer la dimension « aides d'État » dans leur stratégie contentieuse. De ce point de vue, il est possible d'identifier une forme de « décentralisation » dans le contrôle des aides d'État, caractéristique de la modernisation dite procédurale. Bien que non visible dans les arrêts qui abordent rarement la question de l'interprétation de l'article 107, § 3, TFUE, l'analyse dite économique se traduit, comme en antitrust, principalement dans le Règlement général d'exemption par catégorie (RGEC) qui couvre un champ considérable en pratique. Bien que sensiblement plus élevé que dans les autres composantes du droit de la concurrence, le contentieux en matière d'aides d'État n'est finalement que la partie visible de l'iceberg.

Au-delà de la « modernisation » qui est le point commun de ces dix années d'application du droit européen de la concurrence, il est tendant de chercher d'autres points de convergence entre les trois composantes. Si l'on raisonne sur la seule jurisprudence européenne, l'évolution dans la rédaction des arrêts appellerait sans doute des remarques, d'autant qu'elle traduit peut être une évolution plus profonde quant à l'intensité du contrôle juridictionnel. L'on pourrait également s'interroger sur les interactions entre jurisprudence européenne et jurisprudence nationale.

Il appartiendra au lecteur de faire son propre jugement. L'on souhaite que cet ouvrage lui soit utile sur le plan pratique et lui donne matière à réflexion.

Nous voudrions enfin terminer en saluant le travail de tous les auteurs des commentaires, de ceux qui sont ici reproduits, mais également de ceux qui n'ont pas été sélectionnés. La tâche de rédacteur de chronique est ingrate et répétitive, soumise à des contraintes temporelles constantes. Sans leur dévouement pour Concurrences, cet ouvrage n'aurait pu voir le jour. Qu'ils en soient ici vivement remerciés. Nos remerciements vont également aux « petites mains » de l'ombre, à ceux et celles qui, sous la direction de Fanny Méjane, Rédactrice en chef adjointe de Concurrences, ont sorti les commentaires, opéré les renvois, conçu et réalisé une nouvelle présentation, tâches également indispensables et encore plus ingrates s'il en est...

Décembre 2015

Laurence Idot
Professeur émérite de l'Université Paris-Panthéon-Assas (Paris II)
Présidente du Comité scientifique de Concurrences

Note des éditeurs

Le projet éditorial de la série des *Grands arrêts de la concurrence* a vu le jour en 2014. Huit ans plus tard, le site de la revue compte plus de 39 000 articles et une mise à jour s'imposait. Le Professeur Laurence Idot et les éditeurs de Concurrences ont souhaité mettre à jour ces précieux outils qui regroupent une sélection des affaires les plus importantes ayant marqué le droit de la concurrence, de 2004 à 2022.

Dans la tradition des « grands arrêts », le travail effectué par le Professeur Idot a consisté à repérer les arrêts et décisions ayant fait date, puis à les ordonner selon un plan cohérent. L'exercice est complexe en ce qu'il n'est pas aisé de procéder à une sélection, parmi les nombreuses décisions rendues et les multiples commentaires écrits, permettant de mettre en avant les principes essentiels et les évolutions marquantes de la jurisprudence rendue dans le domaine du droit de la concurrence.

Cette nouvelle édition a également été l'occasion d'une refonte des deux premiers ouvrages de la série des *Grands arrêts*. Le premier volume était consacré aux *Pratiques anticoncurrentielles*, et le second aux *Concentrations et aides d'État*. Face à l'accroissement des décisions rendues ces dernières années, le choix a été fait de rendre justice à cette jurisprudence foisonnante, en consacrant deux volumes distincts aux *Pratiques anticoncurrentielles,* le premier dédié aux règles de fond, le second aux règles de mise en oeuvre, ainsi que deux ouvrages indépendants consacrés respectivement au *Contrôle des concentrations* et au *Contrôle des aides d'État*.

Ce deuxième volume des *Grands arrêts*, dédié à la mise en œuvre des règles en matière de *Pratiques anticoncurrentielles*, réunit une sélection de commentaires de jurisprudence publiés au sein de la revue Concurrences de 2004 à 2022. Ce tome s'organise en deux parties : la première dédiée à la mise en œuvre des règles dans la sphère publique (Chapitre 1), la seconde à la mise en œuvre des règles dans la sphère privée (Chapitre 2).

Ces *Grands arrêts* n'auraient pu voir le jour sans la contribution de l'ensemble des auteurs qui participent à la revue Concurrences et que nous tenons à remercier chaleureusement pour leur expertise et la qualité de leurs analyses. Il nous faut d'ailleurs préciser que l'ensemble des opinions exprimées au sein des commentaires reproduits ici n'engagent que leurs auteurs et non l'institution à laquelle ils appartiennent.

Pour finir, l'ensemble des textes et décisions commentés que le lecteur trouvera dans cet ouvrage, ainsi que les références des commentaires auxquels nous renvoyons à la fin de chaque commentaire, sont accessibles aux abonnés de Concurrences+. Cet abonnement donne accès aux archives de la revue, soit près de 39 000 articles depuis 2004 (au 1er janvier 2023).

Nicolas Charbit – Fanny Méjane – Maevy Lakrouf

DROIT DES PRATIQUES ANTICONCURRENTIELLES (ART. 101, 102 TFUE)

Volume II – Mise en œuvre

Chapitre 1

MISE EN ŒUVRE DANS LA SPHÈRE PUBLIQUE

1.1 Cadre général

1.1.1 Organisation du contrôle

CEDH, 27 sept. 2011, Menarini Diagnostics c/ Italie, n° 43509/08

La Cour européenne des droits de l'Homme examine les modalités du contrôle juridictionnel sur les décisions en matière de cartel.

Menarini est une société italienne, condamnée en 2003 par l'*Autorità Garante della Concorrenza e del Mercato* à 6 millions d'euros d'amende pour avoir participé à une entente prohibée par le droit national de la concurrence. Dans le cadre de recours contre cette décision, Menarini s'est plainte, sans succès, de ne pas avoir pu disposer d'une protection juridictionnelle effective. Elle faisait plus spécifiquement valoir que le contrôle du juge administratif italien, limité à la légalité, demeurait en-deçà du contrôle de pleine juridiction. Devant la CEDH, Menarini a développé cette argumentation sous couvert de l'article 6, § 1 de la CEDH : en raison du caractère limité du contrôle juridictionnel opéré sur les sanctions en matière de concurrence, elle n'a pas disposé d'un recours à un tribunal au sens de cette disposition.

Application de l'article 6 de la CEDH aux sanctions en matière de concurrence

La première question examinée par la Cour EDH est celle de la recevabilité. Le gouvernement italien excipait en effet de l'irrecevabilité de la requête au motif que le domaine de la concurrence ne ressortissait pas de la matière pénale au sens de l'article 6, § 1 de la CEDH. Selon ce gouvernement, les sanctions dans ce domaine sont considérées, en droit italien, comme de nature administrative. Le droit de la concurrence protège des intérêts distincts – libre concurrence sur le marché – de ceux du droit pénal, selon des règles procédurales qui lui sont propres. Quant aux sanctions en matière de concurrence, celles-ci, à la différence de la matière pénale, auraient une fonction réparatrice et, par ailleurs, seraient proportionnelles à l'envergure économique de l'entreprise. Aucun précédent ne permettrait d'asseoir la proposition selon laquelle les sanctions en matière de concurrence relèvent du volet pénal de l'article 6, § 1 de la CEDH.

La Cour EDH a réfuté ces arguments au terme d'une analyse didactique des trois critères issus de l'arrêt *Engel* (8 juin 1976, série A n° 22) pour définir la notion de matière pénale au sens de l'article 6, § 1. S'agissant, tout d'abord, de la qualification des infractions au droit de la concurrence en droit national, la Cour EDH relève que si elle n'est pas pénale mais administrative, cette indication n'est pas décisive (Öztürk c. Allemagne, 21 février 1984, § 52, série A n° 73). S'agissant, ensuite, de la nature de l'infraction, la Cour EDH rappelle que la protection de la libre concurrence relève des intérêts généraux normalement protégés par le droit pénal (Sténuit c. France, rapport de la Commission du 30 mai 1991, série A n° 232-A). Enfin, s'agissant de la nature et de la sévérité des sanctions en la matière, la Cour estime que l'amende de 6 millions d'euros infligée à Menarini présentait à la fois un caractère répressif et dissuasif. Par sa sévérité, une telle amende relève de la matière pénale.

Comme si elle entendait s'adresser à un public sceptique, la Cour EDH rappelle à titre surabondant avoir, à propos d'autorités administratives indépendantes françaises disposant de pouvoirs de sanctions en matière économique, déjà jugé que l'article 6, § 1 était applicable, notamment au Conseil de la concurrence (Lilly c. France, déc. n° 53892/00 du 3 décembre 2002), au Conseil des marchés financiers (Didier c. France, déc. n° 58188/00 du 27 août 2002) et à la Commission bancaire (Dubus c. France, n° 5242/04, § 36 du 11 juin 2009).

L'article 6 CEDH exige que la compétence des juridictions administratives ne soit pas limitée à un simple contrôle de légalité

Le fait de confier à une autorité administrative et non à une juridiction indépendante le pouvoir d'infliger des sanctions n'est pas, en soi, contraire à l'article 6, § 1 de la CEDH. En revanche, il est nécessaire que les décisions de cette autorité administrative, qui ne relève pas elle-même de la notion de « tribunal », subissent le contrôle ultérieur d'un organe judiciaire de « pleine juridiction ». Ce pouvoir implique la compétence de réformer en tous points, en fait comme en droit, la décision de l'organe administratif.

En l'espèce, la Cour EDH relève que les juridictions nationales se sont penchées sur les allégations de la requérante, en fait comme en droit. Elles ont examiné les preuves recueillies par l'autorité nationale et souligné que si le juge administratif n'a pas le pouvoir de se substituer à l'autorité nationale, il peut toutefois vérifier si celle-ci a fait un usage approprié de ses pouvoirs. La Cour EDH déduit de ces éléments que les juridictions administratives « ne se sont pas limitées à un simple contrôle de légalité », mais ont, au contraire, « pu examiner le bien-fondé et la proportionnalité des choix de [l'autorité nationale] et même vérifier ses évaluations d'ordre technique ». En particulier, le Conseil d'État est allé « au-delà d'un "contrôle externe" sur la cohérence logique de la motivation de [l'autorité nationale], et s'est livré à une analyse détaillée de l'adéquation de la sanction par rapport aux paramètres pertinents, y compris la proportionnalité de la sanction même ».

Cette décision est à plusieurs égards frappante en raison de ses implications pour la conformité à l'article 6, § 1 de la CEDH du contrôle juridictionnel exercé par les juridictions de l'Union sur les décisions de la Commission en matière de concurrence. Ce point fait l'objet de vifs débats, tant devant les juridictions de l'Union, que dans les gazettes juridiques. Ainsi, pour prendre simplement deux avis opposés à titre d'exemple, Wils estime que, si les sanctions en matière de concurrence relèvent de la matière pénale au sens de l'article 6, § 1, elles ne font pas pour autant partie du cœur de cette matière au sens de la jurisprudence Jussila c. Finlande (CEDH, 23 novembre 2006, n° 73053/01), autorisant ainsi une approche moins stricte de l'étendue du contrôle juridictionnel. Le système institutionnel de l'Union européenne impliquerait ainsi que ses juridictions accordent une certaine déférence aux appréciations complexes opérées par la Commission, justifiant ainsi un contrôle juridictionnel quelque peu allégé [W. Wils, « The increased level of EU antitrust fines, judicial review and the European convention on human rights » (2010) 33 World Competition 5 ; « Antitrust enforcement powers and procedural rights and guarantees: the interplay between EU law, national law, the charter of fundamental rights of the EU and the European convention on human rights » (2011) 34 World Competition 189]. De l'autre côté, Forrester soutient que les décisions en matière de concurrence relèvent pleinement de la matière pénale au sens de l'article 6, § 1 de la CEDH et que le contrôle juridictionnel est insuffisant dans la mesure où il est trop souvent limité par le test de « l'erreur manifeste d'appréciation » [I. Forrester, « Due process in competition cases: a distinguished institution with flawed procedures » (2009) European Law Review 817, « A Bush in need of pruning: the luxuriant growth of light judicial review », in Ehlermann & Maquis European Competition Law Annual (2009), Evaluation of Evidence and its Evaluation in Competition Cases (Hart, 2010].

En affirmant sans la moindre ambiguïté l'applicabilité des garanties de l'article 6, § 1 aux amendes en matière de concurrence, la première partie de l'arrêt *Menarini* relative à la recevabilité ne s'engage pas sur la voie tracée par l'arrêt *Jussila*. Ceci comblera sans doute ceux qui s'interrogent parfois sur la raison pour laquelle la jurisprudence de la Cour de justice de l'Union européenne, depuis l'arrêt *polypropylène* (arrêt de la Cour du 8 juillet 1999, Hüls c/ Commission, C-199/92 P, Rec. I-4287, point 150), semble inspirée par le souci de ne pas prendre expressément position sur cette question, pourtant soulevée de manière récurrente par les plaideurs.

Sur le fond, l'arrêt de la Cour CEDH apparaît comme une construction pragmatique. Les motifs de cette décision visent à « coller » aux circonstances de l'espèce. La formule clé tient à l'exigence d'un contrôle juridictionnel « allant au-delà d'un contrôle externe sur la cohérence logique de la motivation », qui comporte une analyse détaillée de l'adéquation de la sanction par rapport aux paramètres pertinents, « y compris la proportionnalité de la sanction même ».

Celle-ci peut être lue à la lumière de l'opinion dissidente du juge Pinto de Albuquerque, pour lequel tout standard de contrôle juridictionnel en matière pénale fondé sur l'idée de déférence à l'égard de l'administration est incompatible avec les garanties de l'article 6, § 1. Selon ses propres mots :

« L'acceptation d'un "pseudo-droit pénal" ou d'un "droit pénal à deux vitesses", où l'administration exerce sur les administrés un pouvoir de punition, imposant parfois des sanctions pécuniaires extrêmement sévères, sans que s'appliquent les garanties classiques du droit et de la procédure pénale, aurait deux conséquences inévitables : l'usurpation par les autorités administratives de la prérogative juridictionnelle du pouvoir de punir et la capitulation des libertés individuelles devant une administration publique toute-puissante. [...] Le principe sous-entendu par l'interprétation "faible" des pouvoirs de contrôle des juges administratifs est encore celui du pouvoir discrétionnaire de l'administration même dans le domaine des sanctions administratives [...]. S'il y a un domaine où la libre discrétion du pouvoir administratif ne peut pas être admise dans un État de droit, c'est celui des sanctions administratives. L'État de droit, qui est basé sur le primat des libertés individuelles, est par sa propre nature incompatible avec la libre discrétion en matière de sanctions administratives. L'interprétation "faible" des pouvoirs des juges administratifs dans ce domaine ne peut être comprise que comme un résidu de l'État de police intrinsèquement contraire aux libertés individuelles. »

Comment les appréciations de la Cour EDH doivent-elles être appliquées aux juridictions de l'Union ? Deux développements récents peuvent fournir des indices de réponse.

Dans les affaires du cartel des appareillages de commutation à isolation gazeuse (Trib. UE, 12 juillet 2011, Fuji Electric c/ Commission), le Tribunal s'est attaché à présenter de manière systématique l'étendue et les modalités d'exercice de sa compétence de pleine juridiction (points 206 à 210). Il rappelle, tout d'abord, que cette compétence s'exerce exclusivement dans le cadre du contrôle de légalité prévu à l'article 263 TFUE, la pleine juridiction prévue à l'article 261 TFUE n'étant pas une voie de recours autonome. Le Tribunal souligne, ensuite, que cette compétence de pleine juridiction en matière de sanction l'habilite à réformer l'acte attaqué « même en l'absence d'annulation, en tenant compte de toutes les circonstances de fait ». Enfin, et c'est à la lumière de l'arrêt *Menarini* le point le plus important, le Tribunal considère que dans les domaines où la Commission conserve une marge d'appréciation (fixation des taux de majoration de l'amende en raison de la durée de l'infraction ou pour assurer son caractère dissuasif par exemple), « le fait que le contrôle de légalité [...] se limite à celui de l'absence d'erreur manifeste d'appréciation ne préjuge pas, en principe, pour le juge de l'Union, de sa compétence de pleine juridiction », ce juge étant compétent pour apprécier le caractère approprié du montant de l'amende et, à ce titre, prendre en considération des éléments qui ne sont pas mentionnés dans la décision attaquée. Ainsi, les limites inhérentes au contrôle de légalité et au standard de l'erreur manifeste d'appréciation s'effaceraient en matière de sanction grâce à la compétence de pleine juridiction.

Dans ses conclusions du 10 février 2011, dans l'affaire C 272/09 P, KME Germany c/ Commission, Mme l'Avocat général Sharpston est parvenue sans peine à reconnaître que les décisions de la Commission imposant des amendes pour violation de l'article 101 TFUE relèvent du volet pénal de l'article 6 de la CEDH. Elle estime en outre qu'il n'est guère possible de douter que la compétence de pleine juridiction conférée au Tribunal en la matière est conforme aux exigences de l'article 6 de la CEDH, tout en admettant que le contrôle juridictionnel du Tribunal sur l'existence d'une infraction reste de type restreint, la pleine juridiction n'intervenant qu'au stade de l'appréciation de la sanction par le juge. Toute la question est donc désormais de savoir, après l'arrêt *Menarini*, s'il demeure possible de s'accommoder d'une application de la pleine juridiction aux seules amendes, le contrôle juridictionnel sur l'existence de l'infraction restant limité par l'erreur manifeste d'appréciation.

P. Cardonnel
Concurrences N° 4-2011, Art. N° 40019, p. 166

1.1.2 Droit à être jugé dans un délai raisonnable

CJCE, gde ch., 16 juill. 2009, Der Grüne Punkt, C-385/07 P

La Cour de justice des Communautés européennes retient le caractère excessif du délai de jugement devant le Tribunal de première instance des Communautés européennes mais n'annule pas l'arrêt attaqué.

Par un arrêt de principe, rendu en grande chambre, la Cour de justice, tout en confirmant sa jurisprudence en matière de contrôle et de sanction des délais de jugement devant le TPI, apporte une nouvelle pierre à l'édifice de la protection juridictionnelle effective des droits que les particuliers tirent de l'ordre juridique communautaire.

Était en cause le délai de la procédure suivie par le TPI dans une affaire d'abus de position dominante impliquant une société allemande exploitant un système de collecte et de valorisation d'emballages usagés. Le recours engagé par cette dernière contre la décision de la Commission, qui avait retenu l'existence de l'infraction et lui avait imposé une série de mesures destinées à y mettre fin, a mis presque six ans à aboutir à une décision de rejet. Estimant ce délai de jugement excessif, la société considérée en a tiré un moyen de procédure, s'ajoutant à d'autres moyens, pour demander à la Cour d'annuler l'arrêt du TPI.

Selon une analyse en trois temps, la Cour rappelle et tire les conséquences d'une série de principes qu'elle avait, pour l'essentiel, dégagés dans le fameux arrêt *Baustahlgewebe* du 17 décembre 1998, (C-185/95P, Rec. p. I-8417).

Sur le droit de se prévaloir d'un manquement aux exigences du délai de jugement raisonnable

La Cour rappelle qu'elle est compétente, dans le cadre d'un pourvoi, pour examiner, comme le prévoit l'article 58 de son Statut, si des irrégularités de procédure portant atteinte aux intérêts de la requérante ont été commises par le Tribunal et doit, en outre, s'assurer que les principes généraux du droit communautaire ont été respectés, au rang desquels figure celui issu de l'article 6 de la CEDH, consistant à voir sa cause entendue dans un délai raisonnable, et réaffirmé à l'article 47 de la Charte des droits fondamentaux de l'Union européenne comme étant inhérent au principe de protection juridictionnelle effective (points 176 à 179 de l'arrêt).

Ensuite, et c'est là un des apports de l'arrêt, elle retient « qu'une entreprise introduisant un recours aux fins de faire annuler une décision qui l'a contrainte à adapter le contrat type qu'elle conclut avec ses clients a, pour des raisons évidentes de politique commerciale, un intérêt certain à ce qu'il soit statué dans un délai raisonnable sur l'argumentation par laquelle elle soutient que ladite décision est illégale » (point 180).

Elle admet ainsi que la méconnaissance des exigences du délai de jugement raisonnable constitue une irrégularité de procédure de nature à porter atteinte aux intérêts de la partie requérante, au sens de l'article 58 du Statut de la Cour de justice, même dans l'hypothèse où, contrairement à ce qui est généralement le cas (comme dans l'affaire Baustahlgewebe, ainsi que dans les affaires ayant donné lieu aux arrêts de la Cour du 2 octobre 2003, Thyssen Stahl, C-194/99P, Rec. p. I-10821, du 25 janvier 2007, Sumitomo

Metal Industrie et Nippon Steel, C-403 et 405/04P, Rec. p. I- 729, et du 3 septembre 2009, Papierfabrik e. a., C-322, C-327 et C-338/0 P, faisant l'objet du commentaire suivant), aucune amende n'a été infligée à celle-ci par la Commission.

C'était le cas en l'espèce puisqu'au lieu d'infliger à la société en cause une amende, la Commission lui avait imposé une série de mesures, dont la principale consistait à ne plus percevoir de redevance sur les quantités d'emballages commercialisés en Allemagne sous son logo, pour lesquels les fabricants et les distributeurs ne recourent pas au système collectif de collecte et de valorisation de ces déchets, qu'elle gère, mais procèdent individuellement à ces opérations. En conséquence, l'entreprise avait été contrainte d'adapter le contrat d'utilisation de son logo. En admettant que, dans de telles circonstances, un opérateur dispose d'un intérêt légitime à ce que son recours contre cette mesure contraignante soit entendu, la Cour ouvre la voie à un contentieux qui risque de se développer, même si le délai moyen de jugement devant le TPI a connu une sensible réduction en 2008 par rapport aux deux années précédentes (le dernier rapport annuel fait état d'un délai de 26 mois en 2008, au lieu de 29,5 en 2007 et de 27,8 en 2006).

Sur le caractère excessif du délai de jugement

Dans un deuxième temps de son analyse, la Cour rappelle les critères à prendre en considération pour apprécier, au cas par cas, le caractère raisonnable ou, au contraire, excessif du délai de jugement. Ces critères, qui sont inspirés de la jurisprudence de la Cour de Strasbourg à propos de l'article 6 CEDH, tiennent, pour l'essentiel, à la complexité du litige et au comportement des parties. Il suffit que la durée de la procédure soit justifiée au regard de l'un ou l'autre critère pour que celle-ci revête un caractère raisonnable. Ainsi, à ce jour, la Cour a admis à trois reprises que la durée du délai de jugement devant le TPI, qui oscillait entre 4 et 5 ans, était justifiée par la complexité du litige, caractérisé par le nombre d'entreprises requérantes, impliquées dans une entente, et la diversité des langues de procédure (arrêt de la Cour du 15 octobre 2002, Limburgse Vinye Maatschappij e. a., C-238, 244, 245, 247, 250 à 252 et 254/99P, Rec. p. I-3375, points 209 à 221 ; du 2 octobre 2003, Thyssen Stohl, précité, points 157 à 166 ; du 25 janvier 2007, Sumitomo Metal Industrie et Nippon Steel, précité, points 118 à 122, et du 9 septembre 2009, Papierfabrik e. a., précité, points 147 et 148).

Telle n'a pas été l'appréciation de la Cour dans la présente affaire. Au-delà de la durée totale de la procédure, qui s'est étalée sur 5 ans et 10 mois (entre la date de l'introduction du recours et celle du prononcé de l'arrêt du TPI), la Cour s'est attachée à la période spécifique s'étant écoulée entre la fin de la procédure écrite et l'ouverture de la procédure orale (de 3 ans et 9 mois). La longueur de cette période ne saurait être justifiée ni par le degré de complexité du litige, ni par le comportement des parties, ni par la survenance d'incidents procéduraux (point 184 de l'arrêt).

S'agissant de la complexité du litige, qui n'opposait que deux parties et ne faisait usage que d'une seule langue de procédure, elle ne revêtait pas une ampleur telle qu'elle empêchait le Tribunal de faire la synthèse du dossier (c'est-à-dire au juge rapporteur d'élaborer son rapport) et de préparer la procédure orale, dans un laps de temps moins long (point 185 de l'arrêt). Au demeurant, constate la Cour, cette affaire n'a pas donné lieu à l'adoption de mesures d'organisation de la procédure ou d'instruction (telles que, par exemple, la demande de production de certains documents par les parties ou l'organisation d'une réunion entre elles). Elle n'a pas non plus suscité d'incidents de procédure de leur part (point 187 de l'arrêt).

La Cour en déduit que la procédure suivie devant le Tribunal a méconnu les exigences liées au respect d'un délai de jugement raisonnable.

Sur les conséquences de la méconnaissance des exigences du délai raisonnable de jugement devant le TPI

Dans un troisième et dernier temps de son analyse, la Cour confirme sa jurisprudence restrictive, issue de l'arrêt *Baustahlgewebe*, précité (point 49) sur les circonstances dans lesquelles le caractère excessif du délai de jugement conduit à l'annulation de l'arrêt du TPI. Il n'en va ainsi que lorsqu'il existe des indices selon lesquels la durée déraisonnable de la procédure a eu une incidence sur la solution du litige. Invitant la Cour à revenir sur cette jurisprudence, la société requérante se réclamait d'une interprétation purement littérale de l'article 61, premier alinéa, du statut de la Cour, aux termes duquel « lorsque le pourvoi est fondé, la Cour annule la décision du Tribunal ».

Cette thèse est vigoureusement écartée par la Cour, et ce pour deux raisons. Tout d'abord, pour des raisons pratiques, fondées sur un objectif d'utilité dans l'interprétation et l'application de ce texte : « dans la mesure où il n'existe aucun indice laissant apparaître que le non-respect d'un délai de jugement raisonnable a pu avoir une incidence sur la solution du litige, l'annulation de l'arrêt attaqué ne remédierait pas à la violation du principe de protection juridictionnelle commise par le Tribunal » (point 193 de l'arrêt).

Ensuite, de manière plus fondamentale, compte tenu de la nécessité de faire respecter le droit communautaire de la concurrence : « la Cour ne saurait permettre, au seul motif de la méconnaissance d'un délai de jugement raisonnable, à la partie requérante de remettre en question l'existence d'une infraction alors que l'ensemble de ses moyens dirigés contre les constatations opérées par le Tribunal au sujet de cette infraction et de la procédure administrative y afférente ont été rejetés comme non fondés » (point 194 de l'arrêt). Il ne peut qu'en aller ainsi en termes de politique jurisprudentielle.

Cela étant, et cela mérite d'être souligné, la Cour indique que « le non-respect, par le Tribunal, d'un délai de jugement raisonnable peut donner lieu à une demande en indemnité en vertu d'un recours introduit dans le cadre des articles 235 CE et 288, deuxième alinéa, CE », c'est-à-dire d'un recours mettant en cause la responsabilité non contractuelle de la Communauté (point 195 de l'arrêt). Reste que l'on peut se demander devant quelle juridiction communautaire porter ce recours : devant le TPI lui-même ou devant la Cour ? La Cour ne s'est pas prononcée sur cette question délicate, sur laquelle l'Avocat général Bot avait consacré d'intéressants développements (points 317 à 341 des conclusions).

A. Maitrepierre

Concurrences N° 4-2009, Art. N° 29291, p. 172

Voir aussi, sur les origines de l'affaire

Trib. UE, 24 mai 2007, Der Grüne Punkt, T-151/01

C. Prieto, Redevances disproportionnées : Le TPICE considère que constitue à la fois un abus d'exploitation et un abus d'éviction le fait d'exiger de ses clients une redevance pour la totalité des emballages commercialisés avec logo, nonobstant la preuve de services fournis partiellement par un tiers (Grüne Punkt), 24 mai 2007, Concurrences N° 3-2007, Art. N° 13870, pp. 94-95.

CJUE, gde ch., 26 nov. 2013, 3 arrêts, Gascogne Sack Deutschland, C-40/12 P ; Kendrion, C-50/12 P ; Groupe Gascogne, C-58/12 P

La Cour de justice de l'Union européenne considère qu'une violation du délai raisonnable sans conséquence sur la solution adoptée par le Tribunal ne peut faire l'objet que d'un recours en indemnité.

À l'origine de ces arrêts, il y a la décision de la Commission d'infliger des amendes à plusieurs entreprises en raison de leur participation ou de la participation de leurs filiales à une entente dans le secteur des sacs industriels (Commission, 30 novembre 2005, aff. COMP/F/38.354). Par la suite, les requérantes ont échoué à obtenir l'annulation de cette décision devant le Tribunal de l'Union européenne. Il avait fallu un peu plus de cinq ans et demi à ce dernier, de février 2006 à novembre 2011, pour statuer sur leurs recours (Trib. UE, 16 novembre 2011, 3 arrêts, aff. T-79/06, T-54/06 et T-72/06).

Si la question de la violation par le Tribunal du droit à un jugement dans un délai raisonnable, tel qu'il découle de l'article 6 de la CESDH et, désormais, de l'article 47 de la Charte des droits fondamentaux, n'est pas nouvelle (voir notamment CJCE, 17 décembre 1998, Baustahlgewebe c/ Commission, aff. C-185/95 P, et 16 juillet 2009, Der Grüne Punkt – Duales System Deutschland c/ Commission, aff. C-385/07 P), ces trois arrêts rendus par la Cour présentent un intérêt en ce qu'ils viennent clore le débat sur les conséquences à tirer de cette violation, et notamment sur la question du moyen adéquat pour réparer le préjudice en résultant. Ils apportent également des précisions utiles sur la question de la recevabilité d'un tel moyen lorsqu'il est soulevé au stade du pourvoi (voir également, la Chronique Ententes du présent numéro).

Le dépassement du délai raisonnable n'est pleinement consommé qu'une fois la procédure devant le Tribunal terminée

Dans l'une de ces trois affaires (C-40/12 P), la requérante invoquait la violation du principe du délai raisonnable pour la première fois au stade du pourvoi. Y voyant un moyen qui n'avait pas été soumis à l'appréciation du Tribunal, la Commission souhaitait son rejet comme irrecevable.

Au même titre que toute autre irrégularité de procédure, il est vrai que la requérante aurait pu invoquer la violation de ce droit dès lors qu'elle estimait qu'elle était établie, au besoin à l'occasion de l'audience devant le Tribunal, ce qu'elle n'avait pas fait en l'occurrence. Était-ce cependant de nature à entraîner l'irrecevabilité du moyen ? Quid si le dépassement du délai raisonnable était, pour l'essentiel, dû au délai de traitement de l'affaire entre l'audience et le prononcé de l'arrêt ?

Pour la Cour, la partie qui soulève une irrégularité de procédure n'est pas tenue de le faire « à un stade où les pleins effets de cette violation ne sont pas encore connus ». Dans le cas d'un dépassement, par le Tribunal, du délai raisonnable, cette partie n'est pas tenue de faire valoir « immédiatement » cette atteinte. Elle peut donc attendre la fin de la procédure afin d'en connaître la durée totale. C'est en effet à cette condition qu'elle disposera de « tous les éléments nécessaires pour identifier l'atteinte qu'elle estime avoir subie ».

La possibilité d'invoquer la violation du droit à un jugement dans un délai raisonnable apparaît-là comme une faculté laissée à l'appréciation de la partie lésée. Elle aurait le choix de soutenir cette irrégularité devant le Tribunal lui-même, au plus tard lors de l'audience, si l'atteinte à ses droits est constituée dès ce moment, ou devant la Cour, à l'occasion du pourvoi. Toutefois, par une décision récente, mais antérieure aux présents arrêts, il semble que le Tribunal considère que, dans ce cas, seule la voie du pourvoi lui est ouverte, jugeant qu'un tel grief est irrecevable lorsqu'il est présenté « dans le cadre du même recours que celui pour la procédure duquel il est allégué que le principe de délai raisonnable a été méconnu » (Trib. UE, 16 septembre 2013, aff. T-497/07, CEPSA c/ Commission, pt 267).

Cette faculté, si elle préserve les droits de la partie lésée, ne présente cependant d'intérêts que si cette dernière est en mesure de démontrer que l'irrégularité commise par la Tribunal a eu des conséquences sur la solution du litige. En effet, la Cour privilégie désormais une autre voie que celle du pourvoi pour remédier à la violation du principe du délai raisonnable.

Le dépassement du délai raisonnable n'est pas en soi de nature à remettre en cause la décision du Tribunal

Les arrêts *Baustahlgewebe* et *Der Grüne Punkt* avaient pu soulever des interrogations quant aux conséquences à tirer de la violation par le Tribunal du droit à un jugement dans un délai raisonnable. En effet, dans le premier arrêt, la Cour avait choisi de réduire le montant de l'amende, alors que, dans le second, elle avait considéré qu'une telle violation ouvrait droit à un recours en indemnité. Il faut néanmoins rappeler que dans cette seconde affaire, bien qu'établie, l'infraction n'avait donné lieu au prononcé d'aucune sanction, de sorte qu'un recours en indemnité apparaissait comme l'unique moyen de remédier à la violation et de réparer le préjudice subi. Fallait-il pour autant en déduire que la Cour entendait privilégier en toute hypothèse cette voie de recours ?

En l'occurrence, les requérantes avaient été sanctionnées d'une amende. Elles demandaient donc une réduction de son montant en se fondant sur la jurisprudence Baustahlgewebe.

Souhaitant manifestement mettre un terme aux interrogations suscitées par sa jurisprudence, la Cour écarte la possibilité que la violation du principe du délai raisonnable puisse avoir comme conséquence d'entraîner l'annulation de l'arrêt du Tribunal « en l'absence d'incidence sur la solution du litige » de cette violation. Elle souligne en effet qu'une telle annulation ne remédierait pas à l'atteinte portée, par le Tribunal, au principe de protection juridictionnelle effective.

La Cour fait donc prévaloir l'approche suivie dans l'arrêt *Der Grüne Punkt*, à savoir que, compte tenu de la nécessité de faire respecter les règles de concurrence du droit de l'Union, elle ne saurait permettre, au seul motif de la méconnaissance d'un délai de jugement raisonnable, à la partie requérante de remettre en question « le bien-fondé ou le montant d'une amende » alors que les autres moyens dirigés contre l'arrêt du Tribunal auraient été rejetés.

Et quand bien même la partie requérante aurait réussi à obtenir l'annulation de l'arrêt, la Cour n'entend pas compenser le préjudice subi par une réduction du montant de l'amende. En effet, la Cour assume pleinement son choix d'abandonner sa jurisprudence Baustahlgewebe, désormais dépassée, au motif qu'elle lui permet de faire prévaloir une solution – la voie du recours en indemnité – qui est d'application générale, « en ce qu'elle peut couvrir toutes les situations de dépassement du délai raisonnable d'une procédure », et qui permet de remédier effectivement à la violation en question.

Il appartient donc à la partie qui a souffert d'une violation de son droit à un jugement dans un délai raisonnable d'introduire une demande visant à obtenir la réparation du préjudice qui en a résulté sur le fondement des articles 268 TFUE et 340 TFUE.

L'appréciation du dépassement du délai raisonnable par le tribunal est laissée… au Tribunal

Comme souligné plus haut, la question de la recevabilité du moyen tiré de la violation du droit à un jugement dans un délai raisonnable ne présentait en réalité que peu d'intérêt. Dans la mesure où, pour la Cour, l'annulation de l'arrêt du Tribunal se limite au seul cas (exceptionnel) où le dépassement du délai raisonnable a eu une incidence sur la solution du litige, l'atteinte à ce droit, et plus généralement au principe de protection juridictionnelle effective découlant de l'article 47 de la Charte, se trouve être un grief qui doit être traité de façon autonome et indépendamment d'un pourvoi contre l'arrêt du Tribunal. La Cour considère que cette demande « ne peut être soumise directement à la Cour dans le cadre d'un pourvoi ».

C'est pourquoi la Cour estime qu'il convient de renvoyer au Tribunal, compétent pour traiter des recours en indemnité introduits par les particuliers personnes physiques ou morales contre l'Union européenne, la demande visant à obtenir réparation du préjudice causé par le non-respect d'un délai de jugement raisonnable. Il va de soi que cette demande ne pourra être soumise qu'à une formation différente de celle dont le délai de traitement est critiqué.

Si la Cour laisse le soin au Tribunal d'apprécier dans quelle mesure le droit à un jugement dans un délai raisonnable a été méconnu, elle borne l'analyse qu'il doit mener en rappelant qu'elle a déjà fixé, dans l'arrêt *Der Grüne Punkt*, une « liste des critères pertinents », qui n'est toutefois pas exhaustive. Aussi, le Tribunal doit tenir compte des circonstances propres à chaque affaire et notamment de la « complexité du litige » et du « comportement des parties », qui ont pu adopter une attitude dilatoire.

À cet égard, l'on peut regretter que l'appréciation du dépassement du délai raisonnable soit envisagée seulement comme la recherche d'une cause expliquant un « délai de prime abord trop long ». En effet, ce n'est qu'en l'absence d'une telle cause que le non-respect du droit à un jugement dans un délai raisonnable pourrait seulement être constaté.

Une telle approche conduit le demandeur à devoir répondre de l'absence de complexité de sa propre affaire, après avoir tenté de démontrer, par de multiples arguments, l'erreur manifeste d'appréciation de la Commission dans le cadre du recours en annulation, et de sa non-responsabilité dans le dépassement du délai raisonnable, après qu'il eut nécessairement usé de tous les moyens procéduraux à sa disposition pour défendre ses intérêts. En l'espèce, la Cour exclut néanmoins qu'une demande de réouverture de la procédure orale ait pu rallonger inutilement le délai de procédure, lorsque cette demande a été rejetée. Mais, l'approche de la Cour pose surtout question en ce qu'elle ne précise pas les critères permettant de caractériser l'existence d'un délai de traitement « trop long ».

À l'inverse, elle semble considérer que la nature des litiges en matière de concurrence est susceptible d'expliquer un délai de traitement plus long pour ce type d'affaire que celui constaté habituellement pour d'autres affaires. En effet, comme elle l'avait fait dans l'arrêt *Der Grüne Punkt*, elle rappelle que, dans son appréciation, le Tribunal devra tenir compte du fait que « l'exigence fondamentale de sécurité juridique dont doivent bénéficier les opérateurs économiques, ainsi que l'objectif d'assurer que la concurrence n'est pas faussée dans le marché intérieur présentent un intérêt considérable non seulement pour le requérant lui-même et pour ses concurrents, mais également pour les tiers, en raison du grand nombre de personnes concernées et des intérêts financiers en jeu ». Ce faisant, un délai de jugement plus long que la normale serait donc le fruit d'une attitude que l'on qualifiera de « prudente » de la part du Tribunal à la mesure des intérêts en jeu dans les affaires de concurrence.

En revanche, la Cour ouvre la voie à la réparation d'un dommage qui ne soit pas strictement limité à un dommage matériel. S'il est vrai que le préjudice subi résulte généralement de frais ou d'intérêts plus importants auxquels le demandeur a eu à faire face en raison d'un délai de traitement trop long, la Cour enjoint le Tribunal « de prendre en considération les principes généraux applicables dans les ordres juridiques des États membres pour traiter les recours fondés sur des violations similaires » à la violation du principe de protection juridictionnelle effective et, en conséquence, à réparer également le préjudice immatériel.

Faut-il encore soumettre la question du dépassement du délai raisonnable à la Cour dans le cadre d'un pourvoi ?

Puisque le recours en indemnité est désormais le remède effectif à la violation du droit à un jugement dans un délai raisonnable, il pourrait ne plus y avoir d'intérêt à soulever ce moyen dans le cadre d'un pourvoi, sauf, encore une fois, pour le cas où cette violation a eu une incidence sur la solution du litige devant le Tribunal. Dans les conditions posées par la Cour, il faudrait saisir le Tribunal d'un recours en indemnité immédiatement après le prononcé de son arrêt. Il y aurait d'autant plus d'intérêt à saisir rapidement le Tribunal que le recours en indemnité va nécessiter, à son tour, un certain délai de traitement (près de deux ans en l'état actuel des statistiques judiciaires ; *cf.* le rapport annuel de la Cour pour 2012, p. 195, disponible sur le site www.curia.europa.eu).

Pour autant, soulever le moyen tiré du dépassement du délai raisonnable dans le cadre du pourvoi n'a pas perdu tout intérêt. Dans ces trois arrêts, bien qu'elle renvoie au Tribunal la responsabilité d'apprécier le respect du principe du délai raisonnable, la Cour constate que « la durée de la procédure devant le Tribunal, qui s'est élevée à près de 5 ans et 9 mois, ne peut être justifiée par aucune des circonstances propres à l'affaire ayant donné lieu au présent litige ». Elle exclut notamment que la complexité du litige ou le comportement des parties aient pu en l'occurrence justifier un tel délai.

L'on peut se demander s'il était dans la logique du pourvoi que la Cour procède à une telle constatation, alors qu'elle avait précédemment exclu le bien-fondé du moyen au motif que le dépassement ne pouvait pas avoir eu d'incidence sur la solution du litige. Toutefois, en procédant ainsi, la Cour sécurise le sort des requérantes, en leur évitant d'avoir à rapporter, dans le cadre de leur futur recours en indemnité, la preuve de la faute commise par la Tribunal. Il restera néanmoins à leur charge le soin de démontrer la réalité de leur dommage et le lien de causalité de celui-ci avec la durée excessive de la procédure.

Si l'attitude de la Cour en l'espèce est de nature à répondre aux interrogations que pourraient susciter la mise en œuvre des critères pertinents pour apprécier le dépassement du délai raisonnable, rien ne permet en revanche d'affirmer que la Cour procédera systématiquement elle-même à cette appréciation en lieu et place du Tribunal.

En effet, en l'absence d'incidence du dépassement du délai raisonnable sur la solution du litige devant le Tribunal et à défaut pour le requérant d'en rapporter la preuve, rien ne l'y oblige. Il faudra donc suivre avec attention les prochains arrêts de la Cour sur ce point.

A. Lacresse
Concurrences N° 1-2014, Art. N° 63762, p. 170

Voir aussi, sur les origines de l'affaire

Trib. UE, 16 nov. 2011, 3 arrêts, Sachsa Verpackung, T-79/06 ; Kendrion, T-54/06 ; Groupe Gascogne, T-72/06

N. Jalabert-Doury, Échange d'informations : Le Tribunal de l'UE confirme largement la décision de la Commission dans le cartel des sacs industriels en plastique, mais annule celle-ci pour l'un des participants et réduit l'amende imposée à un autre de ceux-ci (Packaging, Kendrion, RKW, Low & Bonar, Stempher, Groupe Gascogne, Plasticos Españoles, Armando Álvarez, Sachsa Verpackung), 15 février 2012, Concurrences N° 1-2012, Art. N° 42269, p. 96.

Trib UE, 10 janv. 2017, Gascogne e. a., T-577/14 ; Trib. UE, 1er févr. 2017, 2 arrêts, Kendrion, T-479/14, Aalberts Industries, T-725/14 ; Trib. UE, 17 févr. 2017, ASPLA e. a., T-40/15

Le Tribunal de l'Union européenne se prononce sur les conséquences indemnitaires résultant de sa lenteur à juger des affaires de cartels.

L'année 2017 débute par quatre arrêts du Tribunal sur l'indemnisation des justiciables pour violation de l'obligation de juger dans un délai raisonnable.

Ces arrêts font suite à l'abandon, à la fin de l'année 2013, de la jurisprudence Baustahlgewebe (aff. C-185/95) en vertu de laquelle la Cour, après avoir constaté dans le cadre d'un pourvoi la lenteur excessive de la procédure devant le Tribunal, pouvait, par une forme de satisfaction équitable, réduire le montant de l'amende infligée à l'entreprise requérante. Les demandes indemnitaires de cette nature doivent désormais être adressées au Tribunal, sous la forme de recours en responsabilité extra-contractuelle (Gascogne, aff. C-40/12 P et C-58/12 P ; Kendrion, aff. C-50/12 P). Selon les déclarations du Conseil (communiqué de presse du 3 décembre 2015), cette invitation n'est pas passée inaperçue : dans les mois qui ont suivi les arrêts *Gascogne* et *Kendrion*, le Tribunal aurait été saisi de pas moins de quatre recours indemnitaires pour violation du délai raisonnable de jugement, essentiellement dans des affaires de cartels, et ce, pour une valeur cumulée de plus de 26 millions d'euros de dommages et intérêts demandés.

À la manière d'un canari dans une mine de charbon, ces affaires ont agi comme le révélateur de difficultés structurelles affectant la capacité du Tribunal à faire face à un contentieux croissant en nombre et en complexité. Après des débats parfois passionnés sur la réforme du Tribunal, ces quatre arrêts développent un cadre analytique pour les conditions d'engagement de la responsabilité de l'Union pour la lenteur de sa justice. Ce cadre est novateur.

Identification du fait générateur : le calcul du « délai raisonnable »

Le Tribunal a complété les critères jurisprudentiels visant à identifier le caractère excessivement long d'une procédure par une méthodologie en deux étapes. La première consiste à définir une sorte de délai standard d'instruction des dossiers en matière de concurrence. Le Tribunal estime que ces affaires, parce qu'elles sont généralement complexes et volumineuses, nécessitent généralement 15 mois de travail entre la fin de la phase écrite de la procédure et l'ouverture de la phase orale. Il s'agit d'un travail d'instruction du dossier, qui implique la synthèse des arguments des parties, la mise en état, l'analyse en fait et en droit du litige, et la préparation de la phase orale.

Dans une seconde étape, ce délai standard est modulé afin de tenir compte des particularités de chaque affaire. Ainsi, le traitement parallèle d'affaires connexes, très fréquent en matière de cartel, donne lieu à une surcharge de travail évaluée à un mois supplémentaire par affaire parallèle. Pour l'affaire du cartel des sacs industriels (Gascogne ; Kendrion et ASPLA), le Tribunal a ainsi ajouté 11 mois supplémentaires au délai standard d'instruction, portant à 26 mois la durée « normale » de la période séparant la fin de la procédure écrite de l'ouverture de la phase orale. Le délai peut encore être ajusté afin de tenir compte, par exemple, de mesures d'organisation de la procédure, du comportement des parties ou de la survenance d'incidents procéduraux. Ce délai « normal » sert ensuite de base de comparaison avec celui constaté. Dans l'affaire des sacs industriels, 46 mois s'étant écoulés entre la fin de la procédure écrite et l'ouverture de la procédure orale, le Tribunal a fixé à 20 mois la période d'inactivité injustifiée.

En revanche, dans l'affaire Aalberts Industries (aff. T-725/14), le Tribunal a considéré que les 25 mois d'instruction étaient parfaitement justifiés au regard du nombre d'affaires parallèles et de la complexité du dossier, ne laissant apparaître aucune période d'inactivité injustifiée. Le recours d'Aalberts Industries a donc été rejeté pour ce motif.

Identification du préjudice indemnisable

Pour être indemnisable, le préjudice allégué doit revêtir un caractère réel et certain. Le Tribunal s'est penché sur plusieurs types de préjudices matériels : la perte d'une chance de trouver un investisseur, le paiement d'intérêts de retard et les frais de constitution d'une garantie bancaire.

Dans l'affaire Gascogne, l'entreprise invoquait un état d'incertitude prolongé quant au sort de l'amende. Celui-ci aurait contribué à dissuader des investisseurs de lui apporter des capitaux nécessaires à son rétablissement. Sans nier à ce type de préjudice tout caractère indemnisable, le Tribunal a jugé que Gascogne n'était pas parvenue à prouver « avec un degré de probabilité suffisant » qu'elle avait perdu une chance de trouver un investisseur « plus tôt ».

En droit de l'Union, le paiement des amendes est exigible de plein droit et les recours juridictionnels sont dépourvus d'effets suspensifs. Cependant, la pratique de la Commission consiste à suspendre le recouvrement de l'amende jusqu'à la fin de la procédure juridictionnelle, moyennant constitution d'une garantie bancaire et le paiement d'intérêts de retard.

Les entreprises demandaient le remboursement des intérêts de retard dus au cours de la période de dépassement du délai raisonnable. Le Tribunal relève toutefois que, pendant cette période, ces entreprises n'ont payé ni amendes, ni intérêts de retard. Ces dernières auraient dû prouver que les intérêts encourus « au cours de la période qui correspond au dépassement du délai raisonnable de jugement » excédaient l'avantage résultant de « l'absence de paiement de l'amende, majorée des intérêts ».

En revanche, le paiement des frais de garantie bancaire, pendant la période de dépassement du délai raisonnable, est considéré comme un préjudice réel et certain.

S'agissant du préjudice moral, le Tribunal considère irrecevable la demande d'indemnisation présentée par une entreprise pour le préjudice subi par ses dirigeants et salariés, faute pour celle-ci d'avoir été spécifiquement habilitée à agir en leur nom. Sur le fond, il rejette les allégations d'atteinte à la réputation comme non étayées, tout en soulignant, à titre surabondant, que le constat d'une violation du principe du délai raisonnable de jugement est une réparation suffisante. Le Tribunal juge néanmoins que la prolongation de l'incertitude des entreprises quant à leur sort constitue un préjudice réparable, estimé sur base *ex aequo* et *bono* à 5 000 euros dans le cas de Gascogne et à 6 000 euros dans celui de Kendrion.

Causalité et quantification du préjudice matériel indemnisable

Selon une jurisprudence du Tribunal établie de longue date, l'annulation d'une amende ne donne pas lieu au remboursement des frais de garantie bancaire et ce, au motif que ces frais relèvent du seul choix de l'entreprise de ne pas procéder au paiement immédiat de l'amende (Trib. UE, 21 avril 2005, Holcim (Deutschland) c/ Commission, aff. T-28/03, EU:T:2005:139, point 123 et ordonnance du 12 décembre 2007, Atlantic Container Line e. a./Commission, aff. T-113/04, non publiée, point 38). Il était donc envisageable pour le Tribunal de se retrancher derrière cette jurisprudence, comme l'y invitait l'Union européenne, partie défenderesse, pour juger que le préjudice subi découlait directement de la décision de l'entreprise de ne pas payer l'amende immédiatement, plutôt que de la longueur excessive de la procédure.

Ce n'est pourtant pas le raisonnement suivi par le Tribunal qui conclut à l'existence d'un lien de causalité suffisamment direct sur la base de deux éléments. D'une part, la violation du délai raisonnable était « imprévisible », ce qui semble devoir être compris comme signifiant que l'entreprise pouvait nourrir l'attente légitime de voir son recours traité dans un délai raisonnable. D'autre part, le fait générateur du préjudice – le dépassement du délai raisonnable – est intervenu après le choix de l'entreprise de constituer une garantie bancaire, alors que, dans les affaires précitées T-28/03 et T-113/04, ce fait générateur lui était antérieur.

Enfin, pour la quantification du préjudice, le Tribunal s'appuie sur son calcul de la durée d'inactivité injustifiée pour définir la période au cours de laquelle le retard est indemnisable. Le préjudice a pris fin avec le prononcé de l'arrêt en première instance et débuté vingt mois plus tôt. Le Tribunal en déduit que les frais de garantie bancaire indemnisables ne sont pas ceux exposés pendant la durée excessive de la procédure (20 mois), mais ceux encourus au cours de la période ainsi délimitée.

Encore faut-il que les requérantes aient formulé une demande couvrant avec précision cette période, le juge ne pouvant statuer *ultra petita*. Or, une des entreprises avait fixé la fin de la période indemnisable à l'ouverture de la procédure orale plutôt qu'au prononcé de l'arrêt mettant fin à l'instance (affaire ASPLA). Gascogne et Kendrion avaient, respectivement, pris comme point de départ ce qu'elles estimaient comme étant les dates théoriques de la fin de la procédure écrite et du prononcé de l'arrêt. S'estimant dans l'impossibilité de modifier les termes de sa saisine, le Tribunal a ainsi réduit la durée de 20 mois pouvant donner lieu à indemnisation à 16, 10 et 6 mois pour Kendrion, ASPLA et Gascogne, et fixé leur préjudice matériel à environ 589 000, 156 000 et 47 000 euros respectivement.

Une procédure picaresque

La décision de la Cour de condamner l'issue de secours ouverte par l'arrêt *Baustahlgewebe* et de renvoyer systématiquement au Tribunal toutes les actions en réparation des délais de jugement excessifs, génère un tourbillon procédural aussi inédit que prévisible.

La première interrogation suscitée par ce type d'action concerne l'impartialité – ou plus exactement l'apparence d'impartialité – du Tribunal. Celui-ci peut-il être juge dans sa propre cause et statuer sur le préjudice causé par son inaction ? Peut-il statuer, en première instance, sur un recours en responsabilité pour délai de jugement excessif lorsque c'est la Cour elle-même qui est à l'origine de la violation du délai raisonnable, par exemple lors de l'examen d'un pourvoi ?

Si l'Union est partie défenderesse dans les actions en responsabilité extracontractuelle, quelle institution doit assurer sa représentation dans le cadre du litige, la Commission en tant que représentant traditionnel de l'Union ou la Cour en tant qu'auteur du comportement à l'origine du préjudice allégué ? Ce point a été tranché par le Tribunal qui, en écartant l'exception d'irrecevabilité formée par la Cour contre le recours de Gascogne (ord. Trib. UE, 2 févr. 2015, Gascogne Sack Deutschland et Gascogne c/ Union européenne, aff. T-577/14) a jugé qu'il appartient manifestement à la Cour, en sa qualité d'institution, de représenter l'Union, conformément à la jurisprudence constante selon laquelle l'Union est représentée devant le Tribunal par la ou les institutions auxquelles le fait générateur de responsabilité est reproché (arrêt de la Cour 13 nov. 1973, Werhahn e. a. c/ Conseil, aff. C-63/72 à C-69/72, Rec, EU:C:1973:121, ord. Trib. 22 févr. 2001, Lamberts c/ Médiateur et Parlement, aff. T-209/00). La Cour, prise dans toutes ses acceptions, se trouve dans la position singulière de cumuler les rôles de juge, d'avocat, d'accusé, de procureur (lorsqu'elle a relevé d'office sur pourvoi la violation du délai raisonnable comme elle l'a fait dans l'affaire Gascogne), et d'autorité budgétaire ultimement responsable de la liquidation des indemnités.

Le déroulement de l'instance recèle également de nombreuses embûches.

Systématiquement entre 2013 et 2015 (outre les arrêts précités relatifs au cartel des sacs industriels, voir 12 juin 2014, Deltafina c/ Commission, aff. C-578/11 P ; 10 juil. 2014, Telefónica c/ Commission, aff. C-295/12 P ; 9 oct. 2014, ICF c/ Commission, aff. C-467/13 P ; 12 nov. 2014, Guardian c/ Commission, aff. C-580/12 P) puis, fréquemment par la suite (9 juin 2016, CEPSA, aff. C-608/13 P ; PROAS, aff. C-616/13 P ; Repsol, aff. C-617/13 P ; mais voir contra, 14 sept. 2016, ORI Martin et Siderurgica Latina Martin, aff. C-490/15 P et C-505/15 P, point 12, ainsi que Trafilerie Meridionali, aff. C-519/15 P, point 68), la Cour a constaté, par la voie d'*obiter dicta*, un dépassement manifeste du délai raisonnable par le Tribunal. Ces constats s'imposent-ils au Tribunal au titre de la chose jugée ? L'examen des quatre arrêts commentés démontre que le Tribunal a bien relevé le constat de la Cour, mais a exercé son propre contrôle du caractère excessivement long de la procédure.

Une autre question est de savoir si la Cour, en sa qualité de représentant de l'Union devant le Tribunal, peut plaider contre ses propres appréciations antérieures, en dépit de l'adage *nemo potest venire contra factum proprium* ? Dans les affaires relatives au cartel des sacs plastiques, la Cour a contesté la durée excessive de la procédure, moins dans son principe que dans l'évaluation de sa longueur par les requérantes.

Par ailleurs, le constat d'une violation du délai raisonnable nécessite l'examen d'une myriade de facteurs, impliquant un accès au dossier de l'affaire à l'origine de l'action en réparation. Dans quelles conditions la Cour, en tant que tiers à cette instance, peut-elle obtenir cet accès ?

Enfin, à l'issue du procès devant le Tribunal, quelles sont les implications pour le pourvoi ? En cas de rejet de ses prétentions, la Cour peut-elle former un pourvoi au nom de l'Union et se saisir elle-même ? Elle l'a fait à l'encontre de l'ordonnance du Tribunal rejetant son exception d'irrecevabilité dans l'affaire Gascogne, avant de se désister (ordonnance du vice-président de la Cour, 18 déc. 2015, aff. C-125/15 P). Elle vient de le faire pour la seconde fois en se saisissant, au nom de l'Union, d'un pourvoi dirigé contre l'arrêt dans l'affaire Gascogne (Union européenne, représentée par la Cour de justice de l'Union européenne c/ Gascogne et Gascogne Sack Deutschland, aff. C-138/17). Lorsque c'est la partie requérante qui forme un pourvoi, quelle est la position procédurale de la Cour, partie défenderesse, plaidant sa cause devant elle-même ? La question n'est plus théorique, la Cour étant actuellement saisie du pourvoi de Gascogne contre l'arrêt T-577/14 (Gascogne Sack Deutschland GmbH et Gascogne c/ Commission européenne et Union européenne, représentée par la Cour de justice de l'Union européenne, aff. C-146/17).

Sans vouloir essayer de tirer un premier bilan de ces éléments, il convient peut-être de rappeler que la jurisprudence de la Cour EDH sur le délai de jugement raisonnable a imposé aux États des exigences assez fermes pour les contraindre à prendre les mesures nécessaires pour remédier aux phénomènes de surcharge des tribunaux. La transposition de cette jurisprudence au contexte supranational de l'Union européenne n'est pas sans poser de difficultés : le pouvoir judiciaire de l'Union se réduit à deux juridictions qui opèrent dans un environnement institutionnel et politique qui n'est pas celui d'un État. Afin d'assurer le respect du droit à une protection juridictionnelle effective dans un délai raisonnable prévu à l'article 6, paragraphe 1, de la CEDH et à l'article 47 de la Charte des droits fondamentaux de l'Union, la règle de droit doit concilier au moins trois types d'exigences : le remède proposé doit être adéquat, tant par sa célérité que par sa fonction réparatrice ; le principe d'impartialité du juge doit être respecté et, enfin, le mécanisme retenu doit avoir une base légale. Or, ainsi que l'a constaté l'Avocat général Mme Sharpston dans ses conclusions sous l'affaire C–58/12 P, en la matière « il n'existe pas de solution uniforme ; (...) toute approche est susceptible d'imperfection en ce sens qu'elle présentera à la fois des avantages et des inconvénients et (...) toute solution doit être effective pour être compatible avec les exigences de l'article 13 de la CEDH et donc avec celles de l'article 47 de la Charte. »

Depuis 1998, la Cour a envisagé trois options. La première, préconisée par l'Avocat général M. Léger dans l'affaire Baustahlgewebe était, au nom du principe d'impartialité, de soumettre à la Cour statuant en premier et dernier ressort, le contentieux du délai raisonnable de jugement par le Tribunal, au titre d'un régime de satisfaction équitable distinct du pourvoi et sans lien avec la sanction imposée, et ce, en dépit de l'absence d'une base légale expresse dans le traité. Simple, efficace, souple et rapide mais, conceptuellement faible.

La deuxième, retenue par la Cour dans l'affaire Baustahlgewebe, a été d'incorporer dans le pourvoi un mécanisme de satisfaction équitable dans les affaires ayant donné lieu à sanction pécuniaire. Cette approche présentait également l'inconvénient d'avoir un fondement juridique manquant d'une certaine rigueur conceptuelle (voir les conclusions de Mme Sharpston, précitées) et de trouver sa limite naturelle dans les affaires dans lesquelles aucune sanction n'avait été prononcée (arrêt *Der Grüne Punkt* c/ Commission, aff. C-385/07 P).

Quant à la troisième, issue de l'arrêt *Gascogne* de 2013, si elle présente l'avantage de reposer fermement sur le socle du recours en responsabilité extracontractuelle prévu par le Traité, sa mise en œuvre l'expose à toute sorte de critiques. D'abord, celles tirées du principe d'impartialité et des contorsions procédurales auxquelles la Cour doit se livrer, en passant du siège à la barre, maniant tour à tour le glaive, le bouclier, la balance et la bourse. Ensuite, grâce à l'application du régime de responsabilité extracontractuelle, le système, désormais déconnecté de la sanction, gagne en prévisibilité mais perd en souplesse. En témoigne ainsi la manière dont le principe de l'interdiction de statuer *ultra petita* a conduit le Tribunal à réduire jusqu'à 70 % le préjudice matériel indemnisable, faute pour les parties d'avoir pu, dans leurs écritures, deviner une date résultant du calcul effectué par le Tribunal dans son arrêt. La célérité du mécanisme n'est pas non plus sa première qualité, puisque, pour obtenir réparation du préjudice subi du fait des lenteurs de la justice, il faut désormais introduire un nouveau recours.

Au moins, les compensations allouées sont-elles à la hauteur des attentes des justiciables ? Le montant cumulé des indemnités versées dans les trois affaires du cartel des sacs industriels atteint environ 700 000 euros. Si l'on admet que « a principle isn't a principle until it costs you money », un tel niveau peut conduire à considérer que le remède gagne en effectivité par rapport à l'affaire Bausthalgewebe dans laquelle la Cour avait alloué 50 000 euros à titre de satisfaction équitable. Toutefois, si l'on quitte le monde des valeurs absolues pour une appréciation relative, la compensation accordée par le Tribunal exprimée en pourcentage des amendes infligées (0,4 % et 1,7 %) est tout à fait comparable au remède dans l'affaire Baustahlgewebe (1,7 %).

P. Cardonnel

Concurrences N° 2-2017, Art. N° 83899, p. 153

Voir aussi, sur les suites de l'affaire

CJUE, 13 déc. 2018, 3 arrêts, Gascogne Sack Deutschland et Gascogne, aff. jtes C-138/17 P et C-146/17 P ; Kendrion, C-150/17 P ; ASPLA et Armando Álvarez, aff. jtes C-174/17 P et C-222/17 P

La Cour de justice de l'Union européenne annule plusieurs arrêts du Tribunal de l'Union européenne en raison de l'absence d'un lien de causalité suffisamment direct entre la violation du délai raisonnable de jugement et la perte subie en raison du paiement de frais de garantie bancaire pendant la période au-delà de ce délai.

Les arrêts de la CJUE sous chronique clôturent la saga judiciaire remontant à février 2006, lorsque les sociétés du groupe Gascogne, Kendrion, ASPLA et Armando Álvarez avaient saisi le Tribunal pour faire annuler la décision de la Commission, les sanctionnant pour leur participation à une entente dans le secteur des sacs industriels.

Du fait de la longueur de la procédure devant le Tribunal, reconnue par la Cour de justice (CJUE, 26 nov. 2013, Gascogne Sack Deutschland, aff. C-40/12 P ; Kendrion, aff. C-50/12 P, Groupe Gascogne, aff. C-58/12 P ; 22 mai 2014, ASPLA, aff. C-35/12 P, et Armando Álvarez, aff. C-36/12 P ; cette chronique, *Concurrences* N° 1-2014, p. 170), les entreprises avaient saisi à nouveau le Tribunal d'un recours en indemnité contre l'Union européenne. Le Tribunal avait fait droit à leur demande, ce que contestait l'Union européenne à l'occasion des présents pourvois.

Parmi les moyens soulevés, l'on retiendra notamment celui tenant à l'existence d'un conflit d'intérêt entre l'Union européenne et la Cour. L'une des entreprises soutenait que la Cour aurait décidé de se saisir elle-même de l'affaire par un pourvoi et que ledit pourvoi violerait ainsi l'article 47 de la Charte des droits fondamentaux garantissant le droit à une procédure devant une juridiction impartiale et indépendante (voir, en particulier, aff. C-150/17 P). En l'occurrence, la Cour rejette une telle argumentation, au motif qu'il convient de distinguer entre l'institution Cour de justice, présumée à l'origine du préjudice allégué, et les juridictions que sont le Tribunal et la Cour, qui ont compétence pour statuer sur les recours. Dès lors, le fait que la requérante soit l'Union européenne résulte, selon la Cour, d'une application stricte des règles du droit de l'Union.

En revanche, la Cour accueille le moyen de l'Union européenne sur l'absence de lien de causalité suffisamment direct entre la violation du délai raisonnable de jugement et la perte prétendument subie par les entreprises en raison du paiement de frais de garantie bancaire au cours de la période correspondant au dépassement de ce délai. En effet, l'Union européenne faisait valoir que le maintien d'une garantie bancaire relève de la libre appréciation de l'entreprise. En l'occurrence, la Cour retient que rien dans le droit de l'Union n'empêche cette entreprise de mettre, à tout moment, un terme à la garantie bancaire qu'elle a constituée et de payer l'amende, si cette option lui apparaît plus avantageuse. Or, la Cour observe que, tel pourrait être le cas lorsque le déroulement de la procédure devant le Tribunal conduit l'entreprise à considérer que l'arrêt sera rendu à une date ultérieure à celle qu'elle avait initialement envisagée. En conséquence, la Cour juge que, compte tenu de cette marge d'appréciation de l'entreprise, le lien de causalité entre la faute reprochée et le préjudice en question est insuffisamment direct.

A. Lacresse, B. Monti
Concurrences N° 2-2019, Art. N° 90468, p. 151

1.2 Mise en œuvre par la Commission européenne

1.2.1 Pouvoirs d'enquête

Inspections

CJUE, 25 juin 2014, Nexans, C-37/13 P

La Cour de justice de l'Union européenne approuve le Tribunal qui avait annulé partiellement une décision d'inspection de la Commission européenne et confirme qu'il est suffisant que cette décision indique l'objet et le but de l'inspection.

La question du contrôle de la légalité des décisions d'inspection de la Commission est un sujet qui pourrait prendre de l'ampleur, en particulier après l'arrêt rendu récemment par la Cour EDH dans l'affaire Delta Pekárny c/ République tchèque (2/10/2014, requête n° 97/11) qui vient de juger contraire à l'article 8 de la Convention EDH la mesure d'inspection décidée par une autorité nationale de concurrence sans l'autorisation préalable d'un juge.

Dans l'intervalle, l'affaire sous chronique avait déjà suscité beaucoup d'intérêt à l'occasion de l'arrêt rendu par le Tribunal.

En effet, pour la première fois, à notre connaissance, celui-ci avait annulé, certes seulement de façon partielle, la décision de la Commission soumettant les requérantes à une inspection en application de l'article 20 du règlement n° 1/2003. Il avait jugé que les secteurs concernés étaient trop largement définis dans la décision au regard des éléments dont disposait la Commission et qui avaient justifié la mesure. Le Tribunal avait relevé, après avoir demandé à la Commission de produire ces éléments obtenus dans le cadre de la clémence, que cette dernière n'avait pas démontré qu'elle disposait d'indices suffisamment sérieux pour ordonner une inspection portant sur l'ensemble des produits visés par sa décision (Trib. UE, 14/11/2012, Nexans France et Nexans c/ Commission, aff. T-135/09).

Devant la Cour, c'est essentiellement l'appréciation par le Tribunal du champ géographique de l'entente, telle que motivée dans la décision de la Commission, qui faisait l'objet de débats.

Une pratique « probablement de portée mondiale » suffit à définir le champ géographique de l'enquête de la Commission.

D'emblée, s'agissant du respect par le Tribunal de son obligation de motivation, la Cour relève que la motivation concernant la délimitation de la portée géographique de l'infraction soupçonnée apparaît concise, en comparaison avec l'analyse que le Tribunal a consacrée à la question de la délimitation des produits concernés.

Toutefois, elle constate que cette question « n'était pas au cœur de l'argumentation des requérantes en première instance » et qu'il est suffisant que la motivation adoptée par le Tribunal leur ait permis de comprendre son raisonnement et, à la Cour, de disposer des éléments suffisants pour exercer son contrôle. Si l'on comprend la seconde partie du raisonnement, qui expose la manière dont la Cour contrôle le respect par le Tribunal de son obligation de motivation, même lorsqu'elle est exposée de façon concise, voire brève, l'on admet moins aisément que la force avec laquelle les requérantes ont présenté leurs arguments puisse avoir une quelconque incidence sur le degré avec lequel le Tribunal était tenu de motiver son arrêt.

Pour autant, la Cour juge que le Tribunal a expressément examiné les arguments des requérantes et a suffisamment motivé son arrêt sur cette question aux points 95 à 100 de celui-ci.

Quant à la manière dont le Tribunal a contrôlé le respect par la Commission de sa propre obligation de motivation, la Cour rappelle que l'exigence de motivation s'apprécie en fonction des circonstances de l'espèce et qu'il n'est pas exigé que la motivation spécifie tous les éléments de fait et de droit pertinents.

Dans le cas d'une décision d'inspection de la Commission, les articles 4 et 20 du règlement n° 1/2003 confèrent à cette dernière des pouvoirs dans le but de lui permettre d'accomplir sa mission de protéger le marché commun des distorsions de concurrence et de sanctionner d'éventuelles infractions aux règles de concurrence dans ce marché. Ils l'obligent cependant à indiquer, notamment, l'objet et le but de l'inspection. C'est là une obligation de motivation « spécifique » qui constitue une exigence fondamentale, à la fois pour faire apparaître le caractère justifié de la mesure, au regard du droit au respect du « domicile » de l'entreprise, et pour mettre celle-ci en mesure de saisir la portée de son devoir de collaboration tout en préservant en même temps ses droits de défense (CJUE, Hoechst c/ Commission, C-46/87 et C-227/88, EU:C:1989:337).

La Cour confirme dès lors que la Commission, si elle doit indiquer avec autant de précision que possible ce qui est recherché et les éléments sur lesquels doivent porter la vérification, elle n'est en revanche pas tenue de faire apparaître dans sa décision « une délimitation précise du marché en cause, ni la qualification juridique exacte des infractions présumées ou l'indication de la période au cours de laquelle ces infractions auraient été commises ».

Cette latitude laissée à la Commission s'explique, selon la Cour, par le moment auquel intervient en générale l'inspection. En début d'enquête, la Commission ne disposerait pas encore d'informations précises pour émettre un avis juridique spécifique et devrait d'abord vérifier le bien-fondé de ses soupçons ainsi que la portée des faits survenus, le but de l'inspection étant précisément de recueillir des preuves relatives à une infraction soupçonnée.

La question de la conformité des inspections menées par la Commission au regard des principes fondamentaux issus de la Charte et de la Convention EDH, notamment le principe de l'inviolabilité du domicile, n'était pas en jeu dans le cadre de la présente affaire. À cet égard et compte tenu de l'arrêt précité de la Cour EDH, l'on portera une attention particulière à l'arrêt que la Cour devrait rendre prochainement dans le pourvoi contre l'arrêt du Tribunal, Deutsche Bahn e. a. (CJUE, Deutsche Bahn e. a. c/ Commission, aff. pendante C-583/13 P, à l'encontre de Trib. UE, 6/9/2013, aff. jtes T-289/11, T-290/11 et T-521/11).

A. Lacresse
Concurrences N° 4-2014, Art. N° 69996, p. 203

Voir aussi, sur les origines de l'affaire

Trib. UE, 14 nov. 2012, T-135/09

P. Cardonnel, Pratiques anticoncurrentielles : Le Tribunal de l'UE annule partiellement des décisions d'inspection (Nexans France et Nexans, Prysmian Cavi e Sistemi Energia), 14 novembre 2012, Concurrences N° 1-2013, Art. N° 50709, pp. 170-171.

CJUE, 18 juin 2015, Deutsche Bahn, C-583/13 P

La Cour de justice de l'Union européenne conforte la protection des droits de la défense des entreprises en obligeant la Commission à respecter strictement l'objet de l'inspection et à ne saisir que des documents dans le champ de l'enquête.

En mars 2011, suspectant un traitement préférentiel injustifié pour la livraison d'énergie accordé par une entité du groupe Deutsche Bahn à d'autres filiales, la Commission avait décidé de diligenter une inspection, sur le fondement de l'article 20 du règlement n° 1/2003. Cette première inspection avait permis à la Commission de découvrir des éléments sur des pratiques discriminatoires mises en œuvre par une autre entité du groupe (DUSS) dans le but de désavantager des concurrents en Allemagne en rendant plus difficile leur accès à certains terminaux ferroviaires.

Ces éléments avaient permis à la Commission de motiver une deuxième décision d'inspection, menée alors que la première n'était pas encore terminée, puis une troisième décision, quelques mois plus tard, dans le but de mettre au jour un système potentiellement anticoncurrentiel d'utilisation stratégique de l'infrastructure gérée par des sociétés du groupe.

Dans un premier temps, Deutsche Bahn et ses filiales ont introduit trois recours devant le Tribunal afin de contester les trois décisions de la Commission. Leur argument principal visait à contester le droit de la Commission à mener des inspections incidentes à partir des documents découverts lors de la première inspection. Dans ces conditions, elles estimaient que les procédures menées par la Commission à leur égard violaient plusieurs principes découlant de la Convention européenne de sauvegarde des droits de l'Homme (CEDH), dont ceux relatifs à l'inviolabilité du domicile, au droit à un recours juridictionnel effectif et aux droits de la défense.

Conduit à apprécier les prérogatives de la Commission à l'aune de ces principes, le Tribunal avait confirmé les décisions d'inspection en cause, considérant notamment que l'absence de mandat préalable peut être compensée par un contrôle complet après l'inspection, selon la jurisprudence de la Cour EDH (à cet égard, Cour EDH, 2 oct. 2014, Delta Pekárny c/ République tchèque, aff. n° 97/11 et Cour EDH, 2 avr. 2015, Vinci Construction et GTM Génie et Services Civil c/ France, aff. n° 63629/10 et 60567/10).

Il avait relevé également cinq catégories de garanties mises en place par le droit de l'Union et, plus particulièrement, par le règlement n° 1/2003, et qui lui ont permis de conclure à la conformité des pouvoirs d'inspection de la Commission en matière de concurrence avec les principes issues de la CEDH : la motivation des décisions d'inspection ; les limites imposées à la Commission lors du déroulement de l'inspection ; l'absence de moyens de coercition permettant à la Commission d'imposer l'inspection par la force ; l'intervention des instances nationales, et l'existence de voies de recours *a posteriori.*

Au sujet des informations recueillies lors de la première inspection, le Tribunal a considéré que les renseignements se rapportant à d'autres pratiques que celles visées lors de la première décision d'inspection avaient été recueillis légalement à cette occasion. Partant, la Commission pouvait prendre des décisions complémentaires afin d'étendre le champ de ses investigations à ces pratiques (Trib. UE, 6 sept. 2013, Deutsche Bahn c/ Commission, T-289/11, T-290/11 et T-521/11).

Les règles du droit de l'Union applicables aux mesures d'inspection sont conformes aux principes issus de la Charte et de la CEDH

Critiquant l'arrêt du Tribunal en ce qu'il avait conclu à la conformité des mesures prévues par le droit de l'Union avec les principes fondamentaux issus de la Charte et de la CEDH, la Cour décide néanmoins d'approuver l'approche suivie par ce dernier.

En particulier, la Cour relève que l'absence d'autorisation judiciaire préalable peut être contrebalancée par l'existence d'un contrôle juridictionnel *a posteriori* intervenant tant sur les questions de fait que sur les questions de droit (Cour EDH, 2 oct. 2014, Delta Pekárny c/ République tchèque, aff. n° 97/11, précité). Or, l'article 20 prévoit un contrôle de légalité des décisions d'inspection adoptée par la Commission, réservé à la Cour de justice. En outre, elle rappelle que le contrôle prévu par les traités implique « un contrôle complet, c'est-à-dire intervenant tant sur les questions de droit que sur les questions de fait » (CJUE, 8 déc. 2011, Chalkor c/ Commission, C-386/10 P, point 62).

Concernant la protection à l'encontre d'atteintes arbitraires de la puissance publique, qui nécessite un encadrement légal et des limitations stricts, la Cour confirme que l'examen détaillé auquel s'est livré le Tribunal, notamment quant aux cinq catégories de garanties qui encadrent la décision, correspond tant aux exigences de la Cour EDH qu'à la lettre du règlement n° 1/2003 et à la jurisprudence de la Cour.

À cet égard, l'on rappellera que le Tribunal avait notamment admis, au nombre des garanties en question, que « les représentants des entreprises concernées par des inspections de faire enregistrer dans un procès-verbal toute irrégularité présumée survenue lors du déroulement de l'inspection, ou tout grief qu'elles pourraient avoir, sans pour autant s'opposer formellement à l'inspection, au sens de l'article 20, paragraphe 6, du règlement n° 1/2003, ainsi que d'utiliser tout moyen à leur disposition pour conserver des preuves tangibles desdites irrégularités » (point 88 de l'arrêt précité du Tribunal).

Quant au droit à une protection juridictionnelle effective, la Cour souligne que c'est l'intensité du contrôle qui importe, et non le moment auquel celui-ci intervient. Elle relève néanmoins qu'un recours contre la décision de la Commission est ouvert dès la notification de celle-ci, ce qui implique que « l'entreprise ne se trouve pas contrainte d'attendre l'adoption de la décision finale de la Commission relative à la violation suspectée des règles de concurrence pour introduire un recours en annulation devant les juridictions de l'Union ». En outre, la Cour rappelle (opportunément, au regard de ce qui va suivre) la conséquence de l'annulation de la décision d'inspection ou du constat d'une irrégularité dans le déroulement de la vérification, à savoir l'impossibilité pour la Commission d'utiliser les informations recueillies aux fins de la procédure d'infraction.

La Commission ne peut rechercher que les documents relevant de l'objet de l'inspection

En revanche, comme l'y invitait son Avocat général (cette chronique, *Concurrences*), la Cour a décidé d'annuler l'arrêt du Tribunal en ce qu'il a jugé conforme aux droits de la défense les conditions dans lesquelles la Commission a décidé de mener des inspections incidentes en raison d'informations recueillies lors de la première inspection.

En l'espèce, le Tribunal avait considéré que la Commission pouvait mentionner à ses agents l'existence de soupçons à l'égard de la DUSS avant la première décision d'inspection, au motif qu'il était légitime d'informer les agents du contexte général de l'affaire (point 162 de l'arrêt précité du Tribunal).

À cet égard, il résulte de l'article 20 du règlement n° 1/2003 que la Commission est tenue de motiver la décision ordonnant une vérification en indiquant l'objet et le but de cette dernière. Il s'agit d'une exigence fondamentale afin notamment de mettre l'entreprise en mesure de saisir la portée de son devoir de collaboration tout en préservant en même temps ses droits de la défense (CJUE, 25 juin 2014, Nexans et Nexans France c/ Commission, C-37/13 P, point 34).

La Cour rappelle également que, conformément à l'article 28 du même règlement, les informations recueillies au cours des vérifications ne doivent pas être utilisées dans d'autres buts que ceux indiqués dans la décision de vérification et que cette exigence vise à préserver les droits de la défense des entreprises qui pourraient être gravement compromis si la Commission pouvait invoquer des preuves qui seraient étrangères à l'objet et au but de l'inspection (CJUE, 17 oct. 1989, Dow Benelux c/ Commission, C-85/87, points 17 et 18).

Pour autant, la Commission avait précédemment validé la pratique des inspections incidentes, jugeant qu'il ne saurait être interdit à la Commission d'ouvrir une procédure d'enquête afin de vérifier l'exactitude ou de compléter des informations dont elle aurait eu incidemment connaissance au cours d'une vérification antérieure au cas où ces informations indiqueraient l'existence de comportements contraires aux règles de concurrence du traité (arrêt précité *Dow Benelux* c/ Commission, point 19).

De cette jurisprudence antérieure, la Cour en conclut que la Commission est tenue de motiver sa décision ordonnant une inspection et, dans la mesure où cette motivation circonscrit le champ des pouvoirs conférés aux agents de la Commission, « seuls les documents relevant de l'objet de l'inspection peuvent être recherchés » (point 60 de l'arrêt).

Dans le cas présent, la Cour observe néanmoins que, lors de l'audience devant le Tribunal, la Commission a déclaré qu'elle avait immédiatement informé ses agents, avant le déroulement de la première inspection, de l'existence d'une autre plainte à l'encontre de pratiques mises en œuvre par DUSS.

Or, si l'efficacité d'une inspection implique que la Commission fournisse à ses agents toutes les informations leur permettant de comprendre la nature et l'étendue de la pratique en cause, la Cour limite drastiquement cette faculté en imposant à la Commission de ne communiquer que des informations se rapportant « au seul objet de l'inspection qui a été ordonnée par voie de décision ».

La Cour estime donc que l'information concernant l'existence d'une plainte distincte était étrangère à l'objet de la première décision d'inspection et que l'absence de référence à cette plainte dans le cadre de l'objet de cette décision constitue une violation de l'obligation de motivation et des droits de la défense de l'entreprise. Partant, la première inspection était entachée d'irrégularité en ce qu'elle a donné lieu à la saisie de documents sortant du champ de l'inspection.

Dans ces conditions, la Cour a décidé d'annuler l'arrêt du tribunal et, par voie de conséquence, les deuxième et troisième décisions d'inspection de la Commission, motivées par les informations contenues dans les documents saisis hors champ.

Cet arrêt encadre désormais strictement la pratique des inspections incidentes par la Commission, sans l'interdire totalement, dans la mesure où la solution qui en est issue repose notamment sur la jurisprudence Dow Benelux. Il complète par ailleurs les arrêts du 14 novembre 2012, Nexans c/ Commission (T-135/09) et Prysmian c/ Commission (T-140/09), par lesquels le Tribunal avait déjà mis en garde la Commission, lui rappelant que le champ des inspections est lié à la teneur des indices qu'elle détient.

A. Lacresse
Concurrences N° 3-2015, Art. N° 75102, p. 147

Voir aussi, sur les conclusions de l'Avocat général

A. Lacresse, Inspections : L'Avocat général Nils Wahl relève une violation des droits de la défense commise par la Commission européenne à l'occasion d'une inspection et suggère à la Cour d'annuler partiellement l'arrêt du Tribunal ayant validé la mesure (Deutsche Bahn), 12 février 2015, Concurrences N° 2-2015, Art. N° 73130, p. 158.

Voir aussi, sur les origines de l'affaire

Trib. UE, 6 sept. 2013, Deutsche Bahn e. a., T-289/11 e. a.

P. Cardonnel, Pratiques anticoncurrentielles : Le Tribunal de l'UE déclare que les droits fondamentaux ne s'opposent pas à ce que la Commission européenne ordonne une inspection sans disposer d'une autorisation judiciaire préalable (Deutsche Bahn), 6 septembre 2013, Concurrences N° 4-2013, Art. N° 59363, p. 142.

CJUE, 16 juill. 2020, Nexans, C-606/18 P ; CJUE, 24 sept. 2020, Prysmian, C-601/18 P

La Cour de justice de l'Union européenne reconnaît à la Commission européenne le pouvoir d'inspecter dans ses propres locaux les copies de fichiers numériques réalisées lors d'une inspection, sous certaines conditions.

La Commission peut-elle saisir des fichiers informatiques au cours d'une inspection pour les examiner ultérieurement de retour dans ses locaux bruxellois afin d'en extraire les données pertinentes pour son enquête ? Un des protagonistes du cartel des câbles électriques, Nexans, contestait l'existence d'un tel pouvoir, au motif qu'il n'est pas expressément prévu par le règlement n° 1/2003 et dénonçait, en substance, les risque de chalutage indiscriminé des données qu'il implique.

Lors de leur visite, les inspecteurs de la Commission avaient examiné plusieurs ordinateurs. Faute de temps pour les analyser sur place, les inspecteurs ont copié des disques durs et autres fichiers pour les examiner de retour à Bruxelles et identifier ainsi les informations éventuellement pertinentes pour l'enquête. Ils avaient pris la précaution de placer ces copies sous enveloppes scellées et prévu de ne les ouvrir ensuite qu'en présence des avocats de l'entreprise.

Au terme de l'enquête, la Commission a imposé une amende de plus de 70 millions d'euros à l'entreprise. Après avoir initialement obtenu l'annulation partielle de la décision d'inspection (arrêts du 14 nov. 2012, Nexans France et Nexans, aff. T-135/09, EU:T:2012:596, et du 25 juin 2014, Nexans et Nexans France/Commission, C-37/13 P, EU:C:2014:2030, cette chronique, *Concurrences* N° 1-2013, p. 170 et N° 4-2014, p. 203), Nexans a contesté les mesures prises lors de l'inspection à l'occasion de son recours contre la décision d'infraction. Le Tribunal a intégralement rejeté ce recours (arrêt du 12 juillet 2018,

Nexans France et Nexans, aff. T-449/14, EU:T:2018:456). Le 6 juillet 2020, la Cour a mis définitivement fin à cette affaire en écartant tous les moyens du pourvoi de Nexans. Elle a, d'une part, reconnu à la Commission le pouvoir d'examiner dans ses locaux les données saisies lors d'une inspection, solution qui paraissait prévisible, tout en soumettant l'exercice d'un tel pouvoir à certaines conditions.

L'absence de dispositions expresses autorisant la Commission à poursuivre dans ses locaux l'examen de données saisies lors d'une inspection ne constitue pas un obstacle juridique. La Cour considère en effet qu'un tel contrôle n'est pas une atteinte supplémentaire aux droits de l'entreprise, mais la simple continuation de l'inspection. Le pouvoir de la Commission d'agir de la sorte peut être implicitement déduit des article 20, paragraphe 1, et 2, du règlement n° 1/2003. Le fait que les pouvoirs de la Commission en matière de vérification sont bien délimités ne signifie pas qu'ils doivent être interprétés de manière restrictive.

Pour autant, la Commission peut-elle simplement « chaluter » les données en effectuant des copies-images des fichiers informatiques de l'entreprise sans sélectionner celles qu'elle considère pertinentes au regard de la décision d'inspection ? Pour répondre à cette question, la Cour subordonne la poursuite de l'inspection hors les murs de l'entreprise à trois conditions.

Elle insiste, tout d'abord, sur l'existence de raisons légitimes, tant au regard de l'efficacité de l'enquête, que de l'intérêt des entreprises, pour une telle poursuite. En raison du temps qu'il nécessite, exiger que le traitement et l'analyse de données volumineuses soient obligatoirement effectués sur place risquerait de prolonger la présence des inspecteurs et l'ingérence dans le fonctionnement de l'entreprise.

Ensuite, cette continuation hors les murs doit se dérouler dans « le strict respect des droits de la défense », condition qui n'était pas contestée en l'espèce, compte tenu des précautions prises par la Commission (multiples copies ; enveloppes scellées ; ouverture et analyse en présence des avocats de l'entreprise) et du fait que seules les données jugées pertinentes aux fins de l'inspection ont été versées au dossier. En d'autres termes, la Commission doit vérifier, en présence de l'entreprise ou de ses avocats, la pertinence des données au regard de l'objet de l'inspection, avant de les verser au dossier.

Enfin, la continuation de l'inspection dans les locaux de la Commission ne doit pas constituer une atteinte supplémentaire aux droits des entreprises concernées, par rapport à celle qui est inhérente à une visite d'inspection. C'est sur point que la solution de la Cour innove : une telle atteinte existe si la poursuite de l'inspection à Bruxelles entraîne directement pour l'entreprise des coûts supplémentaires. Si tel est le cas, « la Commission doit rembourser ces coûts lorsqu'une demande motivée lui est présentée en ce sens par l'entreprise ». Si le principe de la prise en charge par la Commission des coûts supplémentaires supportés par l'entreprise est ainsi affirmé pour la première fois conformément aux conclusions de l'Avocate générale, la Cour n'a pas défini ce qu'il convient d'entendre comme « coûts supplémentaires ».

La Cour a fait application des mêmes motifs à l'égard d'un autre membre du cartel des câbles électriques (arrêt du 24 septembre 2020, Prysmian et Prysmian Cavi e Sistemi, aff. C-601/18 P, EU:C:2020:751).

P. Cardonnel

Concurrences N° 4-2020, Art. N° 97391, p. 197

Voir aussi, sur les origines de l'affaire

Trib. UE, 12 juill. 2018, 2 arrêts, Nexans France et Nexans, T-449/14 ; Prysmian, T-475/14

E. Thomas, Amende : Le Tribunal de l'Union européenne confirme en tous points la décision de la Commission européenne prononcée dans l'affaire du cartel des câbles électriques à haute tension souterrains et sous-marins, et rejette l'ensemble des moyens aux fins d'annulation et de réformation invoqués au soutien des quinze recours dirigés contre ladite décision (The Goldman Sachs Group...), 12 juillet 2018, Concurrences N° 4-2018, Art. N° 88091.

Trib. UE, 5 oct. 2020, 3 arrêts, Casino, T-249/17 ; Les Mousquetaires et ITM Entreprises, T-255/17 ; Intermarché Casino Achats, T-254/17

Le Tribunal de l'Union européenne annule partiellement les décisions d'inspection de la Commission européenne en raison du caractère insuffisamment sérieux des indices permettant de suspecter l'existence d'une entente.

Au terme de trois arrêts particulièrement développés, le Tribunal revient sur les pouvoirs de la Commission en matière d'inspection, le degré de formalisme attendu en matière d'indices fondant une décision d'inspection, ainsi que la protection du matériel saisi et des données copiées au titre du droit au respect de la vie privée. Par ces arrêts, le Tribunal continue ainsi d'affiner la jurisprudence concernant les pouvoirs d'inspections de la Commission et précise le niveau d'indices attendus pour justifier les mesures d'inspection.

En février 2017, la Commission européenne a adopté des décisions d'inspection à la suite d'informations reçues relatives à des échanges d'informations entre entreprises du secteur de la distribution alimentaire et non alimentaire. Ces décisions ont été prises sur le fondement de l'article 20 du règlement n° 1/2003.

Ainsi, deux pratiques concertées étaient visées par ces décisions, à savoir :

- des échanges portant sur les rabais sur les marchés de l'approvisionnement et les prix de vente de services aux fabricants de produits de marque au niveau européen, notamment en France [la « première infraction »] ;
- des échanges portant sur les stratégies commerciales futures en France dans le cadre de la convention annuelle de l'un des distributeurs concernés [la « seconde infraction »].

Les entreprises visées ont chacune introduit un recours en annulation contre ces décisions. Elles soulevaient, notamment, une exception d'illégalité de l'article 20 du règlement n° 1/2003 et une violation de leur droit à l'inviolabilité du domicile. Par ailleurs, l'une d'entre elles (aff. T-255/17) contestait la légalité de la saisie et de la copie de données relevant de la vie privée de leurs salariés et dirigeants, ainsi que le refus de restitution de ces données.

L'absence d'illégalité de l'article 20 du règlement n° 1/2003 : la préservation des pouvoirs de la Commission européenne en matière d'inspection

Pour voir annuler les décisions d'inspection, les requérantes soulevaient notamment une exception d'illégalité de l'article 20 du règlement n° 1/2003. Elles faisaient valoir que cet article méconnaitrait l'article 47 de la Charte des droits fondamentaux de l'Union européenne [la « Charte »] portant sur le droit à un recours effectif et à accéder à un tribunal impartial, ainsi que l'article 6, paragraphe 1, de la CEDH. Au fondement de cette violation, la possibilité de contester le déroulement d'une inspection ne serait pas certaine et ne serait pas ouverte aux requérantes dans un délai raisonnable.

Pour rejeter ce moyen, le Tribunal se fonde sur la jurisprudence de la Cour européenne des droits de l'Homme (Cour EDH, 21 févr. 2008, Ravon et autres c. France ; 21 déc.2010, Société Canal+ et autres c. France ; 21 déc. 2010, Compagnie des gaz de pétrole Primagaz c. France et 2 oct. 2014, Delta Pekárny a.s. c. République tchèque ; concernant ce dernier arrêt, voir Alexandre Lacresse, *Concurrences* N° 1-2015, Art. N° 71379, pp. 169-171) et rappelle que l'existence d'un droit à un recours effectif suppose la réunion de quatre conditions, à savoir :

- l'existence d'un contrôle juridictionnel effectif, en fait comme en droit, de la régularité de la décision ou des mesures concernées (« condition d'effectivité ») ;
- la possibilité pour le justiciable d'obtenir un redressement approprié en cas de constat d'irrégularité (« condition d'efficacité ») ;
- l'accessibilité du recours doit être certaine (« condition de certitude ») ;
- le contrôle juridictionnel doit intervenir dans un délai raisonnable (« condition du délai raisonnable »).

En outre, il convient de prendre en considération l'ensemble des voies de droit disponibles et d'effectuer une analyse globale de ces voies de droit.

À cet égard, parmi les sept voies de droit à disposition des entreprises identifiées par les requérantes qui permettraient de contester une opération d'inspection, le Tribunal note que les demandes adressées au conseiller-auditeur ne constituent pas une voie de droit, dès lors que le conseiller-auditeur « ne saurait être qualifié de "tribunal" au sens de la CEDH ». Pour les six autres voies, le Tribunal juge que chacune de ces voies remplit les conditions posées par la jurisprudence de la Cour de Strasbourg.

Plus particulièrement, le Tribunal écarte les critiques des requérantes tenant à la condition de certitude. Il souligne que dans les arrêts *Canal*+ et *Primagaz*, la Cour EDH n'a pas jugé que « l'accessibilité du recours contre la décision autorisant l'inspection était rendue incertaine du fait des incertitudes entourant l'adoption d'une décision au fond par l'autorité de concurrence ». De même, le Tribunal estime remplie la condition du délai raisonnable et constate que les requérantes ne niaient pas l'existence de délais de recours mais uniquement le délai séparant l'inspection de la décision finale clôturant la procédure ouverte sur le fondement de l'article 101 TFUE. Le Tribunal relève au demeurant qu'il ne s'agit pas de l'unique voie de droit et que, si durant le délai entre l'inspection et la prise de décision définitive les requérantes venaient à subir un préjudice ou qu'une nouvelle décision d'inspection était prise par la Commission, elles pourraient former un recours en indemnité ou en annulation de la nouvelle décision d'inspection.

L'absence d'indices suffisamment sérieux : l'atteinte au droit à l'inviolabilité du domicile des entreprises

À titre liminaire, il faut souligner que la question sur le sérieux des indices ayant fondé la décision d'inspection de la Commission a donné lieu à plusieurs mesures d'organisation de la procédure de la part du Tribunal, lequel a notamment permis aux conseils des requérantes d'avoir accès à certaines pièces confidentielles, ce qui s'est révélé décisif par la suite.

Les requérantes contestaient le caractère « suffisamment sérieux » des indices justifiant les décisions d'inspections. À cet égard, le Tribunal rappelle la distinction qu'il convient d'opérer entre preuves d'une infraction et indices qui fondent une décision d'inspection aux fins de recueillir de telles preuves et juge que « le seuil de reconnaissance de la détention par la Commission d'indices suffisamment sérieux doit nécessairement se situer en-deçà de celui permettant de constater l'existence d'une pratique concertée ».

S'il écarte l'essentiel des critiques avancées par les requérantes, validant notamment la décision d'inspection quant à la recherche de preuves de la première infraction, le Tribunal accueille néanmoins le moyen d'annulation sur l'insuffisance des indices portant sur la seconde infraction. Ainsi, pour justifier la mesure, la Commission avait rassemblé des indices portant sur le déroulé de la convention annuelle organisée par l'un des distributeurs, durant laquelle étaient notamment réunis des représentants d'un grand nombre de fournisseurs, des représentant de la filiale commune aux deux distributeurs, dont l'un occupait également des fonctions de directeur au sein du groupe concurrent. Lors de cette convention, plusieurs thèmes avaient été discutés dont les objectifs et les axes de développement en termes de parts de marché, d'accroissement de son parc de magasins, de transformation digitale et d'essor du commerce en ligne, d'innovations destinées à accélérer la mise en rayon des produits nouveaux, d'augmentation de ses points de vente « drive » et de mise en œuvre de nouveaux efforts promotionnels. La Commission en avait alors conclu que la présence d'un directeur du groupe concurrent avait conduit à un échange d'informations entre les deux enseignes sur leurs stratégies commerciales futures.

Les requérantes soutenaient que les informations échangées durant cette convention ne revêtaient pas un caractère sensible et confidentiel. Au contraire, il s'agirait d'informations publiques. Le Tribunal a décidé de suivre cette argumentation.

D'une part, il observe que la seule présence d'un directeur du groupe concurrent ne pouvait suffire à soupçonner une réception des informations communiquées pour constater une réciprocité et *in fine* une pratique concertée entre les deux distributeurs. De plus, le directeur en question avait assisté à la convention en sa qualité de cogérant de la filiale commune et il était soumis à de strictes obligations de confidentialité.

D'autre part, le Tribunal constate que la nature des informations échangées n'avait aucun caractère sensible et confidentiel. Il retient que « les comptes rendus faisant état de la convention Intermarché indiquent de manière générale les éléments de la politique commerciale portant sur l'assortiment, l'e-commerce ou les pratiques promotionnelles ». Se fondant sur les lignes directrices sur l'applicabilité de l'article 101 TFUE aux accords de coopération horizontale, il juge que les informations échangées étaient des « informations réellement publiques ». En outre, lors de cette convention était présents « plus de 400 fournisseurs, mais également des journalistes », cette convention ayant donné lieu à un compte rendu détaillé dans la presse spécialisée. Ainsi, la présence des journalistes et le compte rendu qui s'en est suivi ont permis de rendre accessible ces informations à l'ensemble des autres concurrents et non uniquement au directeur du groupe concurrent.

Par conséquent, le Tribunal a annulé les décisions ordonnant aux entreprises de se soumettre à une inspection concernant la seconde infraction.

En l'absence d'ouverture d'une enquête, la Commission n'a pas l'obligation d'enregistrer les entretiens

Les requérantes soutenaient que la Commission avait l'obligation d'enregistrer les entretiens des différents fournisseurs menés en amont de l'inspection, en application de l'article 19 du règlement n° 1/2003 et de l'article 3 du règlement n° 773/2004 (« Pouvoir de recueillir des déclarations »).

Or, pour le Tribunal, l'obligation d'enregistrer tout entretien mené par la Commission ne s'impose pas lorsque les entretiens sont menés avant l'ouverture d'une enquête, à la différence de ce que la Cour a jugé dans l'affaire Intel (CJUE, 6 sept. 2017, C-413/14 P, EU:C:2017:632 ; voir Alexandre Lacresse, *Concurrences* N° 4-2017, Art. N° 85060, pp. 151-153). Plus critiquable, le Tribunal ajoute que, si une telle obligation pesait sur la Commission, cela porterait gravement atteinte à la détection des pratiques infractionnelles par la Commission et à la mise en œuvre de ses pouvoirs d'enquêtes, en raison des effets dissuasifs que peut avoir un interrogatoire formel.

Par ailleurs, le Tribunal précise que la date à prendre en compte pour la détermination de la détention d'indices est la date à laquelle ont eu lieu les entretiens et non la date des comptes rendus desdits entretiens.

L'absence de demande de protection préalable du matériel saisi et des données copiées

L'un des recours (T-255/17) tendait, d'une part, à l'annulation de la décision de la Commission d'appréhender et de copier des données relevant de la vie privée de certains salariés et dirigeants de l'entreprise, ainsi que, d'autre part, à l'annulation de la décision de rejet de la demande de restitution de ces données. Toutefois, le Tribunal juge le moyen irrecevable et constate que les entreprises ont invoqué tardivement la protection des données au titre du droit au respect à la vie privée, *i.e.* après les opérations de saisie. Il estime que les requérantes auraient dû informer la Commission au moment des saisies que le matériel saisi et les données copiées devaient bénéficier d'une protection particulière au titre de la vie privée.

A. Lacresse, B. Monti

Concurrences N° 1-2021, Art. N° 98985, p. 182

Demandes de renseignements

CJUE, 10 mars 2016, HeidelbergCement, C-247/14 P

La Cour de justice de l'Union européenne annule une demande de renseignements dont le but n'est pas suffisamment clair et précis.

La Commission peut, par voie de décision, demander aux entreprises des informations, parfois en très grand nombre (règl. n° 1/2003, art. 18, para. 3). Comme toute décision, celle-ci est soumise à l'obligation de motivation et c'est ce que la Cour est venue rappeler au Tribunal et, par voie de conséquence, à la Commission à l'occasion du présent pourvoi.

La requérante avait fait l'objet de plusieurs mesures d'enquête préalablement à la demande de renseignements en cause. La Commission avait mené une inspection dans ses locaux, adressé plusieurs demandes d'informations et l'avait informé de l'ouverture d'une procédure à son égard, permettant ainsi la mise en œuvre de la procédure de transaction. Dans ce contexte, le Tribunal avait considéré que la décision de la Commission était suffisamment motivée.

Les demandes d'informations sont soumises à la même exigence de motivation spécifique que les décisions d'inspection

À la différence d'autres décisions, les éléments essentiels de la motivation d'une décision de demande de renseignements ressortent directement des dispositions de l'article 18(3) du règlement n° 1/2003. En effet, il précise que la Commission « indique la base juridique et le but de la demande, précise les renseignements demandés et fixe le délai dans lequel ils doivent être fournis » ; qu'elle « indique également les sanctions » prévues, sous forme d'amendes ou d'astreintes, si l'entreprise ne fournit pas les renseignements demandés et qu'elle « indique encore le droit de recours ouvert devant la Cour de justice contre la décision ».

Il s'agit, selon la Cour, d'une « obligation de motivation spécifique » qui constitue une « exigence fondamentale » afin de faire apparaître le caractère justifié de la demande et de mettre les entreprises en mesure de saisir la portée de leur devoir de collaboration tout en préservant en même temps leurs droits de la défense. Ce faisant, la Cour soumet aux mêmes exigences les décisions de demande de renseignements et les décisions d'inspection (notamment, CJUE, 25 juin 2014, Nexans et Nexans France c/ Commission, aff. C-37/13 P).

L'obligation de l'entreprise de fournir « tous les renseignements nécessaires » oblige à son tour la Commission à la clarté et à la précision

Quant au « but de la demande », élément de motivation obligatoire, l'entreprise a droit à ce que la décision de la Commission spécifie l'objet de l'enquête et donc l'infraction alléguée à son encontre. Toutefois, la Cour exclut que la Commission soit tenue de communiquer toutes les informations dont elle dispose, ni qu'elle procède à une qualification juridique rigoureuse de ces infractions. Il suffit que la Commission indique « clairement » les soupçons qu'elle entend vérifier.

Dans la mesure où la Commission peut exiger des entreprises qu'elles fournissent « tous les renseignements nécessaires », le but de la demande doit être indiqué avec suffisamment de précision et de clarté, « sans quoi il serait impossible de déterminer si le renseignement est nécessaire », ni aux yeux de l'entreprise lorsqu'elle y répond, ni aux yeux de la Cour lorsqu'elle exerce son contrôle.

L'obligation de clarté et de précision de la Commission augmente à mesure que l'enquête lui permet de disposer d'informations

En l'occurrence, la Cour sanctionne le Tribunal pour n'avoir pas tiré les conséquences juridiques de ses propres constatations, à savoir que la motivation était rédigée en des termes très généraux qui auraient mérité d'être précisés et qu'elle encourait donc la critique. Elle relève elle-même que la motivation de la décision de la Commission était « excessivement succincte, vague et générique ».

Selon la jurisprudence, la motivation de la décision s'apprécie au regard de son libellé, mais également au regard du contexte dans lequel elle s'inscrit. En l'espèce, la Cour exclut néanmoins que la motivation de la décision d'ouverture de la procédure puisse palier la motivation insuffisante de la décision de demande de renseignements. En effet, elle constate que l'infraction présumée dans la décision d'ouverture de la procédure est également formulée d'une manière particulièrement succincte, vague et générique.

Il faut relever ici que la Cour se montre d'autant moins indulgente à l'égard de la motivation de la demande de renseignements qu'elle intervient plus de deux années après les premières inspections, après plusieurs demandes de renseignements et plusieurs mois après la décision d'ouverture de la procédure. La Commission disposait donc « d'informations qui lui aurait permis d'exposer avec davantage de précision les soupçons d'infraction ». Il est donc possible d'en déduire que l'obligation de clarté et de précision de la Commission augmente à mesure que l'enquête lui permet de disposer d'informations. En conséquence, la Cour a décidé d'annuler l'arrêt du Tribunal et la décision de la Commission.

A. Lacresse
Concurrences N° 2-2016, Art. N° 79490, p. 173

> ***Voir aussi, sur les origines de l'affaire***
>
> Trib. UE, 14 mars 2014, 7 arrêts, Cemex e. a., T-292/11 e. a.
>
> *P. Cardonnel, Demande de renseignements : Le Tribunal de l'Union européenne rejette les recours dirigés contre les décisions de demandes de renseignements dans l'affaire du cartel du ciment (Cemex e. a.), 14 mars 2014, Concurrences N° 2-2014, Art. N° 66004, pp. 163-166.*

Déclarations

CJUE, gde ch., 6 sept. 2017, Intel, C-413/14 P

La Cour de justice de l'Union européenne conforte la compétence de la Commission européenne pour appréhender des pratiques mises en œuvre en dehors du territoire de l'Union européenne et exige l'enregistrement des entretiens menés dans le cadre de ses enquêtes.

Dans cette affaire, la Commission avait sanctionné l'entreprise Intel pour avoir pratiqué deux types de comportements à l'égard de ses partenaires commerciaux, à savoir, d'une part, des rabais conditionnels et, d'autre part, des restrictions dites non déguisées, comme des paiements à la condition de reporter le lancement de certains produits.

Quant aux rabais conditionnels, qualifiés de rabais de fidélisation, la Commission avait constaté qu'ils étaient appliqués en faveur de certains fabricants d'ordinateurs à la condition qu'ils s'approvisionnent en totalité ou quasi-totalité en microprocesseurs de marque Intel.

La Commission en a notamment conclu que de tels rabais avaient, par leur nature même, la capacité de restreindre la concurrence. Dans ces conditions, une analyse de l'ensemble des circonstances de l'espèce, et notamment l'application du test du concurrent aussi efficace (*as efficient competitor test* ou test AEC), n'était pas nécessaire. Malgré cela, elle avait fait le choix, dans sa décision, de mener également une analyse économique de la capacité des rabais consentis à produire un effet d'éviction.

Le Tribunal avait validé cette façon de procéder, estimant en revanche que, puisque la Commission n'était pas tenue de mener l'analyse économique en question, il n'avait pas à examiner, dans le cadre de son propre contrôle, si elle avait effectué le test AEC dans les règles de l'art (Trib. UE, 12 juin 2014, Intel, aff. T-286/09 ; Chronique Pratiques unilatérales, *Concurrences* N° 3-2014, et cette chronique, même numéro).

Cette prise de position du Tribunal est censurée par la Cour dans le présent arrêt. Elle la conduit non seulement à annuler l'arrêt de ce dernier et à renvoyer l'affaire aux juges de première instance, mais également – usant d'un euphémisme – à « préciser » sa jurisprudence Hoffmann-La Roche sur le caractère *per se* ou *non* (en l'occurrence, *non*) des rabais de fidélité au regard de l'article 102 TFUE (CJUE, 13 févr. 1979, Hoffmann-La Roche, aff. C-85/76 ; Sur cet aspect, voir le commentaire d'A.-L. Sibony, Chronique Pratiques Unilatérales du présent numéro).

Par ailleurs, cet arrêt apporte deux précisions significatives au plan procédural.

Critère de la mise en œuvre *versus* critère des effets qualifiés ?

La première concerne la compétence de la Commission pour sanctionner des pratiques qui ont été mise en œuvre en dehors du territoire de l'Union. En l'espèce, au regard de la stratégie d'ensemble mise en œuvre par Intel, la Commission avait appréhendé dans sa décision des accords conclus par l'entreprise avec certains partenaires concernant la livraison de produits au seul marché chinois.

Le Tribunal avait conforté la compétence de la Commission en s'appuyant sur l'arrêt *Pâte de Bois* (CJUE, 31 mars 1993, arrêt Ahlström Osakeyhtiö e. a., aff. C-89/85, C-104/85, C-114/85, C-116/85, C-117/85 et C-125/85 à C-129/85), duquel il ressort que le lieu de commission d'une infraction n'est pas déterminant et que c'est le lieu de mise en œuvre de l'entente qui compte, ainsi que sur son arrêt *Gencor* (Trib. UE, 25 mars 1999, Gencor, aff. T-102/96), par lequel il avait jugé que l'application du règlement sur les concentrations était justifiée au regard du droit international public pour des opérations ayant un effet prévisible, immédiat et substantiel (effet dit « qualifié ») à l'intérieur de l'Union.

En l'occurrence, le Tribunal avait, à titre principal, apprécié les effets « qualifiés » des accords en question, puis, à titre subsidiaire, le critère de la mise en œuvre.

À cet égard, la Cour souligne tout d'abord l'objectif des règles européennes de concurrence, à savoir appréhender les comportements, collectifs et unilatéraux, des entreprises qui limitent le jeu de la concurrence à l'intérieur du marché intérieur, tant dans le cadre de l'article 101 TFUE que de l'article 102 TFUE. Elle retient ensuite que, à l'instar du critère de la mise en œuvre, celui des effets qualifiés poursuit le même objectif, à savoir appréhender des comportements qui n'ont certes pas été adoptés sur le territoire de l'Union, mais dont les effets anticoncurrentiels sont susceptibles de se faire sentir sur le marché de l'Union.

Cet arrêt consacre donc non seulement le recours au critère des effets dits qualifiés afin d'apprécier la compétence de la Commission pour sanctionner des comportements anticoncurrentiels de dimension internationale, mais encore il valide la méthode suivie par le Tribunal en l'espèce. Ce dernier n'est pas tenu d'analyser la situation qui lui est soumise d'abord au regard du critère de la mise en œuvre puis, ensuite, au regard du critère des effets qualifiés.

Il n'est pas non plus tenu de les apprécier de manière cumulative. En effet, la Cour rejette les griefs de la requérante sur l'application par le Tribunal du critère de la mise en œuvre en raison du fait qu'ils portent sur des motifs surabondants de son arrêt. Le Tribunal ayant justement appliqué le critère des effets qualifiés, la Cour les juge inopérants.

Enfin, la Cour écarte également les arguments de la requérante qui tendaient à démontrer que le Tribunal ne pouvait par juger que les effets des accords en question étaient prévisibles, immédiats et substantiels dans l'EEE, notamment en raison du nombre limité de produits concernés. La Cour considère qu'il suffit qu'il soit « prévisible » que le comportement en cause produise un effet immédiat et substantiel dans l'Union.

Au-delà des « effets probables », elle indique surtout, à l'instar du Tribunal, que c'est au regard du comportement de l'entreprise ou des entreprises, « pris dans son ensemble », qu'il convient d'apprécier le caractère substantiel des effets en question, afin de ne pas aboutir à une « fragmentation artificielle d'un comportement anticoncurrentiel global, susceptible d'affecter la structure du marché au sein de l'EEE, en une série de comportements distincts risquant d'échapper à la compétence de l'Union ».

Il n'existe pas d'entretiens informels devant la Commission qui doit alors procéder à l'enregistrement de tout entretien dans la forme de son choix

La seconde précision apportée par cet arrêt concerne les pouvoirs d'enquête de la Commission. En amont de sa décision, celle-ci avait tenu une réunion avec un dirigeant d'une entreprise cliente d'Intel. En raison de son caractère informel, cette réunion n'avait donné lieu à aucun procès-verbal. Sur intervention du Médiateur, la Commission avait, par la suite, établit une note interne au sujet de cette réunion, dont une version non confidentielle avait été adressée à la requérante.

À l'occasion de son pourvoi, la requérante critiquait le Tribunal d'avoir considéré qu'il convenait de distinguer les interrogatoires formels des interrogatoires informels et d'avoir jugé que seuls les premiers relèvent du cadre réglementaire, résultant des articles 19 du règlement n° 1/2003 et 3 du règlement n° 773/2004. Elle lui reprochait également d'avoir jugé, alors qu'il avait relevé la violation du principe de bonne administration commise par la Commission, que cette dernière avait corrigé cette lacune en produisant la note en question, alors même que, selon lui, elle n'était pas tenue de la communiquer à la requérante en raison de son caractère interne.

La Cour censure d'emblée la distinction opérée par le Tribunal entre entretiens formels et informels. Elle souligne que « aucun élément tiré du libellé de [l'article 19, paragraphe 1, du règlement n° 1/2003] ou du but qu'[il] poursuit ne permet d'inférer que le législateur ait entendu introduire une distinction entre deux catégories d'entretiens relatifs à l'objet d'une enquête ni exclure du champ d'application de ladite disposition certains de ces entretiens ».

Nous retiendrons surtout, au plan procédural et pour la pratique lorsque la Commission entend recourir à des entretiens, que la Cour procède à une lecture très rigoureuse du cadre réglementaire dans lequel ces entretiens doivent être menés. Dans la mesure où l'article 3 du règlement n° 773/2004 prévoit que la Commission « informe aussi la personne interrogée de son intention d'enregistrer l'entretien », elle estime que la Commission n'a pas d'autre choix que de procéder à l'enregistrement de l'entretien – enregistrement qui ne revêt pas un caractère facultatif – et que, partant, elle est tenue d'avertir la personne concernée de cet enregistrement.

Si la Commission dispose d'une certaine latitude, c'est seulement en ce qui concerne la forme que prendra cet enregistrement. Le même article prévoit en effet que « la Commission peut enregistrer sous toute forme les déclarations faites par les personnes interrogées ».

Il pèse donc sur la Commission une obligation d'enregistrer, sous la forme de son choix, tout entretien mené par elle, au titre de l'article 19 du règlement n° 1/2003, lorsqu'elle entend collecter des informations relatives à l'objet de son enquête.

Autre indication donnée par la Cour, et non des moindre selon nous, la Commission est tenue d'enregistrer cet entretien « dans son intégralité ». Elle ne peut donc pas se contenter de n'enregistrer qu'une partie de l'entretien, au risque d'écarter d'éventuels éléments à décharge.

Quant à la note réalisée par les services de la Commission et que le Tribunal avait jugée suffisante pour réparer la lacune initiale découlant de l'absence de procès-verbal, la Cour relève que, si cette note interne comporte un bref résumé des sujets abordés au cours de l'entretien, elle ne contient, en revanche, aucune indication quant à la teneur des discussions et, en particulier, quant à la nature des renseignements que la personne entendue a fourni pendant l'entretien sur ces sujets. Dès lors, c'est à tort que le Tribunal a considéré que la communication de la note en question à la requérante au cours de la procédure administrative avait corrigé cette lacune initiale.

Pour autant, si la Cour relève en l'occurrence une erreur de droit commise par la Tribunal, elle estime néanmoins que la solution retenue par lui est, en l'occurrence, justifiée pour d'autres raisons, par le jeu d'une substitution de motifs, qui nous semble discutable.

En effet, la Cour retient, d'une part, que la Commission ne s'est pas appuyée sur des informations obtenues lors de l'entretien pour mettre en cause la requérante. D'autre part, elle rappelle que la jurisprudence exige de la partie qui invoque l'absence de communication d'un document prétendument à décharge, qu'elle établisse que sa non-divulgation a pu influencer, à son détriment, le déroulement de la procédure et le contenu de la décision de la Commission (CJUE, 1er juill. 2010, Knauf Gips, aff. C-407/08 P).

Or, la Cour relève que la requérante eu accès, au cours de la procédure administrative, à un « document de suivi » contenant des réponses écrites de l'entreprise à des questions orales qui avaient été posées à la personne entendue lors de l'entretien.

La Cour souligne également que la requérante n'a pas fourni d'indice laissant supposer que la Commission se serait abstenue de consigner, au cours de l'entretien, des éléments à décharge qui auraient pu être utiles à sa défense. Or, la requérante reprochant à la Commission de ne pas avoir consigné dans un procès-verbal les éléments d'informations qu'elle a recueillis lors de l'entretien, la motivation de la Cour à cet égard apparaît sévère et même, dans une certaine mesure, circulaire.

En revanche, la Cour note que la requérante n'a pas usé de la possibilité dont elle disposait, conformément au règlement de procédure du Tribunal, de demander à ce que cette personne soit citée devant le Tribunal. Elle n'a pas non plus démontré devant le Tribunal avoir tenté de contacter ladite personne afin d'obtenir de sa part qu'elle confirme avoir avancé, lors de son entretien, des éléments à décharge qui auraient pu être utiles à sa défense. Il faut donc en tirer l'enseignement que les droits de la défense exigent une parfaite et constante rigueur de la part des entreprises dans la mise en œuvre des moyens déployés pour en assurer la protection.

A. Lacresse
Concurrences N° 4-2017, Art. N° 85060, p. 151

Voir aussi, sur les origines de l'affaire
Trib. UE, 12 juin 2014, Intel, T-286/09
P. Cardonnel, Compétence internationale : Le Tribunal de l'Union européenne rejette l'intégralité des griefs procéduraux et précise le régime des interrogatoires dans une importante affaire d'abus de position dominante sur le marché des microprocesseurs (Intel), 12 juin 2014, Concurrences N° 3-2014, Art. N° 68377, pp. 163-165.

Droits des entreprises : Legal privilege

CJUE, gde ch., 14 sept. 2010, Akzo Nobel Chemicals et Akcros Chemicals e. a., C-550/07 P

La Cour de justice de l'Union européenne confirme sa jurisprudence sur l'exclusion des avocats internes à une entreprise du bénéfice de cette protection.

Par un arrêt très attendu, rendu en grande chambre, la Cour de justice confirme sa jurisprudence, relativement ancienne (arrêt du 18 mai 1982, AM&S Europe c/ Commission, 155/79, Rec. P. 1575), sur le champ d'application du principe de protection de la confidentialité des communications entre avocats et clients dans la mise en œuvre du droit de la concurrence. Le nombre des parties intervenantes à la procédure juridictionnelle est à la mesure de l'enjeu : outre trois États membres (Royaume-Uni, Irlande, Pays-Bas), cinq organismes professionnels ont été admis à intervenir (le conseil des barreaux européens, le conseil de l'ordre néerlandais des avocats, l'association européenne des juristes d'entreprise, l'association internationale des barreaux et la section européenne de l'association américaine des conseils d'entreprise), sans compter les six autres organismes dont la demande d'intervention a été rejetée (entre autres, l'association du barreau américain et la chambre de commerce international). Nul doute que la question soumise à la Cour a suscité un vif intérêt des praticiens du droit de la concurrence, en particulier de ceux émanant d'États connaissant une protection étendue de la confidentialité des communications entre avocats et clients, à savoir, non seulement, le Royaume-Uni, l'Irlande et les Pays-Bas, intervenants à la procédure, mais aussi, semble-t-il, la Grèce, le Portugal et la Pologne (voir les conclusions de l'Avocat général, spécialement pt 103 et note n° 88).

Le cadre factuel et procédural : la saga du « *Legal privilege* »

Le 10 février 2003, la Commission a adopté une décision ordonnant à plusieurs entreprises de se soumettre à des vérifications en vue de la recherche de preuves d'éventuelles pratiques anticoncurrentielles. Cette décision a été prise sur le fondement de l'article 14, paragraphe 3, du règlement n° 17 du Conseil, du 6 février 1962, premier règlement d'application des articles 85 et 86 du traité (devenus les articles 81 et 82 du traité CE, puis les articles 101 et 102 du TFUE), le règlement n° 1/2003 du Conseil, du 16 décembre 2002, qui lui a succédé, n'étant pas encore applicable, les pratiques suspectées étant antérieures au 1er mai 2004.

Deux jours après l'adoption de cette décision, des agents de la Commission ont procédé à des vérifications dans les locaux de deux entreprises établies au Royaume-Uni. Cette opération a été réalisée avec l'assistance de représentants de l'autorité nationale de la concurrence (l'Office of Fair Trading). À cette occasion, les agents de la Commission ont procédé à la copie de très nombreux documents. Les représentants des entreprises en cause ayant revendiqué, pour certains de ces documents, le bénéfice du « *legal professionnel privilege* », souvent appelé « *legal privilege* », les agents de la Commission ont soumis la question au « responsable de la vérification », lequel, après un examen sommaire des documents litigieux, a décidé de les classer en deux catégories.

Dans la première catégorie, désignée « série A », ont été placés, dans une enveloppe scellée, deux documents susceptibles de revêtir un caractère confidentiel. Le premier document, émanant du directeur général de l'une des deux entreprises en cause et adressé à l'un de ses supérieurs, contiendrait, sous la forme d'un mémorandum dactylographié, des informations recueillies lors de discussions internes sur une éventuelle demande d'avis juridique externe dans le cadre d'un programme instauré par l'entreprise pour se mettre en conformité avec le droit de la concurrence (on le sait, cette pratique des « *compliance programs* » est de plus en plus répandue au sein des entreprises, du moins d'une certaine taille ; sur cette pratique, voir Ch. Lemaire, « À propos des programmes de conformité : quels enseignements de la pratique des autorités à travers le monde ? », *Concurrences* N° 1-2008, p. 64 et, du même auteur, à propos du récent rapport de l'Office of Fair Trading sur les programmes de conformité, *Concurrences*, N° 3-2010, p. 153). Le second document est un exemplaire du premier, comportant, au surplus, des annotations manuscrites se référant à des contacts pris avec un avocat, commun aux deux entreprises en cause et identifié par son nom.

Dans la seconde catégorie, désignée « série B », figurent plusieurs documents qui, ayant été considérés par le responsable de la vérification comme n'étant pas confidentiels, ont été joints au reste du dossier, sans y être isolés dans une enveloppe scellée. Il s'agit, d'une part, d'un ensemble de notes manuscrites émanant de l'auteur du mémorandum précité (lesquelles auraient été utilisées pour son élaboration) et, d'autre part, de deux courriers électroniques échangés entre ce dernier et un membre du service juridique de l'entreprise, ayant, et c'est là tout l'intérêt de l'affaire, la qualité d'avocat inscrit au barreau néerlandais.

Estimant que tous ces documents étaient confidentiels (non seulement ceux de la série A mais aussi ceux de la série B), les représentants des entreprises en cause en ont sollicité la restitution et la destruction des éventuelles copies. Cette demande a été rejetée par la Commission, dans une décision du 8 mai 2003, par laquelle celle-ci a, en outre, fait part de son intention d'ouvrir l'enveloppe scellée contenant les documents de la série A et de les joindre au dossier (comme ceux de la série B).

Il s'en est suivi un abondant contentieux devant les juridictions communautaires, en référé et au fond, à l'encontre, non seulement, de cette décision de rejet de la Commission, mais aussi, de la décision initiale, ordonnant les vérifications entreprises. Statuant en référé, le président du Tribunal de première instance (TPI) a rejeté la demande de sursis à exécution de la décision initiale mais a accueilli partiellement celle dirigée contre la décision de rejet, en ce qui concerne les documents de la série A que la Commission s'apprêtait à extraire de l'enveloppe scellée, et a ordonné, en conséquence, que ces documents soient conservés au greffe du Tribunal jusqu'à ce qu'il soit statué au fond. À la suite du pourvoi formé par la Commission contre cette ordonnance de référé, le président de la Cour de justice l'a annulée tout en prenant acte de la déclaration de la Commission tendant à empêcher l'accès des tiers aux documents de la série A (une fois que l'enveloppe scellée les contenant lui aura été rendue par le greffe du Tribunal).

Quant au fond, le TPI, par un arrêt du 17 septembre 2007, a rejeté les deux recours en annulation, l'un comme étant irrecevable (celui dirigé contre la première décision de la Commission), l'autre comme étant non fondé (celui dirigé contre la seconde décision de celle-ci). On se souvient que cet arrêt, très commenté (voir, notamment, Ch. Momège, *Concurrences* N° 4-2007, p. 126 ; L. Idot, Europe, nov. 2007, p. 29 ; C. Prieto, *Semaine juridique*, éd. Générale, 2007-II – n° 10201, p. 35 ; E. Dieny, *Semaine juridique*, éd. Entr et aff., n° 49, déc. 2007, p. 26), avait apporté d'utiles précisions, non seulement sur le domaine de la protection de la confidentialité des communications entre avocats et clients, quant à la nature et à l'auteur des documents recueillis, mais aussi, quant aux modalités concrètes de mise en œuvre de cette protection par la Commission.

Devant la Cour de justice, saisie du pourvoi contre cet arrêt, le débat porte uniquement sur deux documents (les deux courriers électroniques faisant partie de la série B) et concerne essentiellement la question du champ d'application personnel du « *legal privilege* ». Pour autant, l'enseignement de l'arrêt n'en est pas moins déterminant : il apporte une réponse de principe à une question vivement débattue, depuis longtemps, par les praticiens du droit de la concurrence et qui revêt, depuis peu, une acuité particulière avec l'instauration de la procédure de clémence et le développement des programmes de conformité. L'arrêt apporte également quelques précisions utiles sur l'intérêt à agir des entreprises.

L'intérêt à agir des entreprises : un intérêt né et actuel, « au moins tant que… »

À ce stade de la procédure, seule l'annulation de la décision de rejet était sollicitée. La décision ordonnant aux entreprises de se soumettre aux vérifications entreprises, qui avait été attaquée sans succès devant le TPI pour cause d'irrecevabilité, n'est plus remise en question. La Commission a tenté d'étendre cette solution à sa décision de rejet en soutenant que les entreprises en cause ne disposeraient plus d'intérêt à agir contre cette décision depuis qu'elle leur a infligé, par une décision ultérieure, des amendes, sans se fonder sur les courriers électroniques litigieux. Cette décision a été adoptée par la Commission le 11 novembre 2009, soit plus de deux ans après la date du prononcé de l'arrêt du TPI ayant rejeté, comme étant non fondé, et non irrecevable, le recours contre la décision de rejet. La Cour écarte cette thèse avec fermeté.

Elle rappelle tout d'abord les principes qui gouvernent l'intérêt à agir : il s'agit d'une condition de recevabilité qui doit perdurer jusqu'à ce que le juge statue au fond (pt 22 de l'arrêt). Autrement dit, il ne suffit pas que les requérants disposent d'un intérêt à agir lors de la formation de leur recours, encore faut-il que cet intérêt demeure actuel lorsque le juge tranche le litige. Il s'agit là d'un impératif évident de bonne administration de la justice. Cela étant, l'appréciation de cet intérêt à agir, né et actuel, apparaît relativement souple : il suffit que le pourvoi puisse procurer, par son résultat, un bénéfice à la partie qui l'a intenté (pt 23 de l'arrêt).

Ces principes étant rappelés, la Cour précise ce qu'il en est en l'espèce. Elle s'attache tout d'abord à déterminer l'objet de la demande des sociétés requérantes devant la Commission : ces dernières avaient sollicité, notamment, la restitution des deux courriers électroniques litigieux et la confirmation par la Commission de la destruction de toutes les copies de ces documents se trouvant en sa possession. Cette demande a été rejetée par la Commission. Or, souligne la Cour, « l'éventuelle violation de la confidentialité des communications entre avocats et clients lors de vérifications intervient non pas lorsque la Commission se base dans une décision au fond sur un document protégé, mais dès le moment où un tel document est saisi par un fonctionnaire de la Commission » (pt 25). Cette précision est d'importance car ce qui est en cause ici ce n'est pas la loyauté des moyens de preuve susceptibles de fonder une décision de sanction émanant de la Commission, à l'issue de la procédure administrative, c'est, bien en amont, la saisine et la conservation subséquente de documents prétendument confidentiels, peu importe que la Commission se fonde finalement ou non sur ces derniers pour infliger une amende. La Cour en tire la conséquence que « l'intérêt à agir des parties requérantes se poursuit au moins tant que la Commission détient les documents visés par la décision de rejet du 8 mai 2003 ou une copie de ces derniers » (pt 25).

« Au moins tant que » : il n'était pas nécessaire pour la Cour d'en dire davantage pour retenir l'intérêt à agir des requérantes puisqu'il est constant qu'ayant rejeté la demande de restitution des documents litigieux, la Commission continue à les détenir. Or, ces dernières ont tout intérêt, même après le prononcé de la sanction qui leur a été infligée, à obtenir la restitution de ces documents et à s'assurer de la destruction de leurs éventuelles copies en possession de la Commission, ne serait-ce que pour éviter leur éventuelle divulgation auprès de tiers, voire pour se fourbir des armes contre la Commission afin de rechercher sa responsabilité en raison de la violation du principe de confidentialité (ce qui est loin d'être aisé).

Si la Cour ne l'admet pas expressément, on peut néanmoins considérer, comme l'a relevé l'Avocat général dans ses conclusions (note n° 28), que l'intérêt à agir subsisterait même après la restitution des documents en cause et la destruction des éventuelles copies, dans l'hypothèse où il serait avéré que les agents de la Commission ont pris connaissance de leur contenu. C'est ce qu'avait, semble-t-il, laissé entendre le TPI, dans l'arrêt attaqué par le présent pourvoi, en indiquant, dans le prolongement de l'arrêt de la Cour dans l'affaire AM&S Europe c/ Commission (pt 29 de cet arrêt), que l'entreprise est en droit de refuser aux agents de la Commission la possibilité de consulter, même de façon sommaire, des documents qu'elle estime confidentiels, lorsque cet examen sommaire est impossible sans dévoiler le contenu de ceux-ci et que des explications circonstanciées sont fournies en ce sens (pt 82 de l'arrêt du TPI). Et le Tribunal d'ajouter (pts 83 à 88) qu'en cas de contestation, les agents de la Commission doivent placer les documents considérés dans une enveloppe scellée, afin d'en garantir la confidentialité, et ne peuvent prendre connaissance du contenu de ceux-ci qu'après avoir, non seulement, adopté une décision formelle de rejet de la demande de protection de la confidentialité des documents, mais aussi, mis en mesure l'entreprise concernée d'exercer un recours contre cette décision (en référé, suspension d'exécution ou, au fond, en annulation). S'il en va ainsi pour permettre à l'entreprise de préserver la confidentialité de ses documents, dont le contenu n'est pas encore connu de la Commission, ce dont il résulte que cette entreprise a intérêt à agir, n'en va-t-il pas de même, *a fortiori*, lorsque la Commission en a déjà pris connaissance sans prendre de telles précautions ?

C'est bien, semble-t-il, ce qui s'est passé en l'espèce pour les courriers électroniques litigieux (faisant partie de la série B) : le Tribunal a constaté (pts 95 et 98 de son arrêt) qu'après avoir contraint les entreprises à accepter un examen sommaire de ces documents, le « responsable de la vérification » estimant que ces derniers n'étaient certainement pas protégés par le principe de confidentialité, en a pris immédiatement et intégralement connaissance, en a fait une copie et l'a jointe au dossier sans l'isoler dans une enveloppe scellée. Pourtant, seul le juge communautaire, et non le « responsable de la vérification », est garant du respect du principe de confidentialité.

Si le Tribunal n'en a pas tiré de conséquence particulière, si ce n'est sur la répartition des dépens de l'instance, du moins la Cour admet-elle implicitement mais nécessairement que l'intérêt à agir ne se limite pas au cas où la Commission continue à détenir les documents dont la restitution est sollicitée. Cet apport de l'arrêt mérite d'être souligné.

Cela étant, si l'intérêt à agir demeure, reste à savoir si le recours est fondé, ce qui est une tout autre question. C'est ce que relève la Cour à propos de la nature des documents en cause. La Commission en avait tiré un argument supplémentaire pour contester l'intérêt à agir des requérantes. Or, il s'agit là, évidemment, d'une question qui relève, non pas de la recevabilité, mais du bien-fondé du pourvoi (pt 24 de l'arrêt).

La porte étroite du « *Legal privilege* » : un champ d'application résolument circonscrit par l'arrêt *AM&S Europe*

On se souvient que, dans son arrêt fondateur en la matière, du 18 mai 1982, AM&S Europe c/ Commission, la Cour de justice avait admis que l'exigence de protection de la confidentialité des communications entre avocats et clients puisse limiter le large pouvoir d'investigation conféré à la Commission par l'article 14 du règlement n° 17 (pt 18). Elle avait néanmoins immédiatement circonscrit le champ d'application de cette exigence en subordonnant sa mise en œuvre à la réunion de deux conditions cumulatives, tenant, d'une part, à la nature des documents recueillis et, d'autre part, à l'auteur de ces documents (pt 22).

S'agissant de la première condition, il était précisé que, pour bénéficier de cette protection, la correspondance entre l'avocat et son client doit être échangée dans le cadre et aux fins de l'exercice des droits de la défense. Et la Cour avait indiqué que cette condition est remplie lorsque la correspondance est échangée, non seulement, après l'ouverture de la procédure administrative, mais aussi, antérieurement, lorsqu'il existe un lien de connexité avec l'objet de cette procédure (pt 23). Quelques années plus tard, dans une ordonnance du 4 avril 1990, Hilti c/ Commission (T-30/89, Rec. II-p. 163), le Tribunal avait étendu cette protection aux notes internes (diffusées au sein d'une entreprise) qui se bornent à reprendre le texte ou la teneur de communications avec des avocats indépendants, externes à celle-ci, comportant des avis juridiques (pts 16 et 18). Avec l'affaire *Azko*, le Tribunal est allé encore un peu plus loin en admettant que des documents simplement préparatoires à la consultation d'un avocat indépendant (externe à l'entreprise) soient protégés, à condition que ces documents aient été élaborés exclusivement à cette fin, en vue de l'exercice des droits de la défense (pts 122 et 123 de l'arrêt attaqué). Les entreprises n'ayant pas démontré que tel était le cas du mémorandum et des notes manuscrites ayant servi à son élaboration (documents de la série A et premier document de la série B), le Tribunal a exclu leur protection (pts 125 à 140). Ces développements ne sont pas remis en cause par le pourvoi, lequel se concentre sur les autres documents de la série B (les courriers électroniques échangés entre le directeur général de l'une des entreprises requérantes et un membre de son service juridique, ayant la qualité d'avocat, inscrit au barreau néerlandais).

C'est uniquement sur la seconde condition, c'est-à-dire sur le champ d'application personnel, et non matériel, du « *legal privilege* », que porte le pourvoi. D'ailleurs, c'est uniquement au regard de cette condition que le Tribunal avait apprécié le caractère prétendument confidentiel des courriers électroniques litigieux (pts 165 à 179 de l'arrêt attaqué). Cette appréciation est vigoureusement critiquée par les requérantes : à titre principal, elles soutiennent que le Tribunal aurait mal interprété l'arrêt fondateur de la Cour en la matière (l'arrêt *AM&S Europe c/ Commission*, précité) et aurait, ce faisant, violé le principe d'égalité de traitement ; à titre subsidiaire, même dans l'hypothèse où le Tribunal n'aurait pas commis d'erreur d'interprétation de cet arrêt fondateur, une série d'arguments militeraient en faveur d'un dépassement de cette ancienne jurisprudence ; enfin, à titre infiniment subsidiaire, seuls les États membres seraient compétents pour fixer l'étendue du principe de protection de la confidentialité entre avocats et clients. Ces critiques sont écartées les unes après les autres par la Cour.

S'agissant de l'interprétation de l'arrêt *AM&S Europe c/ Commission*, la Cour en rappelle minutieusement les termes (pts 40 à 43 de l'arrêt commenté) pour en déduire que « l'exigence d'indépendance implique l'absence de tout rapport d'emploi entre l'avocat et son client [...] [de sorte] que la protection au titre du principe de la confidentialité ne s'étend pas aux échanges au sein d'une entreprise ou d'un groupe avec des avocats internes » (pt 44). Approuvant la lecture que l'Avocat général a faite de cette jurisprudence, elle indique que « la notion d'indépendance de l'avocat est définie, non seulement, de manière positive, par une référence à la discipline professionnelle, mais également de manière négative, c'est-à-dire par l'absence d'un rapport d'emploi » (pt 45). Cette double exigence est fondée sur les considérations suivan es : « un avocat interne, en dépit de son inscription au barreau et de la soumission aux règles professionnelles qui s'ensuit, ne jouit pas à l'égard de son employeur du même degré d'indépendance qu'un avocat exerçant ses activités dans un cabinet externe à l'égard de son client. Dans ces circonstances, il est plus difficile pour un avocat interne que pour un avocat externe de remédier à d'éventuelles tensions entre les obligations professionnelles et les objectifs poursuivis par son client » (pt 45). Autrement dit, il y a là un risque de conflit d'intérêts. La Cour insi te : « l'avocat interne ne saurait, quelles que soient les garanties dont il dispose dans l'exercice de sa profession, être assimilé à un avocat externe du fait de la situation de salariat dans laquelle il se trouve, situation qui, par sa nature même, ne permet pas à l'avocat interne de s'écarter des stratégies commerciales poursuivies par son employeur et met ainsi en cause sa capacité à agir dans une indépendance professionnelle » (pt 47), surtout lorsque cet avocat interne est amené à exercer des tâches, comme, en l'espèce, celle de coordinateur pour le droit de la concurrence, qui ont une incidence sur la politique commerciale de l'entreprise, ce qui ne peut que renforcer les liens déjà étroits entre l'avocat et son employeur (pt 48). Il s'ensuit que « l'avocat interne ne jouit pas d'une indépendance professionnelle comparable à celle d'un avocat externe » (pt 49). Voilà de quoi rendre inopérant le grief tiré de la violation du principe de l'égalité de traitement (pts 58 et 59).

Ces développements substantiels sur l'arrêt *AM&S Europe c/ Commission*, explicité et replacé dans le contexte de la situation litigieuse, laissent déjà augurer de la volonté de la Cour de ne pas s'en départir. Nul doute que cette dernière y demeure fermement attachée à en lire la réponse détaillée à la série d'arguments avancés pour l'abandonner (pts 62 à 108).

La jurisprudence AM&S Europe a encore de beaux jours devant elle

S'agissant de l'argument tiré de l'évolution des systèmes nationaux depuis cet ancien arrêt, la Cour admet que, dans le domaine important de l'ordre juridique européen que constitue le droit de la concurrence, il soit nécessaire de tenir compte des principes communs aux États membres (ce qu'elle a fait dans l'arrêt *AM&S Europe c/ Commission*), mais elle ne peut que tirer les conséquences de l'examen de droit comparé auquel s'est livré le Tribunal (non contesté par les parti s) : s'il est vrai que la reconnaissance spécifique du rôle du juriste d'entreprise et la protection des communications avec celui-ci au titre de la confidentialité se trouvent relativement plus répandues actuellement qu'au moment du prononcé de cet arrêt (en 1982), il n'est pas possible d'identifier des tendances uniformes ou clairement majoritaires dans les droits des États memb es ; au contraire, il existe toujours un nombre important d'États membres qui excluent les juristes d'entreprise de la protection dont jouissent les avoc ts ; en outre, un grand nombre d'États membres ne permettent pas aux juristes d'entreprises de s'inscrire au barreau et, dès lors, ne leur attribuent pas le statut d'avocat (pts 70 à 72). La Cour en déduit que la situation juridique actuelle en la matière au sein des États membres (qui sont beaucoup plus nombreux qu'en 1982) ne justifie pas une modification de son ancienne jurisprudence (pt 76).

Il en va de même à propos de l'évolution de l'ordre juridique de l'Union, opéré par l'entrée en vigueur du règlement n° 1/2003. Bien que ce règlement ne soit pas applicable *ratione temporis* à la situation litigieuse, la Cour prend le soin d'indiquer que ce dernier, loin d'imposer une assimilation des avocats internes aux avocats externes en ce qui concerne la protection de la confidentialité des communications avec les clients, vise à renforcer l'étendue des pouvoirs d'inspection de la Commission (pt 86).

S'agissant de l'argument tiré de la protection des droits de la défense et du libre choix du conseil qui en découle, la Cour relève qu'à supposer même que la consultation d'avocats internes, employés par l'entreprise ou le groupe, relève du domaine des droits de la défense, il n'en demeure pas moins que les avocats internes sont soumis à certaines restrictions dans l'exercice de leur profession, dont le respect s'impose à tout justiciable cherchant à s'assurer de ses conseils. C'est le cas, par exemple, pour la représentation devant les juridictions nationales : les juristes d'entreprises n'ont pas toujours cette possibilité (pt 95). Il en va de même pour la protection de la confidentialité des communications entre avocats et clients (pt 96).

Quant à l'argument tiré du principe de sécurité juridique, il est aisément écarté : les règles relatives à la protection de la confidentialité de ces communications peuvent varier en fonction de l'autorité de concurrence compétente (communautaire ou nationale) et les entreprises sont en mesure de déterminer leurs droits en fonction de cette autorité (pts 102 et 104). Autrement dit, le principe de sécurité juridique ne s'oppose pas à une protection à géométrie variable.

Reste une dernière série d'arguments tirés des principes de l'autonomie procédurale des États membres et des compétences d'attribution de l'Union européenne. Le premier principe n'a pas vocation à s'appliquer dans le cadre de l'appréciation de la légalité d'une décision prise par une institution de l'Union, et non par une autorité nationale, et ce sur le fondement d'une réglementation adoptée au niveau de l'Union qui, au surplus, ne comporte aucun renvoi au droit national (pt 114). Pour conforter cette réponse, la Cour souligne la nécessité d'une approche uniforme, au sein de l'Union, du principe de la confidentialité des communications entre avocats et clients : seule cette approche permet d'assurer l'égalité de traitement des entreprises concernées par des vérifications entreprises par la Commission (pt 115). S'il peut être recouru au droit national, ce n'est que dans l'hypothèse où l'assistance des autorités nationales est sollicitée afin de vaincre, par l'emploi de mesures coercitives, l'opposition de l'entreprise concernée, mais cela est sans incidence sur la question de la détermination des documents susceptibles d'être contrôlés et saisis par la Commission, qui relève de la compétence exclusive de l'Union s'agissant d'une question qui intéresse le fonctionnement du marché intérieur (pts 116 à 119).

Au terme de cette rigoureuse démonstration, nul doute que la jurisprudence AM&S Europe c/ Commission a encore de beaux jours devant elle.

A. Maitrepierre

Concurrences N° 4-2010, Art. N° 33155, p. 192

Voir aussi

I. Cretenet, J.-C. Savouré, Akzo : Les juristes sont-ils condamnés à ne rien pouvoir écrire ?, décembre 2007, Concurrences N° 4-2007, Art. N° 14575, pp. 1-2.

Voir aussi, sur les origines de l'affaire

TPICE, 17 sept. 2007, Akzo Nobel Chemicals Ltd, Akcros Chemicals Ltd, T-125/03 et T-253/03

C. Momège, Legal privilege : Le TPICE fait un (tout petit) pas en avant en matière de legal privilege (Akzo), 17 septembre 2007, Concurrences N° 4-2007, Art. N° 14387, pp. 126-128.

Infractions procédurales

CJUE, 22 nov. 2012, E.ON Energie, C-89/11 P

La Cour de justice de l'Union européenne considère comme grave par nature le bris d'un scellé lors d'une inspection et confirme l'amende de 38 millions d'euros.

En mai 2006, les agents de la Commission, assistés des agents de l'autorité de concurrence allemande (Bundeskartellamt), ont diligenté une inspection dans les locaux de la société E.ON à Munich, suspectant sa participation à des pratiques anticoncurrentielles.

Il n'est pas rare qu'une telle inspection se déroule sur plusieurs jours. Aussi, les agents de la Commission avaient entreposé, pour la nuit, les documents sélectionnés au cours de la journée dans un local mis à disposition par l'entreprise. Après avoir été fermé à clé, le local a ensuite été scellé au moyen d'un « scellé officiel d'une dimension de 90 mm sur 60 mm [...] apposé à concurrence d'environ les deux tiers de sa surface sur le panneau de la porte et, pour le reste, sur l'encadrement de cette dernière ». Un procès-verbal d'apposition a été établi, signé par les représentants de la Commission, du Bundeskartellamt et d'E.ON. Le lendemain matin, l'équipe d'inspection a dû constater que l'état du scellé, « qui adhérait encore à la porte du local », avait changé : celui-ci était déplacé d'environ 2 mm en hauteur et en largeur, si bien que des traces de colle étaient visibles, et l'inscription « VOID » apparaissait sur toute sa surface. Le bris de scellé a fait l'objet d'un procès-verbal, que les représentants d'E.ON ont refusé de signer.

Après enquête ayant donné lieu à plusieurs demandes de renseignements, à l'audition de l'entreprise par le conseiller auditeur et à l'intervention d'un institut scientifique, la Commission a considéré qu'E.ON avait, « à tout le moins par négligence », enfreint le premier paragraphe, sous e), de l'article 23 du règlement n° 1/2003, lequel sanctionne d'une amende pouvant aller jusqu'à 1 % du chiffre d'affaires le fait de briser les scellés apposés aux fins d'une inspection. En conséquence, elle a infligé à l'entreprise une amende de 38 millions d'euros (déc. Com., 30 janv. 2008, aff. COMP/B-1/39.326).

Saisi par E.ON, le Tribunal a confirmé cette décision, notamment quant à son montant qu'il a jugé proportionné à la gravité de l'infraction, à la taille de l'entreprise et à la nécessité d'assurer un effet dissuasif à l'amende (arrêt Trib. UE, 15 déc. 2010, E.ON c/ Commission, aff. T-141/08, point 294).

La Cour, intervenant sur pourvoi, rejette les six moyens soulevés à l'encontre de cet arrêt du Tribunal. Pour les besoins du présent commentaire, l'on s'attardera plus particulièrement sur l'examen des premier, troisième et sixième moyens.

La constatation du bris de scellé par procès-verbal et la question de la charge de la preuve

Par son premier moyen, E.ON reprochait au Tribunal d'avoir opéré un renversement de la charge de la preuve. Ce dernier avait appliqué au cas de bris de scellé, par analogie avec le cas de la commission de l'infraction au droit de la concurrence elle-même, la jurisprudence découlant de l'arrêt *Montecatini* (CJUE, 8 juill. 1999, Montecatini c/ Commission, C-235/92 P). Dans cette affaire, la Cour avait considéré que, dès lors que la Commission avait pu établir qu'une entreprise a participé à des réunions à caractère manifestement anticoncurrentiel, il incombait à cette entreprise de fournir une autre explication du contenu de ces réunions. Tout d'abord, la Cour confirme que, comme pour toutes procédures relatives à des violations des règles de concurrence susceptibles d'aboutir à la prononciation d'amendes ou d'astreintes, le principe de la présomption d'innocence s'applique aux procédures d'infraction pour obstruction aux enquêtes de la Commission. À cet égard, il semble désormais acquis que la Cour ne se réfère plus qu'à la Charte des droits fondamentaux, en l'espèce son article 48, lorsqu'un principe issu de la Convention EDH (en l'occurrence, la présomption d'innocence découle de son article 6) y est repris (voir point 72 de l'arrêt ; voir également, arrêts du 8 déc. 2011, Chalkor c/ Commission, aff. C-386/10 P, point 51, et, *supra*, du 6 nov. 2012, « Communauté européenne », C-199/01, point 47).

Ensuite, pour la Cour, lorsque la Commission se fonde sur des éléments suffisants pour démontrer l'existence de l'infraction, il appartient à l'entreprise d'établir à suffisance de droit, d'une part, l'existence d'une circonstance susceptible de remettre en cause la valeur probante de ces éléments et, d'autre part, que cette circonstance met effectivement en cause leur caractère probatoire. Il n'en serait autrement, réserve la Cour, que si l'entreprise avait été empêchée de fournir la preuve de ce qu'elle avance en raison du comportement de la Commission elle-même. Or, malgré une défense vigoureuse, E.ON n'est pas parvenu à faire cette démonstration et le Tribunal voit son analyse approuvée par la Cour.

Ainsi, la Cour relève que, la Commission ayant « constaté un bris de scellé sur la base d'un faisceau de preuves, dont le procès-verbal de bris de scellé », le Tribunal pouvait exiger d'E.ON qu'elle rapporte la preuve de ce constat, sans risquer la critique d'avoir opérer un renversement indu de la charge de la preuve ou d'avoir violé le principe de la présomption d'innocence (point 78 de l'arrêt).

À cet égard, se pose la question du caractère suffisant, sur le plan probatoire, du seul procès-verbal de bris de scellé. En d'autres termes, si la Commission n'avait pas pris le soin de procéder à une enquête et de présenter un « faisceau de preuves », en procédant également à l'envoi de questionnaires aux dix membres de l'équipe d'inspection « relatifs à leurs observations sur l'apposition du scellé litigieux et sur son état le matin du 30 mai 2006 » (point 16 de l'arrêt) et en sollicitant elle-même l'institut scientifique missionné à l'origine par E.ON, le Tribunal aurait-il pu exiger de l'entreprise qu'elle prouve le caractère erroné des affirmations de la Commission, sans procéder indûment à un renversement de la charge de la pre ve ? En effet, dans le cas d'un bris de scellé, le seul constat que le scellé est altéré, soit qu'il a été brisé, soit qu'il a même seulement été arraché ou décollé, suffit en principe à établir la matérialité de l'infraction (voir P. Cardonnel, cette chronique, *Concurrences* N° 1-2011).

D'ailleurs, dans le cadre de l'examen du troisième moyen, portant sur la dénaturation de certains éléments de preuve, E.ON reprochait au Tribunal d'avoir considéré que le procès-verbal d'apposition de scellé démontrait à suffisance la régularité de cette apposition. Cependant, la Cour considère que « cet élément de preuve fait foi, jusqu'à preuve du contraire, quant à l'apposition régulière de ce scellé, ainsi qu'au fait que celui-ci adhérait à la porte du local [...], circonstances constatées par les représentants de la Commission et du Bundeskartellamt, au soir du 29 mai 2006 » (point 98 de l'arrêt). Dès lors, il en irait de même du procès-verbal de bris de scellé qui, sauf la preuve contraire, constate l'altération du scellé. En effet, sans se confondre avec l'élément matériel de l'infraction, la commission de l'infraction présuppose, pour pouvoir être établie et donc sanctionnée, l'apposition régulière préalable du scellé en question.

On relèvera encore que, s'agissant du scellé d'apposition, la Cour ne conditionne pas sa valeur probante à la circonstance qu'il a été signé par les représentants de l'entreprise, ce qui était pourtant le cas en l'espèce (E.ON a refusé de signé le procès-verbal de bris de scellé). Il est suffisant, pour établir la régularité de l'apposition, que celle-ci ait été constatée dans le procès-verbal par les seuls membres de l'équipe d'inspection. La signature de l'entreprise n'est pas une condition posée à la validité du procès-verbal, pas plus qu'elle ne confirme la régularité de l'apposition du scellé, sans quoi l'entreprise ne pourrait plus la contester par la suite. Sur ce point, la Cour s'écarte nettement de l'approche suivie par le Tribunal qui avait considéré que la régularité de l'apposition du scellé avait été « reconnue par un représentant de la requérante en apposant sa signature » (point 104 de l'arrêt attaqué). De même, l'Avocat général, au point 56 des conclusions (cité au point 98 de l'arrêt), a sans doute opté pour une rédaction trop cursive lorsqu'il y soulignait que le procès-verbal en question faisait foi car « dressé et signé par les représentants de la Commission, du Bundeskartellamt et de la requérante ».

En conséquence, s'agissant cette fois du procès-verbal de bris de scellé, en ne retenant que les éléments y figurant, le Tribunal aurait pu exiger d'E.ON qu'elle démontre l'existence de circonstances remettant en cause la valeur probante de ces seuls éléments, sans néanmoins subir la critique d'avoir indûment renversé la charge de la preuve. Au vu des efforts déployés par E.ON pour rapporter cette preuve contraire, l'on peut néanmoins s'interroger sur les espoirs que peut véritablement nourrir une entreprise dans une telle situation.

La question de la proportionnalité de l'amende est soumise au contrôle de la Cour dans le cadre d'un pourvoi

Dans cette affaire, la question du montant de l'amende infligée à E.ON se révélait d'une importance particulière par le retentissement qu'elle lui a donné. Par son sixième moyen, E.ON reprochait au Tribunal d'avoir violé le principe de proportionnalité en confirmant le montant de la sanction prononcée par la Commission, à savoir 38 millions d'euros.

Tout d'abord, la Cour rappelle que, tant les dispositions du traité (art. 261 TFUE) que celles du règlement n° 1/2003 (art. 31), confèrent au Tribunal une compétence de pleine juridiction en ce qui concerne les sanctions infligées par la Commission en matière de concurrence et qu'il peut donc supprimer, réduire ou même majorer l'amende ou l'astreinte prononcée par cette dernière. Pour autant, la Cour souligne que la question du caractère inapproprié du niveau de la sanction qui, parce qu'excessif, se révélerait disproportionné, est une question de droit qu'elle peut examiner dans le cadre d'un pourvoi (point 126 de l'arrêt). Il ne s'agit toutefois pas pour la Cour de substituer son appréciation à celle du Tribunal pour des motifs d'équité, mais de constater l'erreur de droit commise par ce dernier en raison du caractère inapproprié du montant de l'amende.

Pour ce faire, la Cour procède à l'examen des trois raisons avancées par le Tribunal, au point 294 de son arrêt, expliquant sa décision de fixer le montant de l'amende à 38 millions d'euros. À cet égard, l'on relèvera que la Cour prend le soin d'adopter une rédaction qui distingue la décision d'infliger une sanction, qui relève de la Commission et dont le Tribunal apprécie la légalité, de la décision de fixer le montant de l'amende, qui appartient désormais à ce dernier, à la suite de son arrêt, en raison de sa pleine juridiction, même si celui-ci laisse inchangé le niveau de la sanction.

En premier lieu, sur le caractère de gravité de l'infraction, la Cour écarte l'argument, soutenu par E.ON et non contesté par la Commission, qu'aucune personne n'a effectivement pénétré dans le local à la suite du bris de scellé. Il ne pourrait s'agir d'une circonstance atténuante puisque l'objectif des dispositions du règlement n° 1/2003 est de « protéger les inspections de la menace qui dérive du simple fait que le scellé a été brisé, donnant ainsi lieu à un doute quant à l'intégrité des éléments de preuve dans le local scellé » (point 128 de l'arrêt). En conséquence, le bris de scellé est une infraction « particulièrement grave par sa nature même ».

En deuxième lieu, sur la raison tenant à la taille de l'entreprise, la Cour relève que la sanction prononcée représente 0,14 % de son chiffre d'affaires annuel. Ce pourcentage n'ayant pas été contesté par E.ON, il s'agit d'une donnée que la Cour considère comme acquise et que, partant, elle n'est pas tenue d'apprécier d'office. Dès lors, la requérante est réputée n'avoir pas contestée que le montant de l'amende est proportionné à sa taille en tant que telle (point 131 de l'arrêt). En troisième lieu, sur la nécessité d'assurer un effet suffisamment dissuasif à l'amende, la Cour exprime sa préoccupation qu'aucune entreprise suspectée d'avoir pris part à une pratique anticoncurrentielle ne puisse considérer comme plus profitable pour elle de courir le risque d'une infraction pour bris de scellé. En effet, une entreprise qui ferait obstacle aux opérations d'inspection de la Commission serait susceptible, en faisant disparaître des preuves recueillies par la Commission, d'échapper à une sanction pouvant aller jusqu'à 10 % de son chiffre d'affaires. Elle doit donc « être dissuadée, par le montant de l'amende fixé en application de l'article 23, paragraphe 1, du règlement n° 1/2003, de se livrer à de tels agissements » (point 132 de l'arrêt), même si ce montant est « limité » à 1 % de son chiffre d'affaires. Or, à partir du moment où un bris de scellé est constaté, rien ne permet plus d'exclure qu'une soustraction d'éléments de preuve s'est produite. En pratique, ce risque est d'autant plus grand lorsque la Commission ne procède à l'inventaire des éléments documentaires recueillis qu'au terme de son inspection, dont on a précisé plus haut qu'elle peut se dérouler sur plusieurs jours. En l'espèce, le bris de scellé avait été constaté au matin de la deuxième journée d'inspection. Enfin, la Cour indique que les trois raisons retenues par le Tribunal permettent de considérer que, dans l'exercice de son pouvoir de pleine juridiction, celui-ci a satisfait à son obligation de motivation.

Partant, la Cour a rejeté le pourvoi d'E.ON et ainsi confirmé la décision de la Commission dans cette première affaire de bris de scellé.

A. Lacresse

Concurrences N° 1-2013, Art. N° 50703, p. 167

Voir aussi, sur les origines de l'affaire

Comm. CE, 30 janv. 2008, E.ON Energie AG, COMP/39.326, concernant la fixation d'une amende fondée sur l'article 23, paragraphe 1, point e), du règlement (CE) n° 1/2003 du Conseil pour bris de scellés

C. Lemaire, Bris de scellés : *La Commission européenne sanctionne pour la première fois le bris de scellés intervenu lors d'une inspection* (Energie), 30 janvier 2008, Concurrences N° 3-2008, Art. N° 20141, pp. 134-135.

Trib. UE, 15 déc. 2010, E.ON Energie, T–141/08

P. Cardonnel, Inspections – Bris de scellé : Le Tribunal de l'UE valide la condamnation d'E.ON (E.ON Energie), 15 décembre 2010, Concurrences N° 1-2011, Art. N° 34235, pp. 182-184.

1.2.2 Instruction

Droits de la défense

CJCE, 3 sept. 2009, Papierfabrik August Koehler e. a., aff. jtes C-322/07 P, C-327/07 P et C-338/07 P

La Cour de justice des Communautés européennes annule l'arrêt du Tribunal de première instance des Communautés européennes en raison du défaut d'indication, dans la communication des griefs, de l'une des qualités en laquelle la société condamnée s'était vue imputer une infraction aux règles de concurrence.

On ne transige pas avec les droits fondamentaux, et leur violation n'appelle qu'une sanction, l'annulation de la décision viciée. Tel est, en substance, le principal enseignement de l'arrêt *Bolloré* rendu par la Cour, qui a suivi les recommandations de son Avocat général Yves Bot, déjà commentées dans cette revue (v. note M. D., *Concurrences*, N° 2-2009, p. 101). Il convient de rappeler brièvement les faits pour apprécier la portée de l'arrêt.

Les faits peuvent être résumés comme suit : dans sa communication des griefs, la Commission avait informé Bolloré de son intention de lui imputer la responsabilité des agissements anticoncurrentiels mis en œuvre par sa filiale Copigraph, alors que dans la décision finalement adoptée (aff. COMP/E-1/36.212, 20 décembre 2001), Bolloré s'est également vu reprocher une participation personnelle aux pratiques anticoncurrentielles en cause. Dans son arrêt du 26 avril 2007, le Tribunal y avait certes vu une violation des droits de la défense de la société Bolloré, puisque celle-ci avait été condamnée sur le fondement d'allégations de faits ou de droit au sujet desquelles elle n'avait pas été entendue, mais il avait refusé d'annuler la décision de la Commission, au motif que la décision litigieuse avait en toute hypothèse retenu la responsabilité de Bolloré en sa qualité de société-mère de Copigraph. Le Tribunal avait ainsi considéré que les vices affectant l'un des motifs de la décision étaient sans incidence sur la validité de celle-ci, dans la mesure ou d'autres motifs (ici, la mise en cause en qualité de société-mère) suffisaient à justifier la décision. C'est cette approche « relativiste » (ou « finaliste », selon les termes de la requérante) qui est sèchement condamnée par la Cour.

Il ne suffit pas d'identifier dans la Communication des griefs la personne morale à laquelle la responsabilité d'une infraction est imputée, il faut également préciser la qualité en vertu de laquelle cette imputation est retenue

La Cour commence par rappeler que le respect des droits de la défense dans toute procédure susceptible d'aboutir à des sanctions constitue un principe fondamental du droit communautaire (§ 34). Il en résulte que la communication des griefs doit contenir les éléments essentiels retenus à l'encontre entreprise, tels que les faits reprochés, leur qualification et les éléments de preuve sur lesquels se fonde la Commission. Or, et c'est l'enseignement principal de l'arrêt, il ne suffit pas que, selon une jurisprudence constante, la personne juridique susceptible de se voir infliger une amende soit clairement identifiée, mais « il faut encore que la communication des griefs indique en quelle qualité une entreprise se voit reprocher les faits allégués » (§ 39 – on relèvera au passage l'usage ici du terme « entreprise », alors que le contexte indique sans ambiguïté que c'est la personne juridique qui est visée... ce qui témoigne d'une certaine hésitation sur le sujet, *cf.* commentaire M.D. sur l'arrêt *Akzo, infra*). La Cour constate que cette précision faisait défaut dans la décision de la Commission, ce qu'avait certes relevé le Tribunal mais sans en tirer les conséquences. Or, selon la Cour, « [...] le fait que la décision litigieuse a retenu la responsabilité de Bolloré pour son implication en qualité de société-mère de Copigraph, en plus de l'implication personnelle de cette société-mère, n'écarte pas la possibilité que ladite décision soit fondée sur des comportements pour lesquels Bolloré n'a pas été en mesure d'assurer sa défense » (§ 44). Suivant en cela les conclusions de l'Avocat général, la Cour en conclut que la violation d'un droit fondamental ne peut être que l'annulation de la décision ainsi vicitée. La Cour décide au surplus de statuer définitivement sur l'affaire, jugeant qu'elle est en état d'être jugée, et annule donc définitivement l'arrêt.

Rejet des moyens invoqués par les autres requérants : absence de dénaturation des preuves et validation du mode de détermination de l'amende

Les autres requérants ont eu moins de succès, avec des moyens très différents il est vrai. Ainsi, Distribuidora Vizcaina de Papeles (Divipa) soutenait divers moyens tirés de dénaturation alléguée des preuves ou des constatations matérielles effectuées par le Tribunal. Examinant chaque allégation de dénaturation, la Cour les écarte les unes après les autres (*cf.* p. ex. § 55, 64 et 74). On retiendra davantage les développements consacrés par l'arrêt aux moyens relatifs à la fixation et au montant des amendes. Ainsi notamment, la Cour s'attache une nouvelle fois à rappeler que la Commission n'est pas tenue de fixer le montant de l'amende sur le seul résultat d'un calcul fondés sur le chiffre d'affaires global, lequel n'est qu'un des paramètres à prendre en compte. D'autres paramètres, tels que la taille de l'entreprise et sa puissance économique, ou encore la proportion du chiffre d'affaires provenant des marchés objets de l'infraction, doivent être pris en compte (§ 114). La solution est classique.

M. Debroux

Concurrences N° 4-2009, Art. N° 29218, p. 91

Voir aussi

A. Maitrepierre, Violation des droits de la défense : La CJCE annule l'arrêt du TPICE pour ne pas avoir tiré les conséquences de la violation des droits de la défense (Papierfabrik August Koehler), 3 septembre 2009, Concurrences N° 4-2009, Art. N° 29293, pp. 173-174.

Voir aussi, sur les origines de l'affaire

TPICE, 26 avr. 2007, Bolloré e. a., T-109/02 e. a.

M. Debroux, Imputabilité des pratiques : Le TPICE rappelle les critères stricts encadrant l'imputabilité des pratiques d'une filiale à sa société-mère (Bolloré), 26 avril 2007, Concurrences N° 3-2007, Art. N° 13942, pp. 88-89.

Voir aussi, sur les suites de l'affaire

CJUE, 8 mai 2014, Bolloré, C-414/12 P

A. Lacresse, Droits de la défense : La Cour de justice de l'Union européenne confirme que le groupe mis en cause dans une procédure de concurrence est tenu de conserver les éléments nécessaires à sa défense même lorsqu'il a cédé l'entreprise qui a pris part à l'entente (Bolloré), 8 mai 2014, Concurrences N° 3-2014, Art. N° 68371, pp. 160-161.

CJUE, gde ch., 25 oct. 2011, 2 arrêts, Solvay, C-109/10 P et C-110/10 P

La Cour de justice de l'Union européenne annule deux arrêts du Tribunal et invalide les décisions de la Commission prises en dépit de la perte d'une partie du dossier.

Sans revenir sur l'ensemble des antécédents de ces litiges, on rappellera qu'en 1990, l'entreprise Solvay avait été sanctionnée tant au titre de l'article 81 CE (devenu art. 101 TFUE) qu'au titre de l'article 82 CE (devenu art. 102 TFUE) et que les décisions de la Commission avaient, par la suite, été annulées par le Tribunal soit pour violation des droits de la défense, soit pour défaut d'authentification régulière de ces décisions. Après que la Cour eut confirmé ces arrêts, la Commission adopta, en 2000, deux nouvelles décisions tendant aux mêmes fins que celles prises antérieurement.

À l'occasion de deux nouveaux recours portés devant le Tribunal, pour lesquels celui-ci ordonna un certain nombre de mesures d'instruction, il apparût que la Commission avait égaré une partie des dossiers ayant trait à ces procédures et qu'elle se trouvait dans l'incapacité de produire les documents contenus dans ces dossiers ou même de dresser une liste de ces documents, désormais perdus.

Malgré cela, en 2009, le Tribunal a rejeté les recours de Solvay (Trib. UE, 17 décembre 2009, Solvay c. Commission, 2 aff. T-57/01 et T-58/01 ; Chronique Pratiques unilatérales, *Concurrences* N° 1-2010, p. 100 ; cette Chronique, *Concurrences* N° 1-2010, p. 157). Il a considéré notamment, s'agissant de la violation du droit d'accès au dossier, qu'il ressortait des éléments figurant dans les dossiers existants que les comportements reprochés à la requérante étaient prouvés et que, par conséquent, il était « exclu que la requérante ait pu trouver des documents utiles à sa défense » dans les dossiers manquants.

La perte d'une partie du dossier comme une ombre portée sur l'apparente validité de la décision de la Commission

Devant la Cour, Solvay invoquait plusieurs moyens à l'encontre des deux arrêts rendus par le Tribunal. La Cour se limita à l'examen de ceux relatifs à une violation des droits de la défense pour décider qu'il convenait de les annuler, ainsi que les décisions prononcées par la Commission.

Pourtant, la Cour relève que le Tribunal a fait un juste rappel des principes applicables à l'appréciation de la violation du droit d'accès au dossier. En particulier, il avait indiqué que, lorsque l'accès au dossier est assuré au stade de la procédure juridictionnelle, comme cela avait été le cas en l'espèce, l'entreprise concernée n'est pas tenue de démontrer que la décision de la Commission aurait été différente si elle avait eu accès aux documents non communiqués, mais seulement que les documents en question « auraient pu être utiles pour sa défense ».

La Cour reconnaît certes le bien-fondé de la démarche adoptée par le Tribunal, qui a d'abord consisté à analyser les preuves matérielles présentées à l'appui des griefs retenus dans les décisions. Cependant, elle constate également que le Tribunal s'est fondé sur des hypothèses non seulement en ce qui concerne le contenu des documents égarés, mais aussi en ce qui concerne la connaissance que la requérante aurait dû avoir de ce contenu.

Or, l'entreprise Solvay étant dans l'impossibilité matérielle de connaître le contenu des documents en question, elle se trouvait également dans l'impossibilité de vérifier si ces documents auraient pu être utiles pour sa défense. Dans ces conditions, la Cour estime que la Tribunal a commis une erreur de droit en considérant que la requérante n'avait pas été empêchée d'assurer sa défense, ce d'autant plus que le Tribunal s'était fondé sur une hypothèse, quant au contenu des documents manquants, qu'il était lui-même dans l'impossibilité de vérifier.

Dans ces circonstances, la Cour critique également le Tribunal d'avoir considéré que la Commission pouvait adopter des décisions similaires à celles annulées précédemment sans avoir à entendre la requérante dans le cadre d'une nouvelle procédure administrative. Dès lors, le Tribunal a également commis une erreur de droit en jugeant que la Commission n'avait pas violé les droits de la défense de Solvay en choisissant de ne pas procéder à une audition, alors que cette question ne pouvait être dissociée de l'accès au dossier en raison des circonstances spécifiques de ces affaires.

Enfin, la Cour tire toutes les conséquences de cette violation des droits de la défense par la Commission et, dès lors, décide également d'annuler les décisions adoptées à l'encontre de Solvay. Il reste à savoir maintenant si la Commission, telle Sisyphe condamné à pousser son rocher, fera le choix de reprendre ces procédures qui reposent désormais sur un dossier incomplet en rapport avec des faits vieux de plus de vingt ans…

A. Lacresse
Concurrences N° 1-2012, Art. N° 42299, p. 182

Voir aussi, sur les origines de l'affaire

Trib. UE, 17 déc. 2009, 2 arrêts, Solvay, T-57/01 et T-58/01

A. Maitrepierre, Validité de la procédure d'adoption : Le TPICE admet la validité de la procédure d'adoption d'une décision de la Commission, à la suite de l'annulation d'une précédente décision, mais réduit le montant de l'amende infligée (Solvay), 17 décembre 2009, Concurrences N° 1-2010, Art. N° 30137, pp. 157-158.

Utilisation des preuves

Trib. UE, 8 sept. 2016, Goldfish, T-54/14

Le Tribunal de l'Union européenne admet comme preuve d'un cartel les propos enregistrés à l'insu de leur auteur lors de conversations téléphoniques.

La Commission peut-elle, afin d'établir l'existence d'une infraction à l'article 101 TFUE, s'appuyer sur des conversations téléphoniques enregistrées par un participant à l'entente à l'insu des personnes concernées ?

Le Tribunal répond par l'affirmative, contrairement à ce qui a pu être jugé en France où cette question a donné lieu à un désaccord notable entre la Cour d'appel de Paris et la Cour de cassation (Cass. Ass. plén., arrêt n° 587 du 7 janvier 2011 dans l'affaire TVHA).

Dans l'affaire du cartel de la crevette de la mer du Nord, la Commission avait imposé 28 millions d'euros d'amende à trois entreprises pour fixation de prix et partage des marchés (décision C(2013) 8286 du 27 nov. 2013). Au cours d'une visite d'inspection, légale en la forme, la Commission a saisi des enregistrements téléphoniques de conversations relatives à cette entente, réalisés par l'un des participants. Ces enregistrements privés et non autorisés ont été retenus comme pièce à charge par la Commission, ce que les entreprises concernées ont contesté devant le Tribunal.

Selon les requérantes, l'enregistrement de conversation téléphonique est, dans plusieurs États membres, puni pénalement. Il s'agirait d'un moyen de preuve que ni le droit néerlandais, ni celui de l'Union et de la CEDH ne reconnaîtraient pour établir une violation de l'article 101 TFUE.

Des enregistrements privés saisis légalement par la Commission dans le cadre d'une inspection peuvent être utilisés dans le cadre de la procédure ; il importe peu qu'ils aient été obtenus illégalement

Pour la Commission, ces enregistrements ne constituent pas une infraction pénale aux Pays-Bas, où ils ont été effectués. Quand bien même ces enregistrements auraient été obtenus illégalement, ni la jurisprudence de la Cour EDH, ni celle de l'Union ne s'opposeraient à leur utilisation. En effet, la Commission ne serait pas à l'origine de ces enregistrements privés, lesquels ont été légalement saisis dans le cadre d'inspections. La crédibilité de ces enregistrements n'étant pas en cause, il n'y aurait pas lieu de les écarter des débats.

Le Tribunal affirme que, pour le droit de l'Union, la preuve est libre ; le seul critère en la matière étant celui de la force probante. En l'absence d'une réglementation au niveau de l'Union quant à la notion de preuve, tous les moyens de preuves que les droits procéduraux des États membres admettent dans des procédures similaires sont, en principe, recevables. Si certaines preuves peuvent être écartées, s'il y a un doute sur la légitimité de leur obtention, il n'y a pas d'automaticité en la matière.

Cela étant, les institutions doivent respecter les droits fondamentaux. À cet égard, le Tribunal relève que selon la Cour EDH, l'utilisation d'un enregistrement illégal n'emporte pas automatiquement violation du droit à un procès équitable consacré à l'article 6, paragraphe 1, de la CEDH (arrêt Cour EDH, 26 avril 2007, Popescu c/ Roumanie, CE:ECHR:2007:0426JUD0071525 01), y compris lorsque cet enregistrement porte atteinte au droit au respect de la vie privée énoncé à l'article 8 de la CEDH. Il n'y a pas de violation du droit au procès équitable si les droits de la défense (principe du contradictoire et de l'égalité des armes) ont été respectés et si l'enregistrement en cause est la seule preuve de l'infraction (Cour EDH, 12 juillet 1988, Schenk c/ Suisse, CE:ECHR:1988 :0712JUD001086284, § 48).

Il n'existe pas de principe en vertu duquel des preuves obtenues illégalement ne pourraient être utilisées dans le cadre d'une investigation ou d'une procédure juridictionnelle

Appliquant ces critères jurisprudentiels issus de la CEDH à l'espèce, le Tribunal relève que les enregistrements n'ont pas été réalisés par la Commission ni par une autorité publique, mais par une personne privée qui a participé à ces conversations. Ces enregistrements ont été saisis légalement, dans le cadre d'une visite d'inspection et sont, en principe, recevables. Lors de la procédure administrative, la Commission a donné accès au dossier et permis aux entreprises d'exercer leurs droits de la défense. Les enregistrements ne sont pas la preuve unique de l'infraction.

Le Tribunal rejette l'argument des requérantes selon lequel plusieurs États membres interdiraient l'utilisation d'écoutes privées illicites comme preuve d'une infraction à l'article 101 TFUE. Les requérantes n'auraient présenté qu'un seul cas concret : celui de l'arrêt de la Cour de cassation française dans l'affaire TVHA.

Ce faisant, le Tribunal affirme également qu'« il n'existe pas de principe en vertu duquel des preuves obtenues illégalement ne pourraient être utilisées dans le cadre d'une investigation ou d'une procédure juridictionnelle ». Si le juge de l'Union peut s'inspirer du droit des États membres, « cela n'implique pas qu'il faille appliquer le droit de l'État membre dont la réglementation sur l'administration de la preuve serait la plus stricte ». En effet, « l'interprétation et l'application uniformes du principe de libre administration des preuves dans l'Union sont indispensables afin que les vérifications effectuées par la Commission dans le cadre des procédures en matière d'ententes puissent se dérouler dans des conditions d'égalité de traitement pour les entreprises concernées ».

Le raisonnement du Tribunal est donc fermement ancré dans la jurisprudence de la Cour EDH. Celle-ci n'étant pas portée par la dynamique fédératrice de l'Union, elle s'accommode de variations entre systèmes nationaux, la Cour EDH soulignant ainsi que si l'article 6 de la convention garantit le droit à un procès équitable, « elle ne réglemente pas pour autant l'admissibilité des preuves en tant que telles, matière qui relève au premier chef du droit interne » (arrêt Cour EDH, Popescu c/ Roumanie, § 106). La transposition pure et simple de cette approche dans le contexte des activités de la Commission dans la mise en œuvre du droit de la concurrence aboutit au contraire à uniformiser les règles procédurales nationales, au détriment de l'autonomie procédurale. Pour des raisons tenant à l'efficacité de la répression des ententes, ce processus d'application uniforme du principe de la libre preuve peut donner lieu à des conflits de droits procéduraux dans les États membres ayant opté pour un régime plus protecteur.

P. Cardonnel

Concurrences N° 4-2016, Art. N° 82117, p. 161

CJUE, 27 avr. 2017, FSL, C-469/15 P

La Cour de justice de l'Union européenne admet l'utilisation par la Commission européenne de preuves transmises par une autorité nationale autre qu'une autorité de concurrence.

En 2007, la Commission a reçu des documents de la police douanière et financière italienne qui, ajoutés aux éléments recueillis à l'occasion d'inspections effectuées dans les locaux de différentes entreprises, lui ont permis d'adopter une décision constatant la violation des règles de concurrence par plusieurs grands importateurs de bananes dans l'Europe du Nord.

Quelques années plus tard, en 2011, la Commission a de nouveau adopté une décision constatant que plusieurs entreprises, dont les requérantes, avaient participé à une entente, cette fois à l'occasion de l'importation, la commercialisation et la vente de bananes en Europe du Sud.

Dans le cadre de ces deux affaires, l'entreprise Chiquita a bénéficié d'une immunité totale d'amende en vertu de la communication de 2002 sur la clémence, à la différence des requérantes qui n'ont bénéficié d'aucun ajustement de la sanction.

À l'occasion de l'examen des recours à l'encontre de la décision de 2011, le Tribunal n'a que partiellement fait droit aux demandes des requérantes partant du constat que l'infraction avait été interrompue pendant plusieurs mois, ce qui justifiait une diminution du montant de l'amende. En revanche, il a validé l'utilisation par la Commission des éléments de preuve communiqués par l'administration italienne.

La Commission peut recevoir des informations recueillies par une autorité nationale à d'autres fins que la poursuite d'infractions au droit de la concurrence

Invoquant une violation des formes substantielles et des droits de la défense, les requérantes reprochaient au Tribunal de ne pas avoir constaté l'illégalité de l'utilisation des éléments de preuve transmis par une autorité nationale autre qu'une autorité de concurrence.

Selon elles, la Commission aurait dû, en vertu de l'article 12, paragraphe 2, du règlement n° 1/2003, examiner si les documents transmis avaient bien été utilisés pour le seul objet pour lequel ils avaient été recueillies par l'autorité nationale.

À titre liminaire, la Cour rappelle que la légalité de la transmission à la Commission, par un procureur ou par les autorités compétentes en matière de concurrence, d'informations recueillies en application du droit pénal national est une question qui relève du droit national et, d'autre part, que le juge de l'Union n'est pas compétent pour contrôler la légalité, au regard du droit national, d'un acte pris par une autorité nationale.

Ceci étant dit, la Cour précise que les dispositions du règlement n° 1/2003 invoquées par les requérantes poursuivent l'objectif particulier de simplifier et d'encourager la coopération entre les autorités au sein du réseau européen de la concurrence en facilitant l'échange d'informations.

Elles ne peuvent donc être interprétées comme interdisant à la Commission d'utiliser des informations transmises par des autorités nationales, autres que les autorités de concurrence, au seul motif que ces informations avaient été obtenues dans un autre but, en particulier dans un contexte où l'administration de la preuve est libre et où le seul critère pertinent pour apprécier les preuves produites est leur crédibilité.

Une telle utilisation ne contrevient pas non plus au principe de respect des droits de la défense. À cet égard, la Cour rappelle que, lors de la phase précédant l'envoi de la communication des griefs, la Commission doit veiller à ce que ces droits ne soient pas compromis. En l'occurrence, les requérantes ne sont parvenues devant le Tribunal à faire la démonstration d'une telle atteinte.

Cette prise de position de la Cour interpelle en ce qu'elle tend à contraindre davantage les Autorités nationales de concurrence (ANC), au sein du réseau européen de concurrence, que les autres autorités nationales, notamment fiscales, qui interviennent en dehors dudit réseau et qui peuvent désormais transmettre toutes informations aux fins de l'application des articles 101 et 102 TFUE. C'est donc que l'article 12 du règlement n° 1/2003 n'a que pour but d'empêcher la réutilisation des informations transmises à une autorité de concurrence à d'autres fins que le droit de la concurrence.

L'autre apport de cet arrêt tient à la confirmation de la jurisprudence Toshiba concernant l'interprétation de la notion de restriction de concurrence par objet (CJUE, 20 janv. 2016, Toshiba Corporation c/ Commission, aff. C-373/14 P). En effet, cette notion doit être interprétée de manière restrictive et ne peut être appliquée qu'à certains types de coordination entre entreprises révélant un degré suffisant de nocivité à l'égard de la concurrence pour qu'il puisse être considéré que l'examen de leurs effets n'est pas nécessaire.

A. Lacresse
Concurrences N° 3-2017, Art. N° 84578, p. 131

Voir aussi, sur les origines de l'affaire

Trib. UE, 16 juin 2015, FSL, T-655/11

P. Cardonnel, Preuve : Le Tribunal de l'Union européenne déclare recevables les preuves saisies par une autorité fiscale hors d'une enquête en matière de concurrence (FSL), 16 juin 2015, Concurrences N° 4-2015, Art. N° 76348, pp. 175-176.

Confidentialité

CJUE, gde ch., 14 mars 2017, Evonik Degussa, C-162/15 P

La Cour de justice de l'Union européenne précise les limites du mandat du conseiller-auditeur et les attentes auxquelles le demandeur de clémence peut légitimement prétendre en ce qui concerne la divulgation des informations communiquées.

En 2006, la Commission européenne avait sanctionné une entente dans le secteur du peroxyde d'hydrogène. La requérante ayant été la première à prendre contact avec la Commission et ayant pleinement coopéré, elle s'est vue accorder le bénéfice d'une immunité complète d'amende en application du programme de clémence.

La Commission a ensuite eu l'intention de publier une version non confidentielle et davantage détaillée de sa décision de 2006. Elle a donc demandé à la société Evonik qu'elle identifie dans la décision les informations dont elle entendait solliciter le traitement confidentiel.

L'entreprise s'est opposée à cette publication élargie, motif pris que la décision contenait des informations confidentielles et des secrets d'affaires, notamment certaines informations transmises au titre de la clémence. La Commission a certes accepté de supprimer de la décision les informations permettant d'identifier les sources et les personnes à l'origine de ces informations, mais elle a maintenu la publication des autres informations.

La requérante a pris alors l'initiative de saisir le conseiller-auditeur, conformément à l'article 8, paragraphe 2, de la décision 2011/695 relative à la fonction et au mandat de celui-ci dans certaines procédures de concurrence. Le conseiller-auditeur a toutefois rejeté sa demande. Il a notamment estimé que son mandat lui permettait seulement d'examiner si une information doit être considérée comme confidentielle et non de remédier à une violation des attentes légitimes de la requérante envers la Commission, notamment la non-divulgation d'une partie des informations communiquées au titre de la clémence.

Dans ces conditions, l'entreprise a attaqué la décision de la Commission rejetant sa demande de traitement confidentiel. Le Tribunal a toutefois rejeté son recours (Trib. UE, 28 janv. 2015, Evonik Degussa c/ Commission, aff. T-341/12).

La seule protection à laquelle peut prétendre le demandeur de clémence porte sur l'immunité ou la réduction de l'amende et sur la non-divulgation des documents transmis et ses déclarations écrites

La requérante soulevait trois moyens contre cet arrêt du Tribunal. Le premier consistait à remettre en cause l'approche du Tribunal s'agissant des limites du mandat du conseiller-auditeur. Les juges de première instance avaient estimé en effet que les principes de protection de la confiance légitime et d'égalité de traitement, invoqués par la requérante, dépassaient le cadre de la mission dont le conseiller-auditeur est investi.

La Cour désapprouve d'emblée le Tribunal. Elle souligne que la décision 2011/695 vise à garantir, de la part du conseiller-auditeur, un exercice effectif des droits procéduraux des entreprises mises en cause dans les procédures de concurrence devant la Commission. La portée de son article 8, paragraphe 2, serait dès lors « considérablement réduite » s'il devait être interprété comme ne permettant la prise en considération que des seules règles visant spécifiquement à protéger des informations contre une divulgation au public. Le conseiller-auditeur est donc tenu d'examiner toute objection fondée sur un motif, tiré de règles ou de principes du droit de l'Union, invoqué par l'entreprise pour revendiquer la protection de la confidentialité des informations qui l'intéressent.

L'erreur de droit du Tribunal quant à la portée à donner à ces dispositions conduira la Cour, au terme de son arrêt, à annuler la décision des premiers juges et, partant, la décision litigieuse qu'ils avaient cru bon de valider.

Avant cela, manifestement désireuse d'apporter des précisions sur le sort des informations communiquées dans le cadre du programme de clémence, la Cour prend tout de même le soin de traiter le deuxième moyen.

À l'occasion de l'examen ce moyen, elle rappelle que des informations qui ont été secrètes ou confidentielles, mais qui datent de cinq ans ou plus, doivent, du fait de l'écoulement du temps, être considérées, en principe, comme historiques. Elles ont perdu, de ce fait, leur caractère secret ou confidentiel, à moins que, exceptionnellement, la partie qui s'en prévaut démontre que ces informations constituent encore des éléments essentiels de sa position commerciale ou de celles de tiers concernés. L'apport de cet arrêt consiste en la précision que ces considérations, issues d'une jurisprudence se rapportant aux demandes de traitement confidentiel à l'égard de parties intervenantes dans le cadre de recours devant les juridictions de l'Union, valent également dans le contexte de demandes de confidentialité en vue de la publication par la Commission d'une décision constatant une infraction au droit de la concurrence.

Autre précision importante, en réponse à l'argument de la requérante selon lequel le Tribunal aurait admis que la Commission publie des citations littérales de sa déclaration de clémence, la Cour souligne que la publication d'éléments d'information tirés des documents fournis par une entreprise dans ce cadre se distingue de la publication de citations littérales de cette déclaration elle-même. La première doit être autorisée dans le respect de la protection due, notamment, aux secrets d'affaires, au secret professionnel ou aux autres informations confidentielles, la seconde n'est en aucun cas permise.

Finalement, la Cour juge que la seule protection à laquelle peut prétendre une entreprise ayant coopéré avec la Commission est celle concernant, d'une part, l'immunité ou la réduction de l'amende en contrepartie de la fourniture à la Commission d'éléments de preuve apportant une valeur ajoutée significative et, d'autre part, la non-divulgation des documents et des déclarations écrites conformément à la communication sur la clémence.

Cette dernière considération n'est pas neutre dans un contexte où la Commission et le législateur de l'Union tendent à favoriser les recours en dommages et intérêts à l'encontre des auteurs d'infractions au droit de la concurrence.

A. Lacresse
Concurrences N° 3-2017, Art. N° 84576, p. 130

Voir aussi, sur les origines de l'affaire

Trib. UE, 28 janv. 2015, Evonik Degussa, T-341/12

P. Cardonnel, Confidentialité : Le Tribunal de l'Union européenne confirme la décision de la Commission de ne pas traiter comme confidentiels certains éléments du dossier retenus à l'appui de l'infraction (Akzo Nobel, Evonik Degussa), 28 janvier 2015, Concurrences N° 2-2015, Art. N° 73126, pp. 155-157.

1.2.3 Procédures particulières

1.2.3.1 Engagements

CJUE, gde ch., 29 juin 2010, Alrosa, C-441/07 P

La Cour de justice de l'Union européenne rend son premier arrêt en matière d'engagements.

Par un arrêt très attendu, rendu en grande chambre, la Cour de justice se prononce, pour la première fois, sur la procédure d'engagements instituée par le règlement n° 1/2003, et introduite en France par l'ordonnance 2004-1173, du 4 novembre 2004, portant adaptation de certaines dispositions du Code de commerce au droit communautaire (article L. 464-2-I du Code de commerce).

Le cadre factuel et procédural

En 2002, deux sociétés actives sur le marché mondial de la production et de la fourniture de diamants bruts, l'une de droit russe (la société Alrosa), l'autre de droit luxembourgeois (la société De Beers), ont notifié à la Commission européenne un accord commercial par lequel la première s'engageait à fournir à la seconde, pendant plusieurs années, des diamants bruts à hauteur d'une certaine somme. La Commission a alors ouvert deux procédures, l'une contre les deux sociétés, sur le fondement de l'article 81 du traité CE en matière d'ententes, l'autre contre la seule société De Beers, sur le fondement de l'article 82, en matière d'abus de position dominante. Il s'en est suivi une phase de propositions d'engagements et d'examen de celles-ci par la Commission. Après avoir rejeté la première, émanant des deux sociétés, s'agissant d'une simple réduction progressive des ventes de diamants bruts de l'une à l'autre, la Commission a accepté la seconde, émanant de la seule société acheteuse (De Beers), laquelle prévoyait la cessation de tout achat de diamants bruts d'ici trois ans. Ayant accepté cette proposition, la Commission a rendu obligatoires les engagements individuels y figurant. Cette décision de la Commission a été attaquée par la société vendeuse (Alrosa) devant le TPI, lequel l'a annulée, et pour deux raisons. D'abord, pour erreur manifeste d'appréciation de la proportionnalité de l'engagement de cessation de toute relation commerciale par rapport aux préoccupations de concurrence éprouvées par la Commission, d'autres solutions moins restrictives étant envisageables. Ensuite, et ce à titre surabondant, pour violation du droit d'être entendu, la société Alrosa ayant été mise dans l'impossibilité de répondre de manière utile aux engagements individuels de la société De Beers et de proposer de nouveaux engagements conjoints avec cette société.

La Commission s'est alors pourvue en cassation contre cet arrêt en faisant valoir deux moyens : l'un concernant le principe de proportionnalité, l'autre le droit d'être entendu.

À procédure spécifique, examen spécifique de proportionnalité

Allant au-delà du libellé de l'article 9 du règlement n° 1/2003, en matière d'engagements, lequel, contrairement à l'article 7 en matière de mesures dites correctives, ne fait pas expressément référence à l'exigence de proportionnalité, la Cour de justice précise que cette exigence s'impose aussi en matière d'engagements dès lors qu'en tant que principe général du droit de l'Union, le principe de proportionnalité constitue un critère de la légalité de tout acte des institutions de l'Union (pt 36 de l'arrêt).

Toutefois, et c'est là le principal enseignement de l'arrêt, la portée de ce principe diffère selon la procédure considérée (points 38 et 47, seconde phrase, de l'arrêt). La Cour de justice part du constat que les procédures prévues aux articles 7 et 9 obéissent à des objectifs différents : d'un côté, il s'agit de mettre fin à l'infraction constatée ; de l'autre, il s'agit de répondre aux préoccupations de la Commission résultant de son évaluation préliminaire (pt 46 de l'arrêt). Plus précisément, le nouveau mécanisme d'engagements « vise à assurer une application efficace des règles de concurrence prévues par lE traité CE à travers l'adoption de décisions qui rendent obligatoires des engagements proposés par les parties et jugés appropriés par la Commission afin d'apporter une solution plus rapide aux problèmes de concurrence qu'elle a identifiés, au lieu d'agir par la voie de la constatation formelle d'une infraction » ; il « est inspiré par des considérations d'économie de procédure et permet aux entreprises de participer pleinement à la procédure, en proposant des solutions qui semblent les plus appropriées et adéquates pour répondre à ces préoccupations de concurrence » (pt 35 de l'arrêt). La Cour de justice en déduit que, dans le cadre de la procédure prévue à l'article 9, le principe de proportionnalité, qui s'impose à la Commission, se limite à exiger la vérification que les engagements proposés répondent aux préoccupations dont elle avait informé les entreprises concernées et que ces dernières n'ont pas offert d'engagements moins contraignants répondant de façon aussi adéquate à ces préoccupations, étant précisé que, dans le cadre de cette double vérification, les intérêts des tiers doivent être pris en considération (pt 41 de l'arrêt). À l'appui de cette conception à géométrie variable du principe de proportionnalité, elle souligne que les entreprises qui offrent des engagements acceptent sciemment que leurs concessions puissent aller au-delà de ce que la Commission pourrait leur imposer dans une décision adoptée, dans la cadre de la procédure prévue à l'article 7, après un examen approfondi, sachant qu'en contrepartie, la clôture de la procédure d'infraction leur permet d'éviter la constatation d'une violation du droit de la concurrence et l'éventuelle infliction d'une amende (pt 48 de l'arrêt). Autrement dit, les avantages que les entreprises peuvent retirer de la procédure d'engagements confortent l'intérêt d'une atténuation des exigences découlant du principe de proportionnalité dans le cadre de cette procédure. Au terme de son analyse, la Cour de justice retient que le TPI n'aurait pas dû assimiler la méthode d'appréciation de la proportionnalité de la décision en cause à celle applicable dans le cadre de la procédure classique de l'article 7 (pt 50 de l'arrêt).

Le respect du principe de proportionnalité des engagements : large marge d'appréciation de la Commission et contrôle juridictionnel restreint

Bien plus, le TPI n'aurait pas dû substituer sa propre appréciation à celle de la Commission en retenant que d'autres solutions moins contraignantes pour les entreprises existaient en l'espèce, dès lors que, la Commission elle-même, n'est pas tenue de rechercher des solutions alternatives à celles qui lui sont proposées (pts 61 à 67 de l'arrêt). Le contrôle juridictionnel étant restreint en la matière (contrôle de l'erreur manifeste d'appréciation de la Commission), le TPI aurait dû se limiter à examiner si la Commission avait commis une telle erreur dans l'examen des engagements conjoints qui lui avait été présentés dans la cadre de la procédure concernant l'éventuelle entente, et ce afin de vérifier si ces engagements étaient suffisants pour répondre à ses préoccupations de concurrence dans le cadre de l'autre procédure, c'est-à-dire celle concernant l'éventuel abus de position dominante (pts 42, 61à 67).

La notion d'entreprise concernée dans le cadre d'une procédure d'engagements individuels

La société Alrosa s'était réclamé de la qualité d'entreprise concernée par la procédure ouverte à l'encontre de la seule société De Beers (pour un éventuel abus de position dominante), pour revendiquer le bénéfice des droits procéduraux en découlant. Cette position avait été déniée par la Commission, mais le TPI l'avait admise en considérant que les deux procédures engagées, l'une contre les deux entreprises (pour une éventuelle entente), l'autre contre une seule d'entre elles (pour un éventuel abus de position dominante), ne constituaient en réalité qu'une seule et même procédure, de sorte que le bénéfice de la qualité d'entreprise concernée par la première procédure aurait dû être consenti à la société Alrosa dans le cadre de la seconde. Cette analyse est fermement censurée par la Cour de justice : seule la société De Beers était concernée par cette procédure et la faculté offerte aux entreprises tierces d'exercer un recours contre la décision adoptée par la Commission dans le cadre de cette procédure d'engagements individuels (faculté dont a fait usage la société Alrosa) n'a pas pour effet de lui conférer la qualité d'entreprise concernée (pts 89 et 90). Il est intéressant de souligner que la Cour de justice a pris le soin d'indiquer au préalable que la Commission n'avait commis aucun détournement de procédure en engageant deux procédures distinctes, dans la mesure où chacune d'elles reposait sur une base juridique matérielle qui lui était propre (pt 89). Il n'est donc pas exclu que dans l'hypothèse d'un découpage procédural artificiel, la qualité d'entreprise concernée puisse être consentie à une entreprise formellement tierce.

Des limites du droit d'être entendu dans le cadre d'une procédure d'engagements

S'agissant de la procédure d'engagements conjoints, dans le cadre de laquelle la société Alrosa avait la qualité d'entreprise concernée, mais qui n'a pas abouti, celle-ci avait soutenu que son droit d'être entendu par la Commission avait été méconnu. Le TPI avait accueilli cette critique en retenant que la Commission aurait dû lui donner une explication motivée sur les raisons pour lesquelles les observations des tiers sur la proposition d'engagements conjoints avaient modifié son appréciation sur leur caractère approprié, et ce afin de lui permettre de proposer de nouveaux engagements conjoints. La Cour de justice censure cette analyse en considérant que la Commission dispose d'une large marge d'appréciation pour rendre obligatoire une proposition d'engagement ou pour la refuser (pt 94 de l'arrêt). Elle n'est tenue ni de justifier son refus d'engagements, ni de proposer aux entreprises concernées de lui soumettre de nouveaux engagements conjoints (pt 95 de l'arrêt).

A. Maitrepierre

Concurrences N° 3-2010, Art. N° 31923, p. 159

Voir aussi, sur les origines de l'affaire

TPICE, 11 juill. 2007, Alrosa, T-170/06

F. Zivy, Engagements : Le TPICE considère qu'en l'absence d'appréciation et de qualification définitives des faits, il vérifie la proportionnalité des engagements rendus obligatoires avec les préoccupations exprimées par la Commission dans son évaluation préliminaire (Alrosa), 11 juillet 2007, Concurrences N° 4-2007, Art. N° 14383, pp. 124-125.

CJUE, 9 déc. 2020, Groupe Canal+, C-132/19 P

La Cour de justice de l'Union européenne annule l'arrêt du Tribunal de l'Union européenne qui avait confirmé une décision de la Commission européenne rendant obligatoires des engagements souscrits par un distributeur audiovisuel, pour avoir porté une atteinte disproportionnée aux droits contractuels des tiers.

Nous avions critiqué dans une précédente chronique (*Concurrences* N° 1-2019, p. 71) l'arrêt du Tribunal ayant confirmé la décision de la Commission rendant obligatoires les engagements souscrits par Paramount, visant à mettre fin à des clauses d'exclusivité territoriale (Trib. UE, 12 décembre 2018, aff. T-873/16). Le Groupe Canal+, tiers à la procédure ayant conduit à ces engagements, avait attaqué cette décision de la Commission, notamment sur le fondement du caractère disproportionné de l'atteinte portée aux droits des tiers. Le Tribunal s'était alors livré à un difficile exercice d'équilibriste en cherchant à « ménager tant l'efficacité de la procédure d'engagements que le respect des droits des tiers, sans réellement y parvenir et en sacrifiant *de facto*, dans une large mesure, le second au profit de la première », écrivions-nous.

Entre Charybde et Scylla : l'arrêt du Tribunal plaçait à la fois l'auteur de l'engagement et les juridictions nationales dans une situation intenable. Son annulation doit être saluée...

En particulier, le Tribunal avait considéré que le cocontractant tiers pouvait recourir aux juridictions nationales pour contraindre l'auteur des engagements à respecter les clauses contractuelles auxquelles, précisément, il aurait renoncé dans le cadre desdits engagements. Le Tribunal faisait ainsi peu de cas non seulement de l'influence qu'aurait évidemment exercé l'existence des engagements sur la décision du tribunal national, mais aussi du risque de contrariété entre le jugement national et les engagements, qui aurait conduit à la fois l'auteur des engagements à un choix impossible entre deux injonctions contradictoires, mais encore à une évidente violation par la juridiction nationale de son obligation d'éviter de prendre des décisions allant à l'encontre d'une décision envisagée par la Commission pour l'application de l'article 101, § 1 (Régl. n° 1/2003, art. 16 § 1). En d'autres termes, l'arrêt du Tribunal, en renvoyant le tiers à se pourvoir devant les juridictions nationales, plaçait à la fois ces dernières et l'auteur des engagements dans une situation intenable.

La Cour vient d'annuler l'arrêt en question, dans un arrêt qui ne sera que brièvement commenté dans cette chronique, mais plus amplement dans le cadre de la Chronique Procédures de ce numéro. La requérante soutenait en substance, dans son quatrième moyen, que le tribunal avait méconnu le principe de proportionnalité et le respect des droits des tiers en dispensant la Commission d'analyser un par un les marchés nationaux concernés et, dans une seconde branche, avait méconnu les droits contractuels des tiers en considérant que la décision litigieuse n'affecte pas la possibilité pour Groupe Canal+ de saisir le juge national afin de faire respecter ses droits contractuels. C'est cette branche du moyen qui est accueillie et conduit à l'annulation tant de l'arrêt du tribunal que, par voie de conséquence, la décision de la Commission.

La Cour relève qu'aux termes de l'art. 16 § 1, du règlement n° 1/2003, lorsque les juridictions nationales statuent sur des pratiques relevant des articles 101 ou 102 TFUE qui font déjà l'objet d'une décision de la Commission, « elles ne peuvent prendre des décisions qui iraient à l'encontre de la décision adoptée par la Commission ». Dès lors, si une juridiction nationale qui obligerait l'auteur d'engagements rendus obligatoires par la Commission, à contrevenir à ces engagements au nom du respect de ses engagements contractuels, irait manifestement à l'encontre de cette décision d'engagement.

… Mais le point d'équilibre entre le respect des droits des tiers et l'efficacité de la procédure d'engagements reste à trouver

Si l'annulation de l'arrêt et, partant, de la décision de la Commission doit être saluée, il n'en demeure pas moins que le problème reste entier. Dès lors que l'option pour le tiers contractuel de recourir aux tribunaux nationaux pour obtenir le respect du contrat doit être écartée, comment assurer l'équilibre entre l'efficacité de l'action des autorités de concurrence et le respect des droits des tiers ? On pourrait envisager une action nationale en indemnisation du dommage subi en raison du non-respect des engagements contractuels, mais cela supposerait que l'auteur des engagements aurait commis une faute en souscrivant ces engagements… La quadrature du cercle.

M. Debroux

Concurrences N° 1-2021, Art. N° 98960, p. 118

Voir aussi, sur les conclusions de l'Avocat général

A. Lacresse, Engagements : L'Avocat général Pitruzzella propose à la Cour de justice de l'Union européenne de juger que la Commission européenne doit tenir compte des droits des tiers lorsque les engagements conduisent à mettre un terme à des contrats entre ces tiers et le destinataire de la décision (Canal+), 7 mai 2020, Concurrences N° 3-2020, Art. N° 96094, pp. 150-151.

Voir aussi, sur les origines de l'affaire

Trib. UE, 12 déc. 2018, Groupe Canal+, T-873/16

M. Debroux, Engagements : Le Tribunal de l'Union européenne rejette le recours introduit par un diffuseur audiovisuel contre les engagements souscrits par un titulaire de droits, et s'efforce (non sans peine…) de tracer une voie étroite entre la préservation de l'efficacité de la procédure d'engagements et la préservation des droits des tiers affectés par ces engagements (Canal+), 12 décembre 2018, Concurrences N° 1-2019, Art. N° 88899, pp. 70-73.

1.2.3.2 Transaction

CJUE, 12 janv. 2017, Timab, C-411/15 P

La Cour de justice de l'Union européenne confirme que le montant de l'amende proposé à titre de transaction ne permet pas de nourrir la confiance légitime des parties à l'entente sur le montant finalement décidé dans le cadre de la procédure ordinaire à la suite de leur retrait de la procédure de transaction.

Premier cas de transaction hybride où la procédure transactionnelle et la procédure ordinaire se côtoient successivement, cette affaire maintes fois commentée (notamment, P. Cardonnel, *Concurrences* N° 3-2015, p. 150) connaît son épilogue avec le présent arrêt.

Condamnées pour avoir participé à une entente dans le secteur de la commercialisation des phosphates pour l'alimentation animale, les requérantes contestaient principalement la validation par le Tribunal de l'aggravation significative du montant de la sanction prononcée par la Commission à leur encontre, par rapport au montant de l'amende initialement envisagé dans le cadre de la procédure de transaction qu'elles avaient préféré abandonner pour mieux se défendre et contester les pratiques.

Un tel changement de procédures a eu des conséquences fâcheuses pour les requérantes puisque, ayant eu la possibilité de transiger initialement à hauteur de 41 millions d'euros pour une entente s'étalant sur une période de plus de vingt-cinq années, elles ont finalement été condamnées au paiement d'une amende de près de 60 millions, malgré une durée retenue de l'infraction inférieure d'environ dix ans compte tenu des éléments qu'elles ont produits lors de la phase contradictoire de la procédure « ordinaire ».

Une telle augmentation du montant de l'amende s'expliquait notamment, selon la Commission, approuvée en cela par le Tribunal, par la suppression de réductions de l'amende pour coopération, passées de 52 % dans le cadre de la transaction à seulement 5 % dans la décision finale (Trib. UE, 20 mai 2015, Timab Industries et Cie financière et de participations Roullier (CFPR) c/ Commission, aff. T-456/10).

Les requérantes reprochaient alors au Tribunal, par leur pourvoi, la violation des principes de confiance légitime et d'égalité de traitement, ainsi qu'une erreur de droit dans l'application de la procédure de transaction.

Aucune confiance légitime ne peut profiter à l'entreprise qui décide d'abandonner la voie de la transaction

La Cour écarte, en premier lieu, toute violation du principe de la confiance légitime. La jurisprudence pose en effet comme principe que « la Commission ne peut fournir aucune assurance précise quant au bénéfice d'une quelconque réduction ou immunité d'amende dans la phase de la procédure antérieure à l'adoption de la décision finale », ce qui empêche les parties à l'entente de nourrir une confiance légitime à cet égard.

Pour rejeter les prétentions des requérantes, la Cour s'appuie également sur les circonstances particulières de cette affaire. Tout d'abord, la procédure de transaction apparaît comme une alternative à la procédure ordinaire, donc distincte de celle-ci, et présente des particularités comme la communication d'une fourchette d'amendes probables, valable uniquement durant cette procédure. Ensuite, ces deux procédures sont régies par des règles différentes, à savoir les dispositions particulières du règlement n° 773/2004 applicables à la transaction, pour l'une, et les dispositions générales dudit règlement, pour l'autre. Enfin, dans le cadre de la procédure ordinaire, la Commission est uniquement liée par la communication des griefs, qui ne fixe pas de fourchette d'amende, ainsi que par la prise en compte de tous les éléments portés à sa connaissance durant cette procédure, et non par les propositions faites durant la procédure de transaction.

La Cour remarque encore que la réduction de la durée de l'infraction retenue à l'égard des requérantes s'explique par les éléments apportés par elles dans le cadre de la procédure ordinaire et seulement à la suite de la communication des griefs.

En conséquence, les requérantes disposaient de tous les éléments leur permettant de prévoir qu'une contestation de leur participation à l'entente pour toute la période retenue initialement aurait nécessairement un impact sur les réductions pouvant leur être accordées.

A. Lacresse
Concurrences N° 2-2017, Art. N° 83889, p. 150

Voir aussi, sur les origines de l'affaire

Trib. UE, 20 mai 2015, Timab Industries et CFPR, T-456/10

M. Behar-Touchais, Infraction continue : Le Tribunal de l'Union européenne sanctionne la participation d'une entreprise à une infraction continue en se fondant notamment sur des preuves obtenues lors de la procédure transactionnelle qui a pourtant avorté pour cette entreprise, et confirme donc l'amende de près de 60 millions d'euros infligée à ladite entreprise (Timab Industries, CFPR), 20 mai 2015, Concurrences N° 3-2015, Art. N° 74872, pp. 62-64.

CJUE, 18 mars 2021, Pometon, C-440/19 P

La Cour de justice de l'Union européenne confirme l'absence de partialité de la Commission européenne dans la mise en œuvre d'une procédure hybride, mais réforme à nouveau l'amende infligée à l'une des entreprises en cause en accroissant la réduction déjà accordée par le Tribunal de l'Union européenne.

Bien que devenues une réalité depuis une dizaine d'années, les procédures dites « hybrides », continuent à soulever des difficultés particulières, inhérentes précisément à leur nature hybride, qui combine une transaction et une procédure classique.

La source de ces difficultés est connue : dans une procédure hybride, un même cartel donnera lieu à plusieurs décisions distinctes, dès lors que certaines entreprises optent pour la procédure de transaction et d'autres s'y refusent (ou s'en retirent, comme au cas d'espèce). Dans sa décision de transaction, la Commission est alors tenue au respect du principe d'impartialité et de respect de la présomption d'innocence à l'égard des entreprises qui n'ont pas fait ce choix procédural. Elle est alors tenue non seulement de ne pas préjuger de l'issue de la procédure ordinaire réservée à ces dernières et décalée dans le temps, mais encore de s'astreindre au même devoir de motivation que dans les autres procédures.

Par nature, les procédures hybrides contraignent la commission à un exercice d'équilibrisme délicat entre deux approches contradictoires

Un tel exercice est par nature difficile et s'apparente à un exercice d'équilibrisme quelque peu schizophrénique (au sens commun et non scientifique du terme), puisque la Commission adopte deux décisions à relativement brève échéance, et se doit de ne pas préjuger, dans la première décision, d'une culpabilité qu'elle ne pourra établir que dans la seconde, alors que les faits sont identiques pour l'essentiel. En d'autres termes : les faits énoncés dans la première décision peuvent pointer vers une culpabilité générale, mais la Commission ne peut donner l'impression d'en déduire la culpabilité de l'une, alors qu'elle les utilise pour déterminer celle des autres.

Le cartel des phosphates pour l'alimentation animale, premier cas de transaction hybride, a connu plusieurs rebondissements abondamment commentés, y compris dans la présente revue (notamment, P. Cardonnel, *Concurrences* N° 3-2015, p. 150, A. Lacresse, *Concurrences* N° 2-2017, p. 150). Dans cette affaire, la Cour avait notamment affirmé dans son arrêt du 12 janvier 2017 (aff. C-411/15 P) que le montant de l'amende proposé à titre de transaction ne crée pas une confiance légitime sur le montant finalement décidé dans le cadre de la procédure ordinaire, au bénéfice des parties à l'entente ayant décidé de se retirer de la procédure de transaction. On en avait déduit que l'option du refus ou du retrait de la procédure de transaction, lorsque d'autres parties y ont recours, pouvait être risqué.

Dans l'absolu ce constat reste vrai, mais la présente affaire pourrait conduire à conclure – hâtivement – en sens inverse, tant les recours successifs de la société Pometon devant le Tribunal puis la Cour lui ont permis d'obtenir en deux temps une réduction de son amende de près de 57 % au total. En réalité, les deux conclusions sont trompeuses, car non seulement elles feraient abstraction des circonstances factuelles propres à chaque cas d'espèce qui en conditionnent largement l'issue, mais aussi, comme on le verra, parce que la nouvelle réduction d'amende obtenue par Pometon sur pourvoi repose sur des considérations étrangères à la nature hybride de la procédure en tant que telle.

Une ligne de démarcation fragile entre des mentions factuelles nécessaires et une imputation spécifique de comportements anticoncurrentiels : la Cour valide les précautions rédactionnelles de la Commission

On se souvient que dans l'affaire du cartel de la grenaille abrasive métallique, cinq entreprises avaient pris part à une infraction unique et continue concernant les prix dans ce secteur, sur tout le territoire de l'EEE. Lors de la procédure devant la Commission, ces cinq entreprises (dont l'entreprise Pometon SpA, requérante dans la présente affaire), avaient initialement sollicité une transaction, mais en cours de route, Pometon s'était retirée de la procédure de transaction. La Commission lui ayant infligé une amende de 6,19 millions d'euros dans sa décision du 25 mai 2016, Pometon avait formé un recours devant le Tribunal et avait obtenu en partie gain de cause, l'amende étant réduite à 3,87 millions d'euros (Note P. Carbonnel, *Concurrences* N° 3-2019, p. 155).

Le Tribunal avait certes estimé que la Commission n'avait violé ni son devoir d'impartialité, ni le principe de la présomption d'innocence, ni les droits de la défense, en faisant référence à plusieurs reprises à Pometon dans la décision de transaction – dont Pometon n'était bien sûr pas destinataire – en tant qu'entreprise ayant, en substance, participé activement à l'entente. Le Tribunal avait toutefois estimé, dans le cadre de sa compétence de pleine juridiction, que la décision de la Commission ne permettait pas d'apprécier si la requérante se trouvait, au regard de la méthode de calcul et des critères appliqués par la Commission, dans une situation comparable ou distincte de celle des autres entreprises concernées. En prenant en considération l'ensemble des caractéristiques propres à Pometon et son niveau d'implication dans les pratiques anticoncurrentielles plus faible que celle des autres parties en cause, le Tribunal avait fortement réduit le montant de l'amende, dans une proportion de près de 38 %.

Pometon ne s'est pas contenté de ce premier et beau succès, et a formé un pourvoi devant la Cour, reprenant en substance nombre des arguments soulevés devant le Tribunal.

Rappelant que l'exigence d'impartialité est distincte de la présomption d'innocence, et recouvre tant l'impartialité subjective qu'objective, la Cour approuve les précautions rédactionnelles prises par la Commission. Les apparences sont sauves

La Cour va rejeter le premier moyen avancé par la requérante, invoquant un défaut d'impartialité par la Commission, en procédant à une analyse serrée des considérations au terme desquelles le Tribunal avait rejeté le même argument. La Cour rappelle tout d'abord que le principe d'impartialité relève du droit à une bonne administration et doit être distingué du principe de la présomption d'innocence, lequel s'applique aux procédures relatives à des violations des règles de concurrence susceptibles d'aboutir à la prononciation d'amendes ou d'astreintes. La Cour reconnaît ensuite que dans les procédures pénales complexes, il arrive que la juridiction compétente doive impérativement, pour apprécier la culpabilité des prévenus, faire mention de la participation de tiers qui seront peut-être jugés séparément par la suite. Appliquant par analogie ces principes aux procédures de transaction hybride, la Cour encadre l'action de l'autorité de poursuite en précisant que si des faits relatifs à l'implication de tiers doivent être introduits dans la première décision, il faut éviter de communiquer plus d'informations qu'il n'est nécessaire à l'analyse de la responsabilité juridique des premières personnes poursuivies, et la motivation doit être de nature à éviter un jugement prématuré potentiel relatif à la culpabilité des personnes tierces concernées (pour un exemple récent en droit français, *cf.* Cass. com., 24 juin 2020, pourvoi M 17-28.115, Note C. Lemaire et A. Marescaux, *Concurrences* N° 1-2021).

Ces précautions ont-elles été prises en l'espèce ? La Cour va estimer que le Tribunal a dûment vérifié, d'une part, le caractère suffisant des précautions rédactionnelles figurant dans la décision de transaction, afin d'éviter un jugement prématuré quant à la participation de Pometon à l'entente (§§ 69-70) et, d'autre part, la nécessité des références à cette entreprise (pts 78-79). Les apparences sont donc sauves, même s'il est difficile d'écarter l'idée que des précautions rédactionnelles – de nature essentiellement formelles – peuvent ne pas refléter fidèlement la perception intime des rédacteurs de la seconde décision, lorsqu'ils se fondent sur des faits largement identiques à ceux ayant conduit à constater une infraction dans la première décision.

Après avoir rejeté en quelques attendus le deuxième moyen, tiré d'une violation des principes régissant la charge de la preuve des infractions en matière de droit de la concurrence et d'une insuffisance de motivation (§§ 92-101), la Cour a examiné le troisième moyen. Par ce moyen, la requérante soutenait notamment que le Tribunal avait méconnu le principe de présomption d'innocence et l'obligation de motivation, notamment en rejetant sa défense reposant sur l'interruption de sa participation à cette entente. Plus précisément, Pometon invoquait un renversement de charge de la preuve en jugeant que l'absence de contacts collusoires entre Pometon et les autres parties à l'entente ne permettait pas de conclure à l'interruption de la participation de Pometon à l'entente et que Pometon n'invoquait aucun élément permettant de supposer que des contacts collusoires étaient indispensables pour poursuivre sa participation à l'entente.

Pas de renversement de charge de la preuve lorsque la Commission peut s'appuyer, même en l'absence de preuves pour certaines périodes, sur des coïncidences et indices qui révèlent l'existence d'une infraction, ainsi que sa période d'application et sa durée

La Cour va d'abord rappeler que la Commission peut considérer, même sans disposer de preuve pour certaines périodes, que l'infraction ne s'est pas interrompue, lorsque les différentes actions qui font partie de cette infraction poursuivent une seule finalité et sont susceptibles de s'inscrire dans le cadre d'une infraction à caractère unique et continu, et lorsque l'entreprise concernée n'a pas invoqué d'indices ou d'éléments de preuve établissant que, au contraire, l'infraction, ou sa participation à celle-ci, ne s'est pas poursuivie pendant ces périodes (§ 114). Elle approuve alors le Tribunal pour avoir retenu la participation de Pometon au cours de la période comprise entre le 18 novembre 2005 et le mois de mars 2007, quoique la Commission ne disposât d'aucune preuve de contacts anticoncurrentiels impliquant Pometon pendant cette période d'environ 16 mois.

Critiquant l'absence de motivation de la réduction d'amende accordée par le Tribunal, la Cour accorde à son tour une réduction plus importante (et guère plus motivée...)

Venons-en à l'examen du 4e moyen, qui va conduire la Cour à annuler partiellement l'arrêt du Tribunal et à réformer la décision de la Commission. À notre connaissance, s'il n'est pas excessivement rare de voir la Cour critiquer l'exercice par le Tribunal de sa compétence de pleine juridiction et annuler ou réduire une réduction accordée par celui-ci (voy. p. ex. CJUE, 24 juin 2015, Fresh del Monte Produce, aff. jtes C-293/13 P et C-294/13 P, note E. Thomas, *Concurrences* N° 3-2015, pp. 60-62), l'hypothèse inverse, consistant pour la Cour à accroître une réduction déjà accordée est à notre connaissance, sinon inédite, du moins très inhabituelle (pour une étude d'ensemble : La pleine juridiction du juge de l'Union sur les décisions de la Commission, Dossier *Concurrences* N° 4-2014, pp. 19-43).

La requérante critiquait le Tribunal pour avoir violé le principe d'égalité dans le cadre de la fixation de l'amende et avoir fourni une motivation contradictoire ou insuffisante à cet égard. Rappelons que le Tribunal avait annulé l'amende fixée par la Commission pour défaut de motivation et avait recalculé le montant de l'amende infligée à Pometon en retenant un taux de réduction de 75 % (au lieu de 60 % initialement) qui n'était toujours pas conforme, selon la requérante, aux taux de réduction accordés aux autres parties à l'entente au regard de leurs caractéristiques propres. En substance, alors que l'infraction imputable à Pometon était moins grave que celle commise par un autre participant (Winoa), le Tribunal avait accordé à Pometon le même taux que celui accordé à Winoa. La Cour accepte le raisonnement (également développé par l'Avocat général Hogan dans ses conclusions) et observe que selon les propres constatations factuelles effectuées par le Tribunal, Pometon et Winoa se trouvaient dans des situations différentes au regard des facteurs examinés par cette juridiction. En effet, Pometon avait « *globalement joué un rôle plus limité dans l'entente* » que Winoa, son poids dans l'infraction était substantiellement moins important que celui de Winoa et son chiffre d'affaires n'atteignait pas le tiers de celui de Winoa. Or, relève la Cour, le Tribunal n'a pas expliqué pourquoi, malgré cette différence de situation, il était conforme au principe d'égalité de traitement d'accorder à Pometon un taux de réduction identique à celui dont avait bénéficié Winoa.

La Cour annule donc le point 2 du dispositif de l'arrêt attaqué et, estimant que le recours est en état d'être jugé, statue définitivement sur celui-ci. Elle estime qu'afin de respecter le principe d'égalité entre les entreprises parties à l'entente en cause, la réduction octroyée à Pometon devrait être comprise entre les taux de 75 % et 90 %, les « bornes » de référence en fonction des caractéristiques de deux des parties à l'entente. Sans toutefois l'énoncer explicitement (quitte à s'exposer à son tour à la critique qu'elle a adressée au Tribunal...), la Cour décide de réduire le montant de l'amende infligée à Pometon en appliquant un taux situé au milieu de ces bornes, à savoir 83 %, l'amende finale étant alors fixée à 2 663 895 €, au lieu de 6 197 000 € dans la décision initiale de la Commission. Au terme de son recours devant le Tribunal et du pourvoi devant la Cour, Pometon aura donc obtenu une réduction globale de 3 563 105 €, soit 57,5 %.

M. Debroux
Concurrences N° 2-2021, Art. N° 100251, p. 73

Voir aussi, sur les origines de l'affaire

Trib. UE, 28 mars 2019, Pometon, T-433/16

P. Cardonnel, Transaction : Le Tribunal de l'Union européenne réduit le montant de l'amende imposée à une entreprise ayant décidé de se retirer de la procédure de transaction (Pometon), 28 mars 2019, Concurrences N° 3-2019, Art. N° 91162, p. 155.

1.2.3.3 Examen des plaintes

CJUE, 20 sept. 2018, Agria Polska, C-373/17 P

La Cour de justice de l'Union européenne confirme la marge d'appréciation laissée à la Commission européenne dans l'évaluation des plaintes dont elle est saisie.

Dans cette affaire, plusieurs sociétés polonaises faisaient grief au Tribunal d'avoir confirmé la décision de rejet de leur plainte, en l'absence d'un intérêt pour l'Union Européenne à poursuivre les pratiques dénoncées. En l'occurrence, elles avaient précédemment reproché à treize entreprises productrices et distributrices de produits phytopharmaceutiques, ainsi qu'à quatre associations professionnelles, d'avoir abusivement dénoncé, de manière coordonnée, devant les juridictions polonaises et allemandes, la légalité de leurs activités commerciales au regard des réglementations applicables aux produits phytopharmaceutiques, à la suite desquelles dénonciations les plaignantes auraient fait l'objet de contrôles de la part des autorités de ces pays.

Les requérantes avaient initialement soulevé leur action devant les juridictions polonaises. Celles-ci leur avaient toutefois répondu que cette action était irrecevable pour cause d'acquisition de la prescription au regard des règles de droit nationales. La voie nationale étant fermée, elles se sont alors tournées vers la Commission. Cette dernière ayant à son tour rejeté leur plainte, non pas en raison de l'écoulement du temps mais pour défaut d'intérêt à poursuivre l'examen de l'affaire, les requérantes ont saisi le Tribunal qui a, par la suite, confirmé la validité du rejet de la Commission. Elles ont alors saisi la Cour d'un pourvoi contre cet arrêt.

L'appréciation de l'intérêt de l'Union européenne est propre à chaque espèce, de sorte que le recours à certains critères ne peut être imposé, ou interdit, à la Commission européenne

Le premier moyen visait les appréciations du Tribunal relatives au bien-fondé de l'évaluation, par la Commission, de l'intérêt de l'Union à poursuivre l'examen de l'affaire. Partant, les requérantes dénonçaient les erreurs manifestes commises par la Commission dans l'appréciation de la probabilité limitée de succès de l'action et des moyens proportionnellement conséquents à mettre en place dans le cadre de l'enquête, ainsi que l'absence d'intérêt de l'Union.

Mais, pour la Cour, l'évaluation de l'intérêt de l'Union est propre aux circonstances de chaque affaire et, par conséquent, la Commission est libre d'apprécier ces circonstances, de sorte qu'il ne convient ni de limiter le nombre de critères d'appréciation auxquelles elle peut se référer ni, à l'inverser, de lui imposer le recours exclusif à certains critères, tout particulièrement dans le domaine de la concurrence où le contexte juridique et factuel peut varier considérablement d'une affaire à l'autre.

La circonstance que dans l'affaire AEPI (CJUE, 23 avril 2009, AEPI c/ Commission, C-425/07 P), la Cour a jugé que la Commission est tenue d'apprécier la gravité des atteintes alléguées et la persistance de leurs effets, notamment en tenant compte de la durée et de l'importance de l'infraction dénoncée, ne modifie pas la position de la Cour en l'occurrence. Le contexte propre à chaque affaire empêche toute transposition de cette solution.

Il ne peut être reproché aux institutions européennes l'impossibilité d'engager l'action devant les autorités nationales lorsqu'elle est le fait de la négligence du plaignant

L'on retiendra également de cette affaire que la Cour rejette les deuxième et troisième moyens soulevés par les requérantes, selon lesquels le Tribunal, en validant le rejet par la Commission de leur plainte, aurait fait une interprétation erronée de l'effet utile des articles 101 et 102 TFUE, ainsi que des principes de protection juridictionnelle effective, de bonne administration de la justice et du droit à un recours effectif.

Les requérantes entendaient essentiellement faire valoir par ces moyens que, les autorités nationales ayant rejeté leurs actions en raison de la prescription des faits, la Commission était tenue, d'une certaine manière, de palier à cette impossibilité en allégeant la charge de la preuve pesant sur elles, aux fins de démontrer l'existence d'un intérêt de l'Union à poursuivre les faits dénoncés. En rejetant leur plainte, la Commission aurait ainsi méconnu, et le Tribunal avec elle, l'effet utile des dispositions de l'Union en matière de concurrence, ainsi que le principe de protection juridictionnelle effective.

Or, non seulement les requérantes n'ont pas démonté en quoi l'application de la législation nationale sur la prescription aurait porté atteinte à cet effet utile, mais la Cour relève en outre que les voies nationales se sont trouvées fermées du fait de leur propre manque de diligence.

Par ailleurs, la Cour rappelle que les dispositions de l'article 7 du règlement n° 1/2003 (constatation et cessation d'une infraction) ne confèrent pas au plaignant le droit d'exiger l'adoption d'une décision définitive quant à l'existence ou non de l'infraction alléguée.

A. Lacresse
Concurrences N° 1-2019, Art. N° 89316, p. 166

Voir aussi, sur les origines de l'affaire

Trib. UE, 16 mai 2017, Agria Polska e. a., T-480/15

P. Cardonnel, Rejet de plainte : Le Tribunal de l'Union européenne confirme le rejet par la Commission européenne d'une plainte analogue à celle rejetée par une autorité nationale de concurrence pour cause de prescription (Agria Polska), 16 mai 2017, Concurrences N° 3-2017, Art. N° 84584, pp. 133-134.

Trib. UE, 9 févr. 2022, Sped-Pro, T-791/19

Le Tribunal de l'Union européenne annule la décision de rejet de plainte de la Commission européenne en faveur d'une autorité nationale de concurrence pour ne pas avoir examiné concrètement et précisément des indices de l'atteinte alléguée aux exigences de l'État de droit.

Dans cette affaire et pour la première fois, le Tribunal de l'Union européenne analyse l'incidence de défaillances systémiques ou généralisées de l'État de droit dans un État membre de l'Union européenne sur la détermination de l'autorité de concurrence la mieux placée pour examiner une plainte.

Aux origines de cet arrêt, une société polonaise active dans le secteur de la prestation de services d'expédition avait déposé une plainte auprès de la Commission contre une autre société contrôlée par l'État polonais et proposant des services de transport ferroviaire de marchandises. La première société alléguait que la société contrôlée par l'État polonais avait abusé de sa position dominante sur le marché en Pologne en ce qu'elle aurait, en substance, refusé de conclure avec elle un contrat de coopération pluriannuel aux conditions du marché.

Estimant que l'autorité polonaise de concurrence était mieux placée pour examiner cette plainte, la Commission a adopté une décision de rejet sur le fondement de l'article article 7, paragraphe 2, du règlement n° 773/2004.

Partant, la plaignante a formé un recours afin d'obtenir l'annulation de la décision de la Commission. Parmi les moyens soulevés, elle invoquait la violation du principe de l'État de droit en Pologne. La requérante soutenait que celui-ci présentait des défaillances systémiques ou généralisées, et que l'autorité polonaise de concurrence ainsi que les juridictions nationales compétentes en matière de concurrence manquaient d'indépendance.

Le Tribunal juge que le respect des exigences de l'État de droit est un facteur pertinent dont la Commission doit tenir compte aux fins de la détermination de l'autorité de concurrence la mieux placée pour examiner une plainte. De plus, la Commission doit mener un examen concret et précis des indications fournies par le plaignant attestant des défaillances systémiques ou généralisées de l'État de droit de cet État membre.

La Commission doit tenir compte du respect des exigences de l'État de droit afin de déterminer l'autorité de concurrence la mieux placée pour examiner une plainte

Pour justifier le rejet de la plainte en question, la Commission avait appliqué par analogie la jurisprudence tirée de l'arrêt *Minister for Justice and Equality* (Défaillances du système judiciaire ; CJUE, 25 juill. 2018, *Minister for Justice and Equality*, aff. C-216/18 PPU, EU:C:2018:586). Dans cet arrêt, rendu en matière de coopération entre juridictions nationales en matière pénale, la Cour avait jugé que des défaillances systémiques ou généralisées dans les protections de la personne concernée offertes par l'État membre d'émission du mandat d'arrêt européen pouvaient justifier un refus de mise en œuvre d'un tel mandat par les autorités judiciaires de l'État membre d'exécution.

Le gouvernement polonais, intervenant dans la présente affaire, contestait l'application par analogie de cette jurisprudence au motif qu'elle concernait un autre domaine que le droit de la concurrence.

Tout d'abord, le Tribunal rappelle que la Cour a jugé que l'autorité judiciaire d'exécution d'un mandat d'arrêt européen devait procéder à une analyse en deux étapes cumulatives, à savoir : en premier lieu, évaluer l'existence d'un risque réel de violation d'un droit fondamental lié à un manque d'indépendance des juridictions de l'État membre en question, en raison de défaillances systémiques ou généralisées dans cet État, puis, en second lieu, apprécier la réalité du risque effectivement encouru par la personne concernée, au regard des circonstances de l'espèce.

Ensuite, tout en reconnaissant que les faits à l'origine des deux affaires sont différents, le Tribunal considère que la jurisprudence *Minister for Justice and Equality* est applicable par analogie à la présente affaire. En effet, le principe de confiance mutuelle découle du postulat selon lequel les États membres partagent les valeurs établies à l'article 2 TUE, dont le respect de l'État de droit. Cela s'applique également en matière de concurrence dans les relations entre la Commission, les Autorités nationales de concurrence et les juridictions nationales quand elles appliquent les règles relatives aux ententes et abus de position dominante.

Tout comme pour l'espace de liberté, de sécurité et de justice, les principes de reconnaissance mutuelle, de confiance mutuelle et de coopération loyale fondent le système de coopération étroite entre la Commission, les Autorités nationales de concurrence et les juridictions compétentes. C'est également prévu par le règlement n° 1/2003 et la directive 2019/1, dite « ECN + ».

Si les effets d'une pratique anticoncurrentielle sont limités à un seul État membre et qu'un litige relatif à cette pratique a été porté par le plaignant devant des juridictions ou des autorités administratives compétentes de cet État membre, il revient à la Commission de s'assurer que les droits du plaignant puissent être sauvegardés d'une façon satisfaisante par les « instances nationales » ; c'est-à-dire aussi bien les Autorités nationales de concurrence que les juridictions nationales compétentes en la matière. Or, le Tribunal juge que ces droits ne peuvent pas être sauvegarder de façon satisfaisante s'il existe dans un État membre des défaillances systémiques ou généralisées de nature à compromettre l'indépendance de ces instances.

Enfin, le Tribunal souligne que l'article 47 de la Charte, qui garantit le droit fondamental à un procès équitable devant un tribunal, revêt une importance particulière pour appliquer efficacement les articles 101 et 102 TFUE.

La Commission doit procéder à un examen concret et précis des indices contenus dans la plainte

Certes, la charge de la preuve pèse sur la personne concernée par un risque de violation de ses droits. Partant, il lui revient d'apporter des indices de l'existence de motifs sérieux et avérés de croire à un tel risque. Pourtant, en l'occurrence, la requérante soutenait qu'elle avait rapporté de tels indices durant la procédure administrative mais que la Commission ne les avait pas pris en considération et n'avait pas suffisamment motivée sa décision. Argument retenu par le Tribunal, qui relève notamment que la requérante avait fait valoir que le président de l'autorité polonaise de concurrence dépendait entièrement du pouvoir exécutif ou encore que cette autorité s'était, par le passé, montrée clémente en matière de sanctions avec l'auteur des pratiques alléguées.

Dès lors, au vu de ces éléments, le Tribunal considère que la Commission n'a pas examiné de « manière concrète et précise » les différents indices apportés par la requérante, contrairement à ce qu'exigeait la jurisprudence *Minister for Justice and Equality.* Dans ces conditions, la Commission a manqué à son obligation de motivation en se limitant à constater, selon elle, que les indices de la requérante contenaient « exclusivement des allégations non étayées ».

L'arrêt commenté illustre la transversalité des valeurs prévues à l'article 2 TUE qui, pour la première fois, se manifestent dans le droit de la concurrence.

B. Monti

Concurrences N° 2-2022, Art. N° 106529, p. 174

1.2.3.4 Mise en œuvre de l'article 106, § 3 TFUE

CJCE, gde ch., 22 févr. 2005, T-Mobile Austria (anciennement max.mobil Telekommunikation Service), C-141/02 P

La Cour de justice des Communautés européennes siffle la fin de la récréation dans l'affaire max.mobil.

Les praticiens appelés à conseiller les entreprises publiques ou leurs concurrentes privées liront sans doute avec intérêt l'arrêt rendu par la CJCE dans l'affaire max.mobil. Et peut-être même avec plaisir, puisqu'il n'a pas l'aridité habituelle des arrêts de pourvoi.

Il n'est pas rare que l'intervention des États membres dans la vie économique prenne la forme de droits spéciaux ou exclusifs accordés à une entreprise sur un marché. Le traité CE prend acte de l'existence de ces droits, mais les soumet au respect des règles communautaires de concurrence (art. 86, para. 1). Il confie à la Commission le soin de veiller au respect de cette obligation et, en tant que de besoin, d'adresser aux États membres des directives ou des décisions à cet effet (art. 86, para. 3). Il est donc dans l'intérêt des entreprises qui ne sont pas titulaires d'un droit spécial ou exclusif de convaincre la Commission que celui dont jouit leur concurrente viole les règles communautaires de concurrence. Il est également dans l'intérêt public que la Commission soit informée de l'existence de ce type de droits par les opérateurs économiques eux-mêmes, plutôt que par ses seuls moyens. Les intérêts privés et l'intérêt public ne se concilient toutefois que jusqu'à un certain point. S'il est en effet de bonne administration de donner aux particuliers la possibilité de présenter leurs doléances à la Commission, l'est-il également de leur donner le droit d'introduire un recours devant le juge une fois que la Commission leur fait connaître sa décision de ne pas agir à ce sujet ? En dix considérants dépourvus de toute équivoque, la CJCE, statuant en grande chambre, vient de mettre fin au débat relatif à la nature de ces décisions. L'arrêt étant à la fois un arrêt de cassation et un arrêt de revirement, un rappel des épisodes successifs du feuilleton qui s'achève est peut-être utile.

Refus d'agir ou rejet de plainte ?

La décision de la Commission ne peut qu'être analysée en fonction de ce que l'entreprise qui s'est adressée à elle lui a demandé de faire. Cette évidence peut-être trop simple a rendu le juge hésitant quant à l'approche à adopter. Matériellement, la Commission est invitée à examiner si une mesure étatique concernant une entreprise publique ou titulaire d'un droit spécial ou exclusif est contraire aux règles communautaires de concurrence, puis, en tant que de besoin, à adresser à l'État membre concerné une directive ou une décision visant à mettre fin à la contrariété constatée. Formellement, la Commission est conduite à examiner les griefs de l'entreprise qui l'invite à procéder de la sorte.

Ainsi, le TPICE a, dans un premier temps, estimé qu'« il ressort des dispositions du paragraphe 3 de l'article [86 du traité CE] et de l'économie de l'ensemble des dispositions de cet article que le pouvoir de surveillance dont dispose la Commission à l'égard des États membres responsables d'une atteinte portée aux règles du traité, notamment à celles relatives à la concurrence [...], implique nécessairement la mise en œuvre d'un large pouvoir d'appréciation de la part de cette institution ». Il a également considéré que « l'exercice du pouvoir d'appréciation [...] conféré par [l'art. 86, para. 3, du traité

CE] n'est pas assorti d'une obligation d'intervention de la part de la Commission ». Il en a déduit que « les personnes physiques ou morales qui demandent à la Commission d'intervenir [...] ne bénéficient pas du droit d'introduire un recours contre la décision de la Commission de ne pas faire usage des prérogatives qu'elle détient » (TPICE, 2e ch., 27 oct. 1994, Ladbroke Racing c/ Commission, aff. T-32/93, points 37 et 38 ; Rec. p. II 1015). Il en a conclu qu'était irrecevable le recours en carence ou en annulation faisant suite à une invitation à agir au titre de l'art. 86, para. 3, du traité CE.

Hasardeuse méthode consistant à faire dépendre la recevabilité d'un recours en annulation de l'ampleur du pouvoir conféré à la Commission, qui relève du fond, au lieu de la trancher au regard des conditions prévues par l'art. 230 du traité CE (acte attaquable ; intérêt à agir ; qualité pour agir ; délai de recours).

Imprévisibles « circonstances exceptionnelles »

Saisie de la question, la CJCE a toutefois créé une exception au principe posé par le TPICE. Elle a en effet jugé qu'« [i]l ne saurait être exclu *a priori* qu'il puisse exister des situations exceptionnelles où un particulier ou, éventuellement, une association constituée pour la défense des intérêts collectifs d'une catégorie de justiciables a la qualité pour agir en justice contre un refus de la Commission d'adopter une décision dans le cadre de sa mission de surveillance prévue à l'article [86], paragraphes 1 et 3 » du traité CE (CJCE, 5e ch., 20 févr. 1997, Bilanzbuchhalter c/ Commission, aff. C-107/95 P, point 25 ; Rec. p. I 947). Ce choix pouvait se concevoir, la notion de circonstances exceptionnelles permettant au juge de faire face à l'imprévisible.

Sa mise en œuvre a toutefois réservé quelques surprises. Le TPICE a ainsi jugé constitutif de circonstances exceptionnelles le fait que l'entreprise ayant invité la Commission à agir au titre de l'art. 86, para. 3, du traité CE se trouve en « concurrence directe » avec le bénéficiaire des mesures étatiques dénoncées (TPICE, 3e ch., 3 juin 1999, TF1 c/ Commission, aff. T-17/96, points 52 à 57 ; Rec. p. II 1757). Situation que l'on aurait pu croire normale, voire banale. Quoi qu'il en soit, le juge du pourvoi n'a pas examiné la valeur de cette considération, comme toujours lorsqu'il s'avère qu'elle constitue un motif surabondant (CJCE, plén., 12 juill. 2001, Commission et France c/ TF1, aff. C-302/99 P et C-308/99 P, points 21 à 29 ; Rec. p. I 5603). Façon de faire bien compréhensible, mais qui ne contribue pas à la clarté de la jurisprudence.

L'examen diligent et impartial des plaintes : un devoir et un droit

Le TPICE est ensuite revenu en scène pour juger dans un second temps que non, tout compte fait, ce n'était pas d'une décision de refus d'agir qu'il était question, mais bel et bien d'une décision de rejet de plainte. Cette révolution, à vrai dire, avait été amorcée par l'arrêt *TF1*, selon lequel l'art. 86, para. 3, du traité CE, « de par sa place dans l'économie du traité et sa finalité, s'insère parmi les règles dont l'objet est d'assurer le libre jeu de la concurrence et tend donc à protéger les opérateurs économiques contre les mesures par lesquelles un État membre mettrait en échec les libertés économiques fondamentales consacrées par le traité. Il résulte ainsi, tant de la place de ces dispositions dans le traité que de leur finalité, qu'un particulier ne saurait, lorsqu'un État membre édicte ou maintient, en ce qui concerne les entreprises publiques ou celles bénéficiant de droits spéciaux ou exclusifs, des mesures produisant un effet anticoncurrentiel équivalent à celui produit par les comportements anticoncurrentiels de toutes les autres entreprises, être privé de la protection de ses intérêts légitimes. Il convient, à cet égard, de rappeler, en outre, que, en vertu de la jurisprudence, figure au nombre des principes généraux du droit communautaire celui selon lequel toute personne doit pouvoir bénéficier d'un recours juridictionnel effectif contre les décisions pouvant porter atteinte à un droit reconnu par les traités » (TPICE, TF1, point 50).

Mais, dans l'arrêt *max.mobil* (TPICE, 2e ch., 30 janv. 2002, max.mobil c/ Commission, aff. T-54/99 ; Rec. p. II 313), le TPICE s'est montré beaucoup plus aventureux.

Il a affirmé tout d'abord que la décision par laquelle la Commission fait suite à une invitation à agir au titre de l'art. 86, para. 3, du traité CE doit être qualifiée de « décision de rejet de plainte » (point 48). Il a créé ensuite une obligation générale d'examen diligent et impartial des plaintes pesant sur la Commission dans le domaine d'application des règles communautaires de concurrence, et « trouvant son reflet dans le droit à une bonne administration » mise en œuvre « dans le contexte particulier de l'application du droit communautaire de la concurrence à un cas individualisé » (points 48 à 53). Il a estimé en outre que, si l'art. 86, para. 3, du traité CE confère à la Commission le pouvoir d'intervenir « en tant que de besoin », et ne lui impose donc pas de faire usage de ce pouvoir, il implique tout de même qu'elle doit « être en mesure de statuer sur le "besoin" de son intervention » et, à cette fin, s'acquitter de son obligation d'examen diligent et impartial (points 54 et 55). Il a énoncé enfin qu'il était « dans l'intérêt, à la fois, d'une bonne administration de la justice et d'une exacte application des règles de concurrence » que l'entreprise qui se plaint d'une violation de l'art. 86, para. 1, du traité CE puisse demander au juge de contrôler que la Commission s'est acquittée de cette obligation (points 56 à 59).

L'arrêt *max.mobil* a donc consacré à la fois une terminologie et un principe nouveaux, selon lesquels la personne qui se plaint à la Commission d'une violation de l'art. 86, para. 1, du traité CE et l'invite à agir au titre de l'art. 86, para. 3, du traité CE est recevable, en qualité de destinataire d'une décision de rejet de plainte, à demander l'annulation de cette décision au motif qu'elle a été adoptée en violation de l'obligation générale d'examen diligent et impartial imposée à la Commission (points 64 à 67).

À la recherche de la qualité pour agir : destinataire ou concerné ?

La Commission ayant formé son pourvoi, l'Avocat général, M. M. Poiares Maduro, a rendu des conclusions particulièrement riches (CJCE, concl. 21 oct. 2004, Commission c/ max.mobil, aff. C-141/02 P).

Il a notamment considéré que la lettre par laquelle la Commission fait savoir qu'elle n'entend pas agir au titre de l'art. 86, para. 3, du traité CE ne contient aucune décision de rejet de plainte dont l'entreprise intéressée pourrait être destinataire (points 38, 39 et 43). Il a également estimé que l'entreprise du TPICE consistant à créer un statut de plaignant fondé, en l'absence de toute réglementation à ce sujet, sur une obligation générale d'examen diligent et impartial, était vouée à l'échec (points 55 à 57).

Mais l'essentiel n'est pas là. L'Avocat général a également proposé à la CJCE de replacer la notion de circonstances exceptionnelles créée par l'arrêt *Bilanzbuchhalter* dans le cadre de l'art. 230, al. 4, du traité CE : « le caractère exceptionnel des situations visées par la Cour résulte simplement de la difficulté d'établir, [lorsqu'il n'y a pas de lien évident entre la requérante et l'acte attaqué], la qualité de particulier individuellement concerné » (points 63 et 64).

En l'espèce, l'Avocat général a estimé cette condition remplie. La situation étant exceptionnelle en ce que « l'acte adopté par la Commission repos[ait] en grande partie sur la prise en considération de la situation particulière de la requérante. Dans ces conditions, il est clair que [la requérante] n'[était] pas dans la situation d'un concurrent ordinaire » (points 67 et 71). Solution à rapprocher de celle retenue par le TPICE dans l'arrêt *TF1*. Tout en refusant d'admettre que le concurrent « ordinaire » soit recevable, l'Avocat général a admis que le concurrent « extraordinaire », lui, puisse l'être. Mais, là encore, que reste-t-il en définitive de la notion de circonstances exceptionnelles ? Pourquoi donc, en effet, une personne qui n'entretient que des rapports ordinaires avec une entreprise publique ou titulaire d'un droit spécial ou exclusif irait-elle le faire savoir à la Commission ? En pratique, ce sont très fréquemment des personnes se trouvant dans la situation particulière décrite par l'Avocat général qui vont trouver celle-ci... et qui devraient, dans ces circonstances exceptionnelles, mais exceptionnellement fréquentes, être recevables en leur recours. Le bon usage.

Toute autre est la solution retenue par la grande chambre de la CJCE dans l'arrêt *T-Mobile*. La CJCE n'entre en effet pas dans le débat consacré à la question de savoir si l'entreprise invitant la Commission à agir au titre de l'art. 86, para. 3, du traité CE est destinataire d'une décision de rejet de plainte, ou individuellement et directement concernée par une décision adoptée en considération de sa situation particulière.

Car point n'est besoin d'examiner la qualité pour agir de la partie requérante, au sens de l'art. 230, al. 4, du traité CE, s'il s'avère au préalable que celle-ci ne dirige pas son recours contre un acte attaquable, au sens de l'art. 230, al. 1, CE : que demande-t-on, d'abord ; qui le demande, ensuite. Or, la décision par laquelle la Commission refuse d'agir au titre de l'art. 86, para. 3, du traité ne constitue pas un acte attaquable (point 70). Elle ne produit pas d'effet obligatoire de nature à modifier la situation juridique de l'intéressé. Et pour cause puisque, en l'absence de droit au dépôt d'une plainte, celui-ci n'a pu nouer qu'une relation de fait avec la Commission, et non une relation de droit, comme l'avait relevé l'Avocat général dans ses conclusions (point 39). Dès lors, le recours en annulation d'une telle décision est irrecevable (point 73). CQFD.

Mieux vaut prévenir que guérir

Peut-être la CJCE aurait-elle pu s'en tenir à cet éloquent rappel des notions élémentaires du contentieux communautaire. On conçoit toutefois que, compte tenu des épisodes antérieurs du feuilleton, elle ait préféré faire le tour de la question.

Est ainsi éliminé le « droit à exercer un recours [que le requérant] tirerait du règlement n° 17 qui n'est pas applicable à l'art. [86 du traité CE] » (point 71). Sans doute peut-on penser que cette formule est destinée à englober non seulement le droit à l'examen diligent et impartial des plaintes en la matière, mais également ses éventuels avatars. Une scorie, toutefois, semble demeurer. Pourquoi employer le terme de « plainte » (point 70) lorsque, précisément, aucune règle ne prévoit l'existence d'une quelconque plainte ? Peut-être la qualification d'« invitation à agir » aurait-elle pu être retenue (TPICE, 5e ch., 17 juin 2003, Coe Clerici Logistics c/ Commission, aff. T-52/00, point 84 ; Rec. p. II 2123). À moins que la CJCE ait une idée en tête...

Est également écartée la possibilité de prendre appui sur le principe de bonne administration ou sur tout autre principe général de droit communautaire, puisque « aucun principe général de droit communautaire n'impose qu'une entreprise soit recevable, devant le juge communautaire, à contester le refus de la Commission d'engager une action à l'encontre d'un État membre, sur le fondement de l'article [86, para. 3, du traité

CE] » (point 72). Encore faut-il, bien entendu, que la CJCE veille à la non-prolifération des principes généraux de droit communautaire de nature comportementale, tels que diligence, soin et autres circonspections. Or, la jurisprudence, notamment celle du juge de première instance, témoigne d'un certain flottement sur ce point.

Le doctrinaire approuvera ou réprouvera la solution retenue par la grande chambre de la CJCE, selon qu'elle plaît ou déplaît à son cœur. Le praticien, quant à lui, en retiendra au moins deux éléments. Premièrement, il sera sans doute soulagé par l'avènement d'une règle claire et prévisible. Il se prendra peut-être à espérer une même évolution en d'autres domaines. Deuxièmement, il reprendra l'ouvrage consistant à convaincre la Commission de l'existence d'une infraction à l'article 86, para. 1, du traité CE, ou de son absence. Ce qui, après tout, est sans doute plus important pour le monde des affaires que le vain combat pour le droit de voir la Commission motiver sommairement ses décisions de ne pas agir au titre de l'art. 86, para. 3, du traité CE.

F. Zivy

Concurrences N° 2-2005, Art. N° 1291, p. 86

Voir aussi, sur les origines de l'affaire

TPICE, 30 janv. 2002, max.mobile, T-54/99

1.2.4 Décision d'interdiction

1.2.4.1 Détermination des responsabilités

CJCE, gde ch., 11 déc. 2007, Autorità Garante della Concorrenza e del Mercato c/ Ente Tabacchi italiani – ETI, C-280/06

La Cour de justice des Communautés européennes fait prévaloir l'effet utile du droit communautaire de la concurrence dans l'application du principe de la responsabilité personnelle.

Saisie d'une question préjudicielle du Consiglio di Stato (Italie), la Cour s'est prononcée sur la question de savoir quels sont, en vertu des articles 81 CE et suivants ainsi que, le cas échéant, de toute autre règle pertinente du droit communautaire, les critères qu'il convient d'appliquer pour déterminer l'entreprise à sanctionner pour infraction aux règles de la concurrence en cas de succession d'entreprises, en particulier lorsque la partie finale d'une telle infraction a été mise en œuvre par le successeur économique de l'entité ayant entamé cette infraction et que cette dernière entité, bien qu'elle n'ait plus opéré dans le secteur économique concerné par la sanction, n'a pas cessé d'exister.

Concernant les antécédents du litige au principal, il convient de rappeler ce qui suit. Jusqu'au mois de février 1999, l'AAMS, organisme public autonome sans personnalité juridique propre, qui dépendait du ministère de l'Économie et des Finances en Italie, était chargé de la gestion du monopole du tabac. À partir du 1er mars 1999, tous les actifs et passifs des activités de production et de vente de l'AAMS dans le secteur du tabac ont été transférés à un autre organisme public nouvellement créé, détenu à 100 % par le ministère de l'Économie et des Finances, à savoir l'Office des tabacs italiens. Après avoir transformé, en 2000, ce dernier en société anonyme dénommée Ente tabacchi italiani – ETI SpA (« ETI »), ETI a été privatisée, après un appel d'offres lancé en 2003, et est tombée sous le contrôle exclusif de British American Tobacco plc, société holding de droit anglais.

Par décision du 13 mars 2003, l'autorité garante de la concurrence en Italie a constaté que les sociétés du groupe Philip Morris avaient, avec l'AAMS, puis l'Ente tabacchi italiani et, enfin, l'ETI, conclu et mis en œuvre une entente ayant pour objet et effet une distorsion de la concurrence sur le prix de vente des cigarettes sur le marché national de 1993 à 2001. Elle a consécutivement infligé des amendes administratives dont le montant s'élève à 50 millions d'euros au total en ce qui concerne les sociétés du groupe Philip Morris et à 20 millions d'euros en ce qui concerne ETI. Dans sa décision, ladite Autorité a imputé à ETI le comportement adopté par l'AAMS avant le 1er mars 1999, au motif que cette dernière, une fois que l'Ente tabacchi italiani, devenu ETI, a été opérationnel, a cessé l'exercice d'activités de production et de vente dans le secteur du tabac, sans pour autant cesser d'exister.

Une sanction infligée à une entreprise qui continue d'exister juridiquement, mais n'exerce plus d'activités économiques, risque d'être dépourvue d'effet dissuasif

Dans un premier temps, la Cour rappelle qu'en vertu du principe de la responsabilité personnelle, lorsqu'une entreprise au sens du droit communautaire enfreint les règles de la concurrence, il lui incombe de répondre de cette infraction et qu'une sanction infligée à une entreprise qui continue d'exister juridiquement, mais n'exerce plus d'activités économiques, risque d'être dépourvue d'effet dissuasif et que si aucune autre possibilité d'infliction de la sanction à une entreprise autre que celle ayant commis l'infraction n'était prévue, des entreprises pourraient échapper à des sanctions par le simple fait que leur identité ait été modifiée par suite de restructuration, de cession ou d'autres changements juridiques ou organisationnels, ce qui compromettrait l'objectif de répression et de prévention des comportements contraires aux règles de la concurrence au moyen de sanctions dissuasives.

Dans un second temps, la Cour rappelle que, selon sa jurisprudence, le changement juridique ou organisationnel d'une entité ayant commis une telle infraction n'a pas nécessairement pour effet de créer une nouvelle entreprise dégagée de la responsabilité des comportements contraires aux règles de la concurrence de la précédente entité si, du point de vue économique, il y a identité entre les deux entités. Les formes juridiques respectives de l'entité ayant commis une infraction et de son successeur, de même que la circonstance que le transfert d'activités soit décidé par le législateur dans la perspective d'une privatisation, sont sans pertinence.

Dans le cas d'espèce, la Cour constate tout d'abord que les activités économiques de l'AAMS sur le marché concerné par l'entente ayant été poursuivies par l'Ente tabacchi italiani, devenu ETI, ce dernier pouvait être considéré comme le successeur économique de l'AAMS.

L'infliction d'une sanction au successeur économique de l'entité ayant commis l'infraction est admissible lorsque ces entités ont été sous le contrôle de la même personne

Ensuite s'agissant de la question de savoir si la sanction pouvait être infligée à une autre entité que celle ayant commis l'infraction, le Cour rappelle que lorsque deux entités constituent une même entité économique, le fait que l'entité ayant commis l'infraction existe encore n'empêche pas, en soi que soit sanctionnée l'entité à laquelle elle a transféré ses activités économiques. Et d'ajouter qu'une telle mise en œuvre de la sanction est admissible lorsque ces entités ont été sous le contrôle de la même personne et ont appliqué pour l'essentiel les mêmes directives commerciales.

Dès lors, pour autant que la juridiction de renvoi constate qu'en participant à l'entente sur le prix de vente des cigarettes, l'AAMS et ETI ont été sous la tutelle du ministère de l'Économie et des Finances, la Cour considère qu'il conviendrait de conclure que le principe de la responsabilité personnelle ne s'oppose pas à ce que la sanction pour l'infraction entamée par l'AAMS et poursuivie par ETI soit globalement infligée à cette dernière.

C. Sarrazin
Concurrences N° 1-2008, Art. N° 15253, p. 105

CJCE, 10 sept. 2009, Akzo e. a., C-97/08 P

La Cour de justice des Communautés européennes rejette le pourvoi dans l'affaire Chlorure de choline et précise sa jurisprudence Stora sur l'imputabilité à la société-mère des infractions commises par une filiale.

C'est peu dire que cet arrêt était attendu. Premier arrêt rendu par la Cour sur le thème de l'imputabilité à la société-mère des infractions commises par une filiale depuis son arrêt *Stora* du 16 novembre 2000, il devait se prononcer sur une question récurrente et très débattue, avec laquelle les lecteurs de cette revue sont familiarisés de longue date (*cf.* « Sanction des cartels : Définition et conséquence d'une "responsabilité de groupe" », M. D., cette revue, *Concurrences* N° 1-2008 p. 42). L'arrêt, relativement court, contient trois enseignements principaux. Le premier porte sur la notion d'entreprise en droit de la concurrence, en tant que personne destinataire d'une sanction (i), le second sur le caractère suffisant ou non de la présomption capitalistique (ii) et le troisième, certainement le plus important mais aussi le plus elliptique, sur la notion de présomption « réfragable » d'influence déterminante de la société-mère sur la filiale. Examinons ces trois enseignements.

La « personnalité », une notion à géométrie variable en matière de répression des ententes anticoncurrentielles

La Cour (3e chambre) rappelle tout d'abord, classiquement, que le sujet du droit de la concurrence est l'entreprise, notion qui ne se confond pas avec la ou les personnes morales qui la constituent et qui se définit comme comprenant toute entité exerçant une activité économique, indépendamment du statut juridique de cette entité et de son mode de financement. Cette notion doit se comprendre comme désignant une « unité économique » même si, du point de vue juridique, elle est constituée de plusieurs personnes physiques ou morales (§ 54-55). Allant plus loin, la Cour affirme que l'entreprise est soumise au principe de responsabilité personnelle et qu'il lui incombe, à ce titre, de répondre des infractions au droit de la concurrence qu'elle commet (§ 56). La Cour affirme donc que l'entreprise (entité dépourvue de personnalité) peut se voir appliquer le principe de responsabilité personnelle afin de répondre d'une infraction ; elle consacre donc l'application du principe de personnalité appliqué à une entité dépourvue de personnalité... La solution peut surprendre, dans une matière dominée, en principe, par la règle d'interprétation stricte qui devrait prévaloir en droit pénal.

Après cet élargissement, la Cour revient, au paragraphe suivant, à une conception plus stricte de la personnalité lorsqu'il est question de l'imputation : l'infraction doit être imputée « sans équivoque » à une personne juridique susceptible de se voir infliger des amendes, et la communication des griefs doit être adressé à cette dernière et également identifier en quelle qualité une personne juridique se voit reprocher les faits allégués (§ 57). Ce rappel de la nécessaire identification de la qualité en laquelle une personne juridique peut se voir reprocher une infraction fait écho à la solution affirmée par le Tribunal quelques jours plus tôt dans son arrêt *Bolloré* du 3 septembre 2009 (*cf. supra*), qui a annulé une décision de la Commission pour avoir méconnu ce principe.

En trois paragraphes successifs, on constate donc une analyse à géométrie variable de la notion de personnalité : quand il s'agit d'identifier l'auteur d'une infraction, c'est la conception large qui prévaut et qui ne se soucie pas de la personnalité juridique. L'auteur de l'infraction est alors l'entreprise, à qui la Cour applique le principe de responsabilité personnelle quand bien même elle est dépourvue de personnalité juridique. Mais lorsqu'il s'agit d'imputer l'infraction en vue d'infliger une amende, la Cour revient à une conception stricte de la personnalité, qui se confond alors avec la personne morale. On est en droit de s'étonner de cette élasticité de la notion de personnalité, alors même que l'analyse se situe dans le champ de la répression pénale, supposé gouverné par le principe d'interprétation stricte.

La « présomption capitalistique » se suffit à elle-même et ne doit pas être renforcée par d'autres éléments

Il s'agit de la deuxième question importante tranchée par la Cour, qui met fin aux difficultés d'interprétation qu'avait pu soulever un passage de l'arrêt *Stora* précité, qui furent elles-mêmes, un temps, à l'origine d'arrêts rendus en sens divergents par le Tribunal. La Cour met fin à ce débat en confirmant l'interprétation qui se dégageait des derniers arrêts du Tribunal, et affirme que la Commission n'est pas tenue de présenter, au stade de la communication des griefs, des éléments autres que la preuve relative à la détention par la société-mère du capital de ses filiales, dès lors que lorsqu'une société-mère détient 100 % du capital de sa filiale, il existe une présomption réfragable selon laquelle cette société-mère exerce une influence déterminante sur le comportement de sa filiale (§ 63 et 64).

Au-delà de l'affirmation rituelle du caractère « réfragable » de la présomption d'influence déterminante de la société-mère sur sa filiale, quelles en sont les conditions concrètes de mise en œuvre ?

Le caractère réfragable de la présomption est donc au cœur de la question, puisqu'au-delà de son affirmation rituelle, encore faut-il préciser les critères supposés permettre concrètement le renversement de cette présomption. C'est le dernier point qu'aborde l'arrêt, mais en termes particulièrement elliptiques et, si elle fournit quelques éléments d'analyse permettant de préciser ce qui conduit à ne pas renverser la présomption, la Cour est plus vague sur les conditions concrètes de renversement de la présomption, qui restent floues et apparaissent en pratique peu opérantes. La Cour écarte tout d'abord une interprétation restrictive de la notion d'influence déterminante, qui serait comprise comme l'influence concrète et directe sur le comportement commercial de la filiale sur le marché. Au contraire, dit la Cour, le comportement de la filiale sur le marché n'est qu'un des signes de l'existence d'une unité économique, et elle renvoie aux conclusions de l'Avocat général Julianne Kokott qui en énumérait d'autres (§ 87 à 94 desdites conclusions, en date du 23 avril 2009). Ces différents éléments, non exhaustifs, sont résumés sous les termes « l'ensemble des liens économiques, organisationnels et juridiques qui unissent [la] filiale à la société-mère » (§ 74). On le voit aisément, cette formulation soulève, par sa généralité même, une difficulté pratique majeure, car on ne connaît évidemment pas d'exemple de filiale qui ne soit pas unie à sa société-mère par des liens « économiques, organisationnels et juridiques ». La détention de la majorité du capital de la filiale par la société-mère n'est-elle pas, par définition, un lien économique significatif ? La possibilité de nommer les dirigeants de la filiale n'est-elle pas consubstantielle au statut de société-mère ? Dans ces conditions, comment concilier l'affirmation du caractère réfragable de la présomption avec des critères dont on voit mal, en pratique, comment ils peuvent rendre possible le renversement de la présomption ?

M. Debroux

Concurrences N° 4-2009, Art. N° 29222, p. 93

Voir aussi, sur les origines de l'affaire

TPICE, 12 déc. 2007, Akzo Nobel e. a., T-112/05

M. Debroux, Sanction – Imputabilité : Le TPICE précise la notion d'infraction « unique et continue » dans un cas d'entente s'étant interrompue au niveau mondial mais poursuivie au niveau européen (BASF – UCB) et s'attache à définir la notion d'influence déterminante d'une société-mère sur la politique commerciale de sa filiale (Akzo Nobel), 12 décembre 2007, Concurrences N° 1-2008, Art. N° 15255, p. 106.

CJUE, gde ch., 22 janv. 2013, Tomkins plc, C-286/11 P

La Cour de justice de l'Union européenne confirme l'arrêt du Tribunal réduisant le montant de l'amende infligée à une société-mère sur le fondement de l'arrêt réduisant celle infligée à sa filiale.

Saisie d'un pourvoi introduit par la Commission contre l'arrêt du Tribunal du 24 mars 2011, Tomkins c/ Commission (aff. T-382/06, Rec. P. II-1157), la Cour, dans sa formation en grande chambre, rejette l'ensemble des cinq moyens soulevés par la Commission et confirme ledit arrêt. En substance, la Cour conclut que, au regard des circonstances de l'espèce, c'est à bon droit que le Tribunal a décidé de faire bénéficier à Tomkins de la réduction du montant de l'amende infligée à sa filiale à 100 %, Pegler, telle que prononcée par le Tribunal dans un arrêt du même jour, Pegler c/ Commission (T-386/06, Rec. P. II-1267), au motif que la Commission n'avait pas rapporté la preuve de la participation de cette dernière à une partie de la période retenue au titre de l'infraction en cause.

Au soutien de son pourvoi, la Commission soulevait cinq moyens tirés respectivement d'une violation de la règle applicable en matière de jugement *ultra petita*, de la constatation erronée du Tribunal selon laquelle les requêtes de la société-mère et de sa filiale avaient le même objet, de l'absence de prise en compte par le Tribunal du fait que Tomkins faisait partie d'une entreprise qui a admis avoir commis une infraction, d'un défaut de motivation, ainsi que d'une contradiction de motifs de l'arrêt attaqué et, enfin, de la violation du droit à un procès équitable. Aux fins de la présente contribution, il convient de se concentrer sur les trois premiers moyens que la Cour a examinés conjointement.

La responsabilité d'une société au seul titre de sa qualité de société-mère d'une filiale ayant commis une infraction ne peut excéder celle de cette dernière

Le postulat de départ de l'examen par la Cour de ces trois premiers moyens repose sur le constat par le Tribunal, non contesté entre les parties, que la responsabilité imputée à Tomkins, quant à l'entente en cause, résulte exclusivement de sa qualité de société-mère de Pegler, au titre de la participation de cette dernière à ladite entente et en aucun cas en raison de sa participation directe aux activités de celle-ci (point 33) et que, partant, la responsabilité de la première ne pouvait excéder celle de la seconde. C'est au regard de ce postulat, qui caractérise de manière spécifique la situation juridique de Tomkins, que la Cour examine les trois premiers moyens.

En substance, par ces trois moyens, la Commission soutenait que, d'une part, quelle que soit la responsabilité de l'entreprise constituée par deux sociétés d'un même groupe au regard de l'infraction retenue, Tomkins ne pouvait bénéficier de la réduction de la durée de l'infraction décidée par le Tribunal, dans le cadre du recours distinct introduit par Pegler sur la base d'arguments que Tomkins n'avait pas soulevés dans le cadre de son propre recours. D'autre part, la Commission se prévalait de la distinction entre la responsabilité des entités juridiquement séparées au sein d'un groupe de sociétés (point 36).

L'imputation d'une responsabilité à une entité d'un groupe suppose qu'une décision définitive constate qu'une entité au moins a commis une infraction

En premier lieu, la Cour estime que ces considérations ne sauraient remettre en cause le postulat de départ visé ci-dessus. En effet, la Cour dit pour droit que, pour imputer une responsabilité à une entité quelconque d'un groupe, il est nécessaire que la preuve soit apportée qu'une entité au moins a commis une infraction aux règles de concurrence de l'Union et que cette circonstance soit relevée dans une décision devenue définitive (point 38).

Or, la Cour constate que, dans l'arrêt *Pegler c/ Commission*, le Tribunal a annulé la décision attaquée au motif que la Commission n'avait pas rapporté la preuve de la participation de Pegler à une partie de la période retenue au titre de l'infraction en cause. Elle en conclut que c'est à juste titre que le Tribunal s'est fondé sur la prémisse selon laquelle, en l'espèce, la responsabilité de Tomkins, en tant que société-mère, était purement dérivée et accessoire et ne dépendait ainsi que de celle de sa filiale Pegler, d'autant que ces deux sociétés avaient été condamnées solidairement à payer l'amende dont la réduction était sollicitée.

En second lieu, la Cour rejette le premier moyen tiré de ce que le Tribunal, en réduisant la durée de l'infraction également pour Tomkins, sans qu'une demande explicite ait été présentée en ce sens par celle-ci, aurait statué *ultra petita*, en violation de la jurisprudence de la Cour.

À ce titre, la Cour reconnaît que, dans leurs recours respectifs, Tomkins et Pegler, d'une part, ne contestaient pas la même période d'infraction, la première ne remettant en cause, sur le fondement d'arguments différents, qu'une partie de celle dont faisait état la seconde et, d'autre part, que l'étendue de leurs requêtes et de leurs arguments invoqués pour contester la durée de l'infraction n'étaient pas identiques. Cependant, la Cour juge que, dans une situation où la responsabilité de la société-mère est entièrement dérivée de celle de sa filiale, et où ces deux sociétés ont introduit des recours visant notamment à ce que le Tribunal réduise l'amende au titre d'une réduction de la durée de l'infraction commise par la filiale, le Tribunal n'a pas commis d'erreur de droit en considérant que leurs recours respectifs avaient le même objet.

La Cour ajoute que les arrêts de la Cour du 14 septembre 1999, Commission c/ AssiDomän Kraft Products e. a. (aff. C-310/97 P, Rec. p. I-5363) et du 29 mars 2011, ArcelorMittal Luxembourg c/ Commission et Commission c/ ArcelorMittal Luxembourg e. a. (aff. C-201/09 P et C-216/09 P, Rec. p. I-2239), visés par la Commission, ne sont pas transposables à la solution du présent litige (points 46 à 48).

Elle en conclut que, au regard, de nouveau, du postulat de départ visé ci-dessus et du fait que Tomkins et sa filiale ont introduit des recours parallèles dont l'objet est le même, le Tribunal pouvait, sans statuer *ultra petita*, tenir compte du résultat du recours introduit par Pegler pour annuler en conséquence la décision litigieuse en ce qu'elle concernait Tomkins.

C. Sarrazin
Concurrences N° 2-2013, Art. N° 52248, p. 66

Voir aussi

P. Cardonnel, Responsabilité de la société-mère : La Cour de justice confirme l'arrêt du Tribunal réduisant le montant de l'amende infligée à la société-mère sur le fondement de l'arrêt ayant réduit celle infligée à sa filiale (Tomkins), mai 2013, Concurrences N° 2-2013, Art. N° 52054, p. 152.

A. Lacresse, Contrôle juridictionnel : La Cour de justice précise les contours de son contrôle concernant l'application de plusieurs principes procéduraux par le Tribunal (Viega), mai 2013, Concurrences N° 2-2013, Art. N° 52038, p. 144. www.concurrences.com/52038

Voir aussi, sur les origines de l'affaire

Trib. UE, 24 mars 2011, Tomkins, T-382/06

C. Sarrazin, Infraction continue – Imputabilité : Le Tribunal de l'Union européenne annule une partie des amendes prononcées dans le cartel des raccords en cuivre (Viega, Legris Industries, Comap, IMI, Kaimer, FRA.BO, Tomkins, IBP, Aalberts Industries, Pegler), 24 mars 2011, Concurrences N° 2-2011, Art. N° 35954, pp. 98-100.

P. Cardonnel, Ententes – Preuve de la participation à l'entente : Le Tribunal de l'Union européenne précise les exigences en matière de preuve de l'infraction à l'article 101 TFUE (Viega, Legris Industries, Comap, IMI, Kaimer, FRA.BO, Tomkins, IBP, Aalberts Industries, Pegler), 24 mars 2011, Concurrences N° 2-2011, Art. N° 36213, p. 186.

CJUE, 10 avr. 2014, 2 arrêts, Siemens Österreich, aff. jtes C-231/11, C-232/11, C-233/11 ; Areva, aff. jtes C-247/11 et C-253/11

La Cour de justice de l'Union européenne se prononce sur l'imputabilité des pratiques anticoncurrentielles en cas de succession de sociétés-mères et sur la solidarité des amendes en cas de succession de sociétés-mères dans les restructurations d'entreprises.

L'imputabilité des pratiques anticoncurrentielles dans les restructurations n'est pas chose aisée (*cf.* l'Atelier de la concurrence de la DGCCRF du 25 juin 2014, codirigé par C. Lemaire et nous-même, en ligne : http://www.economie.gouv.fr/dgccrf/atelier-dgccrf-restructuration-dentreprises-et-concurrence).

Les arrêts *Areva-Alstom* et *Siemens* viennent confirmer ou préciser des questions très importantes qui se posent dans les restructurations d'entreprises, d'abord en matière d'imputabilité, puis, en matière de solidarité des amendes, ce qui est la conséquence de l'imputabilité.

Sur l'imputabilité des pratiques anticoncurrentielles en cas de succession de sociétés-mères dans les restructurations d'entreprises

C'est surtout l'affaire *Areva-Alstom*, qui est intéressante à cet égard.

Le litige portait sur une entente relative à la vente d'appareillages de commutation à isolation gazeuse (ci-après les « AIG ») servant à contrôler le flux d'énergie dans un réseau électrique. Il s'agit d'un matériel électrique lourd, utilisé comme composant principal de sous-stations électriques clés en main.

Alstom (anciennement dénommée Alsthom), société anonyme de droit français à conseil d'administration, est la société-mère d'un groupe de sociétés (groupe Alstom). Du 15 avril 1988 au 8 janvier 2004, le groupe Alstom était actif dans le domaine de la transmission et de la distribution d'électricité (secteur de la T & D) et, notamment, en matière d'AIG.

Du 15 avril 1988 au 8 janvier 2004, les activités en matière d'AIG au sein du groupe Alstom ont été menées, en France, par l'intermédiaire de filiales à 100 %.

Le 8 janvier 2004, l'ensemble des activités du groupe Alstom dans le secteur de la T & D a été cédé au groupe Areva qui a continué les activités en matière d'AIG par l'intermédiaire de filiales à 100 %.

Le 3 mars 2004, une demande de clémence a été formulée par ABB à propos d'une entente dans le secteur des AIG, une vingtaine d'entreprises ayant coordonné l'attribution des projets d'AIG à l'échelle mondiale, à l'exception de certains marchés, selon des règles convenues, afin notamment de maintenir des quotas reflétant dans une large mesure leurs parts de marché historiques estimées. Dans sa décision de condamnation des dites entreprises, la Commission a précisé que l'attribution des projets d'AIG était effectuée sur la base d'un quota conjoint « japonais » et d'un quota conjoint « européen » qui devaient ensuite être répartis entre eux respectivement par les producteurs japonais et par les producteurs européens. Un accord signé à Vienne le 15 avril 1988 établissait des règles permettant d'attribuer les projets d'AIG soit aux producteurs japonais, soit aux producteurs européens, et d'imputer leur valeur sur le quota correspondant. Enfin, les différentes entreprises ayant participé à l'entente avaient conclu un arrangement non écrit en vertu duquel les projets d'AIG au Japon, d'une part, et dans les pays des membres européens de l'entente, d'autre part, désignés ensemble comme les « pays constructeurs » des projets d'AIG, étaient réservés respectivement aux membres japonais et aux membres européens du cartel. Les projets d'AIG dans les « pays constructeurs » ne faisaient pas l'objet d'échanges d'informations entre les deux groupes et n'étaient pas imputés sur les quotas respectifs.

Les sociétés Alstom (pour la période du 15 avril 1988 au 8 janvier 2004), Areva (pour la période du 9 janvier 2004 au 11 mai 2004) et notamment une filiale « cédée », la société Areva T&D (pour la période du 7 décembre 1992 au 11 mai 2004) ont été condamnées par la Commission approuvée par le tribunal. Ils leur ont infligé les amendes suivantes :

- à Alstom, solidairement avec Areva T & D (son ancienne filiale) : 53 550 000 euros ;
- à Areva, solidairement avec Areva T & D, et sur le montant de 53 550 000 euros auquel celle-ci était condamnée, la somme de 25 500 000 euros.

L'arrêt de la Cour du 10 avril 2014, statuant sur les pourvois d'Areva et d'Alstom, va devoir apporter des précisions sur la manière d'appliquer la présomption d'imputabilité dans les restructurations.

Il est presque inutile de rappeler que le comportement d'une filiale non autonome peut-être imputé à sa mère (CJUE 10 septembre 2009, Akzo Nobel, C-97/08 P, Rec. I, 08-237), au motif fondamental que la société-mère et sa filiale non autonome font partie de la même entreprise, c'est-à-dire une unité économique, même si, du point de vue juridique, cette unité est constituée de plusieurs personnes physiques ou morales (voir, par exemple, CJCE du 10 janvier 2006, Cassa di Risparmio di Firenze e. a., C 222/04, Rec. p. I 289, point 107).

Le droit de la concurrence a posé par ailleurs une présomption d'imputabilité : quand une société-mère détient 100 % du capital de sa filiale ayant commis une infraction aux règles de concurrence de l'Union, il existe une présomption réfragable selon laquelle ladite société-mère exerce effectivement une telle influence (ex. : CJUE 19 juillet 2012, Alliance One International et Standard Commercial Tobacco c/ Commission et Commission c/ Alliance One International e. a., C-628/10 P, point 46). C'est donc à la société-mère, qu'il incombe de renverser cette présomption, et de démontrer que sa filiale se comporte de façon autonome sur le marché (arrêts précités Akzo Nobel e. a. c/ Commission, point 61, ainsi que Alliance One International et Standard Commercial Tobacco c/ Commission et Commission c/ Alliance One International e. a., point 47).

Cette présomption a de lourdes conséquences :

- elle entraîne tout d'abord une hausse du plafond de l'amende.

En droit de l'UE, l'article 23 du règlement 1/2003 précise que « pour chaque entreprise et association d'entreprises participant à l'infraction, l'amende n'excède pas 10 % de son chiffre d'affaires total réalisé au cours de l'exercice social précédent ». Donc, la présomption d'imputabilité permet de faire admettre que la société-mère et la filiale font partie de la même entreprise et hausse ainsi le plafond.

Cette conséquence aurait pu exister en droit français, sans recourir à l'imputabilité, car le texte français vise expressément les comptes consolidés (art. L. 464-2 C. com. : « ... Le montant maximum de la sanction est, pour une entreprise, de 10 % du montant du chiffre d'affaires mondial hors taxes... Si les comptes de l'entreprise concernée ont été consolidés ou combinés en vertu des textes applicables à sa forme sociale, le chiffre d'affaires pris en compte est celui figurant dans les comptes consolidés ou combinés de l'entreprise consolidante ou combinante ») ;

- elle entraîne ensuite la possibilité de retenir la récidive (ou la réitération) contre la société-mère, après lui avoir imputé le comportement d'une filiale (TPICE, 30 septembre 2009, Hoechst c/ Commission (T-161/05), ou ADLC, déc. 09-D-36 du 9 décembre 2009 Orange Caraïbes ; CA Paris, 4 juillet 2013 ; pourvoi en cours, http://www.autoritedelaconcurrence.fr/user/avisdec.php?numero=09D36) ;
- elle joue un rôle de garantie du paiement de l'amende grâce à la solidarité entre la société-mère et la filiale ;
- elle entraîne par voie de conséquence un transfert aux services juridiques des grands groupes une partie de la charge de la prévention (M. Debroux, « Sanction des cartels en droit communautaire : définition et conséquences d'une 'responsabilité de groupe »).

Mais cette présomption, on le sait a été très critiquée. Et la réponse à cette critique a entraîné un renforcement de la motivation de la Commission. Deux hypothèses doivent être distinguées :

- soit, la Commission se fonde sur la seule présomption liée à la détention de 100 % du capital. Dans ce cas, elle doit exposer de manière adéquate les raisons pour lesquelles les éléments de fait et de droit invoqués n'ont pas suffi à renverser ladite présomption (CJUE, 29 septembre 2011, Elf Aquitaine c/ Commission, C-521/09 P, Rec. p. I 8947, point 153) « sous peine de rendre cette présomption, dans les faits, irréfragable » ;

- soit, la Commission se fonde sur la méthode de la double base ou sur la preuve effective de l'influence déterminante. Dans ce cas, une telle appréciation globale est bien évidemment conforme au degré de motivation incombant à la Commission (*cf.* pour la méthode de la double base : CJUE, 10 avril 2014, Areva Alstom, point 42).

En l'espèce, les sociétés du groupe Alstom reprochaient au Tribunal d'avoir donné à la présomption un caractère irréfragable, en déduisant l'exercice effectif d'une influence déterminante de la simple existence de liens organisationnels, économiques et juridiques entre la société-mère et l'une de ses filiales, et non pas de faits précis liés à tel ou tel comportement réel sur le marché en cause. Cette argumentation est écartée, au motif que « le Tribunal a constaté... que la direction du groupe Alstom, placée sous la responsabilité d'Alstom, participait à la définition de la ligne d'action sur le marché, s'agissant du secteur de la T & D, du groupe Alstom et de ses différentes branches d'activités, et qu'elle contrôlait en permanence le suivi de cette ligne d'action par ce secteur et ses différentes branches d'activités », et que la Commission avait utilisé la méthode de la double base.

C'est en tout cas l'état de cette présomption et de ses conséquences notamment en matière d'amende, qu'il va falloir régler les difficultés liées aux restructurations. Or, c'est toujours la même idée force qui explique les solutions. Tout est fondé sur le fait que le sujet du droit de la concurrence est l'entreprise. Mais on peut se demander si les juges et notamment la Cour de justice vont bien toujours au bout de cette logique.

À cet égard, l'arrêt *Areva-Alstom* permet de préciser deux situations :

- d'une part, on impute le comportement de la filiale à la société-mère au moment de la commission de l'infraction, et non à celle qui est la mère au moment des poursuites.

La Cour relève ainsi : « 49... si le comportement infractionnel d'une filiale peut être imputé à la société-mère de celle-ci, il peut être considéré que ces sociétés font partie, pendant la période d'infraction, d'une même unité économique et qu'elles forment ainsi une seule entreprise, au sens du droit de la concurrence de l'Union ; 50... par la décision litigieuse, la Commission pouvait considérer que le seul fait que, au moment de l'adoption de la décision de la Commission constatant l'infraction, la filiale ayant commis l'infraction et la société-mère à laquelle cette infraction pouvait être imputée ne faisaient plus partie de la même unité économique et, partant, d'une seule entreprise au sens de l'article 81 CE, ne saurait faire obstacle à ce que la Commission fasse usage de la faculté d'infliger une amende devant être payée solidairement par ces sociétés ».

C'est bien la notion d'entreprise au moment de l'infraction qui explique la solution. Au moment de l'infraction, la filiale faisait partie de l'entreprise constituée par le groupe Alstom. Cette entreprise existe toujours même si la société-mère a « cédé sa filiale ».

La solution n'est pas nouvelle. Il était déjà constamment jugé que tant que la personne morale, qui était responsable de l'entreprise au moment où l'infraction a été commise, existe, la responsabilité du comportement infractionnel de l'entreprise la suit, même si les éléments matériels et humains ayant concouru à la commission de l'infraction ont été cédés après la période d'infraction à des tierces personnes.

1. Hypothèse d'une PAC antérieure à la restructuration avec survie de la société responsable du comportement infractionnel de l'entreprise, et poursuites après la restructuration

Ici, la société-mère qui était responsable du comportement infractionnel de l'entreprise au moment de l'infraction subsiste. Donc, elle continue d'en répondre, même si elle a cédé sa participation dans son ancienne filiale (Par ex. : TPICE, 14 mai 1998, aff T-327/94 SCA Holding Ltd, pt. 63 ; voir aussi ADLC, déc. n° 13-D-12 Commodités chimiques n° 830 pour une entreprise en redressement judiciaire).

Et la Cour en conclut : « il ne saurait être reproché au Tribunal de ne pas avoir sanctionné la Commission pour ne pas avoir fourni une motivation spécifique sur la question de l'infliction d'une amende devant être payée solidairement à des sociétés ne formant plus une même entreprise. »

Il en irait différemment si la société auteur de l'infraction avait disparu en tant qu'entité juridique indépendante – à la suite, par exemple, d'une fusion –, c'est alors celle qui a repris son activité économique qui se verrait infliger la sanction (Déc. Comm., 86/398/CEE, 23 avril 1986, Polypropylène, JOCE, 18 août, n° L 230 et, sur recours, TPICE, 17 déc. 1991, aff. T-6/89, Ennichem-Anic Spa, CJCE, 8 juillet 1999, aff C-49/92), en vertu de la théorie de la continuité économique de l'entreprise.

2. Hypothèse d'une PAC antérieure à la restructuration avec disparition de la société auteur de la pratique, et poursuites après la restructuration

- d'autre part, l'arrêt *Areva-Alstom*, présente un intérêt pour répartir le poids de l'infraction « à cheval » avant et après la restructuration.

Chaque mère va se voir imputer l'infraction pour la période pendant laquelle elle a eu lieu, quand la filiale était sous son emprise.

Ce sont en effet deux entreprises différentes qui ont successivement commis l'infraction. La Cour relève en effet que « lorsque la Commission entend condamner solidairement une filiale ayant commis une infraction avec chacune de ses sociétés-mères avec lesquelles elle a successivement formé une entreprise distincte au cours de la période d'infraction, ce principe exige que cette institution fixe séparément, pour chacune des entreprises en cause, le montant de l'amende devant être payé solidairement par les sociétés qui en font partie, en fonction de la gravité de l'infraction individuellement reprochée à chaque entreprise concernée et de la durée de celle-ci » (point 133).

Sur la solidarité des amendes en cas de succession de sociétés-mères dans les restructurations d'entreprises

La conséquence de l'imputabilité est en principe la solidarité entre la mère et la fille. Il en résulte deux conséquences. D'une part, la condamnation solidaire au paiement de l'amende n'est possible que pour des personnes morales faisant partie de la même entreprise (rapport externe de solidarité). D'autre part, comme l'entreprise est condamnée une fois la solidarité prononcée, la Commission n'a pas à se soucier de la répartition définitive de l'amende entre la mère et la fille (rapport interne de solidarité).

L'arrêt *Areva-Alstom* est intéressant pour le rapport externe de solidarité, alors que c'est l'arrêt *Siemens* (dont la solution est reprise par l'arrêt *Areva-Alstom*) qui règle la question du rapport interne.

Sur le rapport externe de solidarité

L'arrêt *Areva-Alstom* va permettre de dégager plusieurs règles (CJUE, 10 avril 2014, aff. C-247/11, Areva Alstom).

La première que nous avons déjà énoncée, tient à ce que la condamnation solidaire au paiement de l'amende n'est possible que pour des personnes morales faisant partie de la même entreprise.

La Cour relève en effet que « la notion du droit de l'Union de solidarité pour le paiement de l'amende n'étant qu'une manifestation d'un effet de plein droit de la notion d'entreprise... » (point 122 ; voir aussi arrêt *Siemens*, points 51 et 57).

La deuxième règle est de bon sens : la somme totale des montants auxquels les sociétés-mères sont condamnées ne peut excéder le montant auquel est condamnée cette filiale.

La responsabilité d'Areva et d'Alstom, en tant que sociétés-mères, pour l'infraction commise, est entièrement dérivée de celle d'une filiale qui leur a successivement appartenue. Elles sont solidaires avec elle, mais chacune pour la période pendant laquelle elle a été sa mère. Dès lors, la somme des condamnations des mères doit correspondre et ne pas dépasser le montant total dû par la fille.

Or, ce principe élémentaire avait été méconnu par la Commission et le Tribunal. La somme totale des montants réduits de l'amende pour lesquels Areva et Alstom ont été solidairement tenues responsables, à savoir, respectivement le montant 20 400 000 euros, et le montant de 48 195 000 euros, dépassait le montant réduit de l'amende infligée auxdites sociétés solidairement avec la filiale Areva T & D, à savoir 48 195 000 euros. Cela a justifié la censure.

Or, ce dépassement était le résultat d'une mauvaise méthode que remet en cause la troisième règle. En effet, à ce titre, le montant de l'amende dû par une société-mère, ne peut englober le montant de l'amende dû par l'autre. Il n'y a pas de solidarité entre les deux sociétés-mères, qui ne font pas partie de la même entreprise.

Pourtant, c'est le contraire qu'a fait la Commission. Elle a englobé le montant de l'amende dû solidairement par Areva et les sociétés du groupe Areva, dont faisait partie la filiale auteur des pratiques, dans celui dû solidairement par Alstom et ladite filiale. Pourtant, Alstom ne pouvait se voir imputer que la partie de la pratique ayant eu lieu alors qu'elle était la société-mère de sa filiale.

La conséquence de cette mauvaise façon de procéder est que cela conduit aux mêmes effets en fait que la solidarité. Alors même qu'il n'y a pas de lien formel de solidarité entre lesdites sociétés-mères, cette méthode erronée oblige l'une des sociétés-mères (Alstom), dans un premier temps, à payer à la Commission la totalité des amendes dues par les sociétés-mères successives de la filiale ayant commis une infraction au droit de la concurrence. C'est ensuite à Alstom de se retourner contre Areva pour lui réclamer le montant de l'amende qui lui incombe.

La Cour juge donc que cela est contraire au principe d'individualisation des peines et des sanctions car les deux sociétés-mères ne font pas partie de la même entreprise.

Sur le rapport interne de solidarité

Il reste que se posait la question de savoir si la Commission devait aller jusqu'à répartir entre la mère et la fille le poids définitif de la dette solidaire, ce que le Tribunal avait jugé.

L'arrêt *Siemens*, qui concerne la même entente dans le domaine des AIG, va répondre négativement (CJUE, 10 avril 2014, C-231/11, affaire Siemens) au motif que « la notion du droit de l'Union de solidarité pour le paiement de l'amende, en ce qu'elle n'est qu'une manifestation d'un effet de plein droit de la notion d'entreprise, ne concerne que l'entreprise et non les sociétés qui composent celle-ci » (point 57).

Il est vrai qu'une fois l'entreprise condamnée, la Commission n'est pas compétente pour se prononcer sur le recours contributoire entre les personnes morales.

La Cour ajoute que « l'objectif du mécanisme de solidarité réside dans le fait qu'il constitue un instrument juridique supplémentaire, dont dispose la Commission afin de renforcer l'efficacité de son action en matière de recouvrement des amendes infligées pour des infractions au droit de la concurrence, dès lors que ce mécanisme réduit, pour la Commission en tant que créancier de la dette que représentent ces amendes, le risque d'insolvabilité, ce qui participe à l'objectif de dissuasion qui est généralement poursuivi par le droit de la concurrence, ainsi que le Tribunal l'a d'ailleurs affirmé, en substance et à bon droit, au point 151 de l'arrêt attaqué (voir également, par analogie, arrêt du 17 février 2011, Berel e. a., C-78/10, Rec. p. I-717, point 48). Or, la détermination, dans la relation interne existant entre codébiteurs solidaires, des quotes-parts de ceux-ci ne vise pas ce double objectif. Il s'agit, en effet, d'un contentieux qui intervient à un stade ultérieur, qui ne présente en principe plus d'intérêt pour la Commission, dans la mesure où la totalité de l'amende lui a été payée par l'un ou par plusieurs desdits codébiteurs » (points 59 et 60).

Et la Cour admet que les parts définitives dans la dette peuvent être fixées :

- soit contractuellement (*cf.* point 62) ;
- soit, à défaut par le juge national (point 62).

Cela signifie que c'est donc à l'entreprise de répartir d'abord en son sein le poids définitif de la dette d'amende, ce qui suppose un accord entre les personnes morales (accord qui ne sera pas forcément difficile à obtenir si la filiale est non autonome).

Et en tout cas, il n'y a pas de règle de la répartition par parts viriles entre les débitrices solidaires de l'amende, contrairement à ce qu'avait décidé le Tribunal.

La présomption de recours contributoire par parts viriles est une règle civiliste, qui ne correspond pas au droit de la concurrence. À vrai dire, en droit civil, la répartition égale repose sur une présomption simple d'intérêts égaux dans la dette solidaire. Si l'intérêt est inégal, la répartition n'est pas égale. En droit civil aussi, les coauteurs d'un même dommage, qui sont tenus *in solidum* et non solidairement, voient le poids de la dette réparti en fonction de la gravité de leurs fautes respectives.

Mais puisque le sujet du droit de la concurrence est l'entreprise, c'est à l'entreprise d'abord de répartir le poids définitif de la dette entre les entités juridiques qui la composent.

Mais si le critère de l'entreprise semble expliquer toutes les solutions ici examinées, il n'empêche que la Cour ne va pas au bout de sa logique.

La Cour de justice ne va pas au bout de la logique de l'entreprise

Ces règles sont néanmoins parfois totalement compromises d'abord par le choix laissé à la Commission d'appliquer ou non les règles de l'imputabilité, ce qui a pour conséquence que contrairement à l'affirmation selon laquelle elle n'a pas à trancher la répartition du poids définitif de l'amende entre la mère et la fille, on lui permet de trancher cela par anticipation.

Le choix de poursuivre la seule filiale

C'est un choix pour la Commission de poursuivre les deux personnes morales (mère et fille) et prononcer une amende solidaire, ou de ne pas le faire. L'arrêt *Areva-Alstom* le rappelle en ces termes : « Dans ces conditions, il est, par la suite, loisible à la Commission de tenir la société-mère solidairement responsable du comportement infractionnel de sa filiale pendant ladite période et, par conséquent, du paiement de l'amende infligée à cette dernière » (point 49), et la Commission peut faire « usage de la faculté d'infliger une amende devant être payée solidairement par ces sociétés » (point 50).

Le choix de la Commission entre la sanction de la seule filiale non autonome ou la sanction également de la société-mère peut conduire à des solutions discutables, comme ce fut le cas dans l'affaire du Club Lombard (CJCE, 24 sept. 2009, aff. jtes C-125/07, C-133/07P, C-135/07P, C-137/07P, Erste Group Bank et a., Europe nov. 2009, comm. 425, obs. L. Idot).

Dans cette affaire, une fusion a eu lieu entre une société tierce et la filiale, après la réalisation de la pratique anticoncurrentielle. L'application normale de la règle d'imputabilité aurait dû conduire à imputer le comportement de la filiale à l'ancienne mère, puisqu'au temps de l'infraction, elle formait avec cette ancienne mère une seule entreprise, et puisque l'ancienne mère, responsable du comportement anticoncurrentiel de l'entreprise existait toujours. Mais, la Commission a choisi de ne poursuivre que la filiale, et a donc considéré qu'était devenue responsable la société ayant absorbé la filiale, nonobstant la survie de l'ancienne société-mère, qui était pourtant la mère au temps de l'infraction.

Hypothèse où la Commission choisit de poursuivre la filiale

Et la Cour de justice a justifié cette solution de la manière suivante : « 82. À cet égard, c'est à bon droit que le Tribunal a jugé que la Commission n'était pas obligée de vérifier en priorité si les conditions pour imputer l'infraction à la société-mère de l'entreprise ayant commis l'infraction en cause étaient remplies. En effet, la Commission ne saurait, par principe, être tenue de procéder dans un premier temps à une telle vérification avant de pouvoir envisager de se tourner contre l'entreprise, auteur de l'infraction, même si celle-ci a subi des modifications en tant qu'entité juridique. Le principe de la responsabilité personnelle, rappelé au point 77 du présent arrêt, ne s'oppose nullement à ce que la Commission envisage d'abord de sanctionner cette dernière avant d'explorer si, éventuellement, l'infraction peut être imputée à la société-mère ».

Certains auteurs n'ont cependant pas manqué de relever « que l'argumentation peut se comprendre dans le contexte particulier, car la fusion opère une transmission universelle. Il n'en demeure pas moins que le fait que la Commission soit libre d'imputer, ou non, le comportement de la filiale à la mère, jumelé avec les conséquences des restructurations rend les solutions totalement imprévisibles… Il faudrait adopter des règles claires qui ne varieraient pas en fonction de la volonté de la Commission… » (*cf.* L. Idot, Europe nov. 2009, comm. 425).

En réalité, la Cour de justice ne va pas au bout de la logique de l'entreprise. Si la société-mère et la filiale forment une seule entreprise, le principe de responsabilité personnelle oblige à condamner cette entreprise, qui est le seul sujet du droit de la concurrence. La Commission ne devrait pas avoir le choix de la personne morale à condamner. La solidarité devrait s'imposer.

L'anticipation de la charge définitive de l'amende

Cela est d'autant plus vrai que le choix de la Commission de ne pas prononcer une condamnation solidaire est contraire en fait à l'affirmation de l'arrêt *Siemens* du 10 avril 2014 de l'absence de pouvoir de la Commission de trancher le recours contributoire.

En effet, choisir de ne poursuivre que la filiale revient à régler par anticipation le recours contributoire. Cela revient à faire peser sur la seule fille le poids définitif de l'amende !

Dès lors, dire d'un côté que la Commission n'est pas compétente pour répartir le poids de l'amende entre la mère et la fille (car c'est l'entreprise qu'elle a condamné) et dire d'un autre côté qu'elle peut décider de ne condamner que la fille (et donc de faire peser sur elle tout le poids de l'amende), paraît peu logique.

Si cette jurisprudence n'est pas logique, quelles raisons motivent la Cour ?

- *A priori*, il y a une raison avouée, selon laquelle, les enquêtes de la Commission seraient considérablement alourdies par la nécessité de vérifier, dans chaque cas de succession dans le contrôle d'une entreprise, dans quelle mesure les agissements de celle-ci peuvent être imputés à l'ancienne société-mère (*cf. supra* affaire du Club Lombard). L'argument ne convainc pas. Si le sujet du droit de la concurrence est l'entreprise, c'est l'entreprise qui doit être condamnée, peu importante que les enquêtes de la Commission soient alourdies ;
- mais en réalité, il y a peut-être une raison plus occulte, et plus appréciable pour les entreprises. Le choix de la Commission de poursuivre la seule fille permet d'alléger la sanction.

En effet, l'article 23 règlement n° 1/2003, rappelé ci-avant fixe le plafond de l'amende à 10 % du chiffre d'affaires de l'entreprise. En choisissant de ne pas imputer à la mère, la Commission peut aboutir à une sanction plus faible.

Ce n'était pas forcément le cas dans l'affaire du Club Lombard où la filiale avait été absorbée après l'infraction, par une société tierce ;

- il faut ajouter que demain quand une action de groupe de la loi Hamon du 17 mars 2014 sera intentée, la question de savoir si la faute concurrentielle de la société-mère sera irréfragablement présumée dans le procès civil, dépendra du choix de la Commission de poursuivre ou non la mère. Si la Commission poursuit la société-mère, et prononce une condamnation solidaire de la mère et de la fille, les victimes pourront se prévaloir de l'article L. 423-17, alinéa 2 du Code de la consommation, en vertu duquel, dans le cas d'une action en *follow on* (la seule admise comme action de groupe) « les manquements du professionnel sont réputés établis de manière irréfragable pour l'application de l'article L. 423-3 ». La faute concurrentielle de la mère sera irréfragablement établie. En revanche, si la Commission ne poursuit pas la mère et condamne la seule fille, les victimes ne pourront agir que contre la fille, puisqu'il n'existe pas en droit civil de présomption de faute de la mère pour le comportement de la fille.

En tout cas cette pratique de la Commission consistant à choisir d'imputer ou de ne pas imputer à la mère le comportement de sa fille, conduit à beaucoup d'incertitudes pour les entreprises, et à des solutions inéquitables.

M. Behar-Touchais
Concurrences N° 3-2014, Art. N° 68023, p. 69

Voir aussi, sur les origines de l'affaire

Trib. UE, 3 mars 2011, Siemens Österreich e. a., T-122/07 à T-124/07

P. Cardonnel, Ententes – Amendes : Le Tribunal de l'UE définit le régime de la solidarité entre codébiteurs de l'amende (Areva – Siemens et VA Tech Transmission & Distribution), 3 mars 2011, Concurrences N° 2-2011, Art. N° 36210, pp. 184-185.

M. Debroux, Preuve de l'entente – Égalité de traitement : Le Tribunal de l'UE réduit les amendes de certains membres de l'entente sur les appareils de commutation à isolation gazeuse, pour méconnaissance des principes d'égalité de traitement et de proportionnalité (Siemens, Areva, « Appareillages de commutation à isolation gazeuse »), 3 mars 2011, Concurrences N° 2-2011, Art. N° 35997, pp. 100-101.

CJUE, 14 déc. 2014, Parker Hannifin, C-434/14 P

La Cour de justice de l'Union européenne annule l'arrêt du Tribunal qui avait refusé d'appliquer le principe de continuité économique à un transfert d'activités réalisé par une société-mère à sa filiale à 100 %.

Cette affaire illustre une fois de plus les problèmes du droit de la concurrence face aux restructurations.

En 2001, Parker-Hannifin, société faîtière du groupe Parker-Hannifin et Saiag ont entamé des discussions au sujet de la possible acquisition par Parker-Hannifin des activités de tuyaux marins d'ITR :

- dans la perspective de cette vente, ITR (fille de Saiag) a créé au mois de juin 2001 une filiale dénommée ITR Rubber ;
- le 19 décembre 2001, ITR a transféré ses activités dans le secteur des tuyaux marins à ITR Rubber, avec effet au 1er janvier 2002 ;
- le 31 janvier 2002, Parker-Hannifin Holding a acquis auprès d'ITR les parts d'ITR Rubber. ITR Rubber est ensuite devenue Parker ITR.

La Commission a par la suite constaté que onze sociétés, parmi lesquelles Parker ITR et Parker-Hannifin, avaient commis une infraction unique et continue, constitutive d'une violation des articles 81 CE et 53 dudit accord, pendant différentes périodes comprises entre le 1er avril 1986 et le 2 mai 2007 dans le secteur des tuyaux marins. Elle a décidé qu'elles avaient participé à l'entente du 1er avril 1986 au 2 mai 2007 pour Parker ITR et du 31 janvier 2002 au 2 mai 2007 pour Parker-Hannifin. La Commission a donc infligé à Parker ITR une amende de 25 610 000 euros, en précisant que, sur ce montant, Parker-Hannifin était tenue pour responsable conjointement et solidairement à hauteur de 8 320 000 euros.

Sur recours, le Tribunal avait annulé la décision de la Commission dans la mesure où elle retenait la responsabilité de Parker ITR pour la période antérieure au 1er janvier 2002. Pour statuer ainsi, le Tribunal avait relevé (points 115 et 116) :

- du 27 juin 2001 au 31 janvier 2002 (date à laquelle le transfert des activités relatives aux tuyaux en caoutchouc à ITR Rubber est devenu effectif), ITR Rubber était une filiale détenue à 100 % par ITR ;

- rien dans le dossier ne démontrait qu'ITR Rubber ait eu une quelconque activité en lien avec les tuyaux marins, avant le 31 janvier 2002 ;
- la filialisation de la branche d'activité relative aux tuyaux en caoutchouc réalisée par ITR s'inscrivait dans un objectif de vente des actions de cette filiale à une entreprise tierce ;
- il incombait donc à la personne morale qui dirigeait l'entreprise en cause au moment où l'infraction a été commise, c'est-à-dire ITR et sa société-mère Saiag, de répondre de l'infraction ;
- le principe de la responsabilité personnelle ne saurait en effet, pour le Tribunal, être remis en cause par celui de la continuité économique dans un cas comme celui de l'espèce.

La Commission a formé un pourvoi contre cet arrêt du Tribunal, et la Cour de justice annule ici ledit arrêt, dans la mesure où le Tribunal a jugé que la responsabilité de Parker ITR ne peut être retenue pour la période infractionnelle antérieure au 1er janvier 2002.

Cette affaire aurait pu ne pas être très différente de l'arrêt *Areva-Alstom* commenté dans cette chronique (*cf.* nos obs. sous cet arrêt aff. jtes C-247/11 et C-253/11), où la pratique anticoncurrentielle a eu lieu sur une période où se sont succédé deux sociétés-mères détenant chacune à son tour la même filiale. C'est ce que nous avions appelé la « pratique anticoncurrentielle à cheval ».

Théoriquement, les principes déjà dégagés devaient conduire tout simplement à rendre :

- solidairement responsables les deux personnes morales (mère et fille) constituant l'entreprise ayant commis la pratique du 27 juin 2001 au 31 janvier 2002, soit ITR et ITR Rubber (nouvellement appelée Parker ITR) ;
- et solidairement responsables les deux personnes morales (mère et fille) constituant l'entreprise qui ont commis la pratique du 31 janvier 2002 au 2 mai 2007, soit Parker-Hannifin et Parker ITR.

Le principe de la responsabilité personnelle ne saurait, pour le Tribunal, être remis en cause par celui de la continuité économique

Mais deux éléments sont venus perturber la situation dans le dossier :

- tout d'abord, sur la période antérieure au 31 janvier 2002, dans la perspective de la vente de l'activité de tuyaux marins, la mère (ITR) avait transféré à sa filiale (ITR Rubber) ses activités dans le secteur des tuyaux marins à ITR Rubber, avec effet au 1er janvier 2002, avant de vendre le 31 janvier 2002, ses actions de cette filiale à Parker-Hannifin Holding.

La question qui se posait était donc de savoir s'il y avait continuité économique et si ITR et ITR Rubber faisaient partie de la même entreprise.

En principe, la continuité économique joue d'abord quand la personne juridique impliquée dans une infraction cesse d'exister, après avoir transféré son activité à une autre.

- Toutefois, le seul fait que la personne juridique impliquée dans une infraction continue d'exister n'exclut pas nécessairement la possibilité pour la Commission d'attribuer la responsabilité à l'entité à laquelle les activités économiques ont

> été transférées. Il s'agit de préserver l'effet utile du traité (TPICE, 20 mars 2002, HFB c/ Commission T-9/99, EU:T:2002:70, point 106). Ce sera le cas notamment, lorsque deux entités juridiques constituent une même entité économique (*cf.* CJCE, 7 janvier 2004, arrêt Aalborg Portland c/ Commission, C-204/00 P, C-205/00 P, C-211/00 P, C-213/00 P, C-217/00 P et C-219/00 P, Rec. p. I- 123, points 355 à 358). En particulier, il en sera ainsi quand deux personnes juridiques étaient sous le contrôle d'une même personne et avaient des liens étroits sur le plan économique et organisationnel (voir, notamment CJCE, 11 décembre 2007, arrêt ETI, C-280/06, EU:C:2007:775, points 48 et 49 ; voir aussi dans cette chronique l'arrêt *Versalis*, C-511/11 P).

Appliquant ces principes, la Commission avait admis en l'espèce la continuité économique, considérant que le transfert des activités tuyaux marins par ITR à sa filiale à 100 % ITR Rubber s'était fait « dans le cadre d'une réorganisation interne du groupe », et admettant qu'à la date de ce transfert (1er janvier 2002), ITR et ITR Rubber étaient unies sur le plan économique par un lien de société-mère à filiale à 100 % et faisaient partie de la même entreprise.

Au contraire, le Tribunal, constatant qu'ITR Rubber n'avait eu aucune activité dans le domaine des tuyaux marins avant le 1er janvier 2002, et que le transfert des actions à ladite filiale n'avait été qu'un acte préparatoire à la vente des actions à Parker Hannifin, a considéré que la théorie de la continuité économique était inapplicable à la seule cession des actifs d'ITR à ITR Rubber (point 121). Il en a déduit que la responsabilité de Saiag (la grand-mère) et d'ITR (la mère) ne saurait avoir été transférée à ITR Rubber en application de ce critère. ITR Rubber n'aurait donc personnellement commis l'infraction, que du 1er janvier 2002 au 31 janvier 2002, date à laquelle l'ensemble des actions d'ITR Rubber ont été acquises par Parker-Hannifin.

Par ailleurs, le Tribunal (point 100) exclut le principe de continuité économique pour le deuxième transfert, car ses conditions ne sont pas remplies. Le principe de la responsabilité personnelle ne saurait en effet être remis en cause par celui de la continuité économique dans les cas où, comme en l'espèce, une entreprise impliquée dans l'entente, à savoir Saiag, et sa filiale ITR, cède une partie de ses activités à un tiers indépendant et qu'il n'existe aucun lien structurel entre le cédant et le cessionnaire – c'est-à-dire, en l'espèce, entre Saiag ou ITR et Parker-Hannifin.

Comme toujours dans ces affaires, c'est le critère de l'entreprise qui permet de trancher

Mais, outre que le fait de ne pas dissocier clairement les deux transferts conduit à une confusion préjudiciable au bon raisonnement, le Tribunal oublie, s'agissant du premier transfert (celui d'ITR à ITR Rubber) que le sujet du droit de la concurrence est l'entreprise. Comme toujours dans ces affaires, c'est le critère de l'entreprise qui permet de trancher. D'ailleurs, la Cour de justice rattache bien le principe de la continuité économique à la notion d'entreprise, en admettant que l'application dudit principe rend nécessaire qu'existent au moment du transfert, entre le cédant et le cessionnaire, des liens structurels permettant de considérer, conformément au principe de la responsabilité personnelle, que les deux entités forment une seule entreprise (point 51).

Or, en l'espèce, puisque la filiale ITR Rubber avait repris le 1er janvier 2002 l'activité tuyaux marins de sa mère ITR, et compte tenu de la présomption parentale s'appliquant dès que la mère détient 100 % ou presque du capital de sa filiale, ITR Rubber était présumée faire partie de l'entreprise de sa mère ITR, sauf à démontrer le contraire, puisque la présomption est réfragable.

Or, c'est précisément pour ne pas avoir recherché si les éléments de preuve contraire étaient pertinents que le Tribunal voit sa décision annulée. En effet, la Cour relève que « le Tribunal a commis une erreur de droit en omettant d'examiner, aux fins de vérifier si la Commission avait fait une application correcte du principe de la continuité économique, les éléments qui lui avaient été soumis par les parties quant à l'existence ou à l'absence de liens effectifs sous la forme d'une influence déterminante d'ITR sur ITR Rubber » (n° 65).

- Ensuite, le second élément perturbateur dans ce dossier est le fait que la « première » mère d'ITR Rubber, en l'occurrence ITR, n'avait pas été poursuivie.

On a déjà dénoncé le fait que la Commission avait le choix de poursuivre soit toutes les personnes morales constituant l'entreprise, soit la personne morale de son choix, et notamment la seule filiale (obs. préc. ; et voir la question de la récidive dans ce cas : CJUE, 5 mars 2015, Commission c/ Versalis, ENI, aff. jtes C-93/13 P et C-123/13 P : *cf.* obs. M. Debroux, cette chronique).

Mais en l'occurrence, il est précisé dans l'arrêt du Tribunal, « que la Commission n'a pas sanctionné ITR et Saiag, car elle a estimé, suivant les précisions qu'elle a fournies à cet égard en cours d'instance, que l'infraction était prescrite en ce qui les concernait » (point 112).

Mais si le sujet du droit de la concurrence est l'entreprise, comment les poursuites peuvent-elles être prescrites à l'encontre de certaines personnes morales la composant, sans l'être à l'égard d'une autre personne morale composant l'entreprise ? Sans aller jusqu'à évoquer la représentation mutuelle des codébiteurs solidaires (dont on peut peut-être se demander si elle s'applique à la solidarité de l'amende), il faut tirer toutes les conséquences de la notion d'entreprise, notamment en matière de prescription.

M. Behar-Touchais

Concurrences N° 2-2015, Art. N° 72733, p. 77

Voir aussi, sur les origines de l'affaire

Trib. UE, 17 mai 2013, 3 arrêts, Parker ITR, T-146/09 ; Trelleborg, T-147/09 et T-148/09 ; Manuelli, T-154/09

N. Jalabert-Doury, Infraction continue : Le Tribunal de l'UE apporte plusieurs précisions importantes à l'occasion de l'affaire des tuyaux marins (Parker ITR), 17 mai 2013, Concurrences N° 3-2013, Art. N° 53654, p. 68.

Voir aussi, sur les suites de l'affaire

Trib. UE, 14 juill. 2016, Parker Hannifin, T-146/09 RENV

E. Thomas, Rôle de meneur : Le Tribunal de l'Union européenne confirme le recours au critère de la continuité économique pour imputer une infraction d'une société-mère à sa filiale, destinée à être vendue, mais annule la décision de la Commission européenne, s'agissant de la détermination du montant de l'amende (Parker Hannifin), 14 juillet 2016, Concurrences N° 4-2016, Art. N° 81880, pp. 89-90.

CJUE, 16 juin 2016, Evonik Degussa, C-155/14 P

La Cour de justice de l'Union européenne affirme que le non-respect par une filiale d'une instruction expresse, donnée par sa société-mère, de ne pas se livrer à des pratiques anticoncurrentielles, ne suffit pas à renverser la présomption capitalistique conduisant à mettre en cause la responsabilité de la société-mère.

Retour sur une fiction juridique moderne. On ne compte plus les commentaires de cette chronique portant sur le thème de la présomption capitalistique prétendument réfragable mais en fait manifestement irréfragable en dépit de dénégations jurisprudentielles aussi constantes que peu convainquantes...

L'arrêt ici commenté en fournit une nouvelle illustration, dans un contexte quelque peu particulier, rappelé par l'Avocat général Paolo Mengozzi dans ses conclusions. Des employés de la société SKW Stahl-Technik & Co. (« SKW ») ont participé à un cartel sur le marché des réactifs à base de carbure de calcium et de silicium, à partir du 22 avril 2004. À cette date, SKW est détenue à 100 % par les requérantes, mais elle est sur le point d'être cédée à Arques Industries. La cession intervient quatre mois plus tard, le 30 août 2004, avec effet économique rétroactif au 1er janvier 2004. Le cartel déploiera ses effets jusqu'au 16 janvier 2007 et, d'ailleurs, la nouvelle société-mère, rebaptisée Gigaset, sera condamnée dans la même décision de la Commission (décision C(2009) 5791 du 22 juillet 2009, confirmé pour l'essentiel par le Tribunal dans l'arrêt objet du pourvoi (arrêt T-391/09 du 23 janvier 2014, EU:T:2014:22).

Une société-mère est responsable des agissements de sa filiale, alors même qu'elle n'a pas profité économiquement de l'entente et que la filiale a participé au cartel contre les instructions expresses et à l'insu de la société-mère dont l'attention était accaparée par un processus de cession

C'est donc au titre de cette brève période de quatre mois, juste avant la cession, pendant laquelle l'entente a démarré, que la responsabilité des requérantes a été retenue, et alors même qu'il est constant, non seulement que la participation de SKW au cartel a été mise en œuvre en contradiction manifeste avec des instructions précises, données par la maison-mère, de s'abstenir de tout comportement anticoncurrentiel, mais encore qu'elle n'en a pas profité économiquement : comme l'a souligné l'Avocat général dans ses conclusions, l'effet économique de la cession intervenue le 30 août 2004 ayant rétroagi au 1er janvier 2004, 4 mois avant le début de la participation de SKW à l'entente.

La question centrale soumise à la Cour était celle de la valeur qu'il convient ou non d'accorder au non-respect par une filiale d'une instruction expresse de ne pas se livrer à des pratiques anticoncurrentielles. Faut-il voir dans l'existence même de l'instruction un indice d'influence déterminante sur la filiale, ou dans le non-respect de cette instruction l'indice inverse, susceptible – enfin ! – de renverser la présomption capitalistique ?

Rappelant d'abord que la présomption capitalistique suppose l'exercice effectif de l'influence déterminante de la société-mère, ainsi qu'il ressort de l'usage des termes « lorsque la filiale applique pour l'essentiel les instructions qui lui sont données par la société-mère », comme l'a rappelé l'Avocat général Paolo Mengozzi dans ses conclusions en se référant notamment à l'arrêt *Commission c/ Stichting Administratiekantoor Portielje* (C-440/11 P).

La Cour relève tout d'abord que l'existence même d'une instruction pourrait donner l'apparence, à première vue, de l'existence d'une influence déterminante, mais que la « rébellion » de la filiale ne saurait être regardée comme un indice probant de l'exercice effectif par sa société-mère de ladite influence déterminante (§ 40). La solution semble s'imposer et l'on s'étonnerait presque qu'il soit nécessaire de l'affirmer. Mais la Cour poursuit immédiatement en jugeant que « pour autant, le fait qu'une filiale ne se conforme pas à une instruction donnée par sa société-mère ne saurait suffire, à lui seul, à établir l'absence d'exercice effectif d'une influence déterminante par celle-ci sur celle-là » (§ 41).

« La justice, c'est comme la Sainte Vierge : si on ne la voit pas de temps en temps, le doute s'installe » (Michel Audiard, « Pile ou face ») – le caractère réfragable de la présomption capitalistique, c'est un peu la même chose (... en plus douteux)

La Cour affirme donc que le non-respect des instructions données ne constitue ni un indice probant établissant l'exercice effectif d'une influence déterminante, ni un élément suffisant pour prouver, à l'inverse, l'absence d'un tel exercice effectif d'influence déterminante. En somme, le non-respect des instructions données ne prouve... rien ! « *Damned if you do, damned if you don't* » : qu'une filiale obéisse ou désobéisse à sa société-mère, la conclusion qu'en tire la Cour est identique, et confirme que rien ne semble pouvoir jamais renverser la présomption capitalistique. Seul un non-respect systématique par la filiale des instructions de sa société mère pourrait éventuellement conduire à douter de l'exercice effectif d'une influence déterminante de la société-mère sur sa filiale (§ 41). Encore faut-il souligner que la Cour ne précise pas s'il est nécessaire, dans ce cas de figure hypothétique, que la rébellion de la filiale s'exerce dans le champ de son comportement sur le marché ou non – pourtant seul critère pertinent en matière de responsabilité pour des pratiques anticoncurrentielles. À lire l'arrêt, on pourrait donc imaginer une situation ubuesque où une filiale se conformerait scrupuleusement aux instructions de sa société-mère en matière, par exemple, de reporting financier ou de politique de ressources humaines tout en ignorant les instructions en matière de comportement sur le marché. Dans ce cas, il serait encore possible pour la Cour de soutenir, en s'appuyant sur sa jurisprudence, que la présomption capitalistique ne saurait être renversée.

On ajoutera, pour s'en étonner (mais s'étonne-t-on encore de quoi que ce soit, sur un pareil sujet ?), que la Cour n'a tenu aucun compte des circonstances factuelles très particulières de cette affaire, à savoir que l'entente avait été mise en œuvre dans le contexte d'une cession imminente qui avait créé, selon les requérantes, un « vide de pouvoir » propice à l'émergence des pratiques que la société-mère avait pourtant expressément interdites et dont elle n'a, *in fine*, pas profité puisque les effets économiques de la cession ont rétroagi à une date antérieure au début du cartel.

Le caractère réfragable de la présomption capitalistique, une fiction juridique moderne

Plus que jamais, le caractère réfragable de la présomption capitalistique s'affirme donc comme une version moderne des fictions juridiques qu'avait définies, au XIXe siècle, le philosophe du droit et juriste allemand Rudolf von Jhering, à savoir des « mensonges techniques consacrés par la nécessité » (R. von Jhering, *L'esprit du droit romain dans les diverses phases de son développement*, Paris, 1880, cité par Mikhaïl Xifaras, « Fictions juridiques – Remarques sur quelques procédés fictionnels en usage chez les juristes », *Annuaire de l'Institut Michel Villey*, 3-2011, p. 458). La « nécessité » à l'œuvre ici est aisée à identifier, puisqu'il s'agit d'assurer l'effectivité des sanctions prononcées en matière de cartels en imputant systématiquement la responsabilité des infractions aux sociétés-mères. Cette nécessité justifie-t-elle le « mensonge technique » tout aussi aisé à identifier, consistant à affirmer contre vents et marées le caractère réfragable de la présomption capitalistique tout en le privant tout aussi systématiquement de substance et de réalité ? Dans la mesure où elle met à mal la présomption d'innocence garantie par la Convention européenne de sauvegarde des droits de l'Homme et par la Charte des droits fondamentaux de l'Union européenne, il est permis d'en douter.

M. Debroux

Concurrences N° 3-2016, Art. N° 80170, p. 57

Voir aussi, sur les origines de l'affaire

Trib. UE, 23 janv. 2014, 3 arrêts, Evonik Degussa et AlzChem, T-391/09 ; SKW Stahl-Metallurgie Holding et SKW Stahl-Metallurgie, T-384/09 ; Gigaset, T-395/09

M. Debroux, Imputabilité : Le Tribunal de l'Union européenne confirme l'imputabilité du comportement infractionnel d'une filiale à ses sociétés-mères successives et procède à des ajustements mineurs du montant de l'amende (Evonik Degussa, Alzchem, SKW Stahl-Metallurgie, Gigaset), 23 janvier 2014, Concurrences N° 2-2014, Art. N° 65651, pp. 72-73.

CJUE, 21 juill. 2016, SIA « VM Remonts », C-542/14

La Cour de justice de l'Union européenne précise les conditions restrictives dans lesquelles une entreprise peut être tenue responsable des agissements anticoncurrentiels d'un prestataire de service.

L'arrêt commenté, rendu sur question préjudicielle, confirme que la Cour, même en présence de situations purement internes, rechigne rarement à faire de la pédagogie en droit de l'Union, lorsqu'il s'agit d'assurer l'interprétation uniforme de ce dernier (voir notamment CJUE, 26 novembre 2015, Maxima Latvija, aff. C-345/14, point 12). En l'espèce, la Cour suprême de Lettonie avait saisi la Cour d'une question préjudicielle portant sur une question d'interprétation du droit letton de la concurrence, identique en substance au droit de l'Union.

Afin de répondre à un appel d'offres portant sur l'approvisionnement d'écoles de la ville de Jürmala, l'entreprise Pārtikas kompānija avait fait appel à un consultant qui avait lui-même eu recours à un sous-traitant, la société SIA « MMD lietas ». Ce sous-traitant, à l'insu du donneur d'ordre initial (Pārtikas kompānija), s'était également engagé à rédiger les offres de deux autres concurrents et, pour ce faire, avait comparé les prix respectifs des différentes offres et avait aligné ces derniers pour conduire à l'attribution du marché à l'un des répondants. Le conseil de la concurrence letton a sanctionné les trois entreprises soumissionnaires, en considérant qu'elles s'étaient concertées en préparant leurs offres conjointement. Saisie d'un recours contre cette décision, la cour administrative locale a confirmé celle-ci à l'égard des deux autres concurrents, mais l'a annulée dans la mesure où un comportement anticoncurrentiel avait été imputé à Pārtikas kompānija.

Saisie à son tour d'un pourvoi en cassation contre cet arrêt de la cour administrative, la Cour suprême de Lettonie a saisi la Cour de justice d'une question préjudicielle, en soulignant en particulier que la situation, bien que purement locale, mettait en œuvre un cadre juridique identique au droit de l'Union, et que par ailleurs, les faits de l'espèce ne faisaient pas ressortir que Pārtikas kompānija ait été informée de, ou ait autorisé, les comportements du sous-traitant de son consultant.

Lorsqu'un prestataire de services s'engage dans un comportement anticoncurrentiel à l'insu de son donneur d'ordres, quelles sont les conditions pour éventuellement retenir la responsabilité de ce dernier ?

La Cour rappelle la distinction fondamentale qu'il convient d'opérer entre un employé, qui agit en faveur et sous la direction de son employeur, et un prestataire externe, qui constitue une entreprise distincte. Dans le premier cas, les actes d'un employé engagent l'entreprise qui l'emploie (§ 23), alors que les comportements anticoncurrentiels d'un prestataire externe, entreprise indépendante, ne peuvent être attribués à l'entreprise utilisatrice de ses services que dans des conditions précises et limitées (§ 27). Il s'agit en effet d'éviter que la mise en œuvre de pratiques anticoncurrentielles ne soit « sous-traitée » à des tiers, en contournant la présomption de responsabilité de la maison-mère en raison des agissements de sa filiale, dont plus personne n'ignore qu'elle est *de facto* irréfragable.

La responsabilité de l'entreprise utilisatrice des services du prestataire externe peut être retenue si l'une des conditions suivantes est remplie : (i) le prestataire opérait en réalité sous la direction ou le contrôle de l'entreprise en cause, (ii) l'entreprise en cause avait connaissance des objectifs anticoncurrentiels poursuivis par son prestataire et entendait y contribuer par son propre comportement (on relève que la simple connaissance est insuffisante), ou enfin (iii) si l'entreprise en cause pouvait « raisonnablement prévoir les agissements anticoncurrentiels de ses concurrents et du prestataire, et était prête à en accepter les risques » (§ 34).

On anticipe aisément les difficultés de preuve que cette dernière formulation risque d'entraîner, la charge de la preuve reposant ici sur l'Autorité de la concurrence puisqu'il s'agit d'une exception au principe d'indépendance du prestataire externe. Quelques contentieux sont à prévoir...

M. Debroux
Concurrences N° 4-2016, Art. N° 81876, p. 84

CJUE, 18 janv. 2017, Toshiba, C-623/15 P

La Cour de justice de l'Union européenne fait une application classique de sa jurisprudence sur la responsabilité des maisons-mères exerçant un contrôle conjoint sur une filiale commune.

L'affaire du cartel mondial des tubes cathodiques pour téléviseurs et écrans d'ordinateurs a déjà donné lieu à des commentaires dans cette revue à l'occasion des arrêts du Tribunal (voir notamment n° 4-2015, p. 116), et les pourvois formés contre ces arrêts ont les honneurs de deux commentaires dans la présente livraison (voir *infra*, aff. C-615/15 P, note A.-S. C.-G.). On rappellera que par sa décision remarquée du 5 décembre 2012 (aff. AT-39.437), la Commission avait lourdement sanctionné une dizaine d'entreprises ayant participé à deux cartels de grande ampleur concernant, d'une part, les tubes cathodiques pour téléviseurs et, d'autre part, les tubes cathodiques pour écrans d'ordinateurs. Ces entreprises, au nombre desquelles figurait Toshiba, l'auteur du pourvoi ici commenté, s'étaient vues infliger une amende globale de 1,47 milliard d'euros.

Au soutien de son pourvoi, Toshiba n'a présenté qu'un moyen unique subdivisé en deux branches tirées, la première, d'une erreur de droit qu'aurait commise le Tribunal en retenant certains éléments comme des preuves établissant soit la capacité de Toshiba à exercer une influence déterminante sur l'entreprise commune constituée avec Matsushita (dénommée Matsushita Toshiba Picture Display), soit l'exercice effectif par Toshiba d'une telle influence ; la seconde, d'une erreur de droit tirée de la conclusion, fondée sur les éléments mentionnés dans la première branche du moyen, selon laquelle Toshiba avait exercé une influence déterminante sur l'entreprise commune et les deux entités faisaient ainsi partie d'une même unité économique. La Cour examine ensemble ces deux moyens, mais rejette l'ensemble des arguments alléguant une dénaturation des preuves par le Tribunal, au motif que ces arguments invitaient la Cour, en réalité, à procéder à une nouvelle appréciation des faits (§ 83).

Selon la Cour, sans avoir présumé l'exercice effectif d'une influence déterminante sur le comportement de la filiale commune, le Tribunal a correctement caractérisé, puis appliqué, les éléments de preuve permettant de conclure à cet exercice effectif

Ce sont donc les arguments relatifs à la prétendue absence de capacité de Toshiba d'exercer une influence déterminante sur l'entreprise commune qui retiennent l'attention. À vrai dire, la solution retenue par la Cour semble particulièrement classique et conforme à sa jurisprudence, dont elle rappelle les principes aux paragraphes 45 à 49 de l'arrêt. Dans un premier temps, la Cour rejette l'argument selon lequel le Tribunal aurait retenu une présomption d'exercice effectif d'une influence déterminante sur la filiale commune. Elle relève que, loin de présumer l'exercice effectif d'une influence déterminante des mères sur l'entreprise commune, le Tribunal a relevé que lorsque des dispositions légales ou des stipulations contractuelles prévoient que le comportement de la filiale commune sur le marché est déterminé conjointement par ses mères, il appartient aux sociétés mères d'apporter des preuves concrètes démontrant l'inverse (§ 51). La Cour estime ensuite que le Tribunal a correctement et souverainement analysé les éléments fournis par Toshiba pour tenter d'apporter ces éléments de preuve (existence de directeurs communs, droit de veto de la mère sur certains investissements de la filiale commune, existence d'une relation de fournisseur préférentiel, etc. – *cf.* § 31), et estime que les prétendues dénaturations de preuve invoquées par Toshiba sont irrecevables.

Au terme de cet arrêt relativement court, à la motivation classique, la Cour confirme l'amende de plus de 82 millions d'euros infligée solidairement à Toshiba et à l'entreprise commune.

M. Debroux

Concurrences N° 2-2017, Art. N° 83784, p. 85

Voir aussi, sur les origines de l'affaire

Trib. UE, 9 sept. 2015, Toshiba, T-104/13

M. Debroux, Amendes : Le Tribunal de l'Union européenne confirme largement les sanctions imposées à sept entreprises dans l'affaire des tubes cathodiques, mais réduit l'amende pour deux d'entre elles (Panasonic e. a.), 9 septembre 2015, Concurrences N° 4-2015, Art. N° 76308, p. 116.

CJUE, 27 janv. 2021, The Goldman Sachs Group, C-595/18 P

La Cour de justice de l'Union européenne confirme qu'une banque d'investissement peut être tenue responsable du comportement infractionnel d'une société indirectement détenue et valide, à cette fin, la mobilisation par la Commission européenne de la présomption de contrôle à partir du seul constat de la détention de la totalité des droits de vote.

Investir au capital d'une société est une activité présentant un risque financier élevé. Nul ne l'ignore, les banquiers de Goldman Sachs non plus, eux qui maîtrisent, bien mieux que nous, les rouages de la finance mondiale. L'enjeu demeure classiquement l'accroissement de la rentabilité économique de la société cible aux fins de la perception de généreux dividendes ou de la réalisation d'une plus-value confortable lors de la revente des actions acquises.

Investir au capital d'une société présente toutefois également un risque concurrentiel élevé que les banquiers de Goldman Sachs ont pu, à tout le moins négliger, tout au plus ignorer. Être une banque d'investissement ne suffit pas pour s'affranchir de toute responsabilité consécutive à la participation d'une société cible à une infraction. Gageons que le rejet ici rapporté du pourvoi formé par la banque éponyme contre l'un des arrêts du Tribunal dans l'affaire du cartel des câbles électriques ne les laissera pas, à l'avenir, indifférent (v. Trib. UE, 12 juillet 2018, *The Goldman Sachs Group*/Commission, T-419/14, EU:T:2018:445 ; sur cet arrêt, E. Thomas, *Concurrences* N° 4-2018). Investissant au capital de nombreuses sociétés, le risque de récidive ne saurait être négligé.

Rappelons en effet que le droit des pratiques anticoncurrentielles se caractérise par un régime inédit de la responsabilité des sociétés-mères du fait du comportement infractionnel de leur filiale. Son efficacité n'est plus à démontrer, et ce, grâce au précieux concours des juges de l'Union. Depuis les grands arrêts prononcés dans les années 1970, le Tribunal puis la Cour n'ont eu de cesse de le renforcer (v., en particulier, L. Idot, La responsabilité pénale des personnes morales : les leçons du droit européen de la concurrence, *Concurrences* N° 1-2012).

L'allègement de la charge de la preuve de l'exercice effectif de l'influence déterminante de la société-mère par la mobilisation d'une présomption – simple en apparence – à partir de la détention de la totalité ou la quasi-totalité du capital social de sa filiale est l'un des jalons les plus importants de la jurisprudence en ce domaine (v., en particulier, CJCE, 10 septembre 2009, Akzo Nobel/Commission, C-97/08, EU:C:2009:536). En conjuguant cette présomption à l'appréhension des relations, non seulement directes, mais également indirectes de contrôle, les juges de l'Union auront également étendu, à l'infini, le périmètre des sociétés potentiellement responsables des agissements d'une autre société au sein d'un groupe (v., en particulier, CJUE, 20 janvier 2011, General Quimica e. a., Commission, C-90/09 P, EU:C:2011:21). Les conditions étaient dès lors optimales pour engager la responsabilité d'une banque d'investissement, située au sommet de multiples strates sociétaires. Goldman Sachs était prévenue.

La simple détention de la totalité ou de la quasi-totalité du capital de la filiale n'est pas celle qui fonde en elle-même la présomption de l'exercice effectif d'une influence déterminante, mais le degré de contrôle de la société-mère sur sa filiale que cette détention implique

Si l'hypothèse contentieuse au cœur de la présente affaire s'inscrit dans la continuité d'un contexte jurisprudentiel d'ores et déjà nourri, elle mérite toutefois la plus grande attention. La Cour clarifie, en premier lieu, le régime de la présomption d'exercice effectif d'une influence déterminante. Pour ceux qui en douteraient encore, celle-ci n'est plus « capitalistique » mais de « contrôle » (CJUE, 27 janv. 2021, *The Goldman Sachs Group/ Commission*, C-595/18 P, EU:C:2021:73, pt 35). La Commission avait en effet, pour une partie de la période infractionnelle, mobilisé ladite présomption, alors que Goldman Sachs ne détenait indirectement ni la totalité, ni la quasi-totalité du capital social de la société du groupe Prysmian ayant participé à l'infraction (*ibid.*, pts 9 et 10). Elle détenait toutefois indirectement la totalité des droits de vote, ce qui, selon la Commission puis le Tribunal, était amplement suffisant pour déclencher l'application, en l'espèce, de la présomption. Ce raisonnement ne pouvait être qu'approuvé, sauf à traiter différemment des situations, en substance, comparables.

L'on ne saurait utilement distinguer l'hypothèse de la détention de la totalité du capital social de celle de la détention de la totalité des droits de vote. Au soutien de son pourvoi, Goldman Sachs ne prétendait au demeurant pas le contraire. Selon la banque d'investissement, la présomption ne pouvait être mobilisée qu'à partir d'un constat aisément accessible, à savoir le pourcentage du capital social détenu, non à partir d'une étude approfondie des droits associés aux actions (*ibid.*, pt 26). Ce seul argument ne pouvait prospérer. La Cour souligne en effet que « [ce n'est] non pas la simple détention de la totalité ou de la quasi-totalité du capital de la filiale en elle-même qui fonde la présomption de l'exercice effectif d'une influence déterminante, mais le degré de contrôle de la société-mère sur sa filiale que cette détention implique » (*ibid.*, pt 35). Et d'ajouter, de manière convaincante, qu'une telle extension de la présomption à l'hypothèse de la détention de la totalité des droits de vote n'emporte aucune violation du principe de sécurité juridique, dans la mesure où la société-mère qui « s'est réservée ou a acquis l'ensemble des droits de vote associés [actions détenues], ne peut, à l'évidence, ignorer que tel est le cas » (*ibid.*, pt 39). En bref, la Cour opère un changement de paradigme attendu, mais qui devrait, dans le même temps, alimenter le contentieux. La question de la limite en-deçà de laquelle la présomption peut être mobilisée n'a jamais été aussi saillante. L'hypothèse au cœur de l'affaire Goldman Sachs s'avère toutefois d'école. Gageons que la Commission ne s'aventurera pas, pour chaque affaire, dans l'examen approfondi de la nature des droits de vote associés aux actions détenues par une société-mère.

Validant, dans son principe, le recours à la présomption, la Cour rejette tout autant toute erreur de droit du Tribunal dans l'appréciation des éléments avancés par Goldman Sachs aux fins d'obtenir son renversement. Le standard de preuve demeure à cette fin plus que très (que trop ?) élevé pour les sociétés mères : rapporter une preuve négative, c'est-à-dire la preuve qu'elles n'ont pas exercé de manière effective une influence déterminante sur leur filiale (alors que la Commission avait considéré, dans le cadre de l'affaire Akzo Nobel, que la présomption pouvait être renversée en présence d'une société gérée comme un simple investisseur financier, la présente affaire n'aura pas permis de le vérifier : v. concl. Av. général Mme Kokott dans l'affaire Akzo Nobel, C-97/08 P, note 67). *Probatio diabolica* ? Nullement, selon la Cour, laquelle n'aura même pas pris la peine de décliner son refrain habituel – et imparable – : le fait que la présomption soit difficile à renverser, n'implique pas que cela soit impossible (*ibid.*, pt 51).

En tout état de cause, Goldman Sachs aura été bien peu conseillée au stade du pourvoi en sollicitant, en substance, un réexamen par la Cour des appréciations factuelles du Tribunal (*ibid.*, pts 47 à 49). Tout en lui rappelant les règles qui gouvernent le pourvoi, cette dernière aura toutefois tenté de répondre aux arguments soulevés sur le seul terrain de la dénaturation des faits. Sans succès. Le fait notamment que des déclarations publiques d'indépendance effectuées par le conseil d'administration de Prysmian présentent, selon le Tribunal, une force probante limitée, en ce que de telles déclarations ne permettent pas d'établir la véracité du contenu, n'implique pas que le Tribunal ait formellement conclu à leur caractère mensonger (*ibid.*, pt 52). Même si, nous en conviendrons, tenter d'obtenir le renversement de la présomption par l'envoi d'une déclaration « *d'indépendance* » de la part du conseil d'administration de la société où l'on détient la totalité des droits de vote prête assurément à sourire.

L'exercice effectif d'une influence déterminante de la société-mère sur le comportement de la filiale peut être déduit d'un faisceau d'éléments concordants, même si aucun de ces éléments, pris isolément, ne suffit à établir l'existence d'une telle influence

Au soutien de son pourvoi, Goldman Sachs reprochait, en second lieu, au Tribunal de multiples incohérences dans l'appréciation des éléments de preuve retenus par la Commission pour démontrer que la banque d'investissement avait indirectement exercé de manière effective une influence déterminante sur la filiale du groupe Prysmian ayant participé à l'infraction. En effet, pour une autre partie de la période infractionnelle, la Commission n'avait pu mobiliser la présomption de contrôle mais avait démontré l'exercice effectif de l'influence déterminante en se fondant notamment sur les liens personnels unissant Goldman Sachs aux sociétés du groupe Prysmian (*ibid.*, pt 10).

La Cour apporte à cet égard des précisions bienvenues. De tels liens personnels ne sauraient être identifiés que dans la seule hypothèse où un administrateur de la filiale exerce, simultanément, des fonctions identiques au sein du conseil d'administration de la société-mère ou des fonctions d'agents ou de direction pour le compte de cette dernière, ou inversement (*ibid.*, pts 77 et 78). Contrairement à ce que prétendait Goldman Sachs, « la pertinence de (…) liens personnels réside dans le fait qu'ils sont susceptibles de suggérer qu'une personne, bien qu'étant active pour une société donnée, poursuit effectivement, eu égard à ses liens avec une autre société, les intérêts de cette dernière. [Tel] peut (…) être le cas lorsqu'une personne, qui siège dans le conseil d'administration d'une société, est liée à une autre société au moyen de "services de conseil antérieurs" ou de "contrats de consultant" » (*ibid.*, pt 94).

La nuance s'avère essentielle, en ce qu'elle facilite la preuve, par la Commission, de l'exercice effectif de l'influence déterminante d'une société sur une autre. La Cour fait une nouvelle fois preuve d'une extrême souplesse, guidée par la recherche de l'effet utile des règles de concurrence. Le régime de la responsabilité des sociétés-mères du fait d'un comportement infractionnel de leur filiale en sort une nouvelle fois renforcé.

E. Thomas

Concurrences N° 2-2021, Art. N° 100249, p. 71

Voir aussi, sur les origines de l'affaire

Trib. UE, 12 juill. 2018, The Goldman Sachs Group, T-419/14

E. Thomas, Amende : Le Tribunal de l'Union européenne confirme en tous points la décision de la Commission européenne prononcée dans l'affaire du cartel des câbles électriques à haute tension souterrains et sous-marins, et rejette l'ensemble des moyens aux fins d'annulation et de réformation invoqués au soutien des quinze recours dirigés contre ladite décision (The Goldman Sachs Group...), 12 juillet 2018, Concurrences N° 4-2018, Art. N° 88091.

CJUE, gde ch., 6 oct. 2021, Sumal c/ Mercedes Benz Trucks España, C-882/19

La Cour de justice de l'Union européenne applique, en formation de grande chambre, le principe de la responsabilité personnelle à la notion d'entreprise constituant une unité économique et admet qu'une victime de pratiques anticoncurrentielles cherche à obtenir d'une filiale la réparation de son dommage causé par la société-mère.

L'arrêt *Sumal*, rendu le 6 octobre 2021 par la Cour en grande chambre, mérite bien sûr davantage qu'une mention « à noter » dans cette rubrique. Il n'est mentionné ici à ce titre qu'en raison de l'étude plus approfondie qui lui est consacrée par ailleurs dans ce numéro. Nous ne résumerons donc ici que les apports essentiels de cet arrêt important, en renvoyant le lecteur non seulement à l'étude précitée, mais aussi à l'un des premiers commentaires qui lui a été consacré (« Un pour tous, et tous pour un ! » : l'arrêt *Sumal* précise le périmètre de la notion d'entreprise pour faciliter les actions privées, Maya-Salomé Garnier, *Contrat Concurrence Consommation* n° 12, décembre 2021).

En quelques mots, la Cour affirme le principe de la responsabilité personnelle d'une entité – l'entreprise – qui est, en tant que telle, dépourvue de personnalité juridique. Tout comme elle l'avait fait dans son arrêt *Vantaan Kaupunki* du 14 mars 2019 (aff. C-724/17, v. *Concurrences* N° 2-2019, p. 68-69, note E.T.), la Cour applique donc sa définition fonctionnelle de l'entreprise et tire toutes les conséquences de la vieille jurisprudence ICI du 14 juillet 1972 (aff. C-48/69). Elle le fait dans le contexte particulier d'une responsabilité « descendante », à savoir la responsabilité d'une filiale du fait des pratiques de sa maison-mère, contrairement à la situation qui caractérisait l'arrêt *Vantaan Kaupunki*. À vrai dire, la distinction entre « maison-mère » et « filiale » ne semble plus guère avoir de pertinence, dès lors que ces derniers forment *« une seule et même entreprise auteur du comportement infractionnel »* (§ 43), à qui il incombe « selon le principe de la responsabilité personnelle, de répondre de cette infraction » (§ 42).

Les conditions pour retenir une responsabilité « descendante » ne sont pas totalement identiques à celle régissant la responsabilité « montante »

Tirant les conséquences de cette affirmation, la Cour affirme l'existence d'une responsabilité solidaire entre les différentes entités qui composent la même unité économique au moment de l'infraction, et juge qu'en cas de condamnation de la société-mère, « *rien ne s'oppose, en principe* » à ce que la victime d'une pratique anticoncurrentielle introduise une action en réparation à l'encontre d'une de ses filiales (§ 50). Elle précise toutefois qu'il incombe à la victime de prouver non seulement que la filiale et la société-mère font partie de la même unité économique, mais aussi qu'il existe un « lien concret » entre l'activité économique de la filiale et la pratique anticoncurrentielle pour laquelle la société-mère a été condamnée.

Or, une telle condition n'est pas requise, on le sait, lorsqu'il s'agit de mettre en jeu la responsabilité de la maison-mère pour les pratiques de sa filiale. La Cour aurait-elle hésité devant les conséquences de l'application du principe de responsabilité personnelle à une entité dépourvue de personnalité ?

M. Debroux
Concurrences N° 1-2022, Art. N° 105297, p. 85

1.2.4.2 Sanctions

Principes généraux

CJCE, gde ch., 28 juin 2005, Dansk Rørindustri e. a., aff. jtes C-189/02 P, C-202/02 P, C-205/02 P à C-208/02 P et C-213/02 P

La Cour de justice des Communautés européennes confirme la légalité de la méthode de tarification prévue par les lignes directrices pour le calcul des amendes et fait jurisprudence en matière de non-rétroactivité.

Autre arrêt marquant le point final d'une affaire de cartel que celui rendu sur pourvoi par la grande chambre de la CJCE dans l'affaire Conduites précalorifugées. Les arrêts rendus par le TPICE dans cette affaire (TPICE, 4e ch., 20 mars 2002, HFB e. a. c/ Commission, aff. T-9/99, Rec. p. II 1487. ; Brugg Rohrsysteme c/ Commission, aff. T-15/99, Rec. p. II 1613. ; Lögstör Rör c/ Commission, aff. T-16/99, Rec. p. II 1633. – KE KELIT c/ Commission, aff. T-17/99, Rec. p. II 1647. – LR AF 1998 c/ Commission, aff. T-23/99, Rec. p. II 1705. ; Dansk Rørindustri c/ Commission, aff. T-21/99, Rec. p. II 1681. – ABB Asea Brown Boveri c/ Commission, aff. T-31/99, Rec. p. II 1881) avaient permis au juge de première instance de poser plusieurs principes importants relatifs à la nature et à la portée des lignes directrices pour le calcul des amendes (Communication Comm. CE n° 98/C 9/04, portant lignes directrices pour le calcul des amendes infligées en application de l'article 15 paragraphe 2, du règlement n° 17 et de l'article 65, paragraphe 5, du traité CECA, *JOCE* n° C 9, 14 janv. 1998, p. 3). Ces principes ont depuis lors donné naissance à une jurisprudence qui, sans être encore « constante », peut néanmoins être considérée comme « bien établie ».

L'arrêt de la CJCE confirme cette jurisprudence, tout en la nuançant. Il apporte en outre quelques enseignements nouveaux.

Cadre juridique régissant le calcul du montant des amendes

Le TPICE avait estimé, tout d'abord, que le principe de non-rétroactivité des lois pénales constitue un principe général de droit communautaire au respect duquel la Commission est tenue, « même s[i] [l]es amendes pour violation du droit de la concurrence n'ont pas un caractère pénal », « dans toute procédure susceptible d'aboutir à des sanctions en application des règles de la concurrence du traité » (arrêt LR AF 1998, préc., point 220). Sans surprise, la CJCE confirme cette avancée en jugeant que le respect dudit principe s'impose à la Commission « lorsque des amendes sont infligées pour infraction aux règles de concurrence » (arrêt *Dansk Rørindustri*, préc., point 202).

Le TPICE avait considéré, ensuite, que les lignes directrices, bien qu'elles constituent des « règles générales que [la Commission] s'impose à elle-même », « [étaient] restées dans le cadre » défini par l'article 15, paragraphe 2, du règlement n° 17 (arrêt LR AF 1998, préc., point 222). En effet, à l'instar de cet article, elles déterminaient le montant des amendes en fonction de la gravité et de la durée de l'infraction, et demeuraient dans la limite de 10 % du chiffre d'affaires (arrêt LR AF 1998, préc., points 223 à 230). En conséquence, le fait d'en avoir fait application pour sanctionner des infractions commises avant leur entrée en vigueur n'était pas de nature à méconnaître le principe de non-rétroactivité des lois pénales (arrêt LR AF 1998, préc., points 231 et 232). Cette position a été réaffirmée depuis lors (voir, en dernier lieu, arrêt *Graphites spéciaux*, commenté ci-après, points 147, 160 et 161).

Cette vision des choses pouvait surprendre. En effet, le TPICE affirmait dans le même temps que les lignes directrices « déterminent, de manière générale et abstraite, la méthodologie que la Commission s'est imposée aux fins de la détermination du montant des amendes » (arrêt LR AF 1998, préc., points 223 à 230), et sont concrètement appliquées pour déterminer le montant de l'amende infligée à l'entreprise incriminée, de sorte que cette dernière est en droit d'exciper de leur illégalité devant le juge (arrêt LR AF 1998, préc., points 274 à 276). Ainsi donc, après avoir exposé que les lignes directrices pouvaient être appliquées rétroactivement parce qu'elles n'ajoutaient rien à l'article 15, paragraphe 2, du règlement n° 17, le TPICE indiquait qu'on pouvait exciper de leur illégalité parce qu'elles y ajoutaient quelque chose. Un tel raisonnement n'était pas exempt de toute tension.

Pour résoudre ce problème, la CJCE fait, fort logiquement, application du principe d'autolimitation qui fonde l'analyse traditionnelle des règles indicatives figurant dans les communications que la Commission adopte, sous des intitulés divers (communication, lignes directrices, encadrement, etc.), et publie désormais systématiquement au *Journal officiel de l'Union européenne*. Il est évident que ces règles indicatives ne peuvent dépasser, et ne dépassent généralement pas, le cadre de la disposition de droit primaire qu'elles concernent (l'article 81, paragraphe 3, du traité CE ou l'article 87, paragraphe 3, du traité CE, par exemple). Mais là n'est pas la question. L'important, c'est qu'elles en précisent le contenu, d'une manière parfois assez novatrice (pensons, par exemple, à la récente communication relative à l'article 81, paragraphe 3, du traité CE), et que la Commission s'oblige en principe à les appliquer dans chaque cas d'espèce.

La CJCE juge donc, par des motifs qui méritent d'être reproduits, que : « [la] prémisse [du TPICE] est inexacte. La Cour a déjà jugé, statuant au sujet de mesures d'ordre interne adoptées par l'administration, que, si elles ne sauraient être qualifiées de règle de droit à l'observation de laquelle l'administration serait, en tout cas, tenue, elles énoncent toutefois une règle de conduite indicative de la pratique à suivre dont l'administration ne peut s'écarter, dans un cas particulier, sans donner des raisons qui soient compatibles avec le principe d'égalité de traitement. [...]

Une telle jurisprudence s'applique à plus forte raison à des règles de conduite visant à produire des effets externes, comme c'est le cas des lignes directrices qui visent des opérateurs économiques. En adoptant de telles règles de conduite et en annonçant par leur publication qu'elle les appliquera dorénavant aux cas concernés par celles-ci, l'institution en question s'autolimite dans l'exercice de son pouvoir d'appréciation et ne saurait se départir de ces règles sous peine de se voir sanctionner, le cas échéant, au titre d'une violation de principes généraux du droit, tels que l'égalité de traitement ou la protection de la confiance légitime. Il ne saurait dès lors être exclu que, sous certaines conditions et en fonction de leur contenu, de telles règles de conduite ayant une portée générale puissent déployer des effets juridiques. [...]

C'est d'ailleurs à juste titre que [...] le Tribunal a relevé que les lignes directrices, si elles ne constituent pas le fondement juridique de la décision litigieuse, déterminent, de manière générale et abstraite, la méthodologie que la Commission s'est imposée aux fins de la fixation du montant des amendes infligées par cette décision et assurent, par conséquent, la sécurité juridique des entreprises » (arrêt *Dansk Rørindustri*, préc., points 208 à 213).

La CJCE en conclut que l'application rétroactive de la méthode décrite par les lignes directrices n'est pas, par nature, insusceptible de méconnaître le principe de non-rétroactivité des lois pénales et qu'il faut donc vérifier, concrètement, si elle a méconnu ce principe. Pour ce faire, et ce n'est pas l'enseignement le moins intéressant de son arrêt, la CJCE fait sienne la jurisprudence de la Cour européenne des droits de l'Homme, dont il découle que peut violer le principe de non-rétroactivité des lois pénales l'« application rétroactive d'une nouvelle interprétation d'une norme établissant une infraction » (arrêt *Dansk Rørindustri*, préc., points 217 et 222). En l'espèce, la méthode de tarification retenue dans les lignes directrices pour le calcul des amendes étant raisonnablement prévisible, elle pouvait être appliquée pour déterminer le montant d'amendes infligées à raison d'infractions commises antérieurement à son adoption (arrêt *Dansk Rørindustri*, préc., point 231).

On notera, au passage, le motif surabondant selon lequel « peut » également violer le principe de non-rétroactivité l'application rétroactive « d'une interprétation jurisprudentielle dont le résultat n'était pas raisonnablement prévisible au moment où l'infraction a été commise » (arrêt *Dansk Rørindustri*, préc., point 218). Motif que les entreprises, et leurs conseils, garderont sans doute précieusement en mémoire... de même, peut-être, que les États membres susceptibles de se voir infliger des amendes et des astreintes d'un montant très significatif à raison des manquements dont la CJCE les juge coupables (CJCE, grande ch., 12 juil. 2005, Commission c/ France, aff. C-304/02, non encore publié).

Légalité des lignes directrices

Dans ses arrêts *Conduites précalorifugées*, le TPICE avait, enfin, reconnu la légalité des lignes directrices pour le calcul du montant des amendes sous plusieurs aspects importants. Il avait ainsi indiqué qu'il n'incombe pas à la Commission, lorsque celle-ci détermine le montant des amendes en fonction des critères de gravité et de durée prévus par l'article 15, paragraphe 2, du règlement n° 17, de se fonder sur le chiffre d'affaires de l'entreprise incriminée (arrêt LF AF 1998, préc., point 278). La Commission est donc en droit, en quelque sorte, d'établir une tarification abstraite des infractions (arrêt LF AF 1998, préc., point 282). Le TPICE avait également retenu qu'il est loisible à la Commission de tenir compte, entre autres éléments pertinents, du chiffre d'affaires global de l'entreprise incriminée aussi bien que du chiffre d'affaires provenant des produits en cause (arrêt LF AF 1998, préc., point 280). Il avait enfin exposé qu'il est indifférent que les montants obtenus par la Commission dans le cours de son calcul dépassent la limite supérieure de 10 % du chiffre d'affaires global, à condition que le montant final, lui, ne le dépasse pas (arrêt LF AF 1998, préc., point 286 à 290).

La CJCE, là encore sans surprise, confirme ces différents éléments (arrêt *Dansk Rørindustri*, préc., voir, en particulier, points 243, 257, 277 à 279).

Compétence de pleine juridiction

La CJCE consacre, par ailleurs, quelques réflexions à la compétence de pleine juridiction dévolue au TPICE en matière d'amendes et à son propre rôle de juge du pourvoi. On relèvera ainsi, avec quelque intérêt, que, « si le Tribunal entend s'écarter spécifiquement à l'égard de l'une [des entreprises incriminées] de la méthode de calcul suivie par la Commission et qu'il n'a pas remise en cause, il est nécessaire qu'il s'en explique dans son arrêt » (arrêt *Dansk Rørindustri*, préc., point 337). Ce qui implique que le TPICE peut s'écarter du raisonnement de la Commission sans le « remettre en cause », au seul motif que ce raisonnement, bien qu'il ne soit pas illégal, ne lui paraît pas opportun... Affaire à suivre. Les considérations consacrées au rôle du juge du pourvoi tiennent, quant à elles, surtout du rappel : « le contrôle de la Cour a pour objet, d'une part, d'examiner dans quelle mesure le Tribunal a pris en considération, d'une manière juridiquement correcte, tous les facteurs essentiels pour apprécier la gravité d'un comportement déterminé à la lumière des articles 85 du traité et 15 du règlement n° 17 et, d'autre part, de vérifier si le Tribunal a répondu à suffisance de droit à l'ensemble des arguments invoqués par le requérant tendant à la suppression ou à la réduction de l'amende [...]. En revanche, s'agissant du prétendu caractère disproportionné de l'amende, il importe de rappeler qu'il n'appartient pas à la Cour, lorsqu'elle se prononce sur des questions de droit dans le cadre d'un pourvoi, de substituer, pour des motifs d'équité, son appréciation à celle du Tribunal statuant, dans l'exercice de sa pleine juridiction, sur le montant des amendes infligées à des entreprises en raison de la violation, par celles-ci, du droit communautaire » (arrêt *Dansk Rørindustri*, préc., points 244, 245 et 303).

L'arroseur arrosé ?

Néanmoins, l'obligation de motivation ainsi imposée au TPICE n'est pas un vain mot ; l'annulation d'arrêts de première instance fondée sur la violation de cette formalité substantielle (« le TPICE ne pouvait se borner à répondre... Il lui incombait encore d'examiner ») se fait de plus en plus fréquente. L'arrêt *Acerinox* (préc., points 33 à 37), commenté ci-dessus, en fournit un excellent exemple en matière de concurrence. À l'évidence, le juge n'est pas en droit de faire moins que ce qu'il exige de la part de l'administration.

La victoire ainsi obtenue par le justiciable est toutefois assez limitée, puisqu'il suffit au juge du pourvoi de répondre, si l'affaire est en l'état d'être jugée, à l'argument auquel le juge de première instance n'a pas répondu (arrêt *Acerinox*, préc., points 103 à 109), etc.

F. Zivy

Concurrences N° 3-2005, Art. N° 1059, p. 119

Voir aussi

M. van der Woude, Calcul des amendes : La CJCE se prononce sur la validité et interprétation des lignes directrices et l'imputabilité de l'infraction à un groupe de sociétés (Dansk Rørindustri), 28 juin 2005, Concurrences N° 3-2005, Art. N° 1159, pp. 68-69.

Voir aussi, sur les origines de l'affaire

TPICE, 20 mars 2002, Dansk Rørindustri, T-21/99

CJUE, 8 déc. 2011, 3 arrêts, KME Germany, C-272/09 P ; Chalkor, C-386/10 P ; KME Germany, C-389/10 P

La Cour de justice de l'union européenne confirme l'exercice par le Tribunal d'un contrôle de pleine juridiction sur les sanctions infligées par la Commission en matière de concurrence.

Par trois arrêts rendus le même jour au sujet d'ententes sanctionnées dans les secteurs des tubes industriels et des tubes sanitaires en cuivre, la Cour vient d'apporter d'importantes précisions concernant la nature et la portée du contrôle opéré par le Tribunal sur les décisions de la Commission en matière de concurrence. La prise de position de la Cour, que d'aucuns semblaient appeler en vain de leurs vœux tant elle tardait à venir, résonne comme un écho à l'arrêt *Menarini Diagnostics*, rendu quelques semaines auparavant par la Cour EDH (Menarini Diagnostics c. Italie – requête n° 43509/08, arrêt du 27 sept. 2011).

Sur le plan procédural (pour une analyse au fond, on verra également la *Chronique Ententes* du présent numéro), la critique des arrêts rendus par le Tribunal (Trib. UE, 6 mai 2009, KME Germany e. a. c. Commission, aff. T-127/04, et 19 mai 2010, Chalkor c. Commission, aff. T-21/05, et KME Germany e. a. c. Commission, aff. T-25/05 ; *Chronique Ententes, Concurrences* N° 3-2009, p. 80, et N° 3-2010, p. 79), sensiblement commune aux trois affaires, concernait le contrôle de la sanction décidée par la Commission, tant quant à la méthode employée par le Tribunal pour apprécier la proportionnalité de celle-ci aux pratiques reprochées que s'agissant de l'appréciation de sa nécessaire individualisation aux entreprises sanctionnées.

Ainsi, les entreprises requérantes reprochaient au Tribunal de ne pas exercer un plein contrôle sur les décisions de la Commission à cet égard et de se référer indûment à la marge d'appréciation de la Commission lorsque celle-ci applique ses lignes directrices pour le calcul des amendes prononcées en vertu des règlements n° 17 puis n° 1/2003.

Dans l'affaire *Chalkor*, la requérante avait même produit une expertise rédigée par un ancien Avocat général de la Cour. Elle défendait notamment le caractère pénal au sens de la Convention EDH des procédures en matière de concurrence menées par la Commission. Or, dans la mesure où cette dernière est un organe administratif, et non pas un tribunal indépendant et impartial, le Tribunal serait d'autant plus tenu de procéder à un contrôle juridictionnel complet de ses décisions et devrait examiner toutes les circonstances et tous les faits de l'espèce en se fondant sur sa propre appréciation indépendante.

Le droit à un contrôle juridictionnel effectif est assuré par un contrôle de légalité complété par un contrôle de pleine juridiction

Si la Cour écarte l'argument du caractère pénal, ne le jugeant pas pertinent pour ce qui concerne le contrôle juridictionnel qui doit respecter des critères identiques que les procédures relèvent du noyau dur du droit pénal ou du droit administratif, elle rappelle néanmoins que le principe de protection juridictionnelle effective constitue un principe général du droit de l'Union, qui figure désormais à l'article 47 de la Charte des droits fondamentaux de l'Union européenne.

Ce contrôle est d'ailleurs organisé par les traités fondateurs. D'une part, un contrôle de la légalité des actes des institutions est prévu à l'article 263 TFUE et, d'autre part, un contrôle de pleine juridiction peut également trouver à s'appliquer en ce qui concerne les sanctions prévues par certains règlements (art. 261 TFUE), comme en l'occurrence s'agissant de la sanction des infractions au droit de la concurrence (art. 31 du règlement n° 1/2003 ; préc. art. 17 du règlement n° 17).

Concernant le contrôle de légalité, si la Commission dispose, dans les domaines donnant lieu à des appréciations économiques complexes, d'une marge d'appréciation en la matière, cela n'implique pas, pour autant, que le juge de l'Union doive s'abstenir de contrôler l'interprétation par celle-ci des données de nature économique. Le juge est tenu non seulement de vérifier l'exactitude matérielle, la fiabilité et la cohérence des éléments de preuve invoqués, mais également de contrôler si ces éléments constituent l'ensemble des données pertinentes devant être prises en considération pour apprécier une situation complexe et s'ils sont de nature à étayer les conclusions qui en sont tirées.

À ce stade, l'approche suivie par la Cour n'est pas nouvelle (voir notamment CJUE, 22 novembre 2007, Espagne c. Lenzing, C-525/04 P, pts 56 et 57). En revanche, l'on ne peut que remarquer qu'elle omet de rappeler que de ces considérations découlait jusqu'alors l'impossibilité pour le juge de l'Union, dans le cadre de son contrôle, de substituer son appréciation économique à celle de la Commission.

Un contrôle de pleine juridiction limité à la question de la détermination du montant de la sanction ?

Appliquant cette approche à la détermination du montant des amendes, la Cour souligne qu'ils résultent des règles de concurrence que la Commission est tenue de mener un examen approfondi des circonstances de l'infraction. Ces règles imposent en effet de prendre en considération la gravité et la durée de l'infraction – notions qui, telles qu'interprétées par le juge, recouvrent un grand nombre d'éléments comme le comportement des entreprises visées, la valeur des marchandises concernées ou encore l'étendue du marché affecté.

Or, cette exigence est d'autant plus forte que la Commission s'est astreinte à respecter une règle de conduite en adoptant les lignes directrices pour le calcul du montant des amendes, dont elle ne peut s'écarter sans donner des raisons qui soient compatibles avec le principe d'égalité de traitement.

En outre, le contrôle de cet examen par le juge est encore renforcé par l'obligation de motivation qui incombe à la Commission dans ses décisions et qu'il revient au juge de vérifier d'office si celle-ci fait défaut ou apparaît insuffisante.

Dans ces circonstances, la Cour considère que le juge ne peut se retrancher derrière la marge d'appréciation dont dispose la Commission, tant dans le choix des éléments pris en compte pour l'application des critères de détermination visés dans les lignes directrices que dans leur évaluation, « pour renoncer à exercer un contrôle approfondi tant de droit que de fait ».

Abordant cette fois le contrôle de pleine juridiction, qui peut conduire le juge à substituer son appréciation à celle de la Commission et partant à supprimer, réduire ou majorer la sanction infligée (art. 31 du règlement n° 1/2003), la Cour souligne qu'un tel contrôle ne s'exerce pas d'office. Dans le cadre d'une procédure contradictoire, il appartient donc à la partie requérante de présenter des éléments de preuve susceptibles d'étayer les moyens soulevés à l'encontre de l'acte attaqué, en critiquant la démonstration suivie par la Commission dans sa décision. Cette absence d'examen d'office n'est pas, selon la Cour, contraire au principe de protection juridictionnelle effective dans la mesure où il n'est pas nécessaire au respect de ce principe que le Tribunal soit tenu de procéder, de sa propre initiative, à une nouvelle instruction complète du dossier.

Dans ces conditions, la Cour conclu à la conformité avec l'article 47 de la Charte du contrôle de légalité institué par l'article 263 TFUE, complété par le contrôle de pleine juridiction, tel qu'il est prévu par les traités et par le règlement n° 1/2003 en matière de concurrence.

Si, par ces arrêts, la Cour consacre l'existence d'une pleine juridiction applicable au montant de l'amende, les développements qu'ils contiennent ne permettent pas nécessairement de considérer qu'il en va de même s'agissant de l'existence de l'infraction elle-même.

On relèvera néanmoins que la Cour ne fait plus systématiquement référence à un contrôle de la légalité qui se bornerait à vérifier l'absence d'erreur manifeste d'appréciation dans les domaines où la Commission a conservé une marge d'appréciation.

A. Lacresse
Concurrences N° 1-2012, Art. N° 42297, p. 181

Voir aussi

C. Sarrazin, Amendes : La Cour de justice rejette les pourvois et examine de manière détaillée les éléments pris en considération pour fixer le montant de l'amende dans l'affaire des tubes industriels en cuivre et tubes sanitaires en cuivre (KME Germany), 8 décembre 2011, Concurrences N° 1-2012, Art. N° 42258, pp. 89-91.

C. Sarrazin, Amendes : La Cour de justice rejette un pourvoi et dit pour droit que le Tribunal a suffisamment motivé le montant de l'amende qu'il a fixé dans l'affaire des tubes industriels en cuivre et tubes sanitaires en cuivre (Chalkor), 8 décembre 2011, Concurrences N° 1-2012, Art. N° 42260, p. 91.

Voir aussi, sur les conclusions de l'Avocat général

M. Debroux, Amendes : L'Avocat général Sharpston passe en revue les critères pris en compte pour déterminer le montant d'une sanction pécuniaire et détaille l'étendue du contrôle que doit exercer le Tribunal de l'UE (KME Germany), 10 février 2011, Concurrences N° 2-2011, Art. N° 36012, p. 103.

Voir aussi, sur les origines de l'affaire

TPICE, 6 mai 2009, 3 arrêts, Wieland-Werke, T-116/04 ; Outokumpu et Luvata, T-122/04, KME Germany e. a., T-127/04

M. Debroux, Lignes directrices « amendes » : Le TPICE, dans trois arrêts, confirme intégralement les amendes infligées au cartel des tubes industriels en cuivre, sur le fondement des anciennes lignes directrices « amendes » (Wieland-Werke ; KME ; Outokumpu ; Luvata), 6 mai 2009, Concurrences N° 3-2009, Art. N° 28167, p. 80.

Trib. UE, 19 mai 2010, 6 arrêts, Wieland-Werke e. a. ; Chalkor ; KME Germany, T-11/05 e. a.

C. Sarrazin, Insuffisance de preuve – Réduction d'amende : Le Tribunal de l'UE confirme en grande partie la décision de la Commission mais réduit l'amende pour insuffisance de preuve de la participation ininterrompue au cartel et, violation du principe d'égalité de traitement (Tubes sanitaires en cuivre), 19 mai 2010, Concurrences N° 3-2010, Art. N° 31962, pp. 79-80.

CJUE, 18 juill. 2013, Schindler e. a., C-501/11 P

La Cour de justice de l'Union européenne confirme que la Commission est compétente pour adopter des lignes directrices pour le calcul des amendes et rappelle le caractère autonome de la notion d'entreprise en droit de la concurrence.

Intervenant sur pourvoi, la Cour était notamment amenée dans la présente affaire à se prononcer sur la capacité de la Commission européenne à prononcer des amendes et à en fixer leur montant au titre des règles de la concurrence, en particulier sa compétence pour adopter des lignes directrices pour le calcul de celles-ci. La Cour était également appelée à préciser l'étendue de la responsabilité solidaire d'une société holding au titre des pratiques anticoncurrentielles mises en œuvre par ses filiales.

Devant le Tribunal de l'Union européenne, plusieurs sociétés du groupe Schindler, dont la holding, avaient échoué à obtenir l'annulation de la décision de la Commission sanctionnant un cartel dans le secteur des ascenseurs et des escaliers mécaniques. Ce faisant, le Tribunal avait confirmé le montant des amendes prononcées à leur égard et notamment leur mode de calcul sur la base des lignes directrices de 1998, alors applicables, bien qu'une partie des faits se soient produits avant leur adoption par la Commission.

Au soutien de son recours à l'encontre de l'arrêt du Tribunal, Schindler invoquait treize moyens qui furent tous rejetés. À la lecture de l'arrêt de la Cour, l'on comprend que le pourvoi n'était pas exempt de tout reproche quant à la qualité des moyens soulevés. Plusieurs d'entre eux ont été jugés irrecevables simplement du fait qu'ils ne visaient pas les points critiqués de l'arrêt du Tribunal, qu'ils étaient exposés de façon insuffisamment claire pour permettre à la Cour d'exercer son contrôle ou encore au motif qu'ils étaient nouveaux (en particulier, les deuxième et sixième moyens, le troisième moyen pour partie et, en ce sens également, le neuvième moyen).

Sur la compétence de la Commission à prononcer des amendes

Par son premier moyen, Schindler considérait que, dans la mesure où les amendes infligées aux entreprises en matière de concurrence sanctionnent une infraction aux règles applicables en cette matière, les procédures qui s'y rattachent relèvent « du noyau dur du droit pénal ». Dans ces conditions, une autorité administrative comme la Commission ne pourrait pas prononcer de telles sanctions et seul un tribunal serait en mesure d'adopter une telle décision afin de respecter les principes découlant de l'article 6 de la Convention EDH. Quant au respect des droits fondamentaux, le Tribunal aurait également manqué de tenir compte de l'entrée en vigueur du traité de Lisbonne.

En outre, confrontée à la jurisprudence de la Cour européenne des droits de l'Homme, notamment dans l'affaire *Menarini Diagnostics* (Cour EDH, 27/09/2011 ; cette chronique, *Concurrences* N° 4 2011, p. 166), laquelle n'exclue pas la compétence d'une autorité administrative pour autant que la décision sanctionnant une telle infraction, qui ne relèverait pas de ce noyau dur, puisse faire l'objet d'un « contrôle complet » par une juridiction répondant elle-même aux conditions de l'article 6 de la Convention EDH, Schindler soutenait que la Commission ne pouvait être regardée comme une autorité indépendante.

La Cour relève cependant que l'argumentation défendue par Schindler repose sur la prémisse erronée que l'entrée en vigueur du traité de Lisbonne aurait modifié les règles juridiques applicables au cas d'espèce, alors que la décision litigieuse de la Commission était intervenue avant cette date.

Considérant néanmoins le moyen sur le fond, la Cour rappelle les conséquences découlant de l'arrêt *Menarini Diagnostics*, à savoir notamment que l'article 6 de la Convention EDH n'exclue pas qu'une « peine » puisse être imposée par une autorité administrative pourvu que la décision adoptée par celle-ci « subisse le contrôle ultérieur d'un organe judiciaire de pleine juridiction », ayant la capacité de réformer en tous points, en fait comme en droit, cette décision.

Or, dans un précédent arrêt *Chalkor c/ Commission*, la Cour avait considéré que le juge de l'Union, et notamment le Tribunal, assume un contrôle complet des décisions de la Commission en matière de concurrence. D'une part, conformément à l'article 31 du règlement n° 1/2003, le juge dispose d'un pouvoir de pleine juridiction qui lui permet de substituer son appréciation à celle de la Commission en ce qui concerne le montant de l'amende, pouvant aller jusqu'à sa suppression. D'autre part, le juge est tenu d'exercer un contrôle de légalité approfondi tant en droit qu'en fait, sur la base des éléments de preuve apportés par le requérant, auquel il ne peut renoncer en s'appuyant sur la marge d'appréciation de la Commission (CJUE, 8 déc. 2011, Chalkor c/ Commission, aff. C-386/10 P).

Par son troisième moyen, Schindler mettait en cause la validité de l'article 23 du règlement n° 1/2003 et donc la faculté de la Commission d'infliger des amendes, au motif que le niveau de ces amendes serait insuffisamment déterminé pour pouvoir respecter le principe de légalité.

Pour la Cour, le fait que cette disposition confère à la Commission une marge d'appréciation n'est pas, en soi, de nature à porter atteinte à l'exigence de prévisibilité qui découle normalement du principe de légalité puisque, dans le même temps, elle en limite l'exercice en instaurant des critères objectifs auxquels la Commission doit se tenir.

L'existence d'un plafond de sanction, correspondant à un pourcentage du chiffre d'affaires de l'entreprise, de règles de conduite que la Commission s'est elle-même imposée, sous la forme de la communication sur la coopération et des lignes directrices sur le calcul des amendes, et d'une pratique décisionnelle connue, accessible et soumise à l'entier contrôle du juge de l'Union doit, selon la Cour, permettre à un opérateur avisé de prévoir « l'ordre de grandeur des amendes qu'il encourt ».

Sur ce point, l'on relèvera néanmoins que, si les critères objectifs mentionnés par la Cour ne peuvent nécessairement découler que des dispositions de l'article 23 du règlement n° 1/2003 pour respecter le principe de légalité, ces critères ne devraient pouvoir trouver leur origine ni dans les lignes directrices, ni dans la pratique décisionnelle de la Commission qui ne sont que la manifestation de la mise en œuvre de cette disposition, et donc des critères qu'elle établit. En d'autres termes, il nous semble que ces critères ne peuvent pas trouver leur source dans une pratique qui les met en œuvre, au risque de s'interroger indéfiniment sur le fait de savoir qui de la poule ou de l'œuf était là le premier…

Sur la capacité de la Commission à adopter des lignes directrices sur le calcul des amendes

À l'occasion de son quatrième moyen, Schindler soutenait que la Commission ne pouvait pas adopter des lignes directrices sur le calcul des amendes, lesquelles ne pouvaient être prises que par le Conseil, en sa qualité de législateur.

Ce moyen, la Cour l'écarte aisément. Des lignes directrices, qui ont la valeur d'une communication de la Commission, ne constituent ni une législation, ni une législation déléguée, ni *a fortiori* la base légale des amendes prononcées.

Le propre des lignes directrices de la Commission, à l'instar des lignes directrices adoptées par d'autres autorités de concurrence, est d'énoncer une « règle de conduite indicative de la pratique à suivre dont l'administration ne peut s'écarter, dans un cas particulier, sans donner des raisons qui soient compatibles avec le principe d'égalité de traitement ». La Cour constate seulement qu'aucune disposition des traités n'interdit à une institution d'adopter une telle règle.

Sur la responsabilité solidaire de la maison-mère pour les infractions commises ses filiales

Le septième moyen consistait pour Schindler à remettre en cause la présomption, en pratique difficilement réfragable, de la responsabilité d'une société mère en raison des agissements commis par l'une de ses filiales, en raison du fait que la première, parce qu'elle détient la totalité ou la quasi-totalité de son capital, est réputée exercer une influence déterminante sur la seconde.

Cette présomption, issue d'une jurisprudence constante des juridictions de l'Union européenne et non d'une intervention du législateur de l'Union, irait à l'encontre du principe de la limitation de la responsabilité des actionnaires et des associés pour les dettes de leur société, telle qu'elle est reconnue dans les ordres juridiques des États membres ainsi que dans le droit dérivé de l'Union (*cf.* le statut de la société européenne).

Toutefois, la Cour estime qu'une telle argumentation relève d'une logique différente de celle sur laquelle repose les règles applicables en matière de concurrence. En préférant la notion d'entreprise pour désigner l'auteur d'une infraction aux notions de société ou de personne morale, les auteurs du traité ont entendu ne pas faire dépendre l'application de ces règles de notions qui seraient issues du droit des sociétés. Selon une jurisprudence constante, qui privilégie une approche davantage économique que juridique de la notion d'entreprise, celle-ci désigne une « unité économique » qui, selon les circonstances, peut être constituée de plusieurs personnes physiques ou morales, indépendamment de leur statut ou de leur dénomination.

Quant à la circonstance que la présomption en question est difficile à renverser, la Cour rappelle cependant que, même dans ce cas, elle demeure dans des limites acceptables tant qu'elle est proportionnée au but légitime poursuivi, qu'existe la possibilité d'apporter la preuve contraire et que les droits de la défense sont assurés. Dans ces conditions, il importe que la société-mère soit entendue par la Commission avant que celle-ci adopte une décision à son encontre.

Schindler critiquait encore l'interprétation prétendument large de la notion de politique commerciale mise en œuvre par le Tribunal pour caractériser l'influence déterminante de la holding sur ses filiales. La Cour souligne toutefois que cette notion n'est qu'un élément parmi ceux utilisés pour caractériser cette influence.

Schindler ne pouvait pas non plus faire valoir que certains des employés de ses filiales avaient manqué au programme de mise en conformité en vigueur au sein de ces entités pour démontrer que, ce faisant, ses filiales déterminaient de façon autonome leur politique commerciale.

Sur la trop faible réduction du montant des amendes au titre des circonstances atténuantes ou de la coopération

Par son onzième moyen, Schindler indiquait qu'elle aurait dû bénéficier d'une appréciation plus favorable de certaines circonstances atténuantes. En particulier, elle était la seule entreprise à s'être retirée de l'entente. En outre, le Tribunal n'aurait pas suffisamment pris en compte le fait que le programme de conformité mis en place dans les entreprises du groupe avait eu pour effet de rendre plus difficile la découverte en interne des infractions commises, les collaborateurs contrevenants ayant fait preuve d'une particulière discrétion du fait de la menace de sanctions sévères.

La Cour relève cependant que Schindler n'a quitté l'entente qu'en raison du fait que les autres participants refusaient de lui accorder une part de marché plus importante. Quant au programme de conformité, la Cour souligne qu'il n'a manifestement pas eu les effets escomptés et a, au contraire, rendu plus difficile la découverte des infractions. À cet égard, l'on n'ose pas envisager que la Cour puisse voir dans l'existence d'un tel programme de conformité une circonstance aggravante. Il aurait été appréciable en revanche que la Cour indique que ce programme peut atténuer la responsabilité de l'entreprise s'il lui a permis de mettre au jour une entente et d'y mettre fin avant toute enquête de la Commission, à l'instar de la pratique de l'Autorité de la concurrence (*cf.* document-cadre de 2012 sur les programmes de conformité, pt 28).

Quant au douzième moyen relatif à une mauvaise interprétation de la communication sur la clémence, si le Tribunal s'est fondé sur des principes qui ne sont pas ceux sur lesquels repose la jurisprudence de la Cour, notamment en ce qui concerne le contrôle approfondi tant de droit que de fait qu'est tenu d'effectuer le juge de l'Union, la Cour relève néanmoins que le Tribunal a bien exercer un contrôle complet. Il a ainsi lui-même apprécié les éléments de preuve sans se référer à la marge d'appréciation de la Commission et a motivé sa propre décision de manière détaillée.

A. Lacresse
Concurrences N° 4-2013, Art. N° 59359, p. 138

Voir aussi, sur les origines de l'affaire

Trib. UE, 13 juill. 2011, Schindler Holding e. a., T-138/07

M. Debroux, Imputabilité – Récidive : Le Tribunal de l'UE confirme l'existence d'une infraction unique et continue mais réduit l'amende de ThyssenKrupp pour prise en compte erronée de la récidive (Installation et entretien des ascenseurs et des escaliers mécaniques), 13 juillet 2011, Concurrences N° 4-2011, Art. N° 39925, pp. 90-91.

CJUE, 27 avr. 2017, Akzo Nobels, C-516/15 P

La Cour de justice de l'Union européenne exclut d'étendre à la société-mère le bénéfice de la prescription acquise par ses filiales.

Dans cette affaire, la Commission européenne avait sanctionné plusieurs sociétés d'un même groupe, dont deux avaient directement pris part aux pratiques d'entente dans le secteur des stabilisants thermiques (Akzo Nobel Chemicals GmbH et Akzo Nobel Chemicals BV). Une troisième, leur société-mère (Akzo Nobel), avait été à la fois considérée comme co-auteur des pratiques et comme responsable de celles-ci en vertu du rapport de solidarité qui prévaut au sein d'un groupe de sociétés.

La Commission avait par ailleurs réparti la participation de ces sociétés en trois périodes infractionnelles distinctes. Les deux filiales n'avaient directement participé aux pratiques qu'au cours de la première période, antérieure au 28 juin 1993. En revanche, la responsabilité de la société-mère avait été retenue pour toute la période infractionnelle, du 24 février 1987 au 22 mars 2000, tant pour sa participation à l'infraction qu'en sa qualité de société faîtière.

Cette décision a fait l'objet d'un recours. Les sociétés ont notamment invoqué le bénéfice de la prescription des poursuites à leur égard pour les faits antérieurs au 28 juin 1993.

Le Tribunal a accueilli ce moyen d'annulation s'agissant des deux filiales en question, lesquelles avaient effectivement cessé leur participation aux pratiques après cette date. Il a, en revanche, confirmé la décision à l'égard de leur société-mère, y compris pour les faits couverts par la première période infractionnelle (Trib. UE, 15 juill. 2015, Akzo Nobel NV e. a. c/ Commission, aff. T-47/10).

La société-mère qui forme une unité économique avec ses filiales ne peut pas bénéficier de la prescription acquise par ces dernières lorsqu'elle peut être tenue pour responsable de faits non prescrits

Les requérantes reprochaient au Tribunal d'avoir méconnu les principes en matière de responsabilité des sociétés-mères pour le comportement infractionnel de leurs filiales. En particulier, elles soutenaient la violation du principe selon lequel la responsabilité d'une société-mère ne peut excéder celle de sa filiale lorsqu'elle en est entièrement dérivée.

La Cour commence par rappeler que l'auteur de l'infraction au droit de la concurrence est l'entreprise formant une unité économique, même si, du point de vue juridique, elle est éventuellement composée de plusieurs personnes physiques ou morales. En outre, si le principe est bien celui de la responsabilité personnelle, il est de jurisprudence constante que le comportement infractionnel d'une filiale peut être imputé à sa mère lorsque, bien qu'ayant une personnalité juridique distincte, cette filiale ne se détermine pas de façon autonome mais applique pour l'essentiel les instructions données par sa mère. La Cour souligne à cet égard que le rapport de solidarité entre des sociétés constituant une unité économique ne se réduit pas à une forme de caution fournie par la mère pour garantir le paiement de l'amende infligée à ses filiales.

La jurisprudence, issue de l'affaire *Tomkins* (CJUE, 22 janv. 2013, Commission c/ Tomkins, aff. C-286/11 P), admet néanmoins une réserve : dans le cas où la responsabilité de la mère résulte exclusivement de la participation directe de sa filiale à l'infraction et où les deux sociétés ont introduit des recours parallèles ayant le même objet, le Tribunal peut, sans statuer *ultra petita*, tenir compte de la réduction du montant de l'amende imposée à la filiale solidairement avec sa mère pour l'étendre à cette dernière. C'est encore ce que la Cour a rappelé récemment dans l'affaire *Total et Elf Aquitaine* (CJUE, 19 janv. 2017, Commission c/ Total et Elf Aquitaine, aff. C-351/15 P).

Pour autant, dans l'affaire des « poutrelles », la jurisprudence a également déjà retenue que, même dans le cas où la responsabilité de la mère dérive intégralement du comportement infractionnel de sa fille, la prescription de l'exercice du pouvoir de la Commission d'infliger des sanctions peut être acquise à l'égard de la seule fille et à l'exclusion de la mère (CJUE, 29 mars 2011, ArcelorMittal Luxembourg c/ Commission et Commission c/ ArcelorMittal Luxembourg e. a., aff. jtes C-201/09 P et C-216/09 P).

Or, la Cour relève que, conformément à sa jurisprudence, les sociétés du groupe Akzo formaient une unité économique et que, pour cette raison, les agissements infractionnels commis par Akzo Nobel Chemicals GmbH et Akzo Nobel Chemicals BV durant la première période infractionnelle ont été attribués à leur mère, Akzo Nobel. Elle retient également que la responsabilité de cette dernière a été retenue, du fait de sa participation aux infractions, tout au long des trois périodes infractionnelles, à savoir du 24 février 1987 au 21 mars 2000.

Si aucune sanction ne pouvait plus être infligée aux filiales, du fait de la prescription des poursuites, cela « ne s'oppose pas à ce qu'une autre société considérée comme responsable à titre personnel et solidaire avec elles pour les mêmes agissements anticoncurrentiels, et à l'égard de laquelle la prescription n'est pas acquise, soit poursuivie ».

C'est parce que les agissements infractionnels ont été considérés comme ayant été commis par la société-mère elle-même, sur la base du critère de l'unité économique, et parce que des facteurs propres à la société-mère existaient, en l'occurrence sa participation aux pratiques au-delà de la période couverte par la prescription, que sa responsabilité pouvait être appréciée différemment de celle de ses filiales.

A. Lacresse
Concurrences N° 3-2017, Art. N° 84580, p. 132

Voir aussi, sur les origines de l'affaire

Trib. UE, 15 juill. 2015, 2 arrêts, GEA Group, T-45/10 ; Akzo Nobelet, T-47/10

P. Cardonnel, Délai raisonnable : Le Tribunal de l'Union européenne réduit le montant de l'amende infligée à certaines entreprises du cartel des stabilisants thermiques (GEA Group, Akzo Nobel), 15 juillet 2015, Concurrences N° 4-2015, Art. N° 76373, pp. 179-180.

CJUE, 10 juill. 2019, Icap, C-39/18 P

La Cour de justice de l'Union européenne confirme l'annulation pour défaut de motivation de l'amende infligée à une entreprise « facilitatrice » d'une entente.

Les arrêts rappelant l'obligation de motivation à laquelle est tenue la Commission européenne en matière de concurrence sont légion. L'on se souvient notamment du récent arrêt *UPS*, par lequel la Cour a confirmé l'annulation de la décision de la Commission interdisant une concentration en raison de la non-communication aux parties du modèle économétrique sur lequel cette décision reposait (CJUE, 16 janv. 2019, United Parcel Serfvice, aff. C-265/17 P ; cette chronique, A. Lacresse et B. Monti, *Concurrences* N° 2-2019, Art. N° 90464, pp. 149-150 ; pour un autre exemple en matière de transaction, Trib. UE, 13 déc. 2016, Printeos, aff. T-95/15 ; cette chronique, P. Cardonnel, *Concurrences* N° 2-2017, Art. N° 83896, p. 152).

En l'occurrence, dans le contexte particulier d'une entente mettant en cause une entreprise « facilitatrice », la Cour confirme l'arrêt du Tribunal (Trib. UE, 10 nov. 2017, Icap, aff. T-180/15) ayant jugé que la Commission n'avait pas suffisamment motivé la détermination du montant des amendes infligées à un facilitateur.

Encore rare, cette situation a précédemment été abordée par deux fois par la Cour, lors de l'affaire *Chalkor* (CJUE, 8 déc. 2011, Chalkor, aff. C-386/10 P ; cette chronique, A. Lacresse, *Concurrences* N° 1-2012, Art. N° 42297, pp. 181-182) et lors de l'affaire AC-Treuhand (CJUE, 22 oct. 2015, AC-Treuhand, aff. C-194/14 P). Dans la présente affaire, la Commission invoquait ces deux précédents pour rechercher la cassation de l'arrêt rendu par le Tribunal en faveur de la requérante, une entreprise de services de courtage sanctionnée initialement pour avoir facilité des ententes portant sur la manipulation des taux interbancaires LIBOR et TIBOR (Com. eur., déc. du 4 févr. 2015, Produits dérivés de taux d'intérêt libellés en yens japonais, AT.39861, C(2015) 432 final).

La Commission est tenue à une obligation de motivation renforcée lorsqu'elle entend s'écarter des lignes directrices sur le calcul de l'amende en raison des « particularités » de l'affaire

La qualité de « facilitateur » oblige la Commission à changer de méthodologie lors de la détermination du montant de l'amende. En effet, comme elle le souligne, pour les entreprises en question, les lignes directrices de 2006 ne fournissent que peu d'orientations. Tout au plus, le paragraphe 37 de ces lignes directrices prévoit que « bien que les présentes lignes directrices exposent la méthodologie générale pour la fixation d'amendes, les particularités d'une affaire donnée ou la nécessité d'atteindre un niveau dissuasif dans une affaire particulière peuvent justifier que la Commission s'écarte de cette méthodlogie ou des limites fixées au point 21 » des mêmes lignes directrices.

Or, comme le soulignait le Tribunal dans l'arrêt sous pourvoi, lorsque la Commission s'écarte de la méthodologie générale, les « exigences de motivation s'imposent avec d'autant plus de vigueur » (arrêt précité, pt 289). Tenu de vérifier d'office la présence d'une motivation suffisante, le Tribunal avait rappelé que celle-ci « doit être d'autant plus précise que le paragraphe 37 des lignes directrices se limite à une référence vague aux "particularités d'une affaire donnée" et laisse donc une large marge d'appréciation à la Commission pour procéder à une adaptation exceptionnelle des montants de base des amendes des entreprises concernées ». Il avait en conséquence annulé entièrement l'amende infligée à la requérante.

La Commission doit expliciter dans sa décision la méthodologie appliquée pour déterminer les montants des amendes infligées tenant compte des particularités de l'affaire

Comme unique moyen d'annulation, la Commission invoquait la jurisprudence issue des arrêts *Chalkor* et *AC-Treuhand* (arrêts précités ; voir également les conclusions de l'Avocat général Nils Wahl sur l'application de l'article 101 TFUE aux cartels facilitators, pts 57 et s.). Selon elle, elle aurait satisfait à l'obligation de motivation en indiquant les éléments d'appréciation lui ayant permis de mesurer la gravité et la durée de l'infraction, mais ne serait pas tenue d'indiquer toutes les données chiffrées et les calculs effectués pour parvenir à déterminer le montant de l'amende.

En l'occurrence, la Cour admet certes que la Commission ne soit pas tenue d'indiquer l'ensemble des éléments chiffrés relatifs à chacune des étapes intermédiaires du mode de calcul de l'amende retenu, mais encore faut-il dès lors qu'elle explique la pondération et l'évaluation qu'elle a faites des éléments pris en considération.

À l'instar de l'arrêt *UPS* (précité), la Cour considère que la divulgation de la méthodologie employée par la Commission participe du respect des droits de la défense et contribue à l'équité, à l'impartialité et à la qualité des décisions de la Commission dont dépend *in fine* la confiance que le public et les entreprises placent dans la légitimité de l'action de cette institution en matière de concurrence.

Or, en l'occurrence, il est ressorti que la méthodologie mise en œuvre par la Commission ne consistait pas en une détermination d'un montant global forfaitaire, mais en un test complexe en cinq étapes, conçu pour déterminer le montant de base des amendes. La Cour juge donc que la solution dégagée dans l'arrêt *AC-Treuhand*, à savoir qu'est « suffisante la motivation se limitant à énoncer qu'il avait été tenu compte de la gravité et de la durée des infractions lors de la détermination de ce montant » (arrêt précité, pts 68 et 69), n'est pas automatiquement applicable à toutes les situations où la Commission entend faire application du point 37 des lignes directrices de 2006.

La Commission ne peut dès lors pas se fonder sur « l'assurance générale de ce que les montants de base refléteraient la gravité, la durée et la nature de la participation » de l'entreprise aux infractions en cause (pt 36).

La Commission ne peut espérer satisfaire à son obligation de motivation par la tenue d'une phase « exploratoire » en amont de sa décision ou en fournissant au stade du recours les explications nécessaires

À quel moment, l'obligation de motiver le montant des amendes doit-elle intervenir ? L'Avocat général Tanchev considérait que, à l'heure où existe un « contexte procédurale contemporain qui est plus respectueux des droits de la défense », la position du Tribunal tendant à accueillir la motivation de la Commission *a posteriori* au cours de la procédure juridictionnelle devait évoluer (Concl. AG E. Tanchev, 2 mai 2019, même aff., pt 46). Ne souhaitant pas à l'évidence entrer dans des considérations de principe, la Cour se contente d'approuver le Tribunal qui, « à bon droit », a jugé que les explications fournies au stade de la procédure devant le Tribunal ne pouvaient être prises en compte aux fins d'apprécier le respect par la Commission de son obligation de motivation et qui, « sans commettre d'erreur de droit », a considéré que, même si la motivation d'un acte attaqué doit être examinée en prenant en compte son contexte, la tenue de discussions exploratoires et informelles ne peut dispenser la Commission de son obligation d'expliciter, dans sa décision, la méthodologie qu'elle a appliquée pour déterminer les montants des amendes infligées.

A. Lacresse, B. Monti
Concurrences N° 4-2019, Art. N° 92312, p. 157

Voir aussi, sur les origines de l'affaire

Comm. eur., 4 févr. 2015, ICAP, aff. COMP/39861

L. Bernardeau, « Facilitateur » : La Commission européenne sanctionne lourdement un « facilitateur » de cartels dans le secteur financier (Icap), 4 février 2015, Concurrences N° 2-2015, Art. N° 72741, pp. 84-86.

Trib. UE, 10 nov. 2017, ICAP, T-180/15

L. Bernardeau, Calcul de l'amende : Le Tribunal de l'Union européenne censure d'une part partiellement, mais sensiblement, la décision de la Commission européenne pour ce qui est du constat d'infractions et, d'autre part, totalement l'amende pour défaut de motivation concernant un courtier que la Commission européenne avait sanctionné en tant que facilitateur dans le cartel des produits dérivés de taux d'intérêt libellés en yens (Icap), 10 novembre 2017, Concurrences N° 1-2018, Art. N° 85810, pp. 79-80.

Calcul du montant de base et valeur des ventes

CJUE, 23 avr. 2015, LG Display, C-227/14 P

La Cour de justice de l'Union européenne affirme que la valeur des ventes d'une entreprise commune à ses sociétés-mères peut être prise en compte dans le calcul de la sanction, ces ventes étant considérées comme faites à des « tiers indépendants ».

Les maisons-mères d'une entreprise commune sont-elles des « tiers indépendants » à l'égard de celle-ci, en dépit des liens structurels qui existent entre elles ? À lire l'abondante jurisprudence de la Cour sur la question de l'imputabilité des pratiques anticoncurrentielles d'une filiale (ou d'une entreprise commune) à sa ou ses sociétés-mères, la réponse négative semblait clairement acquise. Nul n'ignore plus, en effet, que la « présomption capitalistique » à l'œuvre en la matière, est devenue au fil d'une jurisprudence toujours plus stricte, irréfragable *de facto*.

Mais lorsqu'il s'agit de calculer l'assiette des ventes d'une entreprise mise en cause, afin de déterminer la sanction, la Cour semble redécouvrir l'existence d'une possible indépendance entre des sociétés-mères et leur filiale commune. Il est vrai que l'objectif en pareil cas n'est plus de nier ladite indépendance pour mieux assurer l'extension de la sanction au niveau du groupe, mais de l'affirmer en vue d'aggraver les sanctions au niveau de l'entreprise directement mise en cause.

La notion d'« indépendance » entre mère et filiale (ou société commune) serait-elle à géométrie variable, flexible en fonction des moyens mis en œuvre par la commission en vue de privilégier l'efficacité des sanctions ?

Certes, dans l'affaire commentée, la Commission n'avait pas invoqué la présomption capitalistique et les sociétés-mères ultimes n'avaient pas été condamnées conjointement et solidairement au paiement de la sanction infligée à leur entreprise commune. Ainsi, en apparence du moins, la contradiction entre les deux approches de l'indépendance entre mère et filiale est ainsi évitée. Mais la généralité des termes utilisés par la Cour dans l'arrêt commenté conduit malgré tout à s'interroger sur une forme de double standard appliqué en la matière.

Les faits étaient simples, et l'affaire LCD a déjà été commentée dans cette revue (note A. Ronzano). Condamnés par la Commission en 2010 pour avoir participé au cartel des écrans d'affichage à cristaux liquides, les requérantes sont d'une part LGD, entreprise commune de droit coréen, conjointement contrôlée par LG Electronics (LGE) et Philips, et d'autre part LGDT, société de droit taïwanais filiale à 100 % de LGD. La sanction décidée par la Commission, et confirmée pour l'essentiel par le Tribunal dans son arrêt T-128/11 du 27 février 2014, avait été infligée conjointement et solidairement à LGD et LGDT, mais pas aux sociétés mères de LGD, Philips et LGE.

En application du point 13 des lignes directrices pour le calcul des amendes de 2006, cette sanction avait été calculée sur la base de la « valeur des ventes de biens ou services, réalisés par l'entreprise, en relation directe ou indirecte (...) avec l'infraction (...) ».

Concernant LGD et LGDT, la Commission avait intégré dans ces ventes, la valeur des ventes réalisées avec LGE et Philips, considérées comme n'étant pas des ventes « internes ».

La Cour commence par rappeler que ces ventes aux sociétés-mères avaient fait l'objet de discussion au sein du cartel, et que les requérantes elles-mêmes avaient explicitement affirmées que les ventes de LCD cartellisés à leurs sociétés-mères n'étaient pas des ventes internes (§ 46). Mais ce ne sont pas ces considérations factuelles qui ont guidé son analyse. La Cour rappelle tout d'abord que, certes, le point 13 des lignes directrices sur les amendes ne saurait s'étendre jusqu'à englober les ventes qui ne relèvent pas du champ d'application de l'entente reprochée. Pour autant, poursuit la Cour, « il serait toutefois porté atteinte à l'objectif poursuivi par cette disposition si cette notion devait être entendue comme ne visant que le chiffre d'affaires réalisé avec les seules ventes pour lesquelles il est établi qu'elles ont réellement été affectées par cette entente » (§ 53). La Cour se place donc ici sur le terrain probatoire, et juge qu'il ne saurait être question de limiter l'assiette de la sanction aux seules ventes pour lesquelles il existerait des preuves documentaires directes qu'elles ont été réellement affectées par l'entente.

On ne peut *a priori* qu'approuver la Cour lorsqu'elle en déduit ensuite que doivent être retenues, en vue de déterminer la sanction, toutes les ventes réalisées sur un marché affecté par l'existence d'une entente à laquelle les requérantes participaient (§ 56). En revanche, il devient difficile de suivre la Cour lorsqu'elle va jusqu'à qualifier les sociétés-mères des entreprises en cause de « tiers indépendants », en affirmant que « ne pas tenir compte de la valeur des ventes effectuées à des tiers indépendants (soulignement ajouté) au motif que l'entreprise ayant participé à une entente a des liens structurels particuliers avec ceux-ci reviendrait à avantager, sans justification, une telle entreprise en lui permettant d'échapper à une sanction proportionnée à son importance sur le marché (…) » (§ 60).

En matière de cartels, les sociétés-mères d'une entreprise commune sont-elles vraiment des « tiers indépendants » à l'égard de leur filiale commune ? Ce serait une bonne nouvelle pour les entreprises, … n'était-ce contradictoire avec la jurisprudence en matière d'imputabilité

« Tiers indépendants », vraiment ? Est-ce la même Cour qui affirmait, dans ses arrêts *Dow Chemical* et *du Pont de Nemours* du 26 septembre 2013 (aff. C-179/12 P et C-172/12 P) que l'autonomie dont jouit une entreprise commune au sens de la législation de l'Union sur les concentrations ne signifie pas que cette entreprise commune jouit également d'une autonomie en ce qui concerne l'adoption de décisions stratégiques et qu'elle n'est donc pas sous l'influence déterminante de ses sociétés-mères au regard de l'article 101 TFUE (note C. Sarrazin) ?

Nous l'avons déjà dit, tant la Commission que le Tribunal et la Cour ont évité, dans la présente affaire, la contradiction flagrante qui aurait consisté à intégrer dans la sanction la valeur des ventes aux sociétés-mères au motif qu'il s'agit de « tiers indépendants », et à infliger ensuite cette même sanction à ces mêmes sociétés-mères, en application de la présomption capitalistique qui nie cette même indépendance. L'honneur, en apparence, est sauf.

Mais au-delà du cas d'espèce, la généralité des termes utilisés par la Cour dans cet arrêt ne peut que susciter des interrogations sur l'opportunisme qui semble la guider dans l'appréciation de cette « indépendance » entre société-mère et filiales, laquelle est soit affirmée, soit niée, en fonction des objectifs répressifs poursuivis et sans beaucoup d'égards pour la cohérence de l'analyse juridique.

M. Debroux

Concurrences N° 3-2015, Art. N° 74866, p. 59

Voir aussi, sur les origines de l'affaire

Trib. UE, 27 févr. 2014, LG Display, T-128/11

A. Ronzano, Amende : Le Tribunal de l'Union réduit à la marge deux amendes prononcées dans l'affaire du cartel des panneaux LCD (InnoLux et LG Display), 27 février 2014, Concurrences N° 2-2014, Art. N° 68259.

CJUE, 9 juill. 2015, InnoLux, C-231/14 P

La Cour de justice de l'Union européenne refuse de suivre les conclusions de l'Avocat général Wathelet et admet que la Commission européenne ait pu infliger à une entreprise une amende prenant en compte la valeur des livraisons intragroupes.

On se souvient que l'Avocat général Wathelet avait conclu à l'annulation de l'arrêt du Tribunal dans l'affaire du cartel des LCD et de la décision de la Commission prise en l'espèce, en tant qu'ils avaient décidé que l'amende infligée à une entreprise pouvait légalement prendre en compte la valeur des livraisons intragroupes d'écrans d'affichage à cristaux liquides à matrice active aux usines de ladite entreprise en Chine et à Taïwan, subséquemment incorporés dans des produits finis vendus dans l'EEE, commettant de ce fait une erreur de droit (*cf.* concl. AG Melchior Wathelet, 30 avril 2015, InnoLux c/ Commission, aff. C-231/14, obs. M. B.-T).

Par le présent arrêt du 9 juillet 2015, la Cour de justice refuse de suivre les conclusions de son Avocat général, ce qui n'est pas si fréquent, et rejette le pourvoi de la société InnoLux.

Dans un premier moyen, la requérante avait fait valoir que le Tribunal avait commis une erreur de droit en incluant dans la valeur des ventes prises en compte pour le calcul de l'amende qui lui a été infligée, en tant que « ventes EEE directes par l'intermédiaire de produits transformés », ses ventes dans l'EEE de produits finis réalisées, après que les LCD cartellisés y avaient été incorporés, par ses filiales situées en dehors de l'EEE et détenues par elle à 100 %, alors que ces ventes ne sont pas en relation avec l'infraction. En procédant ainsi, le Tribunal aurait méconnu selon elle, tant le point 13 des lignes directrices pour le calcul des amendes que la jurisprudence pertinente de la Cour et du Tribunal, ainsi que les limites de la compétence territoriale de la Commission.

La Cour de justice va rejeter cette argumentation en faisant fi des arguments tenant à l'interprétation de la notion de « valeur des ventes » dans les lignes directrices de la Commission, comme de ceux tenant à l'extraterritorialité. Nous commenterons l'arrêt en inversant les deux points, car la question de l'extraterritorialité aurait dû se poser en premier.

Sur les arguments tirés de l'extraterritorialité

Dans les conclusions de l'Avocat général Wathelet, l'élément fondé sur l'extraterritorialité avait pris une place importante. Les juridictions de l'Union ont ainsi toujours reconnu l'importance du strict respect de la compétence territoriale en vue d'éviter la violation du principe *non bis in idem* (Trib. UE, 9 juill. 2004, Archer Daniels Midland et Archer Daniels Midland Ingredients c/ Commission aff. T-224/00, EU:T:2003:195, pt. 103 ; pourvoi rejeté par CJCE, 18 mai 2006, aff. C-397/03 P, EU:C:2006:328 ; Trib. UE, 15 juin 2005, Tokai Carbon c/ Commission, aff. T-236/01, T-244/01, T-246/01, T-251/01 et T-252/01, EU:T:2004:118, pt. 143) consacré par l'article 50 de la Charte des droits fondamentaux de l'Union européenne.

Il ressort en effet de l'arrêt *SGL Carbon c/ Commission* (CJCE, 29 juin 2006, aff. C-308/04 P, EU:C:2006:433, notamment, pts. 29 et 32) que la Cour a considéré que le dépassement par une autorité de concurrence de sa compétence territoriale entraîne un risque de sanctions concurrentes pour les entreprises visées par l'enquête.

En l'espèce, si la Commission inflige une amende pour une entente concernant un composant livré dans un pays non membre de l'EEE au motif qu'un produit fini incorporant ce composant a été vendu dans l'EEE, la même pratique pourrait être sanctionnée deux fois : la première fois dans l'État non membre de l'EEE où le composant a été livré, puis une seconde fois dans l'EEE. Pour l'Avocat général Wathelet, ce serait aller trop loin.

Au contraire, l'absence de compétence de l'Union se déduisait pour lui de deux éléments. Or, tout d'abord, l'entente n'est pas ici localisée dans l'Union européenne, au sens de l'arrêt *Pâtes de bois*. Ensuite, le recours « aux effets qualifiés » ne permet pas en l'espèce de donner compétence à l'Union.

Si la Commission inflige une amende relative à une transaction concernant un composant livré en dehors de l'EEE au motif qu'un produit fini incorporant ce composant a été vendu dans l'EEE, la même transaction pourrait être sanctionnée à la fois en dehors et au sein de l'EEE

Forte de cette analyse, la requérante soutenait que le critère utilisé par la Commission et le Tribunal permettant d'identifier le lieu de ses livraisons internes entraînait un risque de sanctions concurrentes et de conflit de compétence avec d'autres autorités de concurrence, en ce qu'il est susceptible d'aboutir à ce qu'une même transaction donne lieu à une constatation d'infractions et à une sanction de la part de multiples autorités de la concurrence dans le monde. Ainsi, dans la présente affaire, si la Commission inflige une amende relative à une transaction concernant un composant livré en dehors de l'EEE au motif qu'un produit fini incorporant ce composant a été vendu dans l'EEE, la même transaction pourrait être sanctionnée à la fois en dehors et au sein de l'EEE.

La Cour évacue toutefois en quelques lignes cette argumentation à la fin de son analyse, la considérant comme non pertinente (§ 71 à § 76).

D'une part, elle relève qu'il est constant que la Commission était compétente pour appliquer l'article 101 TFUE à l'entente en cause, dès lors que, comme il ressort des points 42 et 66 de l'arrêt attaqué, les participants à celle-ci, dont la requérante, ont mis en œuvre cette entente de portée mondiale dans l'EEE en réalisant sur ce territoire des ventes du produit concerné par l'infraction à des tiers indépendants (§ 73).

Et la Cour de rappeler sa jurisprudence, notamment de l'arrêt *Ahlström Osakeyhtiö* (voir, en ce sens, arrêt Ahlström Osakeyhtiö c/ Commission, C-89/85, C-104/85, C-114/85, C-116/85, C-117/85 et C-125/85 à C-129/85, EU:C:1993:120, pts. 13 et 14), selon laquelle lorsque des entreprises établies en dehors de l'EEE, mais qui produisent des biens qui sont vendus dans l'EEE à des tiers, se concertent sur les prix qu'elles consentent à leurs clients établis dans l'EEE et mettent en œuvre cette concertation en vendant à des prix effectivement coordonnés, elles participent à une concertation qui a pour objet et pour effet de restreindre le jeu de la concurrence sur le marché intérieur, au sens de l'article 101 TFUE, et que la Commission est territorialement compétente à poursuivre.

Donc, pour la Cour, la compétence pour statuer sur l'entente, ne dépend pas des ventes prises en compte pour le calcul de l'amende. Dès lors que l'entente a été mise en œuvre dans l'EEE, « en réalisant sur ce territoire des ventes du produit concerné par l'infraction à des tiers indépendants », la prise en compte de ventes réalisées hors EEE ne poserait pas un problème de compétence territoriale, mais uniquement un problème de fixation du montant de l'amende.

On peut cependant rester perplexe.

À l'évidence, la Commission était compétente pour statuer sur cette entente, s'agissant des ventes de LCD réalisées dans l'EEE. Mais l'était-elle pour tenir compte des seules ventes réalisées dans l'EEE (la catégorie des « ventes EEE directes », qui comprend les ventes de LCD cartellisés à une autre entreprise au sein de l'EEE), ou aussi des ventes de LCD réalisées hors EEE, suivies d'une incorporation du LCD dans un produit fini, vendu dans l'EEE ? On notera que pour la Cour, la mise en œuvre dans l'EEE résulte des seules ventes directes dans l'EEE, et non indirectement de la vente d'un produit fini dans l'EEE dans lequel ont été incorporés des LDC cartellisés vendus hors EEE (*cf. supra*).

Pourtant, la Cour choisit de ne pas entrer dans ces distinctions. Dès lors qu'une entente est mise en œuvre dans l'EEE (*i.e.* des ventes de LCD ont eu lieu dans l'EEE), la Commission serait compétente pour apprécier l'entente dans sa globalité, sous la réserve des règles de fixation des amendes.

Dès lors qu'une entente est mise en œuvre dans l'EEE (*i.e.* des ventes de LCD ont eu lieu dans l'EEE), la Commission serait compétente pour apprécier l'entente dans sa globalité, sous la réserve des règles de fixation des amendes

Il s'agit tout de même d'une conception très extensive de la compétence de la Commission. En effet, si l'on s'en tient à la jurisprudence rendue sur la règle *non bis in idem*, c'est en principe une territorialité très stricte qui est appliquée (*cf.* notre article Comité français de droit international privé sur « La reconnaissance mutuelle des sanctions pécuniaires et la règle "*non bis in idem*" », Travaux du Comité français de droit international privé, années 2004-2006, Edit. Pedone, 2008, p. 165 et s). Ainsi, cette règle ne s'applique pas quand les pratiques ont eu lieu sur deux territoires différents. C'est ainsi, par exemple, que le Tribunal de l'Union a souligné, dans l'affaire de la lysine que « le principe "*non bis in idem*" ne peut, à plus forte raison, trouver à s'appliquer en l'espèce, les procédures diligentées et les sanctions infligées par la Commission, d'une part, et par les autorités américaines, d'autre part, ne poursuivant pas, à l'évidence, les mêmes objectifs. Si dans le premier cas, il s'agit de préserver une concurrence non faussée sur le territoire de l'Union européenne ou dans l'EEE, la protection recherchée concerne, dans le second cas, le marché américain (TPICE, 9 juill. 2003, aff. T-220/00, T-223/00, T-224/00, et T-230/00, n° 101 ; Adde v. aussi plus récemment CJCE, 18 mai 2006, aff. C-397/03 ; v. aussi TPI, 15 juin 2005, aff. T-71/03, ECLI:EU:T:2005:220 [aff. arrêt *Tokai carbon*]) qui en plus de la motivation sur les objectifs différents relève qu'« en vertu du principe de territorialité, il n'existe pas de conflits dans l'exercice des compétences de la Commission d'une part, et des autorités américaines, d'autre part pour infliger des amendes aux entreprises qui violent les règles de concurrence de l'EEE et des États-Unis » (*cf.* n° 112 et 113 ; pourvoi rejeté par CJCE, 10 mai 2007, aff. C-328/05, ECLI:EU:C:2007:277).

Or, la Cour rappelle en l'espèce que « ni le principe *non bis in idem*, ni aucun autre principe de droit n'est susceptible d'obliger la Commission à tenir compte des poursuites et des sanctions dont fait l'objet une entreprise dans des États tiers (voir arrêts *Showa Denko c/ Commission*, C-289/04 P, EU:C:2006:431, pts. 52 à 58 ; *SGL Carbon c/ Commission*, C 308/04 P, EU:C:2006:433, pts. 28 à 34, et *SGL Carbon c/ Commission*, C 328/05 P, EU:C:2007:277, pts. 24 à 35) ».

Or, s'il n'est pas contestable, ni critiquable qu'une pluralité de sanctions puissent être prononcées par des autorités différentes, pour les ventes de LCD dans l'EEE et pour les ventes de LCD hors EEE car les faits sont différents, même s'ils participent de la même infraction unique mondiale, et que dans ce cas, la Commission n'a pas à tenir compte des autres sanctions éventuellement prononcées, la solution de l'espèce peut au contraire conduire à un cumul de sanctions pour des faits identiques, c'est-à-dire pour les mêmes ventes de LCD réalisées hors EEE suivies d'une incorporation dans un produit fini revendu dans l'EEE.

Et cela est d'autant plus regrettable qu'un tel cumul est proscrit par la Convention européenne des droits de l'Homme, ce qui n'est pas satisfaisant même si la Convention ne s'impose pas à la Cour de justice (CEDH, 4 mars 2014, *Grande Stevens* et autres, Req. n° 18640/10, 18647/10, 18663/10, 18668/10 et 18698/10).

Il nous semble donc que la Cour aurait été mieux inspirée de suivre les conclusions de son Avocat général. Quoi qu'il en soit pour la Cour, ce sont uniquement les règles du calcul des sanctions qui peuvent s'appliquer.

Sur les arguments fondés sur « la valeur des ventes »

Aux termes du point 13 desdites lignes directrices, « [e]n vue de déterminer le montant de base de l'amende à infliger, la Commission utilisera la valeur des ventes de biens ou services, réalisées par l'entreprise, en relation directe ou indirecte [...] avec l'infraction, dans le secteur géographique concerné à l'intérieur du territoire de l'EEE ». Ces mêmes lignes directrices précisent, à leur point 6, que « la combinaison de la valeur des ventes en relation avec l'infraction et de la durée [de celle-ci] est considérée comme une valeur de remplacement adéquate pour refléter l'importance économique de l'infraction, ainsi que le poids relatif de chaque entreprise participant à l'infraction ».

La Cour de justice a reconnu que la Commission avait pris en compte « les ventes des produits finis intégrant les LCD cartellisés [...] non pas à concurrence de leur valeur entière, mais à concurrence de la seule fraction de cette valeur qui pouvait correspondre à la valeur des LCD cartellisés intégrés dans les produits finis » (§ 53).

Cependant, elle va admettre qu'il est possible de tenir compte de ces ventes hors EEE, sans violer ni aux lignes directrices sur les sanctions, ni au règlement n° 1/2003, en faisant un raisonnement aux allures de « pirouette ».

En effet, on vient de voir que s'agissant de la territorialité, elle a admis que la mise en œuvre dans l'EEE résulte des seules ventes directes dans l'EEE, et non indirectement de la vente d'un produit fini dans l'EEE, dans lesquelles ont été incorporés des LDC cartellisés vendus hors EEE, puisqu'elle relève expressément que l'entente a été mise en œuvre dans l'EEE, « en réalisant sur ce territoire des ventes du produit concerné par l'infraction à des tiers indépendants ».

En revanche, s'agissant de savoir si les LCD vendus hors EEE pouvaient entrer dans la « valeur des ventes » au sens de l'article 13 susvisé, la Cour va relever « que, lorsqu'une entreprise intégrée verticalement incorpore les produits faisant l'objet de l'infraction aux produits finis dans ses unités de production situées en dehors de l'EEE, la vente par cette entreprise de ces produits finis dans l'EEE à des tiers indépendants est susceptible d'affecter la concurrence sur le marché de ces produits et, partant, une telle infraction peut être considérée comme ayant eu des répercussions dans l'EEE, même si le marché des produits finis en question constitue un marché distinct du marché concerné par ladite infraction » (§ 57).

On croyait avec l'arrêt *Pâtes de Bois*, que la mise en œuvre de l'entente dans l'EEE était la version « juridiquement correcte » de la théorie des effets. Mais on voit poindre dans cet arrêt un relent de théorie des effets, qui n'aurait rien à voir avec la mise en œuvre de l'entente.

À la vérité, la décision est dominée par la recherche d'effet dissuasif de la sanction.

La Cour rappelle en effet que « la notion de valeur des ventes visée à ce point 13 englobe les ventes réalisées sur le marché concerné par l'infraction dans l'EEE, sans qu'il importe de déterminer si ces ventes ont été réellement affectées par cette infraction, la partie du chiffre d'affaires provenant de la vente des produits faisant l'objet de l'infraction étant la mieux à même de refléter l'importance économique de cette infraction (voir, en ce sens, arrêts *Team Relocations c/ Commission*, C-444/11 P, EU:C:2013:464, pts 75 à 78 ; *Guardian Industries et Guardian Europe c/ Commission*, C-580/12 P, EU:C:2014:2363, pts 57 à 59 ; *Dole Food et Dole Fresh Fruit Europe c/ Commission*, C-286/13 P, EU:C:2015:184, pts 148 et 149, ainsi que *LG Display et LG Display Taiwan c/ Commission*, C-227/14 P, EU:C:2015:258, pts 53 à 58 et 64) ». Mais ce texte doit être interprété conformément au règlement n° 1/2003. Or, « il serait contraire à l'objectif poursuivi par l'article 23, paragraphe 2, du règlement n° 1/2003 que les participants à une entente qui sont intégrés verticalement puissent, du seul fait qu'ils ont incorporé les produits faisant l'objet de l'infraction dans des produits finis en dehors de l'EEE, se voir exclure du calcul de l'amende la fraction de la valeur de leurs ventes de ces produits finis réalisées dans l'EEE pouvant correspondre à la valeur des produits faisant l'objet de l'infraction » (§ 55). Il est vrai que la Cour avait déjà jugé que les entreprises intégrées verticalement peuvent tirer profit d'un cartel, non seulement lors des ventes à des tiers indépendants sur le marché du produit faisant l'objet de cette infraction, mais également sur le marché en aval des produits transformés dans la composition desquels entrent ces produits, et ce à deux titres différents (arrêt *Guardian Industries* et *Guardian Europe c/ Commission*, C-580/12 P, EU:C:2014:2363, pt 60). Mais il s'agissait juste dans ce cas de savoir si on devait ou non tenir compte des ventes internes au groupe, et non de savoir si ce raisonnement pouvait permettre d'attraire dans la « valeur des ventes » des ventes réalisées hors EEE.

Dans la bataille constante entre la dissuasion nécessaire pour lutter contre les cartels et les droits des entreprises, il semble que dans la présente affaire, ce soit l'objectif de dissuasion qui l'ait emporté.

M. Behar-Touchais

Concurrences N° 4-2015, Art. N° 76290, p. 102

Voir aussi

A. Lacresse, Calcul de l'amende : La Cour de justice de l'Union européenne admet que l'amende puisse être calculée en tenant compte d'autres ventes que celles portant sur les produits cartellisés afin de ne pas minimiser artificiellement l'importance économique de l'infraction commise par une entreprise verticalement intégrée (InnoLux), 9 juillet 2015, Concurrences N° 4-2015, Art. N° 76346, pp. 174-175.

Voir aussi, sur les conclusions de l'Avocat général

M. Behar-Touchais, Applicabilité : L'Avocat général Wathelet conclut à l'annulation de l'arrêt du Tribunal dans l'affaire du cartel des LCD et de la décision de la Commission prise en l'espèce, en tant qu'ils ont décidé que l'amende infligée à une entreprise pouvait légalement prendre en compte la valeur des livraisons intragroupes d'écrans d'affichage à cristaux liquides à matrice active aux usines de ladite entreprise en Chine et à Taïwan, subséquemment incorporés dans des produits finis vendus dans l'EEE, commettant de ce fait une erreur de droit (InnoLux), 30 avril 2015, Concurrences N° 3-2015, Art. N° 74993, pp. 65-66.

Voir aussi, sur les origines de l'affaire

Trib. UE, 27 févr. 2014, InnoLux, T-91/11

A. Ronzano, Amende : Le Tribunal de l'Union réduit à la marge deux amendes prononcées dans l'affaire du cartel des panneaux LCD (InnoLux et LG Display), 27 février 2014, Concurrences N° 2-2014, Art. N° 68259.

CJUE, 20 janv. 2016, Toshiba, C-373/14 P

La Cour de justice de l'Union européenne explique, d'une part, que l'analyse du contexte économique et juridique peut se limiter à ce qui est strictement nécessaire pour caractériser l'objet anticoncurrentiel de l'accord et, d'autre part, qu'il est possible, pour déterminer le montant de base de l'amende, de prendre en compte les parts de marché détenues par les entreprises en cause sur un territoire plus large que le seul territoire concerné par l'entente.

Par cet arrêt du 20 janvier 2016, La Cour de justice rejette le pourvoi formé par Toshiba Corporation dans l'affaire du cartel des transformateurs de puissance, pour lequel Toshiba Corporation avait été condamné par la Commission (décision du 7 octobre 2009, COMP/39.129) à une amende de 13,2 millions d'euros, décision confirmée par le Tribunal de l'UE (Trib. UE, 21 mai 2014, aff. T-519/09). Rappelons qu'il s'agissait d'une pratique de répartition territoriale de marchés, les producteurs japonais ayant conclu, avec leurs homologues européens, un « *gentlemen's agreement* », aux termes duquel les Européens s'engageaient à s'abstenir de vendre au Japon, tandis que les Japonais s'engageaient à s'abstenir de vendre en Europe.

Devant le Tribunal, d'intéressants débats s'étaient noués sur la preuve de l'entente, en particulier sur l'existence d'une distanciation publique dont se prévalait Toshiba, grâce à certains éléments de preuve dont la valeur probatoire pouvait être discutée. La Cour de justice refuse de revenir sur ces questions, n'étant en charge que des questions de droit. Ainsi qu'elle le rappelle fréquemment, « dès lors que ces preuves ont été obtenues régulièrement et que les principes généraux du droit, ainsi que les règles de procédure applicables en matière de charge et d'administration de la preuve ont été respectés, il appartient au seul Tribunal d'apprécier la valeur qu'il convient d'attribuer aux éléments qui lui ont été soumis. Cette appréciation ne constitue donc pas, sous réserve du cas de la dénaturation de ces deux éléments, une question de droit soumise, comme telle, au contrôle de la Cour » (point 40).

Le rôle joué par le contexte dans lequel l'accord s'inscrit dans la caractérisation de l'objet anticoncurrentiel

La Cour de justice est invitée, par le pourvoi, à revenir (à nouveau !) sur la définition de l'objet anticoncurrentiel. Chacun sait que l'accord de volontés ne vaut entente que s'il est porteur d'un objet ou d'effets anticoncurrentiels, les effets ne devant être étudiés qu'en l'absence d'objet anticoncurrentiel. La caractérisation de l'objet anticoncurrentiel suppose désormais un double examen : un examen abstrait du contenu de la pratique, laquelle doit présenter un degré de nocivité suffisant, révélé par l'expérience des autorités, et un examen concret tenant dans l'étude du contexte économique et juridique dans lequel la pratique s'inscrit. S'agissant de l'examen abstrait, il ne posait aucune difficulté : la pratique de répartition de marchés est connue ; elle présente une nocivité dont la gravité n'a plus à être démontrée. S'agissant de l'examen concret, il présentait davantage de difficultés puisque, selon Toshiba, l'accord s'inscrivait dans un contexte particulier, propre à disqualifier l'objet anticoncurrentiel. L'auteur du pourvoi soutenait en effet que l'accord en cause n'était pas susceptible de restreindre la concurrence sur le marché, faute d'existence d'une véritable situation de concurrence entre les producteurs européens et les producteurs japonais. Selon Toshiba, le marché européen était en effet fermé par des barrières qui entraveraient tout projet d'entrée sur ce marché. Pour rejeter ce moyen, la Cour rappelle que, selon le Tribunal, les barrières à l'entrée du marché européen n'étaient pas insurmontables et qu'une situation de concurrence potentielle existait sur ce marché (laquelle était en effet attestée, d'une part, par la circonstance qu'un producteur japonais – Hitachi – avait accepté des projets provenant de clients situés en Europe et, d'autre part, par le *gentlemen's agreement* lui-même qui n'aurait eu aucune utilité si, véritablement, aucune situation de concurrence n'existait entre Européens et Américains).

La Cour ne s'est pas contentée de se retrancher derrière le pouvoir d'appréciation des faits du Tribunal, comme elle aurait pu le faire. Elle a préféré expliquer que « s'agissant de tels accords, l'analyse du contexte économique et juridique dans lequel la pratique s'insère peut se limiter à ce qui s'avère strictement nécessaire en vue de conclure à l'existence d'une restriction de la concurrence par objet ». Ce faisant, on se demande si elle n'a pas cherché à atténuer la valeur qu'il convient d'accorder à l'analyse du contexte économique et juridique de l'accord. À suivre ce raisonnement, l'analyse du contexte n'aurait pas à être menée de la même manière pour toutes les pratiques. Pour celles qui apparaissent particulièrement graves, on pourrait se contenter d'une analyse du contexte « limitée ». Voici de nouvelles sous-distinctions parmi les pratiques susceptibles d'être qualifiées de restriction par l'objet. Si l'objectif est de réduire le rôle joué par l'examen concret du contexte de l'accord, on s'en félicitera. En effet, l'analyse du contexte de l'accord est un facteur de confusion entre les deux formes de restriction de concurrence que sont l'objet et les effets anticoncurrentiels. Mais s'il s'agit d'introduire une nouvelle distinction parmi les différentes restrictions par l'objet, alors on s'en inquiétera car il y a là matière à introduire un nouvel élément de complexité dont on se serait bien passé en matière d'objet anticoncurrentiel.

La prise en compte des parts de marché mondiales pour déterminer le montant de base de l'amende

L'arrêt présente aussi un autre intérêt : la Cour répond au pourvoi qui contestait la méthode de calcul retenue s'agissant de l'évaluation du montant de base de l'amende.

En rejetant le moyen et en validant le choix du Tribunal de fonder sa méthode de calcul sur les parts de marché détenues au niveau mondial par les entreprises en cause, la Cour rend un arrêt qui s'inscrit dans une tendance déjà observée. De plus en plus souvent, la Cour de justice accepte de fixer le montant de base en considération des ventes autres que les seules ventes concernées par la pratique et réalisées à l'intérieur de l'EEE (lignes directrices pour le calcul des amendes infligées en application de l'article 23, paragraphe 2, sous a), du règlement n° 1/2003, 1er septembre 2006, point 13). On se souvient par exemple de l'affaire *Innolux* dans laquelle la Cour avait accepté de prendre en compte, pour le calcul du montant de base de l'amende, les ventes de produits finis dans lesquels étaient incorporés des composants qui avaient fait l'objet du cartel, dans une hypothèse dans laquelle les entreprises en cause étaient intégrées verticalement (CJUE, 9 juillet 2015, aff. C-231/14 P, commenté dans cette chronique par M. Béhar-Touchais).

En principe, le montant de base de l'amende dépend des « ventes de biens ou services, réalisés par l'entreprise, en relation directe ou indirecte avec l'infraction, dans le secteur géographique concerné à l'intérieur du territoire de l'EEE » (lignes directrices préc., point 13). En l'espèce, cette méthode n'était pas utilisable. En effet, à l'intérieur de l'EEE, précisément à cause du *gentlemen's agreement*, les ventes de Toshiba étaient quasi nulles. Appliquer cette méthode revenait donc à supprimer toute sanction ! Les lignes directrices reconnaissent à l'article 18 que : « lorsque l'étendue géographique d'une infraction dépasse le territoire de l'Espace Économique Européen, les ventes concernées de l'entreprise à l'intérieur de l'EEE peuvent ne pas refléter de manière adéquate le poids de chaque entreprise dans l'infraction » et que « tel peut en particulier être le cas d'accords mondiaux de répartition de marché » (point 18, § 1). Dans cette situation, par exception à la règle issue de l'article 13, il convient d'« estimer la valeur totale des ventes des biens ou services en relation avec l'infraction dans le secteur géographique (plus vaste que l'EEE) concerné, déterminer la part des ventes de chaque entreprise participant à l'infraction sur ce marché et appliquer cette part aux ventes agrégées de ces mêmes entreprises à l'intérieur de l'EEE » (point 18, § 2). Dit autrement, il faut, en se basant sur les parts de marché des entreprises en cause, déterminer fictivement la valeur des ventes concernées par la pratique, à l'intérieur d'EEE. Par exemple, si le marché est détenu à 50 % par un opérateur européen et à 50 % par un opérateur japonais, le montant de base de l'amende infligée à l'opérateur japonais sera évalué à partir de 50 % des ventes opérées dans le territoire de l'EEE et ce, même si le Japonais ne vend rien en Europe.

Le recours à cette méthode retenue par l'article 18 des lignes directrices n'a pas été débattu. Ce qui l'a été, c'est la méthode d'application de cet article 18, en particulier la méthode de calcul des parts de marché. Quelle est l'étendue du territoire à prendre en compte pour calculer les parts de marché des opérateurs ? Fallait-il se contenter de prendre en compte les territoires européens et japonais, seuls territoires concernés par l'entente ? Ou fallait-il prendre en compte l'ensemble du territoire mondial ? Toshiba tentait de démontrer que la première solution devait être retenue. On peut penser que, sur les territoires européens et japonais additionnés, sa part de marché était moindre par rapport à celle détenue sur le marché mondial. C'est pourtant la deuxième solution qui a été retenue. La Cour confirme que le Tribunal pouvait tenir compte de la part de marché mondiale des entreprises en cause, pour calculer le montant de base de l'amende.

Pour justifier son choix, la Cour de justice se contente de remarquer que « les parties au *gentlemen's agreement* sont des producteurs de transformateurs de puissance actifs au niveau mondial » (point 88). Elle ne donne aucune raison théorique supplémentaire qui permettrait de mieux comprendre son raisonnement et se contente d'expliquer, de manière finalement très transparente, que l'objectif général est celui de la répression et de la dissuasion et qu'il faut appliquer les critères des lignes directrices, en fonction de la capacité financière de l'entreprise, de sorte à permettre à l'amende de remplir les objectifs qui lui sont assignés (points 87 à 89). En résumé, pour choisir la bonne méthode, il fallait comparer les résultats et opter pour celle qui permettait d'infliger l'amende la plus dissuasive.

A.-S. Choné-Grimaldi
Concurrences N° 2-2016, Art. N° 79079, p. 92

Voir aussi, sur les origines de l'affaire

Trib. UE, 21 mai 2014, Toshiba, T-519/09

J.-P. Christienne, Distanciation de l'entente : Le Tribunal de l'Union européenne juge que la seule existence d'un doute quant à la participation future de l'entreprise sanctionnée par la Commission à une entente et quant à la continuation de cette dernière ne permet pas de conclure à une distanciation définitive de l'entente en cause (Toshiba), 21 mai 2014, Concurrences N° 3-2014, Art. N° 68057, pp. 85-87.

CJUE, 6 juill. 2017, Toshiba, C-180/16 P

La Cour de justice de l'Union européenne rejette le pourvoi formé contre l'arrêt du Tribunal de l'Union européenne prononcé dans l'affaire des appareils de commutation à isolation gazeuse en considérant, notamment, que ce dernier n'a pas commis d'erreur de droit en n'identifiant aucune inégalité de traitement dans la détermination du montant de l'amende.

Par son arrêt prononcé le 6 juillet 2017, la Cour rejette le pourvoi formé par Toshiba contre l'arrêt prononcé par le Tribunal le 19 janvier 2016 et met un terme, par la même occasion, à la saga Toshiba devant les juges de l'Union (sur l'arrêt du Tribunal, voir P. Cardonnel, « Le Tribunal de l'Union européenne valide la réduction de l'amende au bénéfice des entreprises japonaises dans le cartel des appareillages de commutation à isolation gazeuse »).

Pour rappel, Toshiba avait été condamnée par la Commission en 2007 pour sa participation de 1988 à 2004 à un cartel dans le secteur des appareils de commutation à isolation gazeuse. Si cette décision avait été, certes, confirmée en grande partie par le Tribunal, ce dernier l'avait tout de même partiellement annulée en raison d'une violation par la

Commission du principe d'égalité de traitement dans la détermination du montant de l'amende infligée à Toshiba et à Mitsubishi (v. Trib. UE, Toshiba, aff. T-113/07). Aussi la Commission avait-elle adopté, conformément à cet arrêt, une décision modificative, ayant à nouveau fait l'objet, en vain, d'un recours devant le Tribunal. Il revenait ainsi à la Cour de clore les débats.

Plusieurs points méritent une attention particulière.

L'adoption d'une décision modificative ne requiert pas nécessairement l'envoi d'une nouvelle communication des griefs

Le premier point tient certes davantage à une question de procédure, dans la mesure où Toshiba tentait de soutenir devant la Cour que le Tribunal avait commis une erreur de droit en jugeant que la Commission n'avait pas violé ses droits de la défense en ne lui transmettant pas une nouvelle communication des griefs antérieurement à l'adoption de la décision modificative.

La Cour valide l'appréciation du Tribunal et juge que la communication des griefs de 2006, à savoir celle ayant conduit à l'adoption de la première décision, pouvait être prise en compte pour vérifier le respect des droits de la défense de Toshiba. Elle juge que l'annulation de la décision initiale par le Tribunal n'avait pas eu d'incidence sur la validité de la communication des griefs de 2006 et que tel était le cas, dans la mesure où le vice constaté par le Tribunal ne portait pas sur les griefs soulevés contre Toshiba, ni sur les facteurs à prendre en considération lors de la détermination du montant de l'amende (§ 28).

Qui plus est, la Commission avait transmis, à tout le moins à l'occasion de l'adoption de la décision modificative, une lettre des faits à Toshiba précisant la méthode de détermination du montant de son amende ; lettre à laquelle Toshiba avait pu répondre par écrit, ainsi qu'au cours d'une réunion (§ 34). En clair, force est de constater que Toshiba avait bel et bien été entendue par la Commission.

Relevons que cette hypothèse diffère de celle dont le Tribunal a eu à connaître dans l'affaire T-189/10, *GEA*, dans laquelle ce dernier avait annulé une décision modificative de la Commission pour violation des droits de la défense. Dans cette dernière affaire, la Commission n'avait pas cherché à entendre la requérante, alors que la question des rapports de solidarité aux fins du paiement de l'amende entre sociétés composant une même entreprise, au sens du droit de la concurrence de l'Union, n'était pas tranchée au jour de la procédure administrative (sur cet arrêt, v. P. Cardonnel, « Le Tribunal de l'Union européenne annule pour violation des droits de la défense une décision modificative de la décision d'infraction dans le cartel des stabilisants thermiques »).

Principe d'égalité de traitement et année de référence pour la détermination du chiffre d'affaires en lien avec l'infraction

Le deuxième point portait sur l'appréciation de la violation alléguée par la Commission du principe d'égalité de traitement dans la détermination du montant de l'amende infligée à la requérante au titre de sa participation individuelle à l'infraction. Toshiba faisait valoir que le Tribunal avait commis une erreur de droit en jugeant que la méthode privilégiée par la Commission afin de prendre en compte une même année de référence pour chaque participant à l'infraction était conforme au principe d'égalité de traitement.

Pour rappel, le Tribunal dans l'affaire T-113/07 avait annulé la décision initiale de la Commission, dans la mesure où cette dernière avait pris en compte deux années de référence différentes selon les participants à l'infraction : 2003 pour les entreprises européennes et 2001 pour Toshiba et Mitsubishi. Cela se justifiait du côté de la Commission pour Toshiba et Mitsubishi puisque ces dernières avaient en 2002 mis en commun leur activité dans le secteur en lien avec l'infraction en créant une filiale commune. En clair, la Commission ne disposait pas pour l'année de référence 2003 de chiffre d'affaires individuel pour Toshiba (§ 52).

À cet égard, le Tribunal n'avait pas entendu exercer ses pouvoirs de pleine juridiction, mais avait préféré indiquer une méthode alternative à la Commission, méthode que cette dernière avait suivi scrupuleusement dans sa décision modificative. Aussi la Commission avait-elle déterminé un montant de départ de l'amende fondé sur le chiffre d'affaires de la filiale commune pour l'année 2003, puis réparti ce montant de départ en fonction de la proportion des ventes du produit cartellisé réalisées en 2001 par Toshiba et Mitsubishi (sur cette indication, voir Trib. UE, Toshiba, aff. T-113/07, pt. 291).

Toshiba contestait devant la Cour cette méthode de calcul et faisait valoir que la Commission aurait dû au contraire calculer l'amende sur le fondement d'une proportion du chiffre d'affaires de la filiale commune pour l'année 2003 et non sur le fondement d'une proportion du montant de départ de l'amende attribué à cette dernière. Sans rentrer dans ces détails, dans l'ensemble assez techniques, il est intéressant de relever que, comme le soulève assez opportunément la Commission, Toshiba considérait désormais qu'une proportion de 35 % du chiffre d'affaires de sa filiale commune devait être privilégiée, alors que, dans le cadre de son recours introduit contre la décision initiale, elle défendait au contraire l'idée que l'amende devait correspondre à une proportion de 50 % du montant de départ de l'amende infligée à la filiale commune (§ 49). L'on s'y perdrait.

En tout état de cause, la Cour ne sanctionne aucune erreur de droit commise par le Tribunal et valide, en son principe, la méthode appliquée par la Commission.

Principe d'égalité de traitement et appréciation de la gravité de l'infraction

Le dernier point concerne une problématique assez proche de celle dont la Cour avait eu à connaître notamment sur pourvoi dans l'affaire Laufen Austria, à savoir celle de l'appréciation différenciée de la gravité d'une infraction au stade de la détermination du montant de l'amende selon les entreprises en présence (v. CJUE, 26 janv. 2017, Laufen Austria, aff. C-637/13 P ; sur cet arrêt, v. E. Thomas, « La Cour de justice de l'Union européenne rejette la plupart des pourvois formés contre les arrêts prononcés par le Tribunal de l'Union européenne dans l'affaire du cartel des installations sanitaires pour salle de bain, mais en accueille deux après avoir constaté plusieurs erreurs de droit concernant, d'une part, l'application du plafond de 10 % de l'amende et, d'autre part, l'appréciation de la force probante des déclarations faites dans le cadre de la clémence, 26 janvier 2017 »). Dans cet arrêt, la Cour n'avait notamment pas exclu, en principe, la possibilité que la participation différenciée d'entreprises à l'infraction puisse se refléter par l'application de coefficients différents dès le stade de la détermination du montant de base de l'amende.

Aussi Toshiba soutenait que le Tribunal avait commis une erreur de droit en considérant que la Commission n'avait pas violé le principe d'égalité de traitement en rejetant sa demande de réduction du montant de son amende, motivée par son absence de participation à une réunion à laquelle avaient participé les seules entreprises européennes (§ 58). Selon Toshiba, la Commission se devait d'examiner la gravité relative de chaque participant à l'infraction.

Dans les faits, Toshiba n'avait certes participé qu'à un « arrangement commun », en application duquel elle s'interdisait d'intervenir sur le marché européen et non à un accord supplémentaire, en vertu duquel les producteurs européens se répartissaient entre eux les projets. Toutefois, la Cour rejette ce moyen, en relevant que le Tribunal avait, à juste titre, établi que les deux réunions étaient interdépendantes. En somme, l'absence de participation à la seconde réunion ne diminuait en rien la gravité de l'infraction.

Si cette solution doit être approuvée, d'aucuns pourraient soutenir qu'il aurait été plus judicieux de revenir sur l'ambiguïté soulevée par la Cour notamment dans son arrêt prononcé dans l'affaire *Laufen Austria* et d'adopter une approche plus orthodoxe, telle qu'issue de l'arrêt du Tribunal dans l'affaire *Aragonesas* (v. Trib. UE, 25 oct. 2011, Aragonesas, aff. T-348/08, pt 266). En clair, la gravité intrinsèque de l'infraction est une donnée objective qui, au stade de la détermination du montant de base de l'amende, ne saurait, en principe, varier selon les protagonistes de l'infraction.

E. Thomas
Concurrences N° 4-2017, Art. N° 84951, p. 82

Voir aussi, sur les origines de l'affaire

Trib. UE, 19 janv. 2016, 2 arrêts, Toshiba, T-404/12 ; Mitsubishi Electric, T-409/12

P. Cardonnel, Amendes : Le Tribunal de l'Union européenne valide la réduction de l'amende au bénéfice des entreprises japonaises dans le cartel des appareillages de commutation à isolation gazeuse (Toshiba, Mitsubishi Electric), 19 janvier 2016, Concurrences N° 2-2016, Art. N° 79491, pp. 174-175.

Récidive

CJUE, 17 juin 2010, Lafarge, C-413/08 P

La Cour de justice de l'Union européenne confirme et précise sa jurisprudence s'agissant de la prise en compte de circonstances aggravantes au titre de la récidive.

Dans un arrêt rendu sur pourvoi le 17 juin 2010, la Cour de justice de l'Union européenne a confirmé l'arrêt du Tribunal de l'Union européenne du 8 juillet 2008, *Lafarge c/ Commission* (T 54/03, non publié au recueil) (*Concurrences* N° 4-2008, p. 75). À l'appui de ses conclusions, Lafarge soulevait six moyens respectivement tirés, premièrement, d'une dénaturation des éléments de preuve, deuxièmement, d'une violation des règles en matières de charge de la preuve, du principe de la présomption d'innocence et du principe *in dubio pro reo*, troisièmement, d'un défaut de motivation et d'une violation du principe d'égalité de traitement, quatrièmement, d'une violation des principes de proportionnalité et d'égalité de traitement, cinquièmement d'erreurs de droit et d'un défaut de motivation quant à la majoration de l'amende au titre de la récidive et, enfin, sixièmement, d'une erreur de droit relative à la majoration du montant de base de l'amende au titre de l'effet dissuasif.

Au regard de l'importance des motifs exposés par la Cour dans ses appréciations consacrées au cinquième moyen, la présente contribution se concentrera sur l'analyse de ce dernier. Ce cinquième moyen se divise en deux branches.

Dans le cadre de la première branche la requérante, d'une part, reprochait au Tribunal d'avoir violé le principe *nulla poena sine lege* et le principe général de sécurité juridique et, d'autre part, invitait la Cour à s'interroger sur la conformité de son arrêt du 8 février 2007, Groupe Danone c/ Commission (C 3/06 P, Rec. P. I 1331) avec ces deux principes.

L'article 15, paragraphe 2, du règlement n° 17 constitue la base juridique pertinente pour la prise en considération d'une récidive lors du calcul de l'amende

Tout d'abord, la Cour rappelle qu'au regard des dispositions de l'article 15, paragraphe 2, du règlement n° 17 du Conseil, du 6 février 1962, premier règlement d'application des articles [81] et [82] du traité (*JO* 1962, 13, p. 204) et de la jurisprudence selon laquelle une éventuelle récidive figure parmi les éléments à prendre en considération lors de l'analyse de la gravité de l'infraction en cause, cet article constitue la base juridique pertinente pour la prise en considération d'une récidive lors du calcul de l'amende (pts 62 à 65).

Ensuite, s'agissant du délai maximal au-delà duquel une récidive ne saurait être prise en compte, la Cour rappelle que, ainsi qu'elle l'a jugé dans l'arrêt *Groupe Danone c/ Commission*, le fait que ni le règlement n° 17, ni la communication de la Commission intitulée « Lignes directrices pour le calcul des amendes infligées en application de l'article 15, paragraphe 2 du règlement n° 17 et de l'article 65 paragraphe 5 du traité CECA » (*JO* 1998, C 9, p. 3) ne prévoient un tel délai, ne viole le principe de sécurité juridique et déclare que c'est à tort que la requérante soutient qu'il serait possible pour la Commission, en vertu de cet arrêt, de procéder à une majoration de l'amende au titre de la récidive sans limitation dans le temps. En effet, la Cour dit pour droit qu'au point 39 de l'arrêt *Groupe Danone c/ Commission,* elle y a souligné que la Commission peut prendre en considération les indices tendant à confirmer la propension d'une entreprise à s'affranchir des règles de concurrence, y compris, par exemple, le temps qui s'est écoulé entre les infractions en cause (pt 69).

Le droit de la concurrence de l'Union n'autorise pas la Commission de tenir compte d'une récidive sans limitation dans le temps

À ce stade de son examen de la première branche du cinquième moyen, la Cour ajoute un nouvel élément dans ses motifs se rapportant à l'absence de violation du principe de sécurité juridique, à savoir, que le principe de proportionnalité exige que le temps écoulé entre l'infraction en cause et un précédent manquement aux règles de concurrence soit pris en compte pour apprécier la propension de l'entreprise à s'affranchir de ces règles. Elle déclare que, dans le cadre du contrôle juridictionnel exercé sur les actes de la Commission en matière de droit de la concurrence, il peut être vérifié si la Commission a respecté ledit principe. Partant, au point 73 de l'arrêt, la Cour dit pour droit que le droit de la concurrence de l'Union n'autorise pas la Commission de tenir compte d'une récidive sans limitation dans le temps.

En l'espèce, la Cour constate que, après qu'une première décision constatant une infraction aux règles de la concurrence a été notifiée à la requérante, une filiale de cette dernière a néanmoins, pendant quatre ans, continué à participer à l'entente en cause. Partant, la Cour constate la propension de la requérante à ne pas tirer les conséquences appropriées d'un premier constat d'infraction dans une décision à elle notifiée (pt 71).

S'agissant de la seconde branche que le cinquième moyen, la requérante alléguait de la violation par le Tribunal du principe général commun aux droits des États membres, selon lequel il ne peut être tenu compte d'une récidive au-delà d'un délai maximal, ainsi que les principes de sécurité juridique et de la légalité des délits et des peines, en ce qu'il avait considéré que la Commission était fondée à majorer le montant de l'amende au titre de la récidive, bien que la décision constatant une précédente infraction pour des faits similaires ne fût pas devenue définitive au moment des faits visés dans la décision litigieuse.

En l'absence d'effet suspensif des recours juridictionnels, la Commission peut tenir compte d'une décision non définitive au titre de la récidive

À ce titre, la Cour rappelle que les décisions de la Commission bénéficient d'une présomption de validité aussi longtemps qu'elles n'ont pas été annulées ou retirées et que, conformément aux dispositions expresses de l'article 242 CE, les recours devant la Cour n'ont pas d'effet suspensif. C'est donc à bon droit, selon la Cour, que le Tribunal a considéré qu'il suffit que l'entreprise ait été préalablement considérée comme coupable d'une infraction du même type, même si la décision est encore soumise à un contrôle juridictionnel, pour que la Commission puisse tenir compte de la récidive (pts 81 et 82).

À supposer même que la décision, sur la base de laquelle l'amende relative à une autre infraction a été majorée dans une décision ultérieure, est annulée par le juge de l'Union européenne, après l'adoption de cette dernière, la Cour rappelle que, en application de l'article 233 CE, la Commission serait tenue, même en l'absence d'une demande à cette fin de l'entreprise concernée, de prendre les mesures que comporte l'exécution de l'arrêt de la Cour, en modifiant, le cas échéant, la décision ultérieure en tant qu'elle comprend une majoration de l'amende au titre de la récidive. Selon la Cour au regard des dispositions de l'article 233 CE, un tel système est conforme aux principes généraux de bonne administration de la justice et d'économie procédurale, d'autant plus qu'il fait également échec aux recours purement dilatoires (pts 88 à 90).

C. Sarrazin

Concurrences N° 3-2010, Art. N° 31956, p. 75

Voir aussi, sur les origines de l'affaire

TPICE, 8 juill. 2008, Lafarge, T-54/03

C. Sarrazin, Cartel : Le TPICE confirme la décision de la Commission de 2002 concernant le cartel sur les plaques de plâtre (Lafarge / Commission), 8 juillet 2008, Concurrences N° 4-2008, Art. N° 22266, pp. 75-77.

CJUE, 5 mars 2015, Versalis et ENI e. a., aff. jtes C-93/13 P et C-123/13 P

La Cour de justice de l'Union européenne rejette les pourvois dans l'affaire du caoutchouc chloroprène mais malmène sévèrement les droits de la défense en ouvrant la voie à une extension « rétroactive » du domaine de la récidive appliquée à la maison-mère.

L'enjeu de cette affaire, qui pose la question d'une forme d'application rétroactive de la récidive, mais aussi de la présomption capitalistique, est d'importance : une maison-mère peut-elle voir alourdie, par le biais de la récidive, la sanction qui la frappe aujourd'hui du fait de pratiques anticoncurrentielles d'une filiale, en raison d'une affaire ancienne impliquant une autre filiale, alors même qu'elle n'avait pas été mise en cause dans cette affaire antérieure ? Se pose ici, en termes clairs, la question de l'équilibre entre le respect des droits de la défense, d'une part, et le souci de protéger l'efficacité de l'action répressive de la Commission, d'autre part.

L'arrêt était donc très attendu et la déception est à la hauteur de l'enjeu : considérable. La solution retenue par la Cour inquiète en effet, tant elle témoigne d'une vision théorique et abstraite des droits de la défense, considérablement affaiblis et malmenés par la Cour en dépit de quelques timides garde-fous dont l'efficacité laisse dubitatifs.

Rappelons les faits. Dans sa décision du 5 décembre 2007, la Commission a sanctionné plusieurs producteurs de caoutchouc chloroprène pour des pratiques de répartition de marché et de concertation sur les prix, mises en œuvre entre 1993 et 2002. La sanction infligée à Versalis (anciennement Polimeri Europa) et à sa société-mère ENI a été majorée de 60 % au motif que cette entreprise était en situation de récidive, résultant de deux condamnations anciennes infligées à d'autres filiales d'ENI, respectivement Anic dans l'affaire du polypropylène (23 avril 1986) et EniChem dans l'affaire du PVC (27 juillet 1994).

Or, dans ces deux affaires remontent respectivement à 21 ans et 13 ans avant sa décision de 2007, et la Commission n'avait pas mis en cause ENI en tant que maison-mère des entreprises condamnées à l'époque. Le Tribunal en avait déduit une violation des droits de la défense, puisque ENI n'avait pas été en mesure, à l'époque, de contester à son égard l'existence éventuelle d'une unité économique avec ses filiales mises en cause et avait donc considérablement réduit l'amende infligée à ENI. La Commission avait formé un pourvoi (affaire C-93/13 P), de même que les entreprises condamnées, pour d'autres motifs naturellement (affaire C-123/13 P). C'est le pourvoi formé par la Commission qui pose la question de principe la plus importante de cet arrêt. L'autre pourvoi sera plus succinctement évoqué à la fin de ce commentaire.

Dans son pourvoi, la Commission reprochait essentiellement au Tribunal d'avoir imposé, pour garantir le respect des droits de la défense, que la maison-mère ait été en mesure de se défendre à la date de la première infraction, alors qu'il suffisait, selon la Commission, de constater cette première infraction commise par une même entité économique.

Pour résumer à grands traits : les droits de la défense sont-ils suffisamment protégés si la maison-mère est en mesure aujourd'hui de contester rétrospectivement l'unité économique qu'elle était supposée former 10, 15 ou 20 ans auparavant, ou faut-il qu'elle ait été en mesure de le faire à l'époque ? Le Tribunal avait retenu cette deuxième approche, indéniablement plus exigeante et plus respectueuse des droits de la défense. La Cour lui donne tort.

La Cour consacre une application « rétroactive » de la récidive et de sa jurisprudence sur la présomption capitalistique

L'arrêt de la Cour rappelle tout d'abord la notion d'entreprise, au sens de « même unité économique », et l'on comprend en filigrane que cette notion est objective et ne dépend en rien de la décision – ou non – de la Commission de mettre en cause la maison-mère sur le fondement de l'unité économique qu'elle forme avec ses filiales. Sur ce point, l'arrêt doit être approuvé. Mais la question juridique essentielle n'est pas tant celle de la définition de l'entreprise, que celle du respect des droits de la défense lorsqu'une récidive est reprochée à une maison-mère mise en cause pour la première fois plus de 10, 15 ou 20 ans après la première infraction.

Sur ce point, la Cour estime, de façon très critiquable selon nous, que le respect des droits de la défense « n'exige pas (...) que cette personne juridique [la société-mère] ait été en mesure, dans le cadre des poursuites diligentées en raison d'une première infraction, de contester qu'elle formait avec d'autres entités juridiques également poursuivies une même unité économique. Il importe seulement qu'il soit assuré que ladite personne juridique soit en mesure de se défendre au moment où la récidive lui est reprochée » (§ 93).

Dans la balance entre le respect des droits de la défense et l'efficacité de l'action répressive de la Commission, la Cour affiche clairement ses choix, comme en atteste la lecture du § 92 de l'arrêt : « L'objectif de réprimer les comportements contraires aux règles de la concurrence et d'en prévenir le renouvellement au moyen de sanctions dissuasives (...) serait compromis si une entreprise, englobant une filiale visée par une première infraction, était en mesure, en modifiant sa structure juridique par la création de nouvelles filiales qui n'ont pu être poursuivies en raison de la première infraction, mais sont impliquées dans la commission de la nouvelle infraction, de rendre impossible ou particulièrement difficile et, partant, d'éviter la sanction de la récidive ».

L'arrêt heurte et inquiète, tant il consacre une vision incantatoire et abstraite des droits de la défense, largement vidés de leur substance concrète en dépit de timides garde-fous

Ainsi, il suffirait que la maison-mère soit en mesure de contester rétrospectivement la présomption capitalistique pour que les droits de la défense soient respectés ? Quand on a à l'esprit la pratique décisionnelle de la Commission en matière de présomption capitalistique, et l'extrême bienveillance avec laquelle la jurisprudence accepte que soient systématiquement rejetés tous les arguments visant à contester celle-ci, la solution ne peut que choquer. Elle pourrait certes être compréhensible si la présomption capitalistique était effectivement et concrètement réfragable, et à la condition que le renversement de cette présomption soit d'autant plus aisé que les faits considérés sont anciens. Or on sait que la présomption capitalistique n'est concrètement pas réfragable, en dépit des dénégations répétées de la Cour (y compris dans le présent arrêt, en réponse aux moyens avancés par les parties dans le pourvoi C-123/13 P [§ 40-48]).

Certes, la Cour assortit sa décision de quelques timides garde-fous, en rappelant qu'il incombe à la Commission d'établir que la personne juridique visée par la seconde infraction exerçait déjà, au moment de la première infraction, une influence déterminante sur la filiale impliquée dans la première infraction. Mais il y a fort à parier que si la Commission s'acquitte de cette « exigence » pour le passé comme elle le fait aujourd'hui, cette précaution posée par la Cour ne sera probablement guère utile. Aussi précise-t-elle, mais en termes assez vagues, que le juge de l'Union, chargé de contrôler si le principe des droits de la défense a été respecté, devra « prendre en considération toutes les circonstances de l'affaire en cause, notamment les difficultés éventuelles de preuve résultant du temps écoulé depuis la première infraction ou l'évolution structurelle de l'entreprise, ou encore l'évolution des règles juridiques applicables en matière de concurrence » (§ 97).

Ces fragiles garde-fous risquent fort de n'être que de piètres emplâtres sur une jambe de bois. Le respect des droits de la défense aurait mérité mieux.

M. Debroux
Concurrences N° 2-2015, Art. N° 72735, p. 79

Voir aussi

A. Lacresse, Récidive : La Cour de justice de l'Union européenne juge que la société-mère d'une société précédemment sanctionnée peut se trouver en état de récidive même si elle n'a pas fait précédemment l'objet de poursuites pour les faits antérieurement reprochés à sa filiale (Versalis/Commission), 5 mars 2015, Concurrences N° 2-2015, Art. N° 73128, p. 157.

Voir aussi, sur les origines de l'affaire

Trib. UE, 13 déc. 2012, Versalis et Eni, T-103/08

Défaut de capacité contributive

CJUE, 26 oct. 2017, Global Steel Wire, C-454/16 P

La Cour de justice de l'Union européenne rejette, dans l'affaire du cartel de l'acier de précontrainte, les pourvois formés par quatre sociétés espagnoles qui contestaient la responsabilité de la maison-mère dans les pratiques de ses filiales, ainsi que leur capacité contributive.

Le 26 octobre 2017, la Cour de justice de l'Union a rendu deux arrêts rejetant les pourvois introduits par quatre sociétés espagnoles appartenant au groupe sidérurgique Celsa, dans l'affaire du cartel mis en œuvre sur le marché européen de l'acier de précontrainte, déjà abondamment commenté dans ces colonnes (voir notamment *Concurrences* N° 3-2016, p. 59 et N° 4-2016, p. 85).

Les deux pourvois visaient l'arrêt du Tribunal du 2 juin 2016 dans les affaires jointes T-426/10 (Moreda-Riviere Trefilerías SA), T-427/10 (Trefilerías Quijano SA), T-428/10 (Trenzas y Cables de Acero PSC SL) et T-429/10 (Global Steel Wire, SA), ainsi que T-438/12 (Global Steel Wire SA), T-439/12 (Trefilerías Quijano SA), T-440/12 (Moreda-Riviere Trefilerías SA) et T-441/12 (Trenzas y Cables de Acero PSC SL).

Rappelons que dans sa décision du 30 juin 2010, la Commission avait sanctionné un grand nombre de fournisseurs d'acier de précontrainte pour avoir pris part entre les années 1980-1990 et 2002 à une infraction unique et continue consistant en fixation de prix et de quotas, d'échanges d'informations confidentielles et de partage de clientèle, tant au niveau européen (club Zurich/club Europe) qu'aux niveaux national et régional (club Italia/club España). En outre, le directeur général de la DG Concurrence avait, dans une lettre du 25 juillet 2012, rejeté la demande des requérantes visant à une nouvelle appréciation de leur capacité contributive, en application du point 35 des lignes directrices de 2006. Les moyens développés par les requérantes dans les deux arrêts, commentés ici, portaient pour l'essentiel, respectivement, sur l'appréciation portée sur leur capacité contributive (arrêts C-454/16 P à C-456/16 P et C-458/16 P), et sur l'imputabilité des pratiques anticoncurrentielles, ainsi que l'appréciation de leur capacité contributive (arrêts C-457/16 P et C-459/16 à C-461/16 P).

Les ressources globales du groupe et ses capacités de financement conduisent la Cour à approuver le Tribunal pour avoir écarté les critiques dirigées contre l'appréciation par la Commission de sa capacité contributive

Avant l'adoption par la Commission de sa décision C(2010) 4387 final le 30 juin 2010, les requérantes avaient déjà soumis une demande d'appréciation de capacité contributive, rejetée par cette décision. Par la suite, une seconde demande avait été formulée en juillet 2011, rejetée à son tour par une lettre du directeur général de la DG Concurrence en date du 25 juillet 2012. Approuvée par le Tribunal, la Commission avait estimé que les sociétés avaient les moyens, sinon de s'acquitter immédiatement de la totalité des amendes infligées, du moins d'obtenir les financements ou les garanties nécessaires. Ainsi, Global Steel Wire (GSW), holding de contrôle des trois autres requérantes, disposait à la fin de l'année 2009, de lignes de crédit non utilisées pour un montant de 22 millions d'euros, montant à comparer aux amendes infligées au groupe, soit 54,4 millions euros, montant inférieur au solde de la trésorerie consolidée du groupe GSW au 31 décembre 2009. Enfin, la Commission avait souligné que GSW avait pu obtenir un refinancement à hauteur de 3 milliards d'euros, témoin de la confiance que lui accordaient ses créanciers. Quant à la lettre du 25 juillet 2012, le Tribunal avait jugé que les faits avancés par les requérantes dans leurs demandes ne pouvaient modifier de façon substantielle l'appréciation portée sur leur capacité contributive par la Commission deux années auparavant. Le Tribunal avait alors considéré que la lettre du 25 juillet 2012 ne présentait pas de caractère décisionnel et les recours à son encontre avaient été rejetés comme irrecevables.

La Cour confirme intégralement l'approche du Tribunal : toute lettre d'une institution de l'Union européenne envoyée en réponse à une demande formulée par son destinataire ne constitue pas un acte susceptible de faire l'objet d'un recours au titre de l'article 263, quatrième alinéa, TFUE (pt 30), en particulier lorsque les faits allégués au soutien de la demande rejetée par la lettre, qui visaient au réexamen d'une décision antérieure devenue définitive, ne modifient pas de façon substantielle la situation du requérant, telle qu'elle se présentait lors de l'adoption de ladite décision.

Seuls les éléments financiers connus de la Commission à la date de sa décision, et non des projections financières futures, doivent être pris en compte dans l'analyse de la capacité contributive

Enfin, les requérantes critiquaient l'analyse faite par le Tribunal des données financières l'ayant conduit à conclure à une amélioration de leur situation financière entre 2009 et 2011 et donc à rejeter la demande de nouvelle évaluation de leur capacité contributive. Elles soutenaient que la prise en compte de projections financières sur les années 2012 à 2015 aurait conduit le Tribunal à considérer que cette amélioration n'était que passagère et conjoncturelle. La Cour rejette ces arguments et écarte toute erreur commise par Tribunal en ce qu'il a jugé que, dans le cadre d'une demande de nouvel examen de capacité contributive, la Commission est, en principe, fondée à examiner les dernières données disponibles lorsqu'elle statue sur cette demande. Les moyens relatifs à l'absence de capacité contributive sont donc rejetés dans leur intégralité.

Dans le second arrêt rendu dans la présente affaire, le débat a porté essentiellement sur l'imputabilité de l'infraction et, en deuxième lieu, sur la capacité contributive des requérantes.

La Cour ne pouvant procéder à un nouvel examen des faits, les requérantes voient la majorité des moyens nouveaux avancés pour contester la responsabilité de la maison-mère rejetés comme irrecevables

Les requérantes reprochaient tout d'abord au Tribunal diverses erreurs de droit dans l'examen de leur responsabilité dans l'infraction, respectivement, en tant que sociétés-mères pour le comportement de leurs filiales et en tant que successeurs en droit d'une entreprise ayant participé à cette infraction. Mais de cet arrêt, les lecteurs de cette chronique n'apprendront pas grand-chose de plus que ce qu'ils savent déjà sur le thème récurrent de la responsabilité d'une maison-mère pour les pratiques anticoncurrentielles de ses filiales, dans la mesure où l'essentiel des moyens soulevés sont écartés par la Cour comme irrecevables, du fait qu'ils visent, sans nullement contester la pertinence des indices supplémentaires, ni même alléguer la moindre dénaturation, à ce que la Cour procède à un nouvel examen des éléments de preuve en ce qui concerne l'examen de leur responsabilité dans l'infraction (pts 27, 40 48, 56, 62).

Pour le reste, la Cour confirme l'approche retenue par le Tribunal dans l'examen de la responsabilité des requérantes dans l'infraction, respectivement, en tant que sociétés-mères pour le comportement de leurs filiales (pts 92-111) et en tant que successeurs en droit d'une entreprise ayant participé à cette infraction (pts 115-122).

Enfin, la Cour écarte les moyens tirés d'erreurs de droit relatifs à l'appréciation par le Tribunal de la capacité contributive des requérantes, qu'il s'agisse de la violation alléguée des droits de la défense ou de la possibilité d'obtenir un financement externe. Sur le premier de ces arguments, la Cour relève que la décision prise par la Commission était fondée exclusivement sur des éléments transmis par les requérantes, dont elles pouvaient par conséquent prévoir la prise en compte et que, par conséquent, le respect des droits de la défense n'exigeait pas que la Commission leur communique préalablement les raisons pour lesquelles elle avait l'intention de rejeter cette demande, ni leur donner l'occasion d'être entendues à cet égard (pt 147). Sur le second de ces arguments, la Cour estime à nouveau que, sous couvert de reprocher au Tribunal d'avoir commis des erreurs de droit, violé son obligation de motivation ou ses obligations en matière de contrôle juridictionnel ou dénaturé les éléments de preuve ou les faits, les requérantes demandent en réalité une fois de plus à la Cour de procéder à un nouvel examen des faits. Ce moyen est donc rejeté, tout comme l'ensemble du pourvoi, par voie de conséquence.

M. Debroux

Concurrences N° 1-2018, Art. N° 85796, p. 69

Voir aussi, sur les origines de l'affaire

Trib. UE, 2 juin 2016, Moreda-Riviere Trefilerías e. a., aff. jtes, T-426/10 à T-429/10, T-438/12 à T-441/12

A.-S. Choné-Grimaldi, Infraction unique et continue : Le Tribunal de l'Union européenne rejette, dans la saga du cartel de l'acier de précontrainte, les recours de quatre sociétés espagnoles en appliquant une nouvelle fois la notion d'unité économique qui fonde la responsabilité de la société-mère (Moreda-Riviere Trefilerías, Trefilerías Quijano, Trenzas y Cables de Acero PSC and Global Steel Wire), 1er septembre 2016, Concurrences N° 3-2016, Art. N° 80172, pp. 59-61.

1.3 MISE EN ŒUVRE PAR LES AUTORITÉS NATIONALES DE CONCURRENCE

1.3.1 Fonctionnement du Réseau européen de concurrence

1.3.1.1 Irrecevabilité des questions préjudicielles des ANC

CJCE, gde ch., 31 mai 2005, Synetairismos Farmakopoion Aitolas & Akarnanias (Syfait) e. a. c/ Glaxo, C-53/03

La Cour de justice des Communautés européennes refuse aux Autorités nationales de concurrence le droit de lui poser des questions préjudicielles.

Au moment de la parution de cette revue, l'arrêt *Syfait* aura sans doute été largement commenté (v., entre autres, dans le bulletin électronique de cette revue, note A. Komninos, e-Competitions, juill. 2005, vol. 2, www.concurrences.fr). Certains s'accordent déjà pour regretter une telle décision (L. IDOT, Europe, juill. 2005). La cause est en effet entendue. La plupart des autorités nationales ne pourront pas poser de questions préjudicielles à la Cour de justice. C'est ce qui ressort de l'arrêt *Syfait*, par lequel la Cour de justice dénie aux Autorités nationales de concurrence la qualification de juridiction au sens de l'article 234 CE.

Avec la décentralisation du droit communautaire de la concurrence, on pouvait s'attendre à une multiplication des questions préjudicielles dans ce domaine. Ayant l'obligation d'appliquer le droit communautaire de la concurrence, les autorités de la concurrence s'y réfèrent à présent plus systématiquement, et beaucoup de questions restent encore inexplorées par la jurisprudence. Cette possibilité d'interroger la Cour de justice permettait donc de disposer d'une application décentralisée, mais cohérente et uniforme, du droit de la concurrence communautaire, avec un gain de temps non négligeable pour les parties. La Cour ne s'est pas engagée dans cette voie, et ce sont moins les critères traditionnellement retenus par la Cour qui ont justifié cette solution que le règlement n° 1/2003.

Les critères habituels

On le sait, aux termes de l'article 234 CE, la Cour de justice est compétente pour statuer sur des questions préjudicielles soulevées par une juridiction d'un État membre.

Pour apprécier si l'organisme de renvoi possède le caractère d'une juridiction au sens de l'article 234 CE, question qui relève uniquement du droit communautaire, la Cour a défini un certain nombre de critères. Dans un arrêt du 30 juin 1966 (CJCE, Vaassen-Göbbels, aff. C-61/65, Rec. p. 377), la Cour avait dit pour droit qu'un organe chargé de trancher les litiges opposant, aux Pays-Bas, les employés des mines à l'institution qui gère leur régime d'Assurance maladie, était une juridiction au sens de l'article 234 CE. Plusieurs critères avaient été énoncés par la Cour à l'appui de cette solution, critères qui ont été ensuite repris et complétés. Six éléments sont ainsi pris en compte pour décider si un organe constitue une juridiction au sens de l'article 234 CE : l'origine légale de l'organisme, sa permanence, le caractère obligatoire de sa juridiction, la nature contradictoire de la procédure, l'application par l'organisme de règles de droit et son indépendance. Aucun n'est décisif. Tous ne sont pas cumulatifs. D'autres critères peuvent être pris en considération.

Tous ces critères ont, en tout cas, été appliqués de façon souple, et certains ont suscité une jurisprudence abondante (voir sur cette question Lamy, Procédures communautaires : conditions de mise en œuvre du renvoi préjudiciel). Ainsi, ont répondu à ces critères, des organes aussi différents qu'une commission de recours pour la médecine générale, une commission fédérale de surveillance des marchés publics. En revanche, ne constitue pas une juridiction au sens du droit communautaire, une juridiction arbitrale, une commission consultative pour les infractions en matière monétaire, une commission de conciliation et d'expertise douanière.

Application de ces critères aux Autorités de concurrence

Dans la présente affaire Syfait, était concernée l'autorité grecque de concurrence. La réponse était d'autant plus importante que les critères utilisés en l'espèce avaient vocation à s'appliquer à chacune des Autorités nationales de concurrence composant le réseau. Or, on sait que ces autorités varient considérablement d'un État à l'autre et qu'il n'est pas facile de déterminer leur qualification au regard de l'article 234 CE. De façon générale, on identifie trois modèles : un modèle moniste, dans lequel une seule autorité nationale cumule, à l'instar de la Commission, les trois fonctions d'enquêtes, d'instruction et de décision. Relèvent notamment de ce modèle le Bundeskartellamt allemand, l'autorité de garantie de la concurrence italienne, les autorités grecque et hollandaise, la récente autorité portugaise et l'Office of Fair Trading anglais. Bien que la plupart des commentateurs les considèrent comme des juridictions au sens de l'article 234 CE, leur nature administrative pourrait toutefois faire hésiter. Le second est un modèle dualiste, qui tend à disparaître, mais qui existe encore dans certains États comme en France, en Espagne ou au Luxembourg. La fonction d'enquête est exercée par un département du ministère de l'Économie, tandis qu'une autorité administrative indépendante est chargée d'instruire et de décider. Enfin, un troisième modèle existe, comme en Irlande. L'autorité de concurrence est chargée des poursuites, tandis que ce sont les juridictions de droit commun qui décident.

Sur la base des critères traditionnels, on pouvait donc s'attendre à des qualifications variables, mais justifiées au regard du principe d'autonomie institutionnelle et procédurale. On peut se demander toutefois, si le principe d'application uniforme de droit communautaire, ne devait pas conduire à une solution unitaire. C'est effectivement dans cette voie que la Cour s'est engagée, mais en refusant la qualification de juridiction à l'autorité grecque, d'une part sur le fondement des critères traditionnels, d'autre part sur la base d'une interprétation nouvelle du critère de décision de caractère juridictionnel.

L'arrêt *Syfait*

La plupart des critères traditionnels étaient en l'espèce remplis par l'autorité grecque de concurrence, à savoir l'origine légale de l'organisme, sa permanence, le caractère obligatoire de sa juridiction, la nature contradictoire. En revanche, son indépendance prêtait à discussion. La Cour relève tout d'abord que l'autorité grecque est soumise à la tutelle du Ministre du Développement qui peut donc dans certaines limites contrôler la légalité de ses décisions. Elle note ensuite que si les membres jouissent d'une indépendance personnelle et fonctionnelle, leur révocation n'est soumise à aucune garantie, et en déduit que des interventions ou des pressions sont possibles. La Cour relève également que le Président de cet organe est le chef hiérarchique du personnel du secrétariat, organe d'instruction.

Fallait-il toutefois en déduire, sans autre motivation, que l'autorité grecque n'était pas indépendante ? La réponse ne convainc pas lorsqu'on sait que les membres de cette autorité « jouissent de par la loi, d'une indépendance personnelle et fonctionnelle », qu'ils ne sont soumis dans l'exercice de leurs fonctions « qu'à la loi et à leur conscience » et qu'il existe une séparation fonctionnelle complète entre la Commission et le secrétariat, « ni le Président, ni la Commission ne pouvant se mêler des propositions du secrétariat ».

Plus surprenante toutefois est l'application nouvelle du critère de « décision de caractère juridictionnel ». Dans son arrêt *Syfait*, la Cour rappelle que les juridictions nationales ne sont habilitées à saisir la Cour que si un litige est pendant devant elles et si elles sont appelées à statuer dans le cadre d'une procédure destinée à aboutir à une décision de caractère juridictionnel (voir par exemple, CJCE, 12 novembre 1998, Victoria Film, C-134/97, Rec. p. I-7023).

En l'espèce, il n'est pas contestable que l'autorité grecque prend bien des décisions de caractère juridictionnel, à condition bien entendu, qu'elle ne soit pas dessaisie. Or c'est en se référant à l'article 11 § 6 du règlement n° 1/2003 qui permet à la Commission d'exercer son droit de priorité sur la répartition des cas que la Cour de justice refuse à l'autorité grecque la qualification de juridiction au sens de l'art. 234 CE. Elle considère en effet, que dans l'hypothèse où en application de ce texte, la Commission reprendrait l'affaire, l'autorité dessaisie ne rendrait plus un acte de nature juridictionnelle. Un tel argument ne convainc pas. L'usage de l'article 11 § 6 par la Commission devrait rester exceptionnel. De plus, l'autorité grecque n'était pas dessaisie en l'espèce. Enfin, elle avait été saisie avant l'entrée en vigueur du règlement n° 1/2003.

Une décision politique ?

Au-delà des arguments juridiques et procéduraux, le choix de la Cour apparaît de nature politique. Il semble en effet que la Cour n'ait pas voulu interférer dans le mécanisme du réseau. Si les autorités nationales avaient pu saisir la Cour de justice d'une question préjudicielle, la Commission aurait alors été privée *de facto* du pouvoir qu'elle détient de dessaisir une autorité nationale. Comme certains auteurs l'ont souligné (A. P. Komninos, Art. 234 EC and National Competition Authorities in the Era of Decentralisation, *European Law Review*, 2004, vol. 29, issue 1, p. 106), permettre aux autorités nationales de poser des questions préjudicielles signifiait le passage d'un système administratif basé sur les pouvoirs discrétionnaires des autorités administratives, tel que la Commission, à la judiciarisation du système. Au surplus, l'implication de la Cour à un stade précoce de la procédure signifiait l'exclusion du Tribunal de première instance, dont on sait le rôle important qu'il a joué dans les affaires de concurrence pendant les quinze dernières années.

On peut toutefois regretter ce choix, dans la mesure où la possibilité reconnue aux autorités nationales de poser des questions préjudicielles leur aurait permis de régler d'éventuels conflits avec la Commission. Des raisons d'ordre pratique militaient également en faveur de la recevabilité des questions préjudicielles posées par les autorités nationales. Comme le soulignait l'Avocat général Jacobs, dans ses conclusions, « des considérations d'économie de procédure » justifiaient le renvoi préjudiciel à un stade aussi précoce que possible, ce qui évitait d'attendre pour ce faire, le recours contre la décision. De plus, « une autorité de concurrence spécialisée présentant certaines caractéristiques d'une juridiction » pouvait être mieux placée pour identifier les problèmes de concurrence et poser une question préjudicielle. Enfin, il est certain qu'avec la décentralisation du droit communautaire de la concurrence, cette possibilité était un gage de cohérence et d'uniformisation du droit communautaire.

La Cour en a décidé autrement. Seules quelques autorités qui ne peuvent être dessaisies par la Commission, en vertu de l'article 11 § 6 du règlement n° 1/2003 pourront saisir la Cour.

C. Momège
Concurrences N° 3-2005, Art. N° 1055, p. 116

CJUE, 16 sept. 2020, Anesco, C-462/19

La Cour de justice de l'Union européenne déclare irrecevable une demande de décision préjudicielle émanant de l'Autorité espagnole de la concurrence.

Quelle que puisse être l'importance d'une question préjudicielle, la Cour ne l'examinera que si elle provient d'une « juridiction d'un État membre », au sens de l'article 267 TFUE. En l'occurrence, l'importance de la question adressée à la Cour dans l'affaire Anesco ne fait pas de doute.

Les conventions collectives et autres accords conclus par les partenaires sociaux en matière de relations de travail bénéficient d'une exemption du champ d'application du droit de la concurrence de l'Union (arrêts du 21 sept. 1999, Albany, aff. C-67/96, EU:C:1999:430 ; du 12 sept. 2000, Pavlov e. a., aff. C-180/98 à C-184/98, EU:C:2000:428 et du 4 déc. 2014, FNV Kunsten Informatie en Media, aff. C-413/13, EU:C:2014:2411). Pour autant, ils ne sont pas soustraits au droit de l'Union, mais restent soumis aux dispositions du TFUE régissant les libertés fondamentales, qu'il s'agisse de la liberté d'établissement, de la libre circulation des personnes ou des services (voir, en ce sens, arrêts du 15 janv. 1998, Schöning-Kougebetopoulou, aff. C-15/96, EU:C:1998:3 ; du 18 juillet 2006, Meca-Medina et Majcen, aff. C-519/04 P, EU:C:2006:492 et du 11 déc. 2007, International Transport Workers' Federation et Finnish Seamen's Union, aff. C-438/05, EU:C:2007:772).

Cette exemption du droit de la concurrence soulève naturellement la question de sa délimitation, notamment lorsque, sous couvert de convention collective, les partenaires sociaux restreignent le coût d'accès à un marché, question au cœur de l'affaire Anesco. L'exemption du droit de la concurrence accordée aux accords collectifs est également d'actualité aux États-Unis où elle suscite des critiques qui dénoncent son caractère trop favorable aux employeurs – par exemple, les plateformes de service de transport individuel – auxquels il est reproché d'abuser de leur dominance sur le marché du travail et du déséquilibre entre ces employeurs et les fourmis de la « *gig economy* » (voir, par exemple : R. Stutz, AAI White Paper « The Evolving Treatment of Labor-Market Restraints: From Theory to Practice » (2018), disponible : www.americanantitrustinstitute.org ; M. Steinbaum, « Antitrust, the Gig Economy, and Labor Market Power, 45 Law and Contemporary Problems », n° 3-2019, p. 45).

L'affaire Anesco concerne les accords conclus entre les entreprises de manutention portuaires et les syndicats de dockers espagnols. Un régime national obligeait les entreprises étrangères de manutention portuaire souhaitant exercer une activité en Espagne à passer par l'intermédiaire des sociétés de dockers. En 2014, la Cour a condamné cet État membre pour infraction à la liberté d'établissement (arrêt du 11 déc. 2014, Commission/Espagne, aff. C-576/13, non publié, EU:C:2014:2430). Afin d'exécuter cet arrêt, la réglementation nationale a été modifiée en 2017 en vue d'éliminer le monopole des dockers, après une période provisoire de trois ans. L'association regroupant les entreprises de manutention (Anesco) et les syndicats de dockers ont conclu une convention collective ayant pour effet d'assurer le maintien des conditions réservées aux dockers au titre du régime antérieur. Un décret postérieur a eu pour effet d'entériner une telle possibilité.

Le Conseil de l'Autorité espagnole de la concurrence (« CNMC ») était appelé à prendre position sur un projet de décision visant à déclarer cette convention collective contraire à l'article 101 TFUE, au motif qu'elle dépasse les limites de l'exemption reconnue aux accords régissant les conditions de travail en harmonisant les conditions commerciales des services de manutention portuaire. On se souvient qu'en 2016, la Cour EFTA avait rendu une décision dans une affaire présentant une problématique similaire et jugé qu'une convention collective permettant à des dockers d'organiser un boycott pouvait relever de la prohibition des ententes (Trib. EFTA, arrêt du 19 avril 2016, E-14/15 Holship Norge AS v. Norsk Transportarbeiderforbund, [2016] EFTA Ct. Rep. 240).

Interrogée sur l'interprétation de l'article 101 TFUE, la Cour a déclaré irrecevable la demande préjudicielle au motif que la CNMC n'est pas une juridiction d'un État membre, au sens de l'article 267 TFUE.

La Cour s'est appuyée sur des critères fermement établis pour constater que la CNMC est une autorité administrative et non une « juridiction ». Cette notion vise un organe indépendant, permanent, d'origine légale, dont la juridiction est obligatoire, la procédure – en général – contradictoire et dont les décisions sont fondées sur l'application de règles de droit et bénéficient des attributs des décisions judiciaires, notamment l'autorité de chose jugée.

La mission de juger implique avant tout que l'instance concernée ait la qualité de tiers par rapport à l'autorité qui adopte la décision susceptible de faire l'objet d'un recours. Or, en raison du lien organique et fonctionnel entre ses organes de décision et d'instruction, la CNMC est l'auteur de la décision à prendre sur l'existence d'une infraction à l'article 101 TFUE. La CNMC n'est donc pas un tiers par rapport à cette décision, ce qui suffit à exclure sa qualification de juridiction. La solution est identique à celle prise à l'égard de l'autorité grecque de la concurrence (arrêt du 31 mai 2005, Syfait e. a., aff. C-53/03, EU:C:2005:333), ainsi qu'à l'égard d'autres autorités administrative indépendantes disposant d'une autonomie décisionnelle (par exemple, le régulateur belge de l'audiovisuel, arrêt du 22 déc. 2010, RTL Belgium, aff. C-517/09, EU:C:2010:821).

La Cour a relevé plusieurs autres éléments permettant de considérer que les décisions de la CNMC sont de nature administrative : tout d'abord, il s'agit d'une autorité administrative spécialisée, qui peut se saisir d'office mais également être dessaisie par la Commission en vertu de l'article 11, paragraphe 6, du règlement n° 1/2003. Ses procédures peuvent devenir caduques par l'écoulement du temps, indépendamment de la volonté des plaignants et ses décisions sont dépourvues de l'autorité de chose jugée. Cette situation diffère de celle du *Tribunal de Defensa de la Competencia*, qui existait sous le régime précédant la création du CNMC, que la Cour avait reconnu comme juridiction (arrêt du 16 juillet 1992, Asociación Española de Banca Privada e. a., aff. C-67/91, EU:C:1992:330).

On relèvera également que la Cour a souligné que les décisions de sanction de la CNMC peuvent faire l'objet d'un recours juridictionnel devant l'*Audiencia Nacional*, dans une procédure à laquelle la CNMC est partie défenderesse, élément qui s'oppose également à lui reconnaître la qualité de juridiction. Or, cette faculté de défendre la décision dont elle est l'auteur découle de l'obligation incombant à une Autorité nationale de concurrence (« ANC ») d'assurer l'application effective des articles 101 et 102 TFUE (arrêt du 7 déc. 2010, VEBIC, aff. C-439/08, EU:C:2010:739). En pratique, cela exclut toute possibilité pour les ANC d'obtenir l'interprétation du droit de l'Union par la voie préjudicielle.

La rigueur de cette approche ne doit pas être prise pour une pointille. Certes, elle conduit, comme dans l'affaire Syfait, à reporter à quelques années la prise de position de la Cour (arrêt du 16 sept. 2008, Sot. Lélos kai Sia e. a., aff. C-468/06 à C-478/06, EU:C:2008:504). Cependant, elle traduit avant tout la volonté de protéger l'indépendance du système juridictionnel de l'Union lequel repose à son tour sur l'indépendance du pouvoir judiciaire national (arrêts du 27 févr. 2018, Associação Sindical dos Juízes Portugueses, aff. C 64/16, EU:C:2018:117 ; du 24 juin 2019, Commission/Pologne [Indépendance de la Cour suprême], aff. C 619/18, EU:C:2019:531 et du 21 janv. 2020, Banco de Santander, aff. C-274/14, EU:C:2020:17).

P. Cardonnel

Concurrences N° 4-2020, Art. N° 97392, p. 198

1.3.1.2 Application parallèle du droit national

CJUE, gde ch., 14 févr. 2012, Toshiba Corporation e. a., C-17/10

La Cour de justice de l'Union européenne ne renonce pas au critère de l'unité de l'intérêt juridique protégé pour l'application du principe ne bis in idem en matière de concurrence.

Fort attendu depuis le prononcé des conclusions de l'Avocat général Kokott, le 8 septembre 2011, l'arrêt de la Cour dans cette affaire décevra ceux qui espéraient une évolution de sa jurisprudence sur l'application du principe *ne bis in idem* dans les affaires de concurrence et l'abandon de la condition tenant à l'unité de l'intérêt légitime protégé. Ils se rassureront peut-être en constatant que, relevant opportunément les circonstances particulières de cette affaire, la Cour n'a pas tranché définitivement la question, du moins en apparence.

Cet arrêt apporte également d'importantes précisions sur la compétence des autorités nationales à connaître des pratiques anticoncurrentielles après que la Commission a ouvert une procédure et/ou statué sur ces pratiques.

Les faits

Cette affaire concernait une entente sur le marché des appareillages de commutation à isolation gazeuse, à laquelle, à différentes périodes, entre 1988 et 2004, ont participé plusieurs entreprises européennes et japonaises appartenant au secteur de l'électrotechnique. Aussi bien la Commission que l'autorité tchèque de concurrence se sont saisies de certains aspects de cette affaire, au cours des années 2006 et 2007, et ont infligé des amendes aux entreprises concernées.

La décision de la Commission est intervenue le 24 janvier 2007, sanctionnant les participants à cette entente décrite comme complexe et de portée mondiale, à l'exception des États-Unis et du Canada, et qui a eu des effets dans l'Union européenne (UE) et dans l'EEE. Pour la Commission, l'entente a cessé le 11 mai 2004.

Préalablement, la Commission avait, en septembre 2004, adressé à l'autorité tchèque de concurrence une lettre l'informant que, si elle envisageait l'ouverture d'une procédure concernant cette entente, son analyse ne porterait que sur les activités exercées sur le territoire de l'Union pour la période antérieure à l'adhésion de la République tchèque à l'UE, le 1er mai 2004.

Dans ces conditions, en vertu du droit national, l'autorité tchèque a infligé des amendes aux mêmes entreprises pour avoir mis en œuvre les mêmes pratiques anticoncurrentielles sur le territoire tchèque, par une décision rendue, après un recours administratif interne, le 26 avril 2007. Cette autorité a considéré, quant à elle, que les pratiques ont pris fin le 3 mars 2004.

L'application *ratione temporis* des dispositions du traité et du règlement n° 1/2003

D'emblée, la Cour relève que la juridiction de renvoi a fondé ces questions préjudicielles sur l'hypothèse que la Commission a sanctionné l'entente non seulement en raison de ses effets sur le territoire de l'EEE, mais aussi de ses répercussions sur le territoire de la République tchèque pour la période antérieure à l'adhésion de cette dernière à l'UE. Mais, c'est une méprise et la Cour observe que la Commission n'a pas sanctionné les effets en question qui ont seulement été pris en compte par l'autorité tchèque de concurrence dans sa décision. Malheureuse méprise car, l'on pressent, dès ces observations liminaires, qu'elle ne sera pas sans incidences au moment d'aborder les problématiques liées à la règle du non-cumul des sanctions...

Avant d'aborder cet aspect de l'affaire, la Cour se prononce sur la première question du juge de renvoi à propos de l'application de l'article 81 CE (devenu 101 TFUE) et de certaines dispositions du règlement n° 1/2003, dans le cadre d'une procédure engagée après le 1er mai 2004, à une entente qui a produit des effets au cours de périodes antérieures au 1er mai 2004 sur le territoire d'un État membre ayant adhéré à l'Union à cette date.

Cette question, la Cour aurait pu la juger irrecevable car apparemment hypothétique, l'autorité nationale de la concurrence n'ayant pas fait application des dispositions du droit de l'Union. En effet, elle ne s'est prononcée qu'en vertu de son droit national de la concurrence et sur des faits antérieurs à l'adhésion de la République tchèque à l'UE. De ce point de vue, cette affaire n'était pas sans rappeler l'affaire Ynos (C-302/04). La recevabilité, la Cour ne l'aborde pas, préférant sans doute répondre à une question sur l'application *ratione temporis* des dispositions de l'Union.

Rappelant la distinction à opérer entre règles de fond et règles de procédures, s'agissant de leur application dans le temps (les secondes s'appliquent immédiatement à des procédures pendantes au moment de leur entrée en vigueur quand les premières ne s'appliquent qu'à des faits survenus postérieurement à leur entrée en vigueur), la Cour relève que le règlement n° 1/2003 contient ces deux catégories de règles.

À l'instar de l'article 81 CE, l'article 3, paragraphe 1, du règlement contient des dispositions matérielles destinées à l'appréciation des ententes entre entreprises. En faisant obligation aux autorités nationales d'appliquer les dispositions de la concurrence de l'Union aux accords dont elles sont saisies et qui sont susceptibles d'affecter le commerce entre États membres, cette disposition pose donc une règle de fond.

Dans ces conditions, elle a vocation à s'appliquer uniquement aux faits qui se sont produits postérieurement à son entrée en vigueur, 1er mai 2004. Il n'en aurait été autrement, selon une jurisprudence constante, que s'il ressortait clairement de ses termes, de sa finalité ou de son économie qu'un effet rétroactif devait lui être attribué. Mais, la Cour relève que tel n'est pas le cas en l'occurrence et que, en tout état de cause, le règlement n° 1/2003 n'est applicable au territoire de la République tchèque que depuis le... 1er mai 2004, date de son adhésion à l'UE.

L'intervention de la Commission ne prive pas définitivement les ANC de leur compétence à appliquer tant le droit de l'union que leur droit national

Fondamentale pour le fonctionnement du Réseau européen de concurrence (REC/ECN), la question de la répartition des compétences entre la Commission et les Autorités nationales de concurrence (ANC) fait l'objet dans cet arrêt d'importants développements.

La problématique était la suivante : l'application combinée des articles 11, paragraphe 6, et 3, paragraphe 1, du règlement n° 1/2003 conduit-elle les ANC à être dessaisies, non seulement de leur compétence pour appliquer les articles 81 et 82 CE, mais également, de manière définitive, de leur compétence pour appliquer le droit national de la concurrence à des comportements susceptibles d'affecter le commerce entre États membres qui font déjà l'objet d'une décision de la Commission ?

Pour la Cour, la réponse est négative. Lorsque la Commission engage une procédure visant à l'adoption d'une décision constatant une infraction, prononçant des mesures provisoires ou acceptant des engagements (les décisions visées au chapitre III du règlement n° 1/2003), les ANC sont dessaisies de leur compétence pour appliquer non seulement le droit de la concurrence de l'Union, mais aussi une partie de leur propre droit national de la concurrence, notamment la partie prohibant les ententes.

La partie qu'elles peuvent continuer à appliquer est alors constituée des dispositions du droit national plus strictes que celles du droit de l'Union qui interdisent ou sanctionnent un comportement unilatéral d'une entreprise, ainsi que le droit national relatif au contrôle des concentrations et les dispositions de droit national qui visent à titre principal un objectif différent de celui des articles 81 et 82 CE (devenus 101 et 102 TFUE).

Cependant, et c'est là l'essentiel à retenir, rien n'indique dans le règlement n° 1/2003 que ce dessaisissement intervient de manière permanente et définitive. Au contraire, le droit de l'Union et le droit national en matière de concurrence s'applique parallèlement et considèrent les pratiques restrictives sous des aspects différents (arrêt du 13 février 1969, Wilhelm e. a., 14/68). Il découle que la compétence des ANC est restaurée dès que la procédure engagée par la Commission est achevée.

Cette interprétation du règlement n° 1/2003 est confirmée, selon la Cour, par les dispositions de son article 16, paragraphe 2, qui interdisent aux ANC de prendre des décisions qui iraient à l'encontre de la décision adoptée par la Commission au sujet d'une même entente. C'est bien l'illustration que ces autorités peuvent intervenir postérieurement à la Commission pour appliquer le droit de l'Union ou leur propre droit national.

La Cour maintient la triple condition pour l'application de la règle du non-cumul des sanctions en matière de concurrence… mais adopte l'approche de l'*idem* proposée par son Avocat général

Sur l'application du principe *ne bis in idem*, la Cour opte pour une approche dictée par l'économie de moyens.

Elle rappelle tout d'abord que la règle du non-cumul des sanctions doit être respectée dans les procédures relevant du droit de la concurrence et ce principe interdit, en la matière, qu'une entreprise soit condamnée ou poursuivie une nouvelle fois du fait d'un comportement anticoncurrentiel du chef duquel elle a été sanctionnée ou dont elle a été déclarée non responsable par une décision antérieure qui n'est plus susceptible de recours.

Elle rappelle également les trois conditions posées pour son application : identité des faits, unité de contrevenant et unité de l'intérêt juridique protégé (arrêt du 7 janvier 2004, Aalborg Portland e. a./Commission, C-204/00 P, point 338).

Cette dernière condition, l'Avocat général invitait la Cour à l'abandonner. Ses arguments apparaissaient convaincants. À une approche large de l'identité des faits, entendue comme se rapportant à une même entente, elle privilégiait une approche plus resserrée, limitée aux mêmes faits matériels, c'est-à-dire à « la même situation ou une situation en substance identique ». Elle justifiait sa proposition en soulignant que, en matière de concurrence, le comportement infractionnel des entreprises s'apprécie toujours au regard d'une certaine période et d'un certain territoire. Ce n'est donc pas l'entente en tant que telle qui est sanctionnée, mais son application en ce qu'elle porte atteinte à la structure de la concurrence à un endroit donné et pendant une certaine durée.

Elle soulignait aussi que, en s'en tenant à la condition de l'identité des faits, et à la condition de l'unité de contrevenant qu'elle inclut nécessairement, la Cour harmoniserait sa jurisprudence sur le principe *ne bis in idem* en faisant prévaloir l'approche déjà suivie dans d'autres domaines du droit de l'Union, comme celui de l'Espace de liberté, de sécurité et de justice et à propos du mandat d'arrêt européen.

L'Avocat général mettait également en avant la jurisprudence de la Cour EDH, rappelant opportunément que le principe *ne bis in idem* est un principe fondamental de la CEDH et que, désormais codifié à l'article 50 de la Charte des droits fondamentaux de l'UE, il devrait recevoir la même interprétation dans les deux ordres juridiques selon le principe d'homogénéité consacré par l'article 4 du protocole n° 7 à la CEDH, même si ce dernier n'a pas été ratifié par l'ensemble des États membres de l'Union à ce jour.

Elle faisait encore valoir qu'en maintenant le critère de l'unité de l'intérêt juridique protégé, le champ d'application de la règle du non-cumul des sanctions en droit de la concurrence de l'Union serait plus étroit, et partant offrirait moins de garanties, que dans d'autres domaines.

La justification de ce critère est connue : il permet à la Commission et aux ANC mettant en œuvre le droit de l'Union de sanctionner des ententes de portée mondiale qui ont déjà fait l'objet d'une décision par une autorité de concurrence d'un État tiers, considérant que les procédures poursuivent des fins distinctes, notamment parce que les territoires sur lequel les effets de l'entente se sont produits diffèrent.

C'est la raison pour laquelle cette condition ne s'applique pas au sein même de l'UE. Les procédures initiées par la Commission et les ANC poursuivent un objectif commun, à savoir « la sauvegarde de la libre concurrence à l'intérieur du marché commun » (arrêt Trib. UE, 13 juillet 2011, ThyssenKrupp e. a. c/ Commission, T 144/07 (plusieurs aff.), pt 162 ; *Concurrences* N° 4, 2011, p. 90). Mais, la République tchèque n'était pas dans cette situation avant le 1er mai 2004.

En définitive, la Cour contourne l'obstacle en constatant qu'il n'y a pas en l'espèce identité des faits (1re condition) et évite, ce faisant, de se prononcer sur la condition de l'unité de l'intérêt juridique protégé (3e condition). Elle considère que la décision de la Commission n'englobait aucune des conséquences anticoncurrentielles de l'entente sur le territoire de la République tchèque au cours de la période antérieure au 1er mai 2004, tandis que la décision de l'autorité tchèque de concurrence n'avait, selon les indications données par la juridiction de renvoi, infligé des amendes qu'au titre de ce territoire et de cette période. Pour la Cour, le comportement de l'entreprise doit être examiné au regard du territoire, « soit au sein de l'Union soit à l'extérieur de celle-ci », sur lequel ce comportement a eu un objet ou un effet anticoncurrentiel.

Le paradoxe, c'est que c'est l'approche de l'*idem* que préconisait l'Avocat général qui relevait que, en droit de la concurrence, les faits matériels incluent toujours la période et le territoire dans lequel l'entente a exercé, ou pouvait exercer, un effet anticoncurrentiel (l'on relèvera notamment la similarité entre les points 99 de l'arrêt et 129 des conclusions) et que « cela n'a rien à voir avec l'intérêt juridique protégé » (point 130 des conclusions).

Finalement, la Cour maintient sa jurisprudence sur le principe *ne bis in idem* en matière de concurrence tout en semblant vider de sa substance la troisième condition exigée pour son application. Il est vrai également que les circonstances de cette affaire se prêtaient mal à un arrêt de principe, s'agissant notamment de procédures parallèles initiées par la Commission et une ANC à propos de faits survenus alors que la République tchèque n'était pas encore membre de l'UE, sans être tout à fait un État tiers.

A. Lacresse
Concurrences N° 2-2012, Art. N° 45858, p. 130

CJUE, 3 avr. 2019, Powszechny Zakład Ubezpieczeń na Życie, C-617/17

La Cour de justice de l'Union européenne juge que le principe *ne bis in idem* ne s'applique pas à une décision d'une autorité nationale de concurrence infligeant deux amendes par l'application parallèle du droit national et du droit de l'Union.

Au commencement de cette affaire préjudicielle, une entreprise polonaise a été sanctionnée par l'autorité nationale de concurrence pour avoir abusé de sa position dominante sur le marché des assurances-vie de groupe, tant sur le fondement du droit national, pour la période 2001-2007, qu'en application des règles de concurrence de l'Union, mais seulement pour la partie de cette période débutant avec l'adhésion de la Pologne à l'Union.

Si l'application parallèle des deux corps de règles à des mêmes pratiques n'est pas nouvelle (CJUE, 13 févr. 1969, Walt Wilhelm e. a., aff. C-14/68, EU:C:1969:4), l'autorité polonaise avait cependant pris soin de distinguer dans sa décision l'amende infligée conformément au droit national de celle prononcée au titre de l'article 82 CE, devenu l'article 102 TFUE, alors qu'habituellement cette précision n'est pas de mise.

À l'instar de l'arrêt *Toshiba* (CJUE, 14 févr. 2012, Toshiba Corporation e. a., aff. C-17/10, EU:C:2012:72 ; cette chronique, A. Lacresse, *Concurrences* N° 2-2012, p. 130), la Cour de justice s'est une nouvelle fois prononcée sur l'application du principe *ne bis in idem*, sans trancher la question de savoir si l'un des critères déterminants pour la notion d'*idem*, à savoir l'unité de l'intérêt juridique protégé, devait être maintenu ou bien supprimé.

Or, c'est précisément sur la conformité de ce critère, tel qu'interprété par la Cour en matière de concurrence, au regard de l'article 50 de la Charte des droits fondamentaux de l'Union européenne (« la Charte »), et incidemment de l'article 4 du protocole n° 7 de la CEDH, que la juridiction suprême polonaise interrogeait son homologue du Kirchberg.

Pour ne pas avoir à se prononcer directement sur cette conformité, la Cour relève opportunément l'absence de l'élément *bis* en l'espèce. En effet, lorsqu'une autorité nationale de concurrence sanctionne dans une même décision une entreprise en se fondant parallèlement sur les règles de concurrence nationales et les règles de l'Union, l'entreprise n'est pas poursuivie et condamnée à nouveau pour des mêmes faits.

Le principe *ne bis in idem* est inapplicable dans le cas d'une décision infligeant deux amendes sur le fondement d'une application concurrente des principes de concurrence national et européen…

La requérante soutenait qu'en lui infligeant dans une seule et même décision une amende comprenant deux montants, elle avait été sanctionnée deux fois : la première pour une violation « directe » au droit de l'Union et, la seconde, pour une violation « indirecte » au droit national de la concurrence. Il en résulterait une violation du principe *ne bis in idem* garanti par l'article 50 de la Charte.

L'arrêt précité *Toshiba* posait la question de savoir si une autorité nationale de concurrence intervenant après la Commission pouvait sanctionner une même entente pour la période précédant l'entrée dans l'Union de l'État dans lequel celle-ci avait été mise en œuvre. En revanche, cet arrêt soulevait la question de savoir si une même autorité nationale de concurrence pouvait imposer à une même entreprise, dans la même décision rendue à l'issue de la même procédure et pour les mêmes faits, deux amendes sur deux fondements juridiques différents.

La Cour constate, d'une part, que le principe *ne bis in idem* vise à prévenir qu'une entreprise soit « condamnée ou poursuivie une nouvelle fois » (pt 29) ou, comme l'indique la lettre de l'article 50 de la Charte, prévenir qu'elle ne soit pas « poursuivi[e] ou puni[e] pénalement en raison d'une infraction pour laquelle [elle] a déjà été acquitté[e] ou condamné[e] dans l'Union par un jugement pénal définitif conformément à la loi ».

D'autre part, la Cour souligne que le principe *ne bis in idem* est le corollaire de l'autorité de la chose jugée et a donc « pour objet de garantir la sécurité juridique et l'équité » (pt 33). Il assure ainsi l'entreprise concernée qu'elle ne sera pas à nouveau condamnée pour la même infraction.

Il apparaît alors que lorsqu'une seule et même décision applique de manière concurrente les droits de la concurrence national et européen, elle ne constitue pas une décision définitive antérieure à l'engagement de nouvelles poursuites ou à une nouvelle décision sur des mêmes faits, qui permettrait à l'entreprise de se prévaloir du principe *ne bis in idem*. Comme l'avait souligné l'Avocat général, la même procédure ne tend pas à se répéter (pt 21 des conclusions).

Une interprétation contraire conduirait à rendre inefficace l'article 3, paragraphe 1, du règlement (CE) n° 1/2003, qui prévoit que « lorsque les autorités de concurrence des États membres ou les juridictions nationales appliquent le droit national de la concurrence à une pratique abusive interdite par l'article [102 TFUE], elles appliquent également l'article [102 TFUE] ». Ce serait également aller à l'encontre de l'objectif poursuivi lors de la réforme qui était notamment d'associer davantage les autorités nationales dans l'application effective des règles de concurrence de l'Union.

Si les autorités nationales de concurrence sont compétentes pour appliquer à la fois les règles nationale et européenne de concurrence, et si elles peuvent donc infliger à l'entreprise dans la même décision deux sanctions reposant chacune sur l'un et l'autre fondement, elles doivent néanmoins le faire dans le respect du principe de proportionnalité.

… Mais cette décision doit néanmoins satisfaire au respect du principe de proportionnalité

L'Avocat général Wahl avait relevé que la question à résoudre au cas d'espèce était plutôt celle de savoir « si la méthode suivant laquelle l'ANC a infligé l'amende est proportionnée » (pt 55). Sur ce point, il relevait que le règlement (CE) n° 1/2003 ne contient pas de dispositions relatives à la proportionnalité de l'amende.

Suivant son Avocat général, la Cour rappelle que l'autorité nationale de concurrence qui décide d'infliger une amende pour violation de l'article 102 TFUE est tenue d'exercer sa compétence dans le respect du droit de l'Union. Elle doit notamment veiller à ce que les amendes prises ensemble soient proportionnées à la nature de l'infraction. Au cas d'espèce, il revient donc au juge *a quo* de le vérifier.

La Cour laisse à nouveau sans réponse la question de savoir si le critère de l'intérêt juridique protégé doit demeurer une condition de l'applicabilité du principe *ne bis in idem* dans les affaires de concurrence

On peut regretter que la Cour n'ait pas saisi l'opportunité qui lui était directement offerte par la juridiction suprême polonaise pour trancher la question de savoir si la triple identité de critères adoptée en droit de la concurrence aux fins de l'application du principe *ne bis in idem* était conforme à l'article 50 de la Charte, lu à la lumière de la jurisprudence de la Cour de Strasbourg.

Sur la question du maintien du critère de l'identité de l'intérêt juridique protégé, question légitime selon lui, l'Avocat général Wahl avait pourtant rejoint l'Avocat général Kokott qui, à l'occasion de l'arrêt *Toshiba*, concluait que « l'identité des fait (qui inclut nécessairement l'identité du contrevenant) devrait désormais constituer le seul critère déterminant dans l'interprétation de la notion d'*idem* dans le cadre du principe *non bis in idem* » (arrêt préc., Toshiba Corporation e. a., pt 122 des conclusions).

Les deux Avocats généraux considèrent en effet que « le principe *ne bis in idem*, consacré à l'article 50 de la Charte, devrait être interprété uniformément dans tous les domaines du droit de l'Union, en tenant dûment compte des exigences de la jurisprudence de la Cour EDH. Le simple fait que le droit de la concurrence ne relève pas du « noyau dur » du droit pénal ou que les sanctions en droit de la concurrence doivent avoir un effet suffisamment dissuasif pour assurer la protection effective de la concurrence ne constituent pas à [leur] sens des raisons suffisantes pour limiter la protection offerte par la Charte dans le domaine du droit de la concurrence » (pt 46 des conclusions).

Comme l'Avocat général Wahl, l'on observera que la présente affaire ne se prêtait malheureusement pas à clarifier cette question.

A. Lacresse, B. Monti
Concurrences N° 3-2019, Art. N° 91161, p. 153

1.3.1.3 Répartition des cas

Trib. UE, 17 déc. 2014, Si.mobil, T-201/11 ; Trib. UE, 21 janv. 2015, easyJet Airline, T-325/13

Le Tribunal de l'Union européenne confirme deux rejets de plaintes par la Commission fondés sur le traitement de l'affaire par une autorité nationale de concurrence.

Le Tribunal a rendu deux arrêts relatifs à l'examen par la Commission de plaintes déjà soumises à une autorité nationale de concurrence. Ces arrêts contribuent à préciser l'articulation des compétences entre la Commission et les Autorités nationales (« ANC ») pour l'application des articles 101 et 102 TFUE. La décentralisation des moyens de mise en œuvre du droit de la concurrence de l'Union n'a pas donné lieu à l'adoption de véritables critères de répartition des compétences entre les membres du réseau européen de concurrence. Le règlement n° 1/2003 fédère ces autorités autour du principe de coopération (art. 11), lequel s'exerce – comme c'était déjà le cas sous l'empire du règlement n° 17/62 – sous la menace permanente de l'arme suprême : le dessaisissement des autorités nationales au profit de la Commission (art. 11, para. 6). Les moyens prévus par le règlement sont les échanges d'informations (art. 12), ainsi que quelques règles destinées à limiter certains conflits positifs en cas de saisines parallèles. L'article 13 du règlement n° 1/2003 prévoit ainsi que la Commission ou une ANC « peut rejeter » une plainte au motif qu'une ANC l'a déjà traitée (art. 13, parag. 2) ou est en train de le faire (art. 13, parag. 1), le préambule du règlement précisant à cet égard que « l'objectif étant que chaque affaire ne soit traitée que par une seule autorité ». Pour la première fois, le Tribunal interprète ces dispositions et confirme en tous points les décisions de rejet de plaintes prises par la Commission. Après le récent arrêt du *Tribunal Orange c/ Commission* (T-402/13, voir cette Chronique), la Commission semble désormais parfaitement libre d'instruire ou de ne pas instruire une procédure pour des pratiques déjà examinées par une autorité nationale.

Dans l'affaire T-201/11, Si.mobil, filiale locale de l'opérateur Telekom Austria, avait déposé plainte auprès de l'autorité slovène de concurrence au sujet d'abus de dominance de la part de l'opérateur historique national, Mobitel. Cette plainte étant restée sans réponse, Si.mobil a dénoncé en 2009 les mêmes pratiques à la Commission. En 2011, la Commission a rejeté cette plainte pour deux motifs : d'une part, l'autorité nationale était encore en train de traiter les aspects de la plainte se rapportant au marché de détail (art. 13, parag 1, du règlement n° 1/2003) et d'autre part, en raison de l'insuffisance d'intérêt de l'Union à poursuivre l'examen des abus allégués relatifs au marché de gros (art. 7, parag 2, du règlement n° 773/2004).

Dans la seconde affaire (T-355/13), Easyjet avait déposé plusieurs plaintes auprès de l'autorité néerlandaise de la concurrence (NMa) concernant les redevances aéroportuaires d'Amsterdam Schipol qu'elle estimait contraire à l'article 102 TFUE. L'autorité nationale a rejeté chacune de ces plaintes, sans que la requérante n'introduise de recours contentieux. En 2011, Easyjet a alors adressé une plainte à la Commission portant sur les mêmes pratiques. Deux ans plus tard, la Commission a rejeté cette plainte, au motif que l'autorité nationale a déjà traité l'affaire (art. 13, parag 1, du règlement n° 1/2003) et, subsidiairement, faute d'intérêt de l'Union à instruire.

Étendue du contrôle juridictionnel

Le Tribunal souligne que son contrôle sur les décisions de rejet de plainte est limité à l'erreur manifeste d'appréciation. En effet, les autorités nationales disposant d'un large pouvoir d'appréciation afin d'assurer une attribution optimale des affaires au sein du réseau (arrêt C-17/10, point 90) il en est, à plus forte raison, de même pour la Commission lorsqu'elle applique l'article 13 du règlement n° 1/2003. Ce pouvoir n'est pas sans limite : elle est tenue d'examiner les plaintes de manière diligente, avec soin et impartialité.

Autonomie des motifs de rejet de plaintes fondés sur le fonctionnement du réseau par rapport à ceux liés à l'intérêt de l'Union

Pour déterminer le degré de priorité à accorder aux plaintes dont elle est saisie, la Commission, conformément à la jurisprudence Automec, peut se référer à l'intérêt de l'Union. Cette notion implique de mettre en balance l'importance de l'infraction alléguée pour le fonctionnement du marché intérieur par rapport à la probabilité de pouvoir établir son existence et l'étendue des mesures d'investigation nécessaires en vue d'accomplir sa mission (arrêt *Automec c/ Commission*, T-24/90, EU :T :1992 :97), étant entendu qu'il ne s'agit pas de conditions cumulatives.

Dans les deux affaires, le motif pris de la jurisprudence Automec était subsidiaire par rapport à celui fondé sur la saisine parallèle d'autorité nationale de concurrence. Si.mobil a contesté ce motif par un moyen autonome, Easyjet par le biais d'un moyen pris d'un vice de motivation. Le Tribunal souligne l'autonomie de la notion d'intérêt de l'Union et de la jurisprudence Automec, par rapport aux motifs de rejet fondés sur l'existence de saisines parallèles au sein du réseau, prévus à l'article 13 du règlement n° 1/2004. Ainsi, dans le cadre de cette disposition, la Commission n'est pas tenue de procéder à une mise en balance et une appréciation de l'intérêt de l'Union à poursuivre l'examen de la plainte (arrêt *Si.mobil*, point 31).

Rejet d'une plainte pour traitement concurrent par une autorité nationale (art. 13, para. 1, du règlement n° 1/2003 ; affaire Si.mobil)

Selon le Tribunal, l'article 13, paragraphe 1, du règlement n° 1/2003 est clair : la Commission peut rejeter une plainte si elle constate que deux conditions sont satisfaites. Il faut et il suffit, d'une part, qu'une autorité nationale « traite » une plainte et, d'autre part, que cette plainte porte sur la même pratique que celle dénoncée à la Commission. L'article 13, paragraphe 1 ne laisse donc aucune place au test Automec ni à la recherche de l'autorité la mieux placée au regard des particularités de l'affaire.

En l'espèce, la requérante Si.mobil ne parvient pas à démontrer que la Commission a commis une erreur manifeste d'appréciation en considérant que l'autorité nationale slovène était en train de « traiter » la pratique visée par la plainte. Selon le Tribunal, « traiter » une affaire, ce n'est pas simplement en être saisi. La Commission, pour rejeter une plainte, doit s'assurer que cette autorité examine effectivement la plainte, sans pour autant être tenue d'apprécier le bien-fondé des orientations de cette autorité. En l'occurrence, la Commission avait recueilli différents éléments auprès de l'autorité slovène démontrant que cette dernière effectuait un examen des pratiques dénoncées.

Si.mobil se plaignait en outre de défaillances institutionnelles de l'autorité slovène, notamment de son manque d'indépendance, du dépassement des délais, ainsi que de son manque de moyens financiers. Le Tribunal écarte ces récriminations : l'efficacité des règles de concurrence de l'Union n'impose pas à la Commission de vérifier si une autorité nationale dispose des moyens institutionnels, financiers et techniques pour accomplir sa mission.

Quant à l'exigence d'une identité entre les pratiques visées par les deux plaintes, le Tribunal constate qu'en l'espèce, les plaintes visaient les mêmes pratiques, de la même entreprise, sur le même marché à la même période.

Rejet pour traitement précédent par une autorité nationale (art. 13, para. 2, du règlement n° 1/2003 ; affaire Easyjet)

Le Tribunal a favorisé une interprétation littérale de l'article 13, paragraphe 2, du règlement n° 1/2003 qui permet à la Commission de rejeter une plainte « qui a déjà été traitée par une autre autorité de concurrence ». Cette disposition englobe tous les cas de plaintes ayant été examinées par une autre autorité de concurrence, quelle qu'ait été l'issue de cet examen. Le législateur a ainsi fait le choix de ne pas limiter le champ d'application de cet article aux seuls cas d'affaires clôturées par une décision.

Cette interprétation littérale est conforme à l'économie du règlement n° 1/2003 et, plus particulièrement, de l'article 13 pris dans son ensemble : le fait qu'une plainte a été examinée par une autorité importe plus que le résultat de cet examen. Le Tribunal s'appuie également sur le paragraphe 20 de la communication de la Commission relative à la coopération au sein du réseau des autorités de concurrence (*JOUE* C 101 du 27 avril 2004, p. 43) selon lequel à « l'article 13, l'expression "traite l'affaire" ne signifie pas simplement qu'une autre autorité a été saisie de la plainte, mais qu'elle enquête ou a enquêté sur l'affaire pour son compte ».

L'interprétation contraire méconnaîtrait la finalité de l'article 13 du règlement n° 1/2003 qui est l'allocation optimale des ressources au sein du Réseau européen de concurrence. Elle risquerait de contraindre la Commission à procéder systématiquement à l'examen de toutes les plaintes qui n'ont pas donné lieu à des décisions d'une autorité nationale. Par ailleurs, obliger la Commission à examiner systématiquement les plaintes rejetées pour des raisons de priorité par des autorités de concurrence reviendrait à imposer à la Commission la tâche de contrôler les décisions de ces autorités, mission qui incombe aux seules juridictions nationales.

P. Cardonnel

Concurrences N° 2-2015, Art. N° 73122, p. 153

CJUE, 25 févr. 2021, Slovak Telekom c/ Protimonopolný úrad Slovenskej republiky, C-857/19

La Cour de justice de l'Union européenne confirme les règles présidant aux dessaisissements des autorités nationales au profit de la Commission européenne en matière d'application des articles 101 et 102 TFUE et à l'application de la règle *ne bis in idem*.

La Cour suprême de la république slovaque a saisi la Cour de justice dans le cadre d'un renvoi préjudiciel lié à une procédure de l'autorité de concurrence contre l'opérateur historique des télécommunications. Cette procédure était engagée sur la base d'une stratégie de compression de marges sur le marché de l'accès à internet (décision du 21 décembre 2007). Cette procédure est, dans le renvoi préjudiciel, mise en perspective avec une procédure entamée par la Commission européenne qui a donné lieu à une décision le 15 octobre 2014 (affaire AT.39523). Une double question est posée à la Cour de justice. La première question tient au dessaisissement des autorités nationales en matière d'application des articles 101 et 102 TFUE quand la Commission se saisit d'un cas. La seconde question tient à l'application du principe pénal du *ne bis in idem* dans une telle situation caractérisée par une double sanction administrative, nationale et européenne, pour une entreprise pour des pratiques de marché dont il s'agit de discuter l'identité.

Les autorités nationales de concurrence ne sont dessaisies de leurs compétences en matière d'application des articles 101 et 102 que si les infractions présumées sont commises par les mêmes entreprises, sur les mêmes marchés et dans les mêmes périodes

L'article 11.6 du TFUE prévoit que les autorités de concurrence des États membres perdent leur compétence pour appliquer les articles 101 et 102 dès lors que la Commission ouvre une procédure sur la même base. La règle ne s'applique cependant que dès lors qu'il s'agit de « poursuivre les mêmes entreprises pour les mêmes conduites prétendument anticoncurrentielles, intervenues sur le ou les mêmes marchés de produits géographiques au cours de la ou des mêmes périodes » (§ 30). Il s'agit de prémunir les entreprises contre des poursuites parallèles. Cependant, les poursuites dont fait l'objet Slovak Telekom portent sur deux marchés distincts. Le premier contentieux (qui a fait l'objet de la décision d'octobre 2014 de la Commission) porte sur une stratégie de compression des marges mise en œuvre sur le marché de l'accès de gros à la boucle locale dégroupée et à d'autres services reliés à l'accès internet haut débit – en d'autres termes au marché de l'ADSL. Le second contentieux (traité par l'autorité de concurrence slovaque en décembre 2007) concerne quant à lui sur les marchés de gros et de détail des services téléphoniques et des services téléphoniques et d'accès internet à bas débit par accès commuté, c'est-à-dire par modem. Nul dessaisissement joue l'en espèce.

Le principe du *ne bis in idem* ne s'applique pas pour des pratiques portant sur des marchés distincts

La règle *ne bis in idem*, inscrite à l'article 50 de la Charte des droits fondamentaux de l'Union européenne garantit, en matière pénale, le droit de ne pas être jugé ou puni deux fois pour la même infraction. La question posée par la Cour suprême slovaque porte sur son applicabilité en matière concurrentielle, c'est-à-dire pour les sanctions administratives.

Cette règle s'applique suivant une double conditionnalité. La première tient à une décision définitive antérieure (*bis*) et la seconde à l'identité des comportements de marchés visés (*idem*). Cette seconde condition se décompose elle-même en trois sous-conditions : identité des faits, unité du contrevenant et unité de l'intérêt juridique protégé. En l'espèce, les deux abus de position dominante sanctionnés ne portent pas sur les mêmes modalités d'accès à internet. Dès lors, la règle n'a pas à s'appliquer.

F. Marty

Concurrences N° 2-2021, Art. N° 100390, p. 85

1.3.1.4 Demandes de clémence parallèles

CJUE, 20 janv. 2016, DHL, C-428/14

La Cour de justice de l'Union européenne consacre l'autonomie des demandes de clémence présentées devant la Commission européenne et les autorités nationales de concurrence.

La question de l'articulation entre les programmes de clémence européen et nationaux, à la lumière des instruments adoptés au sein du Réseau européen de la concurrence (REC), était au cœur de cette affaire préjudicielle.

En l'occurrence, la juridiction italienne de renvoi souhaitait savoir tout d'abord si les Autorités nationales de concurrence (ANC) sont tenues de respecter le programme modèle du REC en matière de clémence. Ensuite, elle entendait soumettre à la Cour la question de l'existence d'un lien juridique entre la demande d'immunité qu'une entreprise a présentée à la Commission et la demande sommaire présentée à une ANC pour la même entente, ainsi que l'existence d'une obligation à la charge de l'ANC de prendre contact avec la Commission ou l'entreprise lorsque la demande sommaire a un champ d'application matériel plus restreint que celui de la demande d'immunité. Enfin, le juge *a quo* interrogeait la Cour sur les conséquences à tirer dans le cadre des procédures de concurrence nationale du fait qu'une entreprise a présenté une demande d'immunité à la Commission, notamment sur la faculté des autres parties à l'entente à présenter une demande sommaire.

L'absence d'effet contraignant des programmes de clémence de la Commission et du REC à l'égard des ANC

À l'occasion de l'affaire Pfleiderer, la Cour s'était déjà prononcée sur le caractère contraignant ou non des communications sur la clémence. Elle avait ainsi constaté que ni la communication de la Commission sur la clémence, à l'égard des États membres, ni le programme modèle du REC en matière de clémence, à l'égard des juridictions des États membres, n'ont d'effet contraignant (CJUE, 14 juin 2011, Pfleiderer, aff. C-360/09 ; *Concurrences* N° 3-2011, p. 177).

La Cour réaffirme ici donc, fort logiquement, que ces communications ne sont pas susceptibles de créer des obligations à la charge des États membres et notamment que, à défaut de règles communes de clémence au niveau de l'Union, le traitement des demandes de clémence adressées à une ANC est déterminé par cette autorité en application de son seul droit national. Rappelons en effet que, en l'absence de règles harmonisées en la matière, les États membres bénéficient de l'autonomie procédurale pour appliquer les articles 101 TFUE et 102 TFUE, sous réserve de respecter les principes d'équivalence et d'effectivité (l'harmonisation de certaines règles procédurales, notamment en matière de clémence, fait l'objet d'une consultation de la Commission européenne lancée le 4 novembre 2015 ; *Concurrences* N° 1-2016, p. 173).

Cet arrêt apporte néanmoins une utile précision. La Cour considère qu'il n'y a pas lieu, dans ce cadre, de faire une distinction entre juridictions et autorités nationales. Dans la mesure où les États membres peuvent désigner des juridictions nationales en tant qu'ANC, une telle distinction pourrait compromettre l'application uniforme du droit de l'Union dans les États membres s'il fallait considérer que le programme modèle du REC en matière de clémence était contraignant à l'égard des ANC et non à l'égard des juridictions nationales.

Les ANC n'ont pas à prendre en compte les demandes présentées devant d'autres autorités de concurrence en l'absence de lien juridique entre les programmes de clémence

La question de l'existence d'un lien juridique entre la demande d'immunité qu'une entreprise a présentée à la Commission et la demande sommaire présentée à une ANC pour la même entente n'est pas neutre. Bon nombre d'entreprises se sont déjà retrouvées dans la situation d'occuper le premier rang de clémence devant la Commission et un rang moins favorable devant une ANC, et réciproquement.

Toutefois, en l'absence d'un système de clémence pleinement harmonisé s'étendant à l'ensemble de l'Union, la Cour estime qu'une demande de clémence adressée à une autorité, quelle qu'elle soit, ne saurait être considérée comme étant une demande adressée à une autre autorité de concurrence. Chaque programme de clémence national est autonome par rapport non seulement aux autres programmes nationaux, mais aussi au programme de clémence de la Commission. Cette coexistence et cette autonomie qui caractérisent les relations entre programmes de clémence « sont l'expression du régime de compétences parallèles de la Commission et des autorités nationales de concurrence institué par le règlement n° 1/2003 ».

Dans ces conditions, s'il existait un lien juridique entre la demande d'immunité présentée à la Commission et les demandes sommaires adressées aux ANC, cela remettrait en cause l'autonomie des différentes demandes et, par conséquent, « le ratio du système même des demandes sommaires ».

Dans le prolongement, il n'existe pas non plus d'obligation à la charge des ANC d'interpréter une demande sommaire à la lumière d'une demande d'immunité présentée à la Commission, pas plus qu'il n'existe d'obligation pour celles-ci de contacter la Commission lorsque le champ de la demande d'immunité et celui de la demande sommaire ne sont pas strictement identiques. Dans ce dernier cas, les entreprises ne doivent pas s'attendre également à ce que les ANC prennent contact avec elles afin de leur permettre de rapporter des exemples de conduites illégales dans le secteur couvert par leur demande d'immunité, mais pas par leur demande sommaire. La Cour considère que ce serait de nature à atténuer le devoir de coopération des demandeurs de clémence qui est un des piliers de tout programme de clémence.

Les ANC ont la faculté d'accorder l'immunité d'amende à une entreprise même si elle ne peut prétendre à la même immunité devant la Commission

Il est vrai que ce n'est qu'à partir de 2012, soit après les faits de l'affaire au principal, que le programme modèle du REC en matière de clémence a prévu explicitement la possibilité pour une entreprise, qui n'était pas la première à avoir déposé une demande d'immunité auprès de la Commission, de présenter une demande sommaire d'immunité aux ANC.

Pour autant, le programme modèle du REC étant dépourvu d'effet contraignant à l'égard des ANC, pour les raisons exposées plus haut, la Cour ne peut envisager que les États membres soient tenus d'incorporer dans leurs régimes de clémence les dispositions du programme en question. Elle ne peut pas non plus concevoir qu'il leur soit interdit d'adopter, au niveau national, des règles qui y font défaut ou qui en divergent, pour autant que cette compétence soit exercée dans le respect du droit de l'Union.

Une ANC a donc la possibilité d'accepter une demande sommaire d'immunité d'une entreprise qui a présenté à la Commission une demande de réduction d'amendes.

A. Lacresse

Concurrences N° 2-2016, Art. N° 79487, p. 170

1.3.1.5 Application du principe ne bis in idem

CJUE, gde ch., 22 mars 2022, 2 arrêts, Nordzucker, C-151/120 ; bpost, C-117/20

La Cour de justice de l'Union européenne précise sa jurisprudence sur le principe ne bis in idem au regard de l'articulation entre réglementation sectorielle et droit de la concurrence et au regard de l'utilisation dans deux États membres des mêmes faits.

Deux renvois préjudiciels provenant de juridictions belge et autrichienne ont permis à la Cour de justice de préciser sa jurisprudence relative à l'application du principe *ne bis in idem* dans deux hypothèses différentes : au regard de l'articulation entre réglementation sectorielle et droit de la concurrence, d'une part, au regard de l'utilisation dans deux États membres différents des mêmes faits pour sanctionner les mêmes entreprises de l'autre.

La première affaire concernait une entreprise établie en Belgique qui avait été sanctionnée tout d'abord par l'autorité de régulation du secteur postal puis, dans un second temps, par l'Autorité de la concurrence. La seconde affaire concernait quant à elle des producteurs de sucre sanctionnés pour entente tout d'abord par l'autorité de la concurrence allemande, puis visés, dans un second temps, par une procédure lancée par l'autorité autrichienne de la concurrence sur le fondement de la même conversation téléphonique lors de laquelle ces deux producteurs avaient discuté du marché du sucre et qui avait été utilisée par l'autorité allemande pour les sanctionner.

La Cour de justice rappelle, dans les deux affaires, que, pour l'application du principe *ne bis in idem*, qui est un principe fondamental du droit de l'Union, le critère pertinent aux fins d'apprécier l'existence d'une même infraction est celui de l'identité des faits matériels, qu'elle définit comme « l'existence d'un ensemble de circonstances concrètes indissociablement liées entre elles qui ont conduit à l'acquittement ou à la condamnation définitive de la personne concernée ».

Dans la première affaire (CJUE, 22 mars 2022, bpost, C-117/20), la Cour juge que le principe *ne bis in idem* ne s'oppose pas à ce qu'une entreprise soit sanctionnée pour une infraction au droit de la concurrence alors même qu'elle a déjà fait l'objet d'une décision définitive sanctionnant, au regard des mêmes faits, la méconnaissance d'une réglementation sectorielle. La Cour encadre toutefois assez précisément une telle possibilité de cumul à un double égard. D'une part, le principe de proportionnalité exige que le cumul de poursuites et de sanctions prévu par la réglementation nationale ne dépasse pas les limites de ce qui est approprié et nécessaire à la réalisation des objectifs légitimes que cette réglementation poursuit. D'autre part, la possibilité de cumul est conditionnée à l'existence de « règles claires et précises permettant de prévoir quels actes et omissions sont susceptibles d'en faire l'objet, ainsi que la coordination entre les deux autorités compétentes ». Elle ajoute que les deux procédures doivent avoir été menées de « manière suffisamment coordonnée dans un intervalle de temps rapproché », que la sanction infligée une première fois doit être prise en compte dans l'évaluation de la seconde afin que l'ensemble des sanctions imposées corresponde à la gravité des infractions commises. La Cour ce faisant vient ainsi en substance confirmer sa jurisprudence antérieure (CJUE, 20 mars 2018, Menci, C-534/15).

Dans la seconde affaire (CJUE, 22 mars 2022, Nordzucker e. a., C-151/20), la Cour juge, dans la ligne de son arrêt *Toshiba Corporation* (14 février 2012, C-17/10, point 103), que le principe *ne bis in idem* ne s'oppose pas à ce qu'une entreprise soit sanctionnée par l'autorité de concurrence d'un État membre en raison d'un comportement qui a eu un objet ou un effet anticoncurrentiel sur le territoire de cet État membre, alors même que ce comportement a déjà été mentionné, par une autorité de concurrence d'un autre État membre, dans une décision définitive. La Cour précise toutefois que cette dernière décision ne doit pas reposer sur le constat d'un objet ou d'un effet anticoncurrentiel sur le territoire du premier État membre, faute de quoi la seconde autorité de la concurrence méconnaîtrait l'interdiction de double incrimination.

En l'espèce, cela signifie donc concrètement que le juge autrichien, à l'origine de la question préjudicielle, devra vérifier si la décision de l'autorité allemande sanctionnait l'entente en cause seulement pour le marché allemand ou si elle le faisait pour le marché allemand et pour le marché autrichien. La Cour précise qu'il devra tenir compte, pour ce faire, du point de savoir si, pour calculer le montant de l'amende, l'autorité allemande a pris comme base de calcul le seul chiffre d'affaires réalisé en Allemagne. S'il est avéré que la décision de l'autorité allemande n'a pas sanctionné l'entente en cause pour le territoire autrichien, la procédure pendant devant le juge autrichien ne porterait pas sur les mêmes faits que ceux à l'origine de la décision de l'autorité allemande, de sorte que le principe *ne bis in idem* ne s'opposerait pas à de nouvelles poursuites et, le cas échéant, à de nouvelles sanctions.

F. Donnat
Concurrences N° 2-2022, Art. N° 106654, p. 182

1.3.2 Principe d'autonomie procédurale

CJCE, 11 juin 2009, Inspecteur van de Belastingdienst c/ X BV, C-429/07

La Cour de justice des Communautés européennes admet la possibilité pour la Commission de soumettre d'office des observations écrites à une juridiction nationale dans un litige sur la déductibilité fiscale d'une amende infligée par elle.

Pour la première fois, la Cour de justice, saisie dans le cadre d'une procédure de renvoi préjudiciel, se prononce sur la question du champ d'application de l'article 15, paragraphe 3, du règlement n° 1/2003 du Conseil, du 16 décembre 2002, relatif à la mise en œuvre des règles de concurrence prévues aux articles 81 et 82 du traité CE. Cet arrêt permet d'entrevoir les potentialités du mécanisme qui a été institué en faveur de la Commission européenne pour intervenir dans le cadre de procédures engagées devant les juridictions nationales.

Les circonstances de la question préjudicielle

La mise en œuvre de ce mécanisme d'intervention s'est posée devant une juridiction néerlandaise (la Cour d'appel d'Amsterdam), à propos d'un litige de droit fiscal qui opposait une société néerlandaise à l'administration fiscale. Cette société, sur laquelle la société-mère établie en Allemagne avait répercuté une partie du montant de l'amende que lui avait infligée la Commission en application de l'article 81 du traité CE, contestait l'avis d'imposition qui lui avait été délivrée au titre de l'impôt sur les sociétés. Faisant valoir que cette charge financière ne lui avait pas été infligée par la Commission, mais lui avait été simplement répercutée par la société-mère, elle soutenait que la somme correspondante échappait à l'interdiction, posée par la réglementation néerlandaise, de déduire des bénéfices imposables les amendes infligées par une institution de l'Union européenne.

Cette thèse avait prospéré devant la juridiction de première instance puisque cette dernière avait admis la déductibilité de la somme litigieuse (en tout ou du moins en partie). La Commission, avertie par voie de presse et par l'intermédiaire des autorités nationales de concurrence, avait indiqué à la juridiction d'appel qu'elle souhaitait intervenir à la procédure et, à cette fin, lui avait demandé la communication des pièces nécessaires à la compréhension du litige et la fixation d'un délai d'intervention pour déposer des observations écrites. Après avoir organisé un débat contradictoire entre les parties et la Commission sur ce point, la juridiction d'appel a décidé de poser une question préjudicielle à la Cour de justice : l'article 15, paragraphe 3, du règlement n° 1/2003 doit-il être interprété en ce sens qu'il autorise la Commission à soumettre d'office des observations écrites devant une juridiction nationale dans le cadre d'une procédure relative à la possibilité de déduire des bénéfices imposables le montant d'une amende, ou une partie de celle-ci, que la Commission a infligée pour violation de l'article 81 ou 82 du traité CE ?

La question méritait d'être posée car il est vrai qu'à première vue on pouvait se demander si la Commission avait vocation à intervenir dans une procédure de droit fiscal qui n'intéressait pas directement l'application de l'article 81 ou 82 du traité CE. La Cour de justice y répond de manière positive, en suivant une analyse qui l'on peut scinder en trois temps.

Le règlement n° 1/2003 : une exigence de cohérence renforcée dans l'application des règles communautaires de concurrence

Tout d'abord, la Cour de justice prend le soin de resituer les dispositions à interpréter dans le cadre de l'ensemble des mécanismes de coopération prévus par le règlement n° 1/2003, entre la Commission, les autorités nationales de concurrence et les juridictions nationales, afin de garantir une application cohérente des règles de concurrence dans les États membres (pts 20 à 27 de l'arrêt).

On se souvient que certains de ces mécanismes de coopération avaient déjà été posés par la jurisprudence communautaire bien avant l'adoption de ce règlement. C'était le cas pour les demandes d'informations et d'avis adressées à la Commission par les juridictions nationales, et ce depuis les arrêts *Delimitis* et *Coberco-Djikstra* (respectivement du 28 février 1991, aff. C-234/89, Rec. p. I-935 et du 12 décembre 1995, aff. C-319/93, C-40/94 et C-224/94, Rec. p. I-4471).

Mais le règlement n° 1/2003, en procédant à une décentralisation ou à une déconcentration de l'application des règles communautaires de concurrence, a rendu indispensable le développement de mécanismes de coopération afin d'assurer une certaine cohérence dans l'action des divers acteurs.

Cette exigence s'est traduite par l'institution d'un réseau associant les autorités nationales de concurrence et la Commission, pour le bon fonctionnement duquel divers mécanismes de coopération ont été institués par les articles 11 à 14 du règlement n° 1/2003 (échange d'informations, assistance aux enquêtes).

Elle s'est aussi traduite, dans les seuls rapports entre la Commission et les juridictions nationales, par un système d'échange réciproque d'informations (outre le mécanisme introduit par la jurisprudence Delimitis et repris à l'article 15, paragraphe 1, du règlement, son paragraphe 2 exige qu'une copie des décisions rendues par des juridictions nationales statuant sur l'application de l'article 81 ou 82 du traité soit transmise à la Commission, ce que la Cour de cassation ne manque pas de faire) et, dans les rapports élargis entre la Commission, les autorités nationales de concurrence et les juridictions nationales, par un mécanisme d'intervention de celles-ci dans les procédures pendantes devant ces dernières (article 15, paragraphe 3, du règlement).

Dualité de champs d'application de l'intervention respective de la Commission et des Autorités nationales de concurrence

Se livrant ensuite à une interprétation littérale des dispositions de l'article 15, paragraphe 3, du règlement n° 1/2003, la Cour de justice (pts 28 à 32 de l'arrêt) souligne que l'intervention de la Commission devant les juridictions nationales recouvre un champ d'application différent de celui prévu par le règlement pour l'intervention des autorités nationales de concurrence (sans préjudice des pouvoirs plus étendus qui seraient évidemment conférés à ces dernières par le droit national) : alors que leur intervention est limitée aux cas où se pose la question de l'application de l'article 81 ou 82 du traité, celle de la Commission s'étend à tous les cas où l'application cohérente de ces dispositions est en jeu et exige l'intervention de celle-ci.

La Cour de justice en déduit que la Commission peut intervenir « même dans des cas où la procédure concernée ne se déroule pas au sujet de l'application de l'article 81 ou 82 du traité » (pt 30 de l'arrêt).

Cette déduction n'allait pas de soi car, à la lumière du considérant 21 du règlement qui n'évoque que l'hypothèse où il est fait application de l'article 81 ou 82 du traité, on pouvait considérer que l'intervention de la Commission n'avait vocation à être mise en œuvre que dans cette hypothèse, et ce dans des circonstances particulières où il est nécessaire de préserver une cohérence dans l'application de l'article 81 ou 82 du traité.

D'ailleurs, en ce sens, certains auteurs avaient fait valoir que la faculté d'intervention ouverte à la Commission est résolument destinée à attirer l'attention des juridictions d'appel ou de dernière instance sur des affaires provenant d'autres États membres, dans lesquels un problème similaire s'est posé, et qui présentent une importance considérable pour l'application uniforme des règles de concurrence communautaires (M. C. Boutard Labarde, G. Canivet, E. Claudel, V. Michel-Amsellem et J. Vialens, L'Application en France du droit des pratiques anticoncurrentielles, *LGDJ*, 2008, p. 752).

L'approche retenue par la Cour de justice démontre que la faculté d'intervention conférée à la Commission est loin de se réduire à ce seul cas de figure : ce mécanisme procédural ne vise pas seulement à préserver l'application uniforme du droit communautaire de la concurrence, en suscitant, le cas échéant, un éventuel renvoi préjudiciel. Il vise aussi à en garantir l'effectivité, qui contribue comme l'uniformité de son application, à en assurer la cohérence. C'est ce qui ressort du dernier terme de l'analyse de la Cour de justice.

La cohérence dans l'application des articles 81 et 82 du traité CE implique l'effectivité des amendes et astreintes infligées sur le fondement de l'article 83 du traité CE

Dans un troisième et dernier temps, la Cour de justice s'attache à préciser ce que peut impliquer l'exigence de cohérence dans l'application des articles 81 et 82 du traité CE (pts 33 à 37 de l'arrêt) et, ensuite, à indiquer en quoi le litige au principal est de nature à menacer cette exigence et à justifier par conséquent l'intervention de la Commission à cette procédure nationale (pts 38 à 40 de l'arrêt).

La cohérence implique l'effectivité. C'est ce que dit, en substance, la Cour de justice en affirmant que le principe de l'interdiction des pratiques anticoncurrentielles, posée à l'article 81 et 82 du traité CE, est indissociable des sanctions prévues à l'article 83 du traité en cas d'inobservation de ce principe (admettre le contraire reviendrait non seulement à priver d'effet utile les articles 81 et 82 du traité, mais aussi à priver d'effectivité l'action de surveillance, de poursuite et de sanction dont est chargée la Commission) et, en déduisant de ce caractère indissociable que « l'effectivité des sanctions infligées par les autorités de concurrence nationales ou communautaires sur le fondement de l'article 83, paragraphe 2, sous a), CE est une condition de l'application cohérente des articles 81 et 82 CE » (pt 37 de l'arrêt).

Or, force est de constater que, dans le litige au principal, l'effectivité de l'amende infligée par la Commission serait sensiblement affectée dans l'hypothèse où la société sanctionnée ou, comme en l'espèce, l'une de ses filiales serait autorisée à déduire, en tout ou en partie, le montant de cette amende de ses bénéfices imposables puisqu'une telle déduction aurait pour effet de compenser partiellement la charge que constitue cette amende par une réduction de la charge fiscale (pt 39 de l'arrêt).

Le simple risque que la juridiction d'appel statue en ce sens, et confirme ainsi la décision des premiers juges, suffit à justifier que la Commission intervienne dans le procès, du moins en déposant des observations écrites (alors que les observations écrites peuvent être soumises d'office devant les juridictions nationales, sans y avoir été ni invité, ni autorisé, les observations orales, généralement supplémentaires, ne peuvent être présentées, en vertu de l'article 15, paragraphe 3, du règlement n° 1/2003, qu'à la condition d'avoir été autorisées). Voilà qui ouvre à la Commission de nouvelles perspectives d'intervention dans des procédures nationales.

L'intervention d'office de la Commission dans des procédures nationales suppose la connaissance de leur existence

Mais encore faut-il, pour être en mesure d'exercer ce droit d'intervention d'office, que la Commission ait préalablement connaissance de l'existence de procédures nationales, qui ne concernent pas directement l'application des articles 81 et 82 du traité CE, mais qui mettent en cause la cohérence de leur application.

Or, pour être avertie de l'engagement de telles procédures, la Commission ne peut compter (comme cela a été le cas en l'espèce) que sur la presse ou sur les autorités nationales de concurrence, à la faveur de la dynamique d'échange d'informations qui a été impulsée par l'institution du Réseau des autorités de concurrence, et, sans doute aussi sur l'une ou l'autre des parties au litige national ou sur les concurrents de la société en cause.

En effet, les États membres ne sont tenues, par l'article 15, paragraphe 2, du règlement n° 1/2003, de transmettre à la Commission une copie d'une décision d'une juridiction nationale que lorsque celle-ci statue sur l'application de l'article 81 ou 82 du traité CE.

En dehors de ce type de litiges, dont on peut raisonnablement supposer qu'ils constitueront le cadre habituel d'intervention de la Commission, aucune obligation de communication des décisions des juridictions nationales n'a été instituée. Reste que la juridiction nationale peut toujours, de sa propre initiative ou à la demande de l'une ou l'autre des parties, poser une question préjudicielle à la Cour de justice, voire même solliciter l'avis de la Commission sur le fondement d'une interprétation extensive de l'article 15, paragraphe 1, du règlement n° 1/2003. Mais c'est là une autre question…

A. Maitrepierre
Concurrences N° 3-2009, Art. N° 27378, p. 120

CJUE, gde ch., 7 déc. 2010, Vebic, C-439/08

La Cour de justice de l'Union européenne admet la faculté pour une autorité de concurrence nationale d'agir en qualité de partie défenderesse.

Par un arrêt très attendu, rendu en grande chambre, la Cour de justice apporte une nouvelle pierre à l'édifice visant à assurer l'application effective, par les autorités nationales, des règles du traité en matière de pratiques anticoncurrentielles. Il complète à merveille celui récemment prononcé, le 11 juin 2009, également en grande chambre, à propos du droit d'intervention de la Commission européenne devant les juridictions nationales (pour un commentaire de cet arrêt, Inspecteur van de Belastingdienst / X BV, C-429/07, voir *Concurrences* N° 3-2009, p. 120-122).

Le cadre factuel et procédural

En l'espèce, étaient en cause l'établissement et la diffusion, par une confédération d'associations professionnelles (VEBIC), d'un indice du prix du pain, ainsi que des données concernant la structure des coûts. Saisi par le ministre de l'Économie, à la suite de la libéralisation du prix du pain en Belgique, le Conseil de la concurrence belge, après avoir fait diligenter une enquête par l'organe en charge des poursuites (l'Auditorat), a retenu que VEBIC avait enfreint la prohibition des ententes prévue en droit national et lui a infligé à ce titre une amende. La confédération en cause a alors formé un recours en annulation contre cette décision. Le ministre de l'Économie (qui avait saisi le Conseil de la concurrence) n'ayant pas formulé d'observations écrites devant la juridiction d'appel, comme le lui permet la réglementation nationale, et cette dernière ne conférant pas cette faculté à d'autres autorités (ni au Conseil, ni à un organe interne de poursuites), la seule partie à la procédure était la requérante (VEBIC). La juridiction d'appel s'est alors interrogée, de sa propre initiative, sur la compatibilité de cette situation, résultant de sa réglementation nationale, avec les exigences découlant du règlement (CE) n° 1/2003 du Conseil, du 16 décembre 2002, relatif à la mise en œuvre des règles de concurrence prévues aux articles 81 et 82 du traité (devenus les articles 101 et 102 du TFUE). Et elle a pris le soin de saisir la Cour de justice de questions préjudicielles en interprétation de plusieurs dispositions du règlement, figurant aux articles 2, 15, paragraphe 3, et 35, paragraphe 1.

Une approche souple de la recevabilité des questions préjudicielles : une nécessité dans un contexte de coopération privilégiée et renforcée par le règlement n° 1/2003

Se prévalant de l'application par le Conseil de la concurrence des règles de droit national en la matière, sur le fond, et non des règles du traité, VEBIC a soulevé l'irrecevabilité des questions préjudicielles posées par la juridiction d'appel : en l'absence d'affectation du commerce entre les États membres, la pratique anticoncurrentielle en cause ne relèverait ni des prescriptions du traité en matière d'entente, ni, par voie de conséquence, de celles du règlement n° 1/2003 destinées à leur mise en œuvre. Il s'ensuivrait que les questions posées seraient purement hypothétiques.

Cette exception d'irrecevabilité est rapidement écartée par la Cour, au moyen d'un raisonnement que l'on peut décomposer en deux temps (pts 44-47). Tout d'abord, l'analyse factuelle du Conseil de la concurrence, selon laquelle la pratique en cause serait dépourvue de toute incidence sur les échanges entre les États membres, est susceptible d'être démentie par celle de la juridiction d'appel. Et cette éventuelle divergence d'appréciation factuelle suffit à justifier le renvoi préjudiciel sans qu'il soit besoin que la juridiction saisissante se livre, déjà à ce stade, à un examen détaillé et exhaustif de la question.

Cette approche ne peut qu'être approuvée. En effet, subordonner la recevabilité d'une question préjudicielle de procédure à la caractérisation d'un élément de fond aussi complexe que l'affectation du commerce entre les États membres risquerait de porter atteinte à l'effet utile de la procédure de renvoi préjudiciel dans tous les dossiers « frontières » où il est difficile de faire le départ entre l'application du droit interne de la concurrence et du droit européen de la concurrence. Cette matière juridique se prêtant à des appréciations économiques complexes, il serait fort à craindre que cette exigence soit étendue à d'autres points que l'affectation du commerce entre États membres et restreigne ainsi sensiblement l'accès au juge européen, ce qui serait difficilement compatible non seulement avec l'esprit de coopération judiciaire qui anime, toutes matières confondues, la procédure de renvoi préjudiciel, mais aussi, s'agissant plus spécifiquement du droit de la concurrence, avec le développement, accru par le règlement n° 1/2003, des mécanismes de coopération en la matière (entre la Commission européenne, les autorités et les juridictions nationales), ce qui est précisément au cœur du présent renvoi préjudiciel.

Une approche constructive de la coopération au service d'une protection juridictionnelle effective des règles du traité en matière de concurrence

On se souvient que dans l'arrêt *Inspecteur van de Belastingdienst* précité, la Cour avait conféré un large champ d'application matériel aux dispositions de l'article 15, paragraphe 3 *in fine*, du règlement n° 1/2003, selon lesquelles « lorsque l'application cohérente de l'article 81 ou 82 du traité l'exige, la Commission, agissant d'office, peut soumettre des observations écrites aux juridictions des États membres » et peut « avec l'autorisation de la juridiction en question, [...] présenter des observations orales ».

Estimant que la cohérence dans l'application des règles du traité en matière de concurrence passe par l'effectivité des amendes et astreintes infligées en cas de violation de celles-ci, la Cour avait retenu le fait que la Commission a le droit d'intervenir dans une procédure « même lorsque cette dernière ne se déroule pas au sujet de l'application de l'article 81 ou 82 du traité » (pt 30 de l'arrêt précité) et avait admis ce droit d'intervention dans un litige de droit fiscal, sur la déductibilité (en tout ou en partie) du montant d'une amende infligée par cette autorité européenne de concurrence des bénéfices imposables. Le simple risque que la juridiction nationale statue en faveur de cette déductibilité suffisait à justifier que la Commission intervienne dans le procès national. Cette conception extensive du droit d'intervention de la Commission n'allait pas de soi dans la mesure où, comme nous l'avions relevé dans notre commentaire de ce précédent arrêt, le considérant 21 du règlement se limite à évoquer l'hypothèse où il est fait application de l'article 81 ou 82 du traité.

On retrouve une approche comparable dans le présent arrêt, à propos de l'autre partie des dispositions de l'article 15, paragraphe 3, du règlement n° 1/2003, concernant les autorités nationales de concurrence, dont le libellé est très proche de celui qui vient d'être rappelé concernant la Commission, puisqu'il y est indiqué que « les autorités de concurrence des États membres, agissant d'office, peuvent soumettre des observations écrites aux juridictions de leur État membre respectif au sujet de l'application de l'article 81 ou 82 du traité » et qu'« avec l'autorisation de la juridiction en question, elles peuvent aussi présenter des observations orales ».

De la lettre à l'esprit

Passant de la lettre à l'esprit, l'analyse de la Cour peut se décomposer en deux temps.

Dans un premier temps (pts 53 à 55 de l'arrêt), elle constate que le libellé des dispositions précitées (se limitant à évoquer la possibilité de soumettre des observations, sans préciser à quel titre), ainsi que celui d'article 2 du règlement (concernant la charge de la preuve d'une violation des règles du traité en matière de concurrence) ne sont d'aucun secours pour déterminer si les autorités nationales de concurrence sont en droit de participer, en tant que parties défenderesses, à la procédure d'examen du recours dirigé contre leurs propres décisions. S'il est certain et unanimement admis que la Commission dispose de cette qualité de partie défenderesse dans les procédures engagées devant le tribunal de première instance de l'Union européenne, contre ses décisions rendues en application des règles du traité en matière de concurrence, on ne peut pas en dire autant, de prime abord, pour les autorités nationales de concurrence, dans les procès faits à leurs décisions devant les juridictions nationales.

Dans un second temps, la Cour confronte la lettre de l'article 35, paragraphe 1, du règlement à une série de considérants qui en éclairent l'esprit, pour en déduire que « si [cet article] laisse à l'ordre juridique interne de chaque État membre le soin de régler les modalités procédurales des recours en justice introduits contre les décisions des autorités de concurrence ainsi désignées, de telles modalités ne doivent pas porter atteinte à l'objectif de ce règlement, qui est d'assurer l'application effective des articles 101 TFUE et 102 TFUE par lesdites autorités » (pt 57). Cette formule n'est pas sans rappeler celle concernant l'autonomie procédurale des États membres, même s'il n'est pas fait référence à la protection effective des droits que les justiciables tirent de l'ordre juridique de l'Union européenne, mais, plus spécifiquement, à l'objectif poursuivi par le règlement n° 1/2003, selon une méthode éprouvée d'interprétation, d'ordre téléologique.

Appliquant cette méthode, la Cour recourt au syllogisme suivant :

- « le fait de ne pas accorder à l'autorité de concurrence nationale les droits [qui s'attachent à la qualité de] [...] partie au litige et, partant, de l'empêcher de défendre la décision qu'elle a adoptée dans l'intérêt général comporte le risque que la juridiction saisie soit entièrement captive des moyens et arguments développés par la ou les entreprises requérantes » (la majeure, pt 58, reprenant en substance le pt 74 des conclusions de l'Avocat général Mengozzi) ;
- « Or, dans un domaine tel que celui de la constatation d'infractions aux règles de concurrence et d'imposition d'amendes, qui comporte des appréciations juridiques et économiques complexes, l'existence même d'un tel risque est susceptible de compromettre l'exercice de l'obligation particulière qui incombe aux autorités de concurrence nationales, en vertu du règlement, de garantir l'application effective des articles 101 et 102 du TFUE » (la mineure, pt 58, reprenant en substance le pt 75 des conclusions de l'Avocat général précité) ;
- « il s'ensuit que l'obligation incombant à une autorité de concurrence nationale d'assurer l'application effective des articles 101 et 102 du TFUE exige que celle-ci dispose de la faculté de participer, en tant que partie défenderesse, à une procédure devant une juridiction nationale dirigée contre la décision dont cette autorité est l'auteur » (la conclusion, pt 59).

La Cour n'hésite donc pas, encore une fois, comme elle l'a déjà fait dans l'arrêt du 11 juin 2009 précité, à solliciter l'objectif d'effectivité des règles du traité en matière de concurrence, en allant au-delà du libellé du règlement n° 1/2003, pour renforcer encore davantage le système de coopération mis en place.

L'incidence de l'arrêt : une nouvelle articulation ou une redistribution des rôles ?

Cette approche, particulièrement constructive, investit les autorités nationales de concurrence, comme la Commission, d'un rôle proactif qui est destiné à accompagner les juridictions nationales dans l'accomplissement de leur mission, dont l'ampleur et la complexité ont été sensiblement accrues avec la « décentralisation » ou la « déconcentration » opérée par le règlement n° 1/2003, dans l'application du droit de l'Union européenne en la matière (sur cette évolution, voir L. Idot, « Le règlement n° 1/2003 : Vers une fédéralisation, une communautarisation ou une renationalisation du droit de la concurrence », dans *Mélanges Gautron*, p. 117 et suiv.).

Soucieuse de ne pas voir ce nouveau mécanisme de coopération rester lettre morte, la Cour prend soin d'indiquer que s'« il appartient aux autorités de concurrence nationales de mesurer la nécessité et l'utilité de leur intervention au regard de l'application effective du droit de la concurrence de l'Union », « ainsi que la Commission l'a relevé à juste titre, la non-comparution quasi systématique desdites autorités serait de nature à compromettre l'effet utile des articles 101 et 102 du TFUE » (pts 60 et 61). Cette précision, qui sonne comme un avertissement en écho à celui émis par la Commission (ce qui conforte le rôle de cette dernière en tant que maître du Réseau européen de la concurrence, institué par le règlement n° 1/2003), ne peut qu'inciter les autorités nationales de concurrence à faire usage de cette faculté d'intervention devant les juridictions nationales. On peut y voir une nouvelle illustration du passage « de la pyramide au réseau » (pour reprendre l'expression bien connue de F. Ost et M. Van de Kerchove, dans De la pyramide au réseau ? Pour une théorie dialectique du droit, Bruxelles, *Publications des facultés universitaires de Saint-Louis*, 2002). En effet, le renvoi préjudiciel, en tant que mécanisme de coopération bilatérale, quasi-hiérarchique, entre la Cour de justice qui dit le droit et une juridiction nationale qui l'interroge, ne s'impose plus comme étant le mode de coopération privilégié ou prioritaire en droit européen de la concurrence, mais se trouve de plus en plus concurrencé par d'autres modes de coopération, d'ordre multilatéral, à géométrie circulaire, qui mettent en relations une pluralité et une diversité d'acteurs. Ce phénomène est d'autant plus intéressant à observer que, dans cette affaire, c'est à la faveur d'un renvoi préjudiciel qu'un nouveau mode de coopération est né.

Cet arrêt préjudiciel devrait sans doute conduire à certains ajustements en droit interne, en particulier de l'article R. 464-11 du Code de commerce, issu de l'ordonnance n° 2008-1161 du 13 novembre 2008 concernant la modernisation de la régulation de la concurrence, qui prévoit, à propos des recours exercés devant la Cour d'appel de Paris contre les décisions de l'Autorité de la concurrence, que cette dernière n'est pas partie à l'instance, même si elle dispose, en vertu de l'article R. 464-18, du même Code, de la possibilité de produire des observations écrites devant cette juridiction.

Il reste que l'on peut se demander quelles conséquences tirer de l'arrêt de la Cour de justice au stade ultérieur de la procédure nationale, c'est-à-dire une fois que l'autorité de concurrence a exercé son droit d'être partie défenderesse devant la juridiction ayant à connaître du recours formé contre sa propre décision : L'autorité de concurrence acquiert-elle alors toutes les prérogatives d'une partie à l'instance de recours et bénéficie-t-elle en conséquence du droit de se pourvoir en cassation ? La question mérite d'être posée même si, en France, l'article L. 464-8 du Code de commerce (issu lui aussi de l'ordonnance du 13 novembre 2008) prévoit que « le Président de l'Autorité de la concurrence peut former un pourvoi en cassation contre l'arrêt de la Cour d'appel de Paris ayant annulé ou réformé une décision de l'Autorité ». Cette question revêt une acuité particulière dans certains États membres (comme l'Irlande, le Danemark et l'Autriche) où les juridictions font office d'autorité de concurrence, en l'absence d'autorité administrative indépendante et spécialisée comme en France : Ces juridictions ou certains organes de celles-ci disposeraient-ils du droit de participer non seulement à la procédure d'appel en tant que partie défenderesse, mais aussi à la procédure de cassation en tant que partie soit défenderesse, soit requérante ?

A. Maitrepierre

Concurrences N° 1-2011, Art. N° 34233, p. 179

CJUE, gde ch., 3 mai 2011, Tele2 Polska, C-375/09

La Cour de justice de l'Union européenne dénie aux autorités nationales le droit d'adopter des décisions « concluant à l'absence de pratiques restrictive de concurrence ».

La Cour de justice de l'Union européenne n'a eu à ce jour que très peu d'occasions de se prononcer sur les dispositions du règlement n° 1/2003 depuis son entrée vigueur le 1er mai 2004. Pour cette seule raison cet arrêt du 3 mai 2011, rendu en grande chambre, peut être considéré comme important. Mais il l'est d'autant plus que la Cour y répond à une délicate question liée à la répartition des compétences entre la Commission et les autorités nationales.

Il n'est pas certain que les Autorités nationales de concurrence (ANC) et les États membres aient perçu dès l'origine l'importance de la question posée, à tout le moins si l'on en juge par le nombre d'interventions volontaires dans cette procédure (puisque, à l'exception de la Commission, seule l'Autorité de surveillance de l'AELE et les gouvernements tchèque et polonais sont intervenus dans cette affaire).

Après avoir rappelé l'objectif de décentralisation initié par le règlement n° 1/2003 (I), nous examinerons la question posée à la Cour et sa réponse (II), avant d'en analyser la portée (III) et la pérennité (IV).

I. La décentralisation initiée par le règlement n° 1/2003

Il n'est pas possible dans le cadre de la présente chronique de revenir en détail sur l'évolution initiée par le règlement n° 1/2003.

On rappellera seulement qu'avant le règlement n° 1/2003 (sous l'empire du règlement n° 17/62), les autorités nationales avaient la possibilité – mais non l'obligation – d'appliquer la plupart, mais pas l'intégralité, des dispositions communautaires relatives au contrôle des pratiques anticoncurrentielles. Elles pouvaient ainsi appliquer l'interdiction contenue à l'article 81 § 1 du traité CE (devenu article 101 § 1 du TFUE), ainsi que l'article 82 CE (devenu article 101 du TFUE). En revanche, elles ne pouvaient pas appliquer l'article 81 § 3 CE relatif à l'exemption des ententes qui était de la compétence exclusive de la Commission. Le système antérieur, dit « d'autorisation », reposait sur une obligation de notification préalable des accords à la Commission en vue d'obtenir une exemption.

Le règlement n° 1/2003 a conduit à l'abandon de ce régime d'autorisation en lui substituant un régime d'exception légale, reconnaissant aux ANC et aux juridictions des États membres le pouvoir d'appliquer non seulement l'article 101 § 1 et l'article 102 TFUE, mais également l'article 101 § 3. En outre, afin de garantir la mise en œuvre effective et cohérente des règles européennes de concurrence, le règlement a mis en place le Réseau européen de concurrence et divers mécanismes de coopération et coordination entre ses membres.

Bien que le règlement n'ait pas remis en cause le principe de l'autonomie institutionnelle et procédurale, il n'en a pas moins encadré certains des pouvoirs des ANC. C'est le cas en particulier pour les décisions que celles-ci peuvent adopter. En effet, l'article 5 du règlement n° 1/2003 prévoit, dans son alinéa premier, que les ANC peuvent adopter les décisions positives suivantes : « ordonner la cessation d'une infraction, ordonner des mesures provisoires, accepter des engagements, infliger des amendes, astreintes ou toute autre sanction prévue par leur droit national ». L'alinéa second du même article dispose quant à lui que « lorsqu'elles considèrent, sur la base des informations dont elles disposent, que les conditions d'une interdiction ne sont pas réunies, elles peuvent également décider qu'il n'y a pas lieu pour elles d'intervenir ».

Quant à la Commission, les décisions qu'elle peut adopter sont listées aux articles 7 à 10. Les quatre premières sont similaires à celles visées par l'article 5, alinéa 1er, pour les ANC, à savoir la constatation et la cessation d'une infraction, l'adoption de mesures provisoires et d'engagements. La Commission est par ailleurs habilitée par l'article 10 à adopter des décisions de « constatation d'inapplication », des articles 101 § 1, 101 § 3 et 102 du TFUE.

Il est encore important de rappeler certains des mécanismes de coopération mis en place au sein du réseau en vue d'assurer la cohérence des décisions. Tout d'abord, en application de l'article 11 § 4 du règlement, « au plus tard trente jours avant l'adoption d'une décision ordonnant la cessation d'une infraction, acceptant des engagements ou retirant le bénéfice d'un règlement d'exemption par catégorie, les autorités de concurrence des États membres informent la Commission ». Pour les autres types de décisions, le règlement ne prévoit rien de spécifique. Pour autant, dès l'origine, les autorités avaient considéré qu'une information et un échange avec la Commission et les autres autorités pouvaient être pertinents. C'est pourquoi elles avaient prévu dans la communication sur la coopération au sein du réseau (*JOCE*, C 101, 27 avril 2004, point 48) qu'une telle information pouvait intervenir sur le fondement de l'article 11 § 5 du règlement n° 1/2003. Ces dispositions de l'article 11 ne s'appliquent pas aux décisions de la Commission puisqu'elles sont soumises à l'avis du comité consultatif.

II. Le règlement n° 1/2003 autorise-t-il les ANC à adopter des décisions « *concluant à l'absence de pratique restrictive de concurrence* » ?

Telle était en substance la première des deux questions soumises à la Cour de justice par la Cour suprême de Pologne. Dans cette affaire, était en cause une décision de l'autorité de concurrence polonaise relative à un abus de position dominante reproché à Telekomunikacja Polska SA sur le fondement tant du droit national que de l'article 102 du TFUE. L'autorité polonaise, après avoir constaté l'absence de pratique abusive au regard du droit national, avait fait une application stricte de l'article 5 du règlement n° 1/2003 en se bornant à prononcer « un non-lieu à statuer compte tenu de son défaut d'objet ». Or, le droit national polonais ne prévoit que la possibilité d'une décision concluant à l'absence de pratique abusive. C'est pourquoi la décision de l'autorité polonaise a été annulée par le Tribunal de la concurrence polonais, confirmé ensuite par la Cour d'appel de Varsovie, pour n'avoir pas conclu à l'absence d'abus au sens de l'article 102 du TFUE.

C'est dans ce contexte que la Cour suprême a soumis deux questions préjudicielles à la Cour de justice afin de déterminer (i) si l'article 5, alinéa 2, s'oppose à ce qu'une ANC statue au fond sur l'absence d'abus de position dominante au sens de l'article 102 du TFUE et (ii) dans l'affirmative, si cet article constitue une base juridique directe d'une décision d'une ANC constatant qu'il n'y a pas lieu à intervenir, si le droit national ne permet pas l'adoption de telles décisions.

Suivant les recommandations de l'Avocat général Mazak rendues dans cette affaire, la CJUE a répondu par l'affirmative aux deux questions.

S'agissant de la première, la Cour n'a fait que se conformer aux dispositions expresses du règlement n° 1/2003 en énonçant que, lorsqu'une ANC constate que les conditions d'une interdiction sur le fondement du droit communautaire ne sont pas réunies, « le libellé de [l'article 5 alinéa second] indique clairement que [...] la compétence de l'autorité de concurrence nationale est limitée à l'adoption d'une décision de non-lieu à intervenir ». De même a-t-elle constaté que « cette limitation du pouvoir des autorités de concurrence nationales est corroborée par la détermination du pouvoir décisionnel de la Commission en cas d'absence de violation des articles 101 TFUE et 102 TFUE. Selon l'article 10 du règlement, la Commission peut constater, par voie de décision, que les articles 81 CE et 82 CE sont inapplicables ».

La Cour a conclu qu'« il ressort donc tant du libellé, de l'économie du règlement que de l'objectif poursuivi par celui-ci que les constatations de l'absence de violation de l'article 102 TFUE sont réservées à la Commission, même si cet article est appliqué dans une procédure menée par une autorité de concurrence nationale ».

La Cour justifie cette solution en expliquant qu'une solution contraire « remettrait en cause le système de coopération instauré par le règlement et porterait atteinte à la compétence de la Commission » car une décision négative d'une ANC sur le fond « risquerait de porter atteinte à l'application uniforme des articles 101 TFUE et 102 TFUE, qui est l'un des objectifs du règlement mis en exergue par son premier considérant, dès lors qu'elle pourrait empêcher la Commission de constater ultérieurement que la pratique en cause constitue une infraction à ces dispositions du droit de l'Union ».

Abordant ensuite la seconde question, la Cour a confirmé que l'article 5 était d'effet direct et qu'en conséquence « il s'oppose à l'application d'une règle de droit national qui imposerait de clore une procédure relative à l'application de l'article 102 TFUE par une décision constatant l'absence de violation dudit article ».

La solution retenue par la Cour nous paraît difficilement contestable en droit. Comme l'avait à juste titre relevé l'Avocat général Mazak, elle résulte tant de l'interprétation littérale de l'article 5 du règlement n° 1/2003, que de l'esprit, voire de la lettre, d'autres dispositions du même règlement. En outre, comme l'avait relevé aussi l'Avocat général, le recours à l'interprétation historique et à la genèse du règlement n° 1/2003 conduisaient à la même solution.

Pour autant, quel que soit son bien-fondé, cette solution ne nous paraît pas satisfaisante. On le sait, cette question spécifique des décisions négatives n'est pas nouvelle et fait de longue date débat entre la Commission et les ANC. Et puisque la Cour ne pouvait faire une interprétation *contra legem* de l'article 5, c'est en fait le système retenu par le règlement n° 1/2003 qui pose question.

III. La portée de l'arrêt : quelle est la limite exacte des pouvoirs des ANC ?

Une question délicate : la portée exacte de l'arrêt

À la lecture de cet arrêt, on peut s'interroger sur les contours précis des pouvoirs des ANC. En effet, la formule retenue par l'article 5 du règlement n° 1/2003 (« elles peuvent décider qu'il n'y a pas lieu pour elles d'intervenir ») et celle de la Cour de justice jugeant que « la compétence de l'autorité de concurrence nationale est limitée à l'adoption d'une décision de non-lieu à intervenir » ne sont pas d'une clarté absolue dès lors que n'est pas définie la notion de « décision de non-lieu ».

L'interprétation de cette notion est pourtant fondamentale car elle figure dans un règlement européen, d'effet direct, qui prime et s'impose immédiatement sur l'ensemble des droits nationaux quels que soient les pouvoirs que la loi peut conférer à une ANC donnée. Le Code de commerce français fournit une illustration topique de cette variété de situations. En effet, l'Autorité de la concurrence peut adopter plusieurs types de décisions négatives : des décisions d'irrecevabilité (article L. 462-8 alinéa 1 du Code de commerce), des décisions de rejet pour défaut d'éléments probants (article L. 462-8 alinéa 2 du Code de commerce) et des décisions de non-lieu à poursuivre la procédure (article L. 464-6 du Code de commerce).

La Cour de justice n'est pas entrée dans ces raffinements – ce qu'elle n'avait au demeurant pas à faire. Elle s'est contentée de fixer la limite que les ANC ne peuvent franchir. Quelle est cette limite ? Puisque l'emploi de l'expression « non-lieu » fait écho au lexique du droit pénal, on dira que la Cour, interprétant le règlement, a considéré que les ANC n'avaient pas le pouvoir (que seule la Commission détient aux termes de l'article 10 du règlement n° 1/2003) d'acquitter une entreprise, c'est-à-dire de déclarer positivement que le comportement d'une entreprise, soit ne restreint pas la concurrence au sens de l'article 101 § 1 ou de l'article 102 du TFUE, soit est justifié sur le fondement de l'article 101 § 3 du TFUE.

Cette interprétation ne fait pas grand doute dès lors que la Cour a motivé la solution en se référant à l'article 10 du règlement n° 1/2003 et en jugeant « qu'une "décision négative" sur le fond risquerait de porter atteinte à l'application uniforme des articles 101 TFUE et 102 TFUE [...] dès lors qu'elle pourrait empêcher la Commission de constater ultérieurement que la pratique en cause constitue une infraction à ces dispositions du droit de l'Union » (point 28). Or la seule décision susceptible de « bloquer » la Commission est bien une décision de non-culpabilité ou d'acquittement.

La solution paraît finalement assez simple ; mais cette simplicité juridique est trompeuse, car elle masque une réalité pratique qui fait douter de sa pérennité, comme nous le verrons ci-après.

Quoiqu'il en soit, cette solution entraînera certainement des évolutions tant des droits nationaux que des pratiques des ANC.

La nécessité de faire évoluer certains droits nationaux

Le premier effet de l'arrêt est de rendre inapplicables toutes les dispositions nationales qui autorisent ou obligent les ANC à adopter des décisions négatives assimilables à un acquittement, à tout le moins chaque fois que le droit européen est applicable. Il semble bien que le système polonais devra sur ce point évoluer.

Qu'en est-il au niveau français ? Ce point a fait l'objet de diverses interprétations et débats (voir not. A. Ronzano, Lettres « Creda-concurrence », 3 et 4 mai 2011) tenant notamment au fait que l'Autorité de la concurrence ne disposait pas de l'opportunité des poursuites.

Rappelons tout d'abord les termes de l'article L. 464-6 du Code de commerce. Celui-ci dispose que « Lorsque aucune pratique de nature à porter atteinte à la concurrence sur le marché n'est établie, l'Autorité de la concurrence peut décider, après que l'auteur de la saisine et le commissaire du Gouvernement ont été mis à même de consulter le dossier et de faire valoir leurs observations, qu'il n'y a pas lieu de poursuivre la procédure. Cette décision est motivée ».

La question qui se pose est celle de savoir si ce texte oblige l'Autorité, constatant après instruction qu'une pratique n'est pas de nature à porter atteinte à la concurrence, à adopter une décision de non-culpabilité ou s'il lui laisse la possibilité de déclarer « qu'il n'y a pas lieu pour elle d'intervenir ». Si l'on s'en tient à ce stade à une approche littérale, on notera que les dispositions du Code de commerce sont rédigées en des termes comparables (« il n'y a pas lieu de poursuivre la procédure ») à ceux de l'article 5 du règlement n° 1/2003 (« il n'y a pas lieu pour elle d'intervenir »). On discutera plus loin la réalité de cette affirmation quand on sait que cette décision ne peut être adoptée que « lorsque aucune pratique de nature à porter atteinte à la concurrence sur le marché n'est établie » (article L. 464-6 du Code de commerce).

La nécessité de faire évoluer certaines pratiques nationales

Bien que certains droits nationaux ne soient pas littéralement en contradiction avec le règlement n° 1/2003, ils ont pu laisser suffisamment de marge de manœuvre aux ANC pour leur permettre d'adopter, nous semble-t-il, de véritables décisions négatives, contrairement aux prescriptions de l'article 5 du règlement n° 1/2003. Là encore la situation française en fournit une illustration topique.

En effet, dans sa pratique antérieure le Conseil – et après lui l'Autorité de la concurrence – a bel et bien adopté des décisions constatant l'inapplication de l'article 101 ou 102 du TFUE.

Le Conseil avait d'ailleurs précisé en ces termes la distinction à faire entre les différentes décisions qu'il pouvait adopter ; il indiquait, « alors que le rejet *de plano* de la saisine, prévu au deuxième alinéa de l'article L. 462-8, suppose une appréciation des éléments de preuve produits à l'appui de celle-ci et qu'aux termes de l'article L. 464-6 dans sa nouvelle rédaction, le prononcé d'un non-lieu intervient après une analyse des faits objet de la saisine afin d'en vérifier la matérialité et de dire s'ils constituent ou non des pratiques anticoncurrentielles prohibées, l'existence d'une cause d'irrecevabilité de la saisine exclut tout examen tant des preuves produites que du fond » (Cons. conc., déc. n° 02 D 75 du 17 décembre 2002, Scoot France et Fonecta France, point 19).

Sur cette base l'Autorité a pu considérer que certaines pratiques n'étaient pas établies. On en donnera un ou deux exemples récents. Ainsi, dans sa décision n° 10 D 37 du 17 décembre 2010 relative à des pratiques mises en œuvre sur le marché de la cétirizine en comprimés, l'Autorité a conclu que « les pratiques dénoncées par le saisissant ne [pouvaient] être qualifiées au regard de l'article 82 du traité CE, devenu 102 du TFUE ou de l'article L. 420-2 du Code de commerce ». De même, dans sa décision n° 10 D 39 du 22 décembre 2010 relative à des pratiques mises en œuvre dans le secteur de la signalisation routière verticale, elle a décidé qu'« il [n'était] pas établi que 3M France s'est concertée avec Signature, Lacroix Signalisation, Signaux Girod et Aximum et a enfreint l'article L. 420-1 du Code de commerce et l'article 81, paragraphe 1, CE ».

L'Autorité est parfois allée jusqu'à adopter des décisions d'inapplication de l'article 101, au motif que les conditions de son paragraphe 3 étaient réunies. Tel fut le cas dans la récente affaire des chèques où, à côté de la condamnation de certaines pratiques, l'Autorité a décidé que d'autres pratiques devaient être exemptées. Ainsi, par exemple, l'Autorité a-t-elle estimé que « les commissions sur rejet d'image-chèque, les commissions sur demandes de télécopie, la commission pour archivage et la commission sur image-chèque circulante peuvent bénéficier de l'exemption prévue par les articles 81, paragraphe 3, CE et L. 420-4 du Code de commerce » (Aut. conc., déc. n° 10 D 28 du 20 septembre 2010 relative aux tarifs et aux conditions liées appliquées par les banques et les établissements financiers pour le traitement des chèques remis aux fins d'encaissement).

Consciente de cette difficulté, l'Autorité semble avoir récemment modifié sa pratique en se limitant à reprendre la formule figurant à l'article L. 464-6 du Code de commerce. L'Autorité a donc considéré que l'article L. 464-6 lui laissait suffisamment de marge pour s'écarter de sa pratique antérieure et retenir une interprétation des dispositions du Code de commerce conforme au droit de l'Union européenne. Ainsi, dans sa décision n° 11 D 03 du 15 février 2011 relative à des pratiques mises en œuvre dans le secteur du commerce de gros des fruits et légumes et produits de la mer frais, l'Autorité a-t-elle conclu « qu'il [n'était] pas démontré que les pratiques en cause violent les articles L. 420-1 du Code de commerce et 101, paragraphe 1, du TFUE, de sorte qu'il convient de faire application de l'article L. 464-6 du Code de commerce et dire qu'il n'y a pas lieu de poursuivre la procédure ». L'Autorité semble ici limiter – à tout le moins par sa formulation – son intervention à un non-lieu à poursuivre plutôt qu'à un acquittement.

IV. La pérennité de la solution : donner et retenir ne vaut !

La solution qui se dégage de cet arrêt, si elle nous paraît peu contestable sur le plan juridique, n'en est pas moins discutable au plan des principes et au plan pratique. Elle invite à s'interroger sur une possible réforme du règlement n° 1/2003.

La solution paraît tout d'abord contraire à l'esprit de la décentralisation qui a présidé à l'adoption du règlement n° 1/2003. Celui-ci conduit à conférer de nouveaux pouvoirs aux ANC (et aux juridictions) en les obligeant à appliquer l'intégralité des dispositions des articles 101 et 102 TFUE, mais retient en réalité partiellement la main du juge ou de l'autorité quand il ou elle doit trancher dans un sens favorable au mis en cause. Les ANC doivent pouvoir examiner le bien-fondé d'une plainte, apprécier les arguments avancés par les parties, fournir une analyse complète de la situation factuelle, sanctionner au besoin les entreprises, mais seraient privées de la possibilité de décider *in fine* que les pratiques ne sont pas établies.

Cette solution paraît d'autant plus choquante dans les États où, comme en France, une séparation existe entre les services d'instruction et l'organe de décision (et encore plus quand cet organe est, comme en Irlande, une véritable juridiction pénale). En effet, autant on peut admettre que l'Autorité ne prononce pas une décision de non-culpabilité quand elle conclut à une irrecevabilité ou à un rejet pour défaut d'élément probant, autant on voit mal que tel puisse être le cas quand celle-ci doit se prononcer sur un rapport de non-lieu, et plus encore quand elle prononce un « non-lieu » après l'envoi de griefs. En effet, rappelons ce qui se passe en France dans ce dernier cas : l'Autorité reçoit une plainte (ou se saisit d'office), ce qui entraîne une première information du réseau sur le fondement de l'article 11 § 3 du règlement n° 1/2003 ; le rapporteur instruit le dossier des mois (voire des années) durant et adresse un acte d'accusation au mis en cause par l'envoi d'une notification des griefs ; les parties peuvent alors y répondre par écrit ; le rapporteur leur adresse ensuite son rapport, sur lequel elles peuvent une fois encore présenter leurs observations écrites ; le dossier passe ensuite des services d'instruction au collège, organe de jugement de l'Autorité, qui convoquera les parties pour une séance au terme de laquelle il rendra sa décision. Notons au passage que, concomitamment à la saisine du collège, le rapporteur adresse sa note de position à la Commission européenne sur le fondement de l'article 11 § 4 du règlement n° 1/2003 puisque la procédure française ne permet pas au collège lui-même de transmettre la « décision envisagée ». Imaginons à présent que le collège ne suive pas (ou suive partiellement) le rapporteur et qu'il prononce une décision de non-lieu : il est difficile d'imaginer que cette position, qui intervient après l'envoi de l'acte d'accusation, puisse être assimilée à un simple non-lieu… à poursuivre ! Les poursuites ont bien été enclenchées, le procès a bien eu lieu et l'entreprise en ressort bien acquittée. Dire que l'Autorité au terme de cette procédure se limite à juger qu'il n'y a pas lieu de poursuivre la procédure, n'est-ce pas jouer sur les mots ?

Existe-t-il des raisons sérieuses pour avoir conçu avec le règlement n° 1/2003 un système qui permette aux ANC de condamner les entreprises mais pas de juger leurs comportements conformes au droit de l'Union ?

Tout argument reposant sur une logique historique nous paraît contestable. D'une part, c'est le sens même du règlement n° 1/2003 que d'envisager une décentralisation de la mise en œuvre du droit de la concurrence. D'autre part, le fait que les ANC puissent appliquer l'article 101 § 3, par exemple, ne serait pas une première (sur ce sujet, v. L. Idot, Ch. Lemaire, « L'Union européenne lue à la lumière du droit de la concurrence », in : L'Union européenne, Union de droit, Union des droits, Mélanges en l'honneur de Ph. Manin, *Pédone* 2010, p. 420). Rappelons en effet que dès l'origine le traité a prévu dans son article 84 CEE (devenu 104 TFUE), que « jusqu'au moment de l'entrée en vigueur des dispositions prises en application de l'article 83, les autorités des États membres statuent sur l'admissibilité d'ententes et sur l'exploitation abusive d'une position dominante sur le marché commun, en conformité du droit de leur pays et des dispositions des articles 81, notamment paragraphe 3, et 82 ». Ainsi, dans une première période – qui a pris fin avec l'adoption du premier règlement d'application des articles 81 et 82 CE, en 1962 – ces articles déployaient tous leurs effets en droit interne et les autorités des États membres avaient compétence pour les appliquer intégralement (même si ceci fut en pratique rarissime puisque seul le Bundeskartellamt en fit application). Les pouvoirs de la Commission étaient en revanche plus limités, puisqu'elle n'était habilitée qu'à constater les éventuelles violations des articles 81, § 1, et 82 CE, comme la Cour de justice l'a rappelé dans son célèbre arrêt *Bosch* (CJCE, 6 avril 1962, Bosch, aff. 13/61, Rec. p. 89).

En pratique, l'argument tiré de la logique instaurée par le règlement n° 1/2003 ne convainc pas davantage. D'une part, on voit mal pourquoi on devrait juger tout à fait acceptable que la Commission et les ANC soient liées par une décision de constatation d'infraction ou d'engagements d'une ANC, et inacceptable qu'elles le soient par une décision de « non-lieu ». D'autre part, cette logique est d'autant moins pertinente qu'avec l'adoption du règlement n° 1/2003 et le passage d'un système d'autorisation à un système d'exception légale, quand elles statuent sur l'article 101 § 3, les autorités ne se prononcent pas pour le futur, comme la Commission pouvait le faire sous l'empire de l'ancien système en accordant une exemption pour une certaine durée, mais se limitent à reconnaître que les comportements qu'elles jugent satisfont les critères de l'article 101 § 3 pour le passé et au moment où elles statuent.

L'argument du *non bis in idem* a également été mis en avant pour justifier cette solution. Il ne convainc pas davantage. Il est vrai que si une ANC adoptait une décision de non-culpabilité pour une entreprise dans une affaire donnée, cette décision interdirait à la Commission (et aux autres ANC) de condamner la même entreprise pour les mêmes comportements (au moins pour le territoire dont dépend l'ANC, on sait qu'il y a un débat au-delà). Mais qu'y a-t-il de choquant ou de problématique pour la cohérence du droit européen dans ce cadre ? Cette solution est parfaitement admise s'agissant des décisions de condamnation.

Finalement, la solution retenue par la Cour pose la question de la pérennité du système issu du règlement n° 1/2003. Compte tenu de l'insécurité juridique qu'il crée pour les entreprises, il paraît nécessaire d'envisager une réforme du règlement n° 1/2003 pour parachever la décentralisation et accorder effectivement aux ANC le droit d'adopter des décisions déclarant un comportement conforme au droit de l'Union. Une modification de l'article 5 y suffirait. Pour maintenir la cohérence au sein du Réseau européen de concurrence, dont les autorités s'accordent pour dire au terme d'un premier quinquennat qu'il fonctionne bien, il conviendrait ensuite de modifier l'article 11 § 4 du règlement n° 1/2003 pour ajouter à la liste des décisions devant entraîner une consultation obligatoire de la Commission, les décisions « de non-culpabilité » (selon un mécanisme bien conçu permettant de couvrir notamment l'hypothèse d'un « non-lieu » prononcé alors que l'entreprise a été destinataire de griefs).

C. Lemaire

Concurrences N° 3-2011, Art. N° 38075, p. 173

CJUE, 21 janv. 2016, Eturas e. a ., C-74/14

La Cour de justice de l'Union européenne juge que le principe de la présomption d'innocence empêche de déduire la participation d'une entreprise à l'entente du seul envoi d'un e-mail.

Cette affaire soulevait la délicate question de la preuve de l'existence d'une concertation, en particulier lorsque cette preuve se résume à un seul indice, en l'espèce un e-mail annonçant la mise en place d'un mécanisme automatique de plafond de remise, et que l'acquiescement à la pratique se déduit de la passivité des entreprises parties à l'entente.

En l'occurrence, saisie d'un recours à l'encontre de la décision de l'Autorité nationale de concurrence, la juridiction de renvoi souhaitait savoir si le droit de l'Union européenne commande de considérer que, dans ce cas, les entreprises en cause sont présumées avoir pris connaissance du contenu du message et, en l'absence d'opposition de leur part, avoir participé à la pratique concertée.

L'autonomie procédurale des États membres à la rencontre du principe d'effectivité du droit de l'Union

La jurisprudence admet la prise en compte, à titre de preuve de sa participation à l'entente, du comportement passif de l'entreprise. Ainsi lorsqu'il est prouvé que l'entreprise a participé à des réunions à finalité anticoncurrentielle, sa complicité peut être établie du simple fait qu'elle n'a pas cherché à se distancier publiquement de la pratique ou à la dénoncer aux entités administratives. Même si l'entreprise n'a pas pris une part active, la Cour estime en effet que cette passivité a pour effet d'encourager la continuation de l'infraction et de compromettre sa découverte (notamment, CJUE, 22 octobre 2015, AC-Treuhand c/ Commission, C-194/14 P).

Puisque la juridiction souhaite savoir si l'envoi d'un e-mail suffit à établir la participation des entreprises à la pratique, la Cour souligne que l'appréciation des preuves et le niveau de preuve requis dans la cadre d'une procédure nationale d'application de l'article 101 TFUE relèvent du droit national. Elles ne relèvent pas du droit de l'Union européenne, en vertu du principe de l'autonomie procédurale des États membres, à condition de respecter les principes d'équivalence et d'effectivité.

En l'occurrence, le principe d'effectivité exige que la preuve d'une violation du droit de la concurrence de l'Union puisse être apportée non seulement par des preuves directes, mais également moyennant des indices, pourvu que ceux-ci soient objectifs et concordants.

Le principe de la présomption d'innocence exige un niveau de preuve suffisant de l'acquiescement à la pratique anticoncurrentielle

La Cour estime que la présomption d'innocence, qui constitue un principe général du droit de l'Union, s'oppose à ce que la juridiction de renvoi déduise du seul envoi d'un e-mail que les entreprises concernées devaient avoir nécessairement connaissance de son contenu. Si d'autres indices objectifs et concordants existent, elle juge en outre que les entreprises doivent conserver la possibilité de les réfuter.

Au cas d'espèce, la participation à la pratique peut être présumée à partir du moment où il peut être démontré que les entreprises avaient connaissance du contenu du message. À l'inverse, si cette connaissance ne peut pas être établie, sa participation à une concertation ne peut découler de la seule existence d'un mécanisme automatique de plafond de remise, s'il ne peut être établi par d'autres indices objectifs et concordants que l'entreprise a tacitement acquiescé à une action anticoncurrentielle.

Quant aux moyens de se distancier publiquement de la pratique, il ne saurait être exigé de l'entreprise qu'elle entreprenne des démarches en ce sens à l'égard de l'ensemble des entreprises en cause lorsque, comme dans l'affaire au principal, elle ne connaît pas les autres destinataires du message. Il suffit alors qu'elle ait adressée une objection claire et explicite à l'auteur de l'e-mail.

Elle peut aussi démontrer qu'elle n'a pas appliqué le plafond de remise. À cet égard, on notera cependant que la Cour semble exiger, dans ce cas, que l'entreprise ait « systématiquement » appliqué une remise excédant le plafond en question. L'arrêt ne dit pas en revanche si l'entreprise peut espérer illustrer son autonomie par rapport à la pratique en démontrant qu'elle a systématiquement appliqué une remise inférieure au plafond.

A. Lacresse
Concurrences N° 2-2016, Art. N° 79489, p. 172

CJUE, 21 janv. 2021, Whiteland Import Export, C-308/19

La Cour de justice de l'Union européenne considère qu'une interprétation stricte de la réglementation nationale, telle que retenue par la Cour d'appel de Bucarest, interdisant de manière absolue l'interruption du délai de prescription par des actes adoptés ultérieurement à la décision d'ouverture d'une enquête, serait susceptible de compromettre la mise en œuvre effective des règles du droit de l'Union européenne.

Le 21 janvier 2021, la Cour de justice de l'Union a rendu un arrêt dans l'affaire C-308/19 (*Consiliul Concurenței contre Whiteland Import Export SRL*) qui fait suite à la demande de décision préjudicielle présentée par la Haute Cour de cassation et de justice roumaine.

La présente affaire pose la question de savoir si une règlementation nationale comme la règlementation roumaine interprétée en ce sens que le dernier acte interrompant la prescription du droit pour l'autorité nationale de concurrence d'imposer des sanctions est l'acte formel d'ouverture de l'enquête relative à la pratique anticoncurrentielle, sans que les actes postérieurs accomplis aux fins de cette enquête ne relèvent des actes interruptifs de la prescription, peut voir son application écartée par la juridiction nationale en ce qu'elle serait contraire aux principes de coopération loyale et d'effectivité de la mise en œuvre du droit européen des ententes.

Au cas d'espèce, une entreprise sanctionnée par le Conseil de la concurrence roumain pour sa participation à une entente a formé un recours devant la Cour d'appel de Bucarest faisant valoir que le pouvoir du Conseil de la concurrence d'imposer quelque sanction administrative que ce soit pour violation des règles du droit de la concurrence était prescrit puisque le délai de prescription quinquénal prévu à l'article 61, paragraphe 1, sous b), de la loi n° 21/1996 sur la concurrence avait déjà expiré. Retenant une interprétation stricte de la loi n° 21/1996 sur la concurrence, la Cour d'appel a jugé que la décision d'ouvrir l'enquête constituait le dernier acte du Conseil de la concurrence susceptible d'interrompre le délai de prescription et en a conclu que ce délai avait expiré le 7 septembre 2014, c'est-à-dire à une date antérieure à la fois aux délibérations du Conseil de la concurrence en la matière (qui datent du 9 décembre 2014) et à l'adoption de la décision n° 13 du 14 avril 2015. Par suite, elle a fait droit au recours formé par Whiteland et a dès lors annulé la décision n° 13 du 14 avril 2015 en ce qui concerne cette dernière.

Le Conseil de la concurrence a alors introduit un recours contre l'arrêt de la cour d'appel devant la Cour de renvoi, demandant que la Cour de justice soit saisie à titre préjudiciel afin qu'il soit précisé si les dispositions du droit de l'Union (c'est-à-dire l'article 4, § 3, TUE et l'article 101 TFUE lus conjointement avec l'article 25, § 3, du règlement n° 1/2003) s'opposent à ce que des dispositions de droit interne soient interprétées en ce sens que l'acte formel d'ouverture de la procédure d'enquête à propos d'une pratique anticoncurrentielle représente le dernier acte susceptible d'interrompre la prescription et que, par voie de conséquence, les actes postérieurs accomplis par l'autorité de concurrence aux fins de l'enquête ne relèvent pas de la notion d'acte interruptif du délai de prescription, même si ces dispositions sont de nature à empêcher l'autorité de concurrence d'appliquer de façon effective l'article 101 TFUE.

La Haute Cour de cassation et de justice roumaine fait droit à cette requête, décide en conséquence de surseoir à statuer et de poser à la Cour deux questions préjudicielles : l'article 4, paragraphe 3, TUE et l'article 101 TFUE doivent-ils être interprétés en ce sens :

1) qu'ils imposent aux autorités judiciaires des États membres de donner aux règles nationales régissant la prescription du droit du Conseil de la concurrence d'infliger des sanctions administratives une interprétation conforme à la réglementation figurant à l'article 25, paragraphe 3, du règlement n° 1/2003, et ;

2) qu'ils s'opposent à ce que les règles de droit national soient interprétées en ce sens que l'on entend par acte interrompant la prescription uniquement l'acte formel d'ouverture de la procédure d'enquête sur une pratique anticoncurrentielle, sans que les actions ultérieures menées aux fins de la poursuite de cette pratique entrent dans la même catégorie des actes interrompant la prescription ?

Sur la première question, par laquelle la juridiction de renvoi demande, en substance, si le droit de l'Union doit être interprété en ce sens que les juridictions nationales sont tenues d'appliquer l'article 25, § 3, du règlement n° 1/2003 à la prescription des pouvoirs d'une autorité nationale de concurrence en matière d'imposition de sanctions pour les infractions au droit de la concurrence de l'Union, la Cour répond, à l'instar de l'Avocat général Pitruzzella, que, dès lors que le libellé de cet article fait exclusivement référence au pouvoir conféré à la Commission en vertu des articles 23 et 24 du règlement n° 1/2003, et que ces derniers articles ne régissent que les pouvoirs dont dispose cette institution en matière de sanctions, il ne résulte pas du contexte dans lequel s'insère l'article 25, § 3, dudit règlement que cette disposition serait applicable aux Autorités nationales de concurrence (pt 36). Ainsi, l'article 25, § 3, du règlement n° 1/2003 ne prévoit pas de règles de prescription relatives aux pouvoirs des Autorités nationales de concurrence en matière d'imposition de sanctions (pt 39). Il n'est donc pas applicable à la présente affaire, qui concerne les règles de prescription applicables à une autorité nationale de concurrence investie du pouvoir d'imposer des sanctions en cas d'infraction, notamment, aux règles du droit de la concurrence de l'Union (pt 40).

Par suite, la Cour répond que le droit de l'Union doit être interprété en ce sens que les juridictions nationales ne sont pas tenues d'appliquer l'article 25, paragraphe 3, du règlement n° 1/2003 à la prescription des pouvoirs d'une autorité nationale de concurrence en matière d'imposition de sanctions pour les infractions au droit de la concurrence de l'Union (pt 41).

Sur la seconde question, par laquelle la juridiction de renvoi demande, en substance, si l'article 4, § 3, TUE et l'article 101 TFUE, lus à la lumière du principe d'effectivité, doivent être interprétés en ce sens qu'ils s'opposent à une réglementation nationale, telle qu'interprétée par les juridictions nationales compétentes, selon laquelle la décision d'ouverture d'une enquête, adoptée par l'autorité nationale de concurrence, visant une infraction aux règles du droit de la concurrence de l'Union est le dernier acte de cette autorité qui puisse avoir pour effet d'interrompre le délai de prescription relatif à son pouvoir d'infliger des sanctions et exclut qu'un acte ultérieur de poursuite ou d'enquête puisse interrompre ce délai, la Cour rappelle immédiatement qu'en l'absence de réglementation contraignante du droit de l'Union en la matière, il appartient aux États membres d'établir et d'appliquer les règles nationales de prescription en matière d'imposition de sanctions par les Autorités nationales de concurrence, y compris les modalités de suspension et/ou d'interruption (pt 45). Toutefois, cette compétence doit s'exercer dans le respect du droit de l'Union et, en particulier, du principe d'effectivité : les États membres ne peuvent pas rendre pratiquement impossible ou excessivement difficile la mise en œuvre du droit de l'Union et, spécifiquement, dans le domaine du droit de la concurrence, ils doivent veiller à ce que les règles qu'ils établissent ou appliquent ne portent pas atteinte à l'application effective des articles 101 et 102 TFUE (pt 46). Du reste, en vertu de l'article 4, § 3, TUE, les États membres sont tenus de ne pas porter préjudice par leur législation nationale à l'application pleine et uniforme du droit de l'Union et de ne pas prendre ou maintenir en vigueur des mesures susceptibles d'éliminer l'effet utile des règles de concurrence applicables aux entreprises (pt 47). Il leur faut donc fixer des délais de prescription « raisonnables » (pt 48), conçus de manière à établir un équilibre entre, d'une part, les objectifs de garantir la sécurité juridique et d'assurer le traitement des affaires dans un délai raisonnable en tant que principes généraux du droit de l'Union et, d'autre part, la mise en œuvre effective et efficace des articles 101 et 102 TFUE, afin de respecter l'intérêt public visant à éviter que le fonctionnement du marché intérieur ne soit faussé par des accords ou des pratiques nuisibles à la concurrence (pt 49).

Afin de déterminer si un régime national de prescription établit un tel équilibre, il convient de prendre en considération l'ensemble des éléments de ce régime (pt 50), mais également les spécificités des affaires relevant du droit de la concurrence et, plus particulièrement, de la circonstance que ces affaires nécessitent, en principe, la réalisation d'une analyse factuelle et économique complexe (pt 51), de sorte qu'une réglementation nationale fixant la date à partir de laquelle le délai de prescription commence à courir, la durée de ce délai et les modalités de suspension ou d'interruption de celui-ci doit être adaptée aux spécificités du droit de la concurrence et aux objectifs de la mise en œuvre des règles de ce droit par les personnes concernées, afin de ne pas nuire à la pleine effectivité des règles du droit de la concurrence de l'Union (pt 52). Partant, un régime national de prescription qui, pour des raisons inhérentes à celui-ci, fait obstacle de manière systémique à l'infliction de sanctions effectives et dissuasives pour des infractions au droit de la concurrence de l'Union est de nature à rendre l'application des règles de ce droit pratiquement impossible ou excessivement difficile (pt 53).

Au cas d'espèce, la Cour de justice de l'Union relève que l'interprétation stricte de la réglementation nationale, telle qu'elle est retenue par une partie de la jurisprudence nationale, et notamment par la Cour d'appel de Bucarest dans le cadre de la procédure au principal, celle-là même qui interdit de manière absolue l'interruption du délai de prescription par des actes adoptés ultérieurement à la décision d'ouverture d'une enquête, apparaît susceptible de compromettre la mise en œuvre effective par les Autorités nationales de concurrence des règles du droit de la concurrence de l'Union, en ce que cette interprétation pourrait présenter un risque systémique d'impunité des faits constitutifs d'infractions à ce droit (pt 56), ce qu'il incombe à la juridiction nationale, à la lumière du principe d'effectivité, de vérifier (pt 57). Si tel s'avérait être le cas, la juridiction de renvoi devrait alors, sans attendre que la réglementation nationale en cause soit modifiée par voie législative ou par tout autre procédé constitutionnel, donner plein effet aux obligations visées à l'article 4, § 3, TUE, en interprétant cette réglementation dans toute la mesure du possible à la lumière du droit de l'Union et, en particulier, des règles de ce droit en matière de concurrence, bref en en adoptant une interprétation souple, ou en laissant, au besoin, ladite réglementation inappliquée (pt 58), étant rappelé que la question de savoir si une disposition nationale, dans la mesure où elle serait contraire au droit de l'Union, doit être laissée inappliquée ne se pose que si aucune interprétation conforme de cette disposition ne s'avère possible (pt 63), sans conduire à une interprétation *contra legem* du droit national (pt 62).

En l'occurrence, la Cour estime qu'une telle interprétation plus souple de la loi roumaine paraît possible, ce qu'il appartient à la juridiction de renvoi de vérifier en dernier ressort (pt 64).

En définitive, la Cour répond à la seconde question que l'article 4, § 3, TUE et l'article 101 TFUE, lus à la lumière du principe d'effectivité, doivent être interprétés en ce sens qu'ils s'opposent à une réglementation nationale, telle qu'interprétée par les juridictions nationales compétentes, selon laquelle la décision d'ouverture d'une enquête, adoptée par l'autorité nationale de concurrence, visant une infraction aux règles du droit de la concurrence de l'Union est le dernier acte de cette autorité qui puisse avoir pour effet d'interrompre le délai de prescription relatif à son pouvoir d'infliger des sanctions et exclut qu'un acte ultérieur de poursuite ou d'enquête puisse interrompre ce délai, lorsqu'il s'avère, au regard de l'ensemble des éléments du régime de prescription en cause, qu'une telle exclusion présente un risque systémique d'impunité des faits constitutifs de telles infractions, ce qu'il incombe à la juridiction de renvoi de vérifier.

A. Ronzano *

Concurrences N° 2-2021, Art. N° 98843

1.3.3 Règles procédurales françaises

1.3.3.1 Répartition des compétences

T. confl., 4 mai 2009, Préfet de Paris (Éditions Gisserot c/ CMN), n° C3714

Le Tribunal des conflits se prononce pour la première fois en faveur de la compétence de l'Autorité de la concurrence pour connaître de pratiques anticoncurrentielles reprochées à un établissement public administratif en matière de marché public.

« Monument éditorial en péril » avait titré un quotidien vespéral (*Le Monde*, 6 mai 2009) évoquant l'affaire opposant les Éditions Gisserot au Centre des monuments nationaux (« le CMN »), établissement public administratif sous tutelle du ministère de la Culture (sur cette affaire, v. notes J-P. K., sur cet arrêt, *Concurrences* N° 3-2009, et sur l'arrêt de la CA Paris, *Concurrences* N° 1-2009, p. 222-223).

Constatant que le CMN, qui leur avait attribué en 2004 un marché de fourniture à bons de commande portant sur des monographies de certains monuments historiques, d'une durée d'un an reconductible trois fois, avait cessé, en 2007, de leur commander des ouvrages de leur collection dans le but de favoriser ses propres publications, les Éditions Gisserot avaient, dans un premier temps, saisi le Conseil d'État. Celui-ci avait rejeté la requête au motif que la décision du CMN n'avait pas le « caractère d'une décision dont le champ d'application s'étend au-delà du ressort d'un seul tribunal administratif » et qu'il ne pouvait donc pas en connaître (ord. CE, 16 juillet 2007, Éditions Gisserot). Les Éditions Gisserot avaient alors saisi le Tribunal administratif de Paris aux fins, notamment, d'obtenir une injonction de commercialiser leurs ouvrages dans les librairies de certains sites touristiques gérés par le CMN. Par ordonnance du 3 septembre 2007 ([ord. TA Paris, 3 septembre 2007, Éditions Gisserot, n° 0709772), le tribunal administratif s'était déclaré incompétent pour connaître de ce litige « exclusivement relatif aux relations commerciales » entre ces deux parties.

Les Éditions Gisserot avaient alors saisi le Conseil de la concurrence en demandant le prononcé de mesures conservatoires afin de faire remettre en rayons leurs ouvrages.

Par décision du 29 avril 2008 (Cons. conc., déc. n° 08-D-08, 29 avril 2008 relative à des pratiques mises en œuvre dans le secteur de l'édition et de la vente de monographies touristiques, voir not. obs. G. Decoq, *Contrats, Concurrence, Consommation*, n° 6, juin 2008, comm. 168 et A. Wachsmann, *Concurrences* N° 3-2008, p. 100), le Conseil de la concurrence avait considéré qu'il existait des points de vente alternatifs aux librairies du CMN et avait refusé de les considérer comme des infrastructures essentielles. Le Conseil de la concurrence avait également considéré qu'aucun état de dépendance économique n'était établi. Il avait par conséquent rejeté la demande de mesures conservatoires sans ordonner d'instruction au fond.

Les Éditions Gisserot ont alors saisi la cour d'appel et le ministre de l'Économie a formé un recours incident. Alors que la phase écrite des débats était close et que l'audience avait déjà eu lieu, le Préfet de la région Île-de-France, surgissant de façon étonnante dans le litige quelques temps avant le délibéré, a présenté un déclinatoire de compétence. Il a fait valoir que les relations contractuelles s'inscrivaient dans le cadre d'un marché public passé entre le CMN et les Éditions Gisserot qui relève, en tant que contrat administratif, du Code des marchés publics. Ce marché devait donc, selon lui, être régi par le droit administratif et ne pouvait relever de la compétence du juge judiciaire.

La Cour d'appel, par arrêt du 2 juillet 2008, a donc rouvert les débats (CA Paris, 1re ch., sect. H, 2 juillet 2008, Éditions Gisserot).

Un véritable marathon judiciaire

On peut déjà relever que dans ce marathon contentieux l'intervention du Préfet était d'autant plus surprenante que le juge administratif s'était déclaré incompétent et que la question de la compétence n'avait jamais été discutée devant le Conseil de la concurrence.

Dans son arrêt du 29 octobre 2008 (CA Paris, 1re ch., sect. H, 29 octobre 2008, Éditions Gisserot, voir not., obs. J.-P. Kovar, *Concurrences* N° 1-2009, p. 222), la Cour d'appel, a rejeté le déclinatoire de compétence, en rappelant que « dans la mesure où elles effectuent des activités de production, de distribution ou de services, les personnes publiques peuvent être sanctionnées par le Conseil de la concurrence agissant sous le contrôle de l'autorité judiciaire » et que « seules les décisions par lesquelles [elles] assurent la mission de service public qui leur incombe au moyen de prérogatives de puissance publique relèvent de la compétence de la juridiction administrative pour en apprécier la légalité et, le cas échéant, pour statuer sur la mise enjeu de la responsabilité encourue par ces personnes publiques » (p. 4).

Elle a donc considéré en l'espèce que la décision du CMN de ne pas commander d'ouvrages des Éditions Gisserot ne mettait en œuvre « aucune prérogative de puissance publique » et que le contentieux devant le Conseil de la concurrence ne nécessitait l'appréciation ni de la légalité du marché, ni de son exécution (qui relèvent de la compétence exclusive des juridictions administratives).

Par arrêté du 14 novembre 2008, le Préfet a alors décidé d'élever le conflit et la Cour d'appel a, par un troisième arrêt dans la même affaire, sursis à statuer jusqu'à la décision du Tribunal des conflits (CA Paris, 1re ch., sect. H, 18 novembre 2008, Éditions Gisserot). On remarquera que le CMN a adopté une position plutôt « ingrate » vis-à-vis du Préfet en demandant « l'annulation de l'arrêté de conflit » (et par conséquent en prenant position en faveur de la compétence du Conseil de la concurrence pour les actes litigieux).

Une nouvelle affaire devant le Tribunal des conflits, dix ans après aéroports de Paris

Le Tribunal des conflits a donc été saisi pour la cinquième fois depuis 1986 (voir les jugements Trib. confl., 6 juin 1989, Ville de Pamiers ; 4 juin 1996, Datasport c/ Ligue nationale de football ; 18 octobre 1999, Aéroports de Paris c/ TAT Airlines et 15 novembre 1999, Adidas et Ligue nationale de football) d'une question concernant la compétence du Conseil de la concurrence, la dernière affaire remontant à près de 10 ans...

Au cas présent, le Tribunal des conflits indique que les marchés publics, pas plus que la décision du CMN de cesser de s'approvisionner auprès des Éditions Gisserot, ne traduisent « la mise en œuvre de prérogatives de puissance publique » ou ne concernent des actes portant sur l'organisation du service public. Dès lors, le litige ressortit à la compétence judiciaire (voir J.-P. Kovar, « Le Tribunal des conflits revient sur la répartition des compétences entre le juge administratif et le juge judiciaire en considérant que les pratiques anticoncurrentielles commises par une personne publique dans le cadre d'un marché public peuvent être sanctionnées par l'Autorité de concurrence », *Concurrences* N° 3-2009).

Une telle solution paraît conforme à la jurisprudence du Tribunal des conflits dans l'affaire Aéroports de Paris précitée, où il avait considéré que « si dans la mesure où elles effectuent des activités de production, de distribution ou de services, les personnes publiques peuvent être sanctionnées par le Conseil de la concurrence agissant sous le contrôle de l'autorité judiciaire, les décisions par lesquelles ces personnes assurent la mission de service public qui leur incombe au moyen de prérogatives de puissance publique, relèvent de la compétence de la juridiction administrative pour en apprécier la légalité et, le cas échéant, pour statuer sur la mise en jeu de la responsabilité encourue par ces personnes publiques ». Or, en l'espèce, l'exécution d'un marché public ne relève ni de la catégorie des actes organisant un service public, ni de celle nécessitant la mise en œuvre de prérogatives de puissance publique (voir à ce sujet, G. Eckert, « Le droit de la concurrence à la recherche de ses juges », *AJDA*, 2009, p. 1490).

Quid de la notion de pratiques détachables ?

Se pose néanmoins la question de savoir ce qu'il reste de la notion de pratiques « indissociables » ou qui ne seraient pas « détachables » de l'appréciation de la légalité d'un acte administratif, qui disparaît du raisonnement du Tribunal des conflits dans la présente affaire mais figurait très clairement dans l'arrêt précité Aéroports de Paris (voir à nouveau G. Eckert, précité). S'agit-il d'une omission voulue qui ouvre la voie à un élargissement des compétences de l'Autorité de la concurrence ou simplement une application de l'espèce, où l'on pouvait présumer que les pratiques étaient détachables de l'acte administratif en cause sans avoir besoin de le souligner ?

La rareté et la brièveté des arrêts du Tribunal des conflits pourraient laisser supposer que chaque terme (ou leur absence) a son importance et que c'est probablement la première option qui s'imposera. Si cette solution tend à élargir le champ d'intervention de la nouvelle Autorité de la concurrence, il faut aussi espérer qu'elle permettra de clarifier une répartition de compétence parfois difficile à déterminer, comme en témoigne le calvaire contentieux subi par les Éditions Gisserot, PME de seulement six salariés...

A. Wachsmann
Concurrences N° 4-2009, Art. N° 29265, p. 115

1.3.3.2 Pouvoirs d'enquête

Demandes de renseignements

Cons. const., déc. n° 2016-552 QPC du 8 juill. 2016, Brenntag

Le Conseil constitutionnel considère que les demandes d'informations fondées sur l'article L. 450-3, alinéa 4 du Code du commerce ne sont pas des actes susceptibles de faire grief et déclare cette disposition conforme à la Constitution.

Saisi par la Cour de cassation le 4 mai 2016 d'une question prioritaire de constitutionnalité (QPC), le Conseil constitutionnel a rendu, le 8 juillet 2016, sa décision relative à la constitutionnalité du quatrième alinéa de l'article L. 450-3 du Code de commerce encadrant les enquêtes dites simples.

Origine de la QPC

La saisine du Conseil constitutionnel intervenait à l'occasion de l'instruction de quatre saisines portant sur des pratiques dans le secteur des commodités chimiques, secteur ayant donné lieu à la décision 13-D-12 de l'Autorité de la concurrence (« l'Autorité »). Dans ce cadre, Brenntag avait fait l'objet de plusieurs demandes de communication de renseignements et documents professionnels sur le fondement des dispositions du quatrième alinéa de l'article L. 450-3 du Code de commerce.

Brenntag avait contesté ces demandes à la fois devant le Conseil d'État et la Cour d'appel de Paris.

Le premier s'est déclaré incompétent par deux décisions des 6 mars et 9 juin 2015, considérant que les demandes de l'Autorité ne faisaient pas, par elles-mêmes, grief à la société Brenntag, et que partant elles ne pouvaient faire l'objet d'un recours pour excès de pouvoir.

Le 23 juin 2014, Brenntag a saisi la Cour d'appel de Paris d'une demande d'annulation des demandes de communication d'informations et de documents des services d'instruction de l'Autorité. À l'occasion de ce recours, Brenntag a, par acte séparé, déposé des QPC.

Les demandes, objet du recours, visaient pour le premier à recueillir un certain nombre de documents et d'informations dans le cadre de l'instruction et pour le second, à répondre aux objections de Brenntag relatives à la demande d'informations et a rappelé les sanctions encourues, au titre de l'article L. 464-2 V du Code de commerce, en cas de refus de réponse à une demande de renseignements.

Devant la cour d'appel, l'autorité et le ministre soutenaient que les mesures ordonnées par les services d'instruction ne pouvaient faire l'objet d'un recours direct au motif que ces mesures ne sont pas susceptibles de faire grief à Brenntag indépendamment de la procédure suivie devant l'Autorité.

Brenntag considérait, en revanche, que l'absence de recours autonome permettant de contester la validité de ces actes au regard du droit de l'Union européenne, alors que celui-ci était le fondement de l'instruction dont il était l'objet, remettait en cause la validité desdits actes.

Par arrêt en date du 25 septembre 2015, la Cour d'appel de Paris a déclaré le recours formé par Brenntag contre la demande d'informations et la lettre des services d'instruction de l'autorité irrecevable. La Cour d'appel a considéré que la légalité de ces actes serait examinée dans le cadre du débat au fond. Elle a ajouté que ces actes n'étaient pas, en tant que tels, de nature à causer une atteinte irréversible aux droits de Brenntag qui justifierait qu'elle puisse exercer un recours direct en excès de pouvoir.

Par arrêt du même jour, la cour d'appel a déclaré irrecevable la demande de transmission de QPC au motif que le recours principal était irrecevable.

Brenntag a alors introduit un pourvoi en cassation contre ces arrêts.

Les questions posées au Conseil constitutionnel et le champ de son intervention

Par arrêt en date du 4 mai 2016, la Cour de cassation a renvoyé au Conseil constitutionnel cinq QPC portant sur la conformité des articles L. 450-3 et L. 464-8 du Code de commerce à la Constitution.

Les questions posées portaient en substance sur le point de savoir si, faute de prévoir une voie de recours immédiate et autonome contre les mesures d'enquête adoptées sur le fondement de l'article L. 450-3, les articles L. 450-3 et L. 464-8 du Code de commerce étaient contraires (i) au droit à un recours juridictionnel effectif, (ii) aux droits de la défense et au droit au procès équitable, (iii) au droit de ne pas s'auto-incriminer, et (iv) au droit à la protection du domicile privé, au droit au respect de la vie privée et au secret des correspondances, consacrés aux articles 16, 9, 2 et 4 de la Déclaration des droits de l'Homme et du citoyen de 1789.

En outre, il était également demandé au Conseil constitutionnel de statuer sur le point de savoir si ces dispositions, en ce qu'elles ne prévoient pas de voie de recours immédiate et autonome contre les mesures d'enquête adoptées sur le fondement de l'article L. 450-3 du Code de commerce, pouvaient être entachées d'incompétence, au regard de l'article 34 de la Constitution.

Avant de répondre aux questions posées, le Conseil constitutionnel a précisé, qu'au sein des dispositions contestées, seul le quatrième alinéa de l'article L. 450-3 du Code de commerce devait être considéré comme applicable au litige principal. En effet, il fixe les modalités du droit des agents habilités d'exiger la communication d'informations dans le cadre d'enquêtes de concurrence et la requérante ne conteste que les mesures prises par les agents des services d'instruction sur ce fondement. Ainsi, le Conseil constitutionnel n'a statué que sur la constitutionnalité de cette disposition.

Le Conseil constitutionnel déclare conforme à la Constitution les dispositions de l'article L. 450-3, alinéa 4 du Code de commerce

S'agissant en premier lieu du grief tiré de la violation du droit à un recours juridictionnel effectif, des droits de la défense et du droit à un procès équitable, le Conseil constitutionnel a rappelé que si les dispositions contestées imposent de remettre aux agents habilités les documents dont ces derniers sollicitent la communication, elles ne leur confèrent ni un pouvoir d'exécution forcée pour obtenir la remise de ces documents, ni un pouvoir général d'audition ou un pouvoir de perquisition. Il en résulte que seuls les documents volontairement communiqués peuvent être saisis.

Le Conseil constitutionnel a encore précisé que le fait que le refus de communication puisse donner lieu à une astreinte, à une amende administrative ou à une sanction pénale n'est pas de nature à conférer une portée différente aux pouvoirs dévolus aux agents visés dans l'article L. 450-3 du Code de commerce.

Le Conseil constitutionnel a ainsi conclu que les demandes de communication d'information fondées sur l'article L. 450-3 du Code de commerce ne sont pas des actes susceptibles de faire grief. Il a néanmoins précisé que dès lors qu'une procédure est engagée contre l'entreprise pour pratiques anticoncurrentielles ou que celle-ci est condamnée pour avoir refusé de se soumettre à ces demandes, les demandes d'informations pourront être contestées par voie d'exception.

Le Conseil a également ajouté que même en l'absence de décision faisant grief, les entreprises peuvent intenter un recours indemnitaire pour demander la réparation du préjudice qu'elles auraient subi du fait de ces demandes d'informations.

Par conséquent, le Conseil constitutionnel a considéré que les dispositions contestées ne méconnaissaient pas le droit à un recours juridictionnel effectif, les droits de la défense ou le droit à un procès équitable.

Cette décision, favorable à l'Autorité et à la DGCCRF, ne s'imposait pas à l'évidence, en particulier dans le contexte de la voie ouverte par la Cour européenne des droits de l'Homme dans la récente affaire Delta Pekarny (Cour EDH, 2 octobre 2014, Delta Pekarny c/ République tchèque, aff. n° 97/11, comm. A. Lacresse). La Cour EDH avait en effet clairement indiqué qu'elle devait « redoubler de vigilance » s'agissant d'enquêtes menées sans mandat judiciaire. Certes les pouvoirs de l'autorité tchèque n'étaient pas tout à fait identiques à ceux de l'autorité agissant sur le fondement de l'article L. 450-3 du Code de commerce. Néanmoins il existait des points de convergence : (i) l'autorité tchèque pouvait se contenter de présenter sommairement l'objet de l'enquête ; les autorités françaises ne font que procéder à un rappel oral de l'objet de l'enquête, sans par ailleurs être tenues de justifier les raisons pour lesquelles elles interviennent ; (ii) dans les deux cas, aucune autorisation préalable d'un juge n'est nécessaire ; (iii) de même qu'aucune de ces autorités ne disposent d'un droit de fouille. Quant au contrôle *ex post facto*, jugé insuffisant dans le cas de l'autorité tchèque, il n'existe pas directement en droit français, puisqu'il est contingent de l'intervention d'une décision au fond (le recours contre les actes d'enquête se faisant alors par voie d'exception, à supposer qu'une décision au fond soit effectivement adoptée).

S'agissant en deuxième lieu du grief tiré de la méconnaissance du droit de ne pas s'auto-incriminer, le Conseil constitutionnel a considéré que ce droit n'était pas violé par le quatrième alinéa de l'article L. 450-3 du Code de commerce dès lors que les demandes d'informations ne visent pas à l'obtention d'aveux mais à l'obtention de documents nécessaires à la conduite de l'instruction.

S'agissant ensuite du grief tiré du droit à la protection du domicile privé, du droit au respect de la vie privée et du secret des correspondances, le Conseil constitutionnel a adopté un raisonnement similaire. Il a, en effet, rappelé que les dispositions contestées permettent uniquement la communication des livres, factures et autres documents professionnels, et non l'entrée dans un lieu à usage d'habitation ou la communication de documents protégés par le droit au respect de la vie privée ou par le secret professionnel.

Enfin, le Conseil constitutionnel a considéré que les dispositions déférées ne pouvaient être considérées comme entachées d'incompétence négative au seul motif que le législateur n'a pas prévu de recours autonome contre les demandes d'informations prévues à l'article L. 450-3 du Code de commerce.

C. Lemaire
Concurrences N° 4-2016, Art. N° 82129, p. 164

Cass. com., 26 avr. 2017, Brenntag, n° 15-25.702

La Cour de cassation considère que les mesures d'enquête prises sur le fondement de l'article L. 450-3 du Code de commerce ne doivent pas faire l'objet d'un recours juridictionnel autonome et refuse de transmettre des questions préjudicielles à cet égard.

La question de la licéité des dispositions de l'article L. 450-3 C. com. continue de faire débat.

Après la décision du Conseil constitutionnel du 8 juillet 2016 déclarant conforme à la Constitution l'alinéa 4 de l'article L. 450-3 du Code de commerce, (V. not. G. Decocq, *Contrats, Concurrence, Consommation*, n° 10, oct. 2016, comm. 221 ; C. Lemaire et S. Chikh, *Concurrences*), c'était au tour de la Cour de cassation de se prononcer, cette fois dans le cadre d'un contrôle de conventionalité.

Par deux arrêts en date du 26 avril 2017, la Cour de cassation va juger que l'absence de recours autonome contre les mesures prises dans le cadre des enquêtes dites simples, adoptées sur le fondement de l'article L. 450-3 C. com., est conforme au droit européen. La solution ne faisant à ce point pas de doute selon elle, la Cour de cassation refuse par ailleurs de transmettre des questions préjudicielles au juge de Luxembourg.

Après le contrôle de constitutionnalité exercé par le Conseil constitutionnel…

À l'origine de ces décisions, on trouve la société Brenntag qui, dans le cadre de l'instruction de quatre saisines relatives à des pratiques d'abus de position dominante sur le marché de la distribution de gros de commodités chimiques, avait été destinataire, de la part des services d'instruction de l'Autorité de la concurrence, d'une demande d'informations en date du 23 avril 2014. Elle avait soulevé un certain nombre d'objections à l'encontre de cette demande d'informations, ainsi que sur les saisines, objections auxquelles l'autorité avait répondu par une lettre en date du 15 mai 2014.

Cherchant à obtenir l'annulation des demandes d'informations, la société Brenntag a saisi, le 23 juin 2014, la Cour d'appel de Paris d'un recours qu'elle avait elle-même qualifié de « recours en excès de pouvoir ». Elle avait assorti son recours d'une demande tendant à ce que la juridiction saisie adresse six questions prioritaires de constitutionnalité (QPC) à la Cour de cassation.

Par un arrêt du 25 septembre 2015, la Cour d'appel de Paris a déclaré le recours irrecevable, et a refusé de transmettre les QPC. Elle a constaté l'absence de recours autonome prévu par la loi sur les actes d'enquête des rapporteurs et conclu que la légalité de ces actes serait en l'espèce examinée dans le cadre du recours éventuellement intenté contre la décision de l'autorité. La cour a en outre relevé que les demandes d'informations en cause n'étaient pas, en tant que telles, de nature à causer une atteinte irréversible aux droits de la société Brenntag.

C'est sur le pourvoi de la société Brenntag que la Cour de cassation avait, par un arrêt du 4 mai 2016, décidé de transmettre les QPC sollicitées.

Par une décision du 8 juillet 2016, le Conseil constitutionnel avait considéré que l'alinéa 4 de l'article L. 450-3 C. com. n'était pas contraire à la Constitution bien que le législateur n'avait pas prévu de recours autonome contre ces demandes d'informations.

La Cour de cassation était appelée à exercer un contrôle de conventionalité de l'article L. 450-3 C. com.

La Cour de cassation rejette l'ensemble des moyens formulés par la société Brenntag qui invoquait pour l'essentiel le principe de protection juridictionnelle effective garanti à la fois par les articles 19 du Traité sur l'Union européenne, 47 de la Charte des droits fondamentaux de l'Union européenne, par l'article 6 de la Convention EDH et l'article 16 de la Déclaration des droits de l'Homme et du citoyen.

Tel est le cas en premier lieu des moyens fondés sur le principe de l'accès au juge (1er, 3e, 6e et 7e moyens).

La Cour juge que « en l'état des constatations et appréciations, faisant ressortir que l'acte en cause ne constituait pas un acte contraignant faisant grief à l'entreprise, susceptible de porter atteinte au respect de son domicile et de sa correspondance, et qu'il pouvait faire l'objet d'autres recours assurant une protection juridictionnelle suffisante », la cour d'appel a fait une juste application des règles et principes rappelés ci-dessus.

Dans son quatrième moyen, Brenntag soutenait que l'effectivité du recours dirigé contre l'acte par lequel l'autorité contraint une entreprise, sous peine de sanctions, à fournir des renseignements, commande qu'il soit indépendant du recours éventuellement dirigé contre une décision postérieure et qu'il puisse être exercé immédiatement sans être différé dans le temps.

Reprenant les motifs retenus par le Conseil constitutionnel, la Cour de cassation rejette ce moyen en jugeant que « si les dispositions de l'article L. 450-3 du Code de commerce imposent de remettre aux agents habilités les documents dont ces derniers sollicitent la communication, elles ne leur confèrent ni un pouvoir d'exécution forcée pour obtenir la remise de ces documents, ni un pouvoir général d'audition ou un pouvoir de perquisition, de sorte que seuls les documents volontairement communiqués peuvent être saisis ; que la circonstance que le refus de communication des informations ou documents demandés puisse être à l'origine, dans un deuxième temps, d'une injonction sous astreinte, d'une amende administrative prononcée par une décision de l'ADLC, ou d'une sanction pénale, ne confère pas une portée différente aux pouvoirs dévolus aux agents habilités par ces dispositions ». La conformité au droit européen résulterait donc du caractère volontaire de la remise des documents (quand bien même la non-exécution de la demande serait sanctionnable).

Par son cinquième moyen, Brenntag soutenait qu'en ne prévoyant pas la possibilité d'obtenir des mesures provisoires pour suspendre l'application des dispositions litigieuses jusqu'à ce que la juridiction compétente se soit prononcée sur leur conformité avec le droit de l'Union européenne, le droit français méconnaîtrait le droit européen. La Cour de cassation écarte ce moyen au motif que le recours formé par la société Brenntag n'avait pas eu pour objet d'obtenir de telles mesures provisoires.

Le huitième moyen tiré du déni de justice n'est pas davantage retenu dès lors que, selon la Haute juridiction, l'acte d'enquête en cause ne faisait pas grief à la société Brenntag et pouvait faire l'objet d'autres recours (soit au fond soit en dommages et intérêts).

La Cour de cassation juge non nécessaire d'interroger la Cour de justice à titre préjudiciel

La société Brenntag demandait encore à la Cour de cassation de transmettre trois questions préjudicielles à la Cour de Luxembourg afin de déterminer si le fait que l'article L. 464-8 C. com. ne prévoit pas la possibilité d'un recours autonome et immédiat à l'encontre des mesures d'enquête demandées par l'autorité sur le fondement de l'article L. 450-3 C. com. était contraire au droit de l'Union européenne.

Ce à quoi la Cour de cassation répond « qu'en l'absence de doute raisonnable quant à l'interprétation de la portée du droit à un recours juridictionnel effectif garanti par le droit de l'Union européenne dans la mise en œuvre des articles L. 450-3 et L. 464-8 du Code de commerce, il n'y a pas lieu de saisir la Cour de justice de l'Union européenne d'une question préjudicielle ».

La solution rendue par la Cour soulève essentiellement deux questions.

La première est celle de sa compatibilité avec la jurisprudence de la Cour EDH et en particulier l'arrêt *Delta Pekarny* (Cour EDH, 2 octobre 2014, Delta Pekarny c/ République tchèque, aff. n° 97/11, comm. A. Lacresse). La Cour EDH y avait en effet censuré un dispositif d'enquête que l'on pouvait qualifier de « simple ».

Certes, dans cette affaire, les pouvoirs de l'autorité tchèque n'étaient pas tout à fait identiques à ceux de l'autorité agissant sur le fondement de l'article L. 450-3 C. com. Néanmoins, il existait des points de convergence tenant notamment à (i) l'absence de nécessité d'une autorisation préalable d'un juge afin de procéder à des mesures d'enquêtes simples et (ii) l'absence d'un droit de fouille des autorités dans le cadre de ces enquêtes.

En deuxième lieu, le refus de renvoyer les questions préjudicielles à la Cour de justice pose la question du respect des principes du droit de l'Union européenne, en particulier dans le dialogue des juges.

La solution suscite en effet des interrogations sur la portée pratique de la jurisprudence *Melki et Abdeli* (CJUE, 22 juin 2010, aff. jtes C-188/10 et C-189/10). Dans cet arrêt, la CJUE avait validé le mécanisme des QPC sous réserve que les juridictions nationales restent libres (i) de saisir, à tout moment de la procédure qu'elles jugent approprié, et même à l'issue de la procédure incidente de contrôle de constitutionnalité, la Cour de toute question préjudicielle qu'elles jugent nécessaire, (ii) d'adopter toute mesure nécessaire afin d'assurer la protection juridictionnelle provisoire des droits conférés par l'ordre juridique de l'Union et (iii) de laisser inappliquée, à l'issue d'une telle procédure incidente, la disposition législative nationale en cause si elles la jugent contraire au droit de l'Union (arrêt précité, point 57).

En l'espèce, alors que la Cour de cassation avait jugé nécessaire de transmettre les QPC au Conseil constitutionnel en raison de leur caractère suffisamment sérieux, elle fait valoir l'absence d'un doute raisonnable quant à l'interprétation du droit à un recours juridictionnel effectif garanti par le droit de l'Union.

L'existence d'un doute sérieux aurait encore pu être interprété comme obligeant la Cour de cassation à saisir la Cour de justice à titre préjudiciel, conformément aux dispositions de l'article 267 § 3 du TFUE qui dispose que « lorsqu'une telle question est soulevée dans une affaire pendante devant une juridiction nationale dont les décisions ne sont pas susceptibles d'un recours juridictionnel de droit interne, cette juridiction est tenue de saisir la Cour ». En refusant de poser une question préjudicielle, la Cour de cassation se prévaut implicitement de la jurisprudence *CILFIT* (CJCE, 6 oct. 1982, aff. C-283/81, pt. 16) qui dispense le juge interne de saisir la CJUE lorsque l'application du droit de l'Union ne soulève aucun doute sérieux et raisonnable sur la manière de répondre à la question posée (ce qui encore une fois pose question compte tenu des critères de la QPC).

Certes la Cour de justice ne sera pas saisie (les entreprises ne pouvant la saisir directement). Mais rien ne dit pour autant que le contentieux de l'article L. 450-3 C. com. soit terminé. Il est encore loisible à Brenntag de saisir la Cour EDH.

Comme cela a déjà été relevé précédemment (voir nos observations sur la directive dite ECN+ ci-dessus) et par d'autres auteurs (v. A. Ronzano, *L'Actu-concurrence*, n° 19/2017), il n'est pas exclu que le débat sur la mise en œuvre de l'article L. 450-3 C. com. soit réouvert à l'occasion de la négociation de la nouvelle directive ECN+ (et en particulier de son article 18 qui prévoit que les autorités doivent pouvoir « par voie de décision » demander des renseignements aux entreprises).

Dans ce cadre, une réflexion d'ensemble pourrait être menée pour voir comment concilier la protection des droits des entreprises et l'effectivité des pouvoirs d'enquête des autorités. L'introduction d'une voie de droit autonome pour contester les actes de l'article L. 450-3 C. com. doit en effet tenir compte du fait que cette disposition (ou des dispositions similaires) est la base des mesures d'enquêtes de l'Autorité mais aussi de la DGCCRF, que ce soit en droit des pratiques anticoncurrentielles ou encore en droit des pratiques restrictives, voire encore en droit de la consommation. C'est probablement un nombre considérable d'actes (visites, demandes de renseignements, auditions, etc.) qui sont accomplis sur cette base chaque année. La recherche de cet équilibre invite à explorer de multiples questions (ainsi, pour ne prendre que deux exemples, on pourrait se demander s'il est pertinent de traiter tous les actes sur le même plan, une différence de traitement selon la nature de la mesure d'enquête aurait-elle du sens ? ; de même, on pourrait se demander s'il ne faudrait pas réfléchir – en l'absence de recours autonome – aux moyens d'améliorer la protection des droits fondamentaux [ainsi – pour ne prendre qu'un seul exemple – la notification par la seule voie orale de l'objet d'une enquête simple peut parfois poser difficulté]) qui dépassent toutefois le champ de la présente chronique...

C. Lemaire

Concurrences N° 3-2017, Art. N° 84590, p. 135

Visites domiciliaires

L'encadrement par la Cour européenne des droits de l'Homme

CEDH, 21 févr. 2008, Ravon e. a. c/ France, n° 18497/03

La Cour européenne des droits de l'Homme condamne, en matière fiscale, la procédure française des visites domiciliaires.

Par un arrêt qui a recueilli l'unanimité des sept juges ayant formé la composition de jugement, ce qui ne peut qu'attirer l'attention, la Cour européenne des droits de l'Homme juge que la procédure française à laquelle sont soumises, en matière fiscale, les visites domiciliaires ne satisfait pas aux exigences découlant de l'article 6 § 1 de la CEDH.

Les circonstances ayant donné lieu à la saisine de la Cour de Strasbourg

L'administration fiscale soupçonnant deux sociétés françaises de se soustraire à l'établissement et au paiement de l'impôt sur les sociétés et de la TVA, avait saisi le président de deux tribunaux de grande instance, afin d'être autorisée à procéder, dans le ressort de ces juridictions, à des visites domiciliaires (dans les locaux des sociétés en cause et chez celui qui en assurait le contrôle), ainsi qu'à la saisie de documents susceptibles de s'y trouver, et ce en vue de rechercher la preuve des agissements présumés. Cette autorisation ayant été accordée, l'administration fiscale s'est livrée aux opérations de visites et saisies envisagées. Estimant que des irrégularités avaient été commises lors de ces opérations, les intéressés ont saisi ces mêmes juges en vue de voir ordonner l'annulation de l'ensemble des opérations. S'en est suivi une divergence d'interprétation sur la mission du juge chargé de contrôler l'exécution d'une visite domiciliaire, au sens de l'article L. 16 B du Livre des procédures fiscales, aux termes duquel « la visite et la saisie de documents s'effectuent sous l'autorité et le contrôle du juge qui les a autorisées » : tandis que l'un des juges saisis s'est déclaré incompétent pour connaître d'une telle demande en annulation des opérations qu'il avait autorisées ; l'autre juge, en revanche, a retenu sa compétence, mais uniquement pour connaître de la régularité des visites et des saisies, tout en rejetant finalement la demande comme étant mal fondée.

Cette divergence d'interprétation a été portée devant la Cour de cassation. Saisie d'un pourvoi contre chacune de ces décisions, cette dernière a jugé que, « selon l'article L. 16 B du Livre des procédures fiscales, la mission du juge chargé de contrôler l'exécution d'une visite domiciliaire prend fin avec les opérations autorisées », de sorte « qu'il ne peut être saisi *a posteriori* d'une éventuelle irrégularité affectant ces opérations, une telle contestation relevant du contentieux dont peuvent être saisies les juridictions appelées à statuer sur les poursuites éventuellement engagées sur le fondement des documents appréhendés » (Cass. crim, 11 décembre 2002, Ravon/Administration fiscale, pourvois n° 01-87.323 et 01-87.324, à rapprocher, à propos de l'article 48 de l'ordonnance du 1er décembre 1986, de Cass. com, 30 novembre 1999, société Bec Frères/ Directeur Général de la concurrence, pourvoi n° 98-30.005, Bull. n° 214, et société Sogea/ Directeur général de la concurrence, pourvoi n° 98-30.002, ces deux arrêts opérant un revirement de jurisprudence, et de Cass. com, 7 mars 2000, société Pont à Mousson/ Directeur général de la concurrence et DG concurrence de la Commission européenne, pourvoi n° 98-30.147, Bull. n° 49, à propos de cet article 48 et de l'article 56 bis de cette même ordonnance). Ayant retenu cette interprétation de l'article L. 16 B du Livre des procédures fiscales, la Cour de cassation a approuvé la décision du juge qui s'était déclaré incompétent et, inversement, a cassé, pour violation de ce texte, la décision de celui qui avait retenu sa compétence.

Aucune procédure au fond n'a finalement été engagée par l'administration fiscale au vu des documents saisis. Estimant que cette circonstance les avait privés de la possibilité de contester la régularité des opérations dont ils avaient fait l'objet, les intéressés ont saisi la Cour européenne des droits de l'Homme, en invoquant, non seulement la violation des articles 6 § 1 et 13 de la CEDH (qui garantissent respectivement le droit à un procès équitable et à un recours effectif), mais aussi, celle de l'article 8 (qui garantit le droit au respect de la vie privée et familiale).

En admettant la recevabilité et le bien-fondé de la requête, la Cour de Strasbourg ouvre une large brèche dans l'édifice construit sur l'article L. 16 B du Livre des procédures fiscales.

Écartant l'objection soulevée par le gouvernement français, qui s'était prévalu (pour contester la recevabilité de la requête au regard de l'article 6 § 1 de la convention) de l'arrêt *Ferrazzini/Italie*, du 12 juillet 2001 (n° 44759/98, CEDH 2001-VII), selon lequel « le contentieux fiscal échappe au champ des droits et obligations de caractère civil », la Cour européenne estime que la procédure à laquelle les requérants revendiquent l'accès vise à trancher une contestation qui porte sur la régularité des visites et saisies domiciliaires dont ils ont fait l'objet et, par conséquent, sur le droit au respect de leur domicile, lequel revêt, par nature, un caractère civil au sens de l'article 6 § 1 (point 24 de l'arrêt).

C'est uniquement au regard de cet article 6 § 1, qui constitue un texte spécial par rapport à l'article 13, que la Cour examine, sur le fond, la conformité aux exigences conventionnelles de la procédure prévue à l'article L. 16 B du Livre des procédures fiscales.

Après avoir rappelé que « le droit d'accès aux tribunaux doit être concret et effectif » (point 27 de l'arrêt), la Cour précise que ce droit « implique, en matière de visites domiciliaires, que les personnes concernées puissent obtenir un contrôle juridictionnel effectif, en fait comme en droit, de la régularité de la décision prescrivant la visite, ainsi que, le cas échéant, des mesures prises sur son fondement ; le ou les recours disponibles doivent permettre, en cas de constat d'irrégularité, soit, de prévenir la survenance de l'opération, soit, dans l'hypothèse où une opération jugée irrégulière a déjà eu lieu, de fournir à l'intéressé un redressement approprié » (point 28 de l'arrêt).

C'est à l'aune de ces exigences que la Cour examine ensuite, l'une après l'autre, les trois phases de la procédure prévue à l'article L. 16 B du Livre des procédures fiscales, qui encadre les visites et saisies domiciliaires pratiquées par l'administration fiscale.

Tout d'abord, s'agissant des ordonnances autorisant ces opérations (prises, depuis la loi du 15 juin 2000, par le juge des libertés et de la détention), qui ne sont susceptibles que d'un pourvoi en cassation, la Cour considère que cette voie de recours est insuffisante, dès lors que, la Cour de cassation étant uniquement juge du droit, sa saisine ne permet pas un examen des éléments de faits fondant les autorisations en cause (point 29 de l'arrêt). Elle précise que cette « lacune » n'est pas susceptible d'être comblée par la circonstance que l'autorisation de procéder à ces visites domiciliaires est délivrée par un juge, dans la mesure où la personne visée par la perquisition projetée ne peut se faire entendre puisque cette dernière ignore, à ce stade, qu'une procédure est intentée à son encontre (point 30 de l'arrêt).

Selon la Cour, cette lacune ne pourrait pas davantage être comblée ultérieurement, lors du déroulement des opérations, grâce à la saisine, par les personnes dont les locaux sont concernés, du juge qui a ordonné celles-ci, afin d'obtenir la suspension ou l'arrêt de la visite (point 31 de l'arrêt). Ce recours comporterait en effet deux limites. Tout d'abord, il ne conduirait pas à un contrôle indépendant de la régularité de l'autorisation elle-même. On peut se demander si tel est effectivement le cas : le contrôle du juge sur le déroulement des opérations n'est-il pas autonome par rapport à celui portant sur la régularité de l'autorisation elle-même, qui relève, quant à lui, de la compétence de la Cour de cassation ? En outre, selon la Cour de Strasbourg, l'accès au juge chargé de contrôler le déroulement des opérations serait plus théorique qu'effectif. Elle en veut pour preuve, premièrement, que les agents qui procèdent à la visite n'ont pas l'obligation légale de faire connaître aux intéressés leur droit de soumettre toute difficulté au juge, deuxièmement, que ce dernier n'est pas tenu de mentionner dans l'ordonnance d'autorisation ni la possibilité, ni les modalités de sa saisine en vue de la suspension ou de l'arrêt de la visite, troisièmement, que la présence des intéressés n'est pas requise et que la loi ne prévoit pas la possibilité pour ceux-ci de faire appel à un avocat ou d'avoir des contacts avec l'extérieur ; quatrièmement, en l'espèce, que les coordonnées du juge compétent ne figuraient pas sur les ordonnances d'autorisation et n'ont pas été fournies aux requérants par les agents qui ont procédé aux visites.

Quant au contrôle *a posteriori* de la régularité des opérations de visites et de saisies domiciliaires, c'est-à-dire une fois ces dernières achevées, la Cour observe que ce contrôle est subordonné à l'engagement de procédures au fond, sur la base des documents appréhendés, puisque, en vertu de la jurisprudence de la Cour de cassation, les juridictions amenées à statuer sur ces poursuites sont seules compétentes pour connaître des contestations sur la régularité des opérations, à l'exclusion des juridictions chargées de contrôler l'exécution de celles-ci (point 32 de l'arrêt). Autrement dit, l'accès à un tel contrôle *a posteriori* ne joue pas de plein droit, mais est réduit à une simple éventualité. C'est la raison pour laquelle, en l'espèce, les intéressés n'ayant finalement pas été poursuivis, n'ont pas été en mesure d'accéder à un contrôle *a posteriori* de la régularité des opérations dont ils avaient fait l'objet.

La Cour déduit de cette approche, à la fois séquentielle et globale ou systémique de la procédure prévue à l'article L. 16 B du Livre des procédures fiscales, que les requérants n'ont pas eu accès à un « tribunal » pour obtenir, à l'issue d'une procédure répondant aux exigences de l'article 6 § 1 de la convention, une décision sur leur contestation (point 34 de l'arrêt).

Cette jurisprudence est-elle transposable en matière de concurrence ?

La question, dont l'enjeu est de taille, mérite d'être posée, même si, en matière de concurrence, la procédure à laquelle est désormais soumise, depuis la loi n° 2001- 420, du 15 mai 2001, sur les nouvelles régulations économiques (dite loi NRE), la procédure des visites et saisies domiciliaires n'est pas tout à fait comparable à celle prévue à l'article L. 16 B du Livre des procédures fiscales, issu de la loi de finances pour l'année 1985, dont on se souvient qu'il avait largement inspiré une série de dispositions, dont l'article 48 de l'ordonnance du 1er décembre 1986 (voir, à ce propos, Cass. Rapp. annuel 1999, étude A. Mouillard, À propos d'un revirement en matière de visites domiciliaires des administrations).

En effet, l'article L. 450-4 du Code de commerce, dans sa version issue de la loi NRE, prévoit que « le déroulement des opérations de visite ou saisie peut faire l'objet d'un recours auprès du juge les ayant autorisées dans un délai de deux mois qui court, pour les personnes occupant les lieux où ces opérations se sont déroulées, à compter de la notification de l'ordonnance les ayant autorisées et, pour les autres personnes mises en cause ultérieurement au moyen de pièces saisies au cours de ces opérations, à compter de la date à laquelle elles ont eu connaissance de l'existence de ces opérations et au plus tard à compter de la notification des griefs ». Il est également prévu que l'ordonnance du juge statuant sur ce recours, n'est susceptible que d'un pourvoi en cassation, non suspensif (c'est également le cas pour l'ordonnance autorisant les visites et saisies en cause).

Il résulte de ces nouvelles dispositions législatives que le contrôle *a posteriori* de la régularité des opérations de visites et de saisies domiciliaires ne relève plus de la compétence des juridictions appelées à statuer sur les poursuites éventuellement engagées sur le fondement des documents appréhendés. L'accès au contrôle *a posteriori* gagne ainsi en effectivité.

Toutefois, cette circonstance serait-elle suffisante, aux yeux de la Cour de Strasbourg, pour considérer que l'ensemble de la procédure prévue à l'article L. 450-4 du Code de commerce, y compris les autres séquences que celle du contrôle *a posteriori*, répond aux exigences découlant de l'article 6 § 1 de la convention ? La question reste ouverte. Cette procédure étant applicable dans le cadre des enquêtes demandées par la Commission européenne, la question de sa compatibilité avec les exigences des droits fondamentaux, dont les juridictions communautaires assurent le respect dans la mise en œuvre du droit communautaire, pourrait se poser à Luxembourg, et pas seulement à Strasbourg (voir, en ce sens, arrêt de la Cour de justice du 22 octobre 2002, Roquette frères, C-94/00, Rec.p.I-9011, point 25, en réponse à plusieurs questions préjudicielles posées par la Cour de cassation à propos de l'application de l'ancien article 48 de l'ordonnance du 1er décembre 1986).

A. Maitrepierre
Concurrences N° 2-2008, Art. N° 16764, p. 151

CEDH, 21 déc. 2010, 2 arrêts, Canal+ e. a c/ France, n° 29408/08 ; Compagnie des Gaz de Pétrole Primagaz c/ France, n° 29613/08

La Cour européenne des droits de l'Homme censure le régime français des enquêtes de concurrence antérieur à la loi de modernisation de l'économie (LME) et met en cause le régime transitoire qu'elle a instauré.

Les arrêts *Canal*+ et *Primagaz* de la Cour européenne des droits de l'Homme (« CEDH ») seront probablement lourds de conséquences dans les contentieux en cours qui ont donné lieu, à l'échelle nationale, à des opérations de visite et de saisie (« OVS ») avant l'ordonnance n° 2008-1161 du 13 novembre 2008.

Les requérantes, qui sont dans cette situation, avaient utilisé contre les OVS dont elles avaient fait l'objet les voies de recours prévues à l'époque par l'article L. 450-4 du Code de commerce. La légalité des ordonnances avait ainsi été contestée directement devant la Cour de cassation. Canal+ avait pour sa part également contesté le déroulement des opérations devant le juge des libertés et de la détention (« JLD ») qui les avait ordonnées.

Celui-ci avait partiellement fait droit à cette demande, avant de voir son ordonnance censurée par la Cour de cassation.

Les requérantes avaient alors saisi la CEDH sur trois fondements distincts, à savoir la violation des articles 6, paragraphe 1 (droit au procès équitable et à un recours effectif), 8 (droit au respect du domicile) et 10 (droit à la liberté d'expression) de la Convention de sauvegarde des droits de l'Homme et des libertés fondamentales (« la Convention »). Seule la question de la violation de l'article 6, paragraphe 1, sera examinée ci-après dans la mesure où la CEDH rejette la violation de l'article 8 de la Convention, au motif que les visites domiciliaires et les saisies n'ont pas été disproportionnées, et déclare irrecevable le moyen tiré de la violation de l'article 10 pour défaut d'épuisement des voies de recours internes.

La CEDH censure le régime français des enquêtes de concurrence antérieur à la LME, au motif qu'il ne répond pas aux exigences de l'article 6, paragraphe 1, de la Convention

Devant la CEDH, les requérantes soutenaient que le régime français des enquêtes de concurrence antérieur à la LME était contraire à l'article 6, paragraphe 1, de la Convention. Elles invoquaient en particulier le bénéfice de l'arrêt *Ravon et autres c/ France* du 21 février 2008 (req. n° 18497/03) par lequel, on s'en souvient, la CEDH avait déclaré les voies de recours prévues en matière de perquisitions fiscales largement similaires à celles de l'article L. 450-4 du Code de commerce, contraires aux règles du procès équitable.

La pertinence de cette jurisprudence en matière de concurrence avait pu être discutée en raison de légères différences séparant les deux régimes. En matière fiscale, en effet, il n'était pas possible de demander au JLD de contrôler le déroulement des opérations après la fin de celles-ci, comme le prévoyait au contraire l'article L. 450-4.

Le gouvernement français a d'ailleurs tenté de se fonder sur cette différence pour s'opposer aux prétentions des requérantes. Cette position n'était pas des plus confortables dans la mesure où le gouvernement avait lui-même, en adoptant l'ordonnance n° 2008-1161 du 13 novembre 2008, tiré les conséquences de l'arrêt *Ravon* en droit de la concurrence. Cette ordonnance avait ainsi remplacé le recours devant le JLD par un recours devant le premier président de la Cour d'appel de Paris et institué un appel devant ce même premier président pour contester la légalité des autorisations. La CEDH, qui n'a pas manqué de le relever, confirme que ce choix était le bon pour deux raisons. D'une part, la possibilité de contester le déroulement des OVS devant le JLD qui les avaient autorisées ne garantissait pas un contrôle juridictionnel effectif, ce recours ne répondant pas aux exigences d'indépendance d'un tribunal. D'autre part, les requérantes n'avaient disposé que de la possibilité d'intenter un pourvoi en cassation, par nature limité aux questions de droit, pour contester la légalité de l'ordonnance. Or un tel dispositif avait précisément été censuré dans l'arrêt *Ravon*.

La CEDH remet également en cause le régime transitoire mis en place par la réforme LME, au motif qu'il ne répond pas aux exigences de l'article 6, paragraphe 1, de la Convention

Concernant la question du régime transitoire mis en place par la réforme LME – et c'est l'apport essentiel des deux arrêts –, la Cour répond à l'argument du gouvernement français selon lequel les dispositions transitoires contenues dans l'ordonnance du 13 novembre 2008 garantissaient néanmoins en l'espèce un recours effectif contre l'ordonnance du JLD. Rappelons qu'aux termes de l'article 5. IV de ce texte, les autorisations ayant fait l'objet d'un pourvoi rejeté par la Cour de cassation peuvent être contestées devant la Cour d'appel de Paris lorsque celle-ci est saisie du fond de l'affaire sur recours contre la décision de l'Autorité de la concurrence (« AC »). Dans les deux affaires, cette autorité n'avait pas encore rendu de décision, de sorte qu'un tel recours était toujours théoriquement possible.

La CEDH constate toutefois que ce recours ne pourra s'exercer que si un appel est effectivement formé, ce qui suppose au préalable qu'une décision soit rendue par l'AC, et il n'y a sur ce point pas de « certitude ». Quand bien même ce serait le cas, le recours contre l'ordonnance pourrait intervenir de nombreuses années après son prononcé. En ce sens, selon la Cour, le régime transitoire ne répond pas aux exigences de l'article 6, paragraphe 1, de la Convention selon lequel « le recours doit fournir un redressement approprié, ce qui implique nécessairement la certitude, en pratique, d'obtenir un contrôle juridictionnel effectif de la mesure litigieuse et ce, dans un délai raisonnable ». Le régime transitoire prévu par l'ordonnance du 13 novembre 2008 est donc lui aussi déclaré contraire à la Convention, à tout le moins pour les affaires dans lesquelles les autorisations ont fait l'objet d'un pourvoi rejeté par la Cour de cassation, sans qu'une décision au fond n'ait été adoptée par le Conseil (devenu Autorité) de la concurrence.

La validité des actes accomplis sous l'empire de l'ancienne version de l'article L. 450-4 du Code de commerce et, partant, la validité des procédures reposant sur de tels actes se trouvent ainsi sérieusement mises en cause. On peut d'ailleurs se demander dans ce contexte quel type de dispositif aurait pu permettre leur validation rétroactive en offrant « la certitude, en pratique, d'obtenir un contrôle juridictionnel effectif ». La création de voies de recours immédiates et indépendantes d'une procédure au fond aurait-elle suffi ? La réponse est incertaine, car si cette possibilité aurait répondu à l'exigence de « certitude » posée par la CEDH, elle n'aurait peut-être pas satisfait celle du délai raisonnable. On pense ici, en particulier, aux affaires au long cours telles que celle du béton prêt à l'emploi qui va précisément fournir à la Cour d'appel de Paris l'occasion de tirer les premières conséquences des deux arrêts commentés.

C. Lemaire, M. Cousin
Concurrences N° 1-2011, Art. N° 34231, p. 178

CEDH, 2 oct. 2014, Delta Pekárny c/ Rép. tchèque, n° 97/11

La Cour européenne des droits de l'Homme exige qu'une inspection menée par une autorité de concurrence dans les locaux d'une entreprise puisse faire l'objet d'un contrôle *ex post facto* efficace à défaut d'avoir fait l'objet d'un contrôle judiciaire préalable.

Dans cette affaire, l'autorité tchèque de concurrence avait diligentée une inspection dans les locaux d'une entreprise à la recherche de preuve d'une pratique d'entente.

Cette inspection avait été autorisée par l'autorité de concurrence elle-même et avait été menée par plusieurs de ses agents dans les bureaux du département commercial de cette entreprise, hors la présence de tiers et notamment de l'autorité judiciaire. À cette occasion, les agents en question ont demandé l'accès à certains bureaux et surtout à pouvoir examiner la correspondance électronique de plusieurs salariés, avec la permission de ces derniers.

Comme cela ressortait du procès-verbal réalisé à l'issue de l'inspection, les agents ont obtenu la copie de sept documents, dont deux furent finalement retenus par l'un des salariés de l'entreprise au motif qu'il s'agissait de correspondances privées.

Sanctionné, dans un premier temps, pour avoir pris part à une entente et pour s'être opposée à l'inspection en reprenant les deux documents en question puis, à la suite d'une première série de recours, seulement pour s'être opposée à l'inspection, la requérante soutenait devant la Cour EDH que les conditions dans lesquelles s'était déroulée l'inspection avait violé son droit au respect du domicile et de la correspondance tel que prévu par l'article 8 de la Convention EDH. Elle invoquait également une violation de l'article 13 de ladite Convention pour n'avoir pas disposé d'un recours effectif pour faire valoir son grief tiré de l'article 8, ainsi qu'une violation de l'article 6(1), pour avoir été obligée, sous peine d'amende, de coopérer avec l'Autorité de concurrence, de l'article 14, pour n'avoir pas bénéficié d'un même degré de protection que les personnes lors d'une perquisition effectuée dans le cadre d'une procédure pénale, et de l'article premier du Protocole n° 1, pour s'être vue privée d'un élément de propriété, à savoir de la somme qu'elle a dû payer du fait de l'amende infligée par l'Autorité de concurrence.

L'absence de contrôle judiciaire préalable de l'inspection nécessite l'existence d'un contrôle *ex post facto* efficace

Les principes découlant de la Convention EDH et qui s'appliquent aux inspections de concurrence ne sont pas nouveaux. Ils ont été dégagés par la Cour notamment dans ses arrêts *Niemietz c/ Allemagne* (16/12/1992, n° 13710/88), *Colas c/ France* (16/04/2002, n° 37971/97) ou encore, plus récemment, *Canal+ c/ France* (21/12/2010, n° 29408/08) et fondent, d'une part, l'inclusion dans le champ d'application de l'article 8 du siège social, de l'agence ou des locaux professionnels d'une entreprise, en ce qu'ils peuvent constituer un « domicile » au sens de cette disposition. D'autre part, la Cour admet que le droit d'ingérence des États peut cependant aller plus loin s'agissant de personnes morales qu'en ce qui concerne des personnes physiques.

En l'occurrence, la Cour relève que l'inspection menée par l'Autorité de concurrence a bien constitué une ingérence dans le droit de l'entreprise au respect de son domicile. Il convenait alors de déterminer si cette ingérence était prévue par la loi, poursuivait un but légitime et était nécessaire dans une société démocratique, au sens de l'article 8, paragraphe 2, de la Convention.

Ni le caractère légal de l'ingérence, ni la légitimité de son but n'étaient véritablement contestés. En revanche, c'est sur la nécessité de la mesure que la Cour va concentrer son attention (pts 82 à 94). À cet égard, il faut souligner que la Cour a pris soin de rappeler précédemment l'état du droit et des pratiques en vigueur au sein de l'Union européenne et de ses États membres en ce qui concerne les « perquisitions » en matière de concurrence (pts 51 à 61), par référence au règlement n° 1/2003, à la jurisprudence de la Cour de justice de l'UE (notamment l'arrêt du 22 oct. 2002, Roquette Frères c/ Commission, aff. C-94/00) et au rapport Investigative Powers Report, de la Commission européenne, du 31 octobre 2012, ce alors même que les faits de l'affaire en cause se sont produits avant l'adhésion de la République tchèque à l'UE.

La Cour rappelle que, pour se prononcer sur la nécessité, elle doit tenir compte de la marge d'appréciation laissée aux États, laquelle est plus large lorsque la mesure vise les personnes morales et non les particuliers, ce qui implique néanmoins d'apprécier la proportionnalité de la mesure au regard de l'objectif poursuivi. Elle souligne que, « s'agissant des perquisitions et des saisies », il faut que la législation de l'État et sa pratique offrent des garanties adéquates et suffisantes contre les abus, raison pour laquelle elle a déjà recherché, dans une affaire comparable, « si la perquisition a été opérée en vertu d'un mandat décerné par un juge et reposant sur des motifs plausibles de soupçonner l'intéressé et si le mandat était d'une portée raisonnable » (Wieser et Bicos Beteiligungen c/ Autriche, n° 74336/01).

Lorsque, comme en l'espèce, la perquisition est menée sans mandat judiciaire, la Cour indique qu'elle doit « redoubler de vigilance ». Dans ce cas, l'absence de mandat peut être compensée par un contrôle judiciaire effectif, à la condition qu'il soit réalisé *ex post facto* (Smirnov c/ Russie, n° 71362/01).

Or, en l'occurrence, la Cour relève, premièrement, que la notification de l'ouverture de la procédure administrative, remise par les agents de l'Autorité de concurrence avec l'autorisation de procéder à l'inspection, ne mentionnait que très sommairement l'objet de ladite procédure et ne détaillait ni les faits, ni les pièces sur lesquels reposaient les présomptions de pratiques anticoncurrentielles.

Deuxièmement, cette inspection a été faite sans l'autorisation préalable d'un juge. Plus encore, elle n'a pas été ordonnée par une décision susceptible de réexamen judicaire (pt 86). Or, c'est ce point que la Cour va particulièrement critiquer puisque la délivrance d'un mandat judiciaire n'est pas une condition à la réalisation d'une telle inspection. L'absence ou l'insuffisance d'un contrôle judiciaire effectif immédiatement après qu'elle ait été réalisée (contrôle *ex post facto*) conduit la Cour à constater la violation par l'État des droits que l'entreprise tient de l'article 8 de la Convention.

Selon la Cour, un contrôle *ex post facto* efficace oblige l'État à donner la possibilité au justiciable d'obtenir un contrôle judiciaire effectif, « en fait comme en droit, de la mesure litigieuse et de son déroulement » et, lorsqu'une opération irrégulière a déjà eu lieu, que « le ou les recours disponibles [permettent] de fournir à l'intéressé un redressement approprié ». La Cour va un pas plus loin en considérant que, en l'espèce, un tel contrôle « était d'autant plus nécessaire qu'à aucun moment avant [l'inspection] il n'avait été précisé quels étaient concrètement les documents liés à la procédure administrative que l'Autorité s'attendait à découvrir dans les locaux de la société requérante ». À qui ces précisions doivent-elles être fournies ? La Cour ne le dit pas explicitement, mais l'on comprend que le défaut de précision quant à l'objet de l'inspection relevé dans la notification de l'ouverture de la procédure administrative, et partant le manque d'information de l'entreprise au commencement de l'inspection, aggrave l'atteinte à l'article 8 de la Convention, qui était en tout état de cause constituée dès lors qu'aucun contrôle *ex post facto* efficace n'était prévu.

En outre, pour être effectif, il faut encore que le recours porte « directement » sur la régularité de la mesure et notamment sur « l'opportunité, la durée et l'ampleur de l'inspection » (pt 91). Il semble néanmoins que les juridictions nationales saisies aient concrètement contrôlé le déroulement de l'inspection, de sorte que l'on comprend qu'un recours limité au déroulement ne peut constituer, à lui seul, un contrôle *ex post facto* suffisamment efficace aux yeux de la Cour. C'est donc que l'appréciation de la légalité et du déroulement doivent aller de pair et constitue ensemble le contrôle *ex post facto* efficace voulu par la Cour. Cela se conçoit aisément, l'atteinte au respect du domicile pouvant aussi résulter de la façon dont a été mise en œuvre, par les agents d'une autorité de concurrence, une mesure par ailleurs régulière.

Troisièmement, la Cour considère que l'existence de certaines garanties procédurales ne suffit pas à contrebalancer l'absence d'un contrôle *ex post facto* efficace. Ainsi, sont insuffisants à prévenir le risque d'abus, même pris ensemble, le fait que l'inspection s'est déroulée en présence de représentants de la société requérante, que l'autorité n'a pas le droit de saisir des documents et qu'elle s'est vu remettre seulement des copies et que ses agents sont tenus par l'obligation de confidentialité.

L'État conserve la possibilité de rendre obligatoire une mesure d'inspection en sanctionnant l'opposition à son déroulement

L'autre enseignement de cet arrêt, c'est la confirmation que, même en l'absence d'une autorisation judiciaire préalable, l'État peut sanctionner l'obligation de se soumettre à une mesure d'inspection.

Se prononçant sur la violation alléguée de l'article 13 de la Convention, la Cour relève en effet que la décision par laquelle la requérante a été sanctionnée pour s'être opposée à la mesure d'inspection, même si elle a constitué une violation de son droit au respect de son domicile, a pu faire l'objet d'un recours et donc d'un contrôle répondant au test utilisé par la Cour pour apprécier la compatibilité d'une ingérence avec la Convention.

De même, elle écarte la violation alléguée de l'article premier du protocole n° 1. Elle constate, en l'espèce, que, si la requérante a été contrainte de payer une amende pour n'avoir pas respecté ses obligations de coopération fixées par la législation tchèque, le libellé de la loi n'indique en aucune manière que l'amende ne pouvait pas être infligée lorsque la personne concernée invoque le caractère privé des documents sollicités. Elle a donc considéré qu'il s'agit d'une ingérence prévue par la loi, qui poursuivait le but légitime de la protection de l'économie.

Quelles conséquences sur les procédures de la Commission et de l'autorité de la concurrence ?

Il est tentant d'opérer un rapprochement entre l'inspection de concurrence telle qu'elle était prévue en droit tchèque et l'inspection menée par la Commission européenne, telle qu'elle résulte du règlement n° 1/2003, d'autant plus que cet arrêt intervient alors que la CJUE va se prononcer prochainement, sur pourvoi, dans l'affaire Deutsche Bahn (aff. pendante C 583/13 P). Toutefois, nous ne pensons pas que les principes contenus dans l'arrêt, et qui sont pour l'essentiel, issue de la jurisprudence antérieure de la Cour EDH, soient de nature à remettre en cause les conditions dans lesquelles la Commission procède à ses inspections qui font d'ores et déjà l'objet d'un contrôle *ex post facto* devant le Tribunal de l'Union. À cet égard, l'arrêt rendu par le Tribunal dans l'affaire Nexans illustre la réalité d'un tel contrôle (Trib. UE, 14/11/2012, aff. T-135/09, confirmé par CJUE, 25 juin 2014, aff. C-37/13 P).

Quant aux opérations de visites et de saisies menées par l'Autorité de la concurrence, en application de l'article L. 450-4 du Code de commerce, elles font à la fois l'objet d'un contrôle *a priori*, par la délivrance d'une ordonnance par un juge des libertés et de la détention censé contrôler l'opportunité, la durée et l'ampleur de l'inspection ; d'un contrôle pendant le déroulement, par le juge lui-même représenté par un ou plusieurs officiers de police judiciaire, renforcé par la présence d'un représentant de l'entreprise, assisté d'un conseil ; et d'un contrôle *ex post facto*, par l'existence de deux recours, l'un contre la légalité de l'ordonnance et l'autre contre le déroulement des opérations. L'affaire Canal+ c/ France, précité, a d'ailleurs permis de rappeler l'importance que la Cour attache à la réalité de ce dernier contrôle.

Il reste le cas des mesures d'enquête dites « simples », prises sur le fondement de l'article L. 450-3 du Code de commerce et pour lesquelles aucun recours *ex post facto* n'est actuellement prévu. Tout d'abord, il nous semble qu'il faut distinguer ces mesures de la mesure d'inspection en cause. Les faits de cette affaire montrent que, même si la législation tchèque ne donnait pas aux agents de l'autorité de concurrence un droit de fouille, l'inspection telle qu'elle s'est déroulée s'apparentait davantage à une inspection ou une opération de visites et de saisies qu'à une « simple » mesure de prise de copie de documents et de recueil de déclarations. Les agents ont ainsi pu, même si ce fût avec la permission des intéressés, procéder à la fouille de la correspondance électronique de certains salariés, ce que les agents visés à l'article L. 450-3 du Code de commerce ne seraient pas autorisés à faire. La Cour elle-même rapproche l'inspection telle qu'elle s'est effectivement déroulée avec une mesure de « perquisition ».

Il faut rappeler ensuite que l'article L. 450-3 donne la possibilité aux agents de l'autorité de la concurrence d'accéder aux locaux de l'entreprise, mais pas de forcer cet accès. Le refus de l'entreprise de donner l'accès à ses locaux serait alors sanctionné d'une amende pour opposition à fonctions (art. L. 450-8 et L. 464-2, dernier alinéa, C. com.).

Enfin, quant à l'accès aux documents, si l'entreprise ne peut refuser de donner copies de documents que la loi ou le règlement lui imposent de conserver, comme certaines factures ou certains documents comptables, la loi ne permet pas aux agents de l'autorité de la concurrence de prendre copie de documents qu'ils n'auraient pas préalablement identifiés avec suffisamment de précision ou qui ne relèveraient pas du champ de l'enquête, étant précisé que les agents sont tenus de procéder à un rappel préalable de l'objet de leur enquête et de la procédure. En effet, la demande ne doit être ni générale, ni imprécise et doit porter sur des documents dont les agents connaissent l'existence (CA Paris, 16 déc. 1994). L'on regrettera néanmoins qu'en l'état actuel des textes, les agents ne sont pas tenus de rappeler à l'entreprise qu'elle peut se faire assister d'un conseil, exigence seulement prévue lors d'une audition dans le cadre de l'instruction (art. R. 463-6 C. com.).

A. Lacresse
Concurrences N° 1-2015, Art. N° 71379, p. 169

CEDH, 2 avr. 2015, Vinci Construction c/ France, n° 63629/10

La Cour européenne des droits de l'Homme exige un contrôle juridictionnel concret et effectif de proportionnalité sur les saisies de documents sans lien avec l'enquête ou couverts par le secret professionnel.

Dans cette affaire, les deux sociétés requérantes avaient fait l'objet d'opérations de visites et de saisies de la part des services de la DGCCRF en 2007. À cette occasion, de nombreux documents et fichiers informatiques, dont les fichiers de messageries électroniques de certains employés, avaient été saisis. Intervenu sous l'égide de l'article L. 450-4 C. com., dans son ancienne version, le déroulement de ces opérations avait ensuite été contesté devant le juge des libertés et de la détention (JLD) qui les avaient autorisées.

Au terme des procédures nationales et à la suite du rejet de leurs recours par la Cour de cassation, les requérantes avaient saisi la Cour EDH, invoquant alors la violation de leur droit à un recours effectif (art. 6, § 1, Convention EDH) et de leur droit au respect du domicile (art. 8, Convention EDH).

Dans l'arrêt *Canal+ c/ France*, la Cour avait déjà critiqué le système des voies de recours institué par l'article L. 450-4 C. com., tel qu'il résultait de son ancienne rédaction. Elle avait ainsi jugé que le recours contre le déroulement des opérations, porté devant le juge qui les avait lui-même autorisées, ne garantissait pas un contrôle juridictionnel effectif de la régularité et du bien-fondé de l'ordonnance d'autorisation conforme aux exigences de l'article 6, § 1 de la Convention EDH (Cour EDH, 21 déc. 2010, aff. n° 29408/08, pt 42). Ce grief est d'ailleurs rapidement traité par la Cour (pt 43) qui se contente, à cet égard, de renvoyer à ses précédentes décisions Canal+ c/ France, Primagaz c/ France (Cour EDH, 21 déc. 2010, aff. n° 29613/08) et Liotard Frères c/ France (Cour EDH, 5 mai 2011, aff. n° 29598/08).

En revanche, l'intérêt de cet arrêt réside tout entier dans le traitement du grief formulé par les requérantes concernant la violation de leur droit au respect du domicile, de la vie privée et du secret des correspondances et, partant, de l'article 8 de la Convention EDH. À cet égard, elles reprochaient tout d'abord une atteinte disproportionnée à ce droit au motif que les services d'enquêtes auraient procédé à « des saisies massives et indifférenciées de documents informatiques », dont certains à caractère personnel et d'autres couverts par la confidentialité des échanges entre avocat et client. Sur le volet procédural, elles faisaient valoir une violation de leur droit à un recours effectif du fait, ensuite, de l'absence d'inventaire exhaustif des documents saisis et, enfin, de l'absence de caractère suspensif du recours contre le déroulement des opérations porté devant le JLD.

Le juge doit procéder à un contrôle concret et effectif de proportionnalité sur les saisies effectuées par les enquêteurs

La Cour retient d'emblée que les opérations ayant eu pour objectif la recherche de preuves de pratiques anticoncurrentielles auxquelles les entreprises avaient pu participer, elles n'apparaissent pas, en elles-mêmes, disproportionnées et que la procédure interne prévoyait un certain nombre de garanties, telles qu'une autorisation judiciaire préalable, un contrôle possible du juge pendant le déroulement desdites opérations ou l'existence d'un recours en contestation dudit déroulement.

La Cour souligne néanmoins qu'il importe « de savoir si ces garanties ont été appliquées de manière concrète et effective ». Plus particulièrement, elle focalise son attention sur le « grand nombre de documents informatiques et messages électroniques saisis » et sur « l'exigence renforcée du respect de la confidentialité qui s'attache aux correspondances échangées entre un avocat et son client », qui auraient pu, en l'espèce, conduire le juge à ne faire qu'une application « théorique et illusoire » de ces garanties (pt 75).

Dans le cadre cette appréciation *in concreto*, la Cour relève que les enquêteurs se sont efforcés de circonscrire leurs fouilles et de ne procéder qu'à des saisies en rapport avec l'objet de leur enquête. Elle refuse également de considérer que, en l'espèce, les saisies aient été « massives et indifférenciées » puisque les requérantes ont pu identifier les documents saisis à l'issue des opérations grâce à un « inventaire suffisamment précis, indiquant le nom des fichiers, leur extension, leur provenance et leur empreinte numérique » et la remise d'une copie des documents saisis (pt 76).

En revanche, la Cour constate que les nombreux documents informatiques saisis, dont l'intégralité des messageries électroniques professionnelles de certains employés, comportaient un certain nombre de fichiers et d'informations relevant de la confidentialité attachée aux relations entre un avocat et son client, et que les services d'enquêtes avaient expressément indiqué ne pas s'opposer à leur restitution (pt 77).

La Cour retient encore que, pendant le déroulement des opérations en cause, les requérantes n'ont pu ni prendre connaissance du contenu des documents saisis, ni discuter de l'opportunité de leur saisie. Or, selon elle, « à défaut de pouvoir prévenir la saisie de documents étrangers à l'objet de l'enquête *et a fortiori* de ceux relevant de la confidentialité qui s'attache aux relations entre un avocat et son client, les requérantes devaient pouvoir faire apprécier *a posteriori* et de manière concrète et effective leur régularité ». En effet, un tel recours doit permettre d'obtenir, le cas échéant, la restitution des documents concernés ou l'assurance de leur parfait effacement, s'agissant de copies de fichiers informatiques (pt 78).

Ce contrôle concret et effectif appartient au juge. Il lui revient d'apprécier la proportionnalité de la saisie effectuée et d'ordonner, le cas échéant, la restitution des documents sans lien avec l'enquête ou relevant de la confidentialité des relations entre un avocat et son client. Or, la Cour constate que, en l'espèce, le JLD a certes envisagé la présence d'une correspondance émanant d'un avocat parmi les documents retenus par les enquêteurs, mais s'est contenté d'apprécier « la régularité du cadre formel des saisies litigieuses, sans procéder à l'examen concret qui s'imposait » (pt 79). En l'occurrence, il avait considéré que le secret professionnel attaché à une telle correspondance n'interdisait pas la saisie des documents couverts, pourvu que ce secret ait été respecté vis-à-vis des personnes éventuellement présentes lors des opérations (pt 13).

Comme pour les documents couverts par le secret professionnel, la saisie de documents sans lien avec l'enquête peut être disproportionnée

L'on relèvera, d'une part, que cette décision place, pour la première fois à notre connaissance, le débat sur la question de la nécessité d'un contrôle juridictionnel effectif portant sur le contenu des documents et informations saisis par les services d'enquête, et non plus seulement sur l'existence d'un recours effectif contre le déroulement des opérations. L'évolution de la jurisprudence de la Cour de cassation qui, depuis ses arrêts du 24 avril 2013, a consacré le caractère insaisissable des documents couverts par la confidentialité des échanges entre un avocat et son client (rappelés au pt 21 de l'arrêt), a pu jouer. En effet, les requérantes n'avaient pas pu se prévaloir de cette évolution jurisprudentielle à l'occasion de l'examen de leurs pourvois contre les ordonnances du JLD et la Cour EDH vient, en quelque sorte, rétablir à leur égard la cohérence de la jurisprudence de la Haute juridiction. En outre, il est intéressant de relever que les requérantes avaient bien invoqué la confidentialité de certains documents, mais la Cour de cassation avait, à l'époque, rejeté ce moyen au motif que les documents en question n'étaient pas liés à l'exercice des droits de la défense (pt 14). À travers la décision du premier juge, critiqué pour n'avoir pas effectué un contrôle concret et effectif de proportionnalité, c'est donc aussi l'approche de la Cour de cassation, jusqu'à ces arrêts d'avril 2013, qui est visée.

D'autre part, il faut noter que la Cour ne distingue pas entre les documents qui bénéficient de la protection des correspondances émanant d'un avocat et ceux qui apparaissent sans lien avec l'enquête. À l'égard des uns comme des autres, le juge est tenu de procéder à un contrôle concret de proportionnalité et d'ordonner, le cas échéant, leur restitution. Partant, la saisie disproportionnée de documents manifestement hors-champ apparaît désormais illicite, au même titre que celle des documents couverts par le secret professionnel, puisqu'elle viole le droit de l'entreprise au respect du domicile et de la vie privée, protégé par l'article 8 de la Convention EDH. Une telle approche déborde les conséquences issues des arrêts de la Cour de cassation d'avril 2013.

En revanche, la Cour semble s'accommoder de la jurisprudence de la Cour de cassation concernant les effets limités de l'invalidation *a posteriori* de la saisie de certains documents. En effet, elle accepte que les documents irrégulièrement saisis puissent faire l'objet d'une simple restitution ou d'une procédure garantissant leur parfait effacement, concernant la copie de fichiers informatiques, sans pour autant devoir entraîner l'invalidation de la saisie de tous les autres documents.

Pourtant, en pratique, la saisie globale de fichiers de messagerie, en raison de leur insécabilité – que la Cour semble valider implicitement au passage –, emporte nécessairement saisie de documents sans lien avec l'enquête, voire, parfois, de documents couverts par le secret professionnel. Comme l'ont relevé certains auteurs, à défaut d'effet suspensif du recours, il est possible de prendre connaissance de ces pièces avant que le juge n'intervienne (voir A. Ronzano, *Lettre d'information creda-concurrence*, 2 avr. 2015, n° 2015/32). Puisque ce dernier devra s'assurer de la réalité et du plein effet des mesures de restitution ou d'effacement, il conviendrait que, pour prévenir toute prise de connaissance avant qu'il soit statué sur la proportionnalité, l'autorité de concurrence recourt à la procédure des scellés fermés provisoires (art. 56, al. 4, c. proc. pénale) lorsque le document ou le fichier saisi est suspecté de contenir des informations sans lien avec l'enquête ou couvertes par le secret professionnel. En effet, de telles informations étant insaisissables, il ne semble pas possible d'admettre que les enquêteurs puissent recourir à une mesure *a priori* illicite, pour une partie des documents contenus dans la messagerie, sous prétexte qu'elle pourrait faire l'objet d'une validation *a posteriori*, pour l'autre partie de ces documents et dans la limite des informations dans le champ de l'enquête. Cela paraît en soi contraire à l'exigence de proportionnalité dégagée par la Cour dans cet arrêt. Au besoin, par exemple en cas de refus des enquêteurs de placer les documents sous scellés fermés provisoires, l'intervention du JLD, sous l'autorité duquel les opérations se déroulent, pourrait s'avérer nécessaire. L'on relativisera néanmoins en soulignant que, de simples allégations pouvant ne pas suffire pas à convaincre de la présence de telles informations, il appartiendrait aux entreprises de produire les indices nécessaires pour justifier toute mesure provisoire de protection, et ce pendant le déroulement même des opérations. Cela impliquerait pour elles de prendre des mesures afin de se préparer à la survenance d'une inspection. Malgré l'infléchissement récent de la pratique de l'Autorité de la concurrence, qui fait désormais davantage crédit aux entreprises à cet égard, ces mesures préparatoires semblent relever d'une saine prudence.

Un autre moyen de prévenir la saisie de documents sans lien avec l'enquête ou couvets par le secret professionnel serait, pour les Autorités de concurrence, de recourir à la pratique dite du *page turning*, à l'instar de la Commission. Même si un tel examen « page à page » des documents avant leur mise sous scellés n'est pas exigé par la Cour lorsqu'existe par ailleurs un contrôle juridictionnel concret et effectif de la régularité des saisies, cette dernière pointe néanmoins le fait que, en l'espèce, les requérantes n'aient pu ni prendre connaissance du contenu des documents saisis, ni discuter de l'opportunité de leur saisie. Cela imposerait probablement aux autorités françaises de concurrence de mener leurs opérations sur plusieurs jours, ce que par principe elles ne souhaitent pas. Pourtant, rien ne s'y oppose juridiquement puisque le JLD a la faculté de décider la suspension de la visite (art. L. 450 4, al. 4, C. com.).

A. Lacresse
Concurrences N° 2-2015, Art. N° 73120, p. 151

CEDH, 21 mars 2017, Janssen Cilag c/ France, n° 33931/12

La Cour européenne des droits de l'Homme valide une nouvelle fois des pratiques de saisies massives et indifférenciées sur la base de l'article L. 450-4 du Code de commerce, estimant au cas d'espèce ces pratiques conformes à l'article 8 de la Convention européenne de sauvegarde des droits de l'Homme.

La pratique des saisies massives et indifférenciées de messageries électroniques continue d'alimenter un contentieux abondant, comme en témoigne cet arrêt par lequel la CEDH s'est trouvée à examiner une nouvelle fois cette pratique après l'avoir fait dans son arrêt *Vinci Construction* du 2 avril 2015.

Si cet arrêt confirme l'absence d'incompatibilité avec la Convention des saisies de messageries telles que pratiquées par les enquêteurs français, il n'en contient pas moins d'utiles rappels sur l'office du juge d'appel à qui il incombe de contrôler de façon « concrète et effective » le déroulement des opérations, de même que sur l'utilité du rôle des avocats qui contribuent à prévenir, ne serait-ce qu'en partie, la saisie d'éléments hors champ ou confidentiels.

Les faits à l'origine de la saisine de la Cour EDH

Les 5 et 6 mai 2009, les services d'instruction de l'Autorité de la concurrence avaient effectué des opérations de visite et saisie, sur le fondement de l'article L. 450-4 C. com., dans les locaux de la société Janssen Cilag. Ils y avaient été autorisés par une ordonnance du juge des libertés et de la détention en date du 29 avril 2009.

La société Janssen Cilag avait contesté la validité de ces opérations en introduisant le 18 mai 2009 un recours en annulation devant le premier président de la Cour d'appel de Versailles. Le 19 février 2010, ce dernier a annulé la saisie de trois fichiers qui ne contenaient aucun document en rapport avec l'autorisation octroyée par le juge des libertés et de la détention.

Pour le reste, les opérations de visite et saisie avaient été considérées comme régulières en application d'une jurisprudence désormais bien établie selon laquelle le fait qu'une messagerie ne contienne même qu'en partie des éléments entrant dans le champ de l'enquête tel que défini par l'ordonnance, suffit à valider la saisie dans sa totalité. Le juge avait également exposé qu'il appartenait à la requérante d'identifier précisément les documents qu'elle estimait protégés et d'en solliciter la restitution à l'administration, ce qu'elle n'avait fait ni pour les documents papiers ni pour les documents électroniques saisis, alors même que pour ces derniers, la requérante avait reçu une copie des documents saisis.

Le 30 novembre 2011, la Cour de cassation a rejeté le pourvoi formé par la requérante.

Les saisies massives et indifférenciées constituent une ingérence légitime et proportionnée

La Cour écarte, d'abord, l'application de l'article 6 de la Convention en jugeant approprié de n'examiner le grief de l'atteinte portée au respect du secret des correspondances que sous l'angle de l'article 8.

Elle rappelle ensuite sa jurisprudence antérieure, Vinci Construction du 2 avril 2015 dans laquelle elle avait déjà été amenée à se prononcer sur des visites et saisies effectuées sur le fondement de l'article L. 450-4 C. com. On se souvient que si la Cour avait, dans cette affaire, conclu à la violation des articles 6 et 8 de la Convention, elle avait fondé cette conclusion sur l'absence de recours effectif ayant permis en l'espèce aux entreprises concernées de faire apprécier la saisie de documents étrangers au champ de l'enquête ou relevant des relations avocat-client. La Cour avait en effet relevé que dans cette affaire, le juge des libertés et de la détention n'avait pas examiné concrètement la présence d'éléments insaisissables dans les messageries saisies afin de statuer sur leur sort (point 79).

La Cour n'avait en revanche pas censuré la pratique des saisies de messageries. Elle avait en particulier refusé de considérer que ces saisies étaient « massives et indifférenciées » en relevant, d'une part, que les entreprises s'étaient vues remettre un inventaire suffisamment précis des éléments saisis et que les enquêteurs s'étaient efforcés de circonscrire leur fouille et de ne procéder qu'à des saisies en rapport avec l'objet de leur enquête (v. le commentaire de A. Ronzano dans cette revue).

Cette approche, centrée sur l'effectivité du recours, avait été résumée dans l'attendu suivant, réitéré par la Cour dans la présente affaire : « à défaut de pouvoir prévenir la saisie de documents étrangers à l'objet de l'enquête et *a fortiori* de ceux relevant de la confidentialité qui s'attache aux relations entre un avocat et son client, les personnes concernées devaient pouvoir faire apprécier *a posteriori*, de manière concrète et effective, leur régularité » (point 19).

C'est ainsi que dans la présente affaire, la Cour ne revient pas sur la technique de saisie des messageries. Elle s'intéresse en revanche de nouveau au recours dont ont disposé les requérantes afin de déterminer s'il s'est avéré concret et effectif. Elle conclut positivement cet examen en faisant trois constats.

Le premier tient à l'existence de garanties prévues par la procédure interne, lesquelles, comme le relève la Cour, ont été renforcées par l'ordonnance n° 2008-1161 du 13 novembre 2008. On se souvient que celle-ci avait introduit dans l'article L. 450-4 C. com., à la suite de l'arrêt *Ravon* de la Cour européenne, un recours dirigé contre le déroulement des opérations, susceptible d'être formé, à l'issue de celles-ci, devant le premier président de la cour d'appel.

Le deuxième constat fait par la Cour tient au fait que la société requérante était assistée de trois avocats au cours des opérations, ces derniers ayant pu prendre connaissance d'« au moins une partie des documents saisis » et de « discuter de l'opportunité de leur saisie » (point 21). Ce point mérite particulièrement d'être souligné. En effet, dès lors que la Cour admet, dans l'attendu précité, qu'il puisse ne pas être possible de « prévenir la saisie de documents » non saisissables à condition qu'il existe un recours effectif permettant de contrôler *a posteriori* cette saisie, il n'était pas nécessaire, pour la motivation de l'arrêt, de souligner le rôle joué par les avocats, justement pour prévenir de telles saisies. Si la Cour prend la peine de faire cette précision, c'est bien que le premier « filtre » exercé par les avocats participe malgré tout, selon la Cour, à la licéité de l'ingérence dans les droits garantis par la Convention. Ceci confirme le fait que les enquêteurs ne peuvent pas s'abstraire de tout contrôle de leurs démarches par les avocats.

Le troisième constat de la Cour, sans doute le plus important, tient au fait qu'en l'espèce, et à la différence de l'affaire ayant donné lieu à l'arrêt *Vinci Construction*, le juge délégué par le premier président de la cour d'appel s'est livré à un examen effectif des allégations de la requérante quant à la saisie de documents hors champ ou relevant des relations avocat-client. Cet examen l'a conduit à annuler la saisie de trois documents dont ni l'inventaire ni le procès-verbal ne permettaient de déterminer s'ils se rapportaient à l'objet de l'enquête (point 6). La Cour note que dans le cadre de cet examen, le juge a relevé l'absence d'identification précise, par la société requérante, d'un document protégé ou du nombre de documents protégés saisis. En d'autres termes, selon la Cour, c'est à la requérante qu'il revenait d'identifier précisément les documents protégés afin d'en réclamer la restitution.

Considérant ainsi que l'ingérence était proportionnée, la Cour poursuit avec les autres griefs qu'elle écarte rapidement, considérant cette partie de la requête manifestement mal fondée. Ces griefs portaient exclusivement sur l'article 6 de la Convention et étaient relatifs au droit à un recours effectif, ainsi qu'au nombre d'avocats autorisés lors des visites et saisies.

C. Lemaire

Concurrences N° 3-2017, Art. N° 84574, p. 128

Les droits reconnus aux entreprises

Cass. crim., 27 nov. 2013, 2 arrêts, Boston Scientific, n° 12-85.830 ; Europcar France, n° 12-86.424

La Cour de cassation consacre le droit des avocats de jouer un rôle actif lors des inspections de concurrence.

La Cour de cassation a rendu le 27 novembre dernier deux arrêts qui portent un éclairage intéressant sur le rôle de l'avocat lors des inspections de concurrence.

La Cour statuait en effet sur des pourvois formés par les sociétés Boston scientific et Europcar contre des ordonnances du premier président de la Cour d'appel de Paris ayant validé la régularité de perquisitions intervenues dans leurs locaux en dépit des strictes limitations imposées par les inspecteurs à l'intervention de leurs avocats, limitant leur rôle à une simple présence passive (sans droit de consulter les documents, de prendre la parole ou même, dans la seconde affaire, d'accéder aux bureaux visités).

En invalidant cette lecture restrictive du rôle des avocats, la Cour de cassation a conforté leur rôle lors des inspections de concurrence, bien que son analyse laisse quelques questions sans réponse.

La lecture restrictive du rôle de l'avocat opérée par les ordonnances litigieuses

Devant le premier président, Boston Scientific soutenait avoir été privée de son droit à un contrôle juridictionnel effectif des inspections dans la mesure où ses avocats s'étaient apparemment vus refuser par les inspecteurs toute possibilité de prendre connaissance des documents que ces derniers envisageaient de saisir lors des inspections.

Europcar invoquait une atteinte à ses droits de la défense tenant au fait que les inspecteurs avaient quant à eux refusé à ses conseils d'accéder aux bureaux visités et de prendre la parole.

Ces arguments avaient été rejetés par le premier président pour deux motifs.

Premièrement, le premier président avait estimé que l'avocat, qui « assiste son client et non le représente » en cas d'inspections, ne figure donc pas parmi les personnes qui « peuvent seul[e]s prendre connaissance des pièces et documents avant leur saisie » en vertu de l'alinéa 8 de l'article L. 450-4 C. com., à savoir, en plus de l'officier de police judiciaire et des inspecteurs, « l'occupant des lieux ou son représentant ».

Selon le premier président, le fait que le cinquième alinéa de l'article L. 450-4 C. com. prévoie que l'ordonnance autorisant les visites « comporte la mention de la faculté pour l'occupant des lieux ou son représentant de faire appel à un conseil de son choix » était sans incidence sur l'absence de toute mission de représentation (mais uniquement d'assistance) de l'avocat lors des inspections.

Deuxièmement, le premier président avait relevé que lors des inspections, les conseils de Boston scientific n'avaient pas jugé utile de saisir le juge des libertés et de la détention des difficultés rencontrées concernant les documents saisis (ce qui excluait selon lui une violation du principe de protection juridictionnelle) et ceux d'Europcar ne s'étaient pas manifesté auprès des officiers de police judiciaire (ce qui excluait selon lui la violation alléguée de ses droits de la défense).

La Cour de cassation invalide l'analyse du premier président concernant le rôle de l'avocat en consacrant son droit à jouer un rôle actif lors de l'inspection…

Devant la Cour de cassation, l'analyse du premier président était contestée par les requérantes sur deux principaux fondements.

D'une part, elles soutenaient que le droit des entreprises de se faire « représenter » par un avocat, y compris lors des inspections de concurrence, est issu non des dispositions de l'article L. 450-4 mais de l'article 6 de la loi du 31 décembre 1971, qui autorise l'avocat à « représenter autrui devant les administrations publiques ».

D'autre part, Europcar soutenait que le droit d'être effectivement assisté par un avocat en cas d'enquête administrative susceptible d'engager la responsabilité de l'entreprise est un droit fondamental non seulement de valeur constitutionnelle, mais également garanti par la CEDH comme par le droit européen. Europcar mettait en avant que ce droit est méconnu lorsque la mission d'assistance est réduite à la seule « présence » de l'avocat, réduit au silence et à un rôle purement passif, et que la présence de l'officier de police judiciaire ne pouvait se substituer à la mission d'assistance de l'avocat.

La Cour de cassation a donné raison aux requérantes sur ce point.

Dans l'affaire Europcar, statuant au visa du « principe des droits de la défense », elle a ainsi posé comme principe que « selon la jurisprudence de la Cour de justice (CJCE, 17 octobre 1989, Dow Chemical Ibérica, aff. 97, 98 et 99/ 87), le droit d'avoir une assistance juridique doit être respecté dès le stade de l'enquête préalable » et conclu que ce principe avait été méconnu dès lors que le premier président s'était abstenu de « rechercher si, comme le soutenait la requérante en se fondant sur les mentions portées au procès-verbal de visite, ses conseils ne s'étaient pas vu interdire d'accéder aux bureaux visités et de prendre la parole ».

Dans l'affaire Boston scientific, la Cour s'est montrée plus laconique en constatant simplement que –« c'est à tort que l'ordonnance relève que les avocats de la société objet d'une opération de visite et de saisie, ne bénéficient pas des droits reconnus à celle-ci et à ses représentants par l'alinéa 8 de l'article L. 450-4 du Code de commerce ».

Si les deux arrêts de la Cour se rejoignent donc sur l'erreur d'analyse du premier président, ils se distinguent en revanche pour ce qui concerne les conséquences que la Cour tire de cette erreur.

... Mais laisse quelques questions sans réponse en ne censurant qu'une des deux ordonnances litigieuses

Dans l'affaire Europcar, la Cour de cassation a conclu de la méconnaissance des principes exposés *supra* et tirés des droits de la défense « que la cassation est encourue de ce chef », et a annulé l'ordonnance du premier président.

En revanche, dans l'affaire Boston scientific, la Cour a rejeté le pourvoi en jugeant qu'en dépit de l'erreur d'analyse effectuée par le premier président concernant les droits de l'avocat lors de l'inspection, l'ordonnance litigieuse « n'encour[ait] cependant pas la censure, dès lors qu'il appartenait à la société et à ses conseils, qui sont intervenus dès le début des opérations de visite et avaient nécessairement connaissance des documents susceptibles d'être appréhendés, de soulever toute contestation utile sur les documents qui leur paraissaient devoir être exclus de la saisie ».

La seule lecture des arrêts de la Cour de cassation ne permet pas nécessairement d'apprécier les raisons qui justifient cette différence d'approche. Plusieurs explications peuvent être envisagées.

Cette différence peut d'abord tenir aux différents fondements juridiques des moyens soulevés respectivement par Boston scientific et par Europcar. En effet, alors que la première avait axé son pourvoi sur un manquement au principe de protection juridictionnelle, la seconde avait invoqué les droits de la défense au sens large (et c'est sur ce fondement que la Cour a prononcé la censure).

Ceci expliquerait également le fait que les conseils de Boston scientific aient eu la possibilité de saisir le juge des libertés et de la détention lors des inspections, mais ne l'aient pas fait, ait été jugé pertinent du point de vue de la protection juridictionnelle, alors que le fait que les conseils d'Europcar n'aient pas sollicité l'intervention des officiers de police judiciaire ait été jugé indifférent du point de vue des droits de la défense.

Une autre explication pourrait plus généralement tenir au comportement des conseils lors des inspections. Ainsi, il semblerait qu'à la différence des conseils de Boston scientific, qui n'ont pas formalisé leurs objections lors des inspections, les restrictions imposées par les inspecteurs aux conseils d'Europcar ont été mentionnées sur le procès-verbal de visite (vraisemblablement à la demande des conseils), comme la Cour l'a d'ailleurs expressément relevé.

Enfin, il est également possible que le comportement particulièrement strict des inspecteurs dans l'affaire Europcar ait joué en sa faveur devant la Cour. De fait, avant même l'arrivée des avocats, les inspecteurs avaient annoncé à l'entreprise qu'ils ne seraient pas autorisés à assister aux inspections s'ils arrivaient, et avaient ensuite mis sa menace à exécution (en leur interdisant tout accès aux bureaux perquisitionnés et en leur imposant le silence).

Quoi qu'il en soit, deux enseignements importants se dégagent de ces arrêts

Le premier, c'est que la possibilité de bénéficier de l'assistance d'un avocat lors d'une inspection de concurrence est un droit fondamental qui implique que l'avocat dispose des moyens nécessaires pour assister effectivement son client lors des inspections (accès aux documents, prise de parole, présence dans les bureaux perquisitionnés), dans le respect de l'obligation de coopération naturellement. En conséquence, toute tentative des inspecteurs de réduire l'avocat à un rôle de figuration est susceptible de violer les droits de la défense de l'entreprise, et d'affecter la régularité des inspections.

Le second, c'est que le rôle vigilant de l'avocat lors des inspections n'est pas simplement un droit pour l'entreprise, mais constitue une garantie dont l'absence peut être lourde de conséquences. En effet, les affaires sous chronique démontrent que des atteintes aux droits des entreprises lors des inspections sont susceptibles d'être appréhendées de manière (très) différente selon qu'elles ont été ou non signalées par leurs conseils à la date des inspections.

C. Lemaire
Concurrences N° 1-2014, Art. N° 63780, p. 178

Cass. crim., 4 mai 2017, 2 arrêts, Samsung, n° 16-81.071 ; Darty, n° 16-81.060

La Cour de cassation affirme que l'entreprise visitée peut communiquer avec un avocat dès la notification de l'ordonnance autorisant les opérations de visite et saisie et qu'il n'est donc pas besoin d'attendre la fin de l'apposition de scellés ou de démontrer un grief.

Les droits de la défense n'attendent pas. Leur caractère absolu a été réaffirmé dans un arrêt du 4 mai 2017, dans lequel la chambre criminelle de la Cour de cassation est venue rappeler qu'une entreprise faisant l'objet d'une opération de visite et saisie doit pouvoir exercer ses droits de la défense dès le début de la procédure d'enquête. Il en résulte en particulier que les services de l'Autorité de la concurrence ne peuvent interdire à l'entreprise visitée toute communication avec un avocat jusqu'à la fin de l'apposition de scellés.

Retour sur la procédure

Par une ordonnance du 9 octobre 2013, le juge des libertés et de la détention a autorisé l'Autorité de la concurrence à procéder à des opérations de visite et saisie dans les locaux d'entreprises soupçonnées d'avoir mis en place des pratiques de prix imposés dans le secteur de la distribution de produits électroménagers (i) destinés à la cuisine ou la salle de bains (produits blancs) et (ii) de loisir (produits bruns).

En exécution de cette ordonnance, l'autorité a effectué des opérations de visite et saisie, les 17 et 18 octobre 2013, dans les locaux des sociétés Darty, Electrolux, Miele, Samsung et Seb.

À la suite de ces visites, les entreprises concernées ont contesté la validité de l'ordonnance les autorisant. Sa régularité a toutefois été confirmée dans sa grande majorité, le 6 janvier 2016, par le premier président de la Cour d'appel de Paris.

Seul l'appel interjeté par la société Darty a trouvé grâce aux yeux du premier président de la Cour d'appel de Paris. En effet, celui-ci a considéré qu'il y avait lieu d'infirmer l'ordonnance dans la mesure où le juge des libertés et de la détention n'avait pas vérifié si la société en cause a participé à la mise en place du système dénoncé et/ou à une entente entre les fabricants.

On relèvera d'emblée que ce raisonnement du premier président de la Cour d'appel de Paris a été censuré par la Cour de cassation dans l'un de ses arrêts du 4 mai 2017 au motif « qu'il n'appartenait pas [au juge des libertés et de la détention] de se prononcer sur la réalité de pratiques anticoncurrentielles mais de s'assurer qu'il existait des présomptions de telles pratiques » (Cass. crim., n° 16-810160, Darty). Dans ces conditions, la Cour de cassation casse et annule l'ordonnance contestée et renvoie l'affaire devant la juridiction du premier président de la Cour d'appel de Paris autrement présidée.

Ce n'est toutefois pas cette censure qui retiendra l'attention dans le cadre de la présente chronique, mais celle qui concerne l'entreprise Samsung dans laquelle était débattu le rôle de l'avocat lors de ces opérations de visite et saisie.

La pratique en cause de l'autorité lors des opérations de visite et saisie : interdiction pour l'entreprise visitée de communiquer avec toute personne extérieure avant la fin de l'apposition de scellés

Dans cette affaire, l'Autorité de la concurrence avait indiqué, lors de son arrivée dans les locaux de l'entreprise faisant l'objet de l'opération de visite et saisie, « qu'aucune communication vers l'extérieur n'était possible, y compris auprès des avocats, tant que l'ensemble des bureaux ne serait pas scellé ».

On doit avouer qu'une telle mesure ne manque pas de surprendre. On pensait que les pratiques visant à exclure les avocats étaient maintenant définitivement révolues, encore plus depuis qu'est inscrit explicitement à l'article L. 450-4 le droit à l'assistance d'un avocat pour l'entreprise visitée.

Cette interdiction avait été contestée par l'entreprise concernée (Samsung) devant le premier président de la Cour d'appel de Paris.

Samsung soutenait que l'interdiction qui lui avait été imposée de communiquer avec son avocat jusqu'à la fin de la mise sous scellés était contraire à l'article L. 450-4 C. com., dans la mesure où cette disposition garantit le respect des droits de la défense dès le stade de l'enquête préalable. De plus, Samsung considérait qu'une violation de ce droit par l'Autorité entachait de nullité les opérations, sans que l'entreprise victime de l'irrégularité ait à justifier d'un quelconque grief.

L'Autorité de son côté avait justifié une telle pratique par la nécessité d'assurer « l'efficacité de l'enquête », de sécuriser les lieux et d'éviter toute déperdition des preuves. L'Autorité soutenait également que durant le temps où Samsung n'avait pu être assistée d'un avocat, qui n'aurait duré que « quelques dizaines de minutes », les rapporteurs de l'Autorité n'auraient effectué aucun acte, à l'exception de l'apposition des scellés.

En tout état de cause, l'Autorité faisait valoir que si une irrégularité dans l'opération de visite et saisie venait à être constatée, elle ne pourrait entraîner la nullité des opérations qu'à condition que soit démontré un grief pour l'entreprise. Or, selon elle, en l'espèce, Samsung n'aurait subi aucun grief de sorte qu'elle ne pouvait demander l'annulation des opérations de visite et saisie.

L'Autorité avait réussi à convaincre le premier président de la Cour d'appel, qui confirma la régularité des opérations de visite et saisie par une décision du 6 janvier 2016.

C'est cette ordonnance qui a fait l'objet d'un pourvoi en cassation et que la Cour de cassation va, à juste titre selon nous, censurer dans son arrêt du 4 mai 2017.

Pour la Cour de cassation, toute interdiction d'accès à un avocat après la notification de l'ordonnance est une violation des droits de la défense ne nécessitant pas la démonstration d'un grief

L'arrêt de la Cour de cassation est intéressant à un double titre.

D'une part, il réaffirme le principe selon lequel « dans les procédures fondées sur la violation du droit de la concurrence, les droits de la défense peuvent être exercés par l'occupant des lieux [faisant l'objet d'opérations de visite et saisie] dès la notification de l'ordonnance autorisant les opérations de visite et saisie ».

Un tel principe résulte de l'article L. 450-4 C. com. qui assure le respect des droits de la défense lors des opérations de visite et saisie en disposant que « l'ordonnance [autorisant les opérations de visite et saisie] comporte la mention de la faculté pour l'occupant des lieux ou son représentant de faire appel à un conseil de son choix. L'exercice de cette faculté n'entraîne pas la suspension des opérations de visite et saisie ».

La règle est donc claire : l'Autorité de la concurrence est tenue de respecter les droits de la défense dès le début de l'enquête.

D'autre part, il confirme les conséquences qu'il convient de tirer d'une telle violation des droits de la défense. La Cour de cassation juge en effet que, indépendamment du point de savoir si la méconnaissance des droits de la défense a causé à l'entreprise visitée un grief ou non, les opérations de visite et saisie sont entachées de nullité et doivent, en conséquence, être annulées.

L'ordonnance est donc annulée et, statuant elle-même (considérant qu'elle est en mesure d'appliquer directement la règle de droit et de mettre fin au litige), la Cour de cassation annule également les procédures de visite et saisie autorisées.

Cet arrêt confirme une tendance qui se dégageait déjà d'arrêts antérieurs sur l'importance et le rôle reconnu par la Cour de cassation à l'avocat lors des inspections de concurrence

(v. not. Cass. com., 27 nov. 2013, Boston Scientific, n° 12-85.830 ; Cass. com., 27 nov. 2013, Europcar France, n° 12-86.424, obs. C. Lemaire et S. Naudin ; Cass. crim., 25 juin 2014, Caisse régionale du Crédit agricole du Finistère e. a., n° 13-81.471, obs. Ch. Lemaire et S. Naudin).

On se souvient en particulier de l'affaire Caisse régionale du Crédit agricole du Finistère dans laquelle la Cour n'avait pas hésité à annuler une ordonnance du premier président de la cour d'appel mais également l'entièreté des opérations de visite et saisie dans la mesure où les inspecteurs avaient fait obstacle à la présence des avocats appelés à assister aux opérations de visite domiciliaire.

Il ressort donc de ces jurisprudences que faire obstacle à la présence de l'avocat ou interdire de le contacter constitue une violation irrémédiable des droits de la défense, entraînant l'annulation des perquisitions litigieuses.

Certes, la nécessité d'éviter la déperdition des preuves et un retard injustifié dans le déroulement de l'enquête peuvent constituer des objectifs légitimes pour les autorités. Toutefois, ils nécessitent de trouver un équilibre avec les droits des entreprises, au premier rang desquels figure le droit à l'assistance d'un conseil.

À cet égard, en guise de conclusion, on rappellera quelles règles a fixé le Tribunal de l'Union européenne s'agissant des inspections de la Commission (v. not. Trib. UE, 27 sept. 2012, KWS c/ Commission, aff. T-357/06, spéc. pt 232) : « le Tribunal estime que la présence d'un avocat externe ou d'un juriste interne à l'entreprise est possible lorsque la Commission procède à une vérification, mais que la présence d'un avocat externe ou d'un juriste interne ne saurait conditionner la légalité de la vérification. Lorsqu'une entreprise le souhaite, et notamment lorsqu'elle ne dispose pas de juriste sur les lieux de la vérification, elle peut ainsi solliciter les conseils d'un avocat par téléphone et lui demander de s'y rendre dans les meilleurs délais. Afin que l'exercice de ce droit à l'assistance d'un avocat ne puisse porter atteinte au bon déroulement de la vérification, les personnes chargées d'effectuer la vérification doivent pouvoir pénétrer immédiatement dans tous les locaux de l'entreprise, lui notifier la décision d'inspection et occuper les bureaux de leur choix, sans attendre que l'entreprise ait consulté son avocat. Les personnes chargées d'effectuer la vérification doivent également être mises en mesure de contrôler les communications téléphoniques et informatiques de l'entreprise, afin d'éviter notamment que cette dernière ne se mette en contact avec d'autres entreprises faisant également l'objet d'une décision de vérifications. Par ailleurs, le délai que la Commission est tenue d'accorder à une entreprise afin qu'elle puisse prendre contact avec son avocat, avant qu'elle ne commence à consulter les livres et autres documents, à en prendre des copies, à apposer des scellés sur des locaux ou des documents ou à solliciter des explications orales à tout représentant ou membre du personnel de l'entreprise, dépend des circonstances particulières propres à chaque cas d'espèce et, en tout état de cause, ne saurait être qu'extrêmement limité et réduit au strict minimum ».

C. Lemaire

Concurrences N° 3-2017, Art. N° 84592, p. 138

Voir aussi

C. Lemaire, J. Bousin, Droits de la défense : La Cour d'appel de Paris confirme que l'impossibilité de solliciter l'assistance immédiate et effective d'un avocat entraîne l'annulation des opérations de visite et saisie (Darty et Fils), 28 mars 2018, Concurrences N° 3-2018, Art. N° 87805, pp. 167-169.

Cass. crim., 28 juin 2017, ITM Alimentaire, n° 16-81.413

La Cour de cassation juge que l'entreprise perquisitionnée ne dispose pas du droit de saisir directement le juge des libertés et de la détention pendant les opérations de visite et saisie mais uniquement de la faculté de solliciter son intervention auprès de l'officier de police judiciaire.

Dans deux arrêts en date du 28 juin 2017, la Chambre criminelle de la Cour de cassation a fixé des limites strictes à la possibilité pour les entreprises perquisitionnées d'obtenir, pendant les opérations de visite et saisie, une intervention du juge des libertés et de la détention (« JLD ») sous l'autorité duquel elles se déroulent, en réaffirmant que ces entreprises ne disposent pas du droit de contacter directement le JLD mais uniquement de solliciter son intervention auprès de l'officier de police judiciaire, qui est libre d'y donner suite.

Les faits et la procédure

Étaient en cause des perquisitions effectuées par des agents de la DGCCRF les 22 et 23 juillet 2014 dans les locaux de la société ITM Alimentaire international (« ITM ») sur le fondement d'une ordonnance du JLD du TGI d'Evry en date du 16 juillet 2014. Le juge signataire de l'ordonnance d'autorisation des visites et saisie étant en congés lors des perquisitions, c'est le juge de permanence du TGI qui le remplaçait pour la supervision des opérations ce jour-là (juge qui, si nous comprenons bien les faits, aurait été sollicité au cours de la journée au sujet de certains incidents). Alors que les opérations se prolongeaient dans la soirée, les représentants d'ITM se sont opposés à la saisie de documents qui selon eux n'entraient pas dans le champ de l'enquête. Ils ont, à cette occasion, cherché à contacter le JLD afin de solliciter son intervention. Ces tentatives ont toutefois été vaines : l'heure tardive de l'incident n'a pas permis de contacter le juge de permanence (celui-ci ayant terminé son service de permanence) et les officiers de police judiciaire n'ont pas été en mesure de communiquer au représentants d'ITM les coordonnées du JLD signataire de l'ordonnance d'autorisation qui était en congés (l'un des officiers ayant indiqué, selon ITM, qu'il n'avait pas lesdites coordonnées).Considérant que le droit d'une entreprise perquisitionnée d'accéder au JLD lors des inspections était garanti aussi bien par les dispositions de l'article L. 450-4 C. com. gouvernant les inspections lourdes que par la protection des droits de la défense au titre de l'article 6 de la CEDH, ITM avait alors saisi le premier président de la Cour d'appel de Paris de deux recours contestant respectivement la légalité de l'ordonnance d'autorisation des inspections et la régularité du déroulement des inspections, en invoquant plusieurs moyens tirés du fait qu'il n'avait pas été mis en position d'exercer ce droit lors des inspections.

Ces recours ont été rejetés en bloc par le premier président de la Cour d'appel de Paris, lequel a jugé dans deux ordonnances du 18 novembre 2015 que les entreprises perquisitionnées ne disposaient d'aucun droit à contacter directement le JLD lors des inspections.

C'est dans ce contexte que la chambre criminelle de la Cour de cassation, saisie des pourvois d'ITM contre les ordonnances du premier président, était invitée à statuer sur les modalités d'accès des entreprises perquisitionnées au JLD lors des opérations de visite et saisie et sur l'effectivité de son contrôle lors de ces opérations.

Les thèses en présence (premier volet) : le droit de l'entreprise perquisitionnée de contacter directement le JLD pendant les inspections

ITM soutenait que le droit d'une entreprise perquisitionnée à contacter directement le JLD lors des inspections découlait des dispositions de l'article L. 450-4 C. com. comme des articles 6 et 8 de la CEDH.

ITM se fondait à cet égard sur les dispositions de l'article L. 450-4 C. com. prévoyant que « la visite et la saisie s'effectuent sous l'autorité et le contrôle du juge qui les a autorisées », que celui-ci « peut se rendre dans les locaux pendant l'intervention » et décider « à tout moment » la suspension ou l'arrêt de la visite, mais aussi sur le principe du contradictoire garanti par l'article 6 CEDH et qui « doit être respecté dès le début de l'enquête ».

Selon ITM, ces dispositions garantissent ainsi aux entreprises perquisitionnées la possibilité de « susciter un contrôle du JLD » pendant les perquisitions, et l'effectivité de cette garantie exige, d'une part, « que les entreprises faisant l'objet de visite puissent saisir personnellement et directement le juge chargé du contrôle de telles visites », et, d'autre part, que l'ordonnance d'autorisation des visites « porte à la connaissance de l'occupant des lieux la possibilité immédiate de susciter un contrôle du juge des libertés et de la détention qui est limité à la durée des opérations » en indiquant ses coordonnées.

Par ailleurs, ITM invoquait l'arrêt *Ravon* de la Cour EDH (Cour EDH, 21 février 2008, Ravon e. a. c/ France, n° 18497/03). De fait, si l'on sait que la Cour a condamné dans cette affaire l'absence de recours en fait et en droit contre l'ordonnance d'autorisation des visites, elle avait par ailleurs écarté l'argument subsidiaire selon lequel la possibilité de saisir le juge ayant autorisé les visites en cours d'inspection compensait cette lacune. En effet, selon la Cour EDH, ledit recours « apparaissait plus théorique qu'effectif » dans la mesure où « les agents qui procèdent à la visite n'ont pas l'obligation légale de faire connaître aux intéressés leur droit de soumettre toute difficulté au juge (...), lequel n'est tenu de mentionner dans l'ordonnance d'autorisation ni la possibilité ni les modalités de sa saisine en vue de la suspension ou de l'arrêt de la visite » et où « en outre, en l'espèce en tout cas, les coordonnées du juge compétent ne figuraient pas sur les ordonnances d'autorisation et n'ont pas été fournies aux requérants par les agents qui ont procédé aux visites », ITM en déduisait que la Cour EDH avait ce faisant « incriminé » les lacunes ci-dessus dans cet arrêt.

A contrario, le premier président de la Cour d'appel de Paris avait nié l'existence d'un droit d'accès direct de l'entreprise perquisitionnée au JLD pendant les perquisitions en invoquant la lettre des dispositions les encadrant, ainsi que des considérations liées à leur efficacité.

Ainsi, le premier président avait-il mis en avant, d'une part, le fait que l'article L. 450-4 C. com. « ne prévoit nullement que les entreprises faisant l'objet de visite et saisie puissent directement saisir le juge, seul l'officier de police judiciaire disposant de cette faculté », de même que la saisine du JLD « ne figure pas parmi les mentions de l'ordonnance d'autorisation, prescrites à peine de nullité », constat qui vaut également pour les coordonnées du juge, « seul important le fait que le juge soit joignable en son tribunal ».

D'autre part, il avait invoqué « les impératifs d'efficacité de l'enquête lourde, qui doit se dérouler dans une certaine urgence, [et qui] seraient définitivement compromis si toute contestation portant sur le déroulement des opérations pouvait être sur le champ portée devant le juge des libertés et de la détention dans le cadre d'un débat contradictoire, alors qu'existe par ailleurs un recours prévu par la loi devant le premier président de la cour d'appel, après les opérations ».

Enfin, le premier président avait écarté l'argument susvisé tiré de l'arrêt *Ravon* au motif que cet arrêt « ne s'est pas prononc[é] sur la conformité du contrôle du juge des libertés et de la détention sur le déroulement des opérations à l'article 6 § 1, de la Convention européenne des droits de l'Homme [et] n'a statué que sur la conformité du contentieux de l'autorisation ».

Les thèses en présence (second volet) : effectivité du contrôle exercé par le JLD sur les opérations de visite et saisie dans les circonstances de l'espèce

ITM soulevait divers arguments tenant en substance au fait qu'au-delà de la question de son accès direct au JLD, son droit à bénéficier d'un contrôle effectif de ce dernier lors des inspections – tel que garanti par l'article L. 450-4 C. com. et par les articles 6 et 8 de la CEDH – avait en tout état de cause été méconnu en l'espèce.

ITM invoquait à cet égard les différentes difficultés rencontrées pour qu'un JLD soit contacté (coordonnées du JLD non mentionnées sur l'ordonnance, JLD signataire des autorisations en congés, juge de permanence injoignable en soirée), le caractère non contradictoire des échanges intervenus avec le juge de permanence quand celui-ci avait pu être joint (seuls les officiers de police judiciaire et les agents ayant pu lui parler au téléphone), et l'inefficacité du recours *a posteriori* sur le déroulement des inspections pour remédier aux éventuelles irrégularités commises lors de celles-ci (la restitution de documents hors champ étant sans effet dès lors que les agents les ont consultés).

De même, ITM soutenait que le fait de confier à un officier de police judiciaire l'opportunité de saisir ou non le JLD méconnaissait le principe du contradictoire, que l'officier de police judiciaire avait au contraire l'obligation d'informer le JLD des difficultés rencontrées au titre de l'article L. 450-4 C. com., et qu'en tout état de cause son incapacité matérielle à contacter un juge en l'espèce n'était pas compatible avec les dispositions dudit article.

Enfin, ITM dénonçait le fait que l'inspection ait pu se prolonger dans la soirée sans contrôle, alors même qu'aucun juge n'était joignable, en violation de l'article L. 450-4 C. com. (prévoyant la faculté d'obtenir l'intervention « à tout moment » du JLD) et des articles 6 et 8 de la CEDH.

À ces différents arguments, le premier président avait quant à lui objecté que « la loi ne prévoit pas l'assistance personnelle du juge aux opérations, mais la faculté, pour les officiers de police judiciaire chargé d'assister à celles-ci, de le saisir en cas de difficultés d'exécution », qu'en vertu de celle-ci « l'officier de police judiciaire est juge de l'opportunité de la saisine du [JLD] », et que « seule la méconnaissance des droits de la défense pourraient ainsi être reprochée à l'officier de police judiciaire et pourrait être de nature à entraîner l'annulation des opérations ».

De même avait-il jugé que l'indisponibilité du juge signataire du fait de ses congés serait inopérante au motif que « c'est méconnaître l'organisation type des services des juges des libertés et de la détention que de soutenir que le juge des libertés et de la détention signataire aurait dû être le juge qui aurait dû suivre les opérations, étant précisé que ces magistrats sont d'astreinte également le week-end, notamment sur des attributions pénales et qu'ils doivent prétendre comme personne exerçant notamment une activité aux responsabilités multiples à un repos réparateur légitime ».

Le premier président était arrivé aux mêmes conclusions s'agissant de l'incapacité pour l'entreprise perquisitionnée de joindre un juge de permanence dans la soirée pour statuer sur le caractère saisissable de pièces n'entrant pas dans le champ de l'enquête selon elle.

En effet, selon lui, de telles contestations n'auraient de toute façon pas à être soulevées ou tranchées pendant les inspections, au motif que « l'exercice de droits de la défense ne consiste pas à vérifier lors des opérations de saisie si celles-ci entrent ou pas dans le champ d'application de l'ordonnance ; que les enquêteurs et les officiers de police judiciaires disposent de logiciels leur permettant de discriminer toute atteinte au secret professionnel de l'avocat et toute atteinte à la vie privée (...) ; que les locaux visités pendant les opérations n'ont pas vocation à devenir un lieu où un débat contradictoire doit s'instaurer sur chaque pièce saisie pour savoir si elle entre ou non dans le champ d'application de l'ordonnance avant d'être cotée », et que « le débat contradictoire relatif au champ d'application d'une pièce saisie s'exerce devant la cour » dans le cadre du recours sur le déroulement des perquisitions.

En outre, il était selon le premier président « fort probable » que le juge de permanence « qui dès la matinée a eu connaissance des premières difficultés de cette visite domiciliaire en ait référé [au JLD] signataire de l'ordonnance (même si celui-ci se trouvait en congés) et que par la suite et avant de terminer son service de permanence [le juge de permanence] a pu donner des consignes à l'officier de police judiciaire présent sur les lieux », le premier président relevant par ailleurs qu'« il était loisible de soumettre toute difficulté pendant la journée à l'officier de police judiciaire afin de contacter le juge des libertés et de la détention ou son service sans attendre des heures très tardives ».

Confirmation des ordonnances par la Cour : l'entreprise perquisitionnée n'a aucun droit d'accès direct au JLD pendant les inspections et les modalités d'accès au JLD *via* les officiers de police judiciaire ont été suffisantes pour exercer ses droits de la défense

Dans ses deux arrêts du même jour, la Cour de cassation a confirmé respectivement l'ordonnance du premier président ayant validé l'ordonnance d'autorisation des inspections et l'ordonnance du même magistrat ayant approuvé le déroulement des inspections.

L'analyse de la Cour dans ces arrêts se signale par des attendus succincts qui, pour l'essentiel, reprennent à leur compte le raisonnement suivi par le premier président.

Ainsi la Cour a-t-elle confirmé la validité de l'ordonnance d'autorisation des inspections au regard « des dispositions conventionnelles et légales invoquées » au terme d'un attendu unique constatant « qu'en effet, l'article L. 450-4 du Code de commerce ne prévoit pas que l'occupant des lieux doive avoir connaissance des coordonnées du juge ni qu'il doive être informé de la possibilité de recourir à celui-ci afin qu'il exerce son contrôle sur la régularité des mesures en cours ».

S'agissant de la régularité du déroulement des inspections, la Cour a relevé que le premier président s'était « prononc[é] par les motifs repris au moyen » et jugé qu'en l'état de ces énonciations exemptes d'insuffisance comme de contradiction et qui répondent aux chefs péremptoires des conclusions dont il était saisi, le premier président a, sans méconnaître les dispositions conventionnelles et légales invoquées, justifié sa décision ».

Reprenant ensuite dans des termes quasi-identiques l'attendu de principe énoncé ci-avant, la Cour a précisé « que d'une part, l'article L. 450-4 du Code de commerce ne prévoit pas que l'occupant des lieux (...) doive avoir connaissance des coordonnées du juge ni qu'il doive être informé de la possibilité de recourir à celui-ci afin qu'il exerce son contrôle sur la régularité des mesures en cours » et que « d'autre part, l'occupant des lieux ne dispose pas du droit de saisir lui-même le juge qui a délivré l'autorisation, les officiers de police judiciaire chargés d'assister aux opérations devant, au cours de la visite, tenir ce magistrat informé des difficultés rencontrées ».

En statuant en ce sens, la Cour de cassation confirme une position qu'elle avait déjà exprimée par le passé et qui est conforme à la lettre de l'article L. 450-4 C. com. Il n'en demeure pas moins que cette position et les éléments qui la fondent suscitent des interrogations.

L'absence de droit de l'entreprise perquisitionnée à saisir le JLD : une position déjà exprimée par la Cour de cassation...

La question de l'existence d'un droit de l'entreprise perquisitionnée à saisir directement le JLD en cas d'incidents lors des perquisitions n'était pas nouvelle devant la Cour.

En effet, on se souvient que la Cour avait déjà expressément rejeté l'existence d'un tel droit dans un arrêt en date du 9 mars 2016 dans l'affaire SRR (Cass. com., 9 mars 2016, Rapporteur général de l'Autorité de la concurrence, n° 14-84566), dans laquelle les conditions d'exercice concrètes du contrôle du JLD lors de perquisitions avaient – déjà – pu sembler quelque peu légères, sinon préoccupantes. En effet, l'avocat de l'entreprise perquisitionnée, qui s'opposait à la saisie de documents couverts selon lui par le secret des correspondances avocat-client, avait finalement obtenu – après différentes péripéties qui l'avaient conduit à se déplacer jusqu'au TGI pendant les inspections – un contact téléphonique indirect avec le JLD *via* un magistrat, pour finalement s'entendre signifier par ledit magistrat que le JLD refusait de le prendre au téléphone à cette heure (il était 18 h 15) et l'invitait à le rappeler le lendemain aux heures d'ouverture du greffe – et donc potentiellement après la fin des inspections...

Le premier président avait annulé l'intégralité des saisies en relevant qu'il « était loisible au conseil de SRR de saisir directement le JLD, sans filtrage de l'OPJ » et qu'en l'espèce SRR « n'[avait] pas bénéficié de façon effective de la garantie fondamentale de ce contrôle de l'exécution de la visite et des saisies par le JLD, alors qu'elle invoquait un incident sérieux relatif à la saisie de correspondances avocat-client ». Or, statuant sur le pourvoi formé par l'Autorité de la concurrence contre cette ordonnance, la Cour avait déjugé le premier président et annulé l'ordonnance au motif, déjà, « que l'occupant des lieux ne dispose pas du droit de saisir lui-même le juge qui a autorisé la visite et la saisie, les officiers de police judiciaire chargés d'assister aux opérations devant, au cours de la visite, tenir ce magistrat informé des difficultés rencontrées ».

La position de la Cour de cassation sur cette question n'a toutefois pas toujours été aussi claire et aussi tranchée.

Ainsi, dans un arrêt *Boston Scientific* (Cass. com, 27 nov. 2013, Boston Scientific, n° 12-85.830), la Cour de cassation avait approuvé le raisonnement du premier président de la Cour d'appel de Paris, lequel avait écarté un recours dénonçant l'irrégularité de perquisitions (faute pour les avocats de l'entreprise d'avoir pu consulter les documents saisis) au motif, entre autres, « que les conseils présents lors des opérations de visite et de saisie n'ont pas cru bon saisir le juge des libertés et de la détention d'une difficulté liée à la saisie des pièces effectuée par l'Autorité de la concurrence ». Ainsi, la saisine du JLD par l'entreprise perquisitionnée ne semblait pas seulement admise mais était érigée en condition de recevabilité de contestations ultérieures de sa part sur les saisies de documents. Or, la Cour avait approuvé – semble-t-il – cette analyse du premier président en jugeant effectivement « qu'il appartenait à la société et à ses conseils, qui sont intervenus dès le début des opérations de visite et avaient nécessairement connaissance des documents susceptibles d'être appréhendés, de soulever toute contestation utile sur les documents qui leur paraissaient devoir être exclus de la saisie ».

… Mais qui repose sur une interprétation littérale de l'article L. 450-4 du C. com. qui suscite des d'interrogations quant à l'effectivité de la protection des droits de la défense lors des inspections

Si l'on s'en tient à une application strictement littérale des textes de droit français encadrant la conduite des inspections, la cause est effectivement entendue : l'article L. 450-4 C. com. n'énonce pas que l'entreprise perquisitionnée a le droit de saisir directement le JLD ; les mentions obligatoires devant figurer dans l'ordonnance d'autorisation en application de l'article R. 450-2 C. com. n'y font aucune référence (directe).

De même, il est exact que l'arrêt *Ravon* de la Cour EDH portait sur l'absence de recours en fait et en droit contre l'ordonnance d'autorisation des inspections, et non sur les modalités d'accès au JLD pendant les inspections, comme l'ont relevé le premier président de la Cour d'appel et la Cour de cassation dans la présente affaire.

Tout aussi légitime est le souci de la Cour – nul doute déterminant en l'espèce et plus généralement dans le contentieux des perquisitions – de préserver l'efficacité des perquisitions, laquelle serait assurément compromise si la saisine du JLD était utilisée de façon systématique et intempestive par l'entreprise perquisitionnée pour interrompre ou perturber le déroulement normal des perquisitions.

Pour autant, les arrêts sous chronique donnent-il pleinement satisfaction quant à l'équilibre qu'ils assurent – ou plutôt qu'ils devraient assurer en application des articles 6 et 8 de la CEDH – entre l'impératif d'efficacité des perquisitions et le respect des droits de la défense de l'entreprise perquisitionnée ?

Il est permis d'en douter selon nous.

D'une part, les justifications avancées pour dénier à l'entreprise perquisitionnée tout droit de saisir du JLD ne nous semblent pas apporter de réponse convaincante aux arguments tirés de la méconnaissance des droits de la défense garantis par la CEDH.

Ainsi, comme l'avait avancé ITM à titre subsidiaire, le fait que l'article L. 450-4 C. com. ne prévoie pas expressément un droit d'accès direct des entreprises perquisitionnées au JLD est indifférent dès lors qu'elle invoquait ce droit au titre des dispositions de la CEDH (et il est tout aussi vrai que l'article L. 450-4 C. com. ne prévoit pas expressément que l'officier de police judiciaire est le seul et unique interlocuteur autorisé du JLD).

Or, de ce point de vue, était-il possible d'écarter sommairement les préoccupations pourtant très claires et circonstanciées formulées par la Cour EDH dans l'arrêt *Ravon* sur le caractère « plus théorique qu'effectif » de la possibilité de saisine du JLD par l'entreprise lors des perquisitions ? Bien que la portée juridique de l'arrêt le permette peut-être, on est d'autant plus en droit de s'interroger sur ce point que la Cour EDH avait objecté que « le droit [de l'entreprise perquisitionnée] de soumettre toute difficulté au juge » n'était pas suffisamment garanti puisque non porté à sa connaissance lors des inspections et non étayé par des mentions obligatoires de l'ordonnance d'autorisation (notamment sans les coordonnées du juge) – or les préoccupations de la Cour EDH sur les conditions d'exercice du « droit de soumettre toute difficulté au juge » lors des inspections, droit qu'elle pensait manifestement acquis, nous semblent être d'autant plus lourdes de sens que c'est aujourd'hui l'existence même de ce droit que la Cour de cassation dénie à l'entreprise perquisitionnée.

D'autre part, et surtout, on ne peut que regretter le silence de la Cour sur le second volet des arguments d'ITM, tenant à l'effectivité du contrôle exercé par le JLD sur les inspections (indépendamment de la faculté pour elle de le saisir directement ou non).

En effet, la Cour s'est contentée sur ce point d'approuver le raisonnement suivi par le premier président, sans fournir davantage d'explications.

Or, ce raisonnement suscite des inquiétudes quant à la portée réelle du contrôle exercé par le JLD lors des inspections et au respect des droits de la défense. Qu'en est-il en effet de la réalité de ce contrôle lorsque les inspections se poursuivent à partir d'une heure où il est établi qu'aucun juge n'est joignable (ce qui en l'espèce n'était pas contesté par le premier président) ? Est-il raisonnablement possible de justifier de manière crédible de telles perquisitions nocturnes sans contrôle au motif qu'il est « fort probable » que le juge de permanence ait donné des « consignes » à l'officier de police judiciaire avant son départ et que le JLD signataire de l'ordonnance autorisant les opérations est en congés (même si personne ne lui dénie bien évidemment le droit à « un repos réparateur légitime ») ? Par ailleurs, à quel titre la vérification des pièces hors champ (voire, à plus forte raison, couvertes par le secret professionnel) ne relève-t-elle pas « de l'exercice des droits de la défense » de l'entreprise lors des perquisitions ? Finalement, quel rôle exactement doit ou devrait jouer l'officier de police judiciaire dans ce cadre jurisprudentiel ? À n'en pas douter, les débats sur opérations de visite et saisie ne sont pas clos.

C. Lemaire, S. Naudin
Concurrences N° 4-2017, Art. N° 85061, p. 154

Cass. crim., 21 mars 2018, 2 arrêts, Free Mobile, n° 16-87.189 ; Free et Iliad, n° 16-87.193

La Cour de cassation réaffirme la pleine applicabilité du droit commun des opérations de visite et saisie aux entreprises de presse et de communication audiovisuelle et réaffirme quelques principes sur la légalité et le déroulement de ces opérations.

Par deux arrêts du 21 mars 2018, la Cour de cassation a notamment réaffirmé la pleine applicabilité du droit commun des opérations de visite et saisie aux entreprises de presse et de communication audiovisuelle, en rejetant les pourvois formés à l'encontre de deux ordonnances rendues par le premier président de la Cour d'appel de Paris le 23 septembre 2015, lesquelles avaient respectivement confirmé une ordonnance du juge des libertés et de la détention (« JLD ») autorisant des opérations de visite et saisie dans les locaux du groupe auquel appartient la société Free Mobile, dont Free SAS et Groupe Iliad, et déclaré ces opérations régulières. À l'occasion de ces arrêts, la Cour a également eu l'occasion de revenir sur certains principes applicables à la légalité et au déroulement de telles opérations.

Dans cette affaire, étaient en cause les perquisitions réalisées par des agents de la DGCCRF les 28 et 29 mai 2013 dans les locaux des sociétés Free Mobile, Free SAS et Groupe Iliad sur le fondement d'une ordonnance du JLD du Tribunal de grande instance de Paris en date du 21 mai 2013.

Le 5 juin 2013, les trois sociétés visées par les opérations de visite et saisie, en l'espèce Free Mobile, Free SAS et Groupe Iliad, avaient saisi le premier président de la Cour d'appel de Paris de deux recours contestant respectivement la légalité de l'ordonnance d'autorisation et la régularité du déroulement des inspections.

Le premier président avait alors rejeté l'ensemble des moyens (nombreux) avancés par les requérantes au soutien de leurs actions.

C'est dans ce contexte que la chambre criminelle de la Cour de cassation a été saisie de deux pourvois des trois sociétés concernées contre les ordonnances du premier président de la Cour d'appel de Paris.

Avant de revenir sur les arrêts prononcés le 21 mars 2018 par la Cour de cassation dans cette affaire, il convient de souligner que les opérations de visite et saisie menées par les agents de la DGCCRF l'ont été sur le fondement de l'article L. 450-4 C. com., alors même qu'elles ne concernaient pas des pratiques anticoncurrentielles mais s'inscrivaient dans le cadre d'une enquête relative à des pratiques alléguées à l'encontre de la société Free Mobile, ayant pour effet de restreindre le service d'accès à l'internet 3G mobile offert à ses abonnés, et susceptibles de constituer à ce titre une pratique commerciale trompeuse contraire aux articles L. 121-1 et L. 121-11 C. cons.

Cela étant, les principes réaffirmés par la Cour de cassation dans le cadre de ces arrêts ont vocation à s'appliquer à l'ensemble des perquisitions conduites sur le fondement de l'article L. 450-4 C. com., y compris celles portant sur de potentielles pratiques anticoncurrentielles.

Le statut spécifique des entreprises de communication audiovisuelle n'implique aucune procédure particulière dans le cadre d'opérations de visite et saisie

Dans le cadre des deux pourvois, les sociétés Free SAS et Groupe Iliad soutenaient qu'elles auraient dû bénéficier du statut spécifique des entreprises de presse et de communication audiovisuelle, prévu à l'article 56-2 C. proc. pén., aux termes duquel les perquisitions réalisées dans les locaux d'une telle entreprise dans le cadre d'une enquête se rapportant à son activité professionnelle ne peuvent être effectuées que par un magistrat.

Selon les requérantes, l'ordonnance du JLD serait nulle car elle ne désignerait pas le magistrat en charge de la gestion des opérations de visite et saisie, et serait ainsi susceptible de porter une atteinte disproportionnée à la liberté de la presse.

Le premier président de la Cour d'appel de Paris ne semblait pas avoir remis en cause le fait que les sociétés Free SAS et Groupe Iliad – qui n'ont *a priori* été visitées que parce qu'elles partagent leurs locaux avec la société Free Mobile – puissent être qualifiées d'entreprises de communication. Il avait néanmoins considéré que le régime des perquisitions pénales, couvert par l'article 56-2 C. proc. pén., est très différent de celui des visites domiciliaires, qui sont des opérations de visite et saisie de nature administrative encadrées par l'article L. 450-4 C. com. Or, cet article ne contient aucune disposition spécifiquement applicable aux entreprises de presse et de communication audiovisuelle et ne renvoie pas à l'article 56-2 C. proc. pén. Par conséquent, le premier président avait considéré « qu'en n'appliquant pas les dispositions de l'article 56-2 du Code de procédure pénale, et en ne prévoyant pas, dans son ordonnance, qu'il procèderait lui-même aux opérations de visite et saisie ou qu'un autre juge y procèderait, conformément à cet article, le [JLD] a fait une juste application de l'article L. 450-4 du Code de commerce ».

En l'espèce, après avoir rappelé les thèses en présence, la chambre criminelle de la Cour de cassation s'est contentée de rappeler qu'« il résulte des dispositions spécifiques de l'article L. 450-4 du Code de commerce qu'après avoir vérifié que la demande qui lui est soumise est fondée, le juge des libertés et de la détention peut autoriser des opérations de visite et saisie dans toute entreprise, quelle que soit son activité, de telles opérations ayant pour seul objet la recherche de preuves de pratiques commerciales prohibées ».

En outre, la Cour de cassation écarte le moyen du pourvoi relatif à la régularité du déroulement des opérations de visite et saisie sur un fondement similaire, après avoir notamment rappelé, d'une part, qu'en l'espèce l'ordonnance et les opérations portaient sur des agissements supposés de la société Free Mobile concernant son activité de commercialisation de forfaits téléphoniques et non sur l'activité spécifique de communication des sociétés Free SAS et Groupe Iliad, et, d'autre part, qu'aucune mention ou réserve du procès-verbal ne fait état de la saisie de pièces qui mettraient en cause le secret professionnel ou le respect des sources journalistiques.

Cette solution n'est pas nouvelle et avait déjà été affirmée notamment dans un arrêt rendu le 11 janvier 2012 par la Cour de cassation dans lequel elle avait jugé, aux termes d'un attendu identique, que le droit commun des opérations de visite et saisie s'applique pleinement aux entreprises de presse (Cass. crim., 11 janvier 2012, Rapporteur général de l'Autorité de la concurrence et société 10 Médias, n° 10-85446, *Concurrences* N° 2-2012, obs. C. Lemaire et S. Naudin, pp. 147-148).

Le rappel par la Cour de cassation de principes applicables aux ordonnances d'autorisation et au déroulement d'opérations de visite et saisie

Dans le cadre du pourvoi portant sur la légalité de l'ordonnance du JLD, les requérantes reprochaient au premier président de la Cour d'appel de Paris de ne pas avoir annulé ladite ordonnance, alors même que celle-ci aurait été adoptée sur la base d'un dossier incomplet de la DGCCRF, notamment en ce qu'il ne comprenait pas l'ensemble des documents visés dans la requête de cette dernière. Approuvant le premier président de la Cour d'appel de Paris, la chambre criminelle de la Cour de cassation confirme que l'administration est libre de choisir les éléments qui sont présentés au JLD au soutien de la demande d'autorisation, dans la mesure où ces éléments ont une origine apparemment licite. En outre, la Cour de cassation indique qu'il revient au JLD d'apprécier souverainement le caractère suffisant des présomptions d'agissements frauduleux en se référant aux documents fournis par l'administration ou de demander des pièces complémentaires à cette dernière, le cas échéant. En tout état de cause, la Cour de cassation mentionne qu'il suffit, pour que soient respectés les principes du contradictoire et de l'égalité des armes, que l'accès au dossier complet de l'administration soit assuré pendant la phase juridictionnelle.

On signalera également que dans le cadre de chacun des pourvois, les requérantes critiquaient un manque d'accès effectif et concret au JLD, en raison, d'une part, de l'absence dans l'ordonnance d'autorisation de mention relative à la possibilité et aux modalités de saisine du JLD, ainsi qu'à ses coordonnées, et d'autre part, de l'absence d'information à cet égard au cours du déroulement de la perquisition. À cet égard, la Cour de cassation confirme la position du premier président de la Cour d'appel, lequel avait rejeté les arguments des requérantes, en rappelant que l'article L. 450-4 C. com. ne prévoit pas de telles mesures et, qu'aux termes de ce dernier, il appartient aux officiers de police judiciaire assistant aux opérations de visite et saisie d'informer le JLD des difficultés rencontrées dans le cadre de ces dernières, l'occupant des lieux ne disposant pas du droit de saisir lui-même le juge ayant autorisé de telles opérations (cette position est en ligne avec la jurisprudence de la Cour de cassation – voir not. Cass. crim., 9 mars 2016, Rapporteur général de l'Autorité de la concurrence, n° 14-84.566).

Enfin, on notera que la Cour de cassation a rejeté un moyen du pourvoi relatif au déroulement des opérations de visite et saisie en vertu duquel les requérantes contestaient la saisie de fichiers informatiques réalisée par les agents de la DGCCRF au motif qu'elles n'avaient pas été mises en mesure de prendre connaissance des fichiers avant leur saisie. En effet, la Cour de cassation relève – comme l'avait fait le premier président de la Cour d'appel – qu'il ressort du procès-verbal de visite et saisie, ainsi que de la mise à disposition des requérantes d'une copie des documents informatiques saisis, que les requérantes ont été en mesure d'identifier ces derniers avant leur saisie. À cet égard, on soulignera que la Cour de cassation profite également de cet attendu pour rappeler que « la constitution de scellés provisoires est une faculté laissée à l'appréciation des enquêteurs » (*cf.* Cass. crim., 14 déc. 2011, Rapporteur général de l'Autorité de la concurrence et SNCF, n° 10-85.293). En outre, il convient de relever que, par un arrêt en date du 26 juillet 2017, la Cour de cassation avait refusé de renvoyer au Conseil constitutionnel une question prioritaire de constitutionnalité soulevée par les requérantes au sujet de l'identification des documents informatiques saisis au cours d'opérations de visite et saisie (Cass. crim., 26 juillet 2017, Free Mobile e. a. c/ DGCCRF, n° 16-87.193, *Concurrences* N° 4-2017, obs. C. Lemaire, pp. 158-159).

C. Lemaire, M. Florent
Concurrences N° 3-2018, Art. N° 87804, p. 165

Cass. crim., 13 juin 2019, Whirlpool, n° 17-87.364

La Cour de cassation considère qu'une entreprise est « mise en cause » dans le cadre d'une visite et saisie incidente et bénéficie donc d'un droit à un recours effectif, imposant que soient annexés à la requête et à l'ordonnance le procès-verbal et l'inventaire dressés lors des opérations de visite et saisie initiales

L'arrêt rendu par la Cour de cassation le 13 juin 2019 en matière de visite et saisie dans l'affaire Whirlpool est intéressant à plusieurs égards. Il rappelle d'abord l'importance du droit au recours effectif, faisant ainsi écho à la position exprimée il y a quelques années par la Cour européenne des droits de l'Homme dans son arrêt *Ravon* en matière d'opérations de visite et saisie françaises (CEDH, 21 févr. 2008, Ravon e. a. c/ France). Il se prononce ensuite sur la notion de personnes « mises en cause », visée par l'article L. 450-4 C. com. et qui fait l'objet d'un contentieux peu nourri.

En effet, par son arrêt du 13 juin 2019, la chambre criminelle de la Cour de cassation censure l'ordonnance rendue le 8 novembre 2017 par le délégué du premier président de la

Cour d'appel de Paris, qui avait confirmé la légalité de l'ordonnance du juge des libertés et de la détention (ci-après « JLD ») de Paris ayant autorisé des opérations de visite et saisie (ci-après « OVS ») dans les locaux de la société Whirlpool. La société Whirlpool était soupçonnée d'avoir pris part à des pratiques d'entente dans le secteur de la distribution de produits « blancs » et « bruns ».

Retour sur la procédure en cause

En vertu d'une ordonnance d'autorisation délivrée par le JLD de Bobigny, les enquêteurs de l'Autorité de la concurrence avaient réalisé des OVS au mois d'octobre 2013 dans les locaux des sociétés Samsung et Fagor Brandt. Sur la base de cahiers de notes saisis chez Fagor Brandt, les enquêteurs ont sollicité du JLD de Paris une nouvelle ordonnance leur permettant, cette fois, de réaliser des OVS dans les locaux de la société Whirlpool. Le JLD de Paris a rendu une ordonnance d'autorisation des visites et saisies, qui ont eu lieu chez Whirlpool les 27 et 28 mai 2014.

Le 5 juin 2014, la société Whirlpool a formé un recours contre l'ordonnance du JLD de Paris autorisant les OVS de mai 2014 et contre leur déroulement, en invoquant la violation du dernier alinéa de l'article L. 450-4 C. com. et une atteinte irrémédiable à son droit à un recours effectif contre les OVS d'octobre 2013.

Les divergences d'interprétation de l'article L. 450-4 C. com.

Pour rappel, le dernier alinéa de l'article L. 450-4 C. com. énonce, tout d'abord, que « Le déroulement des opérations de visite et saisie peut faire l'objet d'un recours [...] Le ministère public, la personne à l'encontre de laquelle a été prise l'ordonnance mentionnée au premier alinéa et les personnes mises en cause au moyen de pièces saisies au cours de ces opérations peuvent former ce recours ».

Cette disposition ne pose pas de problème d'interprétation particulier. Elle consacre le droit à un recours effectif tant pour l'entreprise visée par l'ordonnance que pour l'entreprise ultérieurement mise en cause sur le fondement des pièces saisies. La société Whirlpool avait donc droit à un recours contre le déroulement des OVS d'octobre 2013, même dans le cas où il n'y aurait pas eu d'OVS incidentes dans ses locaux.

Toutefois les choses se compliquent lorsqu'il s'agit de déterminer le moment où la société Whirlpool aurait dû bénéficier de ce droit au recours.

En effet, l'article ajoute que ce recours doit être formalisé « dans un délai de dix jours à compter de la remise ou de la réception du procès-verbal et de l'inventaire, ou, pour les personnes n'ayant pas fait l'objet de visite et de saisie et qui sont mises en cause, à compter de la date à laquelle elles ont reçu notification du procès-verbal et de l'inventaire et, au plus tard à compter de la notification de griefs prévue à l'article L. 463-2. »

Cette précision temporelle fait naître la confusion, d'autant que la société Whirlpool a un statut hybride : elle était tiers aux OVS d'octobre 2013, mais l'ordonnance autorisant les OVS de mai 2014 a été prise à son encontre, et cette ordonnance était fondée essentiellement sur les pièces saisies lors des OVS d'octobre 2013.

La société Whirlpool soutenait qu'elle aurait été directement mise en cause par les OVS menées dans ses locaux en mai 2014 sur la base des documents préalablement saisis chez Fagor Brandt et Samsung et que, par conséquent, elle aurait dû bénéficier du droit à un recours effectif contre les OVS d'octobre 2013. Or, pour bénéficier d'un recours effectif, elle estime que l'Autorité de la concurrence aurait dû lui notifier également les procès-verbaux des OVS d'octobre 2013 et les inventaires des pièces saisies.

À l'inverse, l'Autorité faisait valoir que la société Whirlpool n'était pas mise en cause au stade des visites et saisies « puisque les investigations ont pour objet de vérifier la réalité de présomptions d'infraction ou, au contraire, de les infirmer » et qu'elle n'avait donc pas de droit à un recours effectif. Partant, l'Autorité n'avait pas à lui notifier le procès-verbal de visite et saisie et l'inventaire dressés dans les locaux de Fagor Brandt et Samsung.

Les faits de l'espèce soulevaient ainsi deux questions. D'une part, celle de savoir à partir de quel stade une entreprise faisant l'objet d'une enquête peut être considérée comme « mise en cause » au sens de l'article L. 450-4 C. com. D'autre part, celle de savoir si le droit à un recours effectif, pour l'entreprise mise en cause dans le cadre d'une OVS incidente, requiert que soit portés à sa connaissance les procès-verbaux et inventaires dressés lors de la précédente OVS.

La Cour de cassation juge que la société Whirlpool est « mise en cause » lors d'une demande de visite et saisie incidente, et bénéficie d'un droit au recours contre les premières visite et saisie

Dans son ordonnance du 8 novembre 2017, le délégué du premier président de la Cour d'appel de Paris avait estimé qu'au stade de l'enquête préparatoire le champ d'intervention de l'Autorité doit être large, de sorte qu'« aucune accusation n'est formulée à l'encontre de la société visitée et encore moins à l'encontre de celle ou celles susceptibles de détenir des documents susceptibles de rattacher au champ de [l'enquête] ».

Il avait également retenu une interprétation très stricte de la notion de « mise en cause » figurant au dernier alinéa de l'article L. 450-4 C. com. En effet, selon lui, lors des OVS de 2013, Whirlpool n'était pas mise en cause. Aucune obligation de notification des OVS à son égard ne s'imposait donc.

Certes, le dernier alinéa de l'article L. 450-4 C. com. permet aux personnes n'ayant pas fait l'objet des OVS et qui sont mises en cause de former un recours sous un délai de 10 jours, mais celui-ci ne court que lorsque leur est notifié le procès-verbal et l'inventaire des OVS les mettant en cause, cette notification pouvant intervenir jusqu'à la notification des griefs. L'Autorité jouissait donc d'une latitude pour décider du moment de cette notification.

La Chambre criminelle de la Cour de la cassation ne suivra pas le délégué du premier président dans son raisonnement sur ce point. Admettre une telle interprétation revenait à laisser à l'Autorité le choix « *purement discrétionnaire* » (pour reprendre les termes utilisés par l'Avocat général dans ses conclusions) du moment de la notification, même quand la qualité de mis en cause est établie, ce qui n'est pas compatible avec le droit à un recours effectif.

En cassant et annulant l'ordonnance du délégué du premier président de la Cour d'appel de Paris, l'arrêt de la chambre criminelle renforce le droit au recours des entreprises mises en cause au moyen de pièces saisies lors d'OVS réalisées chez un tiers dans le cas où elles ont, ensuite, elles-mêmes fait l'objet d'OVS, autrement dit dans le cas d'OVS « incidentes ».

En effet, la Cour affirme très clairement que doit être considérée mise en cause une entreprise « visée par une demande d'autorisation de procéder dans ses locaux à des opérations de visite et de saisie sur le fondement de pièces saisies au cours d'une précédente visite domiciliaire effectuée chez un tiers ».

C'est donc à partir du moment de la requête visant à obtenir l'autorisation d'effectuer des OVS que la société Whirlpool doit être considérée comme « mise en cause », et à partir de cet instant que son droit à un recours effectif doit être garanti.

Ainsi, en pratique, une entreprise ayant fait l'objet d'une OVS incidente pourra faire un recours contre le déroulement des OVS ayant permis l'obtention d'indices sur sa participation à des pratiques anticoncurrentielles, et ce dès l'émission de la requête visant à obtenir l'autorisation d'effectuer des OVS incidentes. Ce droit au recours s'ajoute, bien entendu, au droit de l'entreprise de former un recours contre l'ordonnance ayant autorisé l'OVS incidente et contre son déroulement.

La solution est à présent claire s'agissant des entreprises faisant l'objet d'OVS incidentes. Elle demeure incertaine pour l'entreprise soupçonnée d'avoir pris part à des pratiques anticoncurrentielles sur la base d'OVS réalisées chez des tiers, mais qui ne fait pas, elle-même, ultérieurement, l'objet d'OVS. Dans ce cas, se pose la question de savoir si le principe du droit à un recours effectif limite là encore la discrétion dont semble bénéficier l'Autorité quant au moment où doit intervenir la notification du procès-verbal et de l'inventaire et partant quant au point de départ de ce droit au recours.

Le caractère effectif du droit au recours requiert que soient annexés à la requête et à l'ordonnance le procès-verbal et l'inventaire des premières OVS

La seconde question qui était posée avec ce pourvoi était celle de savoir si le droit à un recours effectif, pour l'entreprise mise en cause dans le cadre d'une OVS incidente, requiert que soit portés à sa connaissance les procès-verbaux et inventaires dressés lors de la précédente OVS.

La réponse de la Cour de cassation est là encore très claire : l'entreprise mise en cause lors d'OVS incidentes doit avoir connaissance des documents précédemment saisis, que l'administration a présenté au JLD au soutien de sa requête, au début des OVS incidentes. Cela signifie que le procès-verbal et l'inventaire dressés à l'issue des OVS initiales (ici d'octobre 2013) auraient dû être annexés à la requête et être notifiés au début de la visite autorisée.

Pour toutes ces raisons, la Cour de cassation casse et annule en toutes ses dispositions l'ordonnance du premier président de la Cour d'appel de Paris pour qu'il soit à nouveau jugé, conformément à la loi.

C. Lemaire, A. Azzi

Concurrences N° 4-2019, Art. N° 92350, p. 161

Voir aussi, sur les origines de l'affaire

CA Paris (ord.), 8 nov. 2017, Whirlpool France, RG n° 14/13384

C. Lemaire, S. Naudin, Correspondances de juristes d'entreprise : Le premier président de la Cour d'appel de Paris annule la saisie de courriels de juristes d'entreprise reprenant le contenu de consultations d'avocat stratégiques mais juge que cette violation des droits de la défense n'affecte pas la validité des inspections dans leur ensemble (Whirlpool), 8 novembre 2017, Concurrences N° 1-2018, Art. N° 86239, pp. 159-163.

Voir aussi, sur les suites de l'affaire

C. Lemaire, H. Fricaudet, Visites et saisies : La Cour d'appel de Paris annule après renvoi de la Cour de cassation les visites et saisies menées en 2014 dans les locaux d'un fabricant d'appareils électroménagers (Whirlpool), 8 juillet 2020, Concurrences N° 4-2020, Art. N° 97879.

Cass. crim., 4 mars 2020, Renault, n° 18-84.071

La Cour de cassation valide le recours à la technique des scellés fermés provisoires et à la saisie globale de fichiers de messagerie « insécables » dans le cadre d'une enquête pour pratiques commerciales trompeuses.

Dans un arrêt en date du 4 mars 2020, la chambre criminelle de la Cour de cassation est venue confirmer et préciser les modalités de conduite d'opérations de visite et saisie [OVS] autorisées par le juge des libertés et de la détention [JLD] dans le cadre d'une enquête ordonnée sur le fondement de l'article L. 215-18 ancien C. cons. (article L. 512-51 nouveau C. cons.). Ces solutions rendues dans le cadre d'une enquête de consommation sont transposables aux enquêtes de concurrence dites « lourdes » ordonnées en application de l'article L. 450-4 C. com. (les deux procédures, même si elles reposent sur des fondements distincts, étant en effet similaires).

On soulignera d'emblée – pour s'en féliciter – la clarté de l'arrêt, rédigé sous le nouveau modèle des arrêts de cassation en vigueur depuis fin 2019.

Les faits ayant conduit à la présente décision sont assez classiques : dans le cadre d'une enquête demandée par le Ministre de l'Économie sur d'éventuelles pratiques commerciales trompeuses susceptibles d'avoir été mises en œuvre dans le secteur de la fabrication automobile, la Direction Générale de la Concurrence, de la Consommation et de la Répression des Fraudes [DGCCRF] a sollicité du JLD du TGI de Nanterre par requête du 29 décembre 2015 une autorisation de visite et saisie visant différents locaux de Renault.

Par ordonnance du 29 décembre 2015, le JLD a fait droit à cette demande. Les OVS se sont déroulées les 7 et 8 janvier 2016.

À la suite des OVS, la société Renault a interjeté appel des ordonnances d'autorisation et formé un recours contre leur déroulement. Cet appel et ce recours furent rejetés par le premier président de la Cour d'appel de Versailles par ordonnance du 25 janvier 2018. C'est cette ordonnance qui a fait l'objet d'un pourvoi en cassation.

Sur les six moyens présentés par la société Renault, seuls deux seront examinés par la Cour de cassation, les quatre autres n'étant pas jugés admissibles.

La validation du recours à la technique des scellés fermés provisoires

Par son cinquième moyen, la société Renault faisait grief à l'ordonnance, d'une part, d'avoir validé le recours à la technique des scellés fermés provisoires et, d'autre part, de lui avoir refusé la protection des correspondances avocat-client en raison du non-respect par Renault du format prescrit par la DGCCRF pour identifier ces correspondances, alors même que la société avait pris soin d'identifier lesdits fichiers par une recherche effectuée *via* le logiciel Microsoft Outlook.

En premier lieu, la Cour de cassation confirme l'absence de violation des droits fondamentaux de Renault du fait du recours à la technique des scellés fermés provisoires. Cette technique, à laquelle les agents des autorités de concurrence ont régulièrement recours, consiste pour les enquêteurs à saisir globalement des fichiers informatiques en raison de leur volume, à les placer sous scellés fermés provisoires et à communiquer à l'entreprise une liste des documents saisis. Cette dernière peut, dans un second temps, identifier les documents éligibles à une protection. Un rendez-vous est ensuite organisé avec les enquêteurs pour procéder à l'ouverture des scellés fermés provisoires et organiser la suppression éventuelle des fichiers protégés, le reste des fichiers étant alors placé sous scellés définitifs.

Dans son ordonnance, le premier président de la Cour d'appel de Versailles avait estimé que cette procédure protège les droits de Renault de manière adéquate. La Cour de cassation, qui opère un contrôle de motivation de l'ordonnance, juge que la confection des scellés provisoires, qui avait été suivie d'un délai accordé à Renault pour signaler les documents éligibles à une protection puis d'un examen contradictoire en présence des avocats des parties avant la confection des scellés définitifs, avait réservé les droits de Renault et ne lui avait causé aucun grief. La haute juridiction confirme ainsi une jurisprudence établie en matière d'enquêtes lourdes de concurrence (voir Cass. crim., 4 mai 2017, n° 16-81.062 ; Cass. crim., 11 juillet 2017, n° 16-81.041).

En second lieu, la Cour de cassation confirme l'approche du juge du fond qui retient que la société Renault, en produisant des tableaux non conformes aux modèles donnés par l'administration, n'a pas satisfait la charge de la preuve qui lui incombait dans le cadre du recours et n'a donc pas établi que les saisies étaient de nature à porter atteinte au principe de confidentialité des correspondances entre avocats et clients. En l'espèce, Renault n'avait pas fourni les informations correspondant à certains champs (numéro de scellé, nom du fichier d'inventaire, etc.) figurant pourtant dans les tableaux de l'administration. En outre, le juge du fond avait noté que la méthode d'identification des documents éligibles utilisée par Renault aurait conduit à extraire 25 000 courriels identifiés comme contenant les noms d'avocats conseils de l'entreprise. Or le juge a considéré qu'un courriel contenant le nom d'un avocat n'est pas automatiquement susceptible de protection. Une motivation supplémentaire doit être présentée. À défaut, la Cour juge le refus de protection de ces éléments par l'administration justifié.

Nouvelle validation de la saisie globale de fichiers de messageries

Le sixième moyen soulevé par la société Renault critiquait la saisie globale de fichiers de messageries sans établissement d'un inventaire sélectif. Renault affirmait que les saisies pratiquées n'étaient pas proportionnelles à ses droits au regard du volume des documents saisis et de l'absence de contrôle du JLD, lequel ne se serait pas rendu sur les lieux lors des OVS alors même qu'il y avait été invité par l'entreprise mise en cause.

La haute juridiction se contente ici de confirmer l'étendue de l'appréciation souveraine du juge du fond. D'une part, la Cour de cassation retient que le juge du fond a pu souverainement estimer que les données saisies n'étaient ni divisibles ni étrangères au but de l'autorisation, et valider en conséquence la saisie globale de fichiers de messageries. La solution, guère surprenante, est conforme à celles retenues en matière d'enquêtes lourdes de concurrence (voir Cass. crim., 8 mars 2016, n° 14-26.920 ; Cass. crim., 8 mars 2017, n° 15-87.010 et n° 15-87.011).

De même, s'agissant de la proportionnalité des saisies pratiquées, le premier président de la Cour d'appel de Versailles a pu souverainement estimer que les saisies n'étaient « ni massives, ni indifférenciées, ni disproportionnées au but recherché » au regard de la taille de l'entreprise et de l'implication potentielle des personnes dont les messageries ont été saisies dans les faits faisant l'objet de l'enquête.

Enfin, l'absence du JLD lors des opérations est selon la Cour de cassation justifiée au regard des circonstances de l'espèce : il était impossible en l'état de justifier quelles pièces (compte tenu notamment de leur nombre) étaient couvertes par la confidentialité, rendant la présence du JLD sur les lieux inutiles.

C. Lemaire, A. Dos

Concurrences N° 2-2020, Art. N° 94902, p. 167

1.3.3.3 Instruction et des droits des entreprises

Prescription

Cass. com., 11 janv. 2017, Reckitt, n° 15-17.134

La Cour de cassation réaffirme qu'un acte de poursuite interrompt la prescription pour l'ensemble des faits qui présentent entre eux un lien de connexité.

On se souvient que, par une décision du 18 décembre 2013 (n° 13-D-21), l'Autorité de la concurrence a sanctionné la société Schering-Plough, qui commercialise le médicament appelé « Subutex® » (utilisé dans le traitement de la dépendance à l'héroïne, comme substitut menant vers la désintoxication), pour des pratiques de dénigrement du médicament générique et de remises fidélisantes à l'égard des pharmaciens, deux pratiques constitutives d'abus de position dominante. En dépit de l'utilisation de la procédure de non-contestation des griefs, la société Schering-Plough s'est tout de même vue infliger une amende de plus de 15 millions d'euros. Comme c'est en général le cas lorsqu'une procédure négociée a été utilisée, la société condamnée n'a pas intenté de recours contre cette décision.

Un autre volet de l'affaire, moins connu, a conduit l'Autorité à prononcer une seconde sanction, de moindre ampleur, à l'encontre de la société Schering-Plough (414 000 euros) et de la société Reckitt (318 000 euros) qui est le détenteur des droits de propriété intellectuelle sur le Subutex®. Il est en effet apparu que les pratiques constitutives d'abus mises en œuvre par la société Schering-Plough résultaient d'un plan d'ensemble, pensé, défini et décidé en commun avec la société Reckitt.

On ne reviendra pas sur les pratiques des laboratoires de médicaments princeps, qui visent à entraver l'entrée sur le marché des génériques. On sait que d'autres laboratoires s'y sont déjà frottés et ont été condamnés ; on se souvient de la lourde condamnation dont a fait l'objet Sanofi pour le dénigrement du générique du Plavix® (Aut. conc., déc. n° 13-D-11 du 14 mai 2013 relative à des pratiques mises en œuvre dans le secteur pharmaceutique ; pourvoi de Sanofi rejeté par Cass. com., 18 oct. 2016, n° 15/10384).

Quant à la concertation avec le détenteur des droits de propriété intellectuelle pour la mise en œuvre de pratiques abusives, la qualification d'entente ne faisait guère de doutes. En effet, les deux éléments constitutifs de l'infraction – concours de volontés, restriction sensible de concurrence – étaient réunis.

Le point le plus intéressant de l'arrêt concerne la prescription, question soulevée par le premier moyen du pourvoi. On sait que, selon l'article L. 462-7 du Code de commerce, la prescription des pratiques anticoncurrentielles est d'une durée de 5 ans et que, s'agissant de pratiques qui s'étalent dans le temps, elle commence à courir du jour où la pratique prend fin. L'Autorité de la concurrence est saisie le 3 novembre 2006 de faits présentés initialement comme un abus de position dominante. Cette saisine provoque naturellement une interruption de prescription à l'égard de la société Schering-Plough, auteur de l'abus de position dominante. Mais qu'en est-il à l'égard de la société Reckitt ? En réalité, la société Reckitt n'a commencé à être inquiétée que le 27 septembre 2011, date à laquelle une demande de renseignements adressée à la société Schering-Plough visait ses relations avec la société Reckitt. Et ce n'est qu'au 19 novembre 2012 que cette dernière reçoit la notification des griefs. Or la dernière réunion organisée entre les deux entreprises est datée du 9 décembre 2005, soit environ 7 ans avant la notification des griefs. Toute la question était donc de savoir si la saisine de l'Autorité, le 3 novembre 2006, pour les pratiques de Schering-Plough qualifiées d'abus de position dominante était interruptive de prescription à l'égard de la pratique d'entente.

Pour estimer que les faits ne sont pas prescrits, l'Autorité de la concurrence expose qu'elle est saisie *in rem* de l'ensemble d'une affaire et que cela couvre toutes les pratiques connexes à celles visées dans sa saisine initiale. La question est débattue devant la Cour d'appel de Paris et arrive devant la Cour de cassation. Celle-ci, pour rejeter le pourvoi, rappelle sa jurisprudence traditionnelle : « un acte tendant à la recherche, la contestation ou la sanction de pratiques anticoncurrentielles, même s'il ne concerne que certaines entreprises incriminées ou une partie seulement des faits commis pendant la période visée par la saisine, interrompt la prescription à l'égard de toutes les entreprises concernées et pour l'ensemble des faits dénoncés dès lors que ceux-ci présentent entre eux un lien de connexité ». Il s'agit, mot pour mot, d'un attendu de principe déjà formulé par la Cour de cassation dans une espèce similaire dont les faits étaient les suivants : une enquête initiale visait les constructeurs Peugeot, Renault et leurs groupements de concessionnaires, suspectés d'avoir mis en place des mesures ayant pour objet d'exclure les mandataires automobiles et les revendeurs indépendants de voitures, puis la procédure a été étendue au Conseil national des professions de l'automobile (CNPA), suspecté quant à lui d'avoir organisé des menaces de boycott afin de réduire la capacité concurrentielle des mandataires automobiles. Parce que les faits présentaient entre eux un lien de connexité, la Cour de cassation a estimé que l'interruption de prescription découlant des premières mesures d'instruction s'appliquait aussi aux pratiques du CNPA (Cass. com., 12 juillet 2005, B. n° 162). Dans l'affaire des parfums, la même règle a également été appliquée (Cass. com., 10 juillet 2008, B. n° 152).

C'est donc la notion de « lien de connexité » qui permet de définir le périmètre de l'interruption de prescription.

Dans la présente espèce, il n'était guère difficile de caractériser un tel lien de connexité. Les parties avaient échangé sur la mise en place d'une stratégie visant à retarder l'entrée sur le marché de génériques et à freiner leur développement. Le distributeur, pour avoir mis en œuvre les techniques ainsi élaborées (discours dénigrant, remises de fidélité conduisant à une saturation des linéaires des pharmaciens), a été condamné pour abus de position dominante. À l'évidence, les pratiques qualifiées d'entente et d'abus « poursuivaient un objet commun », ce qui permettait de caractériser leur lien de connexité. La société Reckitt qui avait tenté, devant les juges d'appel, de démontrer que « les pratiques ensuite mises en œuvre par la société Schering-Plough l'ont été de manière unilatérale, rompant ainsi tout lien de causalité entre les discussions entreprises et les pratiques finalement mises en œuvre » avait peu de chances de convaincre.

Avouons-le d'emblée : ce critère de la « connexité » nous laisse sceptique. Certes, lorsqu'il conduit à sanctionner la même entreprise pour d'autres faits que ceux énoncés dans la saisine initiale, le critère de la connexité nous semble opportun et justifié par le principe de la saisine *in rem* de l'Autorité. Mais lorsqu'il conduit à retenir la responsabilité d'autres entreprises que celles initialement mises en cause, il nous paraît plus dangereux. On comprend bien l'exigence d'efficacité procédurale qui justifie la solution. Ainsi que l'Autorité de la concurrence l'a exposé, ce n'est qu'après les opérations de visite et saisies menées dans les locaux de la société Schering-Plough – dont elle n'a eu connaissance qu'en 2010 –, que l'existence d'un accord entre cette société et la société Reckitt a été découvert. Ni l'Autorité, ni la saisissante (le laboratoire de génériques) ne pouvait s'en douter plus tôt. Cependant, nul n'ignore qu'une des principales raisons qui justifie l'existence de la prescription est le risque de déperdition des preuves. L'écoulement du temps affecte en effet la possibilité pour la personne mise en cause de se défendre. La société Reckitt n'aurait-elle pas pu jouer cette carte et arguer d'une violation de son droit de se défendre ?

À titre de comparaison, signalons que, devant la Commission européenne, en vertu de l'article 25, paragraphe 4 du règlement n° 1/2003, « l'interruption de la prescription vaut à l'égard de toutes les entreprises et associations d'entreprises ayant participé à l'infraction » (voir, par exemple, Trib. UE, 27 juin 2012, Bolloré, aff. T-372/10, points 198 et s.). Cela suppose donc que les nouvelles poursuites visent la même infraction. En utilisant le critère de la connexité, l'Autorité de la concurrence nous semble aller beaucoup plus loin que le texte européen.

A.-S. Choné-Grimaldi
Concurrences N° 2-2017, Art. N° 83788, p. 90

Voir aussi, sur les origines de l'affaire

CA Paris, 26 mars 2015, Reckitt Benckiser, RG n° 2014-03330

C. Lemaire, S. Naudin, Prescription : La Cour d'appel de Paris juge que les actes interruptifs de prescription pour une pratique d'abus interrompent également la prescription pour une entente connexe à celle-ci (Reckitt Bensicker), 26 mars 2015, Concurrences N° 3-2015, Art. N° 75114, p. 153.

Admissibilité des preuves et principe de loyauté

Cass. Ass. plén., 7 janv. 2011, Philips France et Sony France c/ Ministre de l'Économie, de l'Industrie et de l'Emploi e. a., n° 09-14.316 et 09-14.667

La Cour de cassation réaffirme l'illégalité des preuves recueillies par des enregistrements et met fin à la tentative de résistance de la Cour d'appel de Paris.

Dans cet arrêt, l'assemblée plénière de la Cour de cassation a coupé court à la résistance de la Cour d'appel de Paris qui avait persisté à admettre la légalité des enregistrements téléphoniques obtenus à l'insu des entreprises concernées dans son arrêt du 29 avril 2009, malgré l'arrêt de censure rendu sur ce point par la Cour de cassation dans la même affaire.

On ne reviendra pas ici sur les rebondissements de la procédure et sur les thèses en présence, qui ont donné lieu à de nombreux commentaires, notamment dans cette revue (C. Momège, *Concurrences* N° 3-2009, p. 127 ; L. Nicolas-Vullierme, *Concurrences* N° 3-2009, p. 82 ; C. Momège, *Concurrences* N° 1-2006, p. 188 ; V. Michel Amsellem, *Concurrences* N° 3-2007 p. 136).

Il suffit de noter que la Cour de cassation a censuré l'analyse de la cour d'appel au visa de l'article 9 du Code de procédure civile, ensemble l'article 6, paragraphe 1, de la CESDH et le principe de loyauté dans l'administration de la preuve, au motif que

« sauf disposition expresse contraire du Code de commerce, les règles du Code de procédure civile s'appliquent au contentieux des pratiques anticoncurrentielles relevant de l'Autorité de la concurrence ; que l'enregistrement d'une communication téléphonique réalisé à l'insu de l'auteur des propos tenus constitue un procédé déloyal rendant irrecevable sa production à titre de preuve ».

La Cour de cassation rejette donc sans ambiguïté la thèse de l'autonomie procédurale devant l'Autorité (ex-Conseil) de la concurrence, que le Conseil et la cour d'appel avaient invoquée pour écarter, dans le silence des textes, le principe de loyauté de la preuve qui s'impose aux parties dans le cadre du procès civil. En énonçant que les règles de la procédure civile s'appliquent à la procédure de concurrence à défaut de texte exprès contraire, la Cour ne fait que rappeler un principe qu'elle a déjà exposé dans les termes les plus clairs par le passé (v. not. Cass. com., 3 mars 2009, n° 08-14.435 et 08-14.464).

Ce principe étant réaffirmé, le caractère déloyal – et illégal – des enregistrements téléphoniques obtenus à l'insu des entreprises poursuivies en est la conséquence logique dans le silence des textes, la Cour ayant établi en matière civile que « l'enregistrement d'une conversation téléphonique privée, effectué et conservé à l'insu de l'auteur des propos invoqués, est un procédé déloyal rendant irrecevable en justice la preuve ainsi obtenue » (Cass. com., 2e civ., 7 octobre 2004, n° 03-12.653).

Certains commentateurs ont pu regretter la lecture que fait la Cour de l'article 6 de la CESDH comme de la procédure de concurrence, ou les incidences de l'arrêt sur l'effet utile des règles de concurrence (v. not. A. Ronzano, *Creda-concurrence*, 7 janvier 2011). Il n'en demeure pas moins que sur le plan juridique, le raisonnement suivi par la Cour nous semble constituer la stricte application des principes régissant la procédure de concurrence, tels que précisés par sa jurisprudence antérieure.

En outre, et nonobstant l'intérêt intrinsèque du débat juridique sur la question des enregistrements téléphoniques (que la Cour vient de clore), il n'est pas inutile de rappeler que cette question ne s'est à ce jour posée, à notre connaissance, que dans une seule affaire, ce qui incite à relativiser la portée pratique de la solution confirmée par la Cour et devrait être de nature à apaiser les craintes de ceux qui y voient une atteinte à l'efficacité de la procédure de concurrence.

Cet arrêt a ainsi le mérite de rappeler que l'exigence d'efficacité n'est pas sans bornes. Il assure aussi la cohérence entre ce que le plaignant peut apporter comme élément de preuve devant l'Autorité de la concurrence et ce qu'il peut produire en qualité de demandeur devant le juge civil.

C. Lemaire, S. Naudin

Concurrences N° 1-2011, Art. N° 34327, p. 195

Voir aussi, sur les origines de l'affaire

– La décision de l'Autorité

Cons. conc., déc. n° 05-D-66 du 5 décembre 2005 relative à la saisine de la SARL Avantage à l'encontre de pratiques mises en œuvre dans le secteur des produits d'électronique grand public

C. Momège, Loyauté des preuves : Le Conseil de la concurrence reconnaît la possibilité de recourir à des enregistrements sonores effectués à l'insu des intéressés (Avantage), 5 décembre 2005, Concurrences N° 1-2006, Art. N° 986, pp. 188-189.

▶

– Le premier arrêt de la cour d'appel

CA Paris, 19 juin 2007, Société Philips France e. a., RG n° 2006/00628

V. Michel-Amsellem, Loyauté des preuves : La Cour d'appel de Paris confirme l'analyse du Conseil de la concurrence qui avait admis au sein d'un faisceau d'indices la production d'enregistrements de conversations téléphoniques opérés à l'insu des intéressés (Philips France…), 19 juin 2007, Concurrences N° 3-2007, Art. N° 13856, pp. 136-137.

– L'arrêt de la Cour de cassation

Cass. com., 3 juin 2008, Sony France et Philips France, n° 07-17.147 et 07-17.196

C. Lemaire, Preuve : La Cour de cassation juge déloyaux les enregistrements sonores réalisés à l'insu de l'auteur des propos tenus (Sony France et Philips France), 3 juin 2008, Concurrences N° 3-2008, Art. N° 20145, pp. 135-136.

– Le second arrêt de la cour d'appel

CA Paris, 29 avr. 2009, Sony, Philips e. a., RG n° 2008/11907

C. Momège, Pratique anticoncurrentielle : La Cour d'appel de Paris provoque un nouveau rebondissement dans l'affaire des enregistrements opérés à l'insu de leurs auteurs et utilisés par l'Autorité de la concurrence comme indice d'une pratique anticoncurrentielle (Sony, Philips), 29 avril 2009, Concurrences N° 3-2009, Art. N° 27463, pp. 127-128.

L. Nicolas-Vullierme, Droits de la défense : La Cour d'appel de Paris n'écarte toujours pas les enregistrements obtenus de façon déloyale au nom de la protection de l'ordre public économique (Philips), 29 avril 2009, Concurrences N° 3-2009, Art. N° 28171, pp. 82-83.

Voir aussi, sur les suites de l'affaire

CA Paris, 16 févr. 2012, Philips France e. a., RG n° 2011/00951

C. Lemaire, S. Naudin, Loyauté de la preuve : La Cour d'appel de Paris admet le caractère déloyal des enregistrements téléphoniques effectués dans l'affaire TVHA mais renvoie l'affaire à l'Autorité de la concurrence pour instruction en écartant l'applicabilité de la prescription décennale (Philips France), 16 février 2012, Concurrences N° 2-2012, Art. N° 45888, p. 146.

Secret des affaires et confidentialité des pièces

Cass. com., 4 oct. 2016, Orange, n° 15-14.158

La Cour de cassation confirme les droits limités du plaignant en matière d'accès aux documents couverts par le secret des affaires et en matière de recours contre les décisions de protection desdits secrets.

Alors que la loi du 18 novembre 2016 vient d'introduire devant la Cour d'appel de Paris une action autonome en matière de protection du secret des affaires (v. cette chronique *supra*), cet arrêt illustre la nature du contentieux qui peut apparaître, en matière de secret des affaires, à l'occasion de recours au fond contre des décisions de l'Autorité.

Contexte de l'intervention de la Cour de cassation

Suite à la conclusion, en janvier 2014, d'un accord de mutualisation de réseaux d'accès mobiles, prévoyant la mise en place d'une itinérance 4G temporaire fournie par la société Bouygues Télécom à la société SFR, la société Orange a saisi l'Autorité de la concurrence d'une demande de mesures conservatoires en vue d'obtenir la suspension de l'accord en ce qu'il constituait, selon elle, une entente horizontale entre entreprises concurrentes contraire aux articles L. 420-1 du Code de commerce et 101 TFUE.

Par décision n° 14-D-10 du 25 septembre 2014, l'Autorité de la concurrence a rejeté la demande de mesures conservatoires considérant qu'aucune atteinte grave et immédiate aux intérêts du secteur, des consommateurs ou de l'entreprise plaignante n'était établie. Le 5 février 2015, la Cour d'appel de Paris a confirmé en tout point la décision de l'Autorité. Le 4 octobre 2016, c'était au tour de la Cour de cassation de confirmer l'arrêt de la Cour d'appel de Paris.

L'intérêt de cet arrêt tient moins dans la confirmation par la Cour de cassation du rejet des mesures conservatoires au motif que l'existence d'une atteinte grave et immédiate aux intérêts protégés par l'article L. 464-1 du Code de commerce n'était pas établie, que dans le fait qu'elle a jugé que les entreprises saisissantes n'avaient pas le droit de demander la levée de la confidentialité de certaines pièces sur le fondement de l'article R. 463-15 du Code de commerce.

Pour mémoire, on rappellera que cette article R. 463-15 du Code de commerce dispose que « Lorsque le rapporteur considère qu'une ou plusieurs pièces dans leur version confidentielle sont nécessaires à l'exercice des droits de la défense d'une ou plusieurs parties ou que celles-ci doivent en prendre connaissance pour les besoins du débat devant l'Autorité, il en informe par lettre recommandée avec demande d'avis de réception la personne qui a fait la demande de protection du secret des affaires contenu dans ces pièces et lui fixe un délai pour présenter ses observations avant que le rapporteur général ne statue. La décision du rapporteur général est notifiée aux intéressés ».

La mise en balance du principe du contradictoire et de la nécessité de protéger les secrets des affaires des entreprises

En l'espèce, la question posée à la Cour de cassation visait en substance à déterminer si le principe de la contradiction imposait qu'une partie saisissante (i) puisse obtenir la communication de documents couverts par le secret des affaires concernant la personne qu'elle a mise en cause, et (ii) puisse assister aux débats au cours desquels des informations protégées sont évoquées.

Sur la première question, la haute juridiction a répondu par la négative après avoir rappelé que le droit des parties à prendre connaissance des pièces du dossier n'est pas un droit absolu et illimité, et qu'il doit être mis en balance avec la nécessaire protection du secret des affaires des entreprises. Cette mise en balance implique qu'une partie saisissante puisse se voir refuser la communication de documents couverts par le secret des affaires dès lors qu'elle n'a pas de droits de la défense à préserver dans le cadre de la procédure ouverte par l'Autorité qui a pour objet non la protection des intérêts privés de la saisissante mais l'intérêt général, ni qu'elle puisse contester la décision de protection de secret des affaires prise à ce titre.

La Cour de cassation rejette clairement les arguments d'Orange qui soutenait que la décision de refus de communication ne pouvait se fonder uniquement sur sa qualité procédurale de la partie saisissante pour écarter toute possibilité de demande de déclassement. Selon elle, le caractère sensible et la pertinence des éléments en cause pour la solution du litige devaient également être pris en considération.

Sur la deuxième question, la Cour de cassation répond également par la négative en prolongeant aux débats oraux le raisonnement tenu pour la phase d'instruction. Elle juge, en effet, que « le principe de la contradiction n'impose pas davantage, à ce stade de la procédure, que la partie saisissante puisse assister aux débats au cours desquels des informations protégées seront évoquées ». La Cour de cassation a néanmoins pris le soin de relever que la Cour d'appel avait vérifié que, si la saisissante n'avait pas pu assister à une partie de séance en raison du « risque de divulgation intempestive d'information sensibles », elle avait néanmoins eu connaissance et pu formuler des observations sur les éléments essentiels de l'accord objet du débat devant l'Autorité.

S. Chikh, C. Lemaire
Concurrences N° 1-2017, Art. N° 83318, p. 187

CA Paris, 6 juill. 2017, Direct Énergie c/ Engie, RG n° 17/07296

La Cour d'appel de Paris consacre le caractère confidentiel des pièces de la procédure de transaction et rejette les demandes de communication formulées par la partie saisissante.

Dans cette affaire et dans un premier temps, la requérante avait obtenu de l'Autorité de la concurrence qu'elle prononce à l'égard d'un ancien monopole historique des mesures conservatoires consistant notamment mettre des données de son fichier client à disposition de ses concurrents (Aut. conc., 9 sept. 2014, déc. n° 14-MC-02), décision validée en son temps par la Cour d'appel de Paris (CA Paris, 31 oct. 2014, GDF Suez, RG 2014/19335).

Dans un second temps et statuant sur le fond, l'Autorité de la concurrence a décidé, suivant la proposition de son rapporteur général, de mettre un terme à la procédure par le biais d'une transaction (Aut. conc., 21 mars 2017, déc. n° 17-D-06). La partie saisissante a alors formé un recours à l'encontre de cette décision.

Par l'arrêt sous chronique, ce n'est pas sur le fond que vient de se prononcer la Cour d'appel, mais sur les demandes de communication de pièces de la demanderesse. En effet, cette dernière avait sollicité, auprès de la présidente de l'Autorité de la concurrence, la communication d'un certain nombre de pièces relatives à la procédure de transaction, et notamment le procès-verbal du 14 novembre 2016 qui consignait l'accord entre le rapporteur général et la partie mise en cause. Si la présidente de l'Autorité de la concurrence a certes répondu favorablement à une partie de ces demandes, par l'envoi notamment du procès-verbal de la séance ; elle a cependant refusé la communication du procès-verbal de transaction, indiquant qu'il était confidentiel et, partant, qu'il n'était pas communicable. Elle a en outre précisé que le « dossier de procédure » ne contenait ni d'observations de la société mise en cause en réponse à la notification des griefs, ni proposition écrite de transaction, ni note des services de l'instruction sur les sanctions.

Cet arrêt présente un intérêt à double titre. D'une part, il consacre le caractère confidentiel de la procédure de transaction. D'autre part, il livre quelques enseignements sur la manière dont s'articule la procédure de transaction avec le déroulement de la procédure contentieuse habituelle devant l'Autorité de la concurrence.

La transaction est une procédure spécifique qui répond à des impératifs de célérité et d'efficacité et les échanges des parties mises en cause avec les services d'instruction doivent demeurer confidentiels

S'agissant de la communication de certains documents, la Cour distingue les éléments antérieurs ou préparatoires à la transaction et le procès-verbal lui-même, sans toutefois leur réserver un sort différent.

En effet, certes, elle rappelle que l'article L. 463-1 C. com. énonce que, par principe et à l'exception de la protection du secret des affaires, la procédure devant l'Autorité est contradictoire. Toutefois, la Cour note que, en dépit du statut de partie à la procédure du saisissant, ces dispositions visent « les éléments de fait qui sont de nature à rapporter la preuve de l'existence des pratiques poursuivies ainsi que ceux qui sont susceptibles de démontrer leur inanité ou encore l'absence de participation des personnes poursuivies ».

À l'inverse, les échanges des parties mises en cause avec les services d'instruction afin d'aboutir à une transaction sont « d'une toute autre nature et doivent demeurer confidentiels ».

Selon la Cour, la raison tient aux impératifs de la mission de protection de l'ordre public économique dont est investie l'Autorité. Dans le cadre de la procédure de transaction, il s'agit de permettre à cette dernière d'obtenir « une sanction plus rapide et plus immédiatement efficace des pratiques poursuivies ».

La célérité et l'efficacité de cette « procédure spécifique » exigeraient donc la confidentialité des discussions entre les services de l'Autorité et l'entreprise en cause. Le lien entre les deux tient, selon la Cour, au fait que « l'entreprise en cause accepte de ne pas contester les griefs, ainsi que le montant même de la sanction infligée, ce qui revient à une renonciation à ses droits de la défense et à son droit au recours sur ces points ». Or, pour que cette renonciation ait une chance d'intervenir, il faut que « cette partie puisse bénéficier d'une confidentialité des échanges qui se déroulent entre elle et l'Autorité ».

Il est vrai qu'en s'engageant sur la voie de la transaction, l'entreprise qui la sollicite renonce effectivement à exercer ses droits de la défense sur les griefs, sans que cette renonciation emporte, selon la formule consacrée, une reconnaissance de culpabilité à cet égard. La confidentialité des échanges entre les services d'instruction et l'entreprise peut alors aisément se concevoir puisque cette renonciation intervient en raison de circonstances qui sont propres à l'entreprise et qui doivent le demeurer. L'entreprise doit alors avoir l'assurance que les échanges intervenus avec les services d'instruction en amont de la transaction demeureront confidentiels.

La Cour en tire également la conséquence que, en choisissant le chemin de la négociation, l'entreprise renonce à son droit au recours sur les griefs, mais aussi sur le montant de la sanction. Sur ce point, l'on relèvera néanmoins que l'introduction de la procédure de transaction dans le droit français, en remplacement de la procédure de non-contestation des griefs, n'a pas modifié la rédaction de l'article L. 464-8 C. com. selon lequel les décisions de l'Autorité de la concurrence mentionnées notamment à l'article L. 464-2 peuvent faire l'objet d'un recours en annulation ou en réformation devant la Cour d'appel de Paris. Dans les faits, il faut admettre que l'entreprise qui a transigé, et qui a notamment signé le procès-verbal de transaction puis « confirmé solennellement son accord avec les termes de la transaction » lors de la séance, en particulier le montant de la sanction, est peu encline par la suite à contester les termes de la décision de l'Autorité de la concurrence.

La Cour relève encore que cette confidentialité attachée à la procédure de transaction est appuyée par les dispositions de l'article L. 483-5 C. com. transposant la directive 2014/104. Ces dispositions excluent, en effet, que le juge saisi d'une action en dommages-intérêts enjoigne la communication ou la production d'une pièce qui pourrait comporter « un exposé écrit ou la transcription de déclarations orales, présenté volontairement à une autorité de concurrence par une personne (...), traduisant sa volonté de renoncer à contester la réalité des griefs qui lui sont notifiés et la responsabilité qui en découle, ou reconnaissant sa participation à une pratique anticoncurrentielle et la responsabilité qui en découle, établi pour permettre à l'Autorité de la concurrence d'appliquer la procédure prévue au III de l'article L. 464-2 ».

Le procès-verbal de transaction n'a pas à être communiqué à la partie saisissante qui est seulement informée qu'une transaction est intervenue entre la partie mise en cause et les services d'instruction

Quant au procès-verbal de transaction, la Cour souligne, d'une part, que rien n'impose de l'adresser aux autres parties et, d'autre part, qu'il n'engage que l'entreprise qui le signe. Elle remarque que si le collège de l'Autorité se trouvait en désaccord avec la proposition de transaction faite par le rapporteur général, il ne serait pas lié par ce procès-verbal et pourrait renvoyer l'affaire à l'instruction, ce qui remettrait l'entreprise dans la situation valant avant l'engagement des négociations avec les services d'instruction. En outre, il découle de l'article L. 464-2 III que la séance de transaction se déroule seulement en présence de l'entreprise et du commissaire du gouvernement et donc en dehors de la présence du saisissant. Dans ces circonstances et en réponse à un argument de la requérante, il importe peu que le procès-verbal en question n'ait pas fait l'objet d'une demande de protection au titre du secret des affaires.

À cet égard, à la différence des actes préparatoires à la transaction, le caractère non communicable du procès-verbal de transaction après que l'Autorité a rendu sa décision nous apparaît cependant moins manifeste, surtout en prévision d'un recours contre celle-ci devant la Cour d'appel de Paris.

Certes, la lecture des dispositions des articles R. 464-4 et L. 464-2 C. com. ne souffre pas la critique. Il n'en ressort pas que le saisissant, qui est seulement informé qu'une transaction est intervenue, serait partie à la procédure de transaction et qu'il serait donc en droit de recevoir, au même titre que l'entreprise mise en cause et le commissaire du Gouvernement, les pièces du dossier de procédure qui se résume alors au seul procès-verbal de transaction.

Cependant, à la différence des éléments préparatoires, qui peuvent traduire les évolutions – voire les hésitations – des parties prenantes sur les termes de la transaction, ce qui justifie, comme évoqué plus haut, le maintien de la confidentialité en tout état de cause, le procès-verbal de transaction est un document neutre de ce point de vue car il ne fait qu'exposer, sans plus de détails, le résultat auquel sont parvenus les services du rapporteur général et l'entreprise (ce que la Cour relève elle-même par ailleurs dans son arrêt lorsqu'elle indique que « seul importe le résultat final de la non-contestation des griefs effective et actée par le procès-verbal de transaction »), et ce uniquement aux fins de la poursuite de la procédure.

En effet, le procès-verbal de transaction ouvre la voie à la décision du collège d'entériner ou non les termes de la négociation. Il n'expose ni les raisons qui ont amené l'entreprise à transiger, qui lui sont propres, ni la motivation des services d'instruction, qui importe peu en l'occurrence puisque c'est au collège d'apprécier *in fine* et lors de la séance la pertinence de cette procédure.

Au surplus, il pourrait arriver que le procès-verbal de transaction soit entaché d'un vice de forme susceptible de rejaillir sur la décision de l'Autorité si, comme nous le comprenons, ledit procès-verbal formalise la proposition sur laquelle se prononcera le collège par la suite et qui ne peut plus être modifiée par le rapporteur général seul du fait de l'accord intervenu avec l'entreprise. À défaut d'une proposition valide, il ne nous semble pas possible pour l'Autorité de statuer valablement. Or, sans accès à cette pièce, même seulement à la suite de la décision, le saisissant ne peut pas apprécier la justesse d'un tel moyen en vue d'un éventuel recours devant la Cour d'appel. Il faudra donc suivre les développements de cette affaire sur ce point puisque la Cour indique par ailleurs avoir reçu de l'Autorité de la concurrence « l'ensemble des pièces de procédure et éléments produits ou échangés devant elle, permettant d'apprécier la régularité de la décision », en ce compris le procès-verbal de transaction confidentiel, ce qui pourrait laisser entrevoir l'exercice d'un contrôle de la Cour à l'occasion de son arrêt sur le fond.

Les observations en réponse aux griefs précédemment déposées par la partie mise en cause deviennent sans objet et sans portée procédurale du fait de la transaction et ne sont pas communicables

S'agissant de l'articulation entre la procédure de transaction et la procédure contentieuse habituelle, l'on relèvera que, en l'espèce, l'entreprise mise en cause a, dans un premier temps, répondu à la notification des griefs. C'est seulement un mois après le dépôt de ses observations qu'un procès-verbal de transaction a été signé avec les services d'instruction. En l'occurrence, il est probable, au vu de ces délais rapprochés, que l'entreprise ait initié des discussions dans le but de transiger avec les services d'instruction au cours du délai pour présenter des observations, ce qui expliquerait également qu'elle ait obtenu un délai supplémentaire d'un mois pour répondre à la notification des griefs, et que, le terme du délai pour répondre approchant, elle a soumis ses observatoires, à titre conservatoire en quelque sorte.

La requérante demandait à la Cour d'avoir accès à ces observations. La Cour rejette également cette demande. Elle indique pour cela, et c'est ce que nous retiendrons, que le choix de s'engager sur la voie de la transaction de la part de l'entreprise mise en cause induit nécessairement qu'elle a renoncé « aux observations précédemment déposées, par lesquelles elle avait contesté les griefs ». Dans ces circonstances, le document est alors devenu « sans objet et sans portée procédurale ». Il était donc justifié, selon la Cour, qu'il ait été retiré du dossier dans lequel il avait été coté lors de sa réception par les services de l'Autorité.

Nous comprenons qu'avec la mise en œuvre de la transaction, c'est une nouvelle procédure qui s'ouvre et qui se substitue à la procédure « classique » si elle débouche favorablement. En revanche, si le collège refuse d'entériner la proposition du rapporteur général ou si l'entreprise refuse de confirmer solennellement son accord avec les termes de la transaction lors de la séance, le collège procédera, selon toute logique, au renvoi de l'affaire à l'instruction. En cas de renvoi dans de telles circonstances, la question reste ouverte de savoir si la transaction suspend la procédure en cours ou si elle l'interrompt, obligeant alors les services d'instruction à notifier à nouveau les griefs. Il serait souhaitable que le communiqué de procédure relatif à la procédure de transaction, qui est annoncé depuis plusieurs mois, apporte des précisions à cet égard.

A. Lacresse

Concurrences N° 4-2017, Art. N° 85063, p. 159

Cass. com., 29 janv. 2020, 2 arrêts, General Import, n° 18-11.725 ; Randstad, n° 18-11.726

La Cour de cassation clarifie les conditions dans lesquelles le rapporteur général de l'Autorité de la concurrence peut procéder à la levée de la protection accordée au titre du secret des affaires, notamment celles encadrant l'obligation de motivation.

Le 29 janvier 2020, la Cour de cassation a rendu deux arrêts précisant les obligations incombant au rapporteur général de l'Autorité lorsqu'il décide de lever la protection précédemment accordée à des pièces du dossier d'instruction au titre du secret des affaires.

Si les faits à l'origine des deux arrêts prononcés par la chambre commerciale de la Cour de cassation le 29 janvier 2020 sont distincts, ils concernent tous deux des pourvois formés à l'encontre d'ordonnances du premier président de la Cour d'appel de Paris rendues dans le cadre de recours contre des décisions par lesquelles le rapporteur général de l'Autorité et son adjointe ont procédé au déclassement de différentes informations protégées au titre du secret des affaires en les rendant accessibles.

Pour mémoire, depuis la loi du 18 novembre 2016 de modernisation de la justice du XXIe siècle, les recours formés contre des décisions du rapporteur général de refus de protection du secret des affaires ou de levée de cette protection relèvent de la compétence du premier président de la Cour d'appel de Paris, conformément à l'article L. 464-8-1 C. com. (*cf.* loi n° 2016-1547 du 18 nov. 2016 de modernisation de la justice du XXIe siècle, Article 96, *JORF* n° 0269 du 19 nov. 2016, *Concurrences* N° 1-2017, obs. C. Lemaire et S. Chick, pp. 187).

Première affaire : lorsqu'il décide de lever la protection précédemment accordée au titre du secret des affaires, le rapporteur général est soumis à une obligation de motivation *in concreto*

Dans le cadre de l'affaire ayant abouti au premier arrêt, l'Autorité avait été saisie de pratiques mises en œuvre dans le secteur de la distribution de produits de grande consommation à Wallis-et-Futuna consistant en des accords exclusifs d'importation entre la société General Import et ses fournisseurs. À l'occasion de l'instruction de cette affaire, les services d'instruction de l'Autorité ont sollicité de la société General Import la communication d'informations. Certaines de ces informations ont, dans un premier temps, fait l'objet d'une décision de protection de la rapporteure générale de l'Autorité au titre du secret des affaires, avant d'être rendues accessibles à l'ensemble des parties à la suite d'une décision de déclassement adoptée par la rapporteure générale « pour les besoins du débat devant l'Autorité ».

En application de la procédure définie à l'article L. 464-8-1 C. com., General Import – qui s'était opposée à la levée du secret des affaires – a alors saisi le premier président de la Cour d'appel de Paris d'un recours contre cette décision, arguant d'un défaut de motivation de la décision de déclassement adoptée par la rapporteure générale. Par ordonnance en date du 31 janvier 2018, ce dernier a rejeté ce recours au motif notamment que l'article R. 463-15 C. com. – qui prévoit que la possibilité pour les entreprises mises en cause devant l'Autorité de demander la protection de leurs secrets d'affaires – n'exigerait pas une décision spécialement motivée, compte tenu du débat contradictoire.

C'est à l'encontre de cette ordonnance que General Import a formé un pourvoi.

Dans son arrêt du 29 janvier 2020, la Cour de cassation adresse une double critique à l'ordonnance adoptée par le premier président de la Cour d'appel de Paris le 31 janvier 2018.

En premier lieu, la Cour de cassation retient que « c'est à tort que le premier président a rejeté le moyen pris du défaut de motivation de la décision du rapporteur fénéral qui lève la protection au titre du secret des affaires sur certaines pièces, en retenant que l'article R. 463-15 du Code de commerce n'exigeait pas de décision spécialement motivée ». Toutefois, la Cour n'en tire aucune conséquence immédiate dès lors qu'elle constate que la société General Import est sans intérêt à critiquer l'ordonnance de ce chef dès lors que le premier président a statué sur le fond, en vertu de l'effet dévolutif du recours, et conformément aux conclusions dont il était saisi. C'est donc à la motivation de ce dernier que la Cour de cassation va s'intéresser.

En effet, en second lieu, la haute juridiction considère qu'en s'étant abstenu d'indiquer les raisons pour lesquelles la levée du secret des affaires vis-à-vis des autres parties à la procédure était nécessaire pour les besoins des débats à venir devant l'Autorité (se contentant de préciser qu'en l'espèce, une infraction ne peut être caractérisée qu'à travers la méthode du faisceau d'indices et que, partant, la production d'informations jusqu'ici protégées au titre du secret des affaires est nécessaire), le premier président de la Cour d'appel de Paris n'a pas donné de base légale à sa décision. Le juge aurait dû expliquer pourquoi il était nécessaire que d'autres parties, et en particulier la saisissante, disposent de pièces confidentielles, alors que l'Autorité en disposait déjà.

Par conséquent, la Cour de cassation casse et annule l'ordonnance litigieuse en toutes ses dispositions et renvoie les parties devant la juridiction du premier président de la Cour d'appel de Paris, autrement composée.

Ce faisant, la Cour de cassation renforce l'exigence de motivation pesant sur le rapporteur général de l'Autorité lorsqu'il souhaite adopter une décision de levée du secret des affaires précédemment accordé à une entreprise. Il incombe en effet à ce dernier d'exposer de manière concrète les raisons pour lesquelles il estime que la levée du secret des affaires est nécessaire à la procédure (ici pour la tenue des débats devant l'Autorité). Cette exigence est bienvenue et légitime. La levée du secret des affaires doit en effet être mise en balance avec d'autres droits tout aussi légitimes (comme les droits de la défense). Cette mise en balance et le fait de faire primer un droit ou un objectif sur un autre ne peut résulter que d'un examen et d'une motivation précis et concrets.

Une telle solution est d'ailleurs cohérente avec la charge de la preuve que la jurisprudence fait peser sur les autres parties à la procédure lorsqu'elles demandent l'accès à un élément du dossier de l'Autorité classé comme confidentiel, celles-ci devant alors démontrer *in concreto* que l'élément considéré est nécessaire à l'exercice de leurs droits de la défense. À cet égard, la Cour de cassation a déjà eu l'occasion de rappeler que « le droit des parties de prendre connaissance des pièces remises à l'Autorité n'est pas un droit absolu et illimité et doit être mis en balance avec le droit des entreprises à la protection du secret de leurs affaires » (*cf.* Cass. com., 19 janvier 2016, E-Kanopi, n° 14-21671).

Seconde affaire : l'absence de risque de divulgation d'informations confidentielles à des tiers supprime tout risque de violation du droit au secret des affaires

La seconde affaire s'inscrit dans le cadre d'une saisine d'office de l'Autorité relative au respect par les sociétés Groupe Randstad France et Randstad des engagements rendus obligatoires par décision du Conseil de la concurrence du 2 février 2009. Elle porte sur un pourvoi formé par les sociétés mises en cause à l'encontre d'une ordonnance du premier président de la Cour d'appel de Paris en date du 31 janvier 2018 par laquelle ce dernier a déclaré irrecevable leur recours contre une décision du rapporteur général de l'Autorité de déclasser certaines pièces précédemment protégées au titre du secret des affaires pour les besoins du débat à venir devant l'Autorité.

L'arrêt rendu par la Cour de cassation le 29 janvier 2020 lui donne l'occasion de préciser les conditions dans lesquelles doit s'effectuer le déclassement d'une information confidentielle sous un angle différent.

Reprenant à son compte l'argumentation suivie par le premier président de la Cour d'appel de Paris, la chambre commerciale de la Cour de cassation retient que « lorsque l'instruction ne concerne qu'une seule entreprise, il n'existe, à ce stade de la procédure, aucun risque de divulgation d'informations susceptibles de relever du secret des affaires de l'entreprise mise en cause, dès lors qu'aucune autre partie n'a accès à la procédure ».

À cet égard, les magistrats de la Cour de cassation approuvent le premier président de la Cour d'appel de Paris en ce qu'il a retenu que les sociétés Groupe Randstad France et Randstad ne constituent qu'« une seule entité et partie à la procédure » et que, dans ces conditions, « en l'absence d'une ou plusieurs tierces parties, ces sociétés ne peuvent justifier d'une quelconque atteinte à leurs droits, au motif de la levée de la protection du secret des affaires ».

Par conséquent, la Cour de cassation estime que bien que recevable, le recours formé devant le premier président de la Cour d'appel de Paris doit être rejeté.

La Cour de cassation considère en outre que, dans de telles circonstances, la décision de déclassement de pièces précédemment protégées au titre du secret des affaires adoptée par le rapporteur général de l'Autorité ne saurait emporter un quelconque risque de divulgation d'informations confidentielles et, partant, ne saurait constituer une quelconque méconnaissance du droit au secret des affaires des sociétés concernées, ni une quelconque violation du droit à un procès équitable ni du droit au respect de la vie privée et familiale, protégés par la Convention européenne de sauvegarde des droits de l'Homme.

Si cette position de la Cour de cassation peut se comprendre d'un point de vue juridique (si aucune autre partie n'a accès aux pièces considérées, le risque de divulgation du secret – qui n'est pas opposable au collège – n'existe pas au stade de la procédure contradictoire), elle pourrait néanmoins entraîner des questions sur la pratique actuelle de l'Autorité.

La première question est celle de savoir si le rapporteur général pourrait être amené à changer sa pratique du traitement des demandes de secret des affaires. En effet, conformément à l'article R. 463-13 C. com., toute société mise en cause devant l'Autorité peut demander « la protection du secret des affaires à l'égard d'éléments communiqués par elle à l'Autorité de la concurrence ou saisis auprès d'elle par cette dernière », et les entreprises qui font l'objet de mesures d'enquêtes sollicitent en général une telle protection pour toutes les pièces et informations qui se retrouvent en possession de l'Autorité et qui sont couvertes par le secret des affaires. On peut ainsi se demander si à l'avenir le rapporteur général ne pourrait pas être tenté de refuser de procéder au classement d'une information relevant du secret des affaires d'une entreprise au motif qu'il n'y a aucune autre partie à la procédure. Cette position ne serait pas sans risque car cette situation peut évoluer entre le début et la fin de l'instruction (on pense notamment à l'arrivée d'un plaignant ou à l'ajout d'une partie mise en cause).

La seconde question concerne le stade de la publication de la décision, voire aussi du recours devant la Cour d'appel de Paris. Si les informations relavant du secret des affaires n'ont pas bénéficié d'une protection, un risque de divulgation existe. Cette seconde interrogation rejoint un autre contentieux dans lequel le Conseil d'État a eu l'occasion de se prononcer très récemment et qui fait l'objet d'un commentaire dans la présente chronique et auquel nous renvoyons (voir sur ce sujet le commentaire ci-dessous, CE, 20 mars 2020, n° 429279, Google France e. a.). Décidemment le secret des affaires est d'actualité !

C. Lemaire, H. Fricaudet
Concurrences N° 2-2020, Art. N° 94899, p. 162

T. confl., 5 oct. 2020, Google France c/ Autorité de la concurrence, n° C4193

Le Tribunal des conflits juge que la Cour d'appel de Paris est compétente pour statuer sur une décision de l'Autorité de la concurrence de publier une décision divulguant des secrets d'affaires en dépit d'une décision de classement du rapporteur général.

La période sous chronique apporte son nouvel épisode relatif à la question du traitement du secret des affaires devant l'Autorité de la concurrence (pour un rappel des épisodes précédents, v. not. Christophe Lemaire, Adèle Azzi, Le Conseil d'État décline sa compétence pour traiter d'un recours contre une décision du collège de l'Autorité de la concurrence d'inclure dans une décision de mesures conservatoires des informations auxquelles le rapporteur général avait accordé la protection au titre du secret des affaires (Google), 20 mars 2020, *Concurrences* N° 2-2020, Art. n° 94900, pp. 164-167).

On se souvient qu'à la suite d'une plainte d'Amadeus, exploitant d'un service de renseignements téléphoniques, l'Autorité de la concurrence avait, le 31 janvier 2019, prononcé plusieurs mesures conservatoires à l'encontre de Google, l'enjoignant notamment de clarifier et modifier les règles de son service de publicité en ligne liée aux recherches (Google Ads). Google est en effet soupçonné par l'Autorité d'une pratique discriminatoire à l'endroit d'Amadeus, qui s'était vu suspendre ses comptes Google Ads et refuser des annonces de façon peu transparente.

Au-delà des contestations sur le fond, Google s'était étonné de la citation, aux points 55, 152 et 160 de la décision, d'extraits d'échanges internes entre certains de ses collaborateurs. De même, au point 58 de la décision, est mentionné le niveau des dépenses que les annonceurs doivent atteindre pour intégrer le programme d'accompagnement personnalisé. Ces éléments, que Google considère comme relevant du secret des affaires ne devant pas à être diffusés, avaient pourtant fait l'objet de deux décisions de protection du rapporteur général de l'Autorité.

Décidé à obtenir la mise au secret de ces éléments, Google avait demandé à la Cour d'appel de Paris d'enjoindre à l'Autorité de procéder à la publication d'une nouvelle version de la décision respectant ces secrets. Le juge judiciaire avait décliné sa compétence, suivi quelques mois plus tard par le juge administratif, qui avait été saisi en second. C'est dans ce contexte que le Tribunal des conflits était appelé à arbitrer la question de l'ordre juridictionnel compétent.

Retour sur l'institution progressive d'un recours effectif contre les décisions refusant la protection du secret des affaires

Au cours de la procédure devant l'Autorité de la concurrence, les demandes de protection du secret des affaires de la part d'une entreprise mise en cause doivent être adressées au rapporteur général en application de l'article L. 463-4 du Code de commerce. À l'issue de la procédure organisée aux articles R. 463-13 à R. 463-15 du Code de commerce, le rapporteur général décide d'octroyer ou non la protection demandée.

Ces décisions ne peuvent faire l'objet d'un recours effectif que depuis quelques années.

En effet, jusque 2015, l'article R. 464-29 du Code de commerce prévoyait que les décisions du rapporteur général relatives à la protection du secret des affaires ne pouvaient faire l'objet d'un recours qu'avec la décision de l'Autorité sur le fond. Ce recours ne pouvait malheureusement intervenir que trop tardivement, puisque les entreprises voyant leurs demandes de protection rejetées ne pouvaient contester cette décision qu'une fois leurs secrets révélés, d'abord aux autres parties à la procédure, puis au public à l'occasion de la publication de la décision de l'Autorité...

Toutefois, en 2014, le Conseil d'État enjoint au Premier ministre d'abroger la disposition, jugeant celle-ci contraire au droit à un recours juridictionnel effectif (CE, 10 octobre 2014, Syndicat national des fabricants d'isolants en laines minérales manufacturées, n° 367807 ; v. Christophe Lemaire, Le Conseil d'État juge le dispositif applicable au secret des affaires partiellement non conforme au droit à un recours juridictionnel effectif (Syndicat national des fabricants d'isolants en laines minérales manufacturées), 10 octobre 2014, *Concurrences* N° 1-2015, Art. n° 71389, pp. 175-177). Prenant acte de l'injonction, le décret n° 2015-521 du 11 mai 2015 ouvre la voie à un recours autonome contre les décisions refusant la protection du secret des affaires. En revanche, sans que cela n'ait été remis en cause jusqu'à aujourd'hui, la contestation des décisions accordant la protection ou refusant sa levée demeure liée au recours contre la décision au fond.

Le régime de ce recours demeurait toutefois incertain, le ministre n'ayant pas précisé devant quelle juridiction agir. En l'absence de texte désignant expressément le juge judiciaire pour traiter de tels recours, il fallait considérer que le Conseil d'État était compétent, la Cour d'appel de Paris n'étant investie des recours contre les décisions de l'Autorité, autorité administrative indépendante, que de façon dérogatoire. Le contentieux de la protection du secret des affaires était donc dual : compétence de la Cour d'appel de Paris lorsque le recours est introduit ensemble à la décision sur le fond, compétence du Conseil d'État lorsqu'est introduit un recours autonome.

L'unification eut toutefois lieu en 2016, lorsque la loi du 18 novembre 2016 de modernisation de la justice du XXIe siècle précisa à l'article L. 464-8-1 du Code de commerce que le recours devrait désormais être porté devant le premier président de la Cour d'appel de Paris ou son délégué (Sarah Chikh, Christophe Lemaire, Le Parlement français adopte la loi du 18 novembre 2016 unifiant le contentieux du secret des affaires devant la Cour d'appel de Paris, Modernisation de la justice du XXIe siècle, 18 novembre 2016, *Concurrences* N° 1-2017, Art. n° 83317, pp. 187). Il fallut ensuite attendre le décret n° 2017-823 du 5 mai 2017 pour connaître des modalités de mise en œuvre de ce recours (sur ce décret, v. Christophe Lemaire, Le Gouvernement français adopte, le 5 mai 2017, le décret n° 2017-823 venant préciser les modalités d'application de la loi du 18 novembre 2016, laquelle a unifié le contentieux du secret des affaires devant la Cour d'appel de Paris, Décret n° 2017-823, 5 mai 2017, *Concurrences* N° 3-2017, Art. n° 84588, p. 135).

La Cour d'appel de Paris et le Conseil d'État déclinent chacun leur compétence, conduisant à la saisine du Tribunal des conflits

Au-delà des débats relatifs au caractère non-suspensif du recours autonome, on aurait pu croire que les questions de compétence en matière de protection du secret des affaires avaient été définitivement réglées par la loi du 18 novembre 2016 et son décret d'application.

C'était sans compter sur les événements intervenus avec la décision Google de l'Autorité de la concurrence dans laquelle étaient publiés les éléments que Google pensait définitivement protégés par les décisions du rapporteur général. L'article L. 464-8-1 du Code de commerce ne trouvait toutefois pas à s'appliquer, le recours étant dirigé contre la décision de l'Autorité de la concurrence et non une décision du rapporteur général. La Cour d'appel de Paris, saisie du recours au fond contre la décision de mesures conservatoires, fut alors également saisie d'une demande de Google tendant à enjoindre à l'Autorité de procéder à une nouvelle publication de la décision attaquée qui soit respectueuse des décisions de classement du rapporteur général.

La cour d'appel jugea toutefois qu'il ne lui appartenait pas de prononcer une telle injonction : le recours ayant été introduit sur le fondement de l'article L. 464-7 du Code de commerce, la cour d'appel se considéra simplement saisie d'un recours contre la décision d'ordonner des mesures conservatoires et non d'un recours contre la décision de publier des secrets d'affaires dont la protection a été accordée par le rapporteur général. En l'absence de tout texte prévoyant sa compétence (qui rappelons-le est dérogatoire), la cour d'appel ne se considérait pas compétente pour constater une éventuelle défaillance de l'Autorité dans la mise en œuvre d'une mesure de protection du secret des affaire ni, *a fortiori*, pour enjoindre à l'Autorité de procéder à une nouvelle publication occultant les passages litigieux.

Les requérantes étaient alors invitées à mieux se pourvoir en application de l'article 96 du Code de procédure civile (CA Paris, 4 avril 2019, RG n° 19/03274).

Google saisit donc le Conseil d'État. Ce recours sera une nouvelle fois considéré comme mal dirigé : en effet, pour le Conseil d'État, si la décision de prononcer des mesures conservatoires en faisant apparaître des informations protégées par le secret des affaires et la décision de prononcer des mesures conservatoires sont certes bien distinctes, ces décisions ne sont pas pour autant détachables, car pour se prononcer sur les modalités de publication de sa décision l'Autorité doit tenir compte à la fois de la protection du secret des affaires et de l'intérêt public qui s'attache à la publication de la motivation de sa décision, y compris la publication d'informations susceptibles d'être protégées au titre du secret des affaires. Le Conseil d'État déclina donc sa compétence, considérant que le litige relevait de la juridiction judiciaire (CE, 20 mars 2020, Google France, n° 429279, v. obs. Ch. Lemaire et A. Azzi, précitées).

Cette solution – que nous avions approuvée lors de son adoption – ne marquait toutefois pas la fin de l'histoire puisque Google se retrouvait face à deux décisions d'incompétence. Dans un tel contexte, c'est au Tribunal des conflits qu'il revenait de trancher définitivement la question de compétence.

Le Tribunal des conflits désigne la compétence du juge judiciaire

Dans sa décision du 5 octobre 2020, le Tribunal des conflits suit le raisonnement du juge administratif et considère que la juridiction judiciaire est compétente au motif que la décision de limiter ou non la publicité d'une décision au fond est indissociable de cette décision.

Il appartenait donc à la Cour d'appel de Paris de statuer, ensemble au recours sur le fond, sur la demande tendant à obtenir de celle-ci qu'elle enjoigne à l'Autorité de publier une nouvelle version de la décision. L'arrêt de la Cour d'appel de Paris sur sa compétence étant déclaré nul et non avenu, le dossier est renvoyé devant elle afin qu'elle statue enfin sur le recours de Google.

La solution est bienvenue, car elle évite de diviser inutilement les recours contre les décisions prises par l'Autorité. Au demeurant, cette solution est respectueuse de l'esprit de la loi du 18 novembre 2016 de modernisation de la justice du XXIe siècle qui, en désignant le juge judiciaire pour juger des recours autonomes contre les décisions refusant la protection du secret des affaires, entendait également éviter le morcellement du contentieux de la protection des secrets d'affaires.

Les suites de la procédure : la Cour d'appel de Paris devra déterminer si le collège de l'Autorité peut ignorer les décisions de protection des secrets d'affaires du rapporteur général.

Il appartient désormais à la Cour d'appel de Paris de trancher la question de savoir si le collège de l'Autorité pouvait passer outre les décisions de classement du rapporteur général comme il l'a fait en l'espèce et, le cas échéant, s'il pouvait procéder ainsi sans motivation particulière et sans mettre les entreprises mises en cause en mesure de discuter ce choix préalablement à la publication de la décision.

La première difficulté à laquelle la Cour d'appel sera confrontée est l'absence de textes répondant explicitement à cette question.

Les dispositions de l'article L. 464-3 du Code de commerce relatives au secret des affaires ne visent en effet que le rôle du rapporteur général (il dispose en effet : « Sauf dans les cas où la communication ou la consultation de ces documents est nécessaire à l'exercice des droits de la défense d'une partie mise en cause, le rapporteur général de l'Autorité de la concurrence peut refuser à une partie la communication ou la consultation de pièces ou de certains éléments contenus dans ces pièces mettant en jeu le secret des affaires d'autres personnes. Dans ce cas, une version non confidentielle et un résumé des pièces ou éléments en cause lui sont accessibles »), tout comme celles des articles R. 463-13 et suivants du Code de commerce précisant sa mise en œuvre.

Quant à l'article D. 464-8-1 du Code de commerce, s'il précise que : « Les décisions de l'Autorité de la concurrence mentionnées à l'article L. 470-7-1 sont publiées sur le site internet de l'Autorité » et que « Leur publicité peut être limitée pour tenir compte de l'intérêt légitime des parties et des personnes citées à ce que leurs secrets d'affaires ne soient pas divulgués », il ne traite nullement de la problématique – inverse – de la publication d'informations couvertes par une décision de secret des affaires du rapporteur général.

Comme indiqué dans une précédente chronique (v. Ch. Lemaire, A. Azzi, *Concurrences* N° 2-2020, Art. n° 94900, précité), plusieurs options sont envisageables.

Option n° 1 : le collège ne peut remettre en cause une décision de secret des affaires au moment de la publication d'une décision

La première option serait de considérer que le collège ne peut pas remettre en cause la position du rapporteur général de l'Autorité s'agissant de la publication des informations couvertes par le secret des affaires. Cette situation pourrait ne pas être étendue à l'utilisation de telles informations pour motiver sa décision, qui est une autre question (non discutée ici à notre connaissance).

Cette solution aurait le mérite de la simplicité, de la cohérence et offrirait une sécurité aux entreprises qui ont fait et obtenu une demande de protection de leurs secrets des affaires. Elle éviterait en outre de se poser de nouvelles questions concernant l'existence (ou la nécessité de mettre en place) des recours contre la décision du collège de lever la protection du secret des affaires, comme nous le verrons dans les développements qui suivent. Pour autant, d'un strict point de vue juridique, une telle option peut apparaître de prime abord comme n'étant pas nécessairement évidente à concilier avec le système français dans lequel existe une séparation entre le collège et les services d'instruction.

Une telle option pourrait toutefois s'appuyer sur une série arguments.

D'une part, elle pourrait s'appuyer sur le sens de l'article D. 464-8-1 du Code de commerce. On l'a vu, celui-ci énonce que la publicité des décisions de l'Autorité peut être limitée « pour tenir compte de l'intérêt légitime des parties et des personnes citées à ce que leurs secrets d'affaires ne soient pas divulgués ». Le texte va dans le sens de la protection et non l'inverse. La publication de la décision ne devrait donc pas être un moyen de limiter la protection obtenue précédemment auprès du rapporteur général.

D'autre part, on relèvera qu'il existe déjà des décisions du rapporteur général qui lient ou ont un effet sur le collège. On pense, par exemple, à la décision d'utiliser la procédure simplifiée. On observera d'ailleurs que ce mouvement se renforce, comme l'illustre sous plusieurs angles la loi DDADUE récemment adoptée (v. Ch. Lemaire, *Loi DDADU : premières observations sur les dispositions relatives au droit de la concurrence*, *in :* dossier spécial La loi DDADUE : Simple adaptation ou réforme du droit français de la concurrence ?, *Concurrences* N° 1-2021, Art. N° 98839]).

Enfin, cette interprétation serait cohérente avec le sens des réformes intervenues ces dernières années, qui ont toutes conduit à renforcer la protection du secret des affaires et à placer ce pouvoir entre les mains du rapporteur général de l'Autorité (alors qu'il appartenait originellement au président de l'Autorité). Elle serait en outre cohérente avec la position récemment exprimée par la France devant la CEDH qui a reconnu que les droits d'une entreprise mise en cause devant l'Autorité avaient été méconnus en la privant d'un recours autonome contre les décisions du rapporteur général de refuser ou lever la protection de secrets d'affaires (CEDH, 5e section, 5 nov. 2020, FILMM c/ France, n° 47499/12).

Option n° 2 : le collège n'est pas lié par les décisions de secret des affaires du rapporteur général

La seconde option consisterait à admettre que le collège n'est pas lié par la décision du rapporteur général octroyant la protection du secret des affaires et qu'il peut partant s'en écarter au stade de la publication, au moment où celui-ci doit faire la balance entre tenir compte à la fois de la protection du secret des affaires et de l'intérêt public qui s'attache à la publication de la motivation de sa décision.

Admettre une telle solution, supposerait que plusieurs protections soient mises en place.

D'une part, avant la publication de toute décision, le collège devrait soumettre un projet aux parties pour consultation et leur demander leurs observations (comme cela se fait en contrôle des concentrations). Cette consultation devrait intervenir *a minima* chaque fois que le collège voudrait publier des informations couvertes par une décision de secret des affaires. On peut d'ailleurs s'interroger sur ce qui justifierait qu'une information, qui aurait été protégée au titre du secret des affaires et n'aurait donc pas été accessible pendant la procédure, devienne au moment de l'adoption de la décision finale à ce point importante, que sa publication – et donc l'intérêt d'informer le public – doive primer sur le secret des affaires. La situation devrait être exceptionnelle, à moins bien entendu qu'entre-temps l'information ait perdu cette qualité de secret.

Mais cette consultation pourrait même s'étendre au-delà des informations qui ont été couvertes par le secret des affaires dans la mesure où des informations qui ont pu être nécessaires au contradictoire ou aux débats devant l'Autorité (et qui auront donc fait l'objet d'un déclassement) n'ont pas forcément vocation à être rendues publiques.

La pratique actuelle semble d'ailleurs s'orienter dans cette direction de la consultation (comme le montre le décalage qui peut parfois exister entre l'annonce de la décision et sa publication sur le site internet de l'Autorité), à l'instar de ce qui existe en droit européen.

D'autre part, une fois que le collège aura statué sur le sort des informations (à publier ou non), il faudra prévoir un recours autonome contre cette décision. Tout autre solution serait en contradiction avec la position reconnue par la France récemment devant la CEDH dans le cadre du contentieux FILMM comme on l'a dit précédemment (v. CEDH, 5e section, 5 nov. 2020, n° 47499/12, FILMM c/ France). Ce recours devrait pouvoir être exercé préalablement à toute publication, sous peine que ce recours intervienne trop tard et soit dénué de caractère effectif compte tenu des effets potentiellement irréversibles d'une telle publication. Cela signifie que ce recours devrait avoir un caractère suspensif (à la différence du recours qui existe contre les décisions du rapporteur général suite à l'arrêt *FILMM*).

Ainsi, s'engager dans cette seconde option, obligerait le législateur ou le Gouvernement à intervenir, à nouveau, pour organiser la protection du secret des affaires devant le collège de l'Autorité. Elle alourdirait encore la procédure qui encadre la protection du secret des affaires. Il n'est pas certain que cette voie soit la plus pertinente.

C. Lemaire, A. Marescaux

Concurrences N° 1-2021, Art. N° 98987, p. 185

Voir aussi, sur les origines de l'affaire

CE, 20 mars 2020, Google France, n° 429279

C. Lemaire, A. Azzi, Secret des affaires : Le Conseil d'État décline sa compétence pour traiter d'un recours contre une décision du collège de l'Autorité de la concurrence d'inclure dans une décision de mesures conservatoires des informations auxquelles le rapporteur général avait accordé la protection au titre du secret des affaires (Google), 20 mars 2020, Concurrences N° 2-2020, Art. N° 94900, pp. 164-167.

Durée raisonnable de la procédure

Cass. com., 23 nov. 2010, Ministre de l'Économie, n° 09-72.031

La Cour de cassation casse l'arrêt de la Cour d'appel de Paris qui avait annulé la décision de l'Autorité de la concurrence dans l'affaire des parfums, en raison de la durée excessive de la procédure.

Dans cette affaire, la Cour de cassation a été amenée à se prononcer sur l'arrêt rendu par la Cour d'appel de Paris sur renvoi après cassation, dans l'affaire des parfums de luxe (décision 06-D-04), et plus précisément sur l'application par la cour d'appel du principe du délai raisonnable. S'il n'y a pas lieu de revenir sur les différentes étapes de cette affaire à rebondissements (sur les différents épisodes de cette affaire, v. en dernier lieu CA Paris, ch. 5-7, 10 nov. 2009, *Concurrences* N° 1-2010, obs. C. Momège), on rappellera que la cour d'appel avait conclu au caractère excessif de la durée de la procédure et avait annulé la décision du Conseil de la concurrence en constatant que cette durée excessive avait porté « une atteinte irrémédiable, effective et concrète » aux droits de la défense des entreprises en cause.

La Cour de cassation valide l'applicabilité du principe du délai raisonnable à la phase administrative antérieure aux griefs, mais censure son application par la cour d'appel

Pour l'analyse du délai raisonnable, la cour d'appel s'était expressément appuyée sur le principe posé par la CJUE dans son arrêt *Nederl Groothandel c/ Commission* (21 septembre 2006, C-105/04), selon lequel il convient non seulement de tenir compte de la durée de la procédure postérieure aux griefs, mais aussi d'« examiner [...] la totalité de la procédure administrative, y compris la phase antérieure à la communication des griefs », la CJUE ayant toutefois précisé que ces deux phases sont distinctes et doivent être analysées individuellement.

En l'espèce, la cour d'appel avait constaté le délai excessif de la première phase de la procédure, après avoir souligné qu'il incombait à l'Autorité de contribuer à « expliciter en quoi les entreprises étaient précisément averties de l'enquête en cours et devaient prendre diverses dispositions en conséquence, ou éventuellement en quoi cette enquête devait, par exception aux principes énoncés, rester secrète ». Or, la cour d'appel avait énuméré les différentes étapes de la procédure en mettant en exergue le fait que l'autosaisine du Conseil datait du 21 octobre 1998, mais que les premiers actes ayant « alerté les entreprises sur les visées du Conseil » étaient les auditions formelles qui n'avaient été organisées qu'en janvier et février 2005. La cour avait enfin relevé que la complexité de l'affaire était « très relative en l'espèce » au regard du « délai très court de la deuxième phase de la procédure » (moins d'un an entre la communication des griefs et la décision).

C'est ce raisonnement que la Cour de cassation a sanctionné pour les motifs suivants :

- « Attendu que pour dire que le délai de la phase d'instruction non contradictoire devant le Conseil avait dépassé les limites d'un délai raisonnable et pour annuler en conséquence la décision du Conseil ainsi que l'instruction qui l'a précédée, l'arrêt, après avoir qualifié d'« excessive » la « procédure d'enquête » et relevé que le délai très court de la deuxième phase de la procédure montrait que la complexité de l'affaire était très relative, retient un certain nombre d'éléments dont il conclut que les fabricants sont restés dans l'ignorance de la saisine et des actes d'enquête ;

- attendu qu'en se déterminant ainsi, par des motifs impropres à établir en quoi la durée de la première phase non contradictoire de la procédure du Conseil n'était pas raisonnable et ne pouvait être justifiée par la complexité de l'affaire et les diligences menées, la cour d'appel a privé sa décision de base légale » *(nous soulignons).*

Deux principaux enseignements peuvent être tirés de ces deux considérants.

Le premier, qui est essentiel, est que la Cour admet implicitement l'extension de l'exigence du délai raisonnable à la procédure antérieure à la notification des griefs, dont elle ne conteste pas le principe mais uniquement l'application par la cour d'appel au cas d'espèce. Ce faisant, elle s'aligne sur la jurisprudence communautaire précitée, ce qui est pleinement justifié. On soulignera également que la solution inverse aurait substantiellement limité la portée du droit à être jugé dans un délai raisonnable, tant la durée de la phase antérieure aux griefs est potentiellement déterminante pour l'exercice ultérieur des droits de la défense.

Le second enseignement est la censure de la cour d'appel pour avoir opéré une confusion entre la question de la durée de la procédure et celle, distincte, de son caractère secret. La question n'est donc pas de savoir si les entreprises ont été informées suffisamment tôt de l'enquête qui les visait, mais si la durée de cette enquête était excessive ou non au regard de sa complexité et des diligences requises. Cette distinction est fondée dans son principe, car le secret de l'enquête est l'une des conditions de son efficacité, et l'on comprendra que la Cour ait souhaité éviter, sur le fondement du délai raisonnable, reconnaître aux entreprises un droit général à la « divulgation » de l'enquête. Cela étant, on peut se demander si en pratique les effets de l'écoulement du temps et de l'ignorance de la procédure en cause ne sont pas étroitement liés. De fait, la connaissance de l'enquête en cours permet à une entreprise de se prémunir des effets pervers de la durée de la procédure (par exemple, en conservant ses archives ou en procédant à des entretiens avec un salarié avant son départ), même si son importance peut varier selon les infractions en cause. Par ailleurs, la « première phase » de la procédure, qui prend fin avec la notification des griefs, ne correspond-elle pas *de facto* au délai de « mise en accusation » des entreprises ?

Quant à la nécessaire prise en compte de la complexité de l'affaire et des diligences menées pour apprécier le caractère excessif du délai, la Cour confirme un principe connu et appliqué de longue date (v. not. CA Paris, ch. 1, 12 décembre 2000, Sté Compagnie gazière de service et d'entretien CGST), conformément à la jurisprudence de la CEDH (v. not. CEDH, 30 octobre 1998, Podbielski c/ Pologne, pts 35 et 36) et de la CJUE (v. not. CJUE, 15 octobre 2002, Limburgse Vinyl Maatschappij NV (LVM) e. a. c/ Commission, C-238/99 P et suivantes, Rec. p. I-8375, pt 187-188). En rejetant l'argument de la cour d'appel selon lequel cette complexité serait démentie par la courte durée de la seconde phase de la procédure administrative, la Cour précise que la complexité de la première phase s'apprécie de manière autonome, en fonction de ses impératifs propres. Il est à noter que le Conseil avait souligné le nombre important d'entreprises (26) et de documents (rapport administratif de 13 000 pages) en cause (éléments qui ne sont pas si singuliers que cela, quand on pense notamment aux affaires de cartels, et dont il conviendrait de préciser en quoi ils sont de nature à justifier concrètement un délai d'instruction de sept années).

La cour fixe un standard de preuve élevé pour la démonstration d'une violation des droits de la défense

En droit national comme en droit communautaire, la seule démonstration du caractère excessif de la procédure ne suffit pas. Il est également nécessaire de démontrer que ce délai a compromis l'exercice des droits de la défense des entreprises en cause.

À cet égard, la cour d'appel s'était démarquée de la jurisprudence française traditionnelle sur deux points.

La cour d'appel avait admis que le délai excessif de la procédure s'était effectivement traduit par une atteinte aux droits de la défense. Elle avait relevé que le Conseil avait fondé sa décision sur des relevés de prix, et sur des traces d'évocation des prix, sur des comptes rendus de déclarations et sur l'« élaboration téléologique d'un prix public imposé » à partir des éléments recueillis. Considérant que la comptabilité ou les factures des entreprises étaient insuffisantes pour contester ces éléments, la cour d'appel avait ensuite énuméré un certain nombre de diligences que les entreprises auraient dû effectuer pour se défendre, et notamment des relevés de prix pour d'autres zones, produits ou périodes, des entretiens avec les salariés et dirigeants concernant la politique commerciale de l'époque, ou encore l'analyse des politiques de remises et ristournes. Les témoins ayant pour la plupart « quitté leurs fonctions » et les documents pertinents (relevés de caisse, courriels, publicités, etc.) n'ayant pas été conservés, la cour avait constaté une atteinte « irrémédiable, effective et concrète aux droits de la défense ».

Par ailleurs, contrairement à la jurisprudence établie de la Cour de cassation selon laquelle la sanction du délai excessif de la procédure est la réparation du préjudice subi et non l'annulation, la cour d'appel s'était alignée sur la jurisprudence communautaire pour annuler l'instruction et la décision, au motif qu'elles étaient contraires aux exigences du procès équitable. Elle avait ensuite statué au fond et rejeté les griefs en considérant que ce vice « réduisait à néant » les éléments à charge retenus contre les entreprises.

Or, la Cour de cassation, en analysant dans un second considérant l'impact de la phase d'instruction devant le Conseil sur les droits de la défense, a censuré l'analyse de la cour d'appel sur les droits de la défense au motif qu'« en se déterminant ainsi, par une motivation générale, sans rechercher en quoi le délai écoulé durant la phase d'instruction devant le Conseil avait causé à chacune des entreprises, formulant un grief à cet égard, une atteinte personnelle, effective et irrémédiable à son droit de se défendre, la cour d'appel a privé sa décision de base légale » *(nous soulignons)*.

Ce faisant, la Cour de cassation ne fait pas que rappeler l'exigence classique d'une démonstration suffisamment circonstanciée de l'atteinte aux droits de la défense, qui ressort clairement de sa jurisprudence comme de celle des juridictions communautaires (v. not. CJUE, 21 septembre 2006, Nederlandse Federatieve Vereniging voor de Groothandel op Elektrotechnisch Gebied c/ Commission, C-105/04 P, Rec. p. I-8725, pts 56-61).

Dans le même temps, en exigeant la preuve d'une « atteinte personnelle, effective et irrémédiable » aux droits de la défense, et non plus seulement la preuve que les entreprises ont été « privées de l'exercice normal des droits de la défense » (v. not. Cass. com., 6 mars 2007, pourvoi n° 06-13501), la Cour renforce très sensiblement le standard de preuve qu'elle retenait jusqu'à présent.

S'il est naturellement prématuré de se prononcer sur la portée de cette exigence, on relèvera dès à présent qu'elle s'oppose à ce que les preuves de l'atteinte aux droits de la défense soient exposées *in abstracto*, et qu'elle implique une analyse concrète pour « chacune des entreprises » en cause. Ainsi, la cour d'appel aurait méconnu ces principes en se fondant sur des éléments qui semblaient pourtant concrets, mais qu'elle a analysés globalement et non pas entreprise par entreprise.

On retiendra également la précision de la Cour selon laquelle l'analyse des difficultés rencontrées pour l'exercice des droits de la défense doit être effectuée pour chacune des entreprises « formulant un grief à cet égard », qui n'est pas anodine. En effet, la cour d'appel avait annulé l'ensemble de la décision pour toutes les entreprises, y compris pour Thierry Mugler qui n'avait pas sollicité la nullité, au motif que la nullité n'était pas divisible. Il est donc possible que la précision apportée par la Cour ait pour objet d'individualiser les effets d'une nullité éventuelle en les limitant aux seules entreprises ayant développé un moyen sur le délai raisonnable (ce qui apparaît cohérent avec l'exigence d'une atteinte constatée individuellement pour chaque entreprise).

Incertitude sur les conséquences d'une atteinte personnelle, effective et irrémédiable aux droits de la défense

Il est notable que la Cour n'a fourni aucune indication explicite sur les conséquences d'une éventuelle atteinte personnelle, effective et irrémédiable aux droits de la défense, à la supposer démontrée.

Comme certains commentateurs l'ont suggéré (v. A. Ronzano, *lettre Creda-concurrence*, 23 nov. 2010), il semblerait logique, et conforme au droit communautaire, qu'une atteinte aussi caractérisée soit sanctionnée par la nullité de la décision. Cette solution, la plus respectueuse des droits de la défense, serait la juste contrepartie du renforcement symétrique de la charge de la preuve incombant aux entreprises. Par ailleurs – et ce n'est pas le moindre de ses mérites –, elle aurait une vertu pédagogique en renforçant sensiblement les conséquences d'une violation du principe du délai raisonnable et, partant, l'incitation pour l'Autorité à en assurer le plein respect. On ne voit d'ailleurs pas bien comment, sans méconnaître les exigences de la CESDH, il serait possible de constater une atteinte « irrémédiable » aux droits de la défense et ne pas en tirer de conséquence sur la validité des décisions en cause.

On peut donc souhaiter que le fait que la Cour se soit abstenue de reprendre dans son arrêt son considérant de principe sur les effets de la violation des droits de la défense constitue une première étape vers une reconnaissance expresse de l'annulation de la décision en cas d'atteinte grave aux droits de la défense.

C. Lemaire, S. Naudin

Concurrences N° 1-2011, Art. N° 34325, p. 193

Voir aussi, sur les suites de l'affaire

Cass. com., 11 juin 2013, Marionnaud e. a., n° 12-13.961 e. a.

C. Lemaire, S. Naudin, Droits de la défense : La Cour de cassation statuant dans l'affaire des parfums confirme l'arrêt de la Cour d'appel de renvoi ayant jugé le délai de la procédure conforme au principe du délai raisonnable (Marionnaud), 11 juin 2013, Concurrences N° 3-2013, Art. N° 53910, p. 149.

1.3.3.4 Procédures particulières

Mesures conservatoires

CA Paris, 9 oct. 2014, Canal+, RG n° 2014/16759 ; CA Paris, 31 oct. 2014, GDF Suez, RG n° 2014/19335

La Cour d'appel de Paris juge que le prononcé à titre conservatoire de mesures ayant un caractère définitif ou irrémédiable est conforme à l'art. L. 464-1 C. com. dès lors que ces mesures sont nécessaires pour faire face à l'urgence et proportionnées au trouble subi.

La période sous chronique a été marquée par deux arrêts très attendus de la Cour d'appel de Paris concernant la nature et la portée des mesures susceptibles d'être prononcées à titre conservatoire par l'Autorité de la concurrence.

Les arrêts en question concernent les recours exercés contre les mesures conservatoires prononcées par l'Autorité de la concurrence relatives, d'une part, à l'attribution des droits de diffusion du championnat de France de rugby de 1re division, le Top 14, (Aut. conc., déc. n° 14-MC-01 du 30 juillet 2014 relative à la demande de mesures conservatoires présentée par la société beIN Sports France dans le secteur de la télévision payante, obs. C. Lemaire et S. Naudin) et, d'autre part, à l'accès au fichier clients de GDF Suez pour les tarifs réglementés de gaz (Aut. conc., déc. n° 14-MC-02 du 9 septembre 2014, obs. C. Lemaire et S. Naudin).

Dans la décision n° 14-MC-01, l'Autorité a en effet ordonné, dans l'attente de sa décision au fond, (i) la suspension de l'accord par lequel la Ligue nationale de rugby a attribué au Groupe Canal+ – sans procéder à un appel d'offres – l'exclusivité des droits de diffusion du Top 14 pour cinq saisons (cette suspension prenant effet à compter de la fin de la saison 2014-2015 pour ne pas perturber son organisation) et (ii) la réattribution par la Ligue, avant le 31 janvier 2015 et à l'issue « d'une procédure transparente, non discriminatoire et pour une durée qui ne soit pas disproportionnée », des droits de diffusion du Top 14 « au titre de la saison 2015/2016 et des saisons suivantes ».

Dans la décision n° 14-MC-02, GDF Suez s'est quant à lui vu enjoindre, dans l'attente de la décision au fond de l'Autorité, de rendre accessible à ses concurrents un ensemble de données issues de son fichier sur ses clients aux tarifs réglementés du gaz (cet accès devant être effectif au plus tard le 3 novembre 2014 pour les données sur les clients personnes morales et le 15 décembre 2014 pour les données sur les clients personnes physiques).

Nous ne reviendrons pas sur l'ensemble des questions posées par ces deux affaires dans le cadre de la présente chronique, même si celles-ci suscitent d'intéressantes questions. On pense en particulier à la condition d'urgence dans l'affaire GDF Suez s'agissant des clients dont la consommation est inférieure à 30 Mwh et qui ne sont pas concernés par les mesures de suppression du tarif réglementé (TRV) (issues de la loi dite Hamon), qui était pourtant au cœur des débats. Le fait pour la cour d'appel de considérer que, indépendamment de la fin du TRV, « l'urgence résulte du fait de la faible influence des fournisseurs alternatifs sur l'ensemble du secteur et du risque de structuration durable du marché dans sa configuration actuelle » n'emporte nullement la conviction et mériterait bien des commentaires.

Quoiqu'il en soit, nous limiterons ici notre analyse à la question des mesures prononcées et plus particulièrement à celle de savoir si l'Autorité peut ordonner des mesures conservatoires ayant un caractère irréversible dès lors qu'elles sont nécessaires pour remédier à l'atteinte identifiée.

La portée des mesures « conservatoires » : retour sur la problématique

Aux termes de l'article L. 464-1 du Code de commerce, l'Autorité est habilitée à « prendre les mesures conservatoires qui lui sont demandées ou celles qui lui apparaissent nécessaires ». Ces mesures « peuvent comporter la suspension de la pratique concernée ainsi qu'une injonction aux parties de revenir à l'état antérieur » mais « doivent rester strictement limitées à ce qui est nécessaire pour faire face à l'urgence ».

Le Conseil (devenu Autorité) de la concurrence avait lui-même déduit de ces dispositions qu'il « ne pourrait, à titre conservatoire, prononcer des mesures qui seraient irréversibles et auraient, de ce fait, un caractère définitif » (Rapport annuel 2007 du Conseil de la concurrence, étude thématique sur les mesures conservatoires). C'est sur ce fondement qu'il avait rejeté par le passé des demandes de mesures conservatoires portant sur des réorganisations structurelles (Cons. conc., déc. n° 01-MC-07 du 21 décembre 2001 relative à une saisine et à une demande de mesures conservatoires présentées par la société Kosmos).

Au regard de ces précédents, Groupe Canal+ et GDF Suez dénonçaient en particulier devant la cour d'appel une violation des prescriptions de l'article L. 464-1 du Code de commerce en excipant du caractère irréversible et disproportionné des mesures prononcées dans les décisions n° 14-MC-01 et n° 14-MC-02.

De fait, ces décisions posaient inévitablement la question du caractère « provisoire » de mesures consistant en la réattribution des droits de diffusion du Top 14 pour les saisons 2015-2016 « et les saisons suivantes », et en la mise à disposition de données stratégiques sur les clients de GDF Suez (coordonnées et habitudes de consommation).

C'est donc sur cette question qu'une prise de position de la cour d'appel était particulièrement attendue, ce qu'elle a fait avec force en jugeant que l'article L. 464-1 n'interdit pas le prononcé par l'Autorité de mesures conservatoires « ayant un caractère définitif » ou « irrémédiable ».

L'arrêt *Groupe Canal+* : la réattribution des droits est bien « définitive », mais est justifiée dès lors que c'était la seule mesure conservatoire possible en l'espèce

Après avoir rappelé les dispositions de l'article L. 464-1 du Code de commerce, la cour d'appel a rejeté l'argument de Groupe Canal+ tiré du caractère « définiti[f] et irréversibl[e] » des mesures ordonnées par l'Autorité.

La Cour a ainsi jugé « qu'en présence d'une pratique consistant en l'attribution de droits premium de gré à gré, sans permettre aux concurrents de l'attributaire en place, de présenter des offres, la seule mesure conservatoire possible pour permettre le rétablissement du jeu de la concurrence dans le secteur affecté par cette pratique était, ainsi que l'a décidé l'Autorité, de soumettre les droits en cause au libre jeu de la concurrence par un appel d'offres ».

Aussi, « si cette injonction présente un caractère définitif, elle est toutefois conforme, à tout le moins, à l'intérêt du secteur atteint par la pratique et ne va pas au-delà du rétablissement du jeu concurrentiel, dans lequel les sociétés du Groupe Canal+ pourront défendre leurs intérêts ; que cette mesure qui correspond à un retour à l'état antérieur à la pratique, qui était celui d'un appel d'offres lancé par la Ligue pour la cession des droits de diffusion des clubs, est conforme aux prescriptions de l'article L. 464-1 du Code de commerce ».

Ainsi, le caractère définitif de la mesure conservatoire est indifférent selon la cour d'appel dès lors qu'elle est la seule susceptible de remédier à l'atteinte constatée.

La cour a ensuite rejeté des arguments tirés du caractère disproportionné de la réattribution des droits du fait de l'immixtion de l'Autorité dans l'équilibre contractuel résultant de l'accord initial et de différents risques opérationnels et économiques liés à la réattribution des droits par appel d'offres.

On relèvera toutefois que la cour a accepté de reporter au 30 mars 2015 le délai imparti à la Ligue pour réattribuer les droits pour les saisons 2015/2016 et suivantes, en tenant compte du retard résultant du recours formé contre cette mesure.

L'arrêt *GDF Suez* : la mise à disposition des données clients n'est pas « irrémédiable », ce qui est en toute hypothèse indifférent lorsque la mesure est nécessaire et proportionnée

Dans son arrêt sur les mesures conservatoires visant GDF Suez, rendu trois semaines après sa décision dans l'affaire Groupe Canal+, la cour d'appel s'est montrée encore plus tranchée dans son analyse du moyen tiré de l'irréversibilité de la mise à disposition des données clients.

En premier lieu, la cour a nié le « caractère irrémédiable » de cette mesure. Renversant en quelque sorte l'objet de l'injonction de faire prononcer par l'Autorité (obligation de mise à disposition de fichiers), la cour a estimé que cette mesure « se limit[ait] à suspendre la pratique en cause consistant à exploiter les données du fichier TRV, issues de l'ancien monopole de la société GDF Suez, tout en empêchant les fournisseurs alternatifs d'y avoir accès ».

La Cour a ensuite relevé que les clients personnes physiques auraient la possibilité de s'opposer à la communication de leurs données, que celles-ci seraient accessibles aux tiers *via* un site internet pouvant être fermé à tout moment le cas échéant, et que les opérateurs y ayant eu accès « pourraient se voir enjoindre de ne plus utiliser [les données litigieuses] » si GDF Suez était finalement mis hors de cause par la décision au fond.

En deuxième lieu, et de manière encore plus significative, la cour a relevé à titre surabondant qu'« en tout état de cause, [le caractère irrémédiable reproché à la mesure] n'est pas exclu par les dispositions de l'article L. 464-1 du Code de commerce, dès lors que les mesures prononcées sont nécessaires pour faire face à l'urgence et sont proportionnées au trouble subi ».

En troisième lieu, la cour a rejeté l'ensemble des arguments mis en avant par GDF Suez pour démontrer le caractère disproportionné de la communication des données.

Elle a estimé notamment que cette communication « [n'allait] pas au-delà du périmètre de la pratique », puisqu'elle concernait non pas l'ensemble du fichier clients de GDF, mais « seulement certaines données figurant dans son seul fichier de clients abonnés au tarif réglementé de vente ».

La cour a en outre souligné, comme elle l'a fait dans l'affaire Groupe Canal+, que cette mesure « constitu[ait] l'unique moyen de répondre aux atteintes graves et immédiates qui ont été relevées ».

Par ailleurs, le fait que les coûts de mise à disposition supportés par GDF Suez soient évalués par lui à plus de 10 millions d'euros n'a pas trouvé grâce aux yeux de la cour. Les coûts de constitution et d'exploitation des données seraient en effet compris dans le tarif réglementé selon l'avis de la CRE, la cour relevant que les surcoûts liés à la communication des données dans l'urgence, sans être démontrés, étaient imputables au manque de diligence de GDF Suez et qu'il appartiendrait à la décision au fond de déterminer avec l'avis de la CRE « comment doit se répartir ensuite la charge de la communication des données afin que soit respecté un juste équilibre des conditions de la concurrence ».

In fine, la cour n'a procédé qu'à deux révisions relativement mineures de la décision, en reportant respectivement de 10 jours et d'un mois le délai imparti pour la communication des données sur les clients personnes morales et sur les clients personnes physiques, et en apportant une modification rédactionnelle au courrier adressé par GDF Suez aux clients personnes physiques pour recueillir leur consentement au transfert de leurs données.

La thèse de « l'irréversibilité nécessaire » : la fin justifie-t-elle (tous) les moyens ?

L'analyse selon laquelle l'article L. 464-1 du Code de commerce autoriserait le prononcé de mesures « définitives » ou « irrémédiables » appelle bien des questions. De telles mesures sont-elles encore compatibles avec la notion même de mesures « conservatoires » ? En d'autres termes, est-il possible de prendre dans le cadre d'une procédure d'urgence, dans l'attente de la décision au fond, et au terme d'une analyse succincte des faits, des mesures qui portent une atteinte irrévocable au patrimoine juridique ou économique de leur destinataire ?

De même, l'on peut s'interroger sur la question de savoir si des mesures conservatoires peuvent être considérées comme « strictement limitées à ce qui est nécessaire pour faire face à l'urgence » lorsque leurs effets se prolongeront de manière permanente après la décision au fond – quelle que soit sa teneur.

À cet égard, il n'est pas certain que le fait qu'une mesure soit « la seule possible » puisse être suffisant, ou même pertinent, pour répondre à la question de savoir s'il s'agit d'une mesure susceptible d'être ordonnée à titre conservatoire au sens de l'article L. 464-1 du Code de commerce.

Ces arrêts de la cour d'appel marquent incontestablement un pas en avant dans l'usage et la portée desdites mesures. Cette approche est d'autant plus remarquable que le droit français ne connaît pas la condition du *fumus boni juris* pour l'octroi de mesures conservatoires.

En effet, l'article L. 464-1 du Code de commerce n'exige pas de caractériser les pratiques, ni *a fortiori* l'existence d'un trouble « manifestement illicite », comme cela peut être le cas en matière de référé civil ou d'une « présomption raisonnablement forte d'infraction » comme en droit européen. La Cour d'appel de Paris avait d'ailleurs tenté de réintroduire cette exigence au milieu des années 2000 avant d'être censurée par la Cour de cassation (v. sur cette évolution de la jurisprudence l'étude thématique sur les mesures conservatoires précitée).

Ce premier filtre n'existant pas (il suffit en droit français qu'une pratique anticoncurrentielle « ne soit pas exclue » pour justifier l'intervention de l'Autorité), on aurait pu imaginer que les conditions d'urgence et celles tenant à la portée des mesures adoptées auraient été interprétées strictement. Or, les arrêts en question, et en particulier l'arrêt *GDF Suez*, montrent au contraire une interprétation très large des conditions d'octroi des mesures conservatoires par la cour d'appel. En effet, cet arrêt illustre que l'urgence peut résulter (par exemple pour les consommateurs non concernées par le basculement dans le marché issu de la loi Hamon) « du fait de la faible influence des fournisseurs alternatifs sur l'ensemble du secteur et du risque de structuration durable du marché dans sa configuration actuelle » sans qu'il soit établi que cette « faible influence » résulte d'un comportement possiblement anticoncurrentiel de l'opérateur poursuivi (bien des causes dans le secteur de l'énergie pourraient d'ailleurs justifier cette situation, à commencer par le choix politique de maintenir la coexistence d'un tarif réglementé et d'offres de marché). Quant aux mesures prononcées, elles n'auraient en théorie plus besoin d'être « conservatoires » ou « provisoires », elles peuvent être « définitives » ou « irrémédiables » dès lors qu'il s'agit des seules mesures possibles.

Cette approche appelle des réserves et des questions. Ne peut-elle conduire à une intervention trop forte de l'Autorité à titre provisoire alors même qu'aucune instruction au fond n'aura été menée et qu'aucun débat contradictoire sur la réalité des pratiques n'aura été engagé ? Après le développement important de la procédure d'engagements (qui n'emporte aucune qualification des pratiques), le renouvellement des fonctions consultatives (notamment depuis l'introduction d'une saisine d'office pour avis largement exploitée par l'Autorité – sur ce sujet v. not. Ch. Lemaire, Soft law et droit de la concurrence : Retour sur l'expérience de l'Autorité de la concurrence, in : Corriger, équilibrer, orienter : Une vision renouvelée de la régulation économique, colloque Paris, 24 septembre 2013, pp. 17-36), cette jurisprudence relative aux mesures « conservatoires » renforce encore la capacité d'intervention *ex ante* de l'Autorité avant tout débat au fond.

C. Lemaire, S. Naudin

Concurrences N° 1-2015, Art. N° 71395, p. 180

Engagements

Règles applicables

Cass. com., 4 nov. 2008, Canal 9, n° 07-21.275

La Cour de cassation confirme que la procédure d'engagement ne relève pas de l'article 6 § 1 de la Cour européenne des droits de l'Homme.

Alors que la Cour d'appel a déjà eu l'occasion de se prononcer à plusieurs reprises sur la procédure d'engagement (v. not. CA Paris, 1re ch. 16 oct. 2007, Festina, *Concurrences* N° 4-2007, obs. C. Momège ; CA Paris, 1re ch. 6 nov. 2007, Canal 9 c/ GIE Les Indépendants, *Concurrences* N° 1-2008, obs. C. Lemaire), aucun arrêt n'avait jusqu'au 4 novembre 2008 été rendu par la Cour de cassation sur cette nouvelle procédure. C'est à présent chose faite avec l'arrêt *Canal 9* du 4 novembre 2008.

Dans cette affaire, on se souvient que la société Canal 9 avait saisi le Conseil de la concurrence au sujet du refus opposé à plusieurs reprises par le GIE Les Indépendants à son admission à un réseau de radios locales ou régionales. Devant l'autorité, la procédure d'engagement avait été mise en œuvre et les engagements proposés par le GIE rendus obligatoires par une décision du Conseil du 6 octobre 2006. Non satisfait des engagements souscrits, Canal 9 avait tout d'abord formé un recours devant la Cour d'appel de Paris qui avait été intégralement rejeté.

Dans son arrêt la Cour d'appel avait notamment confirmé la recevabilité du recours du saisissant à l'encontre d'une décision d'engagements dont il n'était pas satisfait et surtout jugé que cette procédure d'engagements ne relevait pas des dispositions de l'article 6 § 1 de la CEDH. On se souvient également que la Cour d'appel, bien qu'ayant considéré inapplicable la Convention, avait néanmoins jugé nécessaire de regarder au fond si les dispositions de l'article 6 § 1 avaient bien été respectées. Cette précaution pouvait notamment s'expliquer par la volonté de limiter les conséquences d'une éventuelle lecture différente de la Cour de cassation. Cette précaution s'avère finalement inutile puisque la Cour de cassation valide intégralement l'analyse des premiers juges.

Compte tenu de sa nature, la procédure d'engagement n'entre pas dans le champ de l'article 6 § 1 de la CEDH.

En effet, Canal 9 soutenait une nouvelle fois dans son pourvoi que la procédure d'engagement, ayant selon elle pour objet de mettre fin à des pratiques anticoncurrentielles révélées par une évaluation préliminaire au moyen de l'acception par le Conseil de la concurrence d'engagements dont l'inexécution est sanctionnée pécuniairement, relève de ce fait de la matière pénale au sens de l'article 6 § 1 de la CEDH. Or cette disposition impose une séparation des fonctions d'instruction et de jugement qui a fait défaut en l'espèce. Il demandait donc l'annulation de l'arrêt de la Cour d'appel pour non-respect de cette exigence.

La Cour de cassation rejette ce moyen en faisant sien le motif tiré de la nature de la procédure retenu par la Cour d'appel. En effet, elle considère que l'évaluation préliminaire du rapporteur ne peut être qualifiée d'acte d'accusation au sens de l'article 6 § 1 de la CEDH dans la mesure où elle « n'a pas pour objet de prouver la réalité et l'imputabilité d'infractions au droit de la concurrence en vue de les sanctionner mais seulement d'identifier des préoccupations de concurrence susceptibles de constituer une pratique prohibée, afin qu'il y soit, le cas échéant, remédié ». Qu'en outre, le fait que le Conseil de la concurrence ait pris une part active aux discussions ayant eu lieu après l'évaluation préliminaire tient au caractère négocié de la procédure et ne caractérise pas une immixtion du Conseil dans l'instruction de l'affaire.

On notera que la Cour de cassation ne fait nulle mention d'une seconde raison mise en avant par la Cour d'appel pour écarter les dispositions de l'article 6 § 1 de la CEDH : la qualité de Canal 9 qui, en tant que partie saisissante, était selon la Cour d'appel « dépourvue d'intérêt à se prévaloir d'une atteinte aux droits de la partie visée par l'acte en cause » (sur ce point, v. *Concurrences* N° 1-2008, p. 170). Le fait que la Cour de cassation se soit uniquement fondée sur la nature de la procédure – et non sur la qualité du requérant – pour écarter l'application de l'article 6 § 1 de la CEDH a au moins un mérite, celui de clarifier les choses quelle que soit la partie au recours (saisissant ou mis en cause).

Il faudra attendre pour connaître l'étendue du contrôle que la Cour de cassation exercera sur les décisions d'engagement.

Il existait de bons arguments pour soutenir que l'article 6 § 1 ne s'applique pas à la procédure d'engagement. La question paraît à présent définitivement tranchée... au niveau national à tout le moins puisque la voie d'un recours devant la Cour européenne des droits de l'Homme reste encore ouverte.

Bien que l'article 6 § 1 de la CEDH soit inapplicable, il est souhaitable que le juge conserve un certain contrôle sur le bien-fondé et la proportionnalité des solutions adoptées par les autorités, dans la ligne de la position retenue par le TPI dans l'affaire Alrosa (arrêt du 11 juill. 2007, Alrosa c/ Commission, T-170/06, Rec. p. II-2601). On aurait aimé à cette occasion savoir quel contrôle la Cour de cassation entendait elle-même exercer. Pour autant, il faudra attendre un autre arrêt dans la mesure où, en l'espèce, la Cour de cassation n'a pas eu à examiner les moyens portant sur le fond de l'affaire puisque l'arrêt fût annulé pour un autre motif de procédure (v. *infra*).

C. Lemaire

Concurrences N° 1-2009, Art. N° 23498, p. 188

Voir aussi

C. Lemaire, Engagements – Contradictoire : La Cour de cassation exige que les parties à la procédure d'engagement bénéficient d'un accès intégral au dossier de l'Autorité (Canal 9), 4 novembre 2008, Concurrences N° 1-2009, Art. N° 23500, pp. 189-190.

Voir aussi, sur les suites de l'affaire

CA Paris, 6 oct. 2009, Canal 9 c/ GIE Les Indépendants, RG n° 2008/21057

C. Lemaire, Engagements – Art. 6.1 CEDH : La Cour d'appel de Paris se prononce sur l'incidence de la nature spécifique de la procédure d'engagements sur les droits des parties (Canal 9/GIE Les Indépendants), 6 octobre 2009, Concurrences N° 4-2009, Art. N° 29307, pp. 181-182.

C. Lemaire, Accès au dossier : La Cour d'appel de Paris poursuit sa lecture singulière des droits des parties en matière d'accès au dossier en matière de procédure d'engagements (Canal 9 c/ GIE Les Indépendants), 6 octobre 2009, Concurrences N° 4-2009, Art. N° 29309, pp. 182-183.

CA Paris, 1er juin 2010, Canal 9 c/ GIE Les Indépendants, RG n° 2008/21057

C. Lemaire, Accès au dossier : La Cour d'appel de Paris s'aligne sur la position de la Cour de cassation en matière d'accès au dossier dans les procédures d'engagement (Canal 9 ; GIE Les Indépendants ; Secteur de la publicité radiophonique), 1er juin 2010, Concurrences N° 3-2010, Art. N° 31927, pp. 161-162.

Respect des engagements

Cass. com., 26 sept. 2018, GIE Les Indépendants, n° 16-25.403

La Cour de cassation précise la méthode d'appréciation d'un non-respect d'engagements souscrits devant l'Autorité de la concurrence.

Si les décisions de sanction pour non-respect des engagements dans le domaine des pratiques anticoncurrentielles sont relativement rares (pour un bilan récent, voir *Concurrences* N° 4-2018, obs. Ch. Lemaire et H. Fricaudet, p. 173), l'année 2018 continue à alimenter le débat. En effet, après la récente sanction intervenue en juin 2018 (décision n° 18-D-09 du 21 juin 2018 relative au respect des engagements pris par la société Randstad dans la décision du Conseil de la concurrence n° 09-D-05 du 2 février 2009), c'est au tour de la Cour de cassation de se prononcer dans le cadre du pourvoi formé contre l'arrêt de la Cour d'appel de Paris dans l'affaire du GIE Les Indépendants. L'arrêt était attendu car il s'agit de la première intervention de la Cour de cassation en matière de non-respect d'engagements (au sens de la procédure éponyme).

Retour sur les engagements et les manquements constatés par l'Autorité

Pour mémoire, l'objet social du GIE consiste à agréger les audiences de radios indépendantes locales afin d'être en mesure de proposer une offre d'espaces publicitaires groupés leur permettant d'accéder au marché publicitaire national.

Saisi d'une plainte de la société Canal 9, le Conseil de la concurrence (devenu Autorité de la concurrence) a, le 6 octobre 2006, accepté et rendu obligatoires les engagements proposés par le GIE pour répondre à des préoccupations de concurrence relatives (i) aux conditions d'adhésion, de maintien et de sortie du GIE, qui étaient considérées comme non objectives, non transparentes et non clairement définies, et (ii) aux pénalités imposées en cas de sortie d'une radio du GIE (voir la décision n° 06-D-29 du 6 octobre 2006 relative à des pratiques mises en œuvre par le GIE Les Indépendants dans le secteur de la publicité radiophonique).

Ces engagements consistaient en substance en (i) une révision de son règlement intérieur sur les conditions et les procédures d'adhésion et de sortie du GIE, et (ii) une modification de la notice d'information envoyée aux candidats à l'adhésion.

Le 26 février 2015, constatant à la suite d'une saisine d'office que le GIE avait méconnu plusieurs de ses engagements, l'Autorité lui a imposé une amende de 300 000 euros et enjoint de respecter ses engagements sous astreinte de 500 euros par jour de retard à l'expiration d'un délai de quatre mois à compter de la date de notification de la décision (décision n° 15-D-02 du 26 février 2015 relative au respect, par le GIE Les Indépendants, des engagements pris dans la décision du Conseil de la concurrence n° 06-D-29 du 6 octobre 2006).

Comme nous avions eu l'occasion de le préciser dans une précédente chronique (*Concurrences* N° 2-2015, obs. Ch. Lemaire et S. Naudin, p. 164), les manquements constatés pouvaient être regroupés en trois catégories.

En premier lieu, l'ajout de dispositions dans le règlement intérieur qui ne figuraient pas dans les engagements et qui ont été jugés incompatibles (il s'agit de l'ajout de six nouveaux cas de « sortie de droit » non soumis à la procédure contradictoire que le GIE s'était pourtant engagé à mettre en place ; d'un cas d'exclusion sans préavis et sans indemnité d'une radio pour non-respect de la condition d'adhésion dite « Engagement de loyauté » et d'une procédure d'exclusion en cas de non-respect par une radio de l'obligation de transmission des informations relatives à un changement de son capital social ou dans ses organes de direction).

La deuxième catégorie regroupe la suppression de dispositions que le GIE s'était engagé à insérer (dispositions fixant des critères chiffrés pour la condition d'éligibilité relative aux équilibres géographiques régionaux qui devaient figurer dans le règlement intérieur et de la notice d'information transmises aux candidats à l'adhésion).

La troisième catégorie porte sur les modifications ou ajouts de dispositions qui ne semblaient pas méconnaître un engagement exprès du GIE, mais qui ont tout de même été jugés contraires aux « conditions de mise en œuvre » des engagements (ajout dans le règlement intérieur d'une définition de la condition d'indépendance des membres et de l'allongement en 2011 de la durée de préavis prévue par le règlement intérieur en cas de démission d'un membre du GIE).

Le GIE avait contesté cette décision devant la Cour d'appel de Paris.

Des manquements largement confirmés par la Cour d'appel

Dans un arrêt du 6 octobre 2016, la Cour d'appel de Paris avait rejeté le recours en annulation comme le recours subsidiaire en réformation de la décision de l'Autorité. Néanmoins, la cour d'appel n'avait confirmé que sept des neuf manquements constatés par l'Autorité, tout en maintenant le montant total de l'amende (Cour d'appel de Paris, arrêt n° 2015/06776 du 6 octobre 2016).

En effet, la cour d'appel avait estimé que deux manquements n'avaient pas lieu d'être retenus par l'Autorité (*Concurrences* N° 1-2017, obs. Ch. Lemaire et S. Chikh, p. 189).

En premier lieu, la cour d'appel a considéré que l'ajout dans le règlement intérieur de la définition de la condition d'indépendance pour adhérer au GIE ne peut être considérée comme contraire à l'engagement souscrit dès lors qu'il permet au GIE de s'assurer du respect de l'interdiction de « tout lien de dépendance, de droit ou de fait de la radio candidate par rapport à un réseau national ». Cette précision ajoutée par le GIE n'est donc pas contraire aux engagements souscrits devant l'Autorité.

En second lieu, la cour d'appel a retenu que la reproduction des conditions d'appartenance au GIE dans la notice d'information aux candidats, identiques à celles figurant dans le règlement intérieur, ne peut pas constituer un manquement distinct du manquement déjà constaté que les conditions d'admission sont contraires au premier engagement. L'Autorité ne pouvait identifier un nouveau manquement alors qu'il découle automatiquement d'un manquement déjà identifié et sanctionné.

Enfin, la cour d'appel a confirmé l'approche de l'Autorité sur les autres manquements en adoptant la méthode d'interprétation stricte des engagements. La cour d'appel apportait ce faisant sa pierre à l'édification du test qui doit guider l'appréciation des manquements aux engagements, test dont on sait qu'il n'est pas tout à fait stabilisé (voir sur ce sujet,

Th. Dahan et Ch. Lemaire, Le non-respect des engagements en droit antitrust doit-il être soumis à une règle de raison ?, *Concurrences* N° 1-2012, p. 12).

Bien que la Cour d'appel de Paris se soit écartée du raisonnement de l'Autorité sur deux des manquements, elle a néanmoins maintenu la sanction de 300 000 euros à l'encontre du GIE considérant que cela « *n'est pas de nature à diminuer le montant de la sanction prononcée* », celui-ci étant justifié par le nombre et la gravité des manquements en cause.

C'est cette décision, et en particulier le test à appliquer pour apprécier le non-respect des engagements et la méthode de détermination de la sanction, qui a été contestée par le GIE devant la Cour de cassation.

La Cour de cassation rejette le pourvoi du GIE et précise les conditions d'appréciation d'un non-respect d'engagements

Le GIE soulevait deux moyens de cassation contre l'arrêt de la cour d'appel relatifs au contrôle de la cour d'appel, tous deux rejetés par la Cour de cassation.

En premier lieu, le GIE reprochait en substance à la cour d'appel d'avoir rejeté le recours en annulation de la décision de l'Autorité alors même que la cour d'appel avait retenu que deux des manquements constatés par l'Autorité n'étaient pas constitués et que partant le recours était partiellement fondé.

La Cour de cassation rejette le moyen au motif que le GIE avait formé son recours à titre principal afin de faire constater qu'il avait respecté tous les engagements souscrits en 2006 et en conséquence d'annuler la décision, et qu'en constatant que le GIE avait manqué à certains de ses engagements, la cour d'appel pouvait rejeter le recours en annulation formé contre la décision.

En second lieu, le GIE soulevait plusieurs arguments au soutien de son deuxième moyen sur la méthode d'analyse des manquements aux engagements. En particulier, le débat portait sur le point de savoir ce qui devait guider l'appréciation d'un non-respect d'engagements. Pour le GIE, un manquement ne pouvait s'apprécier que « par rapport aux préoccupations de concurrence » identifiées par l'Autorité. Il ne serait pas possible de retenir seulement une approche formelle se limitant au non-respect de « la lettre de l'engagement ».

Le débat porté devant la Cour de cassation était intéressant. On sait en effet que l'appréciation des non-respects d'engagements (que ce soit des engagements pris dans la cadre de l'ancienne procédure de non-contestation des griefs ou d'engagements pris dans la procédure du même nom) comme des non-respects d'injonctions, a pu évoluer et osciller entre une interprétation stricte (voire formelle) et une interprétation finaliste.

Dans ce débat, il avait pu être plaidé pour une combinaison de ces deux approches dans les termes suivants : « Les deux approches dégagées par la jurisprudence sur les injonctions poursuivent des objectifs différents. Le principe d'interprétation stricte permet d'éviter qu'une incertitude quant à l'exécution d'une injonction ne puisse être utilisée pour sanctionner une entreprise qui agit de bonne foi. Le principe d'effectivité est venu le compléter pour éviter qu'une incertitude quant à l'exécution d'une injonction ne puisse être utilisée par une entreprise pour échapper indûment à ses obligations. Ces deux approches ou principes jurisprudentiels ont montré leur utilité, ce qui explique leur permanence dans la pratique décisionnelle, même s'il faut rappeler qu'aucun des deux n'a été consacré dans des termes aussi précis par la Cour de cassation.

Pour autant, ils ne peuvent pas être utilisés alternativement selon les besoins de la cause. Ils devraient être utilisés simultanément car leur opposition permet de limiter réciproquement leurs effets pervers et d'aboutir à une forme de "règle de raison" pour l'appréciation du respect des engagements. Sans la prise en compte de l'objectif suivi par l'engagement, le principe d'interprétation stricte pourrait se confondre avec une obligation d'interprétation littérale et pousser à une inflation rédactionnelle pour prévenir toutes les interprétations déviantes. Inversement, sans le principe protecteur de l'interprétation stricte, l'Autorité pourrait étendre *a posteriori* les obligations contenues dans l'engagement en suivant une logique purement finaliste, ce qui exposerait les entreprises à une insécurité juridique excessive. En outre, l'inconvénient d'une application sans restriction du principe finaliste serait aggravé lorsque les engagements sont rédigés en termes généraux avec un objectif d'amélioration de la concurrence. En effet, l'entreprise peut alors se retrouver face à des demandes nouvelles issues d'interprétations des engagements qui fluctuent selon les évolutions du marché, au motif que le fonctionnement de la concurrence peut toujours être amélioré. Les engagements ne peuvent devenir un moyen de réguler indéfiniment un secteur économique alors que l'entreprise qui les a proposés n'a obtenu qu'un avantage limité en contrepartie de leur exécution » (voir sur ce sujet, Th. Dahan et Ch. Lemaire, « non-respect des engagements en droit antitrust doit-il être soumis à une règle de raison ? », préc.).

Au cas d'espèce, la Cour de cassation rejette le moyen du GIE principalement au motif que « la caractérisation d'un manquement à des engagements conduit à vérifier leur respect formel puis, le cas échéant, l'absence de manquement au regard des préoccupations de concurrence ayant donné lieu à ces engagements ». La Haute juridiction précise ensuite que, à partir du moment où la cour d'appel a effectué la recherche invoquée à la première branche, elle n'était pas tenue d'effectuer celle mentionnée à la seconde.

En retenant cette solution, la Cour de cassation adopte ainsi une méthode d'analyse en deux temps. La combinaison retenue ne semble toutefois pas exactement de même nature que celle prônée dans les développements rappelés ci-dessus.

En effet, pour la Cour de cassation, dans un premier temps doit s'opérer une vérification du respect formel des engagements. Cette étape repose d'abord sur le principe d'interprétation stricte, même si cette terminologie n'est pas employée (la Cour lui préférant la notion de « respect formel »). Il fait peser une responsabilité importante sur les entreprises puisque, indépendamment de ses effets concrets, en particulier au regard des préoccupations de concurrence, la non-observation formelle d'un engagement constitue – en elle-même – une violation non justifiable.

Intervient ensuite la seconde étape du raisonnement. Si l'entreprise a bien respecté formellement les engagements, et uniquement dans ce cas, intervient un test finaliste qui doit permettre d'éviter que les engagements soient mis en œuvre dans un sens qui les prive de toute portée. C'est à ce stade que l'appréciation s'opérera par rapport aux préoccupations de concurrence qui en sont à l'origine.

Ainsi, ce n'est que dans l'hypothèse où le respect formel des engagements a bien été constaté, que le juge peut alors se pencher dans un second temps sur le respect effectif de l'esprit des engagements. Le respect effectif de l'esprit des engagements ne permettra donc pas à l'entreprise en cause d'échapper à la constatation d'un manquement si la forme de l'engagement souscrit n'a pas été préalablement respectée.

Si l'on peut comprendre la nécessité de combiner deux approches, le fait qu'elles ne semblent pouvoir jouer que dans un sens (à savoir que le non-respect littéral ou formel des engagements ne peut être rattrapé ou compensé par le fait que la finalité des engagements n'a pas été remise en cause ou affectée alors que même en cas de respect formel de l'engagement le manquement au regard des préoccupations de concurrence peut conduire à une condamnation de l'entreprise) ne paraît pas équilibré. Pourquoi faudrait-il qu'un non-respect purement formel – qui pourrait être non intentionnel – entraîne une condamnation si ce manquement ne contrevient pas aux préoccupations de concurrence ? Cette question se pose avec d'autant plus d'acuité que la position de la Cour de cassation sur la sanction est elle aussi très stricte.

La Cour de cassation précise la méthode de détermination de la sanction

Finalement, le GIE soulevait plusieurs arguments pour contester dans son troisième moyen la sanction prononcée par la cour d'appel, et notamment le fait que celle-ci n'ait pas été réduite alors même que la cour d'appel avait écarté deux manquements retenus par l'Autorité. Était aussi contestée l'absence de prise en compte des critères de détermination des sanctions pécuniaires prévus à l'article L. 464-2 C. com.

S'agissant du dernier point relatif à la méthode de détermination de la sanction, la Cour de cassation rappelle que les dispositions de l'article L. 464-3 C. com. permettent à l'Autorité de prononcer une sanction « dans les limites fixées à l'article L. 464-2 du même code » et que c'est à bon droit que la cour d'appel a retenu que « seul le montant maximal de la sanction est ainsi défini ». Les critères prévus à l'alinéa 3 de l'article L. 464-2 C. com. ne seraient donc pas pertinents dans le cadre des manquements visés à l'article L. 464-3 C. com. Le quantum de la sanction s'apprécierait seulement selon la Cour de cassation, « *selon les principes généraux d'individualisation et de proportionnalité applicables à toute sanction* ». Ainsi, la Cour de cassation justifie l'absence d'analyse par la cour d'appel du dommage à l'économie.

Quant aux arguments relatifs à la réduction du montant de l'amende à laquelle le GIE prétendait avoir droit au motif que deux des manquements constatés par l'Autorité ont été écartés par la cour d'appel, la Cour de cassation s'appuie sur l'appréciation souveraine de la cour d'appel pour retenir que « le fait que deux des manquements sanctionnés par l'Autorité ne soient pas établis, n'est pas de nature à diminuer le montant de la sanction prononcée » dès lors que la cour avait mené une analyse concrète de la nature des engagements méconnus, de leur gravité et de leurs effets.

Cette conclusion vient mettre un terme au contentieux du non-respect d'engagements du GIE Les Indépendants, contentieux témoignant de l'approche stricte retenue par l'Autorité et par les juridictions de contrôle dans de telles circonstances. La méconnaissance des engagements souscrits par une entreprise, en contrepartie desquels l'Autorité a renoncé à engager une procédure aux fins de sanction, constitue, comme le rappelle la Cour de cassation, un manquement grave en lui-même. Le régime juridique qui l'encadre reflète cette appréciation.

C. Lemaire, J. Goubet

Concurrences N° 1-2019, Art. N° 89323, p. 176

Voir aussi, sur les origines de l'affaire

Aut. conc., déc. n° 15-D-02 du 26 févr. 2015 relative au respect, par le GIE « Les Indépendants », des engagements pris dans la décision du Conseil de la concurrence n° 06-D-29 du 6 oct. 2006

C. Lemaire, S. Naudin, Non-respect d'engagements : L'Autorité de la concurrence impose une amende et une astreinte à un groupement d'intérêt économique pour non-respect d'engagements pris en application de l'art. L. 464-2 I C. com. (Les Indépendants), 26 février 2015, Concurrences N° 2-2015, Art. N° 73140, pp. 164-166.

CA Paris, 16 oct. 2016, GIE Les Indépendants, RG n° 15/06776

C. Lemaire, S. Chikh, Non-respect d'engagements : La Cour d'appel de Paris confirme le principe d'une interprétation stricte des engagements rendus obligatoires par l'Autorité de la concurrence et la sévérité de la sanction de leur non-respect (GIE « Les Indépendants »), 6 octobre 2016, Concurrences N° 1-2017, Art. N° 83319, pp. 189-190.

Clémence

Cass. com., 10 juill. 2018, 2 arrêts, GEA Group, n° 17-13.973 et 17-14.140

La Cour de cassation confirme le principe selon lequel la demande de clémence formulée par une filiale ne bénéficie pas à son ancienne société-mère, dès lors qu'elle ne la détenait plus au moment du dépôt de cette demande.

La problématique des relations intragroupes est un sujet complexe en droit de la concurrence, en particulier quand les groupes évoluent et se restructurent au cours ou à la suite de pratiques anticoncurrentielles (v. sur ce sujet, not., Ch. Lemaire, Responsabilité concurrentielle des groupes de sociétés, *Contrats, Conc., Consom.*, juillet 2017, dossier pp. 1-16). L'arrêt du 10 juillet 2018 de la Cour de cassation rendu dans l'affaire dite des commodités chimiques en fournit une nouvelle intéressante illustration. Dans le cadre de ce contentieux, la Cour de cassation est venue préciser la portée du bénéfice d'une immunité d'amende obtenue au titre de la mise en œuvre du programme de clémence dans le cadre des relations intragroupes.

Le contexte contentieux

Pour mémoire, dans cette affaire, l'Autorité de la concurrence avait sanctionné le 28 mai 2013 quatre entreprises, ainsi que leurs sociétés-mères à l'époque de l'infraction, pour des faits d'entente dans le secteur de la distribution de produits chimiques. Les pratiques incriminées avaient été portées à la connaissance de l'Autorité par le biais de demandes de clémence déposées par plusieurs des entreprises y ayant pris part.

Première entreprise à avoir révélé l'une des ententes et ayant reconnu sa participation à celle-ci, la société Solvadis s'était vue accordée une immunité totale d'amende. GEA Group, société-mère de Solvadis à l'époque des faits, qui, contrairement à son ancienne filiale, n'avait pas sollicité pour elle-même le bénéfice de la procédure de clémence prévue par l'article L. 464-2 IV C. com., s'était en revanche vue sanctionnée par l'Autorité (*cf.* Aut. conc., déc. n° 13-D-12 du 28 mai 2013 relative à des pratiques mises en œuvre dans le secteur de la commercialisation de commodités chimiques, *Concurrences* N° 3-2013, obs. C. Lemaire, p. 149).

Saisie d'un recours formé notamment par GEA à l'encontre de la décision de l'Autorité, la Cour d'appel de Paris avait refusé l'extension à cette ancienne société-mère du bénéfice résultant de la demande de clémence déposée par son ancienne filiale et, partant, confirmé la position de l'Autorité et rejeté recours de GEA (*cf.* CA Paris, GEA Group, Brenntag S.A. e. a., RG n° 13/13058, *Concurrences* N° 2-2017, obs. C. Lemaire et S. Naudin, pp. 156-159).

La société GEA s'est alors pourvue en cassation.

À l'appui de son pourvoi, GEA soulevait un moyen composé de plusieurs branches et dénonçant notamment une violation du principe d'autonomie procédurale, une violation des principes d'individualisation des sanctions et de proportionnalité des peines garantis par l'article 49 de la Charte des droits fondamentaux de l'Union européenne, ainsi qu'une violation de différents principes régissant la solidarité en matière civile.

Le principe d'autonomie procédurale n'interdit pas l'Autorité de s'inspirer des solutions tirées de la jurisprudence européenne quand il s'agit d'interpréter le droit national

En premier lieu, GEA soutenait qu'étant donné que les règles encadrant les conséquences d'une demande de clémence relèvent de l'autonomie procédurale des États membres de l'Union européenne, la cour d'appel ne pouvait, sans procéder à une violation du principe d'autonomie procédurale, refuser d'étendre à une ancienne société-mère le bénéfice de l'immunité résultant d'une demande de clémence déposée par l'ancienne filiale (détenue au moment des pratiques en cause) de cette dernière.

À cet égard, la Cour de cassation indique que « l'autonomie procédurale reconnue aux États membres ne s'oppose pas, eu égard au principe d'effectivité du droit de la concurrence de l'Union européenne, à ce que, en l'absence de précision de la loi ou des règlements nationaux sur le point en discussion, une autorité nationale de concurrence et son juge de contrôle adoptent un principe de procédure dégagé par les instances européennes ».

La Cour de cassation en déduit que, d'une part, l'Autorité de la concurrence pouvait parfaitement statuer comme elle l'a fait, en se référant à la pratique décisionnelle établie de la Commission européenne et des juridictions européennes (sur ce point voir notamment l'arrêt de la Cour de justice de l'Union européenne du 30 avril 2014, FLSmidth, aff. C-238/12 P, confirmant à ce sujet la décision prononcée par la Commission le 30 novembre 2005 dans l'affaire du cartel des sacs industriels), et, d'autre part, la Cour d'appel de Paris pouvait, sans violer le principe de l'autonomie procédurale, confirmer cette position.

La Cour de cassation a ainsi approuvé le raisonnement de la Cour d'appel, fondé sur la notion d'entreprise telle qu'appréhendée par le droit européen et le droit français de la concurrence, selon lequel le bénéfice de la procédure de clémence sollicitée par une filiale (en l'espèce Solvadis) ne peut profiter à son ancienne société-mère (en l'espèce GEA) qui, bien que formant avec elle une unité économique au moment de la commission de l'infraction, ne formait plus une telle unité au moment du dépôt de la demande de clémence (et ce dès lors que la société-mère n'avait pas sollicité pour elle-même le bénéfice d'une telle procédure).

La Cour de cassation précise au passage que ce raisonnement est fondé sur la notion d'entreprise qui, selon elle, « est appréhendée de manière analogue en droit interne et en droit de l'Union ». Cette précision est heureuse et devra aussi guider l'approche à retenir en matière d'imputabilité et de possibilité de poursuivre une société-mère pour les agissements de sa filiale en l'absence d'unité économique (et donc en l'absence d'unité d'entreprise) (sur les débats sur la notion de groupe en droit interne, v. not. Ch. Lemaire, Responsabilité concurrentielle des groupes de sociétés, préc.).

Au-delà de ce débat sur la notion d'entreprise, cet arrêt montre une nouvelle fois comment par le jeu de l'interprétation conforme et « eu égard au principe d'effectivité du droit de la concurrence de l'Union européenne » (pour reprendre les mots de la Cour) une convergence souple des droits nationaux et européen est à l'œuvre y compris en matière procédurale.

La responsabilité d'une société-mère pour les agissements de sa filiale – avec laquelle elle formait une unité économique au moment de l'infraction – va au-delà d'une simple garantie de paiement

GEA arguait encore du fait que si une société-mère peut être solidairement tenue au paiement de l'amende infligée à l'une de ses filiales au titre de la participation de celle-ci à la mise en œuvre de pratiques anticoncurrentielles, cette obligation solidaire ne serait qu'accessoire, dérivée et dépendante de celle de ladite filiale. En d'autres termes, cette obligation solidaire ne serait, selon GEA, qu'une sorte de garantie de paiement. Ainsi, en la condamnant au paiement d'une sanction pécuniaire en raison du comportement de son ancienne filiale et en lui refusant le bénéfice de l'immunité totale accordée à cette dernière, la Cour d'appel aurait violé différentes dispositions légales, ainsi que les principes d'individualisation des sanctions et de proportionnalité des peines garantis par l'article 9 de la Charte des droits fondamentaux de l'Union européenne.

Ces arguments n'ont pas prospéré devant la Cour de cassation, qui les rejette en affirmant, de manière succincte, que « la condamnation d'une société-mère, au titre de l'influence déterminante qu'elle exerce sur sa filiale, n'est pas une simple garantie de paiement, lorsque la société-mère participe, en raison de son influence déterminante, à la pratique anticoncurrentielle mise en œuvre ».

Par cet attendu, la Cour de cassation rappelle qu'une société-mère à laquelle sont imputées des pratiques commises par sa filiale, en raison des liens économiques et juridiques qui les unissent et qui font que la première exerce sur la seconde une influence déterminante (et forme donc avec elle une seule et même entreprise), est considérée comme ayant participé à la mise en œuvre de ces pratiques et peut, à ce titre, se voir sanctionner.

La Cour de cassation ajoute que, de ce fait, « la sanction prononcée contre la société-mère peut être d'un montant supérieur à celui de sa filiale dès lors que, contrairement à cette dernière, la société-mère ne bénéficie pas de la procédure de clémence ».

Ainsi, dans l'hypothèse spécifique où, d'une part, une société-mère se voit imputer le comportement fautif de son ancienne filiale au titre de l'influence déterminante qu'elle exerçait sur cette dernière lors de la commission de l'infraction et où, d'autre part, cette société-mère n'a pas formulé de demande de clémence et ne peut bénéficier des effets de la clémence sollicité par et accordée à son ancienne filiale, sa responsabilité peut ne pas être purement accessoire, dérivée et dépendante de celle de ladite filiale et leurs sanctions respectives différenciées.

Cette solution n'est pas sans rappeler la position déjà adoptée par la Cour de cassation dans l'affaire des déménagements militaires en Martinique il y a un an environ. En effet, dans cette affaire, la Cour de cassation avait rejeté un pourvoi formé contre un arrêt de la Cour d'appel de Paris ayant considéré qu'une société-mère à qui était imputable l'infraction de sa filiale avait pu se voir imposer une sanction d'un montant supérieur à celui de sa filiale, en raison du choix procédural effectué par cette dernière, distinct de celui de sa société-mère. En l'espèce, la filiale avait bénéficié d'une réduction d'amende parce qu'elle avait choisi de solliciter le bénéfice de l'ancienne procédure de non-contestation des griefs, option procédurale que n'avait pas retenu sa société-mère (voir Cass. com., 18 oct. 2017, Mobilitas, n° 16-19120).

Le rapport de solidarité entre la société-mère et sa filiale ne se limite pas à un simple cautionnement

En troisième lieu, GEA a invoqué au soutien de son pourvoi plusieurs arguments relatifs à la notion de solidarité en matière civile.

Les arguments avancés par GEA sur ce point sont tous écartés par la Cour de cassation, qui les juge non transposables à la notion d'entité économique tel que définie par le droit de la concurrence.

À cet égard, la Cour de cassation précise notamment que le rapport de solidarité entre deux sociétés constituant une entité économique au sens du droit de la concurrence ne saurait être réduit à un simple cautionnement.

En outre, elle indique que l'immunité de sanction accordée au demandeur de clémence ne saurait, contrairement à ce qu'affirme GEA, s'analyser comme une remise de solidarité entraînant une division de la dette existant entre la filiale auteure des pratiques et sa société-mère. En effet, comme l'avait justement rappelé la Cour d'appel de Paris, cette exonération de sanction dont bénéficie la filiale au titre de la clémence « procède de l'apport individuel et personnel de cette société à l'information de l'Autorité de la concurrence et à l'établissement des pratiques ».

Autrement dit, cette exonération vient récompenser la coopération de ladite filiale avec les services d'instruction de l'Autorité de la concurrence et, partant, ne saurait être étendue à l'ancienne société-mère de cette filiale dès lors que celle-ci n'a pas participé à améliorer l'appréhension et la connaissance des pratiques incriminées par l'Autorité de la concurrence.

C. Lemaire, M. Florent

Concurrences N° 4-2018, Art. N° 88232, p. 171

Voir aussi, sur les origines de l'affaire

CA Paris, 2 févr. 2017, GEA Group, Brenntag e. a., RG n° 13/13058

C. Lemaire, S. Naudin, Entité économique unique : La Cour d'appel de Paris étend l'annulation d'une décision visant une filiale au profit de son ex-société-mère, refuse l'extension d'une immunité « clémence » au profit d'une ex-société-mère dans un même cas de figure, et précise l'intérêt à agir du demandeur de clémence contre un avis de clémence antérieur au sien (GEA Group, Brenntag), 2 février 2017, Concurrences N° 2-2017, Art. N° 83906, pp. 159-161.

Non contestation des griefs

Cass. com., 29 mars 2011, 2 arrêts, Manpower France e. a., n° 10-12.913 et 10-13.686

La Cour de cassation valide le déclassement partiel d'une messagerie électronique qui avait initialement été considérée confidentielle dans son intégralité et juge que la non-contestation des griefs par certaines entreprises suffit à établir la matérialité et la qualification juridique de l'infraction pour toutes les autres.

L'arrêt rendu le 29 mars 2011 dans l'affaire dite du travail temporaire, qui a déjà donné lieu à plusieurs commentaires dans la présente chronique (v. *Concurrences* N° 2-2009, Chronique Procédure, obs. C. Momège, p. 184 ; *Concurrences* N° 2-2010, Chronique Procédure, obs. C. Lemaire, p. 133), a permis à la Cour de cassation de se prononcer notamment sur l'accès au dossier en cas de classement en annexe confidentielle de l'intégralité d'une messagerie électronique et sur la portée de la procédure de non-contestation des griefs pour les entreprises qui n'y ont pas pris part.

Rejetant les moyens soulevés par les parties, la Cour de cassation (i) a validé la position de la cour d'appel et du Conseil (devenu Autorité) de la concurrence en admettant la possibilité pour ce dernier de classer l'intégralité d'une messagerie en annexe confidentielle puis d'en déclasser ultérieurement certains éléments à charge utilisés contre les entreprises en cause et (ii) a considéré que la non-contestation des griefs par certaines des entreprises suffisait à établir la matérialité des faits et leur qualification juridique y compris à l'égard des entreprises qui ont contesté les griefs, dont l'Autorité n'a plus qu'à établir la participation.

Validation du classement global en annexe confidentielle de la messagerie électronique puis de son déclassement partiel par le rapporteur

On rappellera que l'intégralité des messageries électroniques des groupes Védior et Adecco avait été classée en annexe confidentielle, avant que le rapporteur ne déclasse et n'exploite par la suite certains documents à charge issus de ces messageries.

Les sociétés Manpower contestaient cette pratique en invoquant, en premier lieu, une rupture de l'égalité des armes liée au fait que, contrairement à elles, le rapporteur avait eu accès à l'intégralité des messageries électroniques pour y collecter des éléments à charge (ou à décharge). Selon Manpower, toute demande de sa part de déclassement de l'intégralité des messageries sur le fondement de l'article R. 463-15 du Code de commerce était par ailleurs « vouée à l'échec », Manpower ne pouvant démontrer en quoi des documents par hypothèse inaccessibles étaient nécessaires à l'exercice de ses droits.

Manpower se fondait, en second lieu, sur une violation du principe du contradictoire en soutenant qu'une messagerie électronique qui avait été classée en annexe confidentielle comme une pièce unique devait également, en tant que pièce unique, être soumise au contradictoire dans son intégralité.

Ces arguments ont été rejetés par la Cour de cassation

La Haute Cour, relevant qu'une demande formelle de protection de l'ensemble des messageries au titre du secret des affaires avait été faite par les entreprises en cause, a considéré que le principe même de leur retrait et de leur protection intégrale était régulier « dès lors qu'elles étaient assimilées à des pièces uniques, dans une annexe confidentielle ».

Ce point étant clarifié, la Cour a ensuite jugé que les principes du contradictoire et de l'égalité des armes étaient respectés en soulignant respectivement que les pièces exploitées par le rapporteur « [avaient] été soumises à la contradiction » et que Manpower n'avait pas démontré en quoi une demande de déclassement fondée sur l'article R. 463-15 était vouée à l'échec.

La solution retenue par la Cour concernant le principe du contradictoire consacre la thèse d'une insécabilité « à géométrie variable » des fichiers électroniques, limitée au seul moment de la saisie et disparaissant lorsque se posent par la suite les questions de l'annulation de la saisie ou du déclassement des documents. Cette approche rejoint sur ce point celle adoptée par la Cour en matière fiscale dans ses arrêts du 18 janvier 2011 (Cass. com., Euro Properties Investments c/ Directeur des enquêtes fiscales, Directeur Général des finances publiques, n° 10 11777).

S'agissant de l'égalité des armes et de la question du recours à l'article R. 463-15, comme cela a déjà été indiqué suite à l'arrêt de la cour d'appel dans cette affaire (v. *Concurrences* N° 2-2010, Chronique Procédure, obs. C. L., p. 133), la difficulté est que tant que l'Autorité effectuera des saisies globales assorties d'un inventaire plus que succinct des fichiers informatiques saisis, tout en admettant un classement confidentiel intégral au titre du secret des affaires sur le fondement de quelques exemples de documents y figurant, on ne voit pas comment une entreprise, autre que celle chez qui ces messages ont été saisis, pourrait apporter la preuve requise par l'article R. 463-15 de la nécessité de ces documents pour l'exercice de sa défense.

La non-contestation des griefs n'est pas un aveu de culpabilité, mais suffit à établir l'existence et la nature de l'entente

Dans un deuxième moyen, Manpower (qui avait contesté les griefs) soutenait que la non-contestation des griefs par les autres entreprises ne valant pas aveu de l'entente, le Conseil de la concurrence s'était fondé à tort sur celle-ci pour considérer que la concertation était établie et qu'il devait simplement démontrer la participation de Manpower.

Cet argument a été rejeté par la Cour qui a jugé que dans la mesure où les autres sociétés « n'avaient pas contesté les griefs qui leur étaient notifiés et n'avaient ainsi remis en cause ni la matérialité des faits, ni leur qualification juridique au regard du droit de la concurrence, ni leur imputabilité, c'est à bon droit que la Cour d'appel a jugé que le Conseil avait justement décidé qu'en conséquence seule la question de la participation des sociétés Manpower aux pratiques anticoncurrentielles reprochées devait être discutée ».

La Cour de cassation confère donc une portée particulièrement importante, et pour tout dire nouvelle, à la procédure de non-contestation des griefs pour la preuve de l'infraction. En effet, dorénavant la non-contestation des griefs par certaines des entreprises parties à la procédure suffit à établir, à l'égard de l'ensemble des entreprises en cause, la matérialité des faits et leur qualification juridique au regard du droit de la concurrence.

Cette extension importante de la portée de la non-contestation des griefs présente de prime abord un intérêt indéniable sur le plan de l'efficacité procédurale pour l'Autorité de la concurrence qui voit la charge de la preuve qui pèse sur elle s'alléger en pareilles circonstances.

Cependant, cette approche suscite également un certain nombre de réserves tant elle modifie la portée de la procédure. En effet, bien que la Cour de cassation n'ait pas remis explicitement en cause l'affirmation de Manpower selon laquelle la renonciation à contester les griefs ne « vaut pas aveu de l'entente », on peut se demander ce qui reste de ce principe dès lors que cette renonciation à contester permet non seulement de condamner l'entreprise qui s'est engagée dans cette voie, mais produit aussi des effets vis-à-vis des autres parties à l'entente auxquelles elle est opposable.

La position défendue par l'Autorité jusque-là était tout autre. Il suffit de rappeler ce que le Conseil affirmait en 2005 à ce sujet : « La non-contestation des griefs, faisant partie intégrante de la procédure, n'est ni un aveu, ni une reconnaissance de culpabilité. Elle ne pourra pas être utilisée, au cours de la procédure du Conseil, contre les entreprises ou organismes non parties à la transaction » (Rapport annuel 2005, Étude thématique, p. 138).

Cette affirmation était à ce point vraie que l'Autorité ne s'estimait pas liée dans son appréciation des faits et dans la qualification juridique par la non-contestation des griefs. Il lui arrivait d'ailleurs de déclarer non établies des pratiques non contestées par les entreprises ! Qu'en sera-t-il demain ? L'autorité sera-t-elle liée par cet « aveu » de l'entreprise ? Il faut espérer que non. Certaines affaires récentes attestent de la nécessaire prudence avec laquelle il faut traiter les aveux ou autres témoignages (V. sur ce point, dans une affaire de clémence, Cons. conc., déc. n° 10 D 36 du 17 décembre 2010 relative à des pratiques mises en œuvre dans le secteur du gaz de pétrole liquéfié).

Les conséquences de cette jurisprudence ne se limitent par ailleurs pas à la procédure devant l'Autorité. Ses effets pourraient bien s'étendre au-delà, devant les juridictions civiles, voire pénales. Rappelons une nouvelle fois la position défendue par l'Autorité. Celle-ci affirmait que « devant les juridictions civiles, les entreprises victimes de pratiques ne pourraient se prévaloir de cette non-contestation des griefs. Par ailleurs, la non-contestation des pratiques anticoncurrentielles ne pourrait servir de base à l'accusation pesant contre le chef d'entreprise poursuivi pour avoir pris une part déterminante aux pratiques dénoncées sur le fondement de l'article L. 420-6 du Code de commerce » (Rapport annuel 2005, Étude thématique, p. 138).

Il faut à présent attendre pour voir quel effet aura cet arrêt sur la pratique de l'Autorité et sur l'incitation des entreprises à s'engager dans cette procédure (étant observé que la solution retenue pourrait avoir pour effet de limiter sensiblement l'intérêt *ab initio* d'une non-contestation des griefs, mais aussi, paradoxalement, d'inciter les mises en cause à recourir à cette procédure dès lors que ce choix aura été fait par une ou plusieurs des autres parties à la procédure).

C. Lemaire, S. Naudin

Concurrences N° 3-2011, Art. N° 38091, p. 185

CA Paris, 3 déc. 2020, Brenntag, RG n° 13/13058

La Cour d'appel de Paris invoque la présomption d'innocence pour rejeter l'opposabilité d'une décision de non-contestation des griefs aux entreprises n'ayant pas fait ce choix procédural (jurisprudence Manpower), mais confirme toutefois pour l'essentiel les sanctions imposées par l'Autorité de la concurrence dans l'un des volets de l'affaire des commodités chimiques.

L'affaire du cartel des commodités chimiques, qui a démarré en 2013 avec la décision n° 13-D-12, n'en finit pas d'alimenter la chronique et ses différents développements auront grandement contribué à faire progresser les débats en matière, notamment, de respect des droits de la défense (voir CA Paris, 2 février 2017, GEA Group, Brenntag et. al., RG 13/13.058 et C. Cass., 10 juillet 2018, pourvois Q 17-13.973 et W 17-14.140).

Tel est encore le cas de l'arrêt commenté, par lequel la Cour d'appel de Paris a décidé de s'écarter de la jurisprudence Manpower de la Cour de cassation (Cass. com., 29 mars 2011, n° 10-12.913 et 10-13.686), selon laquelle le recours par certaines entreprises à la procédure de non-contestation des griefs dispense l'Autorité de caractériser l'existence d'une infraction unique, complexe et continue, à l'égard des entreprises qui n'ont pas fait ce choix procédural.

C'est la question de l'opposabilité du choix de la non-contestation des griefs – et des constats qui en découlent – à l'encontre des entreprises qui n'ont pas fait ce choix, qui constitue le principal apport de cet arrêt

Après avoir écarté plusieurs demandes d'annulation de la procédure aux motifs de la violation du droit à un recours juridictionnel, du principe de l'égalité des armes et de l'atteinte irrémédiable aux droits de la défense (§ 73-100), la Cour examine les arguments avancés par Brenntag pour contester l'existence d'une infraction unique, complexe et continue. Sur ce point, l'Autorité invoquait sans surprise la jurisprudence Manpower, et soutenait que « le choix procédural de non-contestation des griefs effectué par certaines sociétés est opposable aux sociétés Brenntag de sorte que la qualification d'entente unique, complexe et continue ne peut pas être contestée et que l'Autorité n'a, à l'égard des sociétés Brenntag, qu'à démontrer leur participation à une telle entente » (§ 169).

Mais la Cour ne l'entend pas de cette oreille et après avoir rappelé que le principe de présomption d'innocence est une expression du principe des droits de la défense et constitue un principe général du droit de l'Union énoncé à l'article 48, § 1 de la Charte des droits fondamentaux, elle affirme que ce principe « s'oppose à ce que les éléments retenus contre les sociétés ayant choisi de ne pas contester les griefs puissent à eux seuls établir la responsabilité d'une société qui ne relève pas de ce cadre procédural sans que cette dernière ait pu bénéficier des garanties inhérentes à l'exercice des droits de la défense » (§ 173).

Ayant écarté l'opposabilité à l'égard de Brenntag des constats issus d'un choix procédural effectué par d'autres, la Cour examine en détail les éléments de qualification d'une infraction unique, complexe et continue… et conclut à l'existence de celle-ci

La Cour constate d'abord l'existence d'accords et de concertations horizontales dans chacune des quatre zones géographiques retenues (§ 207-224) et s'attarde sur les liens unissant ces différents accords et pratiques concertés. Sont ainsi relevées les similitudes entre ces accords : identité des produits et des entreprises participantes, rôle de Brenntag, modalités de fonctionnement, et identité de la finalité des pratiques, consistant en la répartition de clientèle une coordination tarifaire visant à stabiliser les parts de marché et améliorer les marges. Il en résulte, selon la Cour, qu'en dépit de l'existence de zones géographiques distinctes, ces pratiques ne sont pas isolées et indépendantes les unes des autres, mais présentent au contraire des « liens d'identité forte quant aux produits sur lesquels elles ont porté, quant aux entreprises qui y ont pris part, quant à la période au cours de laquelle elles ont été débutées et ont été mises en œuvre, quant à leur nature et leur objet, leur finalité et leurs modalités de mise en œuvre de sorte qu'il serait artificiel de les appréhender isolément » (§ 263).

Elle estime ensuite que le double objectif de stabilisation de parts de marché et d'amélioration des marges ne se borne pas à renvoyer à la nature anticoncurrentielle des pratiques, mais est suffisamment défini pour satisfaire aux exigences de la qualification d'infraction unique, complexe, les pratiques présentant en outre un caractère continu jusqu'au mois de juin 2005 (§ 265-266). Enfin, la Cour parachève la démonstration en vérifiant la participation de Brenntag à l'infraction unique, complexe et continue ainsi identifiée. Elle le fait au terme d'une analyse détaillée des participations de Brenntag à chacun des accords et pratiques concertées mises en œuvre dans les quatre zones géographiques identifiées par l'instruction, elle relève que Brenntag en a pris l'initiative dans trois zones sur quatre et qu'elle a joué un rôle moteur dans la mise en œuvre des pratiques et que sa direction générale connaissait leur existence dans chacune des quatre zones (§ 268-270).

Une illustration fidèle de la présomption d'influence déterminante de la société-mère sur sa filiale, et des sanctions comparables à celles qu'avait infligé l'Autorité

On lira encore avec intérêt les développements consacrés à l'imputabilité des pratiques de Brenntag à ses sociétés-mères (des sociétés du groupe Deutsche Bahn), dans lesquels la Cour rappelle la jurisprudence de la Cour de justice et écarte notamment les arguments tirés du rôle de « holding financière » qu'aurait joué l'un desdites sociétés-mères. On retrouve ici une illustration fidèle de l'impossibilité, en pratique, de renverser la présomption d'influence déterminante de la société-mère sur sa filiale, avec laquelle les lecteurs de cette chronique sont familiers (§ 309-322).

Enfin, sur le terrain des sanctions, la Cour tient compte de la valeur des ventes de commodités chimiques réalisées par chacun des dépôts concernés par l'entente (et non les seules ventes des commodités chimiques dont il est établi qu'elles ont subi l'influence de l'entente), mais module ce calcul en tenant compte de la valeur des ventes de commodités chimiques effectuées au cours du dernier exercice complet de leur participation à l'infraction, dans chacune des quatre zones retenues, aboutissant ainsi à une individualisation plus fine de la sanction de l'infraction (§ 347-348). La Cour retient ensuite une proportion de 20 % du montant de base en raison de la gravité des pratiques. Après la prise en compte de la durée de l'infraction, la Cour applique d'une part une majoration de 15 % au montant de base ainsi obtenu, en raison du rôle particulier dans la conception et la mise en œuvre de l'entente qu'a joué Brenntag et, d'autre part, une nouvelle majoration de 15 % au titre de l'appartenance à un groupe d'envergure mondiale.

On peut supposer que l'Autorité, privée par cet arrêt de la facilité procédurale considérable que lui reconnaissait la jurisprudence Manpower, va former un pourvoi en cassation, que l'on suivra avec intérêt.

M. Debroux
Concurrences N° 1-2021, Art. N° 98967, p. 120

Transaction

CA Paris, 26 oct. 2017, Caisse des dépôts et consignations e. a., RG n° 2017/01658

La Cour d'appel de Paris valide la procédure suivie par l'Autorité de la concurrence dans le cadre d'une transaction hybride.

Dans cette affaire, la société SCET, en tant qu'auteur, et le groupe Caisse des dépôts et consignations, en tant qu'entité mère, avaient été condamnés solidairement au paiement d'une amende de 560 000 euros pour s'être entendues avec la société SETIS, filiale du Groupe Degaud, lors de la passation du marché d'assistance foncière de l'Établissement public foncier de l'Ouest Rhône-Alpes (« EPORA »).

À la différence des sociétés SCET et Caisse des dépôts, la société SETIS et le Groupe Degaud avaient décidé de ne pas contester les griefs qui leur avaient été notifiés et avaient accepté la proposition de transaction transmise par le rapporteur général.

Dans ce contexte de transaction hybride, l'Autorité a examiné cette affaire lors d'une séance dans le cadre de laquelle elle a entendu séparément la société SCET et le Groupe Caisse des dépôts, d'une part, et, la société SETIS et le Groupe Degaud, d'autre part.

À l'issue de cette séance, l'Autorité a rendu deux décisions distinctes (à quelques jours d'intervalle) visant respectivement chacune des entreprises responsables et leur société-mère.

La société SCET et la Caisse des dépôts et consignations, qui n'avaient pas eu recours à la transaction, ont décidé de former un recours contre la décision de l'Autorité les condamnant. Plusieurs moyens de procédure étaient avancés par les intéressées (notamment des moyens portant sur l'article L. 450-3 C. com.). Pour autant, dans le cadre de la présente chronique, seuls les moyens – relativement nouveaux – relatifs à la violation du droit à un procès équitable (développés à titre principal) feront l'objet d'un commentaire.

Plus particulièrement, dans le cadre de leur recours, la société SCET et la Caisse des dépôts et consignations soutenaient que l'examen séparé de la transaction proposée aux sociétés SETIS et Groupe Degaud et du grief qui leur avait été notifié, porté atteinte au principe d'impartialité et au principe du contradictoire.

Il ne peut y avoir de préjugement en présence d'un délibéré unique

S'agissant de l'atteinte au principe d'impartialité, les demanderesses au recours soutenaient que l'Autorité aurait pris position sur les pratiques reprochées en les considérant comme établies, ce qui constituait un préjugement.

La Cour d'appel a rejeté le moyen au motif que l'Autorité a mené une seule et même instruction, une seule et même séance qui a donné lieu à un délibéré unique. La Cour d'appel a néanmoins admis qu'une atteinte au principe d'impartialité aurait été caractérisée dans le cas où l'Autorité aurait sanctionné les agissements de la société SCET et de la Caisse des dépôts et consignations après s'être prononcée sur ces mêmes faits dans une précédente procédure où elles n'auraient pas été présentes.

Selon la Cour d'appel, le fait que l'Autorité ait rendu deux décisions distinctes, à des dates différentes et publiées à des moments distincts est sans incidence sur cette conclusion.

Le défaut d'accès aux observations orales d'une partie et au procès-verbal de transaction par une autre partie ne constitue pas une violation du principe du contradictoire dès lors que ces éléments sont sans lien avec la défense de l'autre partie

S'agissant de l'atteinte au principe du contradictoire, les requérantes soutenaient que celle-ci était caractérisée dès lors qu'elles n'avaient pu avoir accès aux observations des sociétés SETIS et Groupe Degaud et aux échanges intervenus lors de la séance ainsi qu'au procès-verbal de transaction, qui ont conduit, selon elle, l'Autorité à les condamner.

Pour la Cour d'appel, le défaut d'accès au procès-verbal de transaction n'est pas de nature à caractériser l'existence d'une atteinte au principe du contradictoire dès lors que ce document ne contient aucun élément relatif à la réalité et à la qualification des pratiques et qu'il a pour seul objet de fixer la fourchette de la sanction pécuniaire envisagée.

Cette prise de position est cohérente avec la position retenue par la Cour d'appel quelques mois plus tôt dans l'affaire ENGIE (CA Paris, 6 juillet 2017, Direct Energie / ENGIE) dans laquelle elle a jugé que la procédure de transaction était, compte tenu des impératifs de protection de l'ordre public économique dont est investie l'Autorité, confidentielle. Il en résulte selon elle que les échanges entre les services d'instruction et le bénéficiaire de la transaction (même s'ils ont été consignés par écrit) sont confidentiels, de même que l'est le procès-verbal qui vient consigner cette transaction.

C'est pour les mêmes motifs que la Cour d'appel a considéré que le fait de ne pas avoir eu accès aux observations orales en séance des sociétés SETIS et Groupe Degaud n'était pas de nature à porter atteinte au principe du contradictoire. En effet, dans le cadre d'une procédure de transaction, les débats ne portent que sur la détermination du montant de la sanction et en aucun cas sur des éléments qui auraient pu être en lien avec la défense des requérantes.

Bien que spécifique à la transaction, cet arrêt n'est par ailleurs pas sans rappeler des jurisprudences antérieures dans lesquelles il a déjà été jugé que le défaut de communication de certaines pièces par l'Autorité à une partie n'est de nature à caractériser une violation du principe du contradictoire que dans les cas dans lesquels cette absence de communication est de nature à affecter les droits de la partie concernée.

C'est ainsi que, par un arrêt de cassation du 2 février 2010, la Cour de cassation a rappelé ce principe de la façon suivante : « attendu qu'en statuant ainsi, sans rechercher, au besoin d'office, si le défaut de communication du rapport administratif d'enquête et ses annexes avait porté atteinte aux intérêts de la CSRP qui l'invoquait, la Cour d'appel a privé sa décision de base légale » (Cass. com., 2 février 2010, Chambre syndicale de répartition pharmaceutique (CSRP), n° 08-70451).

De même, plus récemment, la Haute juridiction a eu l'occasion d'adopter le même raisonnement s'agissant de pièces couvertes par le secret des affaires dans l'affaire relative à l'accord de mutualisation conclu entre Bouygues Télécom et SFR (Cass. com., 4 oct. 2016, Société Orange, n° 15-14158).

En effet, dans cette affaire, la question se posait notamment de savoir si le respect du principe de la contradiction imposait qu'une partie saisissante puisse obtenir la communication de documents couverts par le secret des affaires concernant la personne qu'elle a mise en cause et qu'elle puisse assister aux débats au cours desquels des informations protégées sont évoquées.

Sur la première partie de la question, la Haute juridiction avait répondu par la négative après avoir rappelé que le droit des parties à prendre connaissance des pièces du dossier doit être mis en balance avec la nécessaire protection du secret des affaires des entreprises. Cette mise en balance implique qu'une partie saisissante puisse se voir refuser la communication de documents couverts par le secret des affaires dès lors qu'elle n'a pas de droits de la défense à préserver dans le cadre de la procédure ouverte par l'Autorité qui a pour objet, non la protection des intérêts privés de la saisissante, mais l'intérêt général. Sur la deuxième partie de la question, la Cour de cassation avait également répondu par la négative en prolongeant aux débats oraux le raisonnement tenu pour la phase d'instruction.

S'il est vrai que ces deux cas se distinguent de la présente espèce dans la mesure où ils concernent des saisissants et non des entreprises condamnées, le parallèle n'est toutefois pas dénué de pertinence dès lors que la pièce dont l'accès a été refusé n'est, selon la Cour d'appel, pas de nature à porter atteinte aux droits de la défense de l'entreprise concernée.

L'existence de deux décisions distinctes, dont l'une n'a pas fait l'objet de recours, n'est ni de nature à priver la Cour d'appel des moyens d'exercer son contrôle ni un obstacle à la plénitude de son contrôle lorsqu'elle est saisie d'un recours

Les requérantes soutenaient encore que le fait que l'Autorité ait adopté deux décisions distinctes était de nature à priver la Cour d'appel des moyens d'exercer son contrôle sur la décision attaquée. En réponse, la Cour d'appel rappelle que son contrôle s'exerce au vu des seuls éléments du dossier et qu'il lui appartient de tirer les conséquences, le cas échéant, d'une insuffisance d'éléments dans le dossier. Elle précise que l'existence d'une décision distincte portant sur une transaction ne constitue pas un obstacle à ce que la Cour statue sur la réalité et la qualification des pratiques.

Les requérantes soutenaient enfin qu'une éventuelle annulation de la décision de l'Autorité serait incompatible avec la décision de transaction n'ayant pas fait l'objet d'un recours. La Cour d'appel écarte là encore le moyen considérant que l'existence d'une autre décision n'ayant pas fait l'objet d'un recours ne peut constituer un obstacle à la plénitude du contrôle qu'exerce la Cour d'appel lorsqu'elle est saisie d'un recours. Ainsi, la Cour d'appel indique

que, bien que les autres parties n'aient pas fait de recours, elle examinera l'ensemble des moyens formulés devant elle et, si elle les estime fondés, en tirera toutes les conséquences.

C. Lemaire, S. Chikh
Concurrences N° 1-2018, Art. N° 86238, p. 157

Voir aussi

E. Thomas, Transaction hybride : La Cour d'appel de Paris rejette le recours formé contre la décision n° 16 D-28 de l'Autorité de la concurrence, mais la réforme en ce qu'elle avait notamment imputé les pratiques à une « entité » dépourvue de la personnalité juridique (Caisse des Dépôts et Consignations), 26 octobre 2017, Concurrences N° 1-2018, Art. N° 85818, p. 83-84.

CA Paris, 13 juin 2019, Alcyon, RG n° 18/20229

La Cour d'appel de Paris déclare pour la première fois recevable le recours contre une décision de transaction par le bénéficiaire de cette procédure.

Les arrêts portant sur la procédure de transaction en droit français sont encore peu nombreux et à n'en pas douter l'arrêt rendu par la Cour d'appel de Paris le 13 juin 2019 retiendra l'attention. La Cour d'appel y déclare en effet pour la première fois recevable un recours contre une décision rendue à l'issue d'une procédure de transaction par l'entreprise bénéficiaire de cette procédure.

Cette clarification est la bienvenue car il était permis d'avoir un doute sur la possibilité d'exercer un tel recours étant donné que, dans son arrêt du 6 juillet 2017 dans l'affaire Direct Energie/Engie, la Cour d'appel avait considéré que, dans le cadre de la procédure de transaction « l'entreprise en cause accepte de ne pas contester les griefs, ainsi que le montant même de la sanction infligée, ce qui revient à une renonciation à ses droits de la défense et à son droit au recours sur ces points » (même si ce n'était pas la question posée à la Cour d'appel dans cette affaire qui était saisie d'une demande de communication de pièces de la part de l'entreprise plaignante devant l'Autorité de la concurrence – ci-après l'« Autorité »). L'arrêt de la Cour d'appel commenté élimine ce doute et rejoint ainsi la jurisprudence des juridictions de l'Union européenne qui admet déjà que l'entreprise qui est entrée en procédure de transaction puisse former un recours en ce qui concerne le calcul de la sanction.

Bref rappel de la procédure de transaction

On se souvient que la procédure de transaction a été introduite en droit français par la loi du 6 août 2015 pour la croissance, l'activité et l'égalité des chances économiques (dite loi Macron) et codifiée à l'article L. 464-2, III C. com. Cette procédure est à l'initiative de l'entreprise qui demande à en bénéficier. Elle est ouverte à toutes les pratiques et n'est pas limitée aux cartels comme c'est le cas de la procédure de transaction au niveau de l'Union européenne.

Cette procédure permet aux entreprises qui renoncent à contester les griefs notifiés par les services d'instruction de l'Autorité de se voir proposer par le rapporteur général de l'Autorité une transaction fixant le montant maximal et minimal de la sanction encourue (soit une fourchette de sanction). Après acceptation de la transaction par les entreprises, le rapporteur général propose au collège de prononcer la sanction pécuniaire dans les limites fixées par la transaction. Cette procédure est initiée après la notification des griefs ce qui constitue une autre différence avec la procédure de transaction européenne qui est initiée en amont de la communication des griefs. Dans la procédure de transaction française, il n'y a donc pas de discussion possible avec les services d'instruction sur le périmètre des griefs.

La procédure de transaction permet de rendre plus prévisible les sanctions pour les entreprises et d'accélérer ainsi que de simplifier le déroulement de la procédure ce qui représente une économie de temps et de ressources autant pour les entreprises que pour l'Autorité (ce qui est qualifié de « gain procédural » dans l'arrêt commenté).

Retour sur les faits et la procédure en l'espèce

Le 4 décembre 2013, le ministre chargé de l'Économie a, en application de l'article L. 450-3, II C. com., informé le rapporteur général de l'Autorité du résultat d'investigations menées par ses services dans le secteur de la distribution de produits vétérinaires et lui a transmis un rapport administratif d'enquête identifiant, dans ce secteur, des pratiques susceptibles d'être contraires à l'article L. 420-1 C. com.

Il a notamment été fait grief aux sociétés Alcyon France et Alcyon, (ci-après les « sociétés Alcyon ») leader de la distribution de produits vétérinaires en gros en France, la première en tant qu'auteur, la seconde en sa qualité de société-mère, ainsi qu'à la société Coveto « d'avoir participé à une entente sur les marchés français de la distribution en gros de médicaments vétérinaires, d'aliments pour animaux de compagnie et de matériels et accessoires » (grief n° 1). Ces pratiques ayant eu « pour objet d'imposer sur le marché de la distribution des vaccins contre la FCO en France de 2008 à 2010, un mode d'organisation substituant au libre exercice de la concurrence, à l'autonomie et à l'incertitude, une collusion généralisée entre les distributeurs en gros portant atteinte à la fixation des prix par le libre jeu du marché » (grief n° 3).

Les sociétés Alcyon ont sollicité le bénéfice de la procédure de transaction, prévue par l'article L. 464-2, III C. com. ce qui a donné lieu à la signature, le 25 avril 2018, d'un procès-verbal de transaction. Bien que la décision ne précise pas quelle fourchette de sanction était prévue par le procès-verbal (conformément au cadre défini par l'Autorité pour l'application de cette procédure), on apprend à la lecture de l'arrêt de la Cour d'appel que la sanction susceptible d'être infligée était comprise entre 6 et 11 millions d'euros (ce qui constitue une fourchette relativement large puisqu'il y a un écart de près de 100 % entre le bas et le haut de la fourchette).

Par décision n° 18-D-15 du 26 juillet 2018 relative à des pratiques mises en œuvre dans le secteur de la distribution de médicaments vétérinaires (ci-après la « décision attaquée »), l'Autorité a dit qu'un certain nombre d'entreprises, dont les sociétés Alcyon, ont enfreint les dispositions de l'article L. 420-1 C. com. et de l'article 101 § 1 TFUE.

S'agissant de la fixation des sanctions, les sociétés Alcyon France et Alcyon ont été solidairement condamnées, au titre des griefs n° 1 et 3, à une sanction pécuniaire unique de 10 millions d'euros soit la plus lourde des sanctions prononcées (sanction dont nous apprenons à la lecture de l'arrêt qu'elle se situe dans le haut de la fourchette acceptée par les entreprises poursuivies).

Les sociétés Alcyon ont formé un recours en réformation contre la décision attaquée soutenant en substance que la décision était insuffisamment motivée au regard du quantum de la sanction. En outre, le ministre chargé de l'Économie a formé un recours incident faisant valoir que le recours des sociétés Alcyon était irrecevable et que le montant de la sanction devait être portée à 12 millions d'euros (soit à un niveau supérieur au plafond prévu par le procès-verbal de transaction) ou, à titre subsidiaire, à un montant de 11 millions (soit le montant de la fourchette haute de la transaction).

La Cour d'appel a déclaré le recours formé par les sociétés Alcyon recevable mais a rejeté au fond l'ensemble des demandes de réformation, qu'elles émanent des sociétés ou du ministre chargé de l'Économie. L'arrêt est donc intéressant tant en ce qui concerne la recevabilité du recours dans de telles circonstances que sur l'intensité du contrôle qu'entend exercer la Cour d'appel.

La Cour d'appel déclare recevable le recours formé contre une décision de transaction par l'entreprise qui en a bénéficié

Alors que le ministre et l'Autorité s'opposaient à la recevabilité du recours exercé contre une décision de transaction par son bénéficiaire, la Cour d'appel ne les suivra pas et déclarera au contraire, par un arrêt dûment motivé, le recours recevable.

Premièrement, en se fondant sur les articles L. 464-2, III et L. 464-8 C. com., la Cour d'appel considère qu'« un recours est ouvert contre les décisions prises par l'Autorité sur le fondement de l'article L. 464-2 III du Code de commerce » (point 45 de l'arrêt de la Cour d'appel). L'article L. 464-8 C. com. relatif aux possibilités de recours ne fait en effet aucune distinction entre les décisions de l'Autorité.

En outre, la Cour rappelle que l'amendement qui est à l'origine de l'article L. 464-2, III C. com. prévoyait que « la nouvelle procédure de transaction a été instaurée en vue de permettre 'une économie sur le temps d'instruction devant l'Autorité de la concurrence et sur le temps de procédure global, en prévenant les recours' [souligné par la cour] ». La Cour d'appel considère donc que le législateur n'a pas envisagé d'interdire tout recours contre les décisions de sanctions prises à l'issue d'une procédure de transaction, « le but recherché étant seulement d'en limiter le nombre, par rapport à la procédure de non-contestation des griefs » (point 46 de l'arrêt de la Cour d'appel).

À cet égard, il convient de noter que la procédure de transaction introduite par la loi Macron s'est substituée à la procédure de non-contestation des griefs, qui avait été insérée dans le C. com. en 2001 (loi sur les nouvelles régulations économiques dite loi NRE). Cette procédure de non-contestation des griefs ne garantissait pas suffisamment de visibilité aux entreprises quant à la fixation des sanctions. En effet, dans le cadre de cette procédure, les entreprises se voyaient proposer une réduction d'amende exprimée en pourcentage (et non une fourchette fixant le montant maximal et minimal de la sanction encourue). Les recours portant sur les sanctions étaient donc fréquents ce qui limitait, en pratique, le gain procédural obtenu par l'Autorité en première instance.

Deuxièmement, la Cour d'appel considère que le fait de « consentir à ne pas contester la réalité des griefs notifiés et à cantonner la discussion relative au montant de la sanction à l'intérieur d'une fourchette prévoyant un montant minimal au-dessous duquel l'Autorité ne pourra pas descendre et un montant maximal qu'elle ne pourra pas dépasser, n'implique pas pour autant que l'entreprise renonce à toute voie de recours concernant la régularité de la procédure suivie et n'induit pas davantage qu'elle reconnaît la proportionnalité de la sanction infligée, où qu'elle se situe dans la fourchette » (point 47 de l'arrêt de la Cour d'appel).

Cette phrase retiendra particulièrement l'attention, tout d'abord en raison de sa portée sur la contestation de la sanction – qui était au cœur du présent recours.

En effet, selon la Cour d'appel, « l'entreprise ne saurait admettre la proportionnalité du montant d'une sanction qui n'a pas encore été arrêté par le collège de l'Autorité et dont elle ne pourra se convaincre qu'à la lumière des motifs de la décision qui la condamne » (point 48 de l'arrêt de la Cour d'appel).

C'est ainsi que la Cour reconnaît « la possibilité pour une entreprise ayant accepté d'entrer en voie de transaction de former un recours contre la sanction qui lui est infligée, fût-elle comprise dans la fourchette qu'elle avait acceptée, n'est donc susceptible de méconnaître ni l'interdiction de ne pas se contredire au détriment d'autrui ni la règle de l'estoppel » (point 48 de l'arrêt de la Cour d'appel).

On relèvera aussi que la Cour d'appel indique que la transaction n'implique pas que l'entreprise « renonce à toute voie de recours concernant la régularité de la procédure suivie ». Ce point n'a pas été discuté dans le cadre du recours en question puisque seule la sanction était contestée. Néanmoins, cette phrase mérite d'être relevée en ce qu'elle ouvre, nous semble-t-il, un autre fondement de contestation en cas de violations affectant la procédure elle-même.

Troisièmement, selon la Cour, contrairement à ce que soutenaient l'Autorité et le ministre chargé de l'Économie, « une telle possibilité de recours ne prive pas la procédure de transaction de son intérêt pour l'Autorité dès lors que les contestations qui pourront être élevées devant la cour d'appel demeurent limitées » (point 49).

Or, en l'espèce, les sociétés Alcyon avaient limité leur demande de réformation à l'intérieur de la fourchette négociée sollicitant une réduction de leur amende à hauteur du plancher de la fourchette, soit 6 millions d'euros. Ainsi, la Cour déclare les recours des sociétés Alcyon contre la décision attaquée de sanction prise à l'issue d'une procédure de transaction recevables.

Sur ce point, on ne peut que rejoindre le commentaire de certains auteurs, en considérant que la solution retenue par la Cour d'appel se comprend aisément parce que les contestations se focalisaient sur la motivation de la sanction au sein de la fourchette approuvée au moment de la transaction. Une solution différente aurait certainement été adoptée si la contestation avait été au-delà des bornes de cette fourchette (voir aussi en ce sens, A. Ronzano, Sanction : La Cour d'appel de Paris estime qu'une entreprise est recevable à contester la proportionnalité de la sanction infligée à l'issue d'une procédure de transaction, pourvu qu'elle ne remette pas en cause la fourchette de l'amende qu'elle a acceptée (Alcyon), *Concurrences* N° 3-2019).

Les demandes du ministre de l'Économie d'augmenter le montant de la sanction en raison du recours sont rejetées

Le ministre chargé de l'Économie avait formé un recours incident et sollicitait à titre principal une augmentation du montant de la sanction à 12 millions d'euros, soit un million au-delà du plafond de la transaction, ou à titre subsidiaire, à 11 millions d'euros, soit au niveau de la fourchette haute de la sanction. Selon lui en effet, la remise en cause de la transaction par les requérantes aurait fait perdre à l'Autorité le bénéfice des gains procéduraux que devait lui apporter cette procédure.

La Cour d'appel n'adhère pas à cette analyse. Elle considère au contraire que « le recours formé par une entreprise sanctionnée, contre une décision rendue à l'issue d'une procédure de transaction, peut porter sur le montant de la sanction infligée, dès lors qu'il ne remet pas en cause la fourchette de transaction acceptée » (point 47 de l'arrêt de la Cour d'appel). Ainsi, selon la Cour d'appel, « les recours des sociétés Alcyon ne conduisent pas à [un abandon du bénéfice de la procédure de transaction] en ce qu'il ne prive pas l'Autorité du gain procédural escompté » (point 56 de l'arrêt de la Cour d'appel). En effet, les griefs ne sont pas contestés et la discussion a été circonscrite au seul contrôle des exigences légales de motivation et proportionnalité applicable à toute sanction.

Dès lors, la Cour d'appel considère que, « dans cette limite, les recours entrepris par les sociétés Alcyon ne sauraient s'analyser comme un abandon de la procédure de transaction, qui justifierait une sanction de 12 millions dépassant son plafond, comme le demande le ministre de l'Économie » (point 57 de l'arrêt de la Cour d'appel). La Cour rejette donc le recours incident du ministre chargé de l'Économie.

Si le recours est recevable, la Cour d'appel admet au fond que les exigences de motivation de la sanction soient adaptées à la nature de la procédure de transaction et rejette ce faisant les demandes de réformation des sociétés Alcyon

La Cour d'appel rejette au fond les demandes de réformation des sociétés Alcyon en se fondant sur plusieurs considérations.

Premièrement, la Cour d'appel donne raison à l'Autorité qui considère que la méthode décrite dans son communiqué du 16 mai 2011 relatif à la méthode de détermination des sanctions pécuniaires (ci-après le « communiqué sanction ») ne trouve pas à s'appliquer eu égard aux « circonstances particulières » propres à la mise en œuvre de la procédure de transaction. En effet, dans ce cadre, le montant de la sanction est négocié et forfaitaire, et la mise en œuvre des étapes et critères exposés dans le communiqué sanction est donc inutile.

La Cour rappelle également que le communiqué relatif à la procédure de transaction et aux programmes de conformité publié le 19 octobre 2017 par l'Autorité a publié précise que « la mise en œuvre de la procédure de transaction fondée sur les nouvelles dispositions du III de l'article L. 464-2 du Code de commerce justifie qu'en principe, les sanctions prononcées ne soient pas motivées par référence à la méthode de détermination des sanctions pécuniaires énoncée dans le communiqué du 16 mai 2011 de l'Autorité ». La Cour d'appel en déduit que les sociétés Alcyon ne peuvent invoquer le bénéfice du communiqué sanction concernant le calcul de l'assiette de la sanction (point 106 de l'arrêt de la Cour d'appel).

Il s'agit là encore d'une différence avec la pratique de la Commission européenne qui, lorsqu'elle adopte une décision à l'issue d'une procédure de transaction, applique ses lignes directrices pour le calcul des amendes de 2006.

Deuxièmement, la Cour précise que, dans le cadre d'une décision rendue après transaction, l'Autorité n'est donc tenue que « d'indiquer les éléments essentiels permettant d'apprécier l'individualisation de la sanction infligée et d'en justifier la proportionnalité » (point 85 de l'arrêt de la Cour d'appel).

En l'espèce, après une analyse de la motivation de la décision attaquée, la Cour d'appel considère que la décision attaquée n'est pas dépourvue de motivation (point 119 de l'arrêt de la Cour d'appel). En outre, la Cour d'appel considère que les sociétés Alcyon n'ont pas fait l'objet d'une discrimination par rapport à la société Coveto, sanctionnée à hauteur de 4 300 000 euros, dans la mesure où, bien que toutes les deux soient impliquées dans le pacte de non-agression et l'entente en cause, ces entreprises ne sont pas dans des situations comparables (point 121 de l'arrêt de la Cour d'appel). Enfin, après avoir considéré qu'il n'est pas établi que les pratiques auraient été encouragées par les pouvoirs publics, la Cour d'appel conclut que la sanction de 10 millions d'euros est proportionnée à l'ensemble des critères légaux et n'excède pas la capacité contributive des requérantes (point 137 de l'arrêt de la Cour d'appel).

L'apport de cet arrêt est donc indéniable tant sur la question de la recevabilité des recours contre les décisions de transaction par les bénéficiaires de cette procédure – recevabilité admise –, que sur les exigences de l'Autorité en matière de motivation – exigences qui sont allégées et adaptées au contexte particulier de la procédure de transaction (l'Autorité devant apporter une motivation suffisante sur les éléments essentiels tenant à l'individualisation et à la proportionnalité de la sanction infligée). Il y a donc un espace pour les bénéficiaires de la transaction pour contester le montant de l'amende retenu par le collège de l'Autorité chaque fois que le montant excède la fourchette basse. Pour autant, la crainte exprimée par le ministre et l'Autorité qu'une telle recevabilité n'entraîne un accroissement des recours doit être relativisée. D'une part, la Cour d'appel adapte son contrôle et les exigences de motivation qui pèsent sur l'Autorité à la nature de la procédure, ce qui limite d'autant les chances de succès d'un recours (et donc l'incitation à l'intenter). D'autre part, le cas d'espèce est particulier car la fourchette retenue était particulièrement large (un écart de près de 100 % séparait la borne basse de la borne haute de la sanction). Il n'est pas certain qu'un tel écart, qui est à la main de l'Autorité, se retrouve fréquemment.

C. Lemaire, J. Bousin
Concurrences N° 4-2019, Art. N° 92352, p. 163

1.3.3.5 Sanctions

Le communiqué sur la méthode de détermination des sanctions pécuniaires

Cass. com., 17 mars 2015, 3 arrêts, Royal Canin e. a., n° 13-26.003, 13-26.083 et 13-26.185

La Cour de cassation se prononce pour la première fois sur le communiqué de l'Autorité de la concurrence relatif aux sanctions et le valide en tous points.

Saisie de plusieurs pourvois contre l'arrêt rendu le 10 octobre 2013 par la Cour d'appel de Paris dans l'affaire de l'alimentation pour chiens et chats, la Cour de cassation devait se prononcer pour la première fois sur la légalité du communiqué du 16 mai 2011 de l'Autorité de la concurrence, le « communiqué sanction » au regard, notamment, du principe de non-rétroactivité de la loi pénale et du principe de loyauté. Elle valide en tous points l'arrêt de la Cour d'appel et confirme la légalité du communiqué sanction… sans toutefois entièrement convaincre sur la non-violation du principe de loyauté dans le cas d'espèce.

La chronologie doit être rappelée, car elle a son importance puisque le communiqué sanction a été adopté en cours de procédure ayant abouti à la décision 12-D-10 adoptée le 20 mars 2012 par l'Autorité. Cette dernière avait été saisie en 2007, et plusieurs parties – dont les auteurs du pourvoi – s'étaient engagés dans la procédure de non-contestation des griefs en mai 2010, c'est-à-dire un an avant l'adoption du communiqué sanction. C'est précisément le durcissement de la politique de sanction résultant de l'adoption de ce communiqué qui fonde l'essentiel des critiques dirigées par les auteurs du pourvoi contre l'arrêt de la Cour d'appel. Ils y voient la violation du principe de non-rétroactivité de la loi pénale et la violation du principe de loyauté puisque, selon elles, le rapporteur général adjoint n'avait nullement laissé entendre qu'un nouveau communiqué susceptible de durcir les sanctions était en gestation, lors des discussions préalables au choix de la procédure de non-contestation des griefs.

En somme, l'Autorité aurait été gravement déloyale en modifiant profondément sa politique de sanction en cours de procédure, sans en informer les parties qui s'engageaient pourtant dans une voie procédurale les conduisant à renoncer à se défendre.

Bien qu'adopté en cours de procédure et après l'engagement des parties dans la procédure de non-contestation des griefs, le communiqué sanction ne viole ni le principe de non-rétroactivité de la loi pénale, ni le principe de loyauté, affirme la Cour… sans totalement convaincre

La Cour rejette ces arguments, au motif que le communiqué sanction se borne à expliciter à droit constant la méthode suivie par l'Autorité, et n'institue ni un barème mécanique permettant de postuler une aggravation mécanique des sanctions, ni une rupture brutale et imprévisible avec la pratique antérieure de l'Autorité.

Force est de reconnaître que l'arrêt de la Cour ne dissipe pas la tenace impression de déloyauté que dégage cette affaire, même si l'on peut comprendre que la Cour – qui juge en droit – aurait difficilement pu affirmer que le communiqué sanction allait au-delà d'une explicitation de la méthode de l'Autorité à droit constant. Car il serait assez hypocrite de prétendre que le Communiqué n'a pas profondément modifié, dans les faits, la politique répressive de l'Autorité. Comment pourrait-on sérieusement nier, aussi, que son adoption après l'engagement des parties dans la voie de la non-contestation des griefs n'a pas pu altérer significativement les termes de l'analyse « coûts/bénéfices » qui est nécessairement mise en œuvre avant de procéder à un tel choix, lourd de conséquences ?

Faudra-t-il donc prévoir, dans les discussions menées avec l'Autorité dans le cadre de la procédure de non-contestation des griefs, l'inclusion d'une réserve conditionnant l'accord des parties à un engagement d'« application constante » ? Dans l'état actuel du droit et de la pratique de l'Autorité, c'est inenvisageable, d'autant plus que le collège reste libre de ne pas suivre les recommandations du rapporteur général. Tout au plus cet arrêt apporte-t-il de l'eau au moulin de ceux qui recommandent la plus grande prudence avant de s'engager dans les procédures négociées avec l'Autorité de la concurrence, souvent moins équilibrées que celle-ci ne l'affirme.

La Cour rejette tous les autres moyens qui lui étaient soumis, validant notamment les modalités de détermination de la sanction appliquées par l'Autorité

Plusieurs autres moyens étaient soumis à la Cour, fondés essentiellement sur la durée de la procédure, la méthode de détermination de la sanction et la prise en compte de décisions d'engagements. La Cour les rejette tous.

Sur la durée de la procédure (pour mémoire, environ 5 ans), la Cour approuve la Cour d'appel qui n'avait pas retenu la violation du principe de bonne administration, faute pour la requérante d'avoir démontré personnelle, effective et irrémédiable à ses droits. La solution ne surprend pas, dans la mesure où l'atteinte alléguée résultait précisément du durcissement de la politique de sanction de l'Autorité résultant de l'adoption du communiqué sanction… validée par la Cour.

On relèvera aussi la validation par la Cour de la double prise en compte de la durée des pratiques dans la détermination de la sanction, à la fois en tant que facteur intervenant dans la qualification de la gravité des faits, et de façon autonome en tant que multiplicateur d'un montant de base qui a précisément été déterminé, en partie, en fonction de la gravité des faits.

De même, est validée par la Cour la majoration de la sanction visant à tenir compte de la taille du groupe auquel appartient l'entreprise impliquée dans les pratiques anticoncurrentielles. Enfin, la Cour approuve la Cour d'appel, qui avait refusé de prendre en compte, en tant qu'engagements comportementaux, les engagements structurels souscrits par une entreprise, en soulignant que ces décisions d'organisation des circuits de distribution pouvaient ne faire l'objet que d'un simple donné acte.

Ainsi, la Cour valide entièrement la pratique décisionnelle de l'Autorité en matière de sanction, telle que définie par le communiqué sanction. Elle donne par la même occasion à l'Autorité un blanc-seing pour modifier celle-ci à l'avenir, sans que l'on puisse invoquer le principe de loyauté ou de non rétroactivité de la loi pénale.

Voici donc une sérieuse épée de Damoclès maintenue sur la tête de toute entreprise engagée dans une procédure alternative avec l'Autorité, sans garantie de stabilité dans la pratique décisionnelle de cette dernière...

M. Debroux
Concurrences N° 2-2015, Art. N° 72745, p. 87

Voir aussi, sur les origines de l'affaire

CA Paris, 10 oct. 2013, Nestlé Purina Petcar France, RG n° 2012/07909

N. Jalabert-Doury, Amendes : La Cour d'appel de Paris valide le communiqué sanction mais indique qu'elle s'assurera dans chaque cas de la conformité des sanctions infligées aux dispositions applicables (Nestlé Purina Petcare France, Nestlé, Royal Canin, Mars Incorporated, Hill's Pet Nutrition, Colgate-Palmolive), 10 octobre 2013, Concurrences N° 1-2014, Art. N° 62831, pp. 62-63.

C. Lemaire, Sanctions : La Cour d'appel de Paris se prononce pour la première fois sur le communiqué sanction de l'Autorité et valide son application à des faits et à une procédure de non-contestation des griefs antérieurs à son entrée en vigueur (Nestlé Purina Petcar France), 10 octobre 2013, Concurrences N° 1-2014, Art. N° 63784, pp. 181-184.

Les conséquences de l'appartenance à un groupe

Cass. com., 18 févr. 2014, Entreprise Pradeau et Morin e. a., n° 12-27.643 e. a.

La Cour de cassation censure la Cour d'appel de Paris qui avait jugé que l'appartenance d'une entreprise à un groupe important justifiait une aggravation de sa sanction et l'exclusion de toute prise en compte des difficultés économiques propres à cette entreprise.

Si l'entrée en vigueur du règlement n° 1/2003 il y a bientôt 10 ans (le 1er mai 2004) obligeait les États membres à aligner leurs règles nationales en matière d'ententes et d'abus de position dominante sur le droit européen, ses effets ont largement dépassé les seules règles de fond. Cette logique de convergence s'est rapidement étendue aux règles de mise en œuvre (l'on songe, par exemple, à la clémence) ou aux règles applicables en matière de sanction, dont la question se pose d'ailleurs parfois de savoir si celles-ci appartiennent à la catégorie des règles de fond ou de mise en œuvre (sur cette convergence, v. déjà le bilan dressé après le 5e anniversaire du règlement n° 1/2003, C. Lemaire, « Premier bilan de l'application du règlement n° 1/2003 », Petites affiches 17 décembre 2009, n° 251).

La question des conséquences, en matière d'amendes, de l'appartenance d'une société à un groupe illustre incontestablement ce mouvement et ce débat. L'Autorité a cherché ces dernières années à se rapprocher du droit européen en matière d'imputabilité, alors même que les dispositions du Code de commerce ne sont pas identiques à celles du règlement n° 1/2003, mais sans en tirer toutes les conséquences. Le présent arrêt de la Cour de cassation vient, nous semble-t-il, rappeler la nécessité d'une approche plus cohérente en la matière.

On se souvient que les deux dernières années ont été marquées par des prises de position remarquées mais parfois contradictoires des juges du fond dans les affaires des producteurs d'endives puis de la farine, lorsqu'il s'est agi d'apprécier, au niveau de la filiale condamnée ou du groupe dont la responsabilité avait été exclue, les difficultés financières invoquées par lesdites filiales pour obtenir un sursis à l'exécution provisoire du paiement de l'amende (CA Paris, 3 juillet 2012, Axiane Meunerie ; CA Paris, 3 juillet 2012, Minoteries Cantin, obs. C. Lemaire et S. Naudin, pp. 150-151, CA Paris, 13 novembre 2012, Grands Moulins de Strasbourg, obs. C. Lemaire et S. Naudin ; et sur pourvoi Cass. com. 22 oct. 2013, obs. C. Lemaire et S. Naudin).

La Cour de cassation vient d'apporter une nouvelle pierre à cet édifice jurisprudentiel en censurant dans l'arrêt sous chronique le raisonnement de la Cour d'appel de Paris et de l'Autorité de la concurrence, selon lequel le seul constat de l'appartenance d'une société à un groupe, même si l'autonomie de cette société sur le marché a été reconnue, suffit à retenir une circonstance aggravante à son encontre, et à refuser par principe toute prise en compte de ses difficultés financières propres pour l'appréciation de sa capacité contributive.

Avant d'examiner l'arrêt de la Haute cour, il est utile de revenir brièvement sur l'articulation, en droit français, entre la notion de groupe issue du Code de commerce et la condition d'une influence déterminante du groupe sur sa filiale issue du droit européen.

La problématique de l'articulation entre la notion de groupe issue du Code de commerce et la condition d'une influence déterminante du groupe sur sa filiale issue du droit européen

Aux termes de l'article L. 464-2 du Code de commerce, dans sa rédaction issue de la loi n° 2001-420 du 15 mai 2001, dite loi NRE, la notion de groupe d'entreprises intervient (directement ou indirectement) à deux stades du calcul de l'amende.

D'une part, le troisième alinéa du I de cet article énonce que l'appartenance à un « groupe » constitue un élément d'individualisation (en pratique d'aggravation) du montant de l'amende :

« Les sanctions pécuniaires sont proportionnées à la gravité des faits reprochés, à l'importance du dommage causé à l'économie, à la situation de l'organisme ou de l'entreprise sanctionné ou du groupe auquel l'entreprise appartient et à l'éventuelle réitération de pratiques prohibées par le présent titre ».

D'autre part, le quatrième alinéa du I de ce même article dispose que le plafond de l'amende correspond à 10 % du chiffre d'affaires mondial de l'entreprise concernée ou, le cas échéant, « de l'entreprise consolidante ou combinante » au sens du droit fiscal, ce qui vise potentiellement la société-mère du groupe de sociétés auquel appartient l'entreprise. Cet alignement du plafond sur le droit européen et cette référence au groupe résultent directement des modifications apportées en 2001 par la loi NRE.

On sait que cette double référence à la notion de groupe pour le calcul de l'amende constitue une spécificité de la législation française par rapport à la réglementation européenne, puisque cette notion ne figure ni dans le traité sur le fonctionnement de l'Union européenne ni dans le règlement n° 1/003 (qui ne connaissent que la notion d'entreprise).

On sait également que ce sont les juridictions européennes qui ont de fait « incorporé » la notion de groupe à celle d'entreprise, en jugeant qu'une société-mère et les filiales sur lesquelles elle exerce une influence déterminante constituent une seule et même entreprise, cette influence déterminante permettant (et conditionnant) l'imputation éventuelle à la première des agissements des secondes (V. not. CJUE, arrêts du 14 juillet 1972, Imperial Chemical Industries c/ Commission, C-48/69, Rec. p. 619 ; points 132 et 133 ; du 14 juillet 1972, Geigy c/ Commission, C-52/69, Rec. p. 787, point 44, et du 21 février 1973, Europemballage et Continental Can c/ Commission, C-6/72, Rec. p. 215, point 15 ; arrêt du 10 septembre 2009, Akzo Nobel e. a. c/ Commission, C-97/08 P, Rec. p. I-8237).

En droit européen, la prise en compte de la situation du groupe pour le calcul de l'amende est donc historiquement indissociable de la qualification d'entreprise, et, partant, d'une influence déterminante de la société-mère sur la (les) filiales concernée(s).

En droit français, la question se pose dans des termes plus complexes, l'article L. 464-2 du Code de commerce offrant une base juridique spécifique pour appréhender le groupe.

Pour ce qui concerne la possibilité d'attribuer à la société-mère la responsabilité des agissements de sa filiale, et donc de la condamner conjointement et solidairement au paiement de l'amende, la position de l'Autorité est à présent stabilisée puisque cette dernière s'est en pratique alignée sur le droit européen en engageant la responsabilité de la société-mère quand celle-ci exerce une influence déterminante sur sa filiale.

Cette solution a d'abord était clairement posée dans l'affaire Orange Caraïbe quand le droit de l'Union était applicable (décision n° 09-D-36 du 9 décembre 2009 relative à des pratiques mises en œuvre par Orange Caraïbe et France Télécom sur différents marchés de services de communications électroniques dans les départements de la Martinique, de la Guadeloupe et de la Guyane), l'Autorité considérant que les notions d'entreprise et d'imputabilité étaient des règles matérielles du droit de l'Union et s'imposaient donc à elle au moment de la fixation de la sanction (on notera à ce égard que cette position n'est pas partagée par tous les États membres et qu'elle fait, par exemple, débat en Allemagne).

Elle a ensuite été étendue dans les affaires où le seul droit national était en cause au motif qu'il convenait, selon l'Autorité, « [d']assurer une mise en œuvre des règles d'imputabilité homogènes et notamment un standard de preuve unique lorsque l'Autorité applique le seul droit interne de la concurrence ou lorsqu'elle applique simultanément le droit interne et le droit communautaire » (voir la décision n° 11-D-02 du 26 janvier 2011 relative à des pratiques mises en œuvre dans le secteur de la restauration des monuments historiques).

S'agissant ensuite de la question de savoir si, à défaut d'imputabilité, l'appartenance à un groupe important peut être prise en compte comme circonstance aggravante ou encore pour apprécier la capacité contributive de l'entreprise, la situation est plus délicate.

Sur ce point, le paragraphe 49 du communiqué relatif aux sanctions pécuniaires de l'Autorité précise, non sans ambiguïté, que la dimension importante du groupe constitue une circonstance aggravante « en particulier » lorsque l'infraction lui est imputable.

La pratique décisionnelle de l'Autorité est en revanche nettement plus tranchée puisque, depuis la publication de ce communiqué, l'Autorité a retenu au moins à quatre reprises une circonstance aggravante tenant à l'appartenance d'une entreprise à un groupe important alors que celui-ci ne s'était pourtant pas vu imputer la responsabilité des pratiques de cette entreprise, bien que cette question n'ait pas été examinée spécifiquement (déc. n° 13-D-12 du 28 mai 2013 relative à des pratiques mises en œuvre dans le secteur de la commercialisation de commodités chimiques ; déc. n° 13-D-03 du 13 février 2013 relative à des pratiques mises en œuvre dans le secteur du porc charcutier ; déc. n° 12-D-27 du 20 décembre 2012 relative à des pratiques relevées dans le secteur de la billetterie de spectacles ; déc. n° 12-D-24 du 13 décembre 2012 relative à des pratiques mises en œuvre dans le secteur de la téléphonie mobile à destination de la clientèle résidentielle en France métropolitaine).

Or, dans sa décision dans l'affaire des monuments historiques ayant donné lieu à l'arrêt sous chronique, et adoptée peu de temps avant la publication du communiqué sanction, l'Autorité, approuvée par la Cour d'appel de Paris dans un arrêt postérieur au communiqué, était allée encore plus loin, en aggravant le montant de la sanction de deux entreprises et en refusant tout examen des difficultés économiques de l'une d'entre elles, au seul motif qu'elles appartenaient chacune à un groupe important, alors que dans le même temps elle avait expressément constaté l'autonomie des deux entreprises sur le marché, et écarté toute imputabilité de leurs agissements auxdits groupes.

La position de l'Autorité et de la Cour d'appel : même à défaut d'imputabilité, le seul constat de l'appartenance à un groupe important justifie une aggravation de la sanction de la filiale et rend inopérant ses arguments sur sa capacité contributive individuelle

Dans l'affaire des monuments historiques, l'Autorité de la concurrence avait constaté au point 616 de sa décision l'absence d'imputabilité des agissements de la société Pradeau et Morin et de la société Degaine à leur groupe respectif (Eiffage pour la première et Vinci pour la seconde).

Pour autant, l'Autorité avait retenu à leur encontre une circonstance aggravante tenant à leur appartenance à ces groupes importants, en rejetant les arguments selon lesquels ces groupes n'avaient « joué aucun rôle dans les mécanismes du comportement anticoncurrentiel » en cause (point 699). L'Autorité s'était fondée à cet égard sur la lettre de l'article L. 464-2, et sur son obligation « d'assurer le caractère à la fois dissuasif et proportionné de la sanction pécuniaire », qui justifiaient de tenir compte de l'appartenance à un groupe « dispos[ant] de ressources globales considérablement plus importantes que celles des autres acteurs des ententes » (point 700).

De même, l'Autorité avait rejeté comme inopérants les arguments soulevés par la société Degaine concernant ses difficultés financières et sa capacité contributive, « compte tenu de son appartenance à un groupe [Vinci] disposant de ressources financières considérables » (point 755).

Cette double analyse a été validée par la Cour d'appel de Paris dans son arrêt du 11 octobre 2012.

Concernant la circonstance aggravante, la Cour d'appel a jugé que « l'appartenance des entreprises poursuivies pour ententes à un groupe dont le chiffre d'affaires est, en l'occurrence, particulièrement important, constitue une circonstance individuelle conduisant à majorer leur sanction ; qu'en effet, l'article L. 464-2 du Code de commerce prévoit que la sanction pécuniaire imposée par l'Autorité doit être proportionnée à la situation de l'entreprise, mais aussi, lorsque celle-ci appartient à un groupe, à celle de ce dernier et que, ainsi que le rappelle la décision, l'obligation d'assurer le caractère à la fois dissuasif et proportionné de la sanction pécuniaire peut conduire à ce que celle-ci soit, en considération d'une infraction donnée, plus élevée dans le cas d'une entreprise puissante ou intégrée à un groupe d'envergure européenne ou internationale, que dans celui d'une petite ou moyenne entreprise ».

La Cour d'appel a donc rejeté l'argument tenant au fait que le groupe n'aurait « joué aucun rôle dans les mécanismes du comportement anticoncurrentiel » au motif que « même en la supposant avérée, cette situation ne fait pas obstacle à ce que l'Autorité tienne compte du fait que l'entreprise à laquelle elle impute l'infraction appartient à un groupe jouissant d'un périmètre d'activité et d'une puissance financière significatifs ».

Par ailleurs, la Cour d'appel a écarté succinctement les arguments de la société Degaine relatifs à ses difficultés financières au motif « qu'appartenant au groupe Vinci qui, disposant de ressources financières considérables – enregistrement d'un chiffre d'affaires de 31,9 milliards d'euros, et d'un résultat net de 1,6 milliard d'euros en 2009 – [Degaine] n'est pas fondée à se prévaloir de difficultés financières particulières qui affecteraient sa capacité contributive ».

C'est dans ce contexte que ces sociétés ont formé un pourvoi devant la Cour de cassation qui a conduit à l'annulation de l'arrêt d'appel.

La censure de la Cour de cassation : lorsque l'autonomie de la filiale est établie, la possibilité de tenir compte des ressources du groupe comme circonstance aggravante ou pour apprécier les capacités contributives de l'entreprise n'est pas exclue mais suppose la réunion d'éléments spécifiques

La Cour de cassation a examiné dans un premier temps, et accueilli en ces termes, le moyen formé par la société Degaine concernant l'appréciation de sa capacité contributive :

- « Attendu que pour fixer la sanction prononcée à l'encontre de la société Degaine, l'arrêt retient qu'en raison de son appartenance au groupe Vinci, dont le chiffre d'affaires est particulièrement important, cette société n'est pas fondée à se prévaloir de difficultés financières particulières affectant sa capacité contributive ;
- attendu qu'en se déterminant ainsi, après avoir retenu que la société Degaine s'était comportée de manière autonome sur le marché, la cour d'appel, qui n'a pas recherché si cette société avait la faculté de mobiliser les fonds nécessaires au règlement de la sanction auprès du groupe auquel elle appartient, a privé sa décision de base légale ».

Par un raisonnement identique, la Haute cour a également accueilli le moyen relatif à la prise en compte de la situation des groupes Eiffage et Vinci comme circonstance aggravante :

- « Attendu que pour fixer la sanction infligée à la société Pradeau et Morin, l'arrêt retient que son appartenance au groupe Eiffage, dont le chiffre d'affaires est particulièrement important, constitue une circonstance individuelle conduisant à en majorer le montant afin d'assurer son caractère à la fois dissuasif et proportionné ;
- Attendu qu'en se déterminant ainsi, après avoir retenu que la société Pradeau et Morin s'était comportée de manière autonome sur le marché, la cour d'appel, qui n'a pas recherché si l'appartenance de cette société au groupe Eiffage avait joué un rôle dans la mise en œuvre des pratiques anticoncurrentielles ou était de nature à influer sur l'appréciation de la gravité de ces pratiques, a privé sa décision de base légale ».

Deux conséquences résultent de cet arrêt de cassation.

La première, c'est qu'à défaut d'imputabilité, le seul constat qu'une société appartient à un groupe (fut-ce un groupe « dont le chiffre d'affaires est particulièrement important ») ne saurait suffire à fonder une circonstance aggravante, ou un refus de principe d'examiner ses difficultés financières individuelles.

La seconde, c'est que l'appartenance au groupe peut néanmoins être prise en compte pour fonder une circonstance aggravante ou pour attester de la capacité contributive de l'entreprise concernée, à condition que des éléments spécifiques le justifient (tenant respectivement au rôle de l'appartenance au groupe dans la mise en œuvre des pratiques anticoncurrentielles ou à son influence sur leur gravité, et à la capacité de l'entreprise à mobiliser les fonds nécessaires au règlement de la sanction auprès du groupe).

Un rapprochement progressif et justifié vers le droit européen

Sur le fond, on ne peut qu'approuver la censure par la Cour de cassation du raisonnement selon lequel l'appartenance d'une société à un groupe important suffirait à soi seul à justifier une circonstance aggravante et/ou le refus pur et simple d'examiner la situation financière individuelle de cette entreprise, alors même qu'elle a été reconnue autonome (les deux ne constituant pas une seule et même entreprise) et que ce groupe n'exerce par hypothèse aucune influence déterminante sur elle.

L'approche de l'Autorité pouvait en effet paraître paradoxale. Alors qu'elle a jugé que les conditions d'imputabilité et de condamnation solidaire des sociétés-mères pour les agissements de leurs filiales issues du droit européen ont un caractère contraignant pour elle quand le droit de l'Union est en cause (affaire Orange Caraïbe précitée), ou s'impose à elle dans un souci de mise en œuvre homogène des règles de concurrence quand le seul droit national est en cause (affaire des Monuments historiques précitée), celle-ci tentait ensuite de s'écarter du droit de l'Union et de la notion d'entreprise, sur laquelle elle fonde pourtant son raisonnement, quand il s'agissait d'examiner en particulier la question des circonstances aggravantes liées à l'appartenance à un groupe.

La position de la Cour de cassation se rapproche quant à elle de celle des juges européens, qui excluent toute prise en compte de l'appartenance à un groupe pour le calcul du coefficient multiplicateur de dissuasion lorsque la société-mère n'exerce aucune influence déterminante sur la filiale concernée (TUE, arrêt du 8 mars 2011, World Wide Tobacco España c/ Commission, T-37/05, point 117 et s.).

À cet égard, le principe posé par les juges de l'Union selon lequel « l'entreprise dont la taille et les ressources globales sont utilisées en tant qu'éléments d'appréciation pour décider de l'application d'un coefficient multiplicateur aux fins de dissuasion se confond nécessairement avec l'entreprise [telle que définie par la jurisprudence de l'Union] » nous semble être de portée générale et lier toute prise en compte des ressources du groupe dans le cadre du calcul de l'amende (que ce soit en tant que circonstance aggravante ou pour apprécier la capacité contributive de l'entreprise concernée) à l'existence d'une influence déterminante du groupe sur sa filiale (TUE, World Wide Tobacco España c/ Commission, précité, point 124).

S'il est vrai que la décision de l'Autorité dans l'affaire des monuments historiques a été rendue sur le seul fondement du droit français, une solution harmonisée avec le droit européen s'impose, comme le soutient l'Autorité quand il s'agit d'étendre en droit national le raisonnement européen sur l'imputabilité, en vue « [d']assurer une mise en œuvre des règles d'imputabilité homogènes et notamment un standard de preuve unique lorsque l'Autorité applique le seul droit interne de la concurrence ou lorsqu'elle applique simultanément le droit interne et le droit communautaire » (voir la décision n° 11-D-02, précitée point 597).

Au-delà de ces considérations, si l'on recherche un effet utile à la règle, on peut s'interroger sur le sens et le fondement d'une circonstance aggravante liée à l'appartenance d'une filiale à un groupe même important lorsque l'autonomie de cette filiale sur le marché est établie.

En effet, justifier cette majoration d'amende par l'effet dissuasif de la sanction sur les sociétés-mères de groupes d'entreprises n'a de sens que si lesdites sociétés-mères sont en mesure d'agir en conséquence, donc d'intervenir sur le comportement de leurs filiales sur le marché, ce qui est par hypothèse exclu lorsqu'elles n'exercent pas d'influence déterminante sur celles-ci.

Ainsi que l'a relevé le Tribunal de l'Union, la prise en compte de l'appartenance au groupe dans un tel cas de figure est non seulement inefficace en termes de dissuasion mais porte atteinte au principe de proportionnalité : « Si, dans une telle hypothèse, la Commission devait tenir compte de la taille et de la puissance économique dudit groupe pour décider de l'application d'un coefficient multiplicateur aux fins de dissuasion, non seulement l'effet dissuasif recherché s'exercerait en fait sur une entité autre que l'entreprise responsable de l'infraction, mais en plus l'amende pourrait être rendue excessive, notamment au regard de la capacité financière de cette entreprise, et ce en violation du principe de proportionnalité » (TUE, World Wide Tobacco España c/ Commission, précité, point 124).

Par ailleurs, si on a pu évoquer une éventuelle justification de la circonstance aggravante liée à la dimension du groupe « non contrôlant » par la nécessité d'éviter un déséquilibre aux dépens des entreprises mono-produit réputées de moindre dimension (A. Ronzano, *lettre Creda-Concurrence* n° 2014-23 du 21 février 2014), cette explication ne nous semble pas plus convaincante, puisque le paragraphe 48 du communiqué de l'Autorité relatif aux sanctions pécuniaires prévoit spécifiquement la possibilité d'une réduction d'amende pour les entreprises mono-produit (laquelle semble en outre plus appropriée, pour répondre à l'objectif de proportionnalité de l'amende pour les entreprises mono-produit, qu'une majoration d'amende pour les entreprises multi-produits).

Enfin, s'agissant de la capacité contributive, il semble tout aussi excessif de rejeter par principe tout moyen fondé sur les difficultés financières d'une entreprise autonome sur le marché en présumant le soutien financier d'un groupe qui n'exerce aucune influence déterminante sur elle et qui, au sens du droit commercial comme du droit de la concurrence, doit donc être considérée comme une société ou une entreprise tierce. Ceci est corroboré par l'extrait de l'arrêt *World Wide Tobacco España* cité précédemment, qui souligne, dans un tel cas de figure, le risque de disproportion de l'amende « au regard de la capacité financière » de l'entreprise autonome.

Si l'arrêt sous chronique marque une convergence dans ses principes avec le droit européen, il ne s'aligne toutefois pas totalement sur ce dernier.

En effet, la Haute juridiction n'exclut pas, en l'absence d'imputabilité, toute prise en compte de la situation des ressources du groupe comme circonstance aggravante ou comme élément d'appréciation de la capacité contributive de l'entreprise concernée, mais la soumet à des conditions spécifiques.

S'agissant de la possibilité de tenir compte de l'appartenance au groupe comme circonstance aggravante, même à défaut d'imputabilité, la Cour de cassation exige qu'il soit établi que l'appartenance au groupe ait pu « [jouer] un rôle dans la mise en œuvre des pratiques anticoncurrentielles » ou encore « être de nature à influer sur l'appréciation de la gravité de ces pratiques ».

Outre que l'on voit mal en pratique comment cette condition pourrait être satisfaite en l'absence d'imputabilité, elle nous semble aller au-delà des prescriptions du droit européen rappelées précédemment.

Quant à l'éventuelle prise en compte, dans des cas particuliers, de l'accès aux ressources du groupe « non contrôlant » pour apprécier les capacités contributives de l'entreprise en cause, il pourrait certes être soutenu que le juge européen a déjà validé cette possibilité lorsqu'une filiale reconnue autonome invoque des difficultés financières pour demander le sursis à l'exécution provisoire de l'obligation de constituer une garantie en vue du paiement de l'amende (TUE, Romana Tabacchi Sp.A, c/ Commission, T-111/06 R, point 111). Toutefois, la pertinence de cette jurisprudence est incertaine car elle concernait les modalités de recouvrement, et non de calcul, de l'amende. On notera également que la note d'information de la Commission du 12 juin 2010 sur l'absence de capacité contributive n'apporte pas plus d'informations puisqu'elle ne se prononce pas sur l'éventuelle prise en compte de l'appartenance à un groupe (sauf à considérer que celle-ci s'inscrit nécessairement dans l'analyse des difficultés de la société concernée « à accéder à des capitaux ou au crédit », ce qui ne peut être exclu).

La mise en œuvre des conditions posées par l'arrêt sous chronique pour prendre en compte l'appartenance à un groupe ne sera pas nécessairement aisée. L'arrêt de la Cour d'appel de Paris qui devra statuer sur renvoi nous apportera probablement de premières indications.

C. Lemaire, S. Naudin

Concurrences N° 2-2014, Art. N° 66009, p. 167

Voir aussi

M. Behar-Touchais, Sanctions : La Cour de cassation décide que le principe d'individualisation de la sanction implique, dans certaines circonstances, de ne pas tenir compte de l'appartenance d'une société à un groupe, dans la détermination de la sanction qui lui est infligée (Cartel de la restauration des monuments historiques), 18 février 2014, Concurrences N° 2-2014, Art. N° 65665, pp. 80-82.

Voir aussi, sur les origines de l'affaire

– La décision de l'Autorité

Aut. conc., déc. n° 11-D-02 du 26 janv. 2011 relative à des pratiques mises en œuvre dans le secteur de la restauration des monuments historiques

N. Jalabert-Doury, Entente complexe et continue – Imputabilité : L'Autorité de la concurrence s'aligne complètement sur la jurisprudence européenne en matière d'imputabilité mère-filiale (Secteur de la restauration des monuments historiques), 26 janvier 2011, Concurrences N° 2-2011, Art. N° 36022, p. 106.

– Le premier arrêt de la cour d'appel

CA Paris, 11 oct. 2012, Monuments historiques, RG n° 2011/03298

N. Jalabert-Doury, Marché publics – Infraction complexe et continue : La Cour d'appel de Paris entérine quasiment sans réserve l'arrêt de la Cour d'appel de Paris (Monuments historiques), 11 octobre 2012, Concurrences N° 1-2013, Art. N° 50446, pp. 70-72.

▶

▶ ***– Le second arrêt de la cour d'appel***

CA Paris, 11 oct. 2012, Chevalier Nord, RG n° 2011/03298

C. Lemaire, S. Naudin, Article 6, CESDH : La Cour d'appel de Paris juge que le principe du délai raisonnable n'a pas été méconnu dans l'affaire des monuments historiques et précise les obligations qui pèsent sur les entreprises pour la conservation des preuves (Chevalier Nord), 11 octobre 2012, Concurrences N° 1-2013, Art. N° 50725, pp. 180-182.

C. Lemaire, S. Naudin, Prescription : La Cour d'appel de Paris écarte l'application immédiate de la prescription décennale introduite par la loi LME et confirme la grande latitude dont dispose l'Autorité pour l'accès et l'utilisation des pièces du dossier pénal (Chevalier Nord), 11 octobre 2012, Concurrences N° 1-2013, Art. N° 50731, pp. 182-183.

Voir aussi, sur les suites de l'affaire

CA Paris, 28 mai 2015, RG n° 2014/09272

C. Lemaire, Calcul de l'amende : La Cour d'appel de Paris confirme les circonstances dans lesquelles l'appartenance à un groupe d'envergure peut être prise en compte dans le calcul de la sanction pécuniaire (Degaine, Pradeau & Morin), 28 mai 2015, Concurrences N° 3-2015, Art. N° 75110, pp. 151-152.

E. Thomas, Appartenance à un groupe : La Cour d'appel de Paris confirme que l'appartenance à un groupe ne saurait entraîner une majoration automatique de l'amende (Degaine/Pradeau et Morin), 28 mai 2015, Concurrences N° 3-2015, Art. N° 74999, pp. 69-70.

La réitération

CA Paris, 27 sept. 2018, EDF, RG n° 17/22 720

La Cour d'appel de Paris confirme l'aggravation de la sanction de l'opérateur historique sur le marché de l'énergie dans l'affaire du photovoltaïque de 25 % au titre de la réitération des pratiques.

L'arrêt de la Cour d'appel confirme le coefficient de majoration de la sanction pécuniaire de 25 % qui avait été retenu par l'Autorité de la concurrence dans sa décision du 17 décembre 2013, laquelle avait sanctionné EDF pour un abus d'éviction dans le marché des services aux particuliers souhaitant devenir producteurs d'électricité photovoltaïque.

Historique de l'affaire

Dans le cadre de cette décision (commentée dans cette chronique *Concurrences* N° 1-2014, pages 75 et s.), le quantum de la sanction pécuniaire prononcée à l'encontre d'EDF avait fait l'objet de majorations visant à renforcer son effet dissuasif. Parmi celles-ci figurait un taux de majoration de 25 % au titre de la réitération des pratiques. L'Autorité se fondait sur la décision n° 00-D-47 du Conseil de la concurrence dans l'affaire Citelum, dans le cadre de laquelle EDF avait été sanctionnée pour un abus de position dominante sur le marché de l'éclairage public. Le Conseil avait alors considéré que l'opérateur historique avait évincé les concurrents de sa filiale sur ce marché connexe par d'autres moyens que ceux relevant des mérites. Il s'agissait, dans le cas d'espèce, de prix abusivement bas et contrats de durée excessive qui conduisaient à évincer des concurrents aussi efficaces qu'elle-même et à verrouiller durablement l'accès d'un marché dans un contexte d'ouverture de ce dernier à la concurrence.

Il convient en effet de souligner que le dommage à la concurrence est d'autant plus significatif que l'éviction des compétiteurs survient précocement dans la phase d'ouverture à la concurrence d'un marché donné ou dans la phase d'émergence d'un nouveau marché. La menace concurrentielle exercée par des compétiteurs effectifs est bien plus significative que celle de compétiteurs potentiels. De la même façon, la sortie du marché de « pionniers » est de nature à dissuader l'entrée sur le marché de nouveaux venus.

La décision de l'Autorité fut partiellement infirmée par la cour d'appel le 21 mai 2015 dans son arrêt RG n° 2014/02694 (commentée dans cette chronique *Concurrences* N° 3-2015, pages 77 et s.). Parmi les points de la décision de l'Autorité dont la chambre commerciale de la cour d'appel s'écarta figurait notamment la prise en compte du coefficient de majoration de 25 % au titre de la réitération des pratiques. En effet, celle-ci considérait non seulement que la pratique en cause n'était ni identique ni similaire à celle sanctionnée dans l'affaire Citelum mais également que les deux marchés en question étaient différents.

Cet arrêt fit à son tour l'objet de pourvois (n° 15-20.087 et 15-20.291). L'arrêt du 27 septembre 2017 de la Cour de cassation le cassa partiellement sur le point qui nous intéresse particulièrement ici : l'application d'un coefficient de 25 % au titre de la réitération (voir cette chronique *Concurrences* N° 1-2018, pages 94 et s.). La chambre commerciale, financière et économique de la Cour s'écarta en effet de l'analyse de la cour d'appel. Pour elle, les deux pratiques se caractérisaient par une similarité dans leur objet et dans leurs effets. Dans les deux cas, une entreprise anciennement titulaire de droits exclusifs évince des concurrents sur des marchés connexes par d'autres voies que celles répondant aux exigences d'une concurrence libre et non faussée. La Cour de cassation renvoya donc le cas devant la cour d'appel autrement formée. C'est l'arrêt résultant de ce renvoi que nous commentons dans notre seconde section.

La caractérisation de réitération des pratiques

Contrairement à l'arrêt du 21 mai 2015, la cour d'appel confirme la réitération et la proportionnalité du coefficient d'aggravation de 25 % en regard des circonstances de l'espèce. EDF arguait que la réitération ne pouvait être retenue en l'espèce et, même si elle devait l'être, le taux de majoration d'un quart était disproportionné. Trois arguments venaient en appui de cette position. Premièrement, les pratiques dans l'affaire du photovoltaïque et celles dans l'affaire de l'éclairage public seraient de natures distinctes. Deuxièmement, le délai de temps écoulé entre les deux affaires aurait dû conduire au choix d'un moindre coefficient. Troisièmement, le faible nombre de sanctions précédemment prononcées à l'encontre de l'opérateur historique aurait également dû pousser l'Autorité à sélectionner un coefficient de majoration moins élevé.

L'opérateur historique insiste d'abord sur le fait que ni les pratiques ni les secteurs concernés sont identiques dans les deux affaires. Citelum portait sur des prix d'éviction dans le cadre d'appels d'offres et mettaient en jeu des contrats d'une durée excessive dans un contexte de libéralisation. L'affaire du photovoltaïque se joue vis-à-vis de particuliers et repose sur des confusions liées à la marque et au logo ou encore sur l'utilisation de fichiers clients. De surcroît, EDF considère que cette affaire a donné lieu à une qualification juridique inédite liée à une combinaison d'actions résultant de subventions croisées (*via* la mise à disposition d'actifs intangibles susceptibles de donner un avantage concurrentiel sur les concurrents) et de pratiques visant à entretenir une confusion dans l'esprit des consommateurs entre l'opérateur historique lui-même et ses filiales sur des marchés connexes. Enfin, EDF considère que non seulement le délai de sept années entre la décision Citelum (22 novembre 2000) et le début des pratiques relevées par l'Autorité dans la présente affaire, mais également le fait qu'elle n'ait pas été sanctionnée dans l'intervalle, auraient dû conduire à un taux moindre.

La cour d'appel ne suit pas les arguments de l'opérateur historique. Elle souligne tout d'abord que la réitération ne suppose pas que les pratiques en question soient identiques mais seulement similaires. Elle met ensuite l'accent sur le fait que le choix par l'Autorité d'un taux de majoration donné n'est pas contraint par une règle de précédents. En d'autres termes, il ne s'agit pas d'une pratique décisionnelle qui contraindrait l'Autorité à déterminer le taux en fonction des taux appliqués dans d'autres affaires en regard du nombre de réitérations ou encore en fonction de l'intervalle de temps entre les décisions de sanction. La fixation d'un coefficient d'aggravation (lequel en fonction du communiqué de l'Autorité du 16 mai 2011 relatif à la méthode de détermination des sanctions pécuniaires peut s'élever de 15 à 50 %) est « nécessairement liée aux faits et au contexte propres à chaque espèce » (pt 36).

Si l'Autorité n'est pas contrainte dans sa décision, ce coefficient est-il pour autant disproportionné ? La cour insiste sur la justification incitative d'aggraver une sanction appliquée à un opérateur économique en situation de réitération : la sanction doit avoir un effet dissuasif. À ce titre, appliquer une surcote à une firme déjà sanctionnée par le passé répond à la nécessité de corriger un effet incitatif manifestement insuffisant dans le cas de la première décision. Considérons successivement ces deux dimensions.

Tout d'abord, la cour montre que les deux pratiques en cause ne sauraient être tenues pour différentes tant dans leur nature que dans leur contexte. Il s'agit dans les deux cas d'une stratégie mise en œuvre par un opérateur historique pour évincer ses concurrents dans un marché connexe émergent. Celle-ci se base sur des méthodes ne répondant pas aux critères d'une concurrence par les mérites (pt 41). Dans les deux cas, les pratiques reposaient sur l'utilisation de ressources dont ne pouvaient disposer les nouveaux entrants. Il convient en outre de souligner que les deux affaires s'ancrent dans un même contexte : celui du développement d'un nouveau marché connexe. Dans une telle situation, le dommage à la concurrence est d'autant plus significatif que l'éviction des compétiteurs survient précocement dans la phase d'ouverture à la concurrence d'un marché donné ou dans la phase d'émergence d'un nouveau marché. La menace concurrentielle exercée par des compétiteurs effectifs est bien plus significative que celle qui pourrait émaner de compétiteurs potentiels. De la même façon, la sortie du marché de « pionniers » est de nature à dissuader l'entrée sur le marché de nouveaux venus.

De surcroît, EDF ne peut s'appuyer sur une quelconque nouveauté de la qualification juridique. Les règles applicables aux diversifications des opérateurs historiques ont été précisées par de nombreux avis et décisions du Conseil puis de l'Autorité. Les risques concurrentiels spécifiques liés à l'utilisation de la notoriété de l'ancien monopole public ont également été déjà mis en exergue dans plusieurs décisions (voir par exemple la décision n° 10-D-14 du 16 avril 2010 relative à des pratiques mises en œuvre dans le secteur de la valorisation électrique du biogaz). De la même façon, les risques concurrentiels liés à l'utilisation des fichiers clients par l'ancien opérateur historique avaient été à plusieurs reprises soulignés par le Conseil puis l'Autorité (avis n° 00-A-03 du 22 février 2000 relatif à l'acquisition de la société Clemessy par les groupes EDF, Cogema et Siemens, ou encore avis n° 10-A-13 du 14 juin 2010 relatif à l'utilisation croisée des bases de clientèles). Ce faisant, la cour souligne qu'un groupe tel EDF ne pouvait être considéré comme non informé des risques concurrentiels liés à ses pratiques.

Reste ensuite à s'attacher à la question de la proportionnalité du coefficient de majoration appliqué : la cour confirme la position de l'Autorité. Tout d'abord, un taux de 25 % n'est pas manifestement disproportionné dès lors que l'on tient compte que ce taux peut aller de 15 à 50 % et que le laps de temps entre la décision Citelum et la mise en œuvre des pratiques sanctionnées est de sept ans, en regard d'un délai de quinze ans au terme duquel l'Autorité renonce à retenir une réitération. De surcroît, la cour insiste sur le fait que l'Autorité n'est en rien tenue de fixer le taux de majoration sur la base d'une règle mathématique linéaire par rapport à un intervalle de temps écoulé. Elle écarte également l'argument d'EDF qui soutenait n'avoir été sanctionnée qu'à une seule reprise par le passé. Enfin, la cour souligne que la majoration appliquée peut apparaître comme « nécessaire et proportionnée » au regard de l'absence manifeste d'effet dissuasif de la première sanction prononcée (pt 53).

Finalement, cet arrêt présente un intérêt particulier en ce qui concerne la confirmation de la relative marge de discrétion de l'Autorité en matière de détermination d'un coefficient d'aggravation du quantum des sanctions pécuniaires dans les cas de réitération des pratiques. Le juge d'appel s'attache bien entendu à la conformité de la décision avec les règles que l'Autorité s'est elle-même imposée au travers de son communiqué du 16 mai 2011. Il considère également la proportionnalité de ce coefficient avec des critères liés, par exemple, à l'intervalle de temps entre la décision initiale et les pratiques en cause. Cependant, il confirme la possibilité pour l'Autorité de choisir un tel taux et ce, sur deux bases principales. Tout d'abord, les taux appliqués par le passé dans d'autres affaires ne constituent en rien des précédents contraignants. Le taux est choisi en fonction des circonstances propres à l'espèce. Ensuite, la possibilité d'aggraver la sanction est pleinement reconnue au regard du nécessaire effet dissuasif de la sanction concurrentielle.

F. Marty

Concurrences N° 1-2019, Art. N° 89019, p. 89

1.3.3.6 Recevabilité des recours

CE, 11 oct. 2012, 2 arrêts, ITM Entreprises e. a., n° 346378 et 346444 ; Casino, n° 357193

Le Conseil d'État juge que les avis de l'Autorité de la concurrence ne sont en principe pas susceptibles de recours dès lors que les prises de position et recommandations qu'ils contiennent ne font pas grief.

La loi LME est venue compléter les compétences consultatives dont disposait avant elle le Conseil de la concurrence (voir les articles L. 462-1 à L. 462-3 du Code de commerce) en accordant à la nouvelle Autorité de la concurrence un pouvoir beaucoup plus large, celui de « prendre l'initiative de donner un avis sur toute question concernant la concurrence ».

L'impact politique et institutionnel d'un tel pouvoir est non négligeable, même s'il n'a peut-être pas été perçu comme tel à l'origine (v. en ce sens Th. Dahan et Ch. Lemaire, « Portrait de l'Autorité en jeune fille, L'Autorité de la concurrence issue de la loi LME : entre aboutissement et nouveau départ », *RJEP* février 2011, p. 3 et P. Spilliaert, « Les avis de l'Autorité de la concurrence », *Concurrences* N° 3-2010, p. 58), et ce pour plusieurs raisons. D'abord, parce que l'Autorité peut intervenir sur les sujets de son choix, indépendamment du calendrier politique du Gouvernement et du Parlement. Ensuite, parce que ses prises de position ne sont pas seulement générales mais peuvent être extrêmement précises, voire même concerner une seule entreprise et certains de ses comportements (v. par ex. : l'avis n° 09-A-55 du 4 novembre 2009 sur le secteur du transport public terrestre de voyageurs et la SNCF ou l'avis n° 10-A-29 du 14 décembre 2010 sur le fonctionnement concurrentiel de la publicité en ligne et Google). Enfin, parce que les effets de ces avis peuvent se révéler importants en pratique pour les entreprises (entraînant parfois des modifications du comportement commercial sur le marché des entreprises directement visées ou pouvant donner lieu à une forme d'instrumentalisation par des tiers), voire être utilisés comme de véritables précédents par l'Autorité dans ses décisions contentieuses (sur ce point et pour des illustrations, v. M. de Drouâs, P. Hubert, C. Faurant, « Les entreprises face au pouvoir consultatif renforcé de l'Autorité de la concurrence », Concurrences N° 3-2011, Art. N° 36898, pp. 230-234, spéc. point 8).

C'est précisément sur la portée de ces avis que le Conseil d'État était interrogé dans les deux affaires sous chronique. Dans une première affaire, ITM et autres avaient intenté un recours pour excès de pouvoir contre l'avis de l'Autorité de concurrence n° 10-A-26 du 7 décembre 2010 relatif aux contrats d'affiliation de magasins indépendants et aux modalités d'acquisition de foncier commercial dans le secteur de la distribution alimentaire. Dans cet avis, rendu sur saisine d'office, l'Autorité faisait part de ses préoccupations en raison du niveau de concentration de certaines zones de chalandises et de la difficulté de créer de nouveaux magasins et sollicitait une intervention du législateur visant spécifiquement les contrats des enseignes de la grande distribution. Dans une seconde affaire, Casino avait formé un recours contre l'avis n° 12-A-01 du 11 janvier 2012 relatif à la situation concurrentielle de la distribution alimentaire à Paris. Il s'agissait d'un avis rendu à la demande de la ville de Paris et au terme duquel l'Autorité constatait que le marché parisien est extrêmement concentré et demandait que le législateur la dote de nouveaux pouvoirs lui permettant d'agir sur la structure du marché.

C'est aussi la question de la portée et des limites de ce qu'il est convenu d'appeler la *soft law* que le Conseil d'État devait examiner dans ces affaires (le sujet de la *soft law* est plus que jamais d'actualité en France, comme en témoigne un récent rapport parlementaire, MM. R. Derosières et C. Vanneste, Rapport d'information fait au nom du Comité d'évaluation et de contrôle des politiques publiques sur les autorités administratives indépendantes, AN, n° 2925, 28 oct. 2010, spéc. p. 53 et s. ou le fait que le Conseil d'État y consacrera l'an prochain son étude annuelle).

Sa réponse était attendue dans la mesure où la frontière entre ce qui relève de la mission contentieuse et de la mission consultative de l'Autorité est moins étanche aujourd'hui qu'elle ne l'était hier.

Le Conseil d'État considère qu'en principe les avis de l'Autorité ne sont pas des décisions faisant grief et lui reconnaît un large pouvoir de recommandation

Par un considérant commun aux deux arrêts, le Conseil d'État juge qu'« il est loisible à l'Autorité de la concurrence, lorsqu'elle exerce la faculté d'émettre un avis que lui reconnaît l'article L. 462-4 du Code de commerce de faire toute préconisation relative à la question de la concurrence qui est l'objet de son analyse, qu'elle s'adresse au législateur, aux ministres intéressés ou aux opérateurs économiques : que les prises de position et recommandations qu'elle formule à cette occasion ne constituent pas des décisions faisant grief ».

La position du Conseil d'État est claire : l'Autorité peut licitement formuler « toute préconisation », que son destinataire soit l'administration, le législateur ou les entreprises. Et il importe peu que ces préconisations aient en pratique une incidence sur les opérateurs en question (qu'elles fassent grief, oserait-on dire), en raison par exemple de la publicité attachée à ces avis ou de la précision des recommandations qu'ils contiennent, dès lors qu'elles ne sont pas décisoires (c'est-à-dire non impératives) et n'emportent pas d'effets de droit comme nous le verrons ci-après. Le Conseil d'État reconnaît donc une marge de manœuvre importante à l'Autorité et cette position vaut que l'avis soit rendu à la demande d'un tiers ou sur saisine d'office de l'Autorité.

S'agissant précisément des deux affaires en cause, le Conseil d'État relève que l'Autorité de la concurrence a pu valablement analyser les caractéristiques de l'offre et de la demande sur les marchés en cause, analyser le degré de concentration, proposer des principes de définition des marchés pertinents pour le domaine étudié, analyser la structure de ces marchés et même analyser le comportement des opérateurs sous différents angles (en matière de prix, de marges, d'ouvertures de nouveaux magasins ou de leurs relations contractuelles avec les affiliés). Sur la base de ces analyses, il a pu aussi valablement formuler des recommandations directement à l'attention d'opérateurs économiques (qui restent libres de les mettre en œuvre), d'une municipalité et du législateur.

Ce n'est que dans des circonstances exceptionnelles que les prises de position de l'Autorité sont susceptibles de faire grief

La seule limite posée par le Conseil d'État vient juste après l'énoncé du principe rappelé ci-dessus. Le Conseil d'État précise en effet « qu'il en irait toutefois différemment si elles revêtaient le caractère de dispositions générales et impératives ou de prescriptions individuelles dont l'Autorité pourrait ultérieurement censurer la méconnaissance ».

Comme cela a déjà été précisé dans d'autres colonnes (v. en particulier X. Domino et A. Bretonneau, « Miscellanées contentieuses », *AJDA* 2012 p. 2373), la position du Conseil d'État ne semble pas différente de celle adoptée dans d'autres domaines du droit administratif. Pour qu'une décision soit attaquable, il ne suffit pas qu'elle soit susceptible de faire grief à l'administré, il faut aussi qu'elle soit susceptible de modifier la situation juridique de l'intéressé. En outre, comme ces auteurs le rappellent, le Conseil d'État semble aujourd'hui s'attacher aussi à deux autres éléments que sont la portée de la prescription (celle-ci présente-t-elle un caractère impératif ou non, notamment dans son énoncé et sa formulation ?) et sa contrôlabilité (est-elle susceptible d'un contrôle en aval ou ex-post ?). Ce sont finalement ces deux éléments que l'on retrouve dans l'énoncé du Conseil d'État qui pose comme double limite, d'une part, que les recommandations et prises de position de l'Autorité revêtent « le caractère de dispositions générales et impératives ou de prescriptions individuelles » et, d'autre part, que « l'Autorité pourrait ultérieurement censurer la méconnaissance ».

Cette limite paraît effectivement justifiée car dans de telles circonstances il n'y aurait plus de frontière entre la procédure consultative et la procédure contentieuse. La difficulté en l'espèce résulte du fait qu'il existe bon nombre de cas dans lesquels cette limite n'est pas franchie alors même que l'Autorité a pu prendre des positions tranchées et visant spécifiquement certains opérateurs ou certaines pratiques. Bien que dépourvues de caractère impératif, ces prises de position n'en produisent pas moins des effets concrets sur le marché. S'il n'est pas possible de les contester en aval, un aménagement de la procédure, améliorant en particulier le contradictoire (en donnant, par exemple, aux entreprises intéressées un accès au rapport du rapporteur et la possibilité d'y répondre par écrit) mériterait d'être envisagé.

C. Lemaire

Concurrences N° 1-2013, Art. N° 50719, p. 178

Chapitre 2

MISE EN ŒUVRE DANS LA SPHÈRE PRIVÉE

2.1 Pouvoirs des juridictions nationales

CJUE, 11 nov. 2021, Stichting Cartel Compensation, C-819/19

La Cour de justice de l'Union européenne juge qu'une juridiction nationale est compétente pour appliquer l'article 101 TFUE et l'article 53 de l'Accord sur l'Espace économique européen dans un litige de droit privé en dommages et intérêts pour des faits antérieurs à l'entrée en vigueur du règlement n° 1/2003.

Au commencement de cette affaire préjudicielle, la Commission européenne avait sanctionné 19 personnes morales pour avoir coordonné leurs politiques tarifaires dans le secteur de fret aérien entre 1999 et 2006 (Comm. eur., déc. 17 mars 2017, Fret Aérien, AT.39258, OJ C 188, p. 14-19). Cette décision fût prise après qu'une première décision, adoptée en 2010, eut été annulée par le Tribunal de l'Union européen pour vice de procédure en 2015.

Par cette décision, la Commission avait infligé des amendes aux sociétés en question, en réduisant la période infractionnelle dans certains cas pour tenir compte des limites de sa compétence, notamment :

- pour les liaisons entre des pays de l'EEE et des pays tiers, pour lesquelles sa compétente se limitait aux pratiques postérieures au 1er mai 2004, date à laquelle le règlement n° 1/2003 est devenu applicable au transport aérien mais seulement entre aéroports de l'UE ;
- pour les liaisons entre des pays tiers et les pays de l'EEE non membres de l'Union, pour lesquelles elle estimait ne pas être compétente avant le 19 mai 2005, date à laquelle le règlement n° 1/2003 leur est devenu applicable ;
- et pour les liaisons entre l'UE et la Suisse, pour lesquelles elle n'était pas compétente avant le 1er juin 2002, date à laquelle le transport aérien a été intégré à l'accord entre la Communauté européenne et la Confédération suisse. À l'occasion de ces décisions, deux sociétés néerlandaises ont engagé des actions dans le but d'obtenir, par la voie judiciaire, réparation des dommages subis du fait de ces pratiques anticoncurrentielles. Ces deux sociétés ont demandé au Tribunal d'Amsterdam un jugement déclaratoire et un jugement en dommages et intérêts pour violation de l'article 101, paragraphe 1, TFUE et de l'article 53, paragraphe 1, de l'accord EEE. Plus précisément, en ce qui concerne le jugement déclaratoire, elles demandaient au tribunal de constater la commission d'infractions au cours de toute la période allant de 1999 à 2006 ; c'est-à-dire également pour les périodes pour lesquelles la Commission avait exclu sa compétence et n'avait donc pas pu constater d'infractions.

Alors même que la juridiction néerlandaise s'estimait compétente pour appliquer l'article 101, paragraphe 1, TFUE aux périodes et liaisons en question, un doute était né du fait de la décision de la Cour d'appel d'Angleterre et du pays de Galles rendue un peu plus tôt, en janvier 2019. Cette dernière avait relevé son incompétence pour statuer sur une demande en dommages et intérêts résultant de l'entente, en raison de l'absence d'une décision rendue par les autorités nationales de concurrence ou par la Commission européenne (England and Wales Court of Appeal (Civil Division), La Gaitana Farms SA & Ors v British Airways Plc, 29 janvier 2019).

La juridiction néerlandaise s'est donc tournée vers la Cour de justice de l'UE afin qu'elle se prononce sur la question de savoir si des juridictions nationales sont compétentes pour appliquer pleinement l'article 101 TFUE (anciennement article 81 CE) et l'article 53 EEE dans un litige de droit privé relatif à une action en dommages et intérêts pour des faits antérieurs à l'entrée en vigueur de règlement n° 1/2003, le 1er mai 2004, quand bien même aucune décision n'aurait été adoptée par la Commission ou par des autorités nationales de concurrence.

L'arrêt sous chronique permet de revenir sur l'effet direct de l'article 101 TFUE, ainsi que sur la différence entre le *public* et le *private enforcement*. En outre, cet arrêt se démarque du jugement rendu par la juridiction du Royaume-Uni et illustre ainsi l'importance de choisir le bon forum quand il s'agit d'obtenir des dommages et intérêts dans des affaires de concurrence. Il fait partie, à n'en pas douter, des arrêts importants rendus par la Cour ses dernières années en la matière.

L'absence d'incidence du régime transitoire sur l'application juridictionnelle de l'article 101 TFUE

Les sociétés défenderesses faisaient valoir que le « régime » transitoire prévu aux articles 104 et 105 TFUE (anciennement les articles 84 et 85 CE) privait les juridictions nationales de leur compétence pour appliquer l'article 101 TFUE avant l'entrée en vigueur du règlement n° 1/2003.

La Cour écarte une telle argumentation. Elle suit en cela les conclusions de son Avocat général, lequel considérait que les articles 104 et 105 TFUE ne correspondent pas à une « mise sur pause » de la compétence des juridictions nationales. Dans la mesure où les articles 104 et 105 TFUE « se limitent à prévoir les modalités de l'application administrative de l'article 101 TFUE pendant la période allant jusqu'à ce que le Conseil décide de prendre des mesures en vertu de l'article 103 TFUE », il faut distinguer entre la mise œuvre « administrative » de l'article 101 TFUE et son application « juridictionnelle » qui n'est pas visée par ces dispositions. Partant, pour ce qui est des juridictions nationales, l'applicabilité de l'article 101 TFUE a existé dès l'entrée en vigueur du traité CEE – par référence aux arrêts *Courage* et *Crehan* (CJUE, 20 sept. 2001, C-453/99, EU:C:2001:465), *Donau Chemie* (CJUE, 6 juin 2013, C-536/11, EU:C:2013:366) et *Otis* (CJUE, 12 déc. 2019, C-435/18).

L'argument des défenderesses selon lequel le règlement n° 1/2003 aurait établi un « nouveau régime de droit matériel » en prévoyant à l'article 6 que les « juridictions nationales sont compétentes pour appliquer les articles [101 TFUE] et [102 TFUE] du traité » est balayé par la Cour qui juge que cet article ne constitue qu'un « rappel de la compétence » des juridictions nationales dont elles disposent en vertu de l'effet direct des articles 101 et 102 TFUE.

Les conséquences de l'effet direct de l'article 101, paragraphe 1, TFUE sur la compétence matérielle des juridictions nationales

Les deux sociétés créancières soutenaient que le Tribunal d'Amsterdam était compétent pour appliquer l'article 101, paragraphe 1, TFUE à toute la période de l'entente, de 1999 à 2006, en raison de l'effet direct horizontal de cette disposition. Les défenderesses estimaient en revanche que les juridictions nationales ne pouvaient pas appliquer immédiatement cet article en l'absence de décision des autorités nationales compétentes ou de la Commission constatant une infraction aux règles de concurrence.

Selon la jurisprudence bien établie, le droit de l'Union crée des obligations pour les particuliers mais engendre également des droits qui entrent dans leur patrimoine juridique (arrêt précité *Courage* et *Créhan*), que ces derniers soient explicitement attribués par les traités ou qu'ils découlent d'obligations de ces traités. Pour la Cour, il ne fait dès lors pas de doute qu'il revient aux juridictions nationales de sauvegarder ces droits. Toute personne peut donc faire valoir la nullité d'une entente ou d'une pratique interdite par l'article 101 TFUE et demander réparation du préjudice subi. En effet, ces actions « assurent la pleine efficacité de l'article 81 CE, notamment, l'effet utile de l'interdiction énoncée au paragraphe 1 de celui-ci, et renforcent ainsi le caractère opérationnel des règles de concurrence de l'Union, dès lors qu'elles sont de nature à décourager les accords ou les pratiques, souvent dissimulés, susceptibles de restreindre ou de fausser le jeu de la concurrence ».

Quant à l'article 53 EEE, la Cour rappelle que l'accord EEE « fait partie intégrante du droit de l'Union ». Cet article étant en substance identique à l'article 101 TFUE, il doit être interprété de la même manière. Par conséquent, si les comportements en cause sont susceptibles d'affecter le commerce entre les parties contractantes à l'accord EEE, la juridiction néerlandaise pourra également les apprécier au regard de cette disposition.

Le principe de la sécurité juridique, seule limite à la compétence des juridictions nationales

Tout en reconnaissant l'effet direct de l'article 101 TFUE, la Cour vient apporter une limitation à la compétence des juridictions nationales quand elles sont saisies de pratiques anticoncurrentielles.

Le principe de la sécurité juridique peut en effet limiter la compétence des juridictions nationales en ce qu'il permet d'éviter que des décisions contradictoires soient rendues par les juridictions nationales et les autorités administratives de concurrence. La Cour rappelle ainsi que lorsqu'elles sont saisies d'accords ou de pratiques anticoncurrentielles pouvant encore faire l'objet d'une décision par la Commission, les juridictions nationales ne doivent pas rendre de jugement qui irait à l'encontre d'une décision de celle-ci. C'est d'ailleurs explicitement prévu par l'article 16 du règlement n° 1/2003 afin d'assurer l'application uniforme du droit européen de la concurrence.

Dans le cas présent, la Cour relève que la Commission ne s'est pas prononcée, faute d'être compétente, sur les comportements en cause et qu'il peut dès lors être exclu qu'une telle décision intervienne dans le futur. En outre, à la différence du règlement n° 17/62 qui offrait une validité provisoire aux accords notifiés à la Commission en raison de l'exemption dont ils pouvaient rétroactivement bénéficier de la part de cette dernière, le règlement n° 1/2003 ne permet pas l'approbation rétroactive des pratiques existant avant son entrée en vigueur. Dès lors, il n'existe aucun risque d'atteinte au principe de la sécurité juridique en raison d'une éventuelle contrariété entre la décision adoptée par la Commission et le jugement que rendra le Tribunal d'Amsterdam sur les pratiques soulevées devant lui.

A. Lacresse, B. Monti

Concurrences N° 1-2022, Art. N° 105584, p. 162

2.2 RÈGLES DE COMPÉTENCE

2.2.1 Règles de compétence internationale

CJUE, 21 mai 2015, CDC, C-352/13

La Cour de justice de l'Union européenne juge que la juridiction saisie d'une demande en réparation reste compétente même en cas de désistement à l'égard du seul auteur domicilié dans son ressort.

La requérante dans l'affaire au principal est une société ayant pour objet le recouvrement, par la voie judiciaire et extrajudiciaire, de créances indemnitaires d'entreprises affectées par une entente. En mars 2009, elle a donc engagé une action en réparation devant une juridiction allemande à l'encontre de six entreprises de produits chimiques qui, à l'exception de l'une d'elles, sont établies dans cinq États membres autres que l'Allemagne. Ces entreprises avaient été sanctionnées, en mai 2006, par la Commission pour leur participation à une entente.

En septembre 2009, CDC et la seule entreprise établie en Allemagne ont conclu une transaction. Les autres parties défenderesses, établies dans d'autres États membres, ont alors soulevé l'exception d'incompétence de la juridiction saisie, au motif notamment de différentes clauses attributives de juridiction et compromissoires stipulées dans certains des contrats de vente les liant aux entreprises prétendument victimes.

S'interrogeant sur sa compétence, notamment en application des articles 5, point 3, et 6, point 1, du règlement n° 44/2001, par lequel la convention de Bruxelles I de 1968 a été communautarisée, la juridiction de renvoi a alors saisi la Cour de plusieurs questions préjudicielles.

Le désistement à l'égard du seul défendeur domicilié dans le ressort de la juridiction saisie n'a pas pour effet d'écarter la compétence de celle-ci

Par sa première question, la juridiction souhaitait savoir si la règle prévue à l'article 6, point 1, du règlement n° 44/2001 permet la concentration des compétences en cas de pluralité de défendeurs lorsque ceux-ci ont participé de façon différente, sur les plans géographique et temporel, à une infraction unique et continue, et cela même lorsque le demandeur s'est désisté de son action à l'égard du seul des codéfendeurs domiciliés dans l'État membre du siège de la juridiction saisie.

En effet, la règle de compétence visée à l'article 6 prévoit qu'un défendeur peut être attrait, s'il y a plusieurs défendeurs, devant le tribunal du domicile de l'un d'entre eux en raison de la connexité des demandes, liées entre elles par un rapport si étroit qu'il y a intérêt à les instruire et à les juger en même temps afin d'éviter des solutions qui pourraient être inconciliables si les causes étaient jugées séparément.

Pour la Cour, malgré le fait que les défenderesses au principal ont participé de façon disparate à la mise en œuvre de l'entente, l'application de l'article 6, paragraphe 1, du règlement n° 44/2001 est possible, pour autant qu'il était prévisible pour les défendeurs qu'ils risquaient d'être attraits dans l'État membre où au moins l'un d'eux a son domicile.

Or, la Cour estime que cette condition est remplie en présence d'une décision de la Commission constatant une infraction unique au droit de l'Union et fondant de ce fait la responsabilité de chaque participant pour les dommages résultant des actes délictuels de tout participant à cette infraction.

Quant au désistement de la requérante au principal de son action à l'égard de la seule défenderesse qui était domiciliée dans l'État membre du siège de la juridiction, il est susceptible d'exclure l'applicabilité de la règle de compétence si des indices probants font apparaître que le requérant à chercher à soustraire l'un des défendeurs aux tribunaux de l'État membre où il est domicilié, ce qu'il appartiendrait à la juridiction de renvoi de constater. Partant, en l'absence de tels indices, la règle de concentration des compétences peut s'appliquer.

Le lieu de l'événement causal du dommage peut être le lieu de l'un des arrangements pris dans le cadre d'une entente constituée de multiples arrangements

Quant à la localisation du fait dommageable, la juridiction de renvoi souhaitait savoir s'il est réputé s'être produit, à l'égard de chaque défendeur et pour l'ensemble des dommages invoqués, dans les États membres dans lesquels des arrangements collusoires ont été pris et mis en œuvre.

À cet égard, la Cour souligne d'emblée qu'une cession de créances, opérée par le créancier initial, ne saurait, en elle-même, avoir d'incidence sur la détermination de la juridiction compétente aux termes de l'article 5, point 3, du règlement n° 44/2001. Partant, la localisation du fait dommageable doit être examinée pour chaque créance indemnitaire indépendamment d'une cession ou d'un regroupement dont elle a fait l'objet.

La Cour rappelle que la règle de compétence prévue à l'article 5, point 3, dudit règlement est fondée sur l'existence d'un lien de rattachement particulièrement étroit entre la contestation et les juridictions du lieu où le fait dommageable s'est produit ou risque de se produire. Or, en matière délictuelle ou quasi délictuelle, le juge du lieu où le fait dommageable s'est produit ou risque de se produire est normalement le plus apte à statuer, notamment pour des motifs de proximité du litige et de facilité d'administration des preuves.

En l'espèce, la Cour observe que le fait générateur du dommage allégué réside non pas dans une éventuelle violation des obligations contractuelles, mais dans la limitation de la liberté contractuelle du fait de l'entente, cette limitation emportant l'impossibilité pour l'acheteur de s'approvisionner à un prix déterminé selon les lois du marché. Le lieu de l'événement causal d'un dommage consistant en des surcoûts qu'un acheteur a dû payer en raison du fait qu'une entente a faussé les prix sur le marché peut être identifié, dans l'abstrait, comme celui de la conclusion de cette entente.

Toutefois, la Cour remarque que cette considération n'est pas pertinente en l'espèce dans la mesure où l'entente était constituée d'un nombre d'arrangements collusoires pris lors de différentes réunions et consultations qui se sont déroulées dans plusieurs États membres.

Aussi, elle estime que la prise d'un arrangement particulier parmi ceux qui ont, dans leur ensemble, constitué l'entente illicite concernée peut être, à elle seule, l'événement causal du dommage prétendument causé à un acheteur, auquel cas la juridiction dans le ressort de laquelle l'arrangement en cause a été pris serait alors compétente pour connaître du dommage ainsi causé audit acheteur.

Par ailleurs, l'identification du lieu de la matérialisation du dommage peut également permettre d'établir la compétence de la juridiction objectivement la mieux placée pour apprécier si les éléments constitutifs de la responsabilité de la personne attraite sont réunis.

À cet égard, la Cour considère que, s'agissant d'un dommage consistant en des surcoûts payés en raison d'un prix artificiellement élevé, comme en l'espèce, ce lieu n'est identifiable que pour chaque prétendue victime prise individuellement et se trouvera, en principe, au siège social de celle-ci. Dans ce cas, ce lieu présente toutes les garanties en vue de l'organisation utile d'un éventuel procès et la juridiction du lieu où l'entreprise victime a son siège social est à l'évidence la mieux à même pour connaître d'une telle demande, même en présence d'une pluralité d'auteurs.

En revanche, le lieu de la matérialisation du dommage ne semble pas adéquat dans le cas d'un demandeur tel que la requérante au principal, rassemblant en son chef les créances indemnitaires de plusieurs entreprises, qui serait alors tenue d'introduire des demandes distinctes pour le préjudice subi par chacune de ces entreprises devant les juridictions dans le ressort desquelles se situent leurs sièges respectifs.

Les règles de compétence prévues par le règlement peuvent être aménagées au moyen d'une clause attributive de compétence couvrant aussi les différends relatifs à la responsabilité encourue du fait d'une infraction au droit de la concurrence

Enfin, la juridiction de renvoi souhaitait savoir si l'article 23, paragraphe 1, du règlement n° 44/2001 et le principe de mise en œuvre efficace de l'interdiction des ententes en droit de l'Union permettent de prendre en compte les clauses attributives de juridiction contenues dans des contrats de livraison.

Pour la Cour, la juridiction saisie doit s'assurer que les clauses en question sont effectivement opposables à la requérante au principal. En effet, une clause attributive de juridiction insérée dans un contrat ne peut, en principe, produire ses effets que dans les rapports entre les parties qui ont donné leur accord à la conclusion de ce contrat, à moins que le tiers ait consenti à la clause ou que, conformément au droit national, il ait succédé au contractant initial dans tous ses droits et obligations.

En outre, si les clauses en question s'avéraient opposables à la requérante au principal, il y aurait encore lieu d'examiner si elles portent effectivement dérogation à la compétence de la juridiction de renvoi en ce qui concerne le litige au principal, de sorte que la juridiction de renvoi devrait notamment vérifier que la clause fait référence aux différends relatifs à la responsabilité encourue du fait d'une infraction au droit de la concurrence.

A. Lacresse
Concurrences N° 3-2015, Art. N° 75100, p. 145

CJUE, 5 juill. 2018, flyLAL II, C-27/17

La Cour de justice de l'Union européenne juge que les pertes subies à la suite d'une pratique de prix prédateurs peuvent constituer un dommage fondant la compétence des juridictions du lieu où il s'est matérialisé aux fins d'une action en réparation.

Cette affaire pose la très intéressante question du sort de l'action en réparation d'un dommage anticoncurrentiel dans un contexte international, en particulier en ce qu'elle interroge sur le « lieu où le fait dommageable s'est produit » au sens de la convention de Bruxelles de 1968 sur la compétence judiciaire et l'exécution des décisions en matière civile et commerciale, communautarisée par le règlement n° 44/2001 (refondu par le règlement n° 1215/2012 ; les faits de l'espèce se situent néanmoins sous l'égide du règlement n° 44/2001).

En l'occurrence, une compagnie aérienne lituanienne exploitait des vols au départ et à destination de l'aéroport de Vilnius (Lituanie). En 2004, une compagnie aérienne lettone a commencé à exploiter des vols au départ et à destination de cet aéroport, en concurrence directe de certaines destinations desservies par la compagnie lituanienne. Après avoir subi des pertes financières, cette dernière a été mise en liquidation.

Estimant que cette liquidation était le résultat de pratiques d'éviction mises en œuvre par sa concurrente, l'entreprise a saisi le tribunal régional de Vilnius d'un recours à son encontre et à l'encontre de l'aéroport de Riga, prétendument complice des pratiques, en vue d'obtenir la réparation des dommages rencontrés.

Parallèlement, en novembre 2006, l'autorité de concurrence lettone a déclaré que le système des réductions pratiqué par l'aéroport de Riga à partir du 1er novembre 2004, notamment au profit de la compagnie lettone (jusqu'à 80 % pour les services de décollage, d'atterrissage et de sécurité des aéronefs), contrevenait à l'article 102, second alinéa, sous c, TFUE).

En janvier 2016, le tribunal régional de Vilnius a fait partiellement droit aux demandes de l'entreprise lituanienne en condamnant sa concurrente lettone à lui verser des dommages et intérêts. Dans le cadre de cette affaire, le tribunal régional avait rejeté l'exception d'incompétence internationale soulevée par l'aéroport, considérant que cet aspect avait déjà été tranché par la Cour d'appel de Lituanie, par un précédent arrêt de 2008, lequel avait fait l'objet d'une demande de reconnaissance et d'exécution devant le Sénat de la Cour suprême de Lettonie, ce qui avait d'ailleurs donné lieu à une précédente demande de décision préjudicielle (CJUE, 23 oct. 2014, flyLAL-Lithuanian Airlines, aff. C-302/13, EU:C:2014:2319). Le tribunal régional a ainsi constaté que les juridictions lituaniennes tiraient leur compétence de l'article 5, points 3 et 5, du règlement n° 44/2001, dans la mesure où, d'une part, les comportements anticoncurrentiels ayant causé un dommage avaient eu lieu en Lituanie et, d'autre part, la compagnie lettone opérait en Lituanie par l'intermédiaire de sa succursale.

La juridiction de renvoi, saisie d'un appel à l'encontre de ce jugement, a alors décidé de renvoyer une série de trois questions à la Cour, sur la nature du dommage, sur le lieu où ce dommage s'est produit et sur la notion d'exploitation d'une succursale.

Les pertes subies à la suite d'une pratique de pris prédateurs peuvent constituer le dommage initial justifiant la compétence des juridictions de l'État membre où elles ont été supportées

Il est de jurisprudence constante que la notion de « lieu où le fait dommageable s'est produit » vise à la fois le lieu de la matérialisation du dommage et celui de l'événement causal qui est à l'origine de ce dommage, de sorte que le défendeur peut être attrait, au choix du demandeur, devant le tribunal de l'un ou de l'autre de ces deux lieux.

En premier lieu, la juridiction de renvoi demandait à la Cour si l'article 5, point 3, du règlement n° 44/2001 doit être interprété en ce sens que, dans le cadre d'une action en réparation d'un préjudice causé par des comportements anticoncurrentiels, le manque à gagner allégué par la victime peut constituer un dommage permettant de fonder la compétence des juridictions de l'État membre du « lieu où le fait dommageable s'est produit », ce qui se rapportait également à la détermination du lieu de la matérialisation du dommage.

Or, la Cour a toujours refusé que les conséquences préjudiciables ultérieures et qui ne se confondent donc pas avec le dommage initial, découlant directement de l'événement causal, puissent fonder une attribution de compétence. Il en va ainsi du lieu où la victime prétend avoir subi un préjudice patrimonial consécutif à un dommage initial survenu et subi par elle dans un autre État (CJUE, 19 sept. 1995, Marinari, aff. C-364/93, EU:C:1995:289).

En l'occurrence, la Cour observe néanmoins que le manque à gagner allégué par la compagnie lituanienne consiste dans les pertes subies en raison de la difficulté d'exploiter de manière rentable des vols au départ et à destination de l'aéroport de Vilnius, à la suite des prix prédateurs pratiqués par sa concurrente lettone, financés grâce aux réductions des tarifs aéroportuaires dont elle a bénéficié en amont, au moyen d'un accord anticoncurrentiel conclu avec l'aéroport de Riga.

À cet égard, il faut rappeler que la Cour a déjà jugé, dans le contexte d'une violation de l'interdiction de revente de produits en dehors d'un réseau de distribution sélective, résultant de l'offre sur des sites internet de produits relevant de ce réseau, que la réduction du volume des ventes et la perte de profits qui s'ensuit, subies par un distributeur agréé, constituent un dommage initial au sens du règlement Bruxelles I (CJUE, 21 déc. 2016, Concurrence, aff. C-618/15, EU:C:2016:976).

Dans ces conditions, la Cour estime qu'un manque à gagner consistant, notamment, en une perte de ventes subie à la suite de comportements anticoncurrentiels contraires aux articles 101 et 102 TFUE est susceptible d'être qualifié de « dommage » aux fins du même règlement.

Encore faut-il déterminer le lieu où ce dommage s'est produit et, en particulier, le lieu où il s'est matérialisé.

La Cour observe que les comportements anticoncurrentiels ont porté sur le marché des vols au départ et à destination de l'aéroport de Vilnius, emportant une distorsion de la concurrence au sein de ce marché. Elle relève également que ces comportements ont causé des pertes à la victime sur les vols opérés au départ et à destination de la capitale de l'État membre dans lequel elle est établie et sur lequel elle développe l'essentiel de ses activités de ventes afférentes à de tels vols.

Aussi, la Cour considère que, lorsque le marché affecté par le comportement anticoncurrentiel se trouve dans l'État membre sur le territoire duquel le dommage allégué est survenu, le lieu de la matérialisation du dommage se trouve dans cet État membre. Cette solution répond aux objectifs de proximité et de prévisibilité des règles de compétence voulus par le législateur de l'Union.

Les pratiques anticoncurrentielles complexes obligent à déterminer l'événement causal qui est effectivement à l'origine du dommage

En deuxième lieu, la Cour était interrogée sur l'événement causal à prendre en compte puisque les comportements anticoncurrentiels avaient consisté dans la mise en œuvre de prix prédateurs, mais également dans la conclusion, en amont, d'un accord anticoncurrentiel contraire à l'article 101 TFUE, lequel s'était noué non pas en Lituanie mais en Lettonie.

La Cour observe d'emblée que l'article 5, point 3, du règlement n° 44/2001 confère au demandeur la faculté de saisir soit la juridiction du lieu de la matérialisation du dommage, soit celle du lieu de l'événement causal à l'origine du dommage, de sorte qu'une juridiction peut être légalement saisie sur le fondement de l'un de ces deux chefs de compétence.

Lorsque, comme dans l'affaire au principal, il existe une chaîne d'événements, dont chacun pourrait constituer l'événement causal à l'origine du dommage, la détermination concrète du lieu de cet événement dépend de la question de savoir si les comportements anticoncurrentiels sont constitutifs d'un accord anticoncurrentiel, au titre de l'article 101 TFUE, et/ou d'un abus de position dominante, au titre de l'article 102 TFUE.

En l'occurrence, la Cour relève que si l'accord anticoncurrentiel constitue l'événement causal à l'origine du dommage allégué, la compétence pour connaître du dommage causé par cet accord peut revenir à la juridiction du lieu où l'accord a été définitivement conclu, ici la Lettonie, et à plus forte raison s'il était établi que la pratique de prix prédateurs s'était limitée à des actes de mise en exécution de cet accord.

En revanche, si la pratique de prix prédateurs constitue une infraction distincte à l'article 102 TFUE, alors la juridiction du lieu où le comportement anticoncurrentiel concerné a été mis en œuvre est compétente, ici la Lituanie. En effet, la Cour souligne que, à la différence d'un dommage résultant d'une entente illicite entre divers participants, l'événement causal qui est à l'origine du dommage dans les cas d'exploitation abusive d'une position dominante ne se fonde pas sur un accord, mais réside dans la mise en œuvre de cette exploitation, notamment en proposant et en appliquant des prix prédateurs sur le marché concerné.

Si les événements en cause font partie d'une stratégie commune qui visait à évincer la compagnie lituanienne du marché, il appartiendrait alors à la juridiction de renvoi d'identifier l'événement revêtant une importance particulière pour la mise en œuvre d'une telle stratégie dans le cadre de la chaîne d'événements en question, afin d'identifier les points de rattachement avec l'État justifiant sa compétence.

La succursale doit avoir participé effectivement à certains des actes constitutifs du délit civil

En dernier lieu, la Cour rappelle que deux critères déterminent si une action judiciaire relative à l'exploitation d'une succursale est rattachée à un État membre. D'une part, la notion de succursale suppose l'existence d'un centre d'opérations qui se manifeste d'une façon durable vers l'extérieur, comme le prolongement d'une maison-mère. Ce centre doit donc être pourvu d'une direction et être matériellement équipé de façon à pouvoir négocier avec des tiers qui sont ainsi dispensés de s'adresser directement à la maison-mère. D'autre part, le litige doit concerner soit des actes relatifs à l'exploitation d'une succursale, soit des engagements pris par celle-ci au nom de la maison-mère, lorsque ces engagements doivent être exécutés dans l'État où elle est située.

En l'occurrence, la juridiction de renvoi se demandait uniquement si le litige porté devant elle concernait l'« exploitation » de la succursale que la compagnie lettone détient en Lituanie. La juridiction précisait notamment que, si cette succursale disposait du pouvoir d'établir des relations économiques avec des tiers, en fixant notamment les prix de ses services, il n'existait pas de données montrant qu'elle aurait effectivement fixé les prix des vols sur les marchés concernés par l'affaire. De surcroît, elle n'aurait pas établi une comptabilité séparée de celle de la maison-mère.

Devant être interprétée de manière stricte, la dérogation à la règle générale de compétence tenant à l'exploitation d'une succursale oblige à pouvoir constater qu'elle a participé effectivement à certains des actes constitutifs du délit civil. La Cour invite donc la juridiction de renvoi à identifier l'éventuel rôle de la succursale dans la commission des comportements anticoncurrentiels, en examinant notamment si ses activités exercées ont consisté en des actes effectifs de proposition et d'application des prix prédateurs et si cette participation à l'abus de position dominante a été suffisamment significative pour être considérée comme présentant un lien étroit avec le litige.

A. Lacresse
Concurrences N° 4-2018, Art. N° 88226, p. 166

CJUE, 24 oct. 2018, Apple Sales International e. a., C-595/17

La Cour de justice de l'Union européenne admet l'application d'une clause attributive de juridiction aux différends nés d'une infraction à l'article 102 TFUE même s'ils ne sont pas spécialement visés par la clause.

En l'espèce, en 2002, un fournisseur avait conclu un contrat de revendeur agréé par lequel son partenaire s'engageait à distribuer ses produits de manière quasi exclusive. Cet accord comportait une clause attributive de juridiction « générale » au profit des juridictions irlandaises.

En 2012, le distributeur a assigné les entités américaine et française du fournisseur devant le Tribunal de commerce de Paris (France), au titre d'une action en responsabilité du fait d'actes de concurrence déloyale et d'un abus de position dominante, sur le fondement notamment de l'article 102 TFUE. Ce tribunal a néanmoins fait droit à l'exception d'incompétence soulevée par le défendeur en raison de l'existence de la clause attributive de juridiction.

Le juge d'appel ayant confirmé cette décision, la Cour de cassation a, dans un premier temps, été saisie par le distributeur et elle a annulé cet arrêt. Selon la Haute juridiction, le juge d'appel aurait violé l'article 23 du règlement n° 44/2001, tel qu'interprété par le juge de l'Union (CJUE, 21 mai 2015, CDC Hydrogen Peroxide, C-352/13, EU:C:2015:335 ; cette chronique, *Concurrences* N° 3-2015, p. 145), alors que la clause en question ne se référait pas aux différends relatifs à la responsabilité encourue du fait d'une infraction au droit de la concurrence.

Le second juge d'appel saisi du renvoi ayant adopté la position de la Cour de cassation, celle-ci fût à nouveau saisie d'un pourvoi formé, cette fois-ci, par le fournisseur. Informée d'un arrêt rendu par la juridiction suprême d'un autre État membre au sujet de la même clause attributive de juridiction, concluant à la compétence des juridictions irlandaises dans un cas similaire, la Cour de cassation a alors décidé de surseoir à statuer et de saisir la Cour de justice de trois questions.

L'application d'une clause attributive de juridiction n'est pas exclue au seul motif qu'elle ne se réfère pas expressément aux différends relatifs à une infraction sur le fondement de l'article 102 TFUE

Les deux premières questions, que la Cour choisit de traiter ensemble, portait sur l'interprétation de l'article 23 du règlement n° 44/2001. Il s'agissait de savoir si l'application de la clause attributive de juridiction, à l'égard d'une action en dommages et intérêts intentée par un distributeur à l'encontre de son fournisseur sur le fondement de l'article 102 TFUE, est exclue lorsque le contrat ne se réfère pas expressément à un tel différend.

S'il appartient en principe au juge national de déterminer les différends qui relèvent du champ d'application d'une clause attributive de juridiction, la Cour rappelle d'emblée qu'une telle clause ne peut concerner que des différends, nés ou à naître, qui trouvent leur origine dans le contrat à l'occasion duquel cette clause a été convenue (CJUE, CDC Hydrogen Peroxide, précité, point 68).

Dans l'affaire CDC Hydrogen Peroxide (précitée), la Cour a considéré qu'une clause qui se réfère de manière abstraite aux différends surgissant dans les rapports contractuels ne couvre pas l'action par laquelle la responsabilité délictuelle d'un cocontractant est recherchée en raison du fait qu'il a adopté un comportement conforme à une entente illicite mise en œuvre par son cocontractant. En d'autres termes, dans le cas où des dommages et intérêts sont réclamés en justice en raison d'une infraction à l'article 101 TFUE, la prise en compte d'une clause attributive de juridiction est conditionnée à la référence dans celle-ci aux différends relatifs à la responsabilité encourue du fait d'une infraction au droit de la concurrence (point 72 de l'arrêt CDC Hydrogen Peroxide, précité).

Or, en l'occurrence, la clause en question ne faisait pas référence à un tel différend. La Cour aurait alors pu relever que le comportement anticoncurrentiel allégué apparaissait étranger au contrat dans lequel cette clause était insérée. La Cour constate d'ailleurs qu'une infraction à l'article 101 TFUE n'est en principe pas directement liée à la relation contractuelle entre un participant à l'entente et un tiers.

Or, tel n'est précisément pas le cas des comportements anticoncurrentiels visés à l'article 102 TFUE. La Cour observe qu'ils peuvent se matérialiser dans les relations contractuelles qu'une entreprise en situation de position dominante noue avec ses partenaires et au moyen des conditions contractuelles.

Dans un tel cas, comme en l'espèce, la Cour estime que la prise en compte d'une clause attributive de juridiction faisant référence à un contrat et aux relations découlant de ce contrat entre les parties ne saurait être considérée comme surprenant l'une des parties.

En conséquence, la Cour juge que l'application de cette clause n'est pas exclue au seul motif qu'elle ne se réfère pas expressément aux différends relatifs à la responsabilité encourue du fait d'une infraction au droit de la concurrence sur le fondement de l'article 102 TFUE.

C'est au juge de renvoi, chargé d'interpréter de la clause en question, qu'il revient désormais d'apprécier si le litige au principal, au-delà simplement de se fonder sur l'article 102 TFUE, trouve effectivement son origine dans le contrat à l'occasion duquel cette clause a été convenue.

L'application d'une clause attributive de juridiction à une action en dommages et intérêts en raison d'une violation des règles de concurrence ne dépend pas du constat préalable de cette infraction par une autorité de concurrence

Quant à la troisième question, il s'agissait de savoir si l'article 23 du règlement n° 44/2001 exige, pour l'application de la clause attributive de juridiction en question, de constater préalablement une infraction au droit de la concurrence par une autorité nationale ou européenne.

Toutefois, la Cour souligne que l'existence d'un tel constat ne peut pas conditionner l'application d'une clause attributive de juridiction à une action en dommages et intérêts en raison d'une violation des règles de concurrence.

En outre, cela se heurterait à l'objectif de prévisibilité qui inspire cette disposition, ainsi qu'à la jurisprudence Manfredi selon laquelle toute personne s'estimant lésée par une infraction aux règles du droit de la concurrence a le droit de demander réparation du préjudice subi, indépendamment du constat préalable d'une telle infraction par une autorité de la concurrence (CJUE, 13 juill. 2006, Manfredi e. a., C-295/04 à C-298/04, EU:C:2006:461, point 60).

A. Lacresse
Concurrences N° 1-2019, Art. N° 89318, p. 168

CJUE, 29 juill. 2019, Tibor Trans, C-451/18

La Cour de justice de l'Union européenne reconnaît à la victime indirecte d'une entente le droit de saisir les juridictions de son domicile même en l'absence de relations contractuelles avec l'entreprise défenderesse.

À chaque demande en réparation sa spécificité. Ici, l'absence de lien contractuel direct entre l'entreprise victime et l'entreprise défenderesse permet, à nouveau, à la Cour de justice de l'Union européenne de se pencher sur la notion du « lieu où le fait dommageable s'est produit ou risque de se produire » contenue dans le règlement n° 1215/2012, autrement connu comme le règlement Bruxelles I bis. La Cour poursuit ainsi son œuvre en faveur des actions privées en dommages et intérêts, et l'arrêt sous chronique s'inscrit dans le prolongement des arrêts *CDC* et *flyLAL*, notamment (CJUE, 21 mai 2015,

Cartel Damage Claims (CDC) Hydrogen Peroxide, C-352/13 ; cette chronique, A. Lacresse, *Concurrences* N° 3-2015, Art. N° 75100, pp. 145-146 ; CJUE, 5 juill. 2018, flyLAL-Lithuanian Airlines, C-27/17 ; cette chronique, A. Lacresse, *Concurrences* N° 4-2018, Art. N° 88226, pp. 166-168).

Pour mémoire, en 2016, la Commission européenne a sanctionné plusieurs entreprises pour leur participation au cartel dit « des camions ». L'entente a consisté notamment en des arrangements collusoires sur la fixation des prix et l'augmentation des prix bruts des camions (Comm. eur., déc. 19 juill. 2016, Camions, AT.39824, *JOUE* 2017, C 108, p. 6).

Une entreprise hongroise, s'estimant victime de ce cartel, a alors introduit une action devant les juridictions du lieu de son siège social, en Hongrie, aux fins d'obtenir réparation du préjudice subi résultant du fait qu'elle avait acquis des camions à un prix faussé par l'entente.

Fait important, cette victime n'avait aucun lien contractuel direct avec l'entreprise de droit néerlandais ayant participé à l'entente et contre laquelle elle a choisi d'engager son action. En tant qu'utilisateur final des camions, l'entreprise victime ne pouvait acheter directement des camions auprès des producteurs. Elle était obligée de s'approvisionner auprès de concessionnaires établis en Hongrie, qui lui faisaient bénéficier d'un financement par crédit-bail.

Le lieu de matérialisation du dommage se situe dans l'État membre où se trouve la victime d'une pratique unique et continue et où elle a effectivement subi la conséquence des pratiques

La demanderesse au principal justifiait la compétence des juridictions hongroises par référence à la jurisprudence CDC (précitée), de sorte que lorsque des défendeurs établis dans différents États membres se voient réclamer en justice des dommages et intérêts en raison d'une infraction unique et continue à laquelle ils ont participé dans plusieurs États membres à des dates et des endroits différents, chacune des prétendues victimes peut saisir la juridiction du lieu de son propre siège social.

En réponse, l'entreprise défenderesse soutenait que la jurisprudence précitée n'était pas applicable au cas d'espèce, que les réunions collusoires ayant eu lieu en Allemagne les juridictions allemandes étaient compétentes, d'une part, et que, n'ayant jamais établi un rapport contractuel direct avec l'entreprise victime, les juridictions hongroises n'étaient pas compétentes puisque qu'elle ne pouvait pas raisonnablement s'attendre à être attraite devant elles, d'autre part.

Interrogé sur l'interprétation à donner à l'article 7, point 2, du règlement Bruxelles I bis, la Cour rappelle sa jurisprudence constante selon laquelle la notion de « lieu où le fait dommageable s'est produit » vise à la fois le lieu de matérialisation du dommage et celui de l'événement causal, conférant ainsi la possibilité pour le demandeur de saisir l'une ou l'autre de ces juridictions.

Pour déterminer le lieu de la matérialisation du dommage, il convient de distinguer habituellement le dommage initial découlant directement de l'événement causal, qui peut fonder la compétence en application de cette disposition, des conséquences préjudiciables ultérieures qui ne permettent pas de fonder une attribution de compétence sur le fondement de ce critère.

Or, la Cour a jugé itérativement que le « lieu où le fait dommageable s'est produit » ne saurait être interprété comme incluant le lieu où la victime prétend avoir subi un préjudice patrimonial consécutif à un dommage initial survenu et subi par elle dans un autre État (notamment, arrêt *flyLAL-Lithuanian Airlines*, précité, pt 32 et s.) et qu'un dommage qui n'est que la conséquence indirecte d'un préjudice éprouvé par la victime directe en un lieu différent de celui où la victime indirecte a subi le préjudice ne peut fonder la compétences juridictionnelle au titre de ce même article (CJCE, 11 janv. 1990, Dumez France et Tracoba, C-220/88, pts 14 et 22).

En l'espèce, la Cour constate toutefois que des surcoûts payés en raison des prix artificiellement élevés, appliqués aux camions à la suite des arrangements collusoires, constitue un dommage direct et non une simple conséquence financière du dommage qui aurait pu être subi par les acheteurs directs.

L'infraction s'étendant à l'ensemble de l'Espace économique européen, emportant une distorsion de la concurrence au sein de ce marché et notamment de la Hongrie, les juridictions hongroises étaient dès lors compétentes.

Cette interprétation répond, *in fine*, aux objectifs de proximité et de prévisibilité des règles de compétences. Aussi, en réponse à l'argument de la défenderesse au principal, un opérateur économique se livrant à des comportements anticoncurrentiels doit donc s'attendre à être attrait devant les juridictions du lieu où ses comportements ont faussé les règles d'une concurrence saine.

Cette même interprétation satisfait également aux exigences de cohérence prévues au considérant 7 du règlement Rome II (Règl. (CE) n° 864/2007 sur la loi applicable aux obligations non contractuelles, *JOUE* 2007, L 199, p. 40) puisqu'en vertu de son article 6, la loi applicable en cas d'actions en dommages et intérêts en lien avec un acte restreignant la concurrence est celle du pays dans lequel le marché est affecté ou susceptible de l'être. Enfin, la victime ayant agi à l'encontre d'une seule des entreprises impliquées dans l'infraction, auprès de laquelle elle ne s'était pas directement approvisionnée, la Cour souligne qu'une infraction unique et continue au droit de la concurrence emporte la responsabilité solidaire de ses auteurs.

A. Lacresse, B. Monti
Concurrences N° 4-2019, Art. N° 92314, p. 158

CJUE, gde ch., 24 nov. 2020, Wikingerhof, C-59/19

La Cour de justice de l'Union européenne précise les critères permettant à la victime d'un abus de position dominante de poursuivre son cocontractant devant la juridiction du lieu du fait dommageable plutôt que celle du domicile du défendeur.

Le développement des actions en dommages et intérêts pour les infractions au droit de la concurrence continue de susciter des conflits de compétence et de loi applicable. Ces questions relèvent de l'application des règlements de l'Union sur la compétence judiciaire en matière civile et commerciale (règlement n° 1215/2012, « Bruxelles I bis »), sur la loi applicable aux obligations contractuelles (règlement n° 593/2008, « Rome I ») et aux obligations non contractuelles (règlement n° 864/2007, « Rome II »).

Pour les conflits de juridictions, la prévisibilité du système issu du règlement n° 1215/2012 est garantie par sa simplicité. La juridiction compétente est celle du domicile du défendeur. Par exception, dans un souci de proximité et de bonne administration de la justice, la partie demanderesse a également le choix de saisir les juridictions d'autres États membres en matière contractuelle et en matière délictuelle. Dans le premier cas, elle peut s'adresser à la juridiction du lieu d'exécution de l'action qui sert de base à la demande (article 7, point 1 du règlement n° 1215/2012) et, dans le second, à la juridiction du lieu où le fait dommageable s'est produit ou risque de se produire (article 7, point 2). Enfin, les parties peuvent librement déroger à ces règles et désigner contractuellement la juridiction de leur choix (article 25).

Cependant, la mise en œuvre de la dérogation au principe de la compétence du tribunal du domicile du défendeur en matière délictuelle se révèle délicate lorsque, l'action en responsabilité délictuelle est dirigée contre un cocontractant. Invoquer la nature « délictuelle » de l'action suffit-elle à une partie au contrat pour déroger à la compétence de principe ? Depuis l'arrêt du 13 mars 2014, *Brogsitter* (C-548/12, EU:C:2014:148), le critère permettant de répondre est à rechercher dans l'objet de la cause de la demande en réparation : si celle-ci est un manquement aux obligations contractuelle, l'action relève de la matière contractuelle. Tel est le cas lorsque la violation des droits et des obligations du contrat qui lie les parties rend « indispensable » la prise en compte du contrat. Ces deux propositions donnent toutefois lieu à des interprétations divergentes. La première proposition permet d'affirmer qu'une demande délictuelle reste dans l'orbite contractuelle dès lors que le préjudice allégué peut être imputé à la violation d'une obligation contractuelle. La seconde permet de limiter le champ d'attraction de la matière contractuelle aux seules situations dans lesquelles la violation du contrat est la cause exclusive de l'illégalité alléguée, ouvrant ainsi un espace plus vaste au domaine délictuel.

La société Wikingerhof exploite un hôtel en Allemagne. Elle a conclu un contrat avec la société néerlandaise Booking.com pour accéder à cette plateforme de réservations. Wikingerhof a saisi une juridiction allemande aux fins d'obtenir la cessation d'abus de position dominante résultant des itérations successives des conditions contractuelles de Booking.com. Cette dernière s'est opposée à la compétence des juridictions allemandes, faisant valoir que le contrat attribue une compétence exclusive aux tribunaux d'Amsterdam.

La juridiction allemande saisie en première instance a décliné sa compétence. En appel, la juridiction supérieure a estimé que l'action relève de la matière contractuelle et que le lieu d'exécution de l'obligation qui sert de base à la demande est Amsterdam, siège de Booking.com. Dans le cadre d'un pourvoi, le Bundesgerichtshof a saisi la Cour de la question de savoir si l'article 7, point 2, du règlement n° 1215/2012 doit être interprété en ce sens qu'une action de cette nature relève de la matière délictuelle ou quasi délictuelle, de telle sorte que les juridictions allemandes – lieu où le fait dommageable s'est produit – puissent se déclarer compétentes. La juridiction de renvoi estimant que la clause attributive de compétence n'était pas opposable à Wikingerhof, elle n'a pas saisi la Cour de questions relatives à l'interprétation de l'article 25 du règlement n° 1215/2012.

Conformément au principe de l'interprétation autonome, la question de savoir si une action relève de la matière contractuelle ou délictuelle ne dépend pas, aux fins de l'interprétation du règlement n° 1215/2012, des qualifications existantes en droit national.

Ces solutions varient d'un État à l'autre. Ainsi, certains postulent la prévalence du contractuel sur le délictuel, d'autres considèrent les matières contractuelles et délictuelles comme étant alternatives ou mutuellement exclusives, alors que, pour certains, le cumul est possible.

Les actions en responsabilité civiles pour infraction au droit de la concurrence relèvent, en principe, de la matière délictuelle. L'arrêt de la Cour du 21 mai 2015, *CDC Hydrogen Peroxide* (C-352/13, EU:C:2015:335) indiquait déjà, en matière d'actions en réparation du préjudice subi du fait d'une entente, que le préjudice allégué ne trouvait pas sa source dans une violation d'une obligation contractuelle « mais dans la limitation de la liberté contractuelle du fait de l'entente », autrement dit, dans la violation de l'article 101, paragraphe 1, TFUE.

En l'espèce, la Cour, suivant son Avocat général, considère que le rattachement à la matière contractuelle ou délictuelle d'une demande entre parties contractantes dépend de « l'obligation, contractuelle ou délictuelle lui servant de cause ». Si l'interprétation du contrat est « indispensable » pour établir le caractère illicite du comportement reproché, l'action relève de la matière contractuelle, reprenant ainsi le critère issu de l'arrêt *Brogsitter*. En revanche, si le demandeur invoque la violation d'une obligation imposée par la loi, et qu'il n'apparaît pas indispensable d'examiner le contenu du contrat pour apprécier la licéité du comportement reproché, l'action relève de la matière délictuelle.

Pour trancher la question de savoir si Booking.com a commis un abus de position dominante, la Cour estime qu'il n'est pas indispensable d'interpréter le contrat, une telle interprétation étant tout au plus nécessaire afin d'établir la matérialité desdites pratiques. Par conséquent, le fondement de l'action de Wikingerhof est l'obligation légale de s'abstenir de tout abus de position dominante, obligation qui relève de la matière délictuelle. L'interprétation de la Cour conduit ainsi à laisser à Wikingerhof l'option de porter son litige devant les juridictions du domicile de son co-contractant ou devant les juridictions allemandes.

Pour les théoriciens du droit international privé, la solution retenue par la Cour risque de donner lieu à des discussions intenses sur le point de savoir s'il s'agit d'un abandon ou d'une inflexion des critères issues de l'arrêt *Brogsitter*. L'arrêt *Wikingerhof* est sans nul doute un développement positif pour les victimes d'abus de position dominante puisqu'en accordant l'option de saisir le tribunal du lieu du fait dommageable, elles bénéficient de l'avantage de la proximité. Pour les défendeurs à de telles actions, l'arrêt ne portant nullement sur la question de la validité ou de l'interprétation des clauses attributives de compétence, leurs efforts se porteront naturellement vers le renforcement de telles clauses afin d'éviter que leurs co-contractants ne puissent les éluder (sur ce point, voir CJUE, 24 oct. 2018, Apple Sales International e. a., aff. C-595/17, EU:C:2018:854).

P. Cardonnel

Concurrences N° 1-2021, Art. N° 98983, p. 181

CJUE, 15 juill. 2021, RH c/ AB Volvo e. a., C-30/20

La Cour de justice de l'Union européenne juge qu'en l'absence d'une juridiction nationale spécialisée, la juridiction compétente pour connaître des actions en réparation des préjudices anticoncurrentiels est la juridiction dans le ressort de laquelle la demanderesse a acheté les biens ou la juridiction dans le ressort de laquelle se trouve le siège social de celle-ci si les biens ont été achetés en plusieurs lieux.

Les questions soulevées par la compétence des juridictions nationales pour connaître des actions en réparation de pratiques anticoncurrentielles continuent de susciter une jurisprudence abondante, qui tend néanmoins vers davantage de clarification quant au sort des justiciables (voir CJUE, 21 mai 2015, Cartel Damage Claims (CDC) Hydrogen Peroxide, aff. C-352/13, cette chronique, A. Lacresse, *Concurrences* N° 3-2015, Art. N° 75100, pp. 145-146 ; CJUE, 5 juill. 2018, flyLAL-Lithuanian Airlines, aff. C-27/17, cette chronique, A. Lacresse, *Concurrences* N° 4-2018, Art. N° 88226, pp. 166-168 ; CJUE, 29 juill. 2019, Tibor-Trans, aff. C-451/18, EU:C:2019:635, cette chronique, A. Lacresse/ B. Monti, *Concurrences* N° 4-2019, Art. N° 92314, pp. 158-159).

Deux ans après l'arrêt *Tibor-Trans*, qui s'inscrit dans un cadre factuel identique, à savoir le cartel dit « des camions », la Cour de justice de l'Union européenne revient sur la notion de « lieu où le fait dommageable s'est produit ». Plus précisément, dans l'arrêt commenté, il est question de savoir si la règle de compétence prévue à l'article 7, point 2, du règlement Bruxelles I bis, présente ou non un caractère mixte : règle-t-il directement la compétence territoriale interne des juridictions au sein d'un État membre ou concerne-t-il strictement la compétence internationale des juridictions de cet État, en laissant le soin au droit interne de déterminer la juridiction territorialement compétente ?

Dans l'affaire au principal, l'entreprise victime des pratiques, domiciliée à Cordoue (Espagne) et ayant fait l'acquisition de véhicules uniquement dans cette ville, a pourtant choisi d'introduire une action en réparation du préjudice subi devant le tribunal de commerce de Madrid, lieu du siège social de la partie défenderesse, désignée auteure des pratiques par décision de Commission.

Pour mémoire, l'on rappellera que le cartel dit « des camions » a consisté notamment en des arrangements collusoires sur la fixation des prix et l'augmentation des prix bruts des camions. La Commission a considéré que ce cartel s'étendait à l'ensemble de l'Espace économique européen (Com. eur., 19 juill. 2016, Camions, AT.39824, *JOUE* 2017, C 108, p. 6).

La détermination de la juridiction compétente au sein de l'État membre, en l'absence de juridiction spécialisée

Dans un premier temps, la Cour rappelle que la notion de « lieu où le fait est dommageable s'est produit » désigne à fois (i) le lieu de matérialisation du dommage, et (ii) le lieu de l'événement causal à l'origine du dommage. Partant le demandeur peut saisir le tribunal de l'un ou de l'autre de ces lieux.

En l'espèce, suivant le courant jurisprudentiel qui le fixe ce lieu par référence au marché affecté par les pratiques anticoncurrentielles (ou le marché susceptible de l'être), la Cour relève dans un premier temps que le lieu de matérialisation du dommage se trouve dans l'EEE, dont l'Espagne fait partie.

Dans un second temps, la Cour juge que l'article 7, point 2, du règlement Bruxelles I bis attribue « directement et immédiatement » tant la compétence internationale que la compétence territoriale à la juridiction du lieu où est survenu le dommage. Par conséquent, les critères d'attribution de compétence établis par les États membres doivent être conformes à cette disposition, ce qui est corroboré par le rapport *Jenard* relatif à la Convention de Bruxelles (rapport sur la convention du 27 septembre 1968 concernant la compétence judiciaire et l'exécution des décisions en matière civile et commerciale, *JO* 1979, C 59, p. 1).

En revanche, cette exigence de conformité ne fait pas obstacle à ce que les États membres, dotés d'une compétence organisationnelle propre, délimitent le ressort des juridictions compétentes. En particulier, ils sont libres de confier à une juridiction spécialisée (ou plusieurs comme c'est le cas de la France, *cf.* C. com., art. L. 420-7, R. 420-3 et R. 420-4) le soin de traiter du contentieux de la réparation des dommages causés par des pratiques anticoncurrentielles, surtout lorsque les règles applicables à ces actions revêtent une certaine complexité technique.

En l'absence de juridiction spécialisée, la Cour distingue deux hypothèses :

- soit les biens objets des pratiques anticoncurrentielles ont été acquis dans le ressort d'une seule juridiction et celle-ci est alors compétente. Ici, la Cour opère un rapprochement avec l'arrêt *Verein für Konsumenteninformation* dans lequel elle avait décidé que le préjudice subi par l'acquéreur final, qui n'est ni indirect, ni purement patrimonial, se matérialise lors de l'acquisition du véhicule en cause auprès d'un tiers (CJUE, 9 juillet 2020, Verein für Konsumenteninformation C-343/19) ;
- soit les biens ont été acquis à plusieurs endroits différents et la juridiction compétente est alors celle du lieu où la demanderesse, c'est-à-dire la victime des pratiques anticoncurrentielles, a son siège social, ce qui est conforme à l'objectif de proximité visé par le règlement Bruxelles I bis et dans la continuité de l'arrêt précité « *CDC* ».

A. Lacresse, B. Monti

Concurrences N° 4-2021, Art. N° 103483, p. 141

2.2.2 Règles de compétence interne

T. confl., 16 nov. 2015, Région Île-de-France c/ M. N. e. a., n° 4035

Le Tribunal des conflits affirme la compétence du juge administratif pour connaître des actions en responsabilité engagées par une personne publique contre les auteurs d'une entente ayant faussé l'attribution de marchés publics.

Par une décision en date du 16 novembre 2015, le Tribunal des conflits a eu à se prononcer sur l'ordre juridictionnel compétent pour connaître des actions en réparation engagées par une personne publique à l'encontre des auteurs d'une entente de répartition de marchés de travaux publics.

Historique de l'affaire

Dans cette affaire, dont les faits remontent à plus de vingt ans, on se souvient que le juge pénal (Tribunal correctionnel de Paris, jugement du 26 octobre 2005, Ministère Public c/ Giraud, Nicol, Donzel et autres) puis le Conseil (devenu Autorité) de la concurrence (déc. n° 07-D-15 du 9 mai 2007 relative à des pratiques mises en œuvre dans les marchés publics relatifs aux lycées d'Île-de-France) ont condamné les auteurs d'une entente portant sur la répartition de 88 marchés de travaux passés par la région Île-de-France pour la construction et la rénovation de lycées franciliens.

Afin d'obtenir réparation de son préjudice, la région Île-de-France avait, dans un premier temps, assigné les entreprises contrevenantes devant le juge des référés du Tribunal de grande instance de Paris (octobre 2008), mais s'était vue déboutée de sa demande de provision (15 janvier 2009).

La région Île-de-France avait alors assigné les entreprises en cause au fond devant le Tribunal de grande instance de Paris (février 2010), lequel l'avait également déboutée de l'ensemble de ses demandes en considérant que son action était prescrite (jugement du 17 décembre 2013).

À la suite de l'appel interjeté par la région Île-de-France contre cette dernière décision, le procureur général a transmis à la Cour d'appel de Paris, à la demande du préfet de Paris, un déclinatoire de compétence faisant valoir la compétence du juge administratif.

La Cour d'appel de Paris a rejeté le déclinatoire de compétence et s'est déclarée compétente pour connaître du litige (arrêt 24 juin 2015), au motif notamment que l'action en réparation du dommage concurrentiel engagée l'était sur le fondement de l'article 1382 du Code civil, et que cette action délictuelle ne se fondait donc pas sur le contrat administratif (qui avait été conclu dans la suite de ces pratiques).

C'est à la suite de cet arrêt que le préfet de Paris a élevé le conflit par un arrêté en date du 8 juillet 2015 afin que le Tribunal des conflits se prononce sur l'ordre de juridiction compétent pour connaître des actions en responsabilité engagées par une personne publique à l'encontre des auteurs d'une entente commise à l'occasion de la procédure de passation d'un marché public.

Sur la régularité de la procédure de conflit

Le Tribunal des conflits a affirmé que l'arrêté par lequel le préfet de Paris a élevé le conflit n'est pas entaché d'irrégularité pour les raisons suivantes.

Tout d'abord, après avoir précisé que la présente procédure de conflit était soumise aux dispositions applicables avant la loi du 16 février 2015 et le décret du 27 février 2015, le Tribunal des conflits a décidé que le fait que l'arrêté de conflit ne mentionnait que les anciennes dispositions, qui avaient été modifiées par la loi et le décret de 2015 précités, était sans influence sur la régularité de la procédure.

En outre, le Tribunal des conflits a décidé que le fait que l'arrêté de conflit, le déclinatoire de compétence et les autres pièces du dossier aient été transmis conformément aux nouvelles dispositions non applicables en l'espèce par le greffe de la Cour d'appel de Paris et non par le garde des sceaux comme les anciens textes le prévoyaient n'est pas non plus de nature à entacher d'irrégularité la procédure de conflit.

Enfin, le Tribunal des conflits confirme la possibilité d'élever le conflit en cours d'appel, et ce dès lors que l'arrêt de la Cour d'appel de Paris du 27 février 2007 n'a pas tranché le même litige, faute d'identité de parties et d'objet.

Le Tribunal des conflits retient une conception large de la compétence du juge administratif pour connaître des recours indemnitaires

Le Tribunal des conflits a considéré que les litiges portants sur la responsabilité de personnes auxquelles sont imputés « des comportements susceptibles d'avoir altéré les stipulations d'un contrat administratif, notamment ses clauses financières, dont la connaissance relève de la juridiction administrative, et d'avoir ainsi causé un préjudice à la personne publique qui a conclu ce contrat relèvent de la compétence de la juridiction administrative ».

Selon le Tribunal, « le présent litige a pour objet l'engagement de la responsabilité des sociétés et de leurs préposés en raison d'agissements susceptibles d'avoir conduit la région Île-de-France à passer des marchés publics à des conditions de prix désavantageuses et tend à la réparation du préjudice qui résulterait de la différence entre les termes des marchés publics effectivement conclus et ceux auxquels ils auraient dus l'être dans des conditions normales de concurrence ». En conséquence, le Tribunal des conflits a jugé que le juge administratif était compétent pour connaître ce litige.

Il est ainsi affirmé que le juge administratif est seul compétent pour connaître de tels litiges nés à l'occasion de la procédure de passation de marchés publics, et ce que la responsabilité contractuelle ou délictuelle des auteurs du dommage soit engagée. Le Tribunal des conflits retient une approche large de la compétence des juridictions administratives dans la mesure où n'était pas en cause ni la procédure de marche public au sens strict ni l'exécution du contrat.

Par conséquent, le Tribunal des conflits déclare nulle et non avenue toute la procédure engagée par la région Île-de-France devant l'ordre judiciaire. Cette procédure pourrait reprendre devant le juge administratif.

C. Lemaire, S. Chikh

Concurrences N° 2-2016, Art. N° 79494, p. 178

Voir aussi, sur les origines de l'affaire

CA, 24 juin 2015, Région Île-de-France, RG n° 14/01570

C. Lemaire, S. Naudin, Compétence : La Cour d'appel de Paris affirme la compétence du juge judiciaire pour statuer sur une action en responsabilité contre les auteurs d'une entente ayant faussé l'attribution de marchés de travaux publics (Région Île-de-France), 24 juin 2015, Concurrences N° 4-2015, Art. N° 76383, pp. 184-185.

2.3 ACTION EN RÉPARATION

2.3.1 Principe et étendue du droit

CJCE, 13 juill. 2006, 2 arrêts, Manfredi e. a., aff. jtes C-295/04 à C-298/04

La Cour de justice des Communautés européennes évite la question de l'action en réparation d'un préjudice causé par une violation des règles communautaires de concurrence.

L'arrêt devant conduire la Cour de justice des Communautés européennes à se pencher sur la question de l'action en réparation d'un préjudice causé par une violation des règles communautaires de concurrence, dans le prolongement de l'arrêt *Courage* (CJCE, 20 sept. 2001, Courage et Crehan, aff. C-453/99, Rec. p. I-6297), était attendu.

Il décevra sans doute, tant il semble préoccupé de ne pas préempter le débat en cours à ce sujet et tant il se montre soucieux, à cette fin, de s'en tenir aux trois principes de l'autonomie procédurale, de l'équivalence et de l'effectivité, qui constituent à ce jour le dogme du juge communautaire dans la plupart des domaines touchant au droit procédural. La formule rituelle « [e]n l'absence de réglementation communautaire en la matière » revient ainsi, telle une litanie, plus de quinze fois dans un arrêt de vingt pages et sa réitération, dans la plupart des points du dispositif, prend l'allure d'une prière faite aux pouvoirs exécutif et législatif de combler au plus vite le vide inquiétant dont souffre actuellement le droit communautaire de la responsabilité anticoncurrentielle.

Toutefois, la retenue, bien naturelle après tout, dont fait preuve le pouvoir judiciaire n'est pas absolue et l'une des réponses discrètement apportées par la Cour de justice sera sans doute lue avec attention de l'autre côté des Alpes, où l'on reprochera peut-être au juge de paix de Bitonto d'avoir attiré l'œil du juge de Luxembourg sur le système d'application alternative des règles communautaires et nationales de concurrence prévu par la loi italienne de 1990 relative à la protection de la concurrence et du marché.

Mais revenons, avant d'évoquer ce point, sur le contenu de l'affaire Manfredi et sur les différents aspects de l'action en réparation à propos desquels il était demandé à la Cour de justice de dire le droit.

L'affaire Manfredi

Les litiges ayant conduit le juge de paix italien à solliciter la Cour de justice avaient pour objet des actions en réparation du préjudice causé par une entente ayant conduit des compagnies italiennes d'assurances à s'échanger des informations en vue d'organiser une hausse coordonnée du montant de la prime d'assurance responsabilité civile obligatoire relative aux sinistres causés par des véhicules automobiles, entre 1994 et 1999 (arrêt *Manfredi*, point 2). Au terme d'une vaste enquête, l'autorité italienne de la concurrence avait déclaré cette entente contraire à l'article 2 de la loi n° 287, du 10 oct. 1990, relative aux règles pour la protection de la concurrence et du marché, disposition analogue à l'article 81 du traité CE (arrêt *Manfredi*, points 3 à 5 et 7 à 11). Plusieurs assurés avaient alors intenté une action en réparation devant le juge national.

Ce dernier se trouvait devant un cas de figure relativement simple, puisque le service sur lequel avait porté l'entente était directement offert au consommateur final, que le montant du préjudice subi par ce dernier était aisément déterminable, dans la mesure où il correspondait essentiellement à la majoration de prime imputable à l'entente (soit une hausse d'environ 20 % selon l'autorité italienne de la concurrence) et que le lien de causalité était à première vue établi (arrêt *Manfredi*, points 13 et 14).

La difficulté se situait donc ailleurs : la loi italienne conférant la compétence pour connaître d'une action en réparation du préjudice concurrentiel causé par une violation du droit italien de la concurrence aux cours d'appel, et l'autorité italienne de la concurrence ayant uniquement retenu que l'entente en cause violait le droit italien de la concurrence, le juge de paix ne pouvait être compétent qu'à condition que cette entente puisse être considérée comme violant également l'art. 81 du traité CE. Par ses cinq questions, le juge de paix demandait donc à la Cour de justice de lui apporter des précisions sur l'applicabilité de l'art. 81 du traité CE et, le cas échéant, sur sa compétence pour connaître des actions en réparation, sur l'existence du droit à réparation, sur la prescription de ce droit et sur les modalités de réparation possibles.

Le régime de l'action en réparation

Les indications fournies par la Cour de justice à propos des quatre derniers points présentent un intérêt tout relatif.

S'agissant en premier lieu du droit à réparation, la Cour de justice rappelle ce qui résulte déjà de son arrêt *Courage*, à savoir que l'art. 81, § 2, du traité CE prévoit la nullité absolue des ententes, que cette nullité s'impose dès lors que les conditions d'application de l'art. 81, § 1, dudit traité sont réunies et que celles de l'art. 81, § 3, du même traité font défaut, et que ces dispositions engendrent directement des droits qu'il incombe au juge national de sauvegarder, éléments dont il résulte que les titulaires de ces droits peuvent se prévaloir en justice de la violation de l'art. 81 du traité CE, notamment en demandant la réparation du dommage que leur a causé une telle violation, suivant les modalités prévues par le droit national, à condition que ces dernières respectent les principes d'équivalence et d'effectivité (arrêt *Manfredi*, points 56 à 64, et la jurisprudence citée).

S'agissant en deuxième lieu de la prescription du droit en réparation, la Cour de justice estime, de manière attendue, que la prescription est acquise dans les conditions prévues par le droit national, sous réserve des principes d'équivalence et d'effectivité, et qu'il est possible que ces derniers soient méconnus lorsque le délai de prescription court, comme c'est le cas en l'occurrence, à compter de la conclusion de l'entente, en particulier si ce délai est bref et ne peut pas être suspendu (arrêt *Manfredi*, points 77 à 82).

S'agissant en troisième lieu des modalités de réparation, la Cour de justice fournit une réponse minimaliste. Elle s'en tient en effet à exposer que la réparation du dommage anticoncurrentiel, qui contribue au plein effet de l'art. 81 du traité CE, peut se faire selon les critères prévus par le droit national, sous réserve de nouveau des principes d'équivalence et d'effectivité (arrêt *Manfredi*, points 89 à 91), et à ajouter que, si le droit communautaire ne s'oppose pas à l'attribution de dommages ayant un caractère punitif et non seulement réparateur (arrêt *Manfredi*, points 92 à 93), il ne l'impose pas pour autant (arrêt *Manfredi*, point 94)...

S'agissant en dernier lieu du point de savoir si le fait d'attribuer la compétence pour juger les actions en réparation du préjudice anticoncurrentiel aux cours d'appel plutôt qu'aux juges de paix, comme c'est semble-t-il le cas en droit commun, est conforme ou non au droit communautaire, la Cour de justice ne s'étend pas, puisqu'elle ne se pose qu'à condition que cette compétence couvre à la fois les actions fondées sur le droit communautaire et celles fondées sur le droit italien, qui nécessite d'interpréter l'article 33 de la loi de 1990 et n'est donc pas du ressort du juge communautaire (arrêt *Manfredi*, points 6 et 70 à 72). Si le juge de paix veut étendre sa compétence aux dépens des cours d'appel, il lui faudra donc tenter l'aventure sans avoir été préalablement béni par la Cour de justice.

Le système italien d'application alternative des règles de concurrence

C'est finalement sur le premier point soulevé par le juge de Bitonto, qui n'intéresse pas directement l'action en réparation, que le juge de Luxembourg se montre le plus disert.

L'important n'est pas, à cet égard, que la Cour de justice rappelle que le droit communautaire de la concurrence ne s'applique qu'aux ententes susceptibles d'affecter le commerce entre États membres (arrêt *Manfredi*, points 40 à 46), ni que l'entente en cause en l'espèce semble remplir cette condition (arrêt *Manfredi*, points 47 à 51).

Il tient, en effet, au fait que, dès lors que leurs conditions d'application respectives sont réunies, les règles communautaires et les règles nationales de la concurrence s'appliquent parallèlement (arrêt *Manfredi*, point 38), que l'art. 81 du traité CE constitue une disposition d'ordre public devant être appliquée d'office par le juge national (arrêt *Manfredi*, point 31) et que la primauté du droit communautaire exige de laisser inappliquée toute disposition nationale qui s'y opposerait (arrêt *Manfredi*, point 39), éléments déjà connus mais dont la conjonction semble, ici, avoir pour résultat implicite et inédit que le droit italien est incompatible avec le droit communautaire en ce qu'il prévoit l'application alternative des règles communautaires et italiennes de la concurrence (arrêt *Manfredi*, point 25) et, en l'espèce, que le juge de Bitonto est en droit d'accorder une réparation au titre du dommage causé par la violation de l'art. 81 du traité CE (arrêt *Manfredi*, point 52) alors même que la décision adoptée par l'autorité italienne de la concurrence n'est fondée que sur l'art. 2 de la loi italienne de 1990... Affaire à suivre par l'épisode d'un recours en manquement ?

F. Zivy
Concurrences N° 4-2006, Art. N° 12494, p. 118

CJUE, gde ch., 6 nov. 2012, Europese Gemeenschap c/ Otis e. a., C-199/01

La Cour de Justice de l'Union européenne reconnaît à l'Union le droit de demander et d'obtenir la réparation du préjudice qu'elle a subi en raison d'une entente.

En matière de « *private enforcement* », la Communauté européenne, personne morale, et l'Union européenne qui lui a succédé (ci-après l'Union), sont-elles des requérantes comme les autres devant les juridictions nationales ? C'est tout l'enjeu de cette affaire et des questions préjudicielles soumises à la Cour par la juridiction belge de renvoi.

En février 2007, la Commission a sanctionné un cartel d'ascensoristes (déc. Com., 21 févr. 2007, aff. COMP/E-1/38.823). Elle a considéré que ceux-ci s'étaient répartis les appels d'offres et d'autres contrats en Allemagne et dans les pays du Benelux, en vue du partage des marchés et de la fixation des prix. Cette décision a donné lieu à plusieurs recours en annulation devant le Tribunal, puis à des pourvois devant la Cour, dont certains étaient encore pendants au jour du prononcé du présent arrêt.

L'Union avait elle-même été victime de ces pratiques. Plusieurs de ses institutions ou organes avaient conclu avec les entreprises sanctionnées des marchés d'installation, d'entretien ou de rénovation d'ascenseurs et d'escaliers mécaniques dans certains de leurs bâtiments. Aussi, en juin 2008, la Commission a décidé d'introduire une action devant le Tribunal de commerce de Bruxelles et de demander plus de 7 millions d'euros au titre du préjudice subi par l'Union en raison des pratiques établies dans sa décision du 21 février 2007.

Les entreprises en question ont alors, d'une part, contesté l'existence d'un mandat général donnant à la Commission la capacité à agir en tant que représentante de l'Union et, d'autre part, invoqué une violation des principes d'indépendance du juge et d'égalité des armes, dans la mesure où, par l'application de l'article 16 du règlement n° 1/2003, la décision de la Commission est contraignante pour la juridiction de renvoi en ce qu'elle lui impose d'admettre l'existence d'une entente.

Sur la capacité de la Commission à représenter l'Union européenne

La première question soumise par la juridiction de renvoi visait à déterminer si la Commission avait la capacité d'ester en justice au nom de la Communauté européenne en l'espèce, alors que les contrats avaient été conclus par d'autres institutions. La juridiction s'interrogeait sur la portée des dispositions de l'article 335 TFUE et du règlement financier n° 1605/2002 (art. 103 et 104) desquelles il découlerait que, pour les questions administratives liées à leur fonctionnement, les institutions concernées représentent l'Union. Selon le juge *a quo*, ces dispositions seraient des dispositions spéciales dérogeant au principe général contenu également à l'article 335 TFUE, selon lequel l'Union est en principe représentée par la Commission.

La Cour relève que la Commission a engagé la procédure avant l'entrée en vigueur du traité de Lisbonne. Or, la rédaction de l'article 335 TFUE, anciennement l'article 282 CE, a été modifiée à cette occasion. En effet, cette dernière disposition ne prévoyait pas, avant le 1er décembre 2009, que la représentation de l'Union était assurée par chacune des institutions, au titre de leur autonomie administrative, pour les questions liées à leur fonctionnement. Il en résulte donc que, à l'époque où la Commission a introduit son action, elle était la seule à disposer de la capacité à représenter la Communauté européenne devant les juridictions des États membres. À tout le moins, les entreprises défenderesses soutenaient que, même sous l'égide des anciennes dispositions du traité, la Commission ne pouvait pas représenter la Communauté. Les dispositions du traité CE et du règlement financier définissant les pouvoirs des institutions en matière d'établissement et d'exécution du budget constituaient déjà des dispositions spéciales préalablement à l'entrée en vigueur du traité de Lisbonne.

La Cour réfute l'argument, au motif que les dispositions en question et l'article 282 CE poursuivent des objectifs distincts, de sorte que les premières ne constituent pas des dispositions spéciales au regard de la seconde.

Puisque le traité de Lisbonne ne contient pas de disposition transitoire en ce qui concerne l'article 335 TFUE, c'est donc l'article 282 CE qui continue de régir, en l'espèce, la question de la représentation de la Communauté européenne devant les juridictions nationales et la Commission pouvait engager une action en réparation au nom de celle-ci.

Sur la capacité de l'Union à demander la réparation de son préjudice causé par une entente

Autrement plus importante est la question de savoir si la Commission, qui constate et sanctionne les infractions aux règles de la concurrence, peut également ester en justice pour obtenir la réparation du préjudice subi par l'Union en raison de cette entente.

Pour répondre à cette question, la Cour procède en deux temps. D'une part, elle se prononce sur le principe même de la faculté pour l'Union de demander la réparation de son préjudice.

La Cour rappelle l'interprétation extensive qu'elle a déjà retenue du droit de se prévaloir d'une violation des règles de la concurrence, en particulier en vue de demander la réparation du dommage causé par un contrat ou un comportement susceptible de restreindre le jeu de la concurrence (CJCE, 20 sept. 2001, Courage et Créhan, C-453/99). En effet, un tel droit, ouvert « à toute personne », renforce le caractère opérationnel des règles de concurrence de l'Union et, dans cette perspective, les actions en dommages-intérêts devant les juridictions nationales sont susceptibles « de contribuer substantiellement au maintien d'une concurrence effective dans l'Union ».

Or, il résulte des dispositions du traité (art. 282 CE, puis art. 335 TFUE) que l'Union dispose, dans chacun des États membres, de la capacité juridique la plus large reconnue aux personnes morales par les législations nationales, dont le droit d'ester en justice. Dans ces conditions, le droit de demander réparation appartient également à l'Union (point 44 de l'arrêt).

D'autre part, la Cour envisage la limitation de ce droit au motif qu'il pourrait contrevenir aux droits fondamentaux des parties défenderesses, tels que garantis notamment par la Charte des droits fondamentaux de l'Union (ci-après la Charte). En effet, il est singulier, au moins en apparence, que la partie requérante établisse elle-même, par une décision constatant une infraction, la réalité du fait dommageable sur lequel repose son action, sans que la juridiction saisie ne puisse remettre en cause ce fait alors qu'il constitue l'un des éléments ouvrant le droit à réparation. C'est le premier aspect abordé par la Cour dans sa réponse. Le second aspect porte sur l'avantage dont disposerait la Commission dans le cadre de cette procédure, en raison des informations confidentielles auxquelles elle a pu avoir accès lors de son enquête de concurrence.

S'agissant du premier aspect, la Cour précise que le droit d'accès à un tribunal, qui découle du principe de protection juridictionnelle effective (art. 47 de la Charte), commande que, pour qu'un tribunal puisse décider d'une contestation sur des droits et obligations découlant du droit de l'Union en conformité avec ce principe, il faut qu'il ait compétence pour examiner « toutes les questions de fait et de droit pertinentes pour le litige dont il se trouve saisi » (point 49 de l'arrêt).

Cependant, elle souligne également que l'article 16 du règlement n° 1/2003, qui codifie sa jurisprudence Masterfood (14 sept. 2000, aff. C-344/98), implique que les juridictions nationales ne peuvent, à l'instar des autorités de concurrence, adopter des décisions qui iraient à l'encontre de la décision de la Commission. Cette impossibilité découle du principe de coopération loyale entre, d'un côté, les juridictions nationales et, de l'autre, la Commission et les juridictions de l'Union. Ces dernières ont seules d'ailleurs la compétence de contrôler la légalité des actes des institutions. Pour la Cour, il s'agit donc d'une expression spécifique de la répartition des compétences au sein de l'Union entre ces différents organes (point 54 de l'arrêt).

Les entreprises défenderesses seraient-elles dès lors privées de leur droit d'accès à un tribunal ? La Cour considère que non et que, en leur offrant la possibilité de soumettre la légalité des décisions de la Commission au contrôle des juridictions de l'Union, le droit de l'Union offre toutes les garanties requises par l'article 47 de la Charte, dans le prolongement de sa jurisprudence Chalkor. Elle écarte à nouveau l'argument selon lequel la marge d'appréciation laissée par le Tribunal et la Cour à la Commission en matière économique serait de nature à amoindrir ces garanties. En effet, le juge ne saurait s'appuyer sur cette marge d'appréciation pour renoncer à exercer un « contrôle approfondi tant de droit que de fait » (8 déc. 2011, Chalkor c/ Commission, aff. C-386/10 P, point 62).

Au demeurant, le fait dommageable n'est qu'un des éléments du droit à réparation et l'existence d'un préjudice et d'un lien de causalité directe entre ce préjudice et l'entente ou la pratique en cause reste soumise à l'appréciation du juge national, et ce « même lorsque la Commission a été amenée à déterminer les effets précis de l'infraction dans sa décision » (points 65 et 66 de l'arrêt). L'application de l'article 16 du règlement n° 1/2003 ne concernerait donc que la constatation de l'infraction et de ses effets « en général », même décrits de façon relativement précise. Il appartient donc toujours au juge national de « déterminer de façon individuelle le préjudice causé à chacune des personnes ayant intenté une action en réparation », sans que cette appréciation puisse être regardée comme étant contraire au principe de coopération loyale.

Concernant le second aspect relatif à la question de l'égalité des armes, la Commission étant susceptible d'avoir accès à des informations confidentielles dont les parties défenderesses ne disposent pas, la Cour relève que, en l'espèce, de telles informations n'ont pas été fournies à la juridiction nationale par la Commission. La Cour semble d'ailleurs gratifier la Commission d'une particulière bonne foi puisqu'il serait, comme en l'espèce, suffisant que cette dernière indique ne s'être appuyée que sur les informations disponibles dans la version non confidentielle de sa décision pour que soit exclue la violation du principe d'égalité des armes. Or, cette motivation ne répond qu'imparfaitement à l'argument des parties défenderesses. La question n'était pas tant de savoir si la Commission a présenté des informations de nature confidentielle au soutien de son action en réparation, puisque dans ce cas ces éléments auraient été soumis aux autres parties dans le cadre d'une procédure contradictoire, mais sur le fait que la Commission aurait pu tirer un avantage de sa connaissance de certains des éléments confidentiels obtenus au cours de son enquête, sans même qu'il soit nécessaire pour elle de les produire devant le juge. Mais, la Cour rejette également cette possibilité puisque la Commission a « l'interdiction, énoncée à l'article 28, paragraphe 1, du règlement n° 1/2003, d'utiliser les informations recueillies dans le cadre de l'enquête à des fins étrangères à celle-ci » (points 73 à 75 de l'arrêt).

A. Lacresse
Concurrences N° 1-2013, Art. N° 50701, p. 165

CJUE, 5 juin 2014, Kone, C-557/12

La Cour de justice de l'Union européenne considère que les entreprises membres d'un cartel assument également la responsabilité des dommages causés du fait qu'une entreprise non membre du cartel a augmenté ses prix en raison de l'existence de l'entente.

L'effet d'ombrelle consiste, pour une entreprise non membre d'un cartel et concurrente des cartellistes, à augmenter ses propres prix considérant l'augmentation des prix sur le marché du fait de l'existence de l'entente et de le porter à un niveau supérieur à celui qui aurait été constaté en l'absence de l'entente.

Le cartel des ascensoristes (déc. Com., 21 févr. 2007, aff. COMP/E-1/38.823) avait déjà donné lieu à un arrêt largement commenté au sujet de la possibilité pour la Commission de demander réparation du préjudice subi par elle-même, en tant que victime du cartel, tout en étant l'auteur de la décision ayant sanctionné ce cartel (CJUE, 6 novembre 2012, Europese Gemeenschap c/ Otis e. a., aff. C-199/11).

À l'occasion de la présente affaire, une juridiction nationale avait saisi la Cour car elle-même était appelée à statuer dans le cadre d'un litige opposant les membres du cartel en question à une entreprise se disant victime du cartel du fait que l'un de ses fournisseurs, concurrent des cartellistes, avait pratiqué des prix plus élevés à son égard que ceux qu'il aurait pratiqué si l'entente n'avait pas eu lieu.

Toute personne a droit à demander réparation de tout dommage résultant de l'entente

S'il ne s'était agi du droit autrichien, lequel exclu de manière catégorique et pour des motifs juridiques, qui tiennent à l'appréciation du lien de causalité en matière de responsabilité non contractuelle, que des membres d'un cartel répondent du dommage causé dans ce cas, l'arrêt sous chronique pourrait être vu comme étant de facture assez classique.

En effet, il est l'occasion pour la Cour de rappeler certains principes issus de sa jurisprudence, désormais bien établie, relative à la portée et à la pleine efficacité de l'article 101 TFUE.

Pourvu d'effet direct, cet article fonde le droit de toute personne à demander réparation du dommage que lui aurait causé un comportement susceptible de restreindre ou de fausser le jeu de la concurrence, à la condition qu'il existe un lien de causalité entre ce préjudice et une entente ou une pratique interdite par l'article 101 TFUE (arrêts *Courage* et *Crehan*, aff. C-453/99, Manfredi e. a., aff. C-295/04 à C-298/04, Otis e. a., précité).

La Cour y voit un moyen de renforcer le caractère opérationnel des règles de concurrence de l'Union et un élément de nature à décourager les accords ou pratiques, souvent dissimulés, susceptibles de porter atteinte à la concurrence.

Bien sûr, les États membres jouissent de l'autonomie procédurale et il leur appartient de régler les modalités d'exercice de ce droit, « y compris celles de l'application de la notion de "lien de causalité" », selon les termes de l'arrêt. Mais, c'est à la condition de respecter les principes d'équivalence et d'effectivité, de sorte notamment que les règles applicables à un tel recours en responsabilité devant les juridictions nationales ne doivent pas rendre pratiquement impossible ou excessivement difficile l'exercice des droits conférés par l'ordre juridique de l'Union (arrêts précités *Courage* et *Crehan* et *Manfredi* e. a., ainsi que *Pfleiderer*, C-360/09).

Un effet d'ombrelle par la seule constatation de l'augmentation des prix ?

L'aspect nouveau tient dans les considérations de la Cour aux points 28 à 30 de l'arrêt, selon lesquelles « un phénomène de prix de protection ("*umbrella pricing*") est reconnu comme étant l'une des conséquences possibles d'une entente, dans certaines circonstances » (point 28), que « ne peuvent ignorer les membres de celle-ci » (point 30). Par conséquent, la victime d'un tel prix de protection doit pouvoir obtenir réparation du dommage subi par les membres de l'entente.

Cela paraît logique si l'on considère que la responsabilité des membres du cartel est déjà engagée du fait de leur participation à une entente, sanctionnée par une décision d'une autorité de concurrence qui suffit à caractériser la faute, et que l'effet d'ombrelle n'est qu'un des effets attachés à la pratique en question. Encore faut-il démontrer l'existence d'un tel effet, sans doute au moyen d'une analyse économique ; à moins qu'il soit suffisant de constater l'augmentation des prix pratiqués par l'entreprise étrangère au cartel ?

À cet égard, il apparaît que la Cour tende à considérer que l'entreprise non membre du cartel a probablement pris en compte les prix pratiqués par les membres de l'entente pour pratiquer elle-même des prix plus élevés, dans la mesure où « le prix du marché est l'un des principaux éléments pris en considération par une entreprise lorsqu'elle détermine le prix auquel elle offre ses produits ou ses services » (point 29).

Néanmoins, elle ne semble pas aller jusqu'à présumer le lien entre l'entente et l'augmentation des prix pratiqués par l'entreprise tierce à l'entente, soulignant que « cette décision a pu être prise par référence à un prix du marché faussé par cette entente ». Il se pourrait donc que cette décision ait été prise pour tenir compte d'autres considérations…

A. Lacresse

Concurrences N° 3-2014, Art. N° 68373, p. 161

CJUE, 12 déc. 2019, Otis c/ Land Oberösterreich, C-435/18

La Cour de justice de l'Union européenne déclare le droit à réparation d'un organisme public offrant des prêts subventionnés aux acheteurs des produits concernés par une entente.

Cette affaire est la seconde contribution du cartel des ascenseurs au développement du droit de l'Union de la responsabilité du fait d'actes anticoncurrentiels. En 2014, dans le sillage de la décision de la Commission de 2007 sur le cartel des ascensoristes au Benelux et en Allemagne, la Cour avait validé en son principe la possibilité d'étendre la responsabilité des cartellistes pour les effets dits d'« ombrelle » (arrêt du 5 juin 2014, Kone e. a., C-557/12, EU:C:2014:1317 ; voir A. Lacresse, cette chronique, *Concurrences* N° 3-2014, p. 161).

L'arrêt de la Cour dans l'affaire Otis reconnaît le droit à réparation d'un bailleur de fonds pour le préjudice subi du fait d'une entente, en l'occurrence celle condamnée par l'autorité autrichienne en 2008 sur le marché national des ascenseurs. Pour autant, ce droit à réparation correspond à une situation peu ordinaire. Le bailleur de fonds en question n'était pas présent sur le marché affecté par l'entente, ni comme acheteur, ni comme vendeur. Il s'agissait, non pas d'une banque, mais d'une région. Celle-ci, dans le cadre de sa politique du logement, offrait des prêts à la construction à taux subventionnés. La « théorie du dommage » invoquée consistait à faire valoir qu'en l'absence de l'entente, les coûts de construction ainsi financés auraient été moindres, réduisant d'autant le montant des subventions accordées.

La juridiction saisie en première instance a estimé que ce préjudice était indirect et ne pouvait, en conséquence, donner lieu à réparation. En appel, cette décision a été infirmée au motif que le droit de la concurrence protège les intérêts financiers des personnes qui supportent des coûts supplémentaires nés d'une distorsion des conditions du marché, y compris les organismes publics qui, par leur contribution au secteur de la construction, subissent des pertes en raison du renchérissement des produits affectés par l'entente.

Saisie par les ascensoristes, la Cour suprême d'Autriche s'est trouvée confrontée à une difficulté d'interprétation de l'article 101 TFUE. Selon le droit national, la réparation d'un préjudice matériel au titre de la responsabilité extracontractuelle suppose un lien suffisant entre la finalité de la règle enfreinte et l'atteinte patrimoniale qui en résulte. L'application de cette méthode tendrait à exclure l'indemnisation de la victime collatérale d'un cartel, dont les intérêts ne relèvent pas de ceux protégés par l'article 101 TFUE. Si tous les opérateurs du marché affectés par une entente relèvent de cette protection, la Cour suprême doute qu'il en aille de même pour un organisme de droit public dont le rôle se limite à faciliter l'acquisition du produit sous entente en dispensant des subventions à certains acheteurs.

La réponse de la Cour est centrée sur la protection de l'effet utile de la prohibition des ententes prévue à l'article 101, paragraphe 1, TFUE. Se référant à son arrêt *Kone e. a.* (C-557/12), la Cour souligne que le droit de toute personne de demander réparation d'un dommage résultant d'une entente ou d'une pratique collusoire interdite par l'article 101 TFUE renforce le caractère opérationnel des règles de concurrence de l'Union et est de nature à décourager de tels comportements. L'efficacité de l'article 101 TFUE serait gravement compromise si le droit à réparation était réservé aux seuls acheteurs et vendeurs du produit concerné par l'entente.

En conséquence, la Cour écarte toute condition visant à exiger un lien suffisant entre le préjudice allégué et la finalité protectrice de l'article 101 TFUE. Elle estime qu'il n'y a donc pas d'obstacle juridique à la reconnaissance du droit à indemnisation d'une région en tant que dispensateur d'aide sous forme de prêts subventionnés destinés à l'acquisition de biens incluant le produit concerné par l'entente. Encore faut-il que cette région soit en mesure de démontrer avoir subi « concrètement » le manque à gagner allégué, ainsi qu'un lien de causalité entre ce préjudice et l'entente.

En réaffirmant ainsi l'importance du droit à réparation pour garantir l'effet utile de l'article 101 TFUE, cet arrêt ouvre la voie aux « actions privées » d'opérateurs publics autres que ceux présents sur le marché concerné par l'entente. La question qui, à l'avenir, se posera peut-être est de savoir si ce droit à réparation est également applicable à des organismes de crédit du secteur privé offrant des services financiers – des prêts ou des garanties – subventionnés par les autorités publiques.

P. Cardonnel

Concurrences N° 2-2020, Art. N° 94891, p. 157

2.3.2 Application dans le temps de la directive 2014/104

CJUE, 22 juin 2022, Volvo et DAF Trucks, C-267/20

La Cour de justice de l'Union européenne clarifie les conflits dans le temps entre certaines dispositions du droit réformé issu de la directive « dommages » et le droit antérieur tout en précisant les modalités de fixation du point de départ de la prescription dans le droit antérieur.

Jusqu'à présent, les conflits de lois dans le temps et les questions de prescription ont surtout alimenté la chronique judiciaire devant les juridictions nationales – à l'exception notable de l'arrêt *Cogeco* (CJUE, 28 mars 2019, aff. C-637/17). Dans des affaires commentées ici, la Cour d'appel de Paris a, par exemple, été amenée à statuer sur l'applicabilité *ratione temporis* de l'article L. 482-1 du Code de commerce qui transpose l'article 10 sur la prescription et sur celle des articles L. 481-4 et L. 481-7 du même code qui transposent respectivement les articles 13 et 17 relatifs à la preuve de la répercussion des surcoûts et à la preuve du préjudice (v. not. Paris, ch. 5-4, 14 avr. 2021, SASU Johnson & Johnson Santé Beauté France c/ SAS Carrefour France, SAS Carrefour Hypermarché, SAS CSF, RG n° 19/19448 ; Paris, ch. 5-4, 23 juin 2021, SARL Doux Aliments c/ SA Cie Financière et de Participations Roullier et SAS Timab Industries, RG n° 17/04101 ; Paris, ch. 5-4, 24 nov. 2021, SAS Cora et SAS Supermarchés Match c/ SASU Eurial Ultra Frais et al., RG n° 20/04265).

Ce n'est d'ailleurs pas un hasard si le contentieux s'est porté sur ces dispositions. Outre que ce sont à peu près les seules qui paraissent pouvoir changer significativement l'issue d'un procès par rapport au droit antérieur, elles contiennent des règles hybrides, à la fois procédurale et substantielle, dont l'application dans le temps fait l'objet d'hésitations connues.

Cette incertitude n'est en outre pas dissipée par les très insuffisantes dispositions transitoires de l'article 22 de la directive. L'alinéa 1er de cet article, applicable aux seules règles substantielles, rappelle que les États membres doivent respecter le principe de non-rétroactivité. La précision a l'unique mérite d'indiquer que le législateur n'a pas cru bon de déroger au droit commun mais ne règle aucune difficulté. L'alinéa 2 de l'article 22 – particulièrement mal rédigé puisqu'il a déjà fallu que la Cour de justice s'emploie à en clarifier le sens par son arrêt *Cogeco* (préc.) –, pose une légère dérogation au droit commun pour les seules règles procédurales de la directive. Il prévoit que ces règles ne s'appliquent qu'aux procédures introduites à compter du 26 décembre 2014. Il s'agit donc d'une exception à l'application immédiate des lois nouvelles de procédure. D'ordinaire, tout du moins en droit français, ces lois nouvelles peuvent s'appliquer aux procédures en cours, à condition que l'événement auquel est attaché un effet procédural (un acte de procédure, une mesure d'instruction, une cause interruptive ou suspensive d'un délai, etc.) – le « présupposé » de la règle aurait dit le doyen Héron (« Étude structurale de l'application de la loi dans le temps [à partir du droit civil] », RTD civ., 1985, p. 277 et s., spéc. Note 7) – survienne après l'entrée en vigueur de la loi nouvelle. Souvent, cet événement procédural coïncidera avec la date d'introduction de l'instance (ainsi pour les actes introductifs et leur formalisme, l'interruption d'un délai ou les règles de compétence) mais pas toujours. L'alinéa 2 fait donc exception à cette règle en interdisant au juge national d'appliquer les règles procédurales introduites par les textes de transposition aux instances antérieures au 26 décembre 2014, quand bien même l'événement procédural serait postérieur à cette date. À notre connaissance, les raisons de ce choix n'ont pas été explicitées par les travaux préparatoires mais la question n'a qu'un intérêt pratique limité dans la mesure où le flux de procédures antérieures à cette date est logiquement appelé à se tarir.

En revanche, la difficulté reste intacte pour les règles substantielles. Elle est aussi accrue par l'absence de critère clair permettant de distinguer entre les règles qui obéissent à cette qualification et les règles procédurales de la directive. Or, on l'a dit, les dispositions les plus novatrices – celles relatives à la prescription et à la preuve – sont précisément les plus difficiles à qualifier.

Pour ces raisons, cet arrêt était particulièrement attendu, au moins de part et d'autre des Pyrénées. Il est rendu sur le renvoi préjudiciel de l'audiencia provincial de Léon saisie, en appel, par deux constructeurs de camions condamnés en première instance à réparer le préjudice subi par un transporteur pour l'achat de trois camions affectés par le fameux cartel.

Sur les très riches conclusions de l'Avocat général Rantos, la Cour statue successivement sur l'application des articles 10 et 17 de la directive. Si elle apporte d'utiles réponses à certaines difficultés que rencontre la pratique, plusieurs passages de son arrêt laissent perplexe, tout particulièrement ceux relatifs à l'application *ratione temporis* de l'article 10.

Dans les limites, gracieusement élargies par le maître des lieux, du présent commentaire, on essayera de rendre compte des solutions adoptées par la Cour et des doutes qu'elles peuvent faire naître. À cette fin, on suivra le plan de l'arrêt tout en sollicitant l'indulgence du lecteur pour ce manque d'originalité qui aura au moins l'avantage de la simplicité. Après des « observations liminaires » dans lesquelles la Cour livre une sorte de *vade mecum* sur les conflits de lois dans le temps (I), elle statue sur *l'application ratione temporis* du droit réformé de la prescription, précisant, au passage, les modalités de fixation du point de départ de la prescription dans le droit antérieur, (II) puis elle conclut sur *l'application ratione temporis* des nouvelles règles de preuve relatives au préjudice (III).

I. *Vade mecum* de la Cour de justice sur les conflits de lois dans le temps

Par d'inhabituelles « observations liminaires » qui suivent la présentation d'usage des faits et des dispositions applicables, la Cour rappelle les solutions acquises en droit de l'Union pour régler les conflits de lois dans le temps. Elle en livre la synthèse au point 31 : « à la différence des règles de procédure qui sont généralement censées s'appliquer à la date à laquelle elles entrent en vigueur (arrêt du 3 juin 2021, Jumbocarry Trading, C-39/20, EU:C:2021:435, point 28 et jurisprudence citée), les règles de l'Union de droit matériel doivent être interprétées, en vue de garantir le respect des principes de sécurité juridique et de protection de la confiance légitime, comme ne visant des situations acquises antérieurement à leur entrée en vigueur que dans la mesure où il ressort clairement de leurs termes, de leur finalité ou de leur économie qu'un tel effet doit leur être attribué [arrêt du 21 décembre 2021, Skarb Państwa (Couverture de l'assurance automobile), C-428/20, EU:C:2021:1043, point 33 et jurisprudence citée]. »

Cette formulation reprend presque mot pour mot celles d'arrêts antérieurs, non seulement les arrêts *Jumbocarry Trading* et *Assurance automobile* que cite la Cour, mais aussi des arrêts bien plus anciens (p. ex. CJCE, 12 nov. 1981, Salumi et. al., aff. jtes 212 à 217/80,

Rec., p. 2735, points 9 et 10). Si cet exercice de réitération traduit la louable intention de la Cour de stabiliser sa jurisprudence sur une question ardue, la formulation suscite au moins trois interrogations. D'abord, elle semble opposer les règles de procédure qui seraient d'application immédiate « à la différence » des règles substantielles qui ne le seraient pas. Cet énoncé est maladroit car toutes les règles sont évidemment d'application immédiate, sauf dispositions transitoires contraires. Peut-être que la Cour souhaite indiquer que la solution est plus complexe pour les règles substantielles dans la mesure où, précise-telle, celles-ci ne peuvent régir que les situations en cours et point les situations acquises. Ainsi présentée, la solution n'a rien de fantaisiste. Elle est inspirée par la théorie dite « de l'effet immédiat » de Roubier et consacrée en droit français pour la plupart des situations légales, mais aussi pour un nombre croissant de situations contractuelles, chaque fois que le législateur a souhaité écarter le principe de survie de la loi ancienne. Elle est toutefois incomplète car il manque deux précisions : lorsque la loi nouvelle régit les situations en cours, s'applique-t-elle uniquement à ses effets futurs ou aussi à ses effets passés ? Et qu'en est-il des règles substantielles, dont le présupposé est un fait instantané et non pas une situation continue ? On verra plus tard que ces deux omissions seront lourdes de conséquences.

À l'aune de ces solutions, la Cour énonce ensuite la méthode qui doit guider la résolution des conflits de lois par le juge national. Trois précisions paraissent mériter d'être relevées. Premièrement, le juge doit s'attacher à la qualification – substantielle ou procédurale – de la règle (point 38). Deuxièmement, cette qualification est une notion autonome du droit de l'Union qui n'est pas appréciée au regard des droits internes (point 39). Troisièmement, pour appliquer une règle substantielle nouvelle, il doit constater que la situation juridique concernée est toujours en cours à la date d'entrée en vigueur du texte nouveau ou, en cas de transposition tardive, à l'expiration du délai de transposition (points 32 à 37). Si la situation est « acquise », on aura compris qu'il doit appliquer le droit antérieur.

La Cour applique ensuite cette méthode aux règles relatives à la prescription de l'article 10 de la directive. C'est le deuxième temps de sa réponse.

II. L'application *ratione temporis* du droit réformé de la prescription et la méthode de détermination du point de départ de la prescription dans le droit antérieur

La Cour commence par prendre position sur la qualification, autonome donc, des règles de prescription de l'article 10. Elle y voit des règles substantielles et s'en explique en relevant que la prescription éteint l'action en justice et « se rapporte au droit matériel puisqu'[elle] affecte l'exercice d'un droit subjectif dont la personne concernée ne peut plus se prévaloir effectivement en justice » (point 46). Puis, pour savoir si les règles substantielles de l'article 10 s'appliquent, elle s'attache, dans les trente paragraphes suivants (!), à rechercher si la situation est toujours en cours en déterminant le point de départ de la prescription selon le droit espagnol, antérieur à la directive, puis en appliquant le délai d'un an de l'article 1968 du Code civil. Pour faire la synthèse de sa démonstration, on dira sommairement que la Cour estime qu'en raison des particularités des contentieux de concurrence, tenant essentiellement à la complexité de l'évaluation du préjudice et à l'asymétrie d'information entre demandeurs et défendeurs (points 53 à 55), la prescription ne peut courir qu'à compter du jour où le demandeur connaît cumulativement l'existence de l'infraction, du préjudice, du lien de causalité et l'identité de « l'auteur » de celle-ci (point 60 – on notera qu'elle évoque la personne « responsable » et non pas « l'auteur » au point 59, ce qui n'est pas exactement la même chose). Elle ajoute, qu'en l'espèce, ce n'est pas à la date de la publication du communiqué de presse de la Commission européenne que les éventuelles victimes ont pu avoir connaissance de ces informations (soit le 19 juillet 2016) mais à la date de la publication de la décision elle-même (soit le 27 mai 2017) en s'attachant surtout à démontrer l'insuffisance du communiqué (point 64 à 70).

La Cour tire comme conclusion qu'au cas d'espèce, la prescription n'étant pas acquise, il s'agit d'une situation en cours obéissant au droit réformé. Sa motivation conclusive, reprise à l'identique dans son dispositif, est la suivante : « l'article 10 de la directive 2014/104 doit être interprété en ce sens qu'il constitue une disposition substantielle, au sens de l'article 22, paragraphe 1, de cette directive, et que relève de son champ d'application temporel un recours en dommages et intérêts pour une infraction au droit de la concurrence qui, bien que portant sur une infraction au droit de la concurrence qui a pris fin avant l'entrée en vigueur de ladite directive, a été introduit après l'entrée en vigueur des dispositions la transposant dans le droit national, dans la mesure où le délai de prescription applicable à ce recours en vertu des anciennes règles ne s'est pas écoulé avant la date d'expiration du délai de transposition de la même directive » (point 79).

Cette solution appellera, ici, deux séries d'observations, l'une sur la détermination du point de départ, l'autre sur l'application dans le temps de l'article 10.

Sur la détermination du point de départ, nous n'aurons que peu de commentaire car la solution semble convaincante. La Cour invite les juridictions nationales à fixer ce point de départ de façon « glissante », ce qui est déjà conforme au droit français. Observons seulement – et la Cour le dit explicitement (point 67) – que cette méthode pourrait, en théorie, aboutir à une autre date que celle de la publication de la décision de condamnation. Même si, en matière de cartel, la dimension occulte des faits matériels constitutifs de l'infraction conduit à douter qu'avant la publication de cette décision, la prescription puisse courir contre les victimes, la réciproque est moins vraie pour les abus de position dominante, voire pour les ententes verticales. Les éléments matériels (un contrat contenant des clauses suspectes, une pratique d'auto-préférence...) n'ont, en général, rien de secret et il est donc possible que les victimes aient connaissance des faits leur permettant d'agir avant une éventuelle décision de condamnation. Encore faut-il qu'elles aient la certitude du caractère illicite des comportements litigieux et qu'elles connaissent leur ampleur, autant de données difficilement accessibles avant la décision de condamnation, comme incline à le penser le juge français (CA Paris, ch. 5-4, 9 févr. 2022, CNAMTS c/ SA Sanofi et SA Sanofi-Aventis France, RG n° 19/19969 ; *Concurrences* N° 3-2022, note M. Idri).

Sur l'application dans le temps de l'article 10 – deuxième série d'observations – on concèdera être plus perplexe pour au moins deux raisons.

Premièrement, la solution de la Cour paraît pécher par un excès de simplification en traitant l'article 10 comme un tout. Or cet article ne contient pas moins de quatre règles différentes dont les présupposés n'ont rien de commun. Son alinéa 2 fixe le point de départ de la prescription, son alinéa 3 prévoit une durée minimale de 5 ans, son alinéa 4 *in limine* prévoit que l'introduction d'une procédure devant une autorité de concurrence est une cause suspensive ou interruptive, (selon le droit interne) tandis que ses dispositions *in fine* ajoutent qu'en cas de suspension du délai (quelle qu'en soit la cause), ce délai ne pourra prendre fin qu'au moins un an « après la date à laquelle la décision constatant une infraction est devenue définitive ». Or, il nous semble que le raisonnement de la Cour ne puisse convaincre que pour une seule de ces dispositions : celle de l'alinéa 3 qui fixe un délai minimal de cinq ans et, ce faisant, allonge la plupart des délais en cours en application du droit antérieur (à l'exception notable du droit français pour lequel, chacun le sait, le délai de droit commun est déjà de cinq ans). C'est le cas en l'espèce dans la mesure où le délai d'un an du droit civil espagnol, en cours au jour où le droit réformé est entré en vigueur, s'est trouvé porté à cinq ans. Pour cette seule question de prescription, la solution de la Cour est logique car la situation (l'écoulement de la prescription) était toujours en cours. C'est d'ailleurs cette même solution qui est prévue dans notre droit transitoire de la prescription, codifié à l'article 2222 du Code civil.

En revanche, pour les autres règles de l'article 10, la solution de la Cour devient beaucoup plus discutable. Le point de départ (alinéa 2) et les causes suspensives ou interruptives (alinéa 4) ne nous semblent pas pouvoir être considérées comme des situations continues mais plutôt comme des faits instantanés. Une conception cohérente de la non-rétroactivité paraît alors commander l'application à ces événements procéduraux des règles en vigueur au jour de leur survenance. C'est d'ailleurs très précisément ce que fait la Cour puisqu'elle applique le droit civil espagnol antérieur à la transposition pour déterminer le point de départ de la prescription. Si ce n'est que ce constat la conduit à juger que la situation étant toujours en cours, en vertu de ce point de départ, elle serait donc régie par le droit réformé, y compris par les dispositions de l'alinéa 2 sur le point de départ. Sauf à ce que quelque chose nous ait échappé, il semble bien que pris à la lettre le raisonnement de la Cour aboutisse à juger applicable à cette espèce le droit antérieur… et le droit réformé !

Une critique semblable peut être faite pour les causes interruptives ou suspensives, même si le résultat est moins ubuesque. Contrairement à ce que paraît dire la Cour, le fait que la prescription soit toujours en cours est indifférent. Une cause interruptive nous semble être, là encore, un fait instantané qui devrait être régi par le droit en vigueur au jour de sa survenance, comme le juge d'ailleurs la Cour de cassation (Cass. 3e civ., 10 juin 1971, 70-12.261, Bull. civ. III, n° 373 ; adde en doctrine : G. Éveillard, « Les règles de droit transitoire en matière de prescription civile », in : P. Casson et P. Pierre [dir.], La réforme de la prescription en matière civile, Le chaos enfin régulé ?, 2010, Dalloz, p. 51 et s., spéc. p. 60 ; même si un arrêt isolé a pu admettre une solution contraire : Cass. 2e civ., 17 févr. 2011, n° 10-13.977 : Procédures 2011, comm. 132, obs. Perrot). En l'espèce, la procédure devant la Commission européenne a été introduite en 2011, à la suite de la demande de clémence de MAN, c'est donc le droit espagnol, applicable à cette date, qui devrait déterminer si le cours de la prescription a pu être interrompu et non pas le droit réformé qui est entré en vigueur plus de cinq années plus tard.

Autre objection : on ne voit pas en quoi la date d'introduction de l'instance – mentionnée au point 79 – est ici pertinente. Elle ne l'est que pour les règles de nature procédurale et, encore, pour celles qui sont actionnées à cette date, essentiellement celles relatives à l'organisation juridictionnelle et au formalisme de l'introduction de l'instance. La formulation de ce point 79 paraît donc procéder d'une confusion entre règles procédurales et règles substantielles. D'ailleurs, l'Avocat général ne faisait nullement référence à la date d'introduction de l'instance. Voyant dans l'article 10, une disposition substantielle, il s'attachait uniquement aux faits, compris comme étant les faits générateurs de responsabilité, donc l'infraction (concl. points 44 à 49). Il en concluait que l'article 10 dans son intégralité n'était pas applicable dans la mesure où l'infraction avait cessé au jour de son entrée en vigueur (concl., point 69).

Cette solution, plus convaincante, présente toutefois l'inconvénient de traiter aussi l'article 10 dans sa globalité sans distinguer selon les différentes règles qu'il contient.

Pour sortir de l'ornière, on s'autorisera à proposer une lecture alternative de l'arrêt de la Cour qui s'éloigne de sa lettre mais paraît plus conforme à son esprit. Cette lecture suppose de faire abstraction du maladroit point 79 mais repose sur deux solutions complémentaires, chacune soutenue par des passages de l'arrêt. Première solution : la Cour a voulu étendre l'applicabilité *ratione temporis* du seul alinéa 3 de l'article 10 aux situations en cours pour porter d'un à cinq ans les délais de prescription qui n'étaient sont pas encore écoulés au 27 décembre 2016. C'est cohérent avec les solutions bien établies de la matière autant qu'avec la philosophie « prodemandeur » de la Cour. Deuxième solution : la Cour a voulu soumettre le point de départ et les causes interruptives ou suspensives des alinéas 2 et 4 au droit antérieur, ce qu'elle dit explicitement pour l'alinéa 2. C'est encore cohérent avec les principes du droit transitoire tout en présentant l'avantage d'aboutir à un compromis acceptable entre l'exigence de sécurité juridique qui soutient le principe de non-rétroactivité et l'effectivité des actions en réparation, déjà garantie par les délais allongés par la solution précédente et par les modalités de fixation du point de départ de la prescription très favorables au demandeur.

Si l'on pourra objecter que la solution perdra en simplicité en imposant de traiter différemment les différents alinéas de l'article 10, on remarquera que c'est précisément ce que fait la Cour à propos de l'article 17 de la directive.

III. L'application *ratione temporis* des règles de preuve de l'article 17

Ce troisième développement est plus succinct et la Cour, comme on vient de le dire, s'attache à y distinguer le sort des deux premiers alinéas de l'article 17.

On rappellera que l'alinéa 1er prévoit que les États membres doivent veiller ce que les exigences probatoires relatives à l'évaluation du préjudice (« la charge » et le « niveau » de la preuve) ne rendent pas « pratiquement impossible ou excessivement difficile » l'exercice de l'action en réparation et que le juge national évalue tout de même le préjudice dont l'existence est établie. La Cour juge qu'il s'agit d'une disposition procédurale en ceci qu'elle « n'établit pas des nouvelles obligations de fond pesant sur l'une ou l'autre des parties au litige concerné » (point 83). En tant que telle, elle s'applique à toutes les procédures introduites à compter du 26 décembre 2014, en conformité avec les dispositions transitoires de l''article 22 alinéa 2 (point 89).

Quant à l'alinéa 2, qui pose une présomption réfragable de préjudice en cas d'entente horizontale, la Cour y voit une règle « directement liée à l'engagement de la responsabilité civile extracontractuelle de l'auteur de l'infraction concernée et, en conséquence, affecte directement la situation juridique de celui-ci » (point 95). Il s'agit donc d'une règle substantielle (point 98). Puis la Cour applique le raisonnement suivi pour la prescription en vérifiant si la situation est acquise. Seule différence : ce n'est pas l'écoulement du délai de prescription qui lui sert de point de repère pour déterminer si la situation est acquise mais l'existence de l'infraction (point 102). Elle en conclut que la situation n'est plus en cours dans la mesure l'infraction avait cessé au jour du délai de transposition (point 103). En conséquence, la présomption n'est pas applicable (point 104).

Sur ce point, nos observations seront plus brèves.

La solution apportée pour l'alinéa 1er de l'article 17 est cohérente avec les dispositions transitoires de la directive et ne heurte pas de principes bien établis en droit français. Notons simplement que les règles relatives à la charge de la preuve sont plutôt qualifiées de substantielles en droit français (Cass. com., 7 nov. 1989, n° 88-15.282, Bull. civ. IV, n° 281) mais cette divergence de qualification est le lot de toute notion autonome. En pratique, la solution n'aura que peu d'incidence sur le contentieux français car il est déjà fait obligation au juge d'évaluer le préjudice dont il constate l'existence (v. p. ex. : Cass. 2e civ., 17 mars 1993, n° 91-17.345, Bull. civ. II, n° 118 ; Cass. 3e civ., 6 févr. 2002, n° 00-10.543 ; JCP 2003, II, 10014, note Moulin ; RDI 2002, p. 152, obs. Malinvaud), même si les preuves des demandeurs sont insuffisantes. En outre, cet article n'a pas même fait l'objet de dispositions dans les textes de transposition.

Concernant l'alinéa 2, la solution n'est pas en soi étonnante. Qu'une présomption de préjudice soit qualifiée de règle substantielle peut convaincre et c'est d'ailleurs la solution adoptée par la Cour d'appel de Paris (v. les arrêts cités au premier paragraphe). La seule modification par rapport à l'état actuel du droit positif français qu'induit cet arrêt devrait tenir à la date d'entrée en vigueur de la règle : elle devrait être applicable aux infractions postérieures au 27 décembre 2016 et non pas celles postérieures au 11 mars 2017 (date d'entrée en vigueur des dispositions de l'ordonnance qui ont transposé en retard la directive).

On partagera tout de même une interrogation conclusive : pourquoi la Cour n'a-t-elle pas aligné les qualifications des alinéas 1 et 2 ? Si l'alinéa 2 allège l'objet de la preuve des demandeurs en les dispensant, dans un premier temps, de prouver leur préjudice, il ne pose qu'une présomption réfragable, à la différence, par exemple, de la présomption irréfragable de faute de l'article 9. Or, si la présomption est réfragable, elle a pour effet de renverser la charge de la preuve en reportant sur le défendeur le fardeau de prouver l'absence de préjudice. Elle régit donc aussi la charge de la preuve, à l'instar de l'alinéa 1er. Or, les raisons pour lesquelles les qualifications ne sont pas identiques n'ont rien d'évident.

Mais ce n'est sans doute pas là le plus grave des défauts de cet arrêt…

R. Amaro

Concurrences N° 3-2022

2.3.3 Règles de prescription

CJUE, 28 mars 2019, Cogeco, C-637/17

La Cour de justice de l'Union européenne apporte des précisions sur l'application dans le temps de la directive 2014/104/UE et sur la conformité au droit de l'Union européenne de dispositions de droit interne relatives à la prescription des actions en dommages et intérêts, antérieures à la transposition de ladite directive.

Les actions en dommages et intérêts pour des préjudices subis du fait de la participation d'une société à une infraction se multiplient à l'échelle nationale et, avec elles, les questions préjudicielles. Si l'affaire ici rapportée aura certes permis à la Cour d'apporter des précisions utiles sur l'application dans le temps de la directive 2014/104/UE, elle ne présente un intérêt, tout comme dans l'affaire Skanska, que pour les actions en dommages et intérêts intentées, non dans le cadre des dispositions de transposition de la directive mais dans le cadre du droit commun de la responsabilité (voy. CJUE, 14 mars 2019, Vantaan kaupunki, aff. C-724/17, EU:C:2019:204).

En effet, la directive *Private enforcement* n'était pas applicable *ratione temporis* ; les questions posées à la Cour visaient avant tout à vérifier la conformité au droit de l'Union des dispositions de droit interne, antérieures à la transposition de ladite directive, relatives à la prescription des actions en dommages et intérêts. Qui plus est, l'affaire ne concernait pas une action en dommages et intérêts du fait de la participation de plusieurs sociétés à une entente, mais du fait de l'abus par une société de sa position dominante. Il n'en reste pas moins que les problématiques dont était saisie la Cour étaient transversales, justifiant de s'y attarder dans la présente chronique.

Pour ce qui est de l'application dans le temps de la directive, les questions posées ne soulevaient aucune difficulté majeure. La Cour dit pour droit que la directive ne pouvait s'appliquer *ratione temporis* à une action en dommages et intérêts intentée le 27 février 2015, certes après l'entrée en vigueur de la directive, mais pour des faits survenus avant. Plus particulièrement, ni les dispositions substantielles ni les dispositions procédurales de la directive n'étaient susceptibles de s'appliquer. Pour les premières, l'article 22, paragraphe 1, de la directive dispose que les dispositions nationales de transposition ne peuvent être d'application rétroactive. Or, en l'espèce, la directive n'avait été transposée en droit portugais qu'en juin 2018 – avec certes un léger retard. Pour les secondes, si les dispositions nationales de transposition des règles de procédure ne pouvaient s'appliquer pour les actions intentées avant le 26 décembre 2014, la directive laissait aux États membres, dans le silence de l'article 22, paragraphe 2, de la directive, la possibilité de rendre inapplicables les dispositions de transposition pour les actions intentées après le 26 décembre 2014, au plus tard jusqu'à l'expiration du délai de transposition, option que le législateur portugais avait entendu mettre en œuvre. En somme, au 27 février 2015, le régime de la directive ne pouvait s'appliquer à l'affaire au principal.

Si la Cour refuse que la directive génère des effets anticipés, elle s'inspire toutefois, en substance, de ses dispositions en vérifiant, à l'aune de l'article 102 TFUE ainsi que, classiquement, du principe d'effectivité et d'équivalence, la conformité au droit de l'Union des dispositions de droit interne relatives à la prescription de l'action en réparation. Assurément, la disposition nationale en cause ne facilitait pas, à tout le moins, une telle action : l'action en dommages et intérêts devait être formée dans un délai de trois ans, lequel délai courrait à compter de la connaissance par la victime « de son droit à réparation, même si le responsable de l'infraction et l'étendue exacte du préjudice [n'étaient] pas connus ». De même, aucune possibilité de suspension ou d'interruption n'était prévue en cas d'instruction de la pratique devant l'autorité nationale de concurrence.

Pour la Cour, la réponse s'impose d'elle-même : « [d]es délais de prescription courts, qui commencent à courir avant que la personne lésée par une infraction au droit de la concurrence de l'Union puisse connaître l'identité de l'auteur de cette infraction, sont susceptibles de rendre pratiquement impossible ou excessivement difficile l'exercice du droit de demander réparation ». Et d'ajouter qu'il « en va de même d'un délai de prescription court, qui ne peut être suspendu ou interrompu pendant la durée des procédures à l'issue desquelles une décision définitive est rendue par l'autorité nationale de concurrence ou par une instance de recours ». En bref, si les dispositions relatives à la prescription satisfaisaient le principe d'équivalence, dans la mesure où les mêmes règles s'appliquaient pour la réparation d'un préjudice subi du fait d'une violation du droit national de la concurrence, elles ne satisfaisaient pas le principe d'effectivité. On en conviendra aisément.

Ainsi, la Cour aura-t-elle par son interprétation du droit de l'Union, préservé l'effet utile tant dudit droit que du droit de demander la réparation du préjudice subi du fait de la participation d'une société à une infraction au droit de la concurrence.

L. Bernardeau

Concurrences N° 2-2019, Art. N° 90473, p. 152

2.3.4 Détermination du débiteur

CJUE, 14 mars 2019, Skanska, C-724/17

La Cour de justice de l'Union européenne étend aux actions en dommages et intérêts l'application du principe de la continuité économique et, ce faisant, sa définition fonctionnelle de l'entreprise.

À l'origine d'un contentieux abondant, le principe de continuité économique permet, en substance, d'imputer une infraction à une société n'en ayant commis aucun acte matériel, mais détenant les actifs en lien avec l'infraction (voy., pour une synthèse de la jurisprudence sur ce point, Trib. UE, 6 décembre 2018, Coveris, aff. T-531/15, EU:T:2018:885). Si ce principe est certes discuté, la Cour ne cesse toutefois, en *public enforcement*, de confirmer son application grâce à une interprétation fonctionnelle de la notion d'entreprise. Devait-il en aller de même en *private enforcement* ?

Par ses réponses aux questions posées par la Cour suprême de Finlande dans l'affaire ici rapportée, la Cour y répond par l'affirmative en étendant, aux actions en dommages et intérêts, l'application du principe de continuité économique et, ce faisant, l'interprétation fonctionnelle de la notion d'entreprise. La préservation de l'effet utile des règles de concurrence l'imposait.

L'affaire au principal opposait trois sociétés ayant, respectivement, acquis successivement la totalité du capital et, dans le cadre d'opérations de liquidation, l'ensemble des actifs de sociétés ayant participé à une entente. Si les sociétés-mères cessionnaires avaient chacune été condamnées par l'autorité de la concurrence finlandaise au paiement d'une amende, en leur qualité de successeur économique de leurs filiales, elles contestaient toutefois la mobilisation du principe de continuité économique aux fins de leur condamnation au paiement de dommages et intérêts (CJUE, 14 mars 2019, Vantaan kaupunki, aff. C-724/17, EU:C:2019:204, pts 7 à 31).

Pour la juridiction nationale saisie du litige, ledit principe devait être écarté, en ce que le droit finlandais de la responsabilité ne prévoyait pas une telle possibilité : seule l'entité juridique ayant causé un dommage est responsable. Une seule exception : l'élaboration, par une société appartenant à un groupe, de montages artificiels pour éluder la responsabilité. Semble-t-il, l'hypothèse en cause ne s'y prêtait pas (*ibid.*, pt 15). Une possibilité pouvait résider toutefois, pour la juridiction de renvoi, dans la détermination, sur le seul fondement de l'article 101 TFUE, non en vertu des dispositions de droit interne, des personnes responsables de l'infraction et, *in fine*, tenues du paiement des dommages et intérêts, ce qu'il appartenait à la Cour de valider. On voyait là ressurgir, dans la question posée par la juridiction de renvoi, le débat portant sur la nature matérielle ou procédurale de la notion d'entreprise, au sens de l'article 101 TFUE.

La détermination des sociétés tenues au paiement des dommages et intérêts sur le fondement de l'article 101 TFUE

La réponse de la Cour demeure des plus classiques.

L'action en dommages et intérêts ayant été intentée antérieurement à l'entrée en vigueur et à la transposition en droit finlandais de la directive *Private enforcement*, cette dernière n'était pas applicable *ratione temporis*. Aussi, tout en rappelant, dans le prolongement des jurisprudences Manfredi et Kone, que, « en l'absence de réglementation de l'Union en la matière, il appartient à l'ordre juridique interne de chaque État membre de régler les modalités d'exercice du droit de demander réparation du préjudice résultant d'une entente ou d'une pratique interdite par l'article 101 TFUE, pour autant que les principes d'équivalence et d'effectivité sont respectés », la Cour précise-t-elle que « la question de la détermination de l'entité tenue de réparer le préjudice causé par une infraction à l'article 101 TFUE est directement régie par le droit de l'Union » (*ibid.*, pts 24 à 28). En clair, l'identification de l'entité responsable relève, non des dispositions procédurales, mais du droit matériel, aux fins d'assurer, comme l'aura précisé l'Avocat général M. Wahl, une application uniforme dans l'Union des conditions de la responsabilité et des entités tenues à réparation (voy. conclusions de l'Avocat général M. Wahl du 6 février 2019 dans la même affaire, EU:C:2019:100, pt 67).

Or, en droit de la concurrence de l'Union, c'est par le prisme de la notion fonctionnelle d'entreprise, au sens de l'article 101 TFUE, que sont déterminées les entités responsables d'une infraction. Et la Cour de décliner quelque peu mécaniquement sa jurisprudence, y compris celle ne présentant pas, à notre sens, un lien suffisamment direct avec la question posée.

Aux fins des présentes colonnes, on rappelera brièvement que, *de lege lata*, l'auteur de l'infraction demeure l'entreprise, laquelle répond de son fait personnel. Cette entreprise est conçue de manière économique, non juridique, en ce que l'on appréhende avant tout l'activité économique de l'entreprise plutôt que son support juridique. Autrement dit et de manière schématique, si l'auteur d'une infraction disparaît juridiquement ou économiquement et si ses actifs ont été transférés à une autre société, cette dernière pourra devoir répondre de l'infraction en tant que successeur économique de l'entreprise.

Une application cohérente du principe de continuité économique dans une hypothèse de cession d'actifs d'une filiale à sa société-mère au sein d'un groupe de sociétés

Certes, dans le cadre d'opérations de restructurations entre groupes de sociétés différents, l'application du principe de continuité économique pourrait ne pas convaincre. Il est vrai que, lorsque la société cédante se maintient juridiquement, en application du principe de la responsabilité personnelle, seule cette société doit répondre de l'infraction. Lorsque la société cédante disparaît économiquement, l'imputation d'une infraction à une société cessionnaire d'un autre groupe s'avère tout autant discutable en l'absence de lien économique ou organisationnel avec la société cédante.

Elle se justifie toutefois amplement dans des hypothèses résiduelles, comme en l'espèce, de cession d'actifs au sein d'un même groupe de sociétés pour pallier les risques d'évitement de l'amende ou des dommages et intérêts. La jurisprudence ne manque pas d'hypothèses contentieuses. Que l'on pense notamment aux arrêts *Aalborg Portland*, prononcé dans l'affaire du cartel du ciment, *ArcelorMittal*, prononcé dans l'affaire du cartel des poutrelles, ou encore, dans une moindre mesure, ETI (voy. CJCE, 7 janv. 2004, Aalborg Portland e. a., aff. C-204/00 P, C-205/00 P, C 211/00 P, C 213/00 P, C-217/00 P et C-219/00 P, EU:C:2004:6 ; CJCE, 2 oct. 2003, ARBED, aff. C-176/99 P, EU:C:2003:524 et CJCE, 11 déc. 2007, ETI e. a., aff. C 280/06, EU:C:2007:775).

Si la réponse de la Cour ne bouleverse aucunement la jurisprudence désormais bien établie en *public enforcement* et permet de garantir l'effet utile des règles de concurrence aux fins de leur mise en œuvre dans le cadre d'actions en dommages et intérêts, elle interpelle à au moins deux égards.

D'une part, la jurisprudence citée au soutien de l'arrêt : la Cour renvoie, à plusieurs reprises, à sa jurisprudence en matière de fusion-absorption. Or, dans une telle hypothèse, c'est non le principe de continuité économique qui s'applique en priorité, mais le principe de continuité juridique : la société absorbante acquiert les actifs et passifs de la société absorbée, « y compris ses responsabilités pour cause d'infraction au droit de l'Union » (CJUE, 14 mars 2019, Vantaan kaupunki, aff. C-724/17, EU:C:2019:204, pt 40). Or, dans l'affaire au principal, la cession des actifs était intervenue dans le cadre d'une « liquidation volontaire », laquelle conduit, en principe, au transfert des actifs, non du passif (*ibid.*, pt 48).

D'autre part, l'approche de la Commission : généralement encline à défendre une application uniforme de la notion d'entreprise, telle qu'interprétée par les juges de l'Union, comme cela ressort de l'article 13, paragraphe 5, de la directive dite « ECN+ », elle a semblé, dans cette affaire et à l'aune de la directive *Private enforcement*, changer d'approche en matière d'actions en dommages et intérêts. Selon la Commission, il ressort, en substance, de la directive *Private enforcement*, et plus particulièrement de son article 11, paragraphe 1, qu'« il appartient à l'ordre juridique interne de chaque État membre de déterminer l'entité tenue de réparer [l]e préjudice, dans le respect des principes d'équivalence et d'effectivité » (*ibid.*, pt 33). Indépendamment de la non-application *ratione temporis* de la directive *Private enforcement*, la Cour rejette l'approche de la Commission, alors qu'une clarification eût été heureuse.

L'identification des entités responsables étant régie par le droit de l'Union, à supposer qu'il soit applicable, révélera que, outre le principe de continuité économique, la même solution devra s'imposer pour la responsabilité, tout autant sensible, d'une société-mère du fait dommageable d'une filiale.

E. Thomas

Concurrences N° 2-2019, Art. N° 90126, p. 68

CJUE, gde ch., 6 oct. 2021, Sumal c/ Mercedes Benz Trucks España, C-882/19

La Cour de justice de l'Union européenne précise les conditions d'imputabilité à la filiale des pratiques de la société-mère.

Faits. Suite à la condamnation par la Commission européenne du « cartel des camions », à savoir une entente horizontale sur les prix des véhicules, leur augmentation, et le calendrier de répercutions des coûts de mise en conformité avec les nouvelles normes en vigueur (décision du 19 juillet 2016, C (2016) 4673 final), entre 15 fabricants de camions, une entreprise espagnole ayant acheté deux camions auprès d'une filiale d'un membre du cartel, assigne cette dernière en dommages et intérêts devant la juridiction espagnole. Le Tribunal de première instance la déboute de son action estimant qu'elle ne pouvait être dirigée contre la société filiale, non visée dans la décision de la Commission. En effet, la loi espagnole prévoit l'imputabilité à la société-mère du fait des comportement de sa filiale, mais non le contraire. Sur appel, la Cour d'appel décide d'interroger la Cour de justice au titre de questions préjudicielles.

Question. En substance, une action en dommages et intérêts peut-elle être dirigée contre une filiale à la suite d'une décision de la Commission constatant des pratiques anticoncurrentielles de la société-mère, et, le cas échéant, dans quelles conditions ?

Solution. La Cour a décidé que (points 51, 52, 61) :

« [...] Dans des circonstances où l'existence d'une infraction à l'article 101, paragraphe 1, TFUE a été établie dans le chef d'une société-mère, il est loisible à la victime de cette infraction de chercher à engager la responsabilité civile d'une société filiale de cette société-mère plutôt que celle de la société-mère [...]. La responsabilité de cette société filiale ne peut toutefois être engagée que si la victime prouve, soit en s'appuyant sur une décision adoptée au préalable par la Commission en application de l'article 101 TFUE, soit par tout autre moyen, en particulier lorsque la Commission est restée silencieuse sur ce point dans ladite décision ou n'a pas encore été amenée à adopter de décision, que, eu égard, d'une part, aux liens économiques, organisationnels et juridiques [...] et, d'autre part, à l'existence d'un lien concret entre l'activité économique de cette société filiale et l'objet de l'infraction dont la société-mère a été tenue responsable, ladite filiale constituait avec sa société-mère une unité économique.

Il ressort des considérations qui précèdent qu'une telle action en dommages et intérêts introduite à l'encontre d'une société filiale suppose que le requérant prouve, pour constater l'existence d'une unité économique entre une société-mère et la société filiale [...], les liens unissant ces sociétés mentionnés au point précédent de celui-ci, ainsi que le lien concret [...] entre l'activité économique de cette société filiale et l'objet de l'infraction dont la société-mère a été tenue responsable. Ainsi, dans des circonstances telles que celles en cause au principal, la victime devrait établir, en principe, que l'accord anticoncurrentiel conclu par la société-mère pour lequel celle-ci a été condamnée concerne les mêmes produits que ceux que commercialise la société filiale. Ce faisant, la victime démontre que c'est précisément l'unité économique dont relève la société filiale, ensemble avec sa société-mère, qui constitue l'entreprise ayant effectivement commis l'infraction constatée préalablement par la Commission au titre de l'article 101, paragraphe 1, TFUE, conformément à la conception fonctionnelle de la notion d'« entreprise » retenue au point 46 du présent arrêt.

[...] la possibilité, pour le juge national concerné, de constater une éventuelle responsabilité de la société filiale pour les préjudices causés n'est pas exclue du simple fait que, le cas échéant, la Commission n'a adopté aucune décision ou que la décision par laquelle elle a constaté l'infraction n'a pas infligé à cette société une sanction administrative. »

Analyse. Les actions des victimes de pratiques anticoncurrentielles en réparation du dommage causé relève des règles afférentes à la responsabilité civile. Elles devraient donc classiquement être dirigées vers la personne auteur de la faute. Pourtant en l'espèce, la Cour de justice expose une conception large de l'imputabilité en étendant la notion d'« unité économique » spécifique aux procédures infractionnelles (*i.e.* « *public enforcement* »), aux procédures civiles en indemnisation des victimes (*i.e.* « *private enforcement* »). La Cour considère que la responsabilité incombe à une « entreprise » qui constitue une notion autonome au sens du droit de l'Union, qui s'entend comme une

« unité économique autonome », distincte de la notion de « société » ou de « personne morale ». La Cour rappelle en effet dans cet arrêt que « la détermination de l'entité tenue de réparer le préjudice causé par une infraction à l'article TFUE est directement régie par le droit de l'Union » (§ 34). En conséquence, une législation nationale contraire ne peut s'appliquer en vertu du principe de primauté du droit communautaire. En l'espèce la loi espagnole ne prévoyait, en effet, qu'une responsabilité ascendante de la filiale vers la société-mère. Selon la Cour, cette notion ne saurait avoir une portée différente dans le cadre du « *public enforcement* » et du *« private enforcement* », et ce afin d'assurer la pleine efficacité des règles de concurrence. Les contours de cette solution avaient déjà été esquissées dans le cadre de l'arrêt *Skanska* (CJUE, 14 mars 2019, Skanska Industrial Solutions e. a., C-724/17, EU:C:2019:204), auquel le présent arrêt fait plusieurs fois référence, et dans lequel la Cour avait étendu l'application du principe de continuité économique au « *private enforcement* », imposant à la société ayant repris les actifs des entreprises auteurs des pratiques anticoncurrentielles, d'indemniser les victimes de ces pratiques dans le cadre du « *private enforcement* ». Selon la Cour, pour engager la responsabilité de la filiale, la victime de la pratique devra apporter une double preuve : (i) que le lien unissant la filiale et la société-mère auteur qualifie l'unité économique, à savoir que « la filiale ne détermine pas de façon autonome, au moment de la commission de l'infraction, son comportement sur le marché, mais applique pour l'essentiel les instructions qui lui sont données par la société-mère, eu égard en particulier aux liens économiques, organisationnels et juridiques qui unissent ces deux entités juridiques » (§ 43), et (ii) « le lien concret [...] entre l'activité économique de cette société filiale et l'objet de l'infraction dont la société-mère a été tenue responsable ».

S'agissant de la première branche de la preuve, on comprend à la lecture du § 43 précité et au principe d'application harmonisée de la notion d'« unité économique » énoncé par la Cour, que ce lien devrait s'apprécier « au moment de la commission de l'infraction ». Une question émerge alors quant au standard de preuve à appliquer dans ce cas. La victime bénéficiera-t-elle de la présomption capitalistique appliquée en matière de « *public enforcement* » ? En effet, il ne sera pas aisé pour la victime de démontrer ce lien interne aux sociétés d'un même groupe.

S'agissant de la seconde branche de la preuve, il s'agit ici d'une nouveauté par rapport aux règles de l'imputabilité en matière de « *public enforcement* ». En effet, la filiale ne pourra être tenue pour responsable que si son activité est en lien avec l'objet de l'infraction. Là encore, des précisions devront être apportées : s'agit-il d'une activité sur le même marché ou concernant, de façon plus restrictive, les mêmes produits ?

Enfin, la Cour précise que ce principe pourra s'appliquer tant dans les actions « *follow on* », lorsqu'une décision de condamnation a été prononcée, que « *standalone* », lorsque la société-mère n'a pas été condamnée et que la victime doit apporter la preuve de la pratique.

Les incertitudes sur l'application de la solution proposée par la Cour, et sa complexité de mise en œuvre, conduisent à la prudence et à inciter les victimes de pratiques anticoncurrentielles à agir tant à l'encontre de la société-mère auteur, que de la filiale, et ce malgré les contraintes procédurales et les coûts parfois dissuasifs d'une assignation internationale. On rappelle qu'en l'espèce les demandes étaient de 22 204,35 euros.

K. Biancone

Concurrences N° 4-2021, Art. N° 104556

2.4 ACTION EN NULLITÉ

Cass. com., 13 sept. 2017, 2 arrêts, EDF c/ Nexans, n° 15-22.837 et 15-23.070

La Cour de cassation confirme en tout point l'arrêt prononcé le 2 juillet 2015 par la Cour d'appel de Paris et précise l'étendue de la règle de la nullité des accords anticoncurrentiels prévue aux articles 101, § 2, TFUE et L. 420-3 C. com.

Si la sanction des pratiques anticoncurrentielles implique en règle générale, sur le plan administratif, le prononcé d'une amende, source d'un contentieux toujours plus prégnant, d'autres conséquences, sur le seul plan civil, ne doivent pas pour autant être ignorées. Il en va ainsi de la nullité des accords anticoncurrentiels et de la possibilité de demander la réparation du préjudice subi par l'octroi de dommages et intérêts, et ce, dans la continuité de la transposition récente en droit français de la directive sur les actions en dommages et intérêts. L'arrêt, ici rapporté, illustre ce contentieux spécifique et fournit un éclairage bienvenu sur les conséquences civiles des pratiques anticoncurrentielles.

À l'origine de cette affaire, la décision du Conseil de la concurrence du 26 juillet 2007, laquelle avait infligé une amende aux sociétés Prysmian et Nexans pour s'être entendues à l'occasion d'une mise en concurrence et d'un appel d'offres successivement engagés par la société EDF. À cet égard, si ces pratiques avaient certes été révélées par cette dernière au Conseil en 2001, la société EDF avait toutefois décidé de poursuivre les négociations d'un des marchés et signé deux contrats avec les sociétés Prysmian et Nexans en 2002.

Étonnement, ce n'est que quatre ans après la décision du Conseil de la concurrence que la société EDF avait cherché à obtenir, en vain, devant le Tribunal de commerce de Paris l'annulation des contrats passés, ainsi que la restitution des sommes versées et la réparation du préjudice subi. La Cour d'appel, par un arrêt du 2 juillet 2015, confirma en tout point le jugement du Tribunal de commerce en rejetant l'ensemble des demandes de la société EDF. Schématiquement, la Cour d'appel avait considéré, d'une part, que la société EDF ne pouvait « de bonne foi, ayant procédé à cette dénonciation (...) allègue[r] que ces mêmes contrats [étaient] nuls comme se rapportant aux faits dénoncés ». D'autre part, s'agissant de la demande en réparation, la Cour d'appel se limitait à constater que le préjudice n'était pas établi. Cet arrêt n'avait pas été sans susciter certaines critiques en doctrine. Aussi, outre les sociétés Nexans et Prysmian qui avaient formé deux pourvois incidents, sur lesquels nous ne nous attarderons pas, les sociétés EDF et ERDF avaient elles formé deux pourvois.

Deux points retiendront notre attention.

Une approche formaliste de la règle de la nullité des accords, prévue aux articles 101, § 2, TFUE et L. 420-3 C. com.

Le premier concerne l'étendue de la règle de la nullité des accords anticoncurrentiels. Pour les demanderesses au pourvoi, cette règle revêt un « caractère absolu ». Et la dénonciation ne saurait être prise en compte pour rejeter la demande en nullité des contrats passés, puisqu'une simple dénonciation des pratiques ne saurait nécessairement emporter leur condamnation. Certes, l'on ne saurait remettre en cause ce constat ; toutefois on peut tout de même s'interroger sur, d'une part, le comportement de la société EDF, laquelle avait choisi de continuer la négociation alors même qu'elle suspectait des pratiques anticoncurrentielles et, d'autre part, le délai de quatre ans entre la décision du Conseil de la concurrence et la demande en nullité introduite devant le Tribunal de commerce de Paris.

Toutefois, ces arguments n'emportent pas la cassation de l'arrêt entrepris. Pour la Cour de cassation, « les engagements qui peuvent être annulés en application [des articles 101, § 2, TFUE et L. 420-3 du C. com.] sont seulement ceux qui ont caractérisé les échanges d'informations sanctionnés par l'Autorité de concurrence et (...) les contrats de fourniture passés postérieurement par la société EDF ne sont pas, par eux-mêmes, des accords interdits, dès lors qu'ils ne correspondent pas aux pratiques anticoncurrentielles sanctionnées et n'en ont pas été les instruments ». En clair, la Cour de cassation adopte ici une approche pour le moins formaliste, qui n'emporte pas la conviction. L'on ne peut en effet s'empêcher de relever que les pratiques d'échanges d'informations dénoncés au Conseil de la concurrence ont eu nécessairement un impact sur la conclusion des contrats en cause.

Pas d'application anticipée de l'article L. 481-7 C. com.

Le second concerne la demande en réparation du préjudice subi. La Cour de cassation se limite uniquement à confirmer les constatations et appréciations des juges du fond, selon lesquels les requérants n'ont pas démontré avoir subi un préjudice. Gageons que cette solution, sévère pour les victimes de pratiques anticoncurrentielles, évoluera pour les pratiques ayant eu lieu après le 11 mars 2017, date d'entrée en vigueur de l'article L. 481-7 C. com. posant une présomption simple de préjudice.

E. Thomas

Concurrences N° 1-2018, Art. N° 85814, p. 81

2.5 ARTICULATION AVEC LE *PUBLIC ENFORCEMENT*

2.5.1 Accès au dossier de l'Autorité de concurrence

CJUE, gde ch., 14 juin 2011, Pfeiderer, C-360/09

La Cour de justice de l'Union européenne renvoie aux juridictions nationales la décision d'accorder l'accès aux documents remis aux Autorités nationales de concurrence dans le cadre des programmes de clémence.

Par un récent arrêt de la grande chambre, la Cour de justice de l'Union européenne (CJUE) précise les principes directeurs qu'il y a lieu, pour les juridictions nationales, d'appliquer en statuant au cas par cas sur la question de l'accès aux documents obtenus par les Autorités nationales de concurrence (ANC) dans le cadre de procédures de clémence.

Il est un fait que la procédure de clémence peut permettre au(x) demandeur(s) de bénéficier, selon le moment où la demande est formulée et la qualité des éléments d'informations rapportés, d'une exonération totale de l'amende ou d'une réduction de son montant. Il n'en demeure pas moins qu'au terme de la procédure, lorsqu'une ANC constate la réalité des faits dénoncés, elle reconnaît également la participation de chaque candidat à la clémence à l'entente qu'il a contribué à dénouer. C'est alors que sa responsabilité civile peut être recherchée en raison d'une faute, ici la participation à l'entente en question, et d'un préjudice subi par la victime des pratiques anticoncurrentielles en lien avec l'infraction aux règles de la concurrence. C'est notamment ce que rappelle l'Autorité de la concurrence dans son communiqué de procédure du 2 mars 2009 relatif au programme de clémence français (point 47).

L'affaire au principal

Dans l'affaire portée devant la CJUE à l'occasion d'un renvoi préjudiciel, l'Amtsgericht (tribunal civil) de Bonn (Allemagne) souhaitait savoir si les dispositions du droit de la concurrence en matière d'entente, notamment les dispositions du traité CE et les articles 11 et 12 du règlement n° 1/2003, permettent aux personnes lésées par une entente contraire à l'article 81 CE (devenu l'article 101 TFUE), qui souhaitent obtenir la réparation de leur préjudice, d'avoir accès aux demandes de clémence et aux informations et documents volontairement communiqués par le candidat à cette clémence à une ANC en application des procédures nationales.

En l'occurrence, la législation allemande présente la particularité, en faisant application des règles en matière de procédure pénale aux procédures d'amende prévues en cas d'infractions administratives, de permettre à l'avocat de la victime de pratiques anticoncurrentielles de consulter les éléments de preuve officiellement conservés par le Bundeskartellamt, à la condition pour elle de se prévaloir d'un intérêt légitime à obtenir un tel accès.

Usant de cette possibilité, l'entreprise Pfleiderer, qui pour les besoins de sa production achète de grandes quantités de papiers décor, avait sollicité auprès du Bundeskartellamt un accès complet à un dossier relatif à une entente dans ce secteur. L'autorité allemande venait, grâce à la mise en œuvre du programme national de clémence, de sanctionner notamment trois fabricants européens pour avoir conclu des accords sur les prix et sur la fermeture des capacités.

Le Bundeskartellamt n'ayant permis qu'un accès limité au dossier, Pfleiderer a introduit un recours devant l'Amtsgericht de Bonn qui a alors décidé de lui accorder l'accès aux éléments remis volontairement par le demandeur de clémence. Pour le tribunal civil, l'accès de Pfleiderer à ces informations, par l'intermédiaire de son avocat, est justifié par sa position de victime et par son intérêt légitime, puisque cet accès vise à préparer des actions civiles en dommages et intérêts. La juridiction allemande a néanmoins suspendu l'exécution de sa décision dans l'attente de la réponse de la Cour à sa question préjudicielle.

L'accès aux documents est rendu possible par une mise en balance des intérêts protégés par le droit de l'Union

Pour la Cour, si les faits relevant du champ d'application du droit de l'Union imposent aux autorités et aux juridictions nationales d'assurer l'application effective, dans l'intérêt général, des règles de la concurrence européennes (CJUE, 7 décembre 2010, VEBIC, C-439/08, point 56 ; v. *Concurrences* N° 1/2011, p. 179), aucune disposition issue tant du traité CE que du règlement n° 1/2003 ne prévoit de règles communes de clémence ou d'accès aux documents communiqués volontairement dans le cadre de procédures nationales de clémence.

Certes, certains instruments existent comme les communications de 2004 sur la coopération au sein du réseau des autorités de concurrence et de 2006 sur l'immunité d'amendes et la réduction de leur montant ainsi que le programme modèle en matière de clémence élaboré en 2006 par le Réseau européen de concurrence (REC/ECN), à l'initiative des autorités de concurrence britannique et française. Mais, aucun de ces textes n'a d'effet contraignant. C'est donc aux États membres qu'il appartient d'établir et d'appliquer des règles nationales afin de permettre l'accès des personnes lésées par une entente aux documents collectés dans le cadre des procédures de clémence.

Comme à l'accoutumée, la Cour encadre cette compétence reconnue aux États membres et souligne que l'application des dispositions nationales ne doit pas rendre impossible ou excessivement difficile la mise en œuvre du droit de l'Union et, notamment, porter atteinte à l'application effective des articles 101 et 102 TFUE.

C'est pourquoi, selon la Cour, la nécessité de préserver l'efficacité des programmes de clémence, qui servent l'objectif d'application effective du droit de l'Union, pourrait empêcher la communication de documents obtenus dans le cadre de ces programmes aux personnes souhaitant intenter une action en dommages et intérêts, même si les autorités nationales de concurrence accordent au demandeur de clémence une exonération totale ou partielle de l'amende qu'elles auraient pu imposer. En effet, cette communication pourrait avoir un effet dissuasif sur les éventuels candidats à la clémence, en particulier en raison du fait que les documents en question peuvent faire l'objet d'un échange entre la Commission et les autorités nationales de concurrence en vertu des articles 11 et 12 du règlement n° 1/2003.

Sur l'autre plateau de la balance se trouve le droit de toute personne de demander réparation du préjudice subi en raison d'un comportement susceptible de restreindre ou de fausser le jeu de la concurrence (CJCE, 2 septembre 2001, Courage et Crehan, aff. C 453/99, points 24 et 25, et 13 juillet 2006, Manfredi, aff. C 295/04 à C 298/04, points 59 et 61). Or, la Cour souligne qu'un tel droit tend également à renforcer le caractère opérationnel des règles de concurrence de l'Union et est de nature à décourager les accords et pratiques anticoncurrentiels. Ces actions en dommages et intérêts sont même susceptibles de contribuer de manière substantielle au maintien d'une concurrence effective dans l'Union européenne.

Finalement, la Cour choisit de ne pas suivre son Avocat général qui lui proposait de refuser l'accès aux documents incriminants recueillis dans le cadre des procédures de clémence. Il revient donc aux juridictions nationales d'apprécier au cas par cas les conditions dans lesquelles les demandes d'accès à ces documents peuvent être ou non satisfaites, sur la base de leur droit national, à charge pour elles de mettre en balance les intérêts protégés par le droit de l'Union.

Appliqué à la situation française, cet arrêt offre des perspectives qui apparaissent limitées puisque, afin de prévenir la transmission d'éléments d'informations incriminants, l'article R. 464-5 du Code de commerce permet aux services d'instruction de l'Autorité de la concurrence de recueillir oralement les déclarations de l'entreprise ou de l'organisme souhaitant bénéficier de la clémence prévue par le IV de l'article L. 464-2. Si ces déclarations orales sont nécessairement retranscrites dans des procès-verbaux pour les besoins de la procédure, le demandeur de clémence peut ne pas les signer sans que cela affecte la valeur probante que lui confère déjà la signature de la rapporteur générale, de l'un de ses adjoints ou d'un rapporteur de l'Autorité. Le demandeur peut également ne pas prendre copie des procès-verbaux ou refuser de se voir notifier le rapport de clémence afin de ne pas se retrouver dans la situation de devoir les présenter à la demande d'une juridiction ou d'une autre autorité, notamment dans le cadre de la procédure américaine dite de « *discovery* ». En outre, il faut encore signaler que la loi de 1978 qui permet l'accès aux documents administratifs a été modifiée le 17 mai dernier. Désormais, les documents élaborés ou détenus pas l'Autorité de la concurrence dans le cadre de l'exercice de ses pouvoirs d'enquête, d'instruction ou de décision ne sont plus communicables aux personnes qui en feraient la demande. Quant à d'éventuelles demandes de communication de pièces émanant des juridictions civiles ou pénales, la sauvegarde des intérêts du candidat à la clémence et, partant, de l'efficacité des programmes de clémence français et européen devraient permettre à l'Autorité de la concurrence de fonder un refus (voir, en ce sens, le communiqué de procédure précité, point 48).

A. Lacresse

Concurrences N° 3-2011, Art. N° 38077, p. 177

Voir aussi

L. Idot, F. Zivy, L'accès au dossier des autorités de concurrence dans le cadre des actions privées : État des lieux deux ans après l'arrêt Pfleiderer, septembre 2013, Concurrences N° 3-2013, Art. N° 53054, p. 34.

F. Bien, Allemagne – Accès aux documents : Le Tribunal d'instance de Bonn valide le refus d'accès aux documents remis au Bundeskartellamt dans le cadre du programme de clémence (Pfleiderer), 18 janvier 2012, Concurrences N° 2-2012, Art. N° 45914, pp. 174-176.

CJUE, 6 juin 2013, Donau Chemie e. a., C-536/11

La Cour de justice de l'Union européenne ouvre largement le droit d'accès des victimes de pratiques anticoncurrentielles aux éléments recueillis dans le cadre d'une procédure de clémence.

Les actions en dommages et intérêts intentées par des personnes, physiques ou morales, victimes d'une entente (« *private enforcement* ») est souvent un parcours semé d'embûches. Si l'existence de la faute dans le chef des auteurs de la pratique est établie par la seule décision de l'Autorité de concurrence sanctionnant cette entente. La preuve des deux autres conditions, l'existence du préjudice et surtout du lien de causalité entre ce dernier et la faute, peut s'avérer plus difficile à rapporter.

D'où l'intérêt pour les victimes de la pratique, lorsque cela s'avère nécessaire, de pouvoir accéder aux pièces du dossier constitué par l'Autorité de concurrence. Si, selon les circonstances, le juge civil peut ordonner et donc permettre cet accès, les difficultés surviennent lorsque les documents ont été obtenus dans le cadre d'une demande de clémence.

L'entreprise ayant fourni ces pièces a certes tout intérêt à communiquer des informations qui peuvent lui permettre d'obtenir une immunité d'amende ou même seulement une réduction de son montant. En revanche, elle pourrait être dissuadée de coopérer avec l'Autorité de concurrence si elle a des raisons de craindre que ces documents lui seront opposés à l'occasion d'une autre procédure, en vue de la faire condamner au versement de dommages et intérêts qui peuvent être d'un montant important, voire plus important que l'amende elle-même.

L'articulation entre l'intérêt des victimes de pratiques anticoncurrentielles d'obtenir la réparation de leur dommage et l'intérêt des autorités de concurrence de préserver l'attractivité de leur programme de clémence était déjà l'objet central de l'arrêt *Pfleiderer* (CJUE, 14 juin 2011, aff. C-360/09). La Cour avait souligné la nécessité pour les juridictions nationales saisies d'actions en dommages et intérêts de mettre en balance les intérêts justifiant la communication des informations obtenues dans le cadre d'une demande de clémence et la protection de celles-ci. Elle n'avait toutefois pas fixé les modalités de cette mise en balance, laissant aux juridictions nationales le soin de les apprécier au cas par cas.

Le contexte du renvoi préjudiciel

À l'origine de la présente affaire, il y a le recours engagé par une union d'entreprises, le VDMT, auprès de la juridiction autrichienne qui a sanctionné une entente en 2010 sur le marché de gros des produits chimiques pour l'imprimerie. Par son recours, le VDMT sollicitait l'accès aux pièces du dossier afin notamment d'examiner la nature et le montant du préjudice éventuellement subi par ses membres en raison de cette entente.

La législation autrichienne présente la particularité de subordonner l'accès aux éléments du dossier en faveur des tiers à la procédure à la condition que les parties donnent leur accord. Au surplus, cette condition n'est prévue qu'à l'occasion de procédures de concurrence, alors même que le juge peut passer outre cet accord dans des procédures civiles ou pénales.

Or, en l'occurrence, les parties en question, à savoir les entreprises sanctionnées, ont toutes refusé que le VDMT puisse être autorisé à accéder aux pièces du dossier.

Dans ces conditions, la juridiction autrichienne a souhaité que la Cour lui fournisse les éléments lui permettant d'apprécier la compatibilité de son droit national avec les exigences posées par la jurisprudence Pfleiderer.

L'accès au dossier ne doit pas être rendu impossible ou excessivement difficile

Avant d'aborder les questions posées par le juge de renvoi, la Cour procède à plusieurs rappels utiles de sa jurisprudence. Par ces rappels, on croit comprendre que la priorité de la Cour va à la préservation des droits des justiciables, que « le droit de l'Union est aussi destiné à engendrer [et] qui entrent dans leur patrimoine juridique », alors que cette orientation ne ressortait pas de façon claire de l'arrêt *Pfleiderer.*

Ainsi qu'il résulte de sa jurisprudence Courage et Crehan (CJCE, 20 septembre 2001, aff. C-453/99), l'effet utile de l'interdiction énoncée à l'article 101 TFUE serait mis en cause si toute personne ne pouvait demander réparation du dommage que lui aurait causé un contrat ou un comportement susceptible de restreindre ou de fausser le jeu de la concurrence et il appartient notamment au juge national d'assurer non seulement le plein effet de cette disposition, mais également de protéger les droits qu'elles confèrent aux particuliers.

Or, les victimes de pratiques anticoncurrentielles peuvent prétendre à une « compensation intégrale » comprenant non seulement le dommage réel, mais également le manque à gagner, ainsi que le paiement d'intérêts.

Puisque le droit de l'Union ne règle pas les conditions dans lesquelles cette compensation peut être recherchée, c'est aux États membres de prévoir les modalités procédurales des recours destinés à assurer la sauvegarde des droits que les justiciables tirent de l'effet direct du droit de l'Union, et notamment les conditions d'accès aux documents relatifs aux procédures nationales de concurrence. Selon une jurisprudence constante, l'autonomie procédurale des États membres est toutefois encadrée par les principes d'équivalence et d'effectivité, ce dernier empêchant que ces modalités rendent pratiquement impossible ou excessivement difficile l'exercice des droits que les justiciables tirent du droit de l'Union.

La nécessité d'obtenir l'accord des parties est une condition qui ne permet pas l'accès des tiers au dossier

Afin de répondre aux questions posées, la Cour considère d'emblée que la nécessité d'une mise en balance entre l'intérêt de communiquer les informations relatives à l'entente et celui de les protéger réside dans le fait que, « particulièrement en matière de concurrence », toute règle rigide, tant dans le sens d'un refus absolu d'accès aux documents en question, que dans celui d'un accès généralisé à ces documents, ne permet pas l'application effective de l'article 101 TFUE.

C'est la raison pour laquelle, dans son arrêt *Pfleiderer*, la Cour avait souligné que cette mise en balance ne pouvait être opérée par les juridictions nationales qu'au cas par cas et en tenant compte de tous les éléments pertinents de l'affaire. Aussi, le droit national ne peut conduire à « exclure toute possibilité, pour les juridictions nationales, d'effectuer ladite mise en balance au cas par cas » et qui est la conséquence de l'application des dispositions procédurales autrichiennes en cause dans cette affaire.

La Cour relève également que les parties à la procédure de concurrence n'avaient pas à motiver leur refus, alors que l'on peut s'interroger en l'espèce sur l'intérêt de ces parties à donner leur accord à la divulgation de documents susceptibles de fonder une demande en réparation à leur encontre.

Bien sûr, la limite à cette divulgation réside dans le souci des pouvoirs publics de maintenir l'attrait de leur programme de clémence. Plus qu'une préoccupation légitime des États membres, la Cour rappelle que ces derniers ont le devoir d'aménager l'accès au dossier sans toutefois « porter atteinte à des intérêts publics », comme l'efficacité de la politique de répression des violations du droit de la concurrence.

Partant, les juridictions nationales doivent, dans le cadre de leur appréciation au cas par cas, d'une part, évaluer l'intérêt du demandeur à obtenir l'accès aux documents, « compte tenu en particulier des autres possibilités éventuellement à sa disposition » et, d'autre part, prendre en considération les conséquences « réellement préjudiciables » d'un tel accès au regard d'intérêts publics ou d'intérêts légitimes d'autres personnes.

Cependant, la « simple invocation d'un risque » de voir l'accès au dossier affecter l'efficacité d'un programme de clémence ne saurait suffire à justifier un refus d'accès à ces éléments.

La Cour privilégie une approche particulièrement stricte puisque le refus ne peut être fondé que sur des « raisons impérieuses » tenant à la protection de cet intérêt invoqué et applicables à « chaque document » dont l'accès est refusé. Cela se comprend aisément dans la mesure où ce refus est de nature à empêcher l'exercice d'actions en réparation, en permettant par ailleurs aux entreprises, qui ont déjà bénéficié d'une immunité d'amende, de se soustraire également à leur obligation de verser des dommages et intérêts.

Dans ces conditions, « seule l'existence d'un risque de voir un document donné porter concrètement atteinte à l'intérêt public tenant à l'efficacité du programme national de clémence » peut justifier un refus d'accéder à ce document.

Par cet arrêt, la Cour consacre un droit d'accès au dossier aux personnes victimes de pratiques anticoncurrentielles qui, certes, n'est pas absolu mais qui est désormais largement ouvert. Elle souligne également le rôle essentiel du juge national, le seul à même de trouver l'équilibre entre les intérêts, à la fois complémentaires et divergents, qui consistent à assurer la protection des droits des justiciables et la préservation de l'efficacité des programmes de clémence.

En revanche, pour les entreprises qui prennent part à des pratiques anticoncurrentielles, c'est la fin d'une époque où elles pouvaient échapper à la sanction de l'Autorité de concurrence, sans encourir par ailleurs le risque de la réparation des dommages engendrés par leur comportement. C'est enfin un outil supplémentaire de dissuasion qui rend encore plus défavorable le bilan coûts/avantages d'une éventuelle participation à une entente.

A. Lacresse

Concurrences N° 3-2013, Art. N° 53836, p. 140

CJUE, 27 févr. 2014, EnBW e. a., C-365/12 P

La Cour de justice de l'Union européenne étend sa jurisprudence en matière d'accès au dossier aux procédures de concurrence de l'article 101 TFUE et reconnaît un accès possible aux pièces obtenues par la clémence.

En matière d'accès au dossier, la Cour n'a de cesse de refermer les brèches ouvertes par la jurisprudence du Tribunal. Après les affaires Technische Glaswerke Ilmenau, Odile Jacob, Agrofert ou encore LPN, la Cour vient d'étendre aux procédures relatives à des ententes entre entreprises le jeu des présomptions générales permettant le refus d'accès à certaines catégories de documents, après les avoir appliquées aux domaines des aides d'État, des concentrations, des procédures juridictionnelles ou des procédures en manquement (CJUE, 29 juin 2010, Commission c./ Technische Glaswerke Ilmenau, C-139/07 P ; 28 juin 2013, Commission c./ Éditions Odile Jacob, C-404/10 P, et Commission c/ Agrofert Holding, C-477/10 P ; 21 sept. 2010, Suède e. a. c/ API et Commission, C-514/07 P, C-528/07 P et C-532/07 P, et, 14 nov. 2013, LPN et Finlande c/ Commission, C-514/11).

Au-delà de cette seule extension, cette affaire suscite un intérêt particulier dans la mesure où une partie des documents demandés avaient été obtenus par la Commission à l'occasion d'une procédure de clémence. En outre, cette demande d'accès intervenait aux fins d'obtenir la réparation du préjudice que le demandeur, EnBW, prétendait avoir subi du fait de la pratique anticoncurrentielle sanctionnée par la Commission. Cette situation se trouve être finalement très proche des circonstances ayant donné lieu à l'arrêt *Pfleiderer* (CJUE, 14 juin 2011, Pfleiderer, aff. C-360/09).

Dans l'affaire Pfleiderer, la Cour a considéré qu'il revient aux juridictions nationales d'apprécier au cas par cas les conditions dans lesquelles les demandes d'accès aux documents obtenus dans le cadre d'une demande de clémence peuvent être ou non satisfaites, sur la base de leur droit national. Elles ont néanmoins la charge de mettre en balance les intérêts protégés par le droit de l'Union, à savoir la nécessité de préserver l'efficacité des programmes de clémence et le droit de toute personne de demander réparation du préjudice subi en raison d'un comportement susceptible de restreindre ou de fausser le jeu de la concurrence.

En réalité, cette mise en balance de différents intérêts n'est pas étrangère à la jurisprudence précédemment développée par la Cour en matière d'accès aux documents des institutions. Elle a eu l'occasion de souligner que « le régime des exceptions prévu à [l'article 4 du règlement n° 1049/2001] est fondé sur une mise en balance des intérêts qui s'opposent dans une situation donnée, à savoir, d'une part, les intérêts qui seraient favorisés par la divulgation des documents concernés et, d'autre part, ceux qui seraient menacés par cette divulgation » (arrêt *LPN et Finlande c/ Commission*).

L'accès à l'ensemble du dossier dans les procédures d'entente n'est pas de droit

Appliquée au cas d'espèce, la solution retenue par la Cour n'apparaît pas différente de celle suivie précédemment dans les autres domaines du droit de la concurrence où la question s'est posée, comme si la demande de clémence n'était pas de nature à modifier son appréciation. D'une part, elle tend à considérer que l'appréciation d'une demande d'accès aux documents doit être la même pour toutes les procédures d'application de l'article 101 TFUE, de sorte qu'une présomption générale peut justifier un refus d'accéder à un ensemble de documents. D'autre part, il est peu important que ces procédures aient été initiées par une demande de clémence.

En effet, suivant un raisonnement analogue à celui adoptée dans les affaires Technische Glaswerke Ilmenau, Odile Jacob, Agrofert ou encore LPN, la Cour relève que des règles spécifiques existent qui régissent l'accès aux documents des procédures d'application de l'article 101 TFUE. Ces règles spécifiques sont issues en l'occurrence des règlements n° 1/2003 et 773/2004. Or, il n'y a pas de raisons de faire prévaloir les règles du règlement n° 1049/2001 pour l'accès aux documents des institutions de l'Union sur ces règles particulières. En outre, il ne faudrait pas que, au moyen des dispositions du règlement sur l'accès aux documents, des tiers, même victimes de pratiques anticoncurrentielles, puissent bénéficier d'un traitement plus favorable que les personnes concernées par ces procédures et notamment les plaignants.

L'on fera ici le lien avec l'absence de règles particulières harmonisées au niveau des États membres que la récente proposition de directive, issue d'un compromis entre le Conseil, le Parlement et la Commission, pourrait venir combler à l'avenir (Conseil, 26 mars 2014, CP n° 8136/14).

L'accès possible aux documents obtenus dans le cadre d'une demande de clémence

Quant à la question de l'accès aux documents obtenus du fait de la demande de clémence, la Cour apporte une réponse ferme en considérant qu'il est « sans pertinence à cet égard que certains documents aient été fournis volontairement à la Commission par les parties concernées en vue d'obtenir une immunité ou la réduction du montant des amendes infligées, dès lors qu'il est constant que l'accès à de tels documents, que leur communication à cette institution soit forcée ou volontaire, est, en tout état de cause, régi strictement par les règlements n° 1/2003 et 773/2004 ».

Cette solution apparaît équitable notamment si l'on considère que le plaignant, qui peut avoir accès aux pièces du dossier de la Commission, est aussi souvent une victime de la pratique qu'il a dénoncée. Ce faisant l'ensemble des victimes de la pratique sont placées sur un pied d'égalité puisque, même s'agissant des documents fournis volontairement à la Commission, la Cour rappelle que la présomption générale peut être renversée et qu'il est possible de « démontrer qu'un document donné, dont la divulgation est demandée, n'est pas couvert par cette présomption ou qu'il existe un intérêt public supérieur justifiant la divulgation de ce document ».

À cet égard, peut-on considérer que le droit de demander réparation constitue un « intérêt public supérieur » pouvant permettre le renversement de la présomption ? Si le droit de toute personne de demander réparation du dommage que lui aurait causé une violation de l'article 101 TFUE renforce le caractère opérationnel des règles de l'Union relatives à la concurrence, en contribuant au maintien d'une concurrence effective dans l'Union (CJCE, 20 sept. 2001, Courage et Crehan, C-453/99). La Cour souligne à nouveau que « des considérations aussi générales ne sauraient, en tant que telles, être de nature à primer les raisons justifiant le refus de divulgation des documents » (arrêt *Suède* e. a. c./ API et Commission).

Il incombe donc à toute personne qui veut obtenir la réparation de son dommage d'établir la nécessité qu'il y a, pour elle, d'accéder à l'un ou l'autre document figurant dans le dossier de la Commission. C'est seulement dans ces conditions que cette dernière pourra, au cas par cas, mettre en balance les intérêts justifiant la communication de ces documents et la protection de ceux-ci, en prenant en compte tous les éléments pertinents de l'affaire.

A. Lacresse

Concurrences N° 2-2014, Art. N° 65998, p. 160

Voir aussi, sur les origines de l'affaire

Trib. UE, 22 mai 2012, EnBW Energie Baden-Württemberg, T-344/08

P. Cardonnel, Accès au dossier – R. 1049/2001 : Le Tribunal de l'UE annule le refus de la Commission de divulguer les pièces de son dossier à une victime du cartel des appareillages de commutation à isolation gazeuse (EnBW Energie Baden-Württemberg), 22 mai 2012, Concurrences N° 3-2012, Art. N° 48451, pp. 188-190.

2.5.2 Portée d'une décision antérieure d'une autorité

CJUE, 23 nov. 2017, Gasorba, C-547/16

La Cour de justice de l'Union européenne confirme que les juridictions nationales peuvent se prononcer sur la légalité de comportements visés par des engagements rendus obligatoires par la Commission européenne.

Dans cette affaire, la question était de savoir si les juridictions nationales, voire les autorités nationales, peuvent examiner la conformité aux règles de concurrence de faits qui ont été préalablement soumis à l'appréciation de la Commission et qui ont fait l'objet d'une décision d'engagements de sa part.

En l'espèce, le pétrolier Repsol a conclu avec des exploitants de stations-services, dont la société Gasorba, des contrats d'exclusivité d'approvisionnement à long terme. Ces contrats ont fait l'objet d'une procédure en droit des ententes devant la Commission européenne, laquelle a considéré que ces contrats étaient susceptibles de provoquer un effet de verrouillage.

Afin de mettre un terme à cette procédure, Repsol a soumis des propositions d'engagements, consistant à rompre les contrats en question et à offrir aux locataires des stations-service des incitants financiers en vue d'y mettre fin avant leur échéance. Elle s'est également engagée à ne racheter aucune station-service indépendante durant une période déterminée. La Commission a rendu obligatoires ces engagements par une décision, en 2005.

À la suite de la décision de la Commission, Gasorba a introduit un recours devant les juridictions espagnoles afin d'obtenir l'annulation du contrat souscrit avec Repsol et l'indemnisation du préjudice résultant de son application. Déboutée en première instance puis en appel, la requérante au principal a alors saisi la Cour suprême espagnole, laquelle a décidé de saisir la Cour de justice sur renvoi préjudiciel.

Aucune confiance légitime ne peut résulter de la décision d'engagements de la Commission quant à la conformité du comportement concerné

Interrogée sur la portée à donner à la décision de la Commission de 2005 dans le cadre de procédures de concurrence nationales portant sur les mêmes pratiques, la Cour est conduite à interpréter les articles 6, 9 et 16 du règlement n° 1/2003.

Tout d'abord, l'article 6 dudit règlement, lu à la lumière de son 22e considérant, précise que l'application du droit de la concurrence de l'Union repose sur un système de compétences parallèles. Dans ce cadre, la Commission, les Autorités nationales de concurrence et les juridictions nationales peuvent appliquer les articles 101 et 102 TFUE.

Ensuite, l'article 16 garantit l'application uniforme du droit de la concurrence de l'Union puisqu'il oblige les juridictions nationales à ne pas prendre de décisions qui iraient à l'encontre d'une décision adoptée par la Commission.

Enfin, l'article 9 du même règlement donne compétence à la Commission pour adopter une décision qui a notamment pour effet de rendre obligatoires des engagements, proposés par les entreprises, lorsqu'ils sont de nature à répondre aux préoccupations de concurrence identifiées par elle à la suite de son évaluation préliminaire des pratiques. Toutefois, la Cour observe que cette décision « ne certifie pas la conformité de la pratique, qui faisait l'objet de préoccupations, à l'article 101 TFUE ».

Dans ces conditions, les entreprises ayant pris des engagements ne peuvent tirer aucune confiance légitime de la décision de la Commission qui les rend obligatoires quant au fait que leur comportement serait conforme à l'article 101 TFUE.

L'évaluation préliminaire peut être un commencement de preuve du caractère anticoncurrentiel d'un comportement

Il n'est donc pas impossible pour la juridiction nationale à laquelle le contrat en cause a été soumis, non seulement de l'examiner, mais encore de l'annuler en raison de son caractère anticoncurrentiel, même si ce contrat est concerné par la décision de la Commission rendant obligatoire l'engagement souscrit par l'une des parties d'y mettre un terme.

Bien au contraire, la Cour juge que le principe de coopération loyale et l'objectif de l'application efficace et uniforme du droit de l'Union, qui président au système de compétences parallèles, « imposent au juge national de tenir compte de l'évaluation préliminaire de la Commission et de la considérer comme un indice, voire comme un commencement de preuve, du caractère anticoncurrentiel de l'accord ».

La solution dégagée par la Cour apparaît logique, surtout lue à la lumière des 13e et 22e considérants du règlement n° 1/2003 desquels il découle explicitement que les décisions d'engagements sont sans préjudice de la faculté qu'ont les autorités de la concurrence et les juridictions des États membres de statuer sur une même affaire, et n'affectent pas leur pouvoir d'appliquer les articles 101 et 102 TFUE.

L'on ajoutera qu'il est même permis à la juridiction nationale de se prononcer sur la demande indemnitaire soumise en l'occurrence par l'une des parties à l'accord, sur le fondement d'une jurisprudence établie qui permet à « toute personne (...) de demander réparation du préjudice subi lorsqu'il existe un lien de causalité entre ledit préjudice et une entente » (CJCE, 20 sept. 2001, Courage et Créhan e. a., aff. C-453/99, complétée par 13 juil. 2006, Manfredi e. a., aff. jtes C-295/04 à C-298/04).

A. Lacresse
Concurrences N° 1-2018, Art. N° 86235, p. 154

Biographies

Rafael Amaro

Rafael Amaro est Professeur à l'Université de Caen Normandie (depuis 2019) après avoir été maître de conférences à Descartes – Sorbonne Paris Cité (2013-2019). Il enseigne le droit européen et français de la concurrence, les droits de l'Homme, la procédure civile et le droit de la responsabilité civile. Ses recherches portent principalement sur le *private enforcement* du droit de la concurrence et des pratiques commerciales déloyales dans les relations B2B et B2C. Il est membre du réseau européen d'experts juridiques Trans Europe Experts (TEE).

Adèle Azzi

Adèle Azzi est avocate au barreau de Paris. Elle a exercé en matière d'aides d'État, d'abus de position dominante et d'assistance aux entreprises en cas d'enquête des autorités de concurrence, avant de se spécialiser en contentieux économique et pénal au sein du cabinet Goldwin Société d'Avocats. Adèle Azzi a de l'expérience en particulier dans les secteurs de l'énergie et des transports. Elle est diplômée de l'Université Paris-Panthéon-Assas (Paris II) et de la London School of Economics (UK).

Martine Behar-Touchais

Martine Behar-Touchais est Professeur à l'École de Droit de la Sorbonne (Université Paris I Panthéon-Sorbonne). Elle a dirigé pendant cinq ans l'Institut de recherche juridique de la Sorbonne (IRJS-Institut Tunc). Elle dirige actuellement le Département des masters de droit privé. Elle a été membre du collège du Conseil de la concurrence de janvier 2003 à janvier 2009. Elle est spécialiste de droit de la concurrence, de droit des contrats, spécialement des contrats de distribution, de droit de la consommation, et du droit du numérique.

Ludovic Bernardeau

Ludovic Bernardeau a étudié le droit européen et comparé en France (Poitiers), au Canada (Montréal), en Belgique (KU Louvain), en Angleterre (KCL) et en Italie (Roma I). Il a été impliqué dans la diplomatie commerciale (OMC, Genève) et dans la recherche en Italie (Unidroit, Rome) et en Allemagne (Académie de droit européen, Trèves), avant de rejoindre la Cour de justice européenne en 2001, où il a été référendaire, au Tribunal, du juge Vesterdorf (2003-2005) et, à la Cour, du juge K. Lenaerts (2006-2010). Il est depuis 2012 référendaire au Tribunal où il traite principalement des affaires de concurrence. Il est également maître de conférences habilité à diriger des recherches à l'Université Paris Nanterre. Il est un expert reconnu en droit européen de la concurrence ainsi qu'en droit fiscal européen. En 2013, il a publié, avec Jean-Philippe Christienne, un traité de référence sur les amendes pour violation du droit européen de la concurrence (Larcier, 2013, 1184 p.) et, en 2017, un essai complet sur la récidive en droit de la concurrence (Bruylant, 2017, 251 p.).

Karine Biancone

Karine Biancone est associée co-fondatrice de KLYB Avocats. Avant de créer son propre cabinet, elle a travaillé au sein du cabinet Fidal. Elle a de l'expérience dans le conseil aux clients en matière de droit de la concurrence européen et national. Elle fournit une assistance juridique sur les questions de pratiques anticoncurrentielles, de concentrations, de pratiques restrictives, et sur les questions d'accords de distribution. Elle a publié divers articles et anime des conférences sur des sujets de droit de la concurrence et de la distribution. Mme Biancone est diplômée de la faculté de droit de l'Université de Montpellier (DEA Contrats d'affaires).

Julie Bousin

Julie Bousin est référendaire à la Cour de justice de l'Union européenne depuis 2020. Elle a précédemment travaillé en tant que *Counsel* au bureau parisien d'Ashurst. Son expertise se concentre sur le droit de la concurrence, le droit des aides d'État et le droit réglementaire européen. Auparavant, elle a travaillé au Ministère français des Affaires étrangères. Elle a représenté le gouvernement français devant les tribunaux européens dans des affaires d'aides d'État et de droit européen de la concurrence. Elle est diplômée du King's College London, du Collège d'Europe Natolin, de l'Université Toulouse I et de l'Université d'Utrecht.

Pascal Cardonnel

Pascal Cardonnel est référendaire à la Cour de justice de l'Union européenne. Avant de rejoindre la Cour, il a exercé en cabinet privé à Bruxelles (1994-1998) et a été assistant de l'attaché juridique de l'ambassade de France aux États-Unis (1993-1994). M. Cardonnel est titulaire de diplômes de droit de l'Université Paris I Panthéon-Sorbonne et de Georgetown, et est admis à pratiquer à New York.

Sarah Chikh

Sarah Chikh est responsable juridique chez BlaBlaCar. Avant de rejoindre BlaBlaCar, elle a été référendaire à l'Autorité de la concurrence (2018-2020) et collaboratrice senior chez Ashurst à Paris (2011-2018). Elle est titulaire d'un master de l'Université de Paris I Panthéon Sorbonne et de l'Université de Louvain (KUL).

Anne-Sophie Choné-Grimaldi

Anne-Sophie Choné-Grimaldi est Professeur des universités, agrégé des facultés de droit, à l'Université Paris Nanterre où elle dirige, depuis 2017, le Centre de Droit Civil des Affaires et du Contentieux Économique (CEDCACE) et enseigne, à titre principal, le droit de la concurrence. Auteur d'une thèse intitulée « Les abus de domination. Essai en droit de la concurrence et en droit des contrats » (Economica. 2010), elle est également co-auteur, aux côtés de Jean-Bernard Blaise du thémis « droit des affaires de l'Union européenne » (PUF. 2017) et a contribué au commentaire article par article de « La réforme du droit des contrats, du régime général et de la preuve des obligations » (Gualino. 2018). Elle est en charge de la chronique « Ententes » de la revue Concurrences et publie, en outre, régulièrement sur des sujets intéressant le droit de la distribution et le droit du numérique.

Michaël Cousin

Michaël Cousin dirige la pratique Concurrence/ Distribution d'Addleshaw Goddard à Paris. Il représente ses clients dans les litiges antitrust, le contrôle des fusions, les aides d'État, le conseil et la mise en place de programmes de conformité. Il est également spécialisé en droit de la distribution et en pratiques restrictives. Il est diplômé des universités de Warwick (UK) et de Sarrebruecken (Ger.) et a obtenu un DEA de droit communautaire à Paris-Panthéon-Assas (Paris II) où il donne actuellement des cours. Michaël est rapporteur au sein de l'Association française d'Etude de la Concurrence.

Michel Debroux

Michel Debroux est un membre des barreaux de Paris et de Bruxelles, dont la pratique s'étend sur plus de 30 ans. Associé du cabinet Rizom Legal, basé à Paris, il possède une grande expérience des questions de concurrence en France et dans l'Union européenne, notamment en matière d'aides d'État, de fusions et d'ententes. Il conseille principalement des clients dans les industries de réseau et les industries réglementées, notamment dans le secteur de l'énergie. M. Debroux est un contributeur régulier de la revue Concurrences depuis 2004, avec plus de 300 publications. Il est chargé de cours en droit de la concurrence à l'Université Paris-Panthéon-Assas (Paris II), et en droit des affaires et droit des aides d'État à l'Université Paris Nanterre.

Francis Donnat

Francis Donnat a rejoint Baker McKenzie en tant qu'associé en 2021. Il a commencé sa carrière professionnelle en tant que membre du Conseil d'État de 1998 à 2005. Il a également été conseiller juridique du ministère de l'Éducation nationale, et a été rapporteur à la Cour de discipline budgétaire et financière (CDBF). Entre 2005 et 2012, il a été chef de cabinet et référendaire du juge français à la Cour de justice de l'Union européenne. Il a rejoint Google en 2012 en tant que conseiller juridique, responsable de la politique pour la France. De 2016 à 2021, Francis Donnat a exercé les fonctions de secrétaire général et de membre du comité exécutif de France Télévisions, premier groupe de médias français. Il a enseigné le droit public pendant de nombreuses années à l'Institut d'études politiques de Paris et le droit public et le droit de l'Union européenne à l'Université de Strasbourg, où il était maître de conférences.

Anne Dos

Anne Dos est actuellement avocate en droit de la concurrence au sein du cabinet Linklaters LLP à Paris. Après des études de droit à Paris, Oxford, Montpellier et Londres, elle a travaillé au sein de plusieurs cabinets d'avocats français et anglo-saxons en tant que stagiaire, juriste puis avocate depuis 2021.

Marie Florent

Marie Florent est collaboratrice senior au sein du département de droit de la concurrence d'Ashurst à Paris. Elle est spécialisée dans tous les domaines du droit français et européen de la concurrence. Elle a une grande expérience du contrôle des concentrations (dossiers français, européens et multi-juridictionnels) et conseille les entreprises dans le cadre d'enquêtes antitrust devant la Commission européenne et l'Autorité de la concurrence française. Mme Florent est diplômée de l'Université de Paris Nanterre et de l'Université Paris-Panthéon-Assas (Paris II), et est avocate au barreau de Paris.

Hélène Fricaudet

Hélène Fricaudet est collaboratrice chez Ashurst, au sein du département de droit de la concurrence. Elle est diplômée de l'Université Paris I Panthéon-Sorbonne.

Jocelyn Goubet

Spécialisé en droit économique, Jocelyn Goubet est un avocat exerçant au sein du cabinet Mermoz. Il était auparavant collaborateur senior au sein du département concurrence et droit européen d'Ashurst à Paris. Il intervient en conseil et en contentieux en droit européen, droit de la concurrence, distribution et consommation. Avant Ashurst, M. Goubet a travaillé successivement au sein des équipes concurrence de Hertslet Wolfer & Heintz, et DLA Piper. Il est titulaire d'un Master 2 en droit européen des affaires et d'un Master 2 en droit comparé de l'Université de Paris II Panthéon-Assas. Il est membre de l'Association des avocats pratiquant le droit de la concurrence.

Alexandre Lacresse

Alexandre Lacresse est référendaire au Tribunal de l'Union européenne. Spécialiste du droit de la concurrence et du droit de l'Union européenne, il était précédemment avocat. Il a également travaillé à la Cour de justice de l'Union européenne et à l'Autorité de la concurrence française. M. Lacresse contribue régulièrement à des ouvrages et des revues juridiques, dont la chronique Procédures de la revue Concurrences. Il participe à la direction du Master 2-DJCE de Nancy (Université de Lorraine) et enseigne le droit de la concurrence au sein de plusieurs formations universitaires.

Christophe Lemaire

Christophe Lemaire est associé au sein du département de droit de la concurrence et de droit européen d'Ashurst à Paris. Il est spécialisé en pratiques anticoncurrentielles, concentrations, aides d'État et questions réglementaires. M. Lemaire a été rapporteur permanent et conseiller pour les affaires européennes au Conseil de la concurrence français (2003-2006). Il a travaillé à la direction juridique du ministère français des Affaires étrangères (division du droit économique communautaire et international) où il a été chargé des affaires de concurrence et des industries de réseau, et a notamment représenté le gouvernement français devant la Cour de justice (2002-2003). Il est également maître de conférences en droit français et européen de la concurrence et en droit réglementaire à l'Université de Paris I Panthéon-Sorbonne.

Agnès Maitrepierre

Agnès Maitrepierre est présidente en titre de la chambre de la régulation économique et financière de la Cour d'appel de Paris depuis janvier 2020. Entre 2015 et 2019, elle a été en détachement au Ministère de l'Europe et des affaires étrangères, où elle a occupé le poste de conseiller pour les affaires civiles et pénales internationales auprès du directeur des affaires juridiques. Entre 2006 et 2015, elle a été conseiller référendaire à la Cour de cassation, à la chambre commerciale, économique et financière puis à la première chambre civile. Avant de rejoindre la Cour de cassation, elle a passé quatre ans à la Cour de justice de l'Union européenne, en tant que référendaire, au cabinet de l'avocat général français, M. Philippe Léger. Elle a également travaillé plusieurs années au Ministère des Affaires étrangères en tant qu'agent du gouvernement français devant la Cour de justice de l'Union. Diplômée de l'École Nationale de la Magistrature, elle a commencé sa carrière judiciaire en 1994. Elle a participé à la chronique de la jurisprudence européenne sur les questions de procédure en matière de concurrence et d'aides d'État dans la revue Concurrences (de 2007 à 2010). Elle est membre de l'Association des juges européens de la concurrence (*Association of European Competition Law Judges*), du Comité français de droit international privé (trésorier adjoint) et de l'Association du droit international (*International Law Association*).

Alexandre Marescaux

Alexandre Marescaux est collaborateur au sein du département de droit de la concurrence du cabinet Fidal à Bruxelles. Il a précédemment effectué son stage de fin d'études chez Ashurst (Paris). Il est diplômé du master « Droit de la concurrence et des contrats » de l'Université de Versailles Saint-Quentin-en-Yvelines ainsi que de l'Università degli studi Roma Tre.

Frédéric Marty

Ancien élève de l'École Normale Supérieure Paris Saclay, Frédéric Marty est chargé de recherche CNRS au sein du Groupe de Recherche en Droit, Economie et Gestion (GREDEG, CNRS – Université Côte d'Azur). Ses travaux portent sur le droit et l'économie de la concurrence appliqués notamment au numérique.

Chantal Momège

Chantal Momège, avocate aux barreaux de Paris et de Bruxelles, spécialisée en droit de la concurrence français et européen, a été associée et a dirigé des départements « concurrence » dans plusieurs cabinets (français, puis britannique). Elle a représenté des clients dans des affaires complexes devant les autorités de concurrence françaises et européennes, en particulier devant le Tribunal de Première Instance et la Cour de Justice des communautés européennes (not., les affaires Extramet, IPS, ENS, Bolloré). Mme Momège a également été membre du comité de direction de l'AFEC et de la commission Concurrence de la CCI. Elle a été co-auteur de la chronique « Procédures » de 2004 à 2009.

Barbara Monti

Barbara Monti est conseillère juridique principale à Bruxelles pour Toyota. Sa pratique se concentre sur les secteurs de la technologie, de l'internet, des marques de consommation et de l'énergie, y compris les énergies renouvelables, les manipulations de marché et les abus de position dominante. Elle conseille régulièrement sur les accords verticaux et le contrôle des concentrations. Son expérience passée a permis à Mme Monti d'acquérir une connaissance significative de l'Autorité de la concurrence française et des programmes de conformité.

Simon Naudin

Simon Naudin est avocat au barreau de Paris. Auparavant, il était *Counsel* au sein du département de droit de la concurrence du cabinet Ashurst à Paris. Il est spécialisé dans les aides d'État, le contrôle des concentrations, les cartels, les abus de position dominante et l'assistance aux entreprises en cas d'enquête des autorités de concurrence.

Alain Ronzano

Alain Ronzano est le rédacteur en chef de L'actu-concurrence. Il est également membre du comité de rédaction de Concurrences. Les commentaires d'Alain Ronzano marqués d'un astérisque (*) ont fait l'objet d'une première publication dans L'actu-concurrence.

Cyril Sarrazin

Cyril Sarrazin est administrateur au sein de la Direction de la recherche et documentation de la Cour de justice de l'Union européenne.

De 2005 à 2022, il a occupé la fonction de référendaire du Tribunal de l'Union européenne, au sein de plusieurs cabinets. En 1999, il a travaillé comme consultant juridique pour Coutrelis & Partners à Paris et en 2000, il a rejoint, en qualité d'avocat collaborateur, le bureau de droit européen de la concurrence du cabinet Linklaters à Bruxelles. De 2001 à 2005, il a été associé puis directeur de la Représentation des Barreaux français à Bruxelles (DBF) où il était notamment chargé de la représentation et de la défense des intérêts des barreaux français auprès des institutions européennes. De 2004 à 2005, il a été chargé de l'information de la délégation française au Conseil des Barreaux d'Europe (CCBE). M. Sarrazin est titulaire de la mention de spécialisation d'avocat en droit européen (2003), d'une maîtrise de droit administratif français, d'un master de droit public comparé des États européens (DEA) et d'un master de droit européen (DESS) délivrés par l'Université Paris I Panthéon-Sorbonne.

Étienne Thomas

Étienne Thomas est diplômé du Collège d'Europe (LL.M., Bruges, 2014) et docteur en droit de l'Université Paris-Panthéon-Assas (2019 – L'entreprise contrevenante en droit des pratiques anticoncurrentielles, Concurrences, 2021). De 2015 à 2022, il travaille en tant que référendaire au sein du Tribunal de l'Union européenne, où il est principalement en charge de dossiers en droit de la concurrence et des aides d'État. Il rejoint en février 2022, l'École nationale de la magistrature.

Anne Wachsmann

Anne Wachsmann est associée en droit la concurrence chez Linklaters depuis le début des années 2000. Elle est diplômée de l'Université de Strasbourg et du Collège d'Europe à Bruges. Elle conseille des grands groupes internationaux actifs notamment dans la pharma, l'automobile ou la grande distribution, en contrôle des concentrations et en matière de concurrence. Elle est également très active dans le domaine des contentieux indemnitaires. Mme Wachsmann est classée en « Tier 1 » à titre individuel par Chambers Europe et Legal 500. Elle est conseiller non-gouvernemental (NGA) auprès de l'Autorité de la concurrence pour l'ICN et professeure au Collège d'Europe où elle dispense un séminaire de vingt-cinq heures sur le contrôle européen des concentrations.

Fabien Zivy

Fabien Zivy est référendaire au Tribunal de l'Union européenne. Auparavant, il a travaillé au sein du cabinet Linklaters à Bruxelles (2000), puis il est devenu référendaire auprès du juge Hubert Legal, président de la quatrième chambre du Tribunal de l'Union européenne (2003). Il occupera ensuite les postes de chef du service du président Lasserre puis de chef du service juridique de l'Autorité de la concurrence française de 2007 à 2013. Fabien Zivy a fait des études de droit et de sciences politiques à l'Institut d'études politiques de Paris (Sciences Po) et aux Universités d'Oxford (Keble College) et de Paris-Panthéon-Assas (Paris II), ainsi qu'au Collège d'Europe (Bruges) dont il a été diplômé *magna cum laude* en 2000.

Table des matières

Concurrences
Revue des droits de la concurrence

Revue Concurrences

Revue trimestrielle dédiée aux droits interne et européen de la concurrence

Concurrences est une revue universitaire trimestrielle dédiée aux droits interne et européen de la concurrence. Créée en 2004 par Laurence Idot, Frédéric Jenny et Nicolas Charbit, la revue est un forum de discussions entre universitaires, magistrats et praticiens du droit de la concurrence. Son rayonnement en dehors du champ des spécialistes est tel que plusieurs personnalités publiques de premier plan ont publié des points de vue dans ses colonnes : Jacques Attali, Elie Cohen, François Hollande, Christine Lagarde, Emmanuel Macron, Nicolas Sarkozy, Margrethe Vestager…

Comité scientifique et comité international

Le Comité scientifique, présidé par Laurence Idot assure l'indépendance de la revue et sélectionne les articles soumis à la revue sur des critères de rigueur de la démonstration et d'objectivité. Le Comité international, présidé par Frédéric Jenny, contribue à la diffusion de la revue à l'international et à l'organisation des conférences hors de l'Europe.

Contributeurs

Plus de 2 500 contributeurs provenant de 30 pays ont publié dans la revue Concurrences. Ces contributeurs sont universitaires, magistrats ou représentants d'autorités de concurrence, avocats ou conseils juridiques, tous spécialisés en droit ou en économie de la concurrence.

Version électronique

Depuis 2004, Concurrences a publié plus de 14 000 articles (au 20 décembre 2022). La version électronique reprend l'intégralité des articles parus dans la version imprimée depuis 2004 ainsi qu'environ 30 % d'articles supplémentaires. Ce supplément électronique correspond à des contributions publiées exclusivement sur le site de la revue notamment en raison de leur ampleur : actes de colloques, articles de fond, contributions économiques...

www.ingramcontent.com/pod-product-compliance
Lightning Source LLC
LaVergne TN
LVHW050430061026
849532LV00013B/188

* 9 7 9 1 0 9 4 2 0 1 6 7 1 *